柳州全景（胡锦朝摄）

2022 年 3 月 11 日，柳州市举行“喜迎党的二十大，铸牢中华民族共同体意识，画出最美同心圆”百场大宣讲启动仪式，成立市、县、乡、村级宣讲团及少数民族语言宣讲团（柳州市民宗委提供）

2020 年 9 月 10 日柳州市民宗委在三江侗族自治县举行“铸牢中华民族共同体意识、‘双语双向’助力脱贫攻坚”百姓宣讲活动（柳州市民宗委提供）

紫荆花城柳州（贺肖华摄，柳州市民宗委提供）

2021 年柳州市“三月三”民族团结进步宣传月活动（柳州市民宗委提供）

热闹的融水苗族自治县香粉乡十六坡会（郁良权摄，柳州市民宗委提供）

三江侗族多耶（柳州市民宗委提供）

柳州市白莲洞博物馆柳江人雕像（覃佳玲摄）

柳州市民族团结进步创建情景报告会（柳州市民宗委提供）

2019 年 11 月 15 日古砦仫佬族乡成立 20 周年庆典（韦晓平摄，柳城县民宗局提供）

柳城华侨农场 90 亩茶园一角，采茶时节，茶农采茶忙（柳城华侨管理区提供）

柳城县知青城知青博物馆（柳城县文物管理所提供）

柳城县各族群众喜庆丰收（杨欣摄，柳州市妇联提供）

风光秀美的鹿寨中渡古镇（覃玉年摄）

鹿寨县艺术稻田（朱华涛摄，鹿寨县民宗局提供）

2020 年 12 月 3 日，柳州市创建全国民族团结进步示范市工作检查组到鹿寨县鹿寨镇第五小学现场调研（廖梦婕摄）

鹿寨县拉沟乡木龙村五家屯瑶族“萝坳”婚礼（肖红路摄，鹿寨县民宗局提供）

融安县青蒿种植基地（融安县民宗局提供）

赛龙舟（谢明友摄，柳州市民宗委提供）

2021 年融安金橘擂台赛冠军的金橘王（谭凯兴摄，融安县民宗局提供）

融安县城骑楼街景（石祖安摄，融安县民宗局提供）

融水坡会（周健摄，柳州市民宗委提供）

融水安太乡苗家新娘（龙涛摄，融水县民宗局提供）

融水苗族自治县红水乡闹鱼节（柳州市民宗委提供）

小小芦笙手（融水县民宗局提供）

三江良口乡产口村千年古榕树（赖守强摄，三江县民宗局提供）

三江程阳风雨桥（龚普康摄，三江县民宗局提供）

侗族大歌（覃海南摄，柳州市民宗委提供）

三江百家宴（张炳光摄，柳州市民宗委提供）

柳钢生产场景（蒋国华摄，柳北区民宗局提供）

“老柳州”买买江的餐厅石榴红民族团结联络站成为各民族交流、交往、交融的纽带（柳北区民宗局提供）

56 路“石榴红”民族团结公交专线（柳州市民宗委提供）

凤凰岭大桥铸牢中华民族共同体意识示范带（柳北区民宗局提供）

柳宗元雕像（柳侯祠提供）

两面针股份有限公司“中华民族一家亲 同心共筑中国梦”民族团结联欢活动（柳州市民宗委提供）

GZSIM CAEZ CUK SIENGJMUENGH CUNGGUEK
同心共筑中国梦
MENCINH MINZCUZ DOXGIET CINBU
团结进步联欢活动

柳州东门城楼（陈艾宇摄，城中区提供）

柳侯祠正门（柳侯祠提供）

鱼峰公园全景（熊刚摄，鱼峰区民宗局提供）

2020 年 11 月 21 日，在龙潭公园开展“声绕大龙潭”民族文化活动（柳州市民宗委提供）

鱼峰山下的“鱼峰歌圩”（林士放摄，柳州市民宗委提供）

2022 年柳州市文庙开展“立德树人”开笔启智教育研学活动（刘静摄，鱼峰区民宗局提供）

2020 年，柳工最新开发的纯电动装载机助力川藏铁路建设，作为一款集智能管理和能效管理双赢的全新产品，开创了柳工“智慧节能时代”，引领行业电动化变革（王重彬摄，柳州市民宗委提供）

在广西壮族自治区成立 60 周年庆祝大会上的柳州五菱宝骏小车方阵（柳州市民宗委提供）

柳南区广电社区在“民族团结亭”开展民族团结进步宣讲（柳南区民宗局提供）

柳南区“三月三”民俗文化活动中，辖区居民身着节日盛装与子弟兵共跳竹竿舞（柳南区民宗局提供）

柳江区百朋镇万亩荷塘（覃海南摄，柳江区民宗局提供）

2022 年 8 月 10 日，各族青少年到成团会议旧址开展"喜迎二十大，争做好队员——石榴花开青春梦"主题同心营活动（柳江区民宗局提供）

2021 年 5 月 19 日柳江区进德镇龙新村，进德镇开展“感党恩 跟党走 铸牢中华民族共同体意识”活动（柳江区民宗局提供）

2023 年 4 月 28 日，广西壮族自治区民族团结进步宣传月暨“潮聚三月三 · 和谐在八桂”活动启动仪式在柳江区举行（柳州市民宗委提供）

万川归一

中国民族团结的柳州经验研究

徐杰舜 何月华 等 著

學苑出版社

图书在版编目（CIP）数据

万川归一：中国民族团结的柳州经验研究 / 徐杰舜，何月华等著 .— 北京：学苑出版社，2023.9

ISBN 978-7-5077-6730-8

Ⅰ .①万… Ⅱ .①徐… ②何… Ⅲ .①民族团结—研究—柳州 Ⅳ .① D633

中国国家版本馆 CIP 数据核字（2023）第 163117 号

出 版 人：洪文雄
责任编辑：陈 佳
出版发行：学苑出版社
社 址：北京市丰台区南方庄 2 号院 1 号楼
邮政编码：100079
网 址：www.book001.com
电子邮箱：xueyuanpress@163.com
联系电话：010-67601101（营销部）、010-67603091（总编室）
印 刷 厂：鸿博昊天科技有限公司
开本尺寸：787 mm × 1092 mm 1/16
印 张：36.75
字 数：762 千字
版 次：2023 年 9 月第 1 版
印 次：2023 年 9 月第 1 次印刷
定 价：368.00 元

《万川归一——中国民族团结的柳州经验研究》课题领导小组

组　长：

邓娟娟　中共柳州市委常委、统战部部长

副组长：

吴慧兰　柳州市民宗委主任、党组书记、市委统战部副部长（兼）
苏格真　柳州市委编办（绩效办）副主任
郭任飞　柳州市民宗委党组成员、副主任
吴大先　柳州市民宗委党组成员、副主任
刘振中　柳州市民宗委党组成员、副主任
赵　铁　柳州市民宗委三级调研员
班雪梅　柳州市民宗委四级调研员

成　员：

徐飞云　上汽通用五菱汽车股份有限公司党委副书记、纪委书记
韩宗桂　广西柳州钢铁集团有限公司党委副书记
俞松松　广西柳工集团有限公司、广西柳工集团机械有限公司、广西柳工机械股份有限公司党委工作部副部长、党委宣传部副部长（兼）（时任）
覃永强　柳州两面针股份有限公司党委副书记、纪委书记
吴凯文　柳城县委统战部副部长、民宗局局长（兼）
张象波　鹿寨县政府办公室副主任、一级主任科员
石祖安　融安县委统战部副部长、民宗局局长（兼）
吴进初　融水苗族自治县委统战部副部长、民宗局局长（兼）
肖应荣　三江侗族自治县委统战部副部长、民宗局局长（兼）
黄理美　柳北区委统战部副部长、民宗局局长
卢陨倩　城中区委统战部副部长、民宗局局长

林彰泉　鱼峰区委统战部副部长、民宗局局长
危正夷　柳南区委统战部副部长、民宗局局长
周　梁　柳江区委统战部副部长、民宗局局长
刘晨欢　柳东新区党群工作部副部长
蓝菲菲　阳和工业新区（北部生态新区）党群工作部副部长
颜纯欣　柳州市民宗委办公室主任
韦春梅　柳州市民宗委机关党支部专职副书记、办公室副主任
覃振江　柳州市民宗委政法科科长

课题组组长：

徐杰舜　广西民族大学教授、博士生导师，柳州铸牢中华民族共同体意识研究基地首席专家，广西铸牢中华民族共同体意识研究广西科技大学基地首席专家

课题组副组长：

何月华　广西科技大学教授、人文艺术与设计学院院长，柳州铸牢中华民族共同体意识研究基地主任，广西铸牢中华民族共同体意识研究广西科技大学基地主任

目 录

县域篇　团结之花开放在柳州希望的田野上

跬步篇 柳州创建民族团结进步示范市的路线图

经验篇 柳州创建民族团结示范市的文化表达

绪言篇

中华民族视野中的柳州民族

水有源，树有根，万事总有个头。

在我 79 岁，临近耄耋之年的时候，本已封笔，不接课题了，却突然又接了柳州“万川归一”的项目，是什么缘由能让我不顾一切地投入柳州研究之中？说来话长了……

第一章　缘分·成年礼·初心

研究柳州，是一种缘分。一因我的出生地与柳宗元有关，二因与我人类学的成年礼有关，三因与我从事民族研究的初心有关。究竟如何？容我一一道来。

一、缘分

认识一个人靠缘分，认识一个地方也靠缘分。这个缘分因柳宗元而起。

这是为什么呢?

我，徐杰舜，1943 年 12 月出生在湖南永州的零陵[1]。永州正是柳宗元被贬十年的地方。

我的祖籍是浙江余姚，怎么会出生于湖南永州了呢？原来抗日战争时期，我父亲徐福尧先生，因逃难，随其工作的中央银行从武汉南迁湖南永州。他在《徐福尧自述》中写道：

> 1938年10月25日，武汉沦陷。武汉会战失利后，武汉的机关、工厂，以及大批难民和伤兵涌入长沙，使当时长沙的人口从30多万骤增至50多万。加上以前长沙作为上海、南京等会战的后方，长沙已经积累了许多战略储备，商业也很繁荣。但长沙有限的铁路、公路和水路交通根本难以承载如此大量的迁入，这些都给日后的巨大损失埋下了隐患。1938年11月12日深夜（13日凌晨2时），长沙南门口外的伤兵医院失火（是故意纵火的信号或是无意失火，至今仍然是谜）。纵火队员以为是信号，便全城放火。大火持续了整整五天五夜，古城长沙2500多年的历史财富几乎被毁灭殆尽。无数市民争相逃命，在长沙城的湘江渡口发生严重的事故。

1　零陵现在是永州市的一个区。

由于长沙大火，中央银行又从长沙南迁到了湘南山区古城永州。于是，1943年农历十一月二十七（公历12月24日）有了我的出生。一直到1957年我在初中二年级上文学课，学到《捕蛇者说》一课时，才知道柳宗元写“永州有异蛇”的永州是我的出生地，从此有了我与柳宗元的神交。有意思的是永州的零陵有历史更悠久的舜陵。《史记·五帝本纪》载：舜“南巡狩，崩于苍梧之野，葬于江南九嶷，是为零陵”。据此，父亲给我取名“杰舜”，于是我拥有了一个在中国独一无二的姓名，互联网上无重名者。

二、成年礼

巧的是柳宗元从被贬永州到任柳州刺史，我从永州出生到柳州完成了人类学的成年礼，又与柳宗元牵上了手。

关于柳宗元到柳州任刺史一事，柳州融水作家韦晓明记述说：

> 元和九年（814年）底，朝廷的征召让柳宗元“漫卷诗书喜欲狂”，他吟唱着“南来不作楚臣悲，重入修门自有期。为报春风汨罗道，莫将波浪枉明时”，踌躇满志辞别整整待了十年的永州，一路高歌西北官道，他要尽快回到帝都长安，等待新皇上的重用。岂料回长安才待了三个月，生性狐疑的宪宗皇帝在武元衡等弄臣的挑拨下，又颁了道敕令，柳宗元及其同党，只得再度起身，揖别帝都，“报春风”终成纸上言。这次，柳宗元被贬往比永州远多了的“岭外”柳州。……同样是贬黜出，但这次已不复是没有任何实权的闲职“司马员外置同正员”，而是在编在职的六品刺史大员了。[1]

及至今日，“在柳州的街头巷尾问起柳宗元，无人不知，无人不晓，人们会说：他是我们的‘老市长’呢！”[2]

缘分到了，万夫难当。

1943年在永州出生的我，20年后的1964年9月初，我一个中央民族学院分院（现为中南民族大学）大四的学生，作为中央统战部三江社会主义教育工作队队员，准备赴广西三江侗族地区开展社会主义教育运动。

从武昌到柳州1340多千米，当年坐绿皮火车大约要运行近20个小时。我们两个班的同学加上老师有六七十人，在院长白瑞西先生的率领下，于夜幕中浩浩荡荡地从

---

1 韦晓明：《一个人和一座城》，《民族文学》（汉文版）2021年第9期。

2 韦晓明：《一个人和一座城》，《民族文学》（汉文版）2021年第9期。

武昌火车站登上了南下的火车。在火车上熬了一夜，第二天下午抵达柳州，住进了龙城饭店，第一次踏上了柳州的土地。

在柳州休整了一天后，第三天的上午，我们分乘两辆大卡车，向三江县城古宜进发。中午汽车路过融安长安镇，正是圩日，道路被赶圩的各族民众挤得水泄不通，大家乘此下车在路边餐馆里用了午饭。我见餐馆门口有一个摊位卖草席，正合我意，便买了一张。午饭后，赶圩的人少了一些，我们便乘上大卡车，继续前进，直到傍晚才到达三江侗族自治县的县城——古宜。

古宜是沿溶江山坡而建的山城，江水清澈，人们吃水用水都是清晨从江里挑的。这个古朴而敦厚的县城只有一条街，县级机关分散布局在山坡上。我们工作队被安顿在县党校“安营扎寨”，学习培训了三个月，11月份我才正式进程阳平寨，在片长罗杰林[1]、组长黄庆培[2]的领导下开展社会主义教育运动。

当年，三江仅有一条公路通往柳州，从古宜到程阳平寨的公路正在修建。平寨位于三江北部的林溪乡程阳桥头。从古宜到平寨有30多里路，当时还没有通公路。早餐后把行李装上了船沿林溪河溯水而上，我们徒步走到平寨，开始了“社教”，换句现在人类学的话说，是开始了田野工作。

58年后的今天，回想起当年在柳州三江平寨田野上的初次体验，“赖啰哈哈！”（侗话，意为“好啰，哈哈”！）就在这与侗族群众的同吃同住同劳动中，历时9个月，我们与平寨的侗族群众一起建起了小水电站，盖起了厕所，种了大片的油茶林、大片的杉林，普查了身体健康状态……在互动中我们逐渐与侗族群众打成了一片，在“三同”中学会了侗话，学会了观察，比较了汉侗文化的差异，与侗族群众建立了深厚的感情。平寨的日日夜夜始终萦绕在我心中，挥之不去，恐怕这就是人类学成年礼的魅力。

冥冥之中，我以非典型的方式，在柳州三江的平寨完成了人类学的成年礼。

三、初心

时间如梭。九个月非典型的田野工作很快过去了。当1965年7月来临时，我们也大学毕业了。当时，我被柳州三江平寨的“田野”深深地迷住了，强烈要求留在三江工作，以实现从事民族研究的理想。但当时大学生的毕业分配有自己的制度和规定，我被分配到了浙江武义县当了一名中学教师。

---

1 罗杰林，东莞人，祖籍东莞桥头田新，国立桂林师范学院毕业，1939年参加东江游击队，中共党员。1946年调派广西任梧州市委组织部副部长、宣传部长兼统战部长、市委秘书长、梧州市城市工作委员会书记。新中国成立后，历任广西省委统战部办公室主任、党政处长，写书时任广西社会主义学院副院长。

2 黄庆培，时任三江侗族自治县共青团县委书记。

但我初心永恒，从事民族研究的梦想，经20年的磨难，1985年终于梦想成真。

1985年，我从浙江武义调到广西民族学院（现为广西民族大学）民族研究所，专职从事民族研究工作。到了广西的首府南宁工作，无形中拨动了我对柳州三江思念的心弦。

1987年12月，我重回柳州三江平寨，原来的侗族房东杨秀楠已任小学教师，我们决定合作完成20多年前就应该写出的民族志报告——《程阳桥风俗》（广西民族出版社，1992年）。如果说人类学的田野考察是人类学学者的成年礼，其田野考察的民族志报告是标志的话，那么，我成年礼的洗礼过程长达27年，这恐怕也是我们这一代中国人类学学者进入人类学的命运吧！而命运在不知不觉中把我与柳州联结在了一起。时任三江侗族自治县人民政府县长吴功卿专为《程阳桥风俗》作序说：

> 在这里特别使人感动的是徐杰舜同志在学生时代于1964年11月到1965年7月在程阳参加大学毕业实习考察后，与程阳侗族人民结下了深厚的友谊，20多年来一直没有忘记程阳侗族人民。1985年他从浙江调到广西民族学院后，又几次到程阳探望侗族乡亲，并动员他过去的房东，现在程阳小学教师杨秀楠同志一起撰写《程阳桥风俗》，表现出了一位汉族学者对少数民族深深的爱，这是可贵的民族情谊。而杨秀楠同志也不怕自己水平不够，在徐杰舜同志的指导下，克服了种种困难，经过近五年的努力，终于完成了对程阳风俗的搜集和整理工作，与徐杰舜和徐桂兰同志一起完成了《程阳桥风俗》的撰写任务，表现了侗族人民坚毅勤奋的民族精神。因此，可以说《程阳桥风俗》的撰写和出版是一曲民族团结的新曲。
>
> 为此之故，他们要我为《程阳桥风俗》写序，我就十分高兴地接受了这个盛意，为了颂扬三江的国宝——程阳桥，也为了颂扬民族团结的一个新成果——《程阳桥风俗》的出版，我欣然命笔，写了这篇短文，是为序。[1]

“根之所在、情之所在”。民族研究的初心，冥冥之中使我对柳州产生了一种恋恋不舍的情怀。后来林宁教授到广西工学院（现为广西科技大学）任书记时，我曾为工学院策划过一个研究柳州文化的《螺蛳山文库》（可惜未能实施）。2006年，我的学生何月华到工学院工作后，我到柳州的次数越来越多，特别是夜游了一次柳江后，发现柳州越来越美，越来越有魅力了，“岂独桂林风景好”[2]，柳州也是“山清，水秀，地干净”。2008年在南宁考察民族团结的经验时，搭了一下柳州的脉搏，感受到了柳州民族团结的张力更富有特色。

1　徐杰舜、杨秀楠、徐桂兰：《程阳桥风俗·序》，南宁：广西民族出版社，1992年，第1—3页。

2　陈峥、黄馨莹：《“岂独桂林风景好”——浅析柳州奇石旅游发展的有利条件》，《广西青年干部学院学报》2007年第5期。

正是：不是不报，缘分未到。缘分一到，一切都报。

2021 年是柳州创建民族团结示范市关键的一年，也是我与柳州牵手续缘的一年。

这是怎么一回事呢？

原来，柳州在开展创建民族团结示范市工作中，获知我曾为南宁市和荔波县做过中国民族团结经验研究的课题，柳州市民宗委吴慧兰主任便派调研员班雪梅打电话与我联系，希望我为柳州市的干部党员讲一讲如何以铸牢中华民族共同体意识为主线，创建民族团结进步示范市的问题。我虽年事已高，本已不太适宜了，但班雪梅是我 30 多年前的学生，是广西民族大学民族学专业的首届毕业生，1990 年毕业后一直在柳州民宗委工作。吴慧兰主任更是亲赴南宁面邀，并聘我为柳州市民族工作顾问。于是我于 2021 年 3 月 4 日到柳州，给柳州的干部做了一次讲座：《以铸牢中华民族共同体意识为主线，创建民族团结进步示范市，凝心聚力跟党走》。

这次讲座，倾注了我研究柳州的初心，从一定的意义上呈现了我对柳州课题的背景、结构、价值和意义的理解，故引述有关本课题背景的问题如下：

以铸牢中华民族共同体意识为主线，
创建民族团结进步示范市，凝心聚力跟党走
（2021.3.4柳州市民宗委）

在迎来中国共产党成立一百周年的2021年，在脱贫攻坚战取得全面胜利的重要时刻，今天我能应市民宗委之邀，在这里讲自己学习习近平总书记关于铸牢中华民族共同体意识的理论，为柳州市创建中国民族团结进步示范市贡献一点绵薄之力，深感荣幸！

我认识广西是从柳州始；

我认识民族是从三江始。

今天我讲的题目是《以铸牢中华民族共同体意识为主线，创建民族团结进步示范市，凝心聚力跟党走》，讲四个问题：

一、中国民族团结的大形势

二、中国民族关系的大趋势

三、铸牢中华民族共同体意识是民族工作的大主线

四、柳州是铸牢中华民族共同体意识的一个大熔炉

一、中国民族团结的大形势

党的十八大以来，以习近平为核心的党中央在新的历史阶段，深刻回答了坚持和发展什么样的中国特色社会主义、如何坚持和发展中国特色社会主义两个问题，在准确地把握了社会主要矛盾转化和民族工作阶段性特征的基础上，全面

阐述了中国特色解决民族问题的正确道路在新时代的深刻内涵，回答了如何坚持和拓展这条正确道路的问题，“中华民族一家亲，同心共筑中国梦”为其核心理念。

在新时代，民族团结的重要地位上升到新高度。习近平多次指出，“民族团结是我国各族人民的生命线”。围绕这一基本判断，总书记先后在多个场合提出民族团结是“最高利益”“生命线”“最关键”，将其重要性形象地比拟为“眼睛”和“生命”。强调加强民族团结，推动中华民族伟大复兴，是习近平新时代中国特色社会主义思想在民族工作领域的一个核心理念。建立各民族相互嵌入式的社会结构和社区环境，铸牢中华民族共同体意识等重要论述，赋予新时代民族团结事业以新的内涵。

在这里我想问，中国民族团结的大发展集中体现在什么地方呢？这就是2月25日习近平总书记在全国脱贫攻坚总结表彰大会上所宣布的我国脱贫攻坚战取得了全面胜利！

经过40多年的努力，特别是2012年党的十八大以来，开展的扶贫攻坚，精准扶贫，现在在现行标准下9899万农村贫困人口全部脱贫，832个贫困县全部摘帽，12.8万个贫困村全部出列，区域性整体贫困得到解决，完成了消除绝对贫困的艰巨任务，创造了又一个彪炳史册的人间奇迹！

党的十八大以来，平均每年1000多万人脱贫，相当于一个中等国家的人口脱贫。贫困人口收入水平显著提高，全部实现“两不愁三保障”，脱贫群众不愁吃、不愁穿，义务教育、基本医疗、住房安全有保障，饮水安全也都有了保障。2000多万贫困患者得到分类救治，曾经被病魔困扰的家庭挺起了生活的脊梁。近2000万贫困群众享受低保和特困救助供养，2400多万困难和重度残疾人拿到了生活和护理补贴。110多万贫困群众当上护林员，守护绿水青山，换来了金山银山。无论是雪域高原、戈壁沙漠，还是悬崖绝壁、大石山区，脱贫攻坚的阳光照耀到了每一个角落，无数人的命运因此而改变，无数人的梦想因此而实现，无数人的幸福因此而成就！

全国如此，广西也如此，如环江毛南族自治县退出贫困县序列后，实现了整族脱贫！

广西如此，柳州也如此。脱贫攻坚2020年年内实现1.93万贫困人口脱贫，68个贫困村全部出列，融水苗族自治县、三江侗族自治县脱贫摘帽，投入各级财政扶贫资金28.03亿元、增长13.9%。建档立卡贫困人口2020年人均可支配收入达10607元，所有村集体经济年收入达5万元以上，粤桂扶贫协作广东省财政帮扶资金1.5亿元，脱贫攻坚取得决定性成就。

中国实现了从“让一部分人先富起来”到“一个民族都不能少”，近一亿农村贫困人口全部脱贫，这是何等惊天动地的丰功伟绩！这又是何等巨大的伟力推动着民族团结进步事业的历史性发展!

二、中国民族关系发展的大趋势

中国民族团结的形势如此之好，而且将会越来越好，这是必然的，是由中国民族关系发展的大趋势决定的。

中国民族关系发展的大趋势究竟是什么?

所谓大趋势就是事物发展长时期的总的运动方向。那么，中国民族关系发展的大趋势就是中国民族互动、整合、融合和认同的长时期内总的运动方向，也就是现在说的交往交流交融的总的运动方向。

纵观上下五千年的中国历史，根据中国历史和中国民族关系发展不同时期的不同特点，中国民族关系发展的大趋势可分为三大阶段。

(一)第一个阶段的大趋势:从多元融合走向华夏一体

从夏商周三代到秦，中国民族关系的大趋势是从多元融合走向华夏一体。

从远古时代的五帝时代(五位古帝，说法各异。《世本》《大戴礼记》《史记·五帝本纪》列黄帝、颛顼、帝喾、唐尧、虞舜为五帝)起，中国民族或族群就是多源和多元的，据统计有名有姓的有352个民族或族群。五帝之后，在中华大地上崛起大致有5个大的超级族群集团，即炎黄族群集团、东夷族群集团、苗蛮族群集团、百越族群集团、戎狄族群集团。夏商到周王朝是中国民族关系从多元融合走向华夏一体发展大趋势的关键平台，这时的族群除夏、商、周、楚、越外，还有被称为夷、蛮、戎、狄的诸多族群，此所谓《礼记·明堂位》所言的“九夷、八蛮、六戎、五狄”。这时，民族或族群边界鲜明，民族或族群认同呈分散的态势，正如《礼记·王制》所云:

“中国、戎、夷五方之民，皆有性也，不可推移。东方曰夷，被发文身，有不火食者矣;南方曰蛮，雕题交趾，有不火食者矣;西方曰戎，被发衣皮，有不粒食者矣;北方曰狄，衣羽毛穴居，有不粒食者矣。中国、夷、蛮、戎、狄，皆有安居、和味、宜服、利用、备器。五方之民，言语不通，嗜欲不同。”

但是，在中国民族关系第一个大趋势的作用下，春秋之时，风云渐变，西周时壁垒森严的民族或族群边界逐渐被打破，由民族或族群互动而激起的民族或族群多元融合的浪潮首先在夏、商、周三族之间兴起。经春秋到战国，形成战国七雄:秦、楚、齐、燕、韩、赵、魏。但是，曾几何时，秦始皇雄才大略，从边缘走向中心，一举统一天下，实行“书同文字”“隳名城”“治驰道”“车同轨”“行同伦”的大一统政策，即统一文字、拆除原六国城墙、统一道路、统一度量衡、统一法制。使多元融合而形成的华夏族从分散走向统一，开始屹立在世界的东方。

于是，中国民族关系发展的第一个大趋势，从约公元前2070年夏王朝的崛起，到公元前221年秦的统一，历时2000余年，终于从多元起源，经多元融合，走向华夏一体而告结束。

从此，从多元走向一体的大趋势不可逆转了。

（二）第二个阶段大趋势：从民族互化到汉化成为民族融合的主流

从两汉到清代，中国民族关系的大趋势是从民族互化到汉化成为民族融合的主流。

中国民族关系的大趋势从多元融合走向华夏一体而告结束之时，中国的民族结构并没有形成华夏一体一统天下的格局，而仍然是多民族或多族群共存的态势。

国势强盛的汉帝国，是华夏族转化发展为汉族的一个拐点。在汉帝国通西域、伐匈奴、平西羌、征朝鲜、服西南夷、收闽粤南粤，与周边族群进行空前频繁的各种交往活动中，其他民族或族群称汉帝国的军队为“汉军”，汉帝国的使者为“汉使”，汉帝国的人为“汉人”。于是，汉帝国之名“汉”遂被称呼为华夏族之名，汉族之名自汉帝国始称。这时，与先秦时期最大的不同是形成了人口占多数的汉族与人口较少的其他少数民族共存的二元结构。

从两汉之时是汉族与北方草原的匈奴、鲜卑，东北的扶余、高句丽、乌桓，西北的羌族、西域诸族，西南的西南夷、板楯蛮，中南和东南的武陵蛮、俚、僚及乌浒蛮等少数民族共存的二元结构。

在这种汉族与少数民族共存的二元结构中，中国民族关系发展的大趋势是从民族互化到汉化成为民族融合的主流。所谓民族互化，就是在民族互动、磨合、整合和认同中，既有少数民族融合于汉族，也有汉族融合于少数民族。

但是，在中国民族关系发展的第二个大趋势中，虽然民族互化是双向的，有“用夏变夷者”的汉化，也有“夏变于夷者”的夷化，但是历史是有选择的，在汉化与夷化的博弈中，由于人口、历史、地理、文化、经济、政治的种种因素所致，中国民族关系发展的第二个大趋势最终选择了以汉化为主流。

仅说在这个大趋势中所出现的三国两晋南北朝和宋辽夏金元时期两次波澜壮阔的民族大融合的潮流，就是在这两个民族大融合潮流的席卷下，隋唐时期的汉族，已不再是过去的汉族，而是融合北方的匈奴、鲜卑、乌丸、氐、羌，以及南方部分蛮、俚、僚、傒等民族和族群的新汉族，人口得到了极大的增长，从汉代的5900余万人，发展到唐代前期达8000万至9000万人之间。而明清时期的汉族，又不再是过去的汉族，而是融合了契丹、党项、女真等民族的新汉族，汉族人口像滚雪球一样，越滚越大，越滚越结实，人口到明万历二十八年（1600年）达1.5亿，及至清道光三十年（1850年）已达4亿以上。汉化终于成了中国民族关系发展第二个大趋势的主流。

于是，中国民族关系发展的第二个大趋势，从公元前202年汉帝国的建立到1911年清帝国的灭亡，也历时两千余年，终于从民族互化走向以汉化为主流而告结束。

（三）第三个阶段大趋势：从以汉化为主流转向对中华民族的认同

从1911年辛亥革命推翻清帝国开始，直到当下，中国民族关系发展的大趋势是从以汉化为主流转向对中华民族的认同。

这时，为什么运行两千多年的中国民族关系发展以民族互化走向以汉化为主流的大趋势转向？换句话说，是什么力量扭转了中国民族关系发展大趋势的方向?

是近代民族概念的引入和民族意识的觉醒。鸦片战争以前，由于历史条件的限制，中国人固守传统“夷夏之辨”和“天朝上国”的观念，对世界大势缺乏了解，甚至弄不清以往的“蛮夷之邦”与欧美资本主义国家的区别，鸦片战争一方面把中国推向半殖民地半封建社会的深渊，另一方面也打开了中国的闭关大门。战败的惨痛教训深深地刺激了中国人，迫使他们不得不重新思考中国与世界的关系问题，开始重新认识什么是民族？什么是民族意识？当时种种关于民族的概念，都彻底颠覆中国传统的“夷夏之辨”或“华夷之辨”民族观，使中国人开始认识到民族并不是仅仅对华夏文化和汉文化认同的问题，认同则为“华”或“夏”，不认同则为“夷”或“蛮”的简单划分。民族应该是具有血统、生活、语言、宗教、风俗习惯等特征人们共同体。这种悄然而入的民族概念，真是四两拨千斤，轻而易举地拨转了中国民族关系发展两千多年来从民族互化走向以汉化为主流的大方向，从而从多元走向中华民族的一体。这是中国民族关系发展大趋势的使然。

在这里，我们如果思考民族团结的性质究竟是什么？是手段还是目的这类问题就会明确民族团结是手段、是方法、是措施。民族团结的目的应该是实现中华民族的高度认同和伟大复兴。

三、铸牢中华民族共同体意识是民族工作的大主线

俗话说：理论是行动的指南。

当“铸牢中华民族共同体意识”的战略思想已成为中国民族工作的主线时，从学理上弄清楚这个理论的来龙去脉，对于我们做民族工作的同志来说就显得十分必要和迫切了。

（一）“铸牢中华民族共同体意识”理论提出的背景

凡事都有源。

习近平作为中国共产党的总书记，是在深刻洞察了世界和中国大势的背景下，提出了“铸牢中华民族共同体意识”的理论。他在党的第十九次全国代表大会上的报告中明确指出：“我国社会主要矛盾已经转化为人民日益增长的美好生活需要和不平衡不充分的发展之间的矛盾。”[1]这就是说，中国特色社会主义进

1 习近平：《决胜全面建成小康社会 夺取新时代中国特色社会主义伟大胜利——在中国共产党第十九次全国代表大会上的报告》，《人民日报》2017年10月27日。

入新时代，我国社会的主要矛盾已经发生了重大的变化。麻国庆认为："认识这一转变，必须从向后看和向前看两方面来展开。新中国建立以来，特别是改革开放以来的30多年间，我国社会生产力水平总体上显著提高，解决了十几亿人的温饱问题，但也存在地区间、民族间发展不平衡不充分的问题。而全面建设小康社会，人们不仅对于物质、文化生活提出了更高的期盼，在公平、正义、安全等方面的要求也日益增长。准确把握社会矛盾的转变，是解决目前我们所面临的一系列问题的总钥匙，也是指导未来一个时期工作的总方针。"而"新时代我国社会主要矛盾的变化，是关系全局的历史性变化，在民族工作领域，必须认识到社会主要矛盾变化所揭示的阶段性特征。"[1]

2017年，习近平在中央民族工作会议上就指出，我们的民族工作面临"五个并存"的阶段性特征，即：

历史条件方面，改革开放和社会主义市场经济带来的机遇和挑战并存；

经济发展方面，民族地区经济加快发展势头和发展低水平并存；

发展政策方面，国家对民族地区支持力度持续加大和民族地区基本公共服务能力建设仍然薄弱并存；

民族关系方面，各民族交往交流交融趋势增强和涉及民族因素的矛盾纠纷上升并存；

国家安全方面，反对民族分裂、宗教极端、暴力恐怖斗争成效显著和局部地区暴力恐怖活动活跃多发并存。[2]

这"五个并存"的科学判断，指明了现阶段我国民族工作所处的历史方位，也明确了在中国特色社会主义的新时代，"少数民族美好生活的实现是人民共同富裕的重要组成部分；民族地区的发展是解决发展不平衡不充分的重点之一；巩固共同繁荣、共同发展的和谐民族关系是中华民族伟大复兴的重要条件"。

可见，"实现中华民族的伟大复兴不是某一个民族的梦想，也不是各民族各有其梦想，而是全国各民族共同的梦想。实现这样的伟大梦想，也不能单靠哪一个民族的力量，而是要把全国各族人民凝聚到中华民族当中来，共同努力。习近平总书记正确把握住了这样的历史趋势、现实基础和未来走向，适时提出了'中华民族共同体'的重要思想"[3]。

这就是习近平提出"铸牢中华民族共同体意识"理论的背景。

（二）"铸牢中华民族共同体意识"理论提出的轨迹

习近平是什么时候开始提出"铸牢中华民族共同体意识"理论概念的呢？

---

1 麻国庆：《民族研究的新时代与铸牢中华民族共同体意识》，《中央民族大学学报》2017年第6期。

2 参阅《深刻把握民族工作"五个并存"的新特征》，统战新语，2017-05-23，https://mp.weixin.qq.com/s/z4ysOMZ0Q7gUhEkfNS0xjw。

3 以上所引均见麻国庆：《民族研究的新时代与铸牢中华民族共同体意识》，《中央民族大学学报》2017年第6期。

2014年注定是“铸牢中华民族共同体意识”理论的元年。

2014年5月28日，习近平在第二次中央新疆工作座谈会上，首次提出了“铸牢中华民族共同体意识”理论最初的概念，他说：“在各民族中牢固树立国家意识、公民意识、中华民族共同体意识，最大限度团结依靠各族群众，使每个民族、每个公民都为实现中华民族伟大复兴的中国梦贡献力量，共享祖国繁荣发展的成果。各民族要相互了解、相互尊重、相互包容、相互学习、相互帮助，像石榴籽那样紧紧抱在一起。”[1]可见，在这里“铸牢中华民族共同体意识”理论最初的形态是“在各民族中牢固树立……中华民族共同体意识”。

同年9月30日，习近平总书记在中央民族工作会议上提出积极培养中华民族共同体意识，回溯了中华民族共同体形成的历史过程以及构建中华民族共同体的重大意义，回应了近些年各执其偏的学术争议，回答了“中华民族由何而来”“中华民族向何处去”的方向性问题。[2]他指出：“加强中华民族大团结，长远和根本的是增强文化认同，建设各民族共有精神家园，积极培养中华民族共同体意识”。[3]“牢固树立中华民族共同体意识”，变成“积极培养中华民族共同体意识”的表述，并且是党和国家重要文件首次明确地使用“中华民族共同体”的概念。可见“中华民族共同体意识”的理论已形成初步的概念。与此同时，习近平还将“坚持打牢中华民族共同体思想基础”纳入中国特色解决民族问题正确道路的“八个坚持”中，即“坚持党的领导，坚持中国特色社会主义道路，坚持维护祖国统一，坚持各民族一律平等，坚持和完善民族区域自治制度，坚持各民族团结平等、共同发展繁荣，坚持打牢中华民族共同体的思想基础，坚持依法治国”。[4]

2014年12月22日，中共中央、国务院印发了《关于加强和改进新形势下民族工作的意见》，将“打牢中华民族共同体意识”提到一个前所未有的新高度。《意见》要求，“要积极培育中华民族共同体意识，引导各族干部群众深刻认识中国是全国各族人民共同缔造的国家，中华文化是包括56个民族的文化，中华文明是各民族共同创造的文明，中华民族是各民族共有的大家庭，牢固树立各民族水乳交融、唇齿相依、休戚相关、荣辱与共的观念。”并从坚定不移走中国特色解决民族问题的正确道路、围绕改善民生推进民族地区经济社会发展、促进各民族交往交流交融、构筑各民族共有精神家园、提高依法治国能力、加强党对民族工作的领导六个方面提出了正确处理民族工作的25条建议。

1 《坚持依法治疆团结稳疆长期建疆　团结各族人民建设社会主义新疆》，《人民日报》2014年5月30日。

2 参阅马戎：《中国民族区域自治制度的历史演变轨迹》，《中央社会主义学院学报》2019年第3期。

3 《中央民族工作会议暨国务院第六次全国民族团结进步表彰大会在北京举行》，《人民日报》2014年9月30日。

4 《中国特色解决民族问题正确道路的内涵是“八个坚持”》，国家民族事务委员会编：《中央民族工作会议精神学习辅导读本》，北京：民族出版社，2015年。

这样，“铸牢中华民族共同体意识”理论的初始样态基本形成。

2015年8月24日至25日，习近平在中央第六次西藏工作座谈会上又一次指出：“要大力加强民族团结，促进各民族群众相互了解、相互帮助、相互欣赏、相互学习。要大力培育中华民族共同体意识，广泛开展民族团结进步宣传教育和创建活动。”[1]这里“大力培育中华民族共同体意识”的表述，虽然与“积极培养中华民族共同体意识”略有不同，但大同小异。此后，经过4年的思考和斟酌，2017年10月，在党的十九大报告中，习近平铿锵有力地指出：“深化民族团结进步教育，铸牢中华民族共同体意识，加强各民族交往交流交融，促进各民族像石榴籽一样紧紧抱在一起，共同团结奋斗、共同繁荣发展。”[2]习近平举旗定向，“中华民族共同体意识”以“铸牢中华民族共同体意识”一锤定音。这样，“铸牢中华民族共同体意识”的理论宣告正式形成，其标志是第一次写入党的全国代表大会工作报告，并正式写入新修改的《党章》之中。

不久，2019年9月27日，习近平在全国民族团结进步表彰大会上再次指出：“各族人民亲如一家，是中华民族伟大复兴必定要实现的根本保证。实现中华民族伟大复兴的中国梦，就要以铸牢中华民族共同体意识为主线，把民族团结进步事业作为基础性事业抓紧抓好。”[3]强调“要以铸牢中华民族共同体意识为主线”。

2019年10月23日，中共中央办公厅、国务院办公厅专门印发《关于全面深入持久开展民族团结进步创建工作铸牢中华民族共同体的意见》的文件指出：“中华民族共同体意识是国家统一之基、民族团结之本、精神力量之魂。党的十八大以来，以习近平同志为核心的党中央高度重视民族工作，着眼培育中华民族共同体意识，创新推进民族团结进步创建，取得显著成绩。各民族交往交流交融广泛拓展，中华民族共同体意识不断增强，平等团结互助和谐的社会主义民族关系不断巩固和发展。同时要看到，新形势下民族团结进步创建工作仍存在体制机制不健全、载体方式不适应等薄弱环节。适应新时代发展历史方位，以各族群众为主体，以铸牢中华民族共同体意识为根本方向，以加强各民族交往交流交融为根本途径，全面深入持久开展民族团结进步创建工作，是推进民族团结进步事业发展的必然要求，也是实现中华民族伟大复兴中国梦的必然要求。”[4]从而昭示了中华民族在历史以及未来，都将休戚与共的深刻意蕴与独特价值，把中华民族共同

1 习近平：《在中央第六次西藏工作座谈会上的讲话》，http：//www.china.com.cn/lianghui/fangtan/2016-03/01/content_37908757.html。

2 习近平：《决胜全面建成小康社会 夺取新时代中国特色社会主义伟大胜利——在中国共产党第十九次全国代表大会上的报告》，《人民日报》2017年10月28日。

3 习近平：《在全国民族团结进步表彰大会上的讲话》，《人民日报》2019年9月28日。

4 《关于全面深入持久开展民族团结进步创建工作铸牢中华民族共同体的意见》，《人民日报》2019年10月24日。

体意识提升到了“国家统一之基、民族团结之本、精神力量之魂”的高度，从而宣告了“铸牢中华民族共同体意识”理论建构的完成，“铸牢中华民族共同体意识”理论也就成了民族工作的主线。

历史已经向我们展开了一个无比美好的前景，在迎来中国共产党成立一百周年的重要时刻，让我们以铸牢中华民族共同体意识为主线，创建民族团结进步示范市，凝心聚力跟党走，为中华民族的伟大复兴贡献柳州智慧和力量！

谢谢大家！

不忘初心，实践初心，使我终于有了一个表达初心的机会。柳州民宗委官网当晚报道说：

为贯彻党史学习教育的部署要求，3月4日，柳州市民宗委、市直机关工委联合举办《铸牢中华民族共同体意识，凝心聚力跟党走》专题讲座，将党史学习教育和铸牢中华民族共同体意识教育紧密结合，以党史学习教育推动铸牢中华民族共同体意识，推进我市创建全国民族团结进步示范市工作。全国著名学者徐杰舜教授应邀授课。全市千名党员干部代表参加讲座，讲座由市民族宗教事务委员会主任、党组书记、市委统战部副部长吴慧兰主持。

讲座紧扣“铸牢中华民族共同体意识”主线，从中国民族团结的大形势、中国民族关系发展的大趋势、铸牢中华民族共同体意识是民族工作的大主线、柳州是铸牢中华民族共同体意识的大熔炉等四个方面，进行了全面系统、深入浅出的解读。党的十八大以来，以习近平同志为核心的党中央高度重视民族工作，做出一系列重大决策部署。党的十九大把“铸牢中华民族共同体意识”写入党章，成为全党共同意志和全社会共同遵循。柳州市认真贯彻落实党中央的决策部署，把开展民族团结进步创建，铸牢中华民族共同体意识作为推动习近平新时代中国特色社会主义思想入脑入心、落实落地的重大部署，按照“工业带动，城乡携手，党群合力，同心圆梦”的思路推进创建工作，确保党的民族工作大政方针在柳州落地生根、开花结果。

会议要求，全市各级党组织、各创建单位、广大党员干部要更加紧密团结在以习近平同志为核心的党中央周围，落实好党中央、自治区党委和市委关于开展党史学习教育的决策部署，进一步增强“四个意识”、坚定“四个自信”、做到“两个维护”，以铸牢中华民族共同体意识为主线，创建民族团结进步示范市，凝心聚力跟党走，为中华民族的伟大复兴贡献柳州智慧和力量！

党员干部们表示，听完牛年第一课，对中华民族共同体意识的概念和理论有了更加深刻的了解，将发扬“三牛精神”，以百倍的干劲投入柳州市创建全国民族团结进步示范市工作中，为打造万亿工业强市，促进乡村振兴做出更大贡献，以优异成绩为建党100周年献礼！

这次讲座的盛况进一步加深了我与柳州的缘分，柳州方面也加深了对我的了解，并根据我的建议，与广西科技大学合作，建立柳州市铸牢中华民族共同体意识研究基地。吴主任不愧是经验丰富的民族工作者，看准了说干就干，3 月 26 日就实现了市校合作，在广西科技大学建立的柳州市铸牢中华民族共同体意识研究基地揭牌成立，同时聘我为首席专家。2022 年 1 月 16 日，又升格为广西铸牢中华民族共同体意识研究（广西科技大学）基地。这样就完全打开了我与柳州之间的缘分，使我研究柳州的初心得以实现，从而有了《万川归一》关于柳州铸牢中华民族共同体意识实践研究课题的呈现。

第二章　中国·广西·柳州

研究柳州，要有大的视野。不仅要从广西看柳州，更要从中国看柳州，方能识得“庐山真面目”。

一、这里是中国

水有源，树有根，生活在柳州的中国人，也会问：中国从哪里来？有一本名为《这里是中国》的书告诉我们：

> 类似于宇宙起源于一次大爆炸，现今中国的地理格局则与一次大碰撞息息相关。约6500万年前，印度板块与欧亚板块相撞，撞击速度极快，能量极大。在最近的5亿年间，类似的板块碰撞曾发生过多次，但只有此次碰撞引发了超大幅度的地表隆起。于是，地球上最高、最年轻的高原——青藏高原诞生了。青藏高原平均海拔超过4000米，地壳厚度可达80千米。其环境之独特，可与地球南、北极并列，被称为“第三极”。
>
> 南迦巴瓦峰位于喜马拉雅山脉东端，属于第一级阶梯。
>
> 东川红土地位于云贵高原，属于第二级阶梯。
>
> 华北平原属于第三级阶梯。
>
> 在青藏高原上，许多巨大的山脉次第隆起。喜马拉雅山、昆仑山—阿尔金山—祁连山南北夹峙；冈底斯山脉、念青唐古拉山、唐古拉山，居于腹地；兴都库什山—喀喇昆仑山、横断山分立东西两端。这些高大的山脉囊括了地球上14座8000米级山峰、绝大多数的7000米级山峰，以及数不胜数的5000—6000米级山峰。因此，这次大碰撞堪称5亿年来最重要的造山事件。
>
> 其中珠穆朗玛峰高达8844.43米，为世界最高峰。乔戈里峰的海拔为8611米，

为世界第二高峰。世界第十四高峰希夏邦马峰，则完全位于中国境内，海拔为8027米。其他声名赫赫的极高山，如位于西藏林芝的南迦巴瓦峰，位于西藏阿里的冈仁波齐峰，位于云南的卡瓦格博峰，位于新疆的慕士塔格峰，位于四川甘孜的贡嘎山，位于四川稻城亚丁风景区的央迈勇峰等，则形成了中国西部的擎天之柱。

然而，大碰撞的“洪荒之力”还没有释放完毕。青藏高原诞生的同时，大碰撞的力量也开始向外围扩散。此前已经有了一定海拔高度的另一些地方也受到挤压，进一步抬升，包括黄土高原、云贵高原、内蒙古高原。

中国四大高原无一不受到大碰撞的巨大影响。至此，中国大地上出现了显著的三级阶梯。青藏高原海拔最高，为第一级阶梯；海拔为1000—2000米的内蒙古高原、黄土高原、云贵高原等，构成了第二级阶梯；大兴安岭、太行山、雪峰山以东，大部分海拔在500米以下，为第三级阶梯。中国的地理格局就此形成。

三级阶梯的差异，使得中国的地貌景观极富变化。万千山岭、大美山河，就在这三级阶梯上依次显现。可以说，没有大碰撞，就没有今天的中国。[1]

地球大碰撞，“撞”出了大中国。那“中国”之名又出现于何时呢？

从文献上看，在我国古代，“国”字的含义是“城”或“邦”。所谓“中国”，就是指“中央之城”或“中央之邦”。南宋郑樵编撰的《通志》上说：“伏羲但称氏，神农始称帝，尧舜始称国。”说明尧舜时期已经有了“国”的概念。在此之前，国家的形态尚未形成，黄帝、炎帝、颛顼等古帝建都的地方，都还不能称为“中国”。而《诗经·大雅·民劳》《公羊春秋·昭公二十三年》《左氏春秋·僖公二十五年》《管子·匡君·小匡》《史记·秦本纪》等诸多史料则印证了当时的“中国”，既有地理区域的概念，又有京师、京畿之地的意思。东汉刘熙在《释名》中则直接明了地讲道：“帝王所都曰中，故曰中国。”

《孟子·万章上》有这样一段描述：“尧崩，三年之丧毕。舜避尧之子于南河之南。天下诸侯朝觐者不之尧之子而之舜，讼狱者不之尧之子而之舜，讴歌者不讴歌尧之子而讴歌舜。故曰天也。夫然后之中国，践天子位焉。”所谓“之中国践天子位焉”，就是“到京师登上了天子宝座”。

至于《史记·楚世家》所记载的，居住在长江中下游地区的楚王熊渠所言，“我蛮夷也，不与中国之号谥”，盖为他对中原黄河流域的周王室重振国势的一种服软的言论。此处的“中国”，或特指古时华夏民族聚居的黄河聚居区域。

从考古材料上看，“中国”二字最早以文字形式出现是在1963年在陕西宝鸡发现的周成王五年（前1046年）的祭器——“何尊”内胆底部的铭文中，其中大意为“我

1 星球研究所、中国青藏高原研究会：《这里是中国》，北京：中信出版集团，2019年。

图 2.1　何尊

图 2.2　何尊铭文[1]

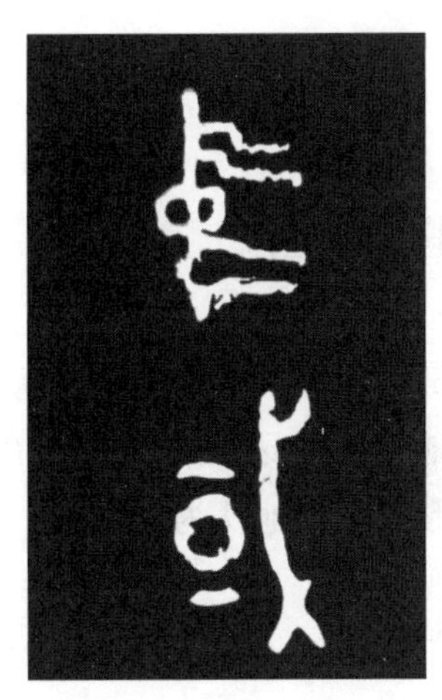

图 2.3　何尊中“中国”两字

1　何尊内底铸铭文 122 字，全文如下：

唯王初迁，宅于成周，复禀武王丰福自天。在四月丙戌，王诰宗小子于京室，曰：“者在尔考公氏，克弼文王，肆文王受兹大命。唯武王既克大邑商，则廷告于天曰：‘余其宅兹中国，自之乂民。’呜呼！尔有虽小子无识，视于公氏有勋于天。彻命！敬享哉！”唯王恭德裕天，训我不敏。王咸诰。何赐贝卅朋，用作庾公宝尊彝。唯王五祀。

铭文大意是：王初次亲政，来到成周（洛邑）居住，并在天室祭祀武王，祈求赐福。在四月丙戌日，王在宗庙的大室里告诫同宗的年轻人说：“你们已经去世的父亲当初能够辅佐文王，于是文王承受了灭商的天命。武王在攻克大邑商之后，就在庙庭告祭上天，说道：‘我将居住在这天下之中，从此治理人民。’你们这些年轻人虽然没有见识，但你们要效法父亲，像他们那样有大功于上天。你们要通晓我的命令，恭敬地祭献你们的父亲吧！”王有礼有德，顺从天意，开导了我的愚钝。这是王的全部诰词。何被王赐予贝三十朋，用来作了祭祀庾公的贵重礼器。祭祀的时间是王的第五年。

要住在天下的中央地区”的“余其宅兹中或”的“中或”就是指“中国”，这是目前“中国”二字最早的青铜器实字记载。[1]

可以说世界上本没有中国，是6500万年前的地球大碰撞，撞出了拥有中华大地的中国；今天，新时代的我们为中国骄傲，为中国自豪！正如民谣歌曲《大中国》所唱：

我们都有一个家/名字叫中国/兄弟姐妹都很多/景色也不错/家里盘着两条龙/是长江与黄河呀/还有珠穆朗玛峰儿/是最高山峰

我们都有一个家/名字叫中国/兄弟姐妹都很多/景色也不错/看那一条长城万里/在云中穿梭呀/看那青藏高原/比那天空还辽阔

我们的大中国呀/啊好大的一个家/经过那个多少/那个风吹和雨打

我们的大中国呀/啊好大的一个家/永远那个永远/那个我要伴随她

中国祝福你/你永远在我心里/中国祝福你/不用千言和万语

这里是中国！中国的出现是大自然的结晶，是历史发展的选择，是每个中国人的骄傲！

二、这里是广西

这里是广西，柳州人的大籍贯，我们要从更长的时段去了解一下。

广西地方史学家黄体荣先生在《广西历史地理》中，从地质史层面探讨了广西这块土地的形成史。他认为：

广西这块地域，远在五六亿年前，即地质史上的寒武纪（古生代），这里除去现在桂北的九万山、大苗山、天平山以及桂东南的云开大山一带，分布有较大的陆地外，其余尽是汪洋大海，浩瀚无边。

志留纪末期（约四亿多年前），广西这个区域内，发生了一次剧烈的地壳运动，这次运动，地质学家称为广西运动。运动结果，使海底地层发生了褶皱和

1 何尊是西周早期标准器。1963年出土于宝鸡贾村镇陈家后院，后被卖到废品收购站，1965年9月被宝鸡博物馆发现并收藏。最初被称作“饕餮纹青铜尊”，直至1975年调北京展览时，才被故宫的唐兰先生（有的说是马承源）发现了底部的铭文，从此便身价倍增，被定为国宝。因这件饕餮纹青铜尊的作者叫“何”，这件青铜尊也就正式更名为“何尊”。它的发现印证了《史记》上关于周初营建洛邑的史实，解决了西周史研究上的疑案。何尊体呈椭圆方形，口圆而外侈，器腹四边透浇玲珑剔透的扉棱。口沿下饰蕉叶纹，扉棱置于叶中，叶面浮饰图案化的云纹，顶部饰以蚕纹，腹饰饕餮纹，饕餮大眉悬翘，巨目咧嘴。圈足亦饰大饕餮面，通体上下以细云雷纹衬底。造型浑厚凝重而又富丽华贵，为西周初期一件难得的艺术珍品。内底有铭文122字，具有极其重要的历史研究价值。通高39厘米、径28.6厘米，重14.6千克。

断裂，接着现在广西这块陆地暂时从水底露出海面，形成了一种新的陆地自然景观。

到泥盆纪初期（四亿年前），广西这块陆地又慢慢下沉，这时，除桂北和东南部地区仍为陆地外，其余的地方，又是白茫茫一片。

在三叠纪（中生代）时期，约二亿二千五百万年前，在广西这个地域内，曾有过几次不很剧烈的地壳运动，海水有进有退，但影响并不十分显著，另一方面，在这期间，海洋里各种各样的沉积物，形成了各不相同的地层，其中最突出的是石灰岩地层。这种岩层最大的特点：岩层厚，质地纯正；今天广西全境，广泛地分布有这种岩层，约占全部面积二分之一以上（十二万多平方千米），这也正是广西很多地方，特别是桂林一带岩溶地形发育得最典型的原因。

到三叠纪末期（一亿八千多万年前）发生了一次极其强烈的地壳运动，这次地动，主要发生在中印半岛和我国的西南地区，所以地质学家概括地叫作印支运动。由于这次运动的内力作用很大，使广西这个区域内的陆地，完全升出海面。从这个时候起，这块陆地，再也没有下沉或海水入侵的情况，它以全新的面貌，出现在亚洲大陆东南部的边缘。

广西陆地，在侏罗纪到白垩纪（一亿三千五百万年）又受一次比较强烈的燕山运动的影响，形成了许多比较高的山和峻岭以及大小不一的盆地，今天广西的地形轮廓，就是通过燕山运动塑造出来的。

进入新生代以后（七千万年前），在广西这块陆地上，和地球上其他陆地一样，哺乳动物开始繁衍，它们和原先已存在的无脊椎动物、鱼、两栖动物和爬行动物等，为寂静的地球带来了新的气息。裸子植物和被子植物一起，共同绿化了大地。[1]

这样，经过五六亿年地球的沧桑演进，广西陆地露出海面以后，又经历着剧烈的燕山运动及相继出现的几次升降运动，使广西陆地出现地形复杂的地理景观。

1. 从整体来说，广西地势北高南低，其中特别是西北部高，因为这里是云贵高原的延伸部分，所以它的平均高度显得较为突出。由于广西陆地的周围都环绕着比较高大的山脉，所以在形状上实际是一个四边高中间低凹的盆地。在盆地中央分布着一系列很有规律而且整齐的弧形山脉：从东北方向西南方延伸的有架桥岭、大瑶山，从西北方向东南方延伸的有都阳山、大明山。这两列来自不同方向的山脉，在广西陆地中部的贵县、横县的北部和莲花山、镇龙山相汇合，这些山脉，是盆地中弧形地形的主体结构。使广西陆地形成盆地地形的边缘山脉，也以弧形的势态分布着：在桂北有大南山、天平山和九万大山等；桂南有云开大山、六万大山、十万大山和六韶山、大青

1 参阅黄体荣编著：《广西历史地理》，南宁：广西民族出版社，1985年，第1—4页。

山、公母山等。此外，在桂东北还有五岭（即南岭）中的越城岭、都庞岭、萌渚岭等著名山脉，所以广西向来有“山国”之称。

2. 丘陵散布。在广西盆地中央，除去以弧形山地为主体结构外，其他地区广泛地分布着低山丘陵，占广西总面积的10.3%，在桂东南、桂南及桂西南连片集中。

3. 石灰岩分布广泛，但其中比较成片地集中是在柳江、红水河流域内，其次是在左江流域到右江的广大地区，再其次是在桂江和贺江的中上游。由于石灰岩是一种可溶性的岩石，在广西的有利气候条件下，它发育成为多种多样的岩溶类型，其中比较普遍的是峰林-槽谷类型，这种类型可以桂林和阳朔一带为代表，这里不仅有秀丽的山峰，多姿的岩洞，还有清澈的流水，共同组成了誉满全球的风景区——甲天下的“桂林山水”。熔岩广布，占广西总面积的37.8%，其发育类型之多为世界少见。

4. 盆地大小相杂，错综复杂。西、北部为云贵高原边缘，东北为南岭山地，东南及南部是云开大山、六万大山、十万大山。盆地中部被广西弧形山脉分割，形成以柳州为中心的桂中盆地，沿广西弧形山脉前凹陷为右江、武鸣、南宁、玉林、荔浦等众多中小盆地，形成大小盆地相杂的地貌结构。位于中部的贵港市拥有广西最大的平原“浔郁平原”。

5. 在幅员辽阔的山丘海洋里，也分布着不少大小不一的冲积平原和石灰岩平地。其中比较突出的是右江平原、郁江平原、浔江平原和合浦沿海平原等。[1]

总之，低山、熔岩、丘陵和平地，构建了生我们、养我们的广西大地，其位于中国南部，位于北纬20°54′—26°24′，东经104°26′—112°04′，北回归线横贯中部；地处被称为中国地势第二级阶梯的云贵高原的东南边缘、两广丘陵的西部，南边朝向北部湾。

广西之名的由来有二：一为唐懿宗咸通三年（862年），岭南道分东、西两道，并以邕管经略使为岭南西道节度使，成为一级独立政区；二为宋朝行政单位——“广南西路”，后简称“广西路”。

广西又简称“桂”。原来广西在春秋战国时期属百越的一部分。公元前214年，秦始皇征服百越，设置桂林郡、南海郡和象郡，今广西大部分地区属于桂林郡和象郡，所以广西称“桂”由此而来。

那么，秦始皇为何取名“桂林郡”呢?

据考，广西盛产桂树，大片成林。广西的桂树有两种：一是药用的玉桂，是古代土官向皇帝进贡的珍贵之物。西周时期，在四方进贡者中就流传有“桂国”之名。我国古代最早的地理著作《山海经》中也有“桂林”地名，此地名有桂树成林之含义，见《山海经·海内南经》记：“桂林八树，在番隅东。”二是花木，俗称桂花。据晋代嵇含著《南方草木状》云：“桂出合浦，生必以高山之巅，冬夏常青，其类自成为林，间无杂树。”唐代《唐本草》也有“牡桂乃尔雅所云木桂也，叶长尺许，大小枝皮俱名牡

1 参阅黄体荣编著:《广西历史地理》，南宁：广西民族出版社，1985年，第1—4页。

桂，出邕州……”宋代文人范成大在《桂海虞衡志》一书中亦云：“桂，南方奇木，上药也。桂林以地名，地实不产，而出于宾、宜州。”这里没有记载作为花木的桂树，而是记载古人向朝廷进贡的玉桂。因此，广西简称“桂”。秦始皇统一中国，在岭南设置“桂林、南海、象郡”，以广西的特产桂树命名的桂林郡，其地域在今广西境内，治所贵港市东。其辖地很广，包括广西大部分地区。南朝新置桂州，治所桂林，还是以“桂”名地。

广西又别称“八桂”。经考“八桂”之称是从古代《山海经·海内南经》中“桂林八树，在番隅东”演变而来。晋代文学家郭璞说：“八树成林，言其大也。”孙绰在《游天台山赋》中有“八桂森挺以凌霜”的诗句。“八桂”一词与广西挂钩则始于唐朝韩愈，韩愈在《送桂州严大夫》诗中云：“苍苍森八桂，兹地在湘南。”湖南称“湘”，广西在湖南之南部，韩愈诗题中的桂州，治所在今广西桂林市内。宋朝诗人杨万里有“来从八桂三湘外，忆折双松十载前”。元朝黄镇成也云：“八桂山川临鸟道，九嶷风雨湿龙滩。”可见八桂之名深入人心，在民间广泛流传。据官方纂修的《大明一统志》记载：“八桂，广西桂林府郡名。”当时广西省会驻桂林，以桂林代表广西。从此广西称“八桂”正式在官书中固定下来了。

广西别称“八桂”，民间称谓发源于《山海经·海内南经》之说，流传于唐宋，因明代政府将广西承宣布政使司的行政区域在官书中正式定名为“八桂”而流传于世。

广西还有一个雅称，谓之“桂海”。

“桂海”之称，可溯源至南朝江淹诗，其《袁太尉淑从驾》诗云：“文轸薄桂海，声教烛冰天。”唐李善注云：“南海有桂，故曰桂海。”岭南地区古称南海，岭南多长桂树，故又称岭南为桂海。据考，李善注释江淹诗中的“桂海”为南海，即岭南地区并不确切。宋人范成大《石湖诗集》卷十四有诗题云：“画工李友直为余作冰天、桂海二图，冰天画使北虏渡黄河时，桂海画游佛子岩道中也。”而范成大《桂海虞衡志·志岩洞》记佛子岩在今桂林：“佛子岩，亦名钟隐岩，去城十里，号最远。”唐刘克庄亦有《佛子岩》诗注云：“佛子岩，又名钟隐岩，在桂林。”可见。江淹诗中的“桂海”本意是实指今桂林。“文轸”为二十八星宿之一，文轸星逼近桂海，是赞美桂林为上苍之造化。范成大作《桂海虞衡志》，以“桂海”冠书名就出自江淹诗。所以《桂海虞衡志》意为在广西桂林做官时所见所闻的记录，其所称的“桂海”，实指桂林，泛指广西。《桂海虞衡志》一面世，以“桂海”代称广西就具有相当的权威性，并沿用至今，多见诸古籍、文人墨客笔端，直至清光绪十二年至二十一年（1886年至1895年）先后任广西按察使、广西布政使、广西巡抚的张联桂在广西编著有《桂海文澜集》，清陆祚《粤西偶记》明确解释说：“粤西称桂林，又称桂海。”[1]

广西的名称是多彩的：有正名“广西”，有简称“桂”，有别称“八桂”，有雅称

1 参阅陈曼平：《漫谈“八桂”等广西别称的由来》，《广西地方志》2002年第4期。

“桂海”，其他因处于百粤地西部而别称“粤西”“西粤”；因“左东右西”之说而俗称“广右”“岭右”“粤右”，不一而足。

三、这里是柳州

从中国看广西，柳州处在广西中南部的桂中盆地，桂中盆地怎么来的呢？

据《柳州市志》第一卷的记载：古生代泥盆纪（距今3.5亿—4亿年）时期，今柳州市处于海洋环境之中。在长达1.55亿年的地质时期内，地壳以下降为主。受基底构造的制约及同生断裂的影响，各时期的沉积环境略有差异，沉积以海相为主的碳酸盐岩夹海陆过渡的三角洲相带地层。早二叠世孤峰期（距今大约2.8亿年）和晚二叠世大隆期（距今大约2.3亿年）发生间歇性海底火山喷发活动，沉积多层凝灰岩。中生代三叠纪末期（距今大约1.95亿年），地壳开始大的动荡，海底沉积的岩层发生褶皱并急剧上升，从此结束了柳州一带海相沉积的历史。燕山运动早期（距今约1.4亿年）仍处于区域性上升，缺失沉积，直至燕山运动晚期（距今约0.7亿年），在鹅山附近的古山麓旁存在内陆湖盆沉积。桂中盆地开始上升，浮出海面。

此后，新生代（距今约0.7亿年）以来，地壳渐趋稳定，奠定今柳州市山川的基本轮廓。喜马拉雅运动（距今约0.6亿年）初期，今柳江区新兴农场一带曾一度下降为湖盆环境，并堆积黏土岩，尔后抬升变形，岩层倾斜。第四纪（距今300万年）以来，地壳发生间歇性抬升，柳江河下切侵蚀，发育5级侵蚀堆积阶地，同时形成多层岩溶洞穴。这样，柳州市位于桂中凹陷的断裂褶皱带，从宜州经柳城至鹿寨有一东西弧形构造带，地层挤压褶皱强烈，断层发育，柳城县一带背向斜多被断层破坏而残缺不全，断层倾向往往与褶皱轴面倾向一致，断层以逆断层或逆掩断层为主。柳州市东部为柳州至来宾断裂褶皱带，构造线为南北向至北东向。柳江县褶皱系为宽展型背向斜，轴面近于直立。而柳州市区地质构造发展可分为晚古生代至早中生代准地台及晚中生代地台、新生代陆缘活动带两个阶段。加里东褶皱基底之上发育起来的沉积盖层，在历经印支、燕山及喜山等构造运动后，形成南北向、东西向、北东向及北西向的褶断构造。其地貌在印支、燕山期以来的历次构造运动中，发生了巨大变迁：地壳上升，海水退出，陆地形成，同时岩层褶皱成山。侏罗纪时期（距今1.4亿多年），柳州市山地受到强烈剥蚀。白垩纪（距今0.8亿多年）到下第三纪（距今0.25亿多年），仍然以剥蚀夷平作用为主，但在西北角凤山附近及柳西凉水桥等地存在内陆湖泊。上第三纪（距今0.12亿多年），原始岩溶地貌不断改造，平原逐步扩大，当时柳州平原的范围大体与当今平原相当。第四纪（距今约0.03亿年）以来，地壳运动趋于平缓，表现为以上升为主的间歇性升降，发育了多级状地貌及柳江5级阶地。就是在这样的地质史大背景下，柳州市地处桂中盆地，也是广西盆地中部，形成总的地势为西北高，东北次高，中部低平。市区三面被丘陵山地所环绕，北部由碎屑岩组成绵延丘陵，呈东西横亘，犹如一道天然屏障；西部由碎屑岩组成的山地，呈南北走向；东北面丘陵地形，连绵起伏；南部的峰丛、峰林及孤峰等岩溶地貌十分发育。[1]

柳州之“柳”因何而名？民间曾有一些人文情怀式的误传。

误传之一说柳州之名与柳宗元谪居有关，如王维屏教授所著《中国地名语源》：“广西的柳州市，唐代文学家柳宗元曾谪居于此，为了纪念他，因以为名。”[2]

误传之二说柳州之名与柳宗元在柳州种柳树有关，因为北宋刘斧在笔记《青琐高议》中这样记载：“（柳宗元）不薄彼人，尽仁爱之术治之……后又教之种木、种禾、养鸡、蓄鱼，皆有条法。民益富。民歌曰：‘柳州柳刺史，种柳柳江边。柳色依然在，千株绿拂天。’”所以，自柳宗元始，柳州与柳树结下不解之缘，柳树也从此成为柳州重要的文化象征。走在柳州街头，随处可见细柳巷、柳江路、柳堤路、杨柳路等与柳有关的街道。此外，柳州的市树之一就是柳树。[3]正如著名人文地理作家朱千华所言：“在百里柳江边，远远望去，轻风吹拂，万枝袅娜，如翠浪翻空。若在蒙蒙细雨中于江边看柳，则柳丝雨丝交织，烟雨空蒙，如纱似雾。‘柳江烟雨’一直是柳州古八景之一。”[4]

其实柳州之名早在柳宗元到柳州前就有了。据考：唐武德四年（621年），在柳州地置昆州，马平县为昆州治所，后又改昆州为南昆州，属岭南道。据现存最早的中国地理总志《元和郡县图志》记载：“贞观八年（634年），改南昆州为柳州，以柳江为名”，“潭水东去县[5]二百步”。当时的柳江，指的是从现在的柳州市起向东去的一段河流，柳州由此得名。而柳江汉代称“溜水”。“溜”意指江水“涛怒湍急激疾”。[6]溜水雅称为柳水，这就是说柳州之名源于柳江。而柳宗元被贬为柳州刺史则在唐元和十年（815年）三月，距柳州得名已有181年了。

1986年，戴义开的《柳州古史辨》曾说，柳州的得名历来众说纷纭，较有影响的说法，至少有下列三种：一曰成书于813年（唐元和八年）李吉甫《元和郡县图志》的说法“因柳江为名。”二曰成书于945年（五代后晋开运二年）刘昫的《旧唐书》说：“以州界柳岭为名。”三曰成书于1060年（北宋嘉祐五年）的欧阳修《新唐书》说：“以地当柳星更名。”[7]戴义开曾一一加以解读，指出柳星说不靠谱，柳岭不知在何处，柳江说“是释于柳州得名一百七十九年后最早的说法”，“《元和郡县图志》是宰相修的书，有贞观十三年（639年，柳州得名后五年）对全国政区全面调整的原始记

1 参阅柳州市地方志编纂委员会编：《柳州市志》第一卷，南宁：广西人民出版社，1998年，第87、92、98页。

2 转引自朱千华：《柳州：百里烟柳，诗意之城》，《读者》（原创版）2016年第11期。

3 参阅朱千华：《柳州：百里烟柳，诗意之城》，《读者》（原创版）2016年第11期。

4 朱千华：《柳州：百里烟柳，诗意之城》，《读者》（原创版）2016年第11期。

5 指马平县，即今柳州市。

6 《水经注·济水一》卷七。

7 戴义开：《柳州古史辨》，《柳州古今》1986年创刊号。

录‘大簿’，和其后又三年，唐皇子李泰编《括地志》（其中岭南部分现已亡佚）的官方材料为基础。……‘柳江说’可谓有根有据”，[1]解读得十分清楚了。

有意思的是柳州还有一个别称，一个趣称。

别称“龙城”，源自唐天宝元年（742 年），柳州曾改名为龙城郡。

趣称“壶城”，因从空中俯瞰，柳江像一条玉带般环绕着柳州，使其中心区域呈壶状。据《读史方舆纪要》记载：“（柳州）一名壶城，以三江四合[2]，绕城如壶也。”明朝大旅行家徐霞客到柳州考察时，登高远眺，见到柳江“自北来，复折北去，南环而宽，北夹而束，有壶之形焉”，遂在其游记中写道：“柳郡三面环距江，故曰壶城。”[3]故人们形象地趣称柳州为“壶城”。

这里是柳州，在这里可以感受到广西的脉动，可以听到中国的心跳。

1 戴义开：《柳州古史辨》，《柳州古今》1986 年创刊号。

2 指柳江上游的都柳江、榕江汇合为融江，融江、龙江汇合在凤山为柳江，下游又有洛清江融入。所以，“三江四合中”的“三江”分别指融江、龙江、洛清江，“四合”指融江、龙江、洛清江、柳江汇合。

3 （明）徐弘祖著，朱惠荣等译注：《徐霞客游记全译·粤西游日记十四》，贵阳：贵州人民出版社，2008 年。

第三章　生境·人文·情怀

柳州不仅拥有山清水秀、生机勃勃的自然环境，也拥有丰富多彩的民族文化、丰富的人文情怀。

一、生境

“生境”（habitat）一词，其实就是生态环境的意思。地处桂中盆地的柳州市区青山环绕，流水抱城，有“世界天然大盆景”的美誉，其生态环境可用“山清水秀”四个字来概括。

说到柳州的山清水秀，早在唐宪宗元和十年（815年），即距今约1200年前，柳宗元游览了州治周围的山水，写下了篇幅之长为《柳宗元集》中“山水记”类作品之最的散文——《柳州山水近治可游者记》，难能可贵地记录了柳州附近十几处山水的风姿。全文引述如下：

古之州治，在浔水南山石间。今徙在水北，直平四十里，南北东西皆水汇。北有双山，夹道崭然，曰背石山。有支川，东流入于浔水。浔水因是北而东，尽大壁下。其壁曰龙壁，其下多秀石，可砚。南绝水，有山无麓，广百寻，高五丈，下上若一，曰甑山。山之南皆大山，多奇。又南且西曰驾鹤山，壮耸环立，古州治负焉。有泉在坎下，恒盈而不流。南有山，正方而崇，类屏者，曰屏山。其西曰四姥山，皆独立不倚。北沉浔水濑下。又西曰仙弈之山。山之西可上，其上有穴，穴有屏，有室，有宇。其宇下有流石成形，如肺肝，如茄房，或积于下，如人，如禽，如器物，甚众。东西九十尺，南北少半。东登入小穴，常有四尺，则廓然甚大。无窍，正黑，烛之，高仅见其宇，皆流石怪状。由屏南室中入小穴，倍常而上，始黑，已而大明，为上室。由上室而上，有穴，北出之，乃临

图 3.1　柳州全景（胡锦朝摄）

大野，飞鸟皆视其背。其始登者，得石枰于上，黑肌而赤脉，十有八道，可弈，故以云。其山多柽，多槠，多筼筜之竹，多橐吾，其鸟多秭归。

石鱼之山，全石，无大草木，山小而高，其形如立鱼，尤多秭归。西有穴，类仙弈。入其穴，东出，其西北灵泉在东趾下，有麓环之。泉大类毂雷鸣，西奔二十尺，有洄在石涧，因伏无所见。多绿青之鱼，及石鲫，多鲦。雷山两崖皆东面，雷水出焉，蓄崖中曰雷塘，能出云气，作雷雨，变见有光。祷用俎鱼、豆彘、脩形，糈稌、阴酒，虔则应。在立鱼南，其间多美山，无名而深。峨山在野中，无麓。峨水出焉，东流入于浔水。[1]

由于此文对认识柳州山水太重要了，译成现代文以便于大家理解。

古代柳州州治所在地，在浔水南面的山石中间。现在搬迁到浔水的北面，纵横四十里的地方，四周都有河流环绕着。

柳州城的北面有两座山峰互相对峙着，中间一条山路，山路旁的山峰高大陡峭，人们叫它背石山。有条浔水的支流，从这里向东汇入浔水。因此浔水也就由北折向东流，在悬崖绝壁下流淌着。这座石壁称为龙壁。在它的下面，可以看到很多精美的石头，可以用来做砚台。

柳州城南，过了浔水，有一座山峰矗立在那里，在山脚下没有舒缓的山坡

1　转引自杨朗：《在风景与地理之间——柳宗元〈柳州山水近治可游者记〉》，《文史知识》2014 年第 4 期。

和树木，宽度有八百尺的样子，有五丈高，上下一样大小，人们都称它甑山。在山南，到处都是连绵的山脉，都很雄奇。从甑山南出发向西，有座山叫驾鹤山，四周峭壁耸立，古代柳州的州治就背靠它而建。在深谷中有个池塘，那里的水总是满的，几乎不流动。从驾鹤山向南看，有这样的一座山，方方正正的，高耸入云，犹如一道屏风，所以叫它屏山。它的西边有一座四姥山，也都单独伫立在那里，互不相连依靠。浔水的急流卷走了北面流过来的泉水。

在四姥山的西面，就是传说有仙人下棋的山。有可以登山的路在山峰的西边，山顶上有大洞，洞里面有屏风，有居室，有屋檐。房檐下有各式各样的钟乳石，有的像人的肝肺，有的像莲蓬，很多熔岩水滴到下面积累起来，像人，像鸟，像各种器物，都形态各异。东西有九十尺，南北约有四十五尺。从东边向上爬进一个小洞穴，前行不远，忽然宽敞空阔。没有漏光的缝隙，很黑，用蜡烛照亮后，从高处来看，只有大洞屋檐那么高，到处都是奇形怪状的钟乳石。从大洞向南走，也有一个小洞穴，大概宽度有三丈二尺的样子，刚进去的地方很黑，走着走着就慢慢有了光亮，这个是上面的洞穴。从洞穴再向上攀爬，会看到一个小洞穴，顺路向北一直走出洞穴，忽然就来到一片广阔的原野，往下看，只能看到那些自由翱翔的鸟儿的脊背。最早登上这个山顶的人，在这上面见过棋盘，黑色的石头上有红色的线条，一共十八道，刚好可以下围棋，所以把这山叫作仙弈山。仙弈山上有很多柽树，很多槠树，还有很多修长的翠竹，以及遍地的橐吾草。很多的鸟儿在飞翔，最多的是杜鹃鸟。

石鱼山，它是完全的石山，上面没有长草，也没有高大的树木，山虽然方圆小但很高，形状就好像是一条站起来的鱼儿，这里的杜鹃鸟更多了。山脚的西边有洞穴，和仙弈山差不多。进入山中的洞穴，从东边走出来，灵泉从东北沿着东面山脚流出。四周是缓坡和树林，水流很急，泉水流动时好像是车轮滚动时发出的声音，大小又好像打雷的声音，泉水往西奔流二十尺，汇成了一个漩涡，到了石涧这个地方，因为进入地下看不见了，涧水中有好多鱼是青绿色的，以石鲫、鲦鱼居多。

还有雷山，两座陡峭的山体是东西走向的，雷水从地下流出。在两座山中间聚集成池塘，叫雷池，这里云雾缭绕，很容易产生雷雨，变幻莫测地闪着光。有人会来这里祈祷降雨，用器物装上鱼、肉、干肉、米、酒，如果态度足够虔诚的话，要求就会应验。石鱼山南，有很多美丽的山峰虽然还没有名字，但是都林壑优美。峨山兀立在原野中，没有山坡植被，峨水从山体中流出，向东汇入浔水。[1]

柳宗元此文抓住了柳州诸山的奇姿异态，采用了工笔一般的白描手法，有详有略、

1 参阅 360 百科，https：//baike.so.com/doc/5959394-6172341.html。

真实准确地记叙了1200多年前柳州雄姿各异、奇景迭出的群山风貌，虽未有主观赞叹，却令人生发出心旷神怡之感。[1]正如柳宗元另在《登柳州城楼寄漳汀封连四州》的诗中所云："岭树重遮千里目，江流曲似九回肠"，更简练地描写了柳州青山绿树遮蔽千里，清澈柳江宛如九曲回肠的如画风景。人们常说，桂林山水甲天下。与桂林毗邻的柳州，也有着同样迷人的山水。明代柳州名士王启元就说过："柳州山川甲天下，盖天地开辟而已然矣！"[2]

现代的柳州更是"山清、水秀、洞奇、石美"，据《柳州市志》第一卷的记载：

立鱼峰 位于鱼峰路南端。山顶海拔标高154米，相对高度63米，山麓似圆形，环麓500米。山体由早石炭纪时期（距今3.25亿—3.5亿年）沉积的灰岩、生物碎屑灰岩构成。岩石裸露，经长期风化溶蚀作用而成。山峰峭峻，突兀孤挺，其形如立鱼。半山腰有7个彼此贯通相连的溶洞，全是由水流沿岩石裂隙溶蚀扩展而形成。山脚东南的小龙潭，潭水从地下河涌出，水面积约3600平方米，深大于15米，是红庙地下河的天窗。

马鞍山 位于屏山大道西段南侧，与立鱼峰东西相对峙立，东西走向。山体为晚石炭纪早期（距今3亿—3.25亿年）沉积的灰岩、白云岩、生物碎屑灰岩构成。山麓东西走向，长约450米，山顶海拔标高270米，相对高度175米，为市区第三高山。山顶有一天然溶洞，海拔标高230米。

文笔山 位于市郊西鹅乡南蛇岗山脉南端。山顶海拔标高419米，相对高度284米，为柳州市区最高峰。山体下部为早石炭纪晚期（距今约3.25亿年前）沉积的含硅质条带生物碎屑灰岩，夹少量白云岩，山体上部为晚石炭纪早期（距今3亿—3.25亿年），沉积的白云岩夹生物碎屑灰岩、生物碎屑钙质白云岩。由于岩石差异及风化作用，山体下部呈缓坡状，山体上部白云岩呈陡峻地形，山势卓立，直上80多米。

鹅山 位于鹅山路北段西侧，南北走向，长700米，山顶海拔标高303米，相对高度210米，是市区第二高山。鹅山南侧为小鹅山，山顶海拔标高121.7米，高出地面30米。鹅山及小鹅山下部为晚石炭纪早期（距今3亿—3.25亿年）沉积的白云岩构成。上部为白垩纪早期（距今约1.4亿年）沉积的砾岩组成，砾石成分为白云岩、灰岩，胶结物为钙质、泥质、铁质，砾岩呈紫红色、褐红色。鹅山平地拔起，丹崖赤壁，属丹霞地貌。

驾鹤山 位于驾鹤路东端。山体为晚石炭纪早期（距今3亿—3.25亿年）沉积

1 参阅殷祝胜：《柳宗元山水奇文新说——〈柳州山水近治可游者记〉与唐代州郡图经》，《中国文学研究》2020年第2期。

2 转引自杨奔：《古诗描写柳州山水的佳句》，柳州政协网，http://lzzx.liuzhou.gov.cn/liuzhouwenshi/lzws_wsbj/201302/t20130228_575328.html。

的白云岩、生物碎屑岩构成。山顶海拔标高185米，相对高度84米。山麓呈东西走向，长约250米。山顶西侧有一陡崖，又名半山。

东台山（灯台山） 位于水南路。山体为晚石炭纪早期（距今3亿—3.25亿年）沉积的生物碎屑灰岩构成。山顶海拔标高195.2米，相对高度103米。山呈东南-西北走向，山麓长约300米，山北为悬崖峭壁，直插江流。

蟠龙山 位于鱼峰区窑埠。山体为晚石炭纪早期（距今3亿—3.25亿年）沉积的生物碎屑灰岩构成。山顶海拔标高196.9米，相对高度105米，在其东面及东南面有山峰2座，标高分别为146.4米、195米。这3座山峰的基座相连，中间形成一个大洼地。

马鹿山 位于东环路北段东侧。由两座小山组成，北山呈圆形，方圆约500米。山顶海拔标高218米；南山东西走向，长约500米，山顶海拔标高223米，相对高度132米。山体为晚石炭纪中期（距今约3亿年）沉积的白云岩构成。因受强烈的风化，白云岩风化砂堆积于山麓，仅“马鹿之头部”保存了突起的山峰。南山有一天然溶洞，洞长50米，宽1~18米，洞分上下两层，洞内石钟乳及石笋美丽壮观。

雀儿山 位于雀山路中段南侧。山体由晚石炭纪中期（距今约3亿年）沉积的白云岩构成。山麓东西走向，长250米。山顶海拔标高179.4米，相对高度89米，东南面灌木丛生，西北面杂草覆盖。雀儿山附近地面波状起伏，利用岩溶条形洼地或封闭洼地建成弯曲的人工湖，组成园林式公园。

龙壁山 位于柳东乡油榨村对面的柳江边。山体为早二叠纪（距今约2.8亿年）沉积的硅质条带灰岩、硅质岩、硅质泥岩构成。山顶海拔标高218米。由于构造裂隙作用，在柳江边形成一长条形陡崖，长约1500米。因地形起伏，陡崖或高或低，加上流水对岩石成分的差异溶蚀，形似“龙壁”。[1]

所有这些都构成了清代柳州名贤杨廷理登楼看山所云：“故里名山青落掌，春城佳树碧盈襟。”[2]柳州美丽的青山，好像是捧在掌上的明珠一样奇特美妙。改革开放以来，柳州更是大规模植树造林，山更青了。据统计：

2007—2011年，柳州市造林138.45万亩，四旁植树909.76万株，种植各类苗木1.5亿多株，相当于每一个柳州人新增了40株树。柳州市森林覆盖率达到63.2%，现有森林面积达118.2万公顷，活立木总蓄积量达到4756万立方米。城市建成区绿化覆盖率达38.9%，绿地率达33.9%，人均公共绿地面积达10.37平方米，城郊山区森

1 柳州市地方志编纂委员会编：《柳州市志》第一卷，南宁：广西人民出版社，1998年，第101—103页。

2 杨廷理：《登镇粤楼》，转引自杨奔：《古诗描写柳州山水的佳句》，柳州政协网，http://lzzx.liuzhou.gov.cn/liuzhouwenshi/lzws_wsbj/201302/t20130228_575328.html。

林覆盖率达75.02%，城郊丘陵区森林覆盖率达41.23%，城市市民出门平均500米就有休闲绿地。

柳州先后在500个村屯种植小叶香樟等乡土优良树种900多万株，打造了10个绿化美化示范村屯，每年投入资金200万多元，着力打造3~5个重点示范村屯。平均每年投入造林绿化及森林城市建设资金均在7亿元以上，年均完成人工荒山造林及低产低效林改造1.85万公顷以上，实施生态公益林保护工程面积达34.87万公顷，累计实施退耕还林工程4.7万公顷。

2011年，柳州市投资2亿元为"绿满龙城"工程打基础，使高速公路、国道、省道、县道、乡道、铁路等通道绿化率达到95.8%以上，柳江等主要河流两岸宜林地绿化率达到90.6%以上。[1]"十三五"时期，柳州市委、市政府坚定不移地走生态优先、绿色发展之路，在城市规划、顶层设计方面下了许多"硬"功夫。深入实施"森林城市""绿满龙城"等重大生态工程，不断增加城市绿化的绿量，绿色"家底"越来越厚实。2021年全市森林覆盖率达67.02%，市区人均公园绿地面积14.23平方米，自治区级以上生态乡镇占比达69.8%。2018年和2019年，柳州在广西贯彻落实国家和自治区有关环境保护政策措施成效考核评比中排名全区第一，2020年成为广西首个在生态环境领域获得国务院督察激励的城市。[2]

绿水逶迤去，青山相向开。近年来，柳州实施"花园城市"建设，在城市之中见缝插针建设"口袋公园"，将城市文化融入绿色生活空间，努力做到让市民"出门见绿""开窗见景"。2021年，柳州人均公园绿地面积12.82平方米，公园69个。[3]"紫荆花城"的城市品牌越来越响亮。柳州人自信地说："柳州，工业城市中山水最美，山水城市中工业最强"。市民走出家门不超过500米就有休闲绿地，街头四季都有不同的鲜花盛开。正如清代画家张宝画《龙城话旧》图题咏："微雨龙城路，蒙蒙隐翠鬟。"把柳州山比为美人的发髻，可与韩愈所写的桂林"山如碧玉簪"相媲美。[4]

又据《柳州市志》第一卷的记载：

柳江 是西江水系的一级支流，古潭水中游，是柳州市最大的过境河流。柳江在西汉时为潭水，也称溜水。柳江上源称都柳江，发源于贵州省独山县城东南5千米的更顶山八瓣坡磨石滩，海拔高程约1480米。更顶山也是柳江最大支流龙江

1 伍荔霞、李小平：《浓绿重染 龙城山水如画——柳州市"创森"纪实》，《广西林业》2012年第8期。

2 《植一方绿 兴一座城——我市践行绿色发展理念不断提升城市气质》，《柳州日报》，2021-12-27，http://www.liuzhou.gov.cn/zjlz/xwzx/lzyw/202201/t20220112_2995160.shtml。

3 数据来源：《柳州经济数据》，柳州市统计局，2022-08-19，http://www.liuzhou.gov.cn/zjlz/tzlz/lzgkyys/202208/t20220829_3127276.shtml。

4 参阅杨奔：《古诗描写柳州山水的佳句》，柳州政协网·柳州文史，http：//lzzx.liuzhou.gov.cn/liuzhouwenshi/lzws_wsbj/201302/t20130228_575328.html。

的上源打狗河的发源地，因此当地又称其为大河源。都柳江从独山县发源后，东流过榕江、从江县，于三江县老堡口与支流古宜河（又称寻江）汇合后称融江。融江从老堡口南流，经融安县、融水苗族自治县，进入柳城县境，在古城至新维段，为柳城县与柳州市郊的界河。融江流经新维后向西南流，再进入柳城县境，与龙江汇合，始称柳江。柳江从凤山镇南流，于露塘进入柳州市区，接纳浪江、大桥河等支流后，进入柳江县，最后于象州县、来宾县、武宣县三县交界处的三江口注入西江水系干流黔江。

柳江全长（自河源至三江口）773千米，流域面积58397.5平方千米。自河源至柳州水文站，河长588千米，控制集水面积45413平方千米，流域形状似扇形，便于洪水汇集。

柳江于柳州市西北的露塘进入市区，从北向南流，至新圩附近折向东南，经鹞鹰洲后在壶西大桥上游600米左右又转向南流，至市民族制药厂附近折向东流，在市印染总厂附近再转向北流。河道贯穿市区，把市区分为南、北两部分，形成市区内的第一道大河湾。河流环绕市区后，北流至鹧鸪江附近的龙壁山，再折而东流，至夏家村附近折向东北，至西流村再折向东，经柳江造纸厂附近后转向西南偏南流，一直到鸡喇，成为市区内第二道大河湾。河流从鸡喇至阳和后又折向东流，至洲尾转向西南偏南，然后于河表村上游800米左右流出市区，进入柳江县。河流从市区入口至出口，直线距离约29千米，河长75千米，河长为直线距离的2.6倍。

在市区内，柳江属宽浅型河流，河道水面宽一般在300米左右，洪水期可达600余米。最高水位92.43米（1996年7月19日），最低水位68.48米（1996年3月3日）。主槽水深一般5米左右，洪水期可达30余米，枯水期有些浅滩水深则不足2米。河床一般为卵石夹沙，较平整，基岩多为石灰岩。河岸一般为沙土或裸露的岩石。河床稳定，冲刷或淤积甚微。

大桥河　又名响水河。发源于柳江县三斗村，今源头处已建有三斗水库。河流通过三斗水库后，经三都、拉堡、进德等乡镇，于帽合进入柳州市境。在大桥园艺场附近与从柳江县里团水库发源并流经百朋、进德等乡的主要支流汇合，随即注入柳江。大桥河流域面积731平方千米，河长63千米，流域平均高程220米。

沙埔河　发源于融安县板桥乡，流经柳城县沙埔乡，进入市郊古城村，于江门村附近入融江。沙埔河流域面积709平方千米，河长74.8千米，流域平均高程326米。

东泉河　发源于鹿寨县屯秋村附近的鹿寨、融安两县边界，流经柳城县东泉镇，在石碑坪村附近进入柳州市郊，流经市郊石碑坪山背村、马家村、石碑坪农场、石碑坪村、大滩村、泗角村，于新维村附近注入融江。东泉河流域面积318平方千米，河长70.3千米，流域平均高程227米。

浪江 发源于柳城县西安乡山洞村，于西安乡底下村附近进入柳州市郊洛埠镇后注入柳江。浪江流域面积113平方千米，河长21.3千米，流域平均高程138米。

鹅溪 又名竹鹅溪。发源于市区西鹅乡琉璃村附近，流经上高沙、长龙、上下桃花、石烂、羊角汶、凉水、竹鹅村，穿过飞鹅路，于柳铁报社附近注入柳江。鹅溪流域面积67.1平方千米，河长21千米，流域平均高程135米。

浑水河 又名丘歪河。发源于市郊沙塘镇上垌村，绕经龙卜村，再过市郊丘歪、留休、古木、罗家等村，后入柳城县，于龙团村附近注入柳江。浑水河流域面积66.6平方千米，河长21.7千米，流域平均高程121米。

蚂蝗河 发源于鹿寨县兰村，穿插流过鹿寨县与柳城县边界附近，于鹿寨县南庆村进入市郊洛埠镇蚂蝗村后注入柳江。蚂蝗河流域面积63.9平方千米，河长26.4千米，流域平均高程136米。

新圩河 发源于市郊太阳村镇小榨村，流经四合、山湾、太阳、白乐村，在新圩村附近注入柳江。新圩河流域面积60.3平方千米，河长15.6千米，流域平均高程166米。

其他小河 市区流域面积在5~50平方千米的小河小溪，有金洲河、香兰河、云头冲沟、冷水冲沟。

市区内小潭数量较多，星罗棋布，但多是微小型，水域面积不大。较有名的有大龙潭、洪淋潭、小龙潭等。

大龙潭 位于龙潭公园中，水面积约24.07万平方米，水深约4米。中间为一天然小堤所隔开，分为内潭与外潭。潭水从七女峰下涌出，经镜湖流至莲花山附近再潜入地下，于龙泉山涌出，形成龙泉冲沟。

洪淋潭 位于洛维园艺场场部附近的螺蛳山北，水面积约4500平方米，深约23米。暴雨期附近洼所积浑水渗入地下通道，然后从此潭中间冒出，形成中间水浑、边缘水清的现象，故称洪淋潭。

小龙潭 位于鱼峰公园内，水域面积约3600平方米，水深大于15米，潭水自地下冒出，随柳江涨落。[1]

宋代赵师侠的《酹江月·乙未中元自柳州过白莲》写柳江景致云："一叶扁舟，数声柔橹，陡觉红尘远。"白莲池是古代柳州一处美景，在黄村边的柳江岸。诗人坐小船在江上漫游，听到桨声欸乃，仿佛脱离凡间人世，进入了仙界一样。[2]所有这些都构成了

1 柳州市地方志编纂委员会编：《柳州市志》第一卷，南宁：广西人民出版社，1998年，第113—115页。

2 参阅杨奔：《古诗描写柳州山水的佳句》，柳州政协网，http://lzzx.liuzhou.gov.cn/liuzhouwenshi/lzws_wsbj/201302/t20130228_575328.html。

柳江“破额山前碧玉流”[1]，江水澄澈，像碧玉一样流淌的“水秀”。改革开放以来，柳州从2005年开始实施“百里柳江、百里画廊”工程，先后投入500多亿元用于环境治理，在柳江河畔大种树、花、草，进行沿江绿化美化建设，使森林树种多样化，构建美丽的生态长廊。与此同时，加大江河、水库等水体沿岸造林绿化，目前，全市共有10.8万公顷的水源涵养林和2.5万公顷的水土保护林。此外，采取不同的方式对湿地加以保护和利用，建立多样化生态系统。在滨江河岸建设护岸防护林，改善了沿江生物多样性环境；对龙潭、都乐等公园的水体保护则是利用滨水植物资源，种植湿生和水生植物，吸引了鸟禽类动物在此繁衍；对柳江河季节性洲岛萝卜洲和鹞鹰洲进行重点生态恢复保护建设，使这里成为鸟类过境越冬的重要栖息地；在柳江东堤段河岸架设700多米的浮桥，既保护了河岸生态植被，又为市民和游客提供亲水休闲的好去处。[2]2006年，时任国务院总理温家宝高度评价柳江说：“柳江河是广西最大的品牌”“全国找不出第二条这样的河”。2009年，柳州连获“中国人居环境范例奖”“中国最具创新力十佳城市”“国家园林城市”三项殊荣。根据《2009年中国城市竞争力蓝皮书：中国城市竞争力报告》，柳州城市环境舒适度、自然环境优美度均跻身中国城市前10名。2010年9月，《柳州市国家森林城市建设总体规划》通过了专家组评审，定下了“山水风情柳州，绿色生态龙城”的建设理念。2011年，柳江饮用水保护河段保持国家地表水III类水质标准，部分河段达到Ⅱ类水质标准。[3]2021年，柳州水质交出一份更加漂亮的成绩单，1月31日上午，生态环境部公布“2021年1—12月国家地表水考核断面水环境质量状况排名前30位城市及所在水体”，继2020年在全国300多个地级及以上城市中夺得第一后，柳州市2021年再度蝉联地表水水质全国冠军。[4]2022年7月18日，生态环境部公布2022年1—6月全国地表水环境质量状况。柳州在地级及以上城市国家地表水考核断面排名中，继续位居第一。

如今，从马鞍山顶俯瞰龙城，柳州市区青山环绕，秀峰争奇，楚楚动人的柳江江水清澈，盘转迂回，如一条蛟龙腾跃入市，把市区环绕成三面临水的半岛，又宛如一条碧绿的丝带衬托着柳州的美。江边那坚实的大榕树、妩媚的柳树在繁花绿草的簇拥下熠熠生辉。柳州之美，美就美在有山有水，江流绕城，青山簇拥。柳州山清水秀，洞奇石美，既有“江流曲似九回肠”的柳江，也有“飞鸟难落脚，猿猴愁攀登”的崇山峻岭，更有“榕树倒影，翠竹婆娑”的水乡泽国。[5]正如明人韩守益《谒罗池庙》诗云：“今到柳州城”“庭树参天绿”。[6]又如明人戴钦诗云：“小龙潭上立鱼山，绝壁悬萝

1 柳宗元：《酬曹侍御过象县见寄》，刘汉忠、罗方贵辑校：《柳州诗文征》，香港：香港新世纪国际金融文化出版社，2000年，第10页。

2 参阅伍荔霞、李小平：《浓绿重染 龙城山水如画——柳州市“创森”纪实》，《广西林业》2012年第8期。

3 参阅伍荔霞、李小平：《浓绿重染 龙城山水如画——柳州市“创森”纪实》，《广西林业》2012年第8期。

4 《喜讯！柳州，蝉联全国第一！》，https://www.163.com/dy/article/GVUQ4O5O0530U7LS.html。

5 参阅夏奇：《基于山水格局的柳州城市特色研究》，《广西城镇建设》2007年第6期。

6 刘汉忠、罗方贵辑校：《柳州诗文征》，香港：香港新世纪国际金融文化出版社，2000年，第32页。

岂易攀。金磴斜分天路转，翠霞高抱玉峰闲。”更如明人方溢《小桃源赋》所记：

柳郡之南有驾鹤山，其麓桃花万树，池水千寻。宋绍兴中，吴敏、王安中、汪应宸三贤，先后被遣安置岭表，久得自便，偕隐于此。至今崖下石刻有“小桃源”三字，是为之赋。

驾鹤山兮峰突兀，小桃源兮水澄清。通龙潭兮背柳水，接仙岩兮负郡城。涧流芝术之味，林闻鸾鹤之声。万壑白云深锁，一桥青蛛。不计春秋，谢尽人间冷暖；别有天地，非同朝市嚣尘。彼其朝烟夕霁，佳木凝阴。花时送其香气，鸟日弄其好音。绕回流兮清景远，攀长涯兮翠微深。苔滑滑而衬游人之屐，石鳞鳞而留墨士之吟。溪后溪前，春光寂寂；花开花落，岁月频频。古有其人，曾栖林薄。蠖屈不伸，龟藏无托。嗟时世之艰难，愧身名之寥落。或鼓琴而啸歌，或挥毫而吟哦；或登岩纵目，望帝京而神飞；或倚石潜思，怀美人而心愕。不能忧天下之忧，聊且乐吾生之乐。任日月之升沉，甘烟霞之寂寞。制山间翠叶以为裳，酿溪上清流以为酌。行则徜徉，坐则盘礴。偕鹿豕以遨游，与鱼樵而酬酢。我闻高躅，来访桃源。田庐沦没，宿莽绵连。徘徊崖畔，惆怅溪边。蹙蹙靡骋，咄咄无言。想桃源非出世外，而往昔宁肯浪传？缅惟前哲，细认隰原。非仙非幻，若见若潜。灵踪似堪仿佛，溪花犹是澄鲜。渔郎何在？我其问旃。[1]

对柳江的“水秀”，清人郑献甫的诗《柳州》之一云：“连朝碧水涨芙蓉，空外围屏列几重。”柳江涨水，澄澈清冽，山峰奇石倒映其中，宛如碧水芙蓉，印证了徐霞客“芙蓉倩水之态”[2]的描述。[3]而今，“百里柳江”已成为国家AAAA级旅游景区，江边的蟠龙山人工瀑布从岸上倾泻而下，在夜景灯光和喀斯特地貌山体的映衬下，流光溢彩、蔚为壮观。惊艳了无数人。著名人类学家费孝通先生曾说：“柳州我过去曾去过几次，对这座城市有很深的印象。我第一次到柳州，就被这座城市的美丽所吸引，她风景秀丽，江流弯曲，山影重叠，明月半空，文物古迹点缀其中，自然与人文相得益彰。”[4]正是“人在城里，城在画中”。[5]

1 刘汉忠、罗方贵辑校：《柳州诗文征》，香港：香港新世纪国际金融文化出版社，2000年，第296—297页。

2 （明）徐弘祖：《徐霞客游记》，上海：上海古籍出版社，2010年，第126页。

3 参阅杨奔：《古诗描写柳州山水的佳句》，柳州政协网，http：//lzzx.liuzhou.gov.cn/liuzhouwenshi/lzws_wsbj/201302/t20130228_575328.html。

4 转引自罗方贵编著：《中国历史文化名城柳州历史文化丛书·龙城春秋·序一》，北京：光明日报出版社，2005年，第1页。

5 伍荔霞、李小平：《浓绿重染 龙城山水如画——柳州市“创森”纪实》，《广西林业》2012年第8期。

二、人文

“人文”（human culture）一词最早出现在《周易》“贲卦”：“观乎天文以察时变，观乎人文以化成天下。”孔颖达疏：“言圣人观察人文，则诗书礼乐之谓，当法此教而化成天下也。”《辞海》云：“人文指人类社会的各种文化现象”是比较通俗的解释。

柳州是一个富有文化个性的地方，人文代表事项主要有四：一为柳宗元；二为柳州话；三为洋紫荆花；四为“壮歌、苗节、侗楼”。

（一）柳宗元是柳州的“城隍”

城隍，中国民间守护城池之神。柳宗元之所以被称为柳州的“城隍”，是因为唐代的柳州作为南蛮羁縻之地，社会经济发展滞后，人民生活很艰苦，且迷信鬼神、巫术，滥杀禽畜，卖儿鬻女，偷盗杀人，成为当时柳州常见的社会现象。柳宗元出任柳州刺史五年（815—819年），全力推行德政：

一是修孔庙，宣扬儒家“礼治”思想，推动柳州营造起“人去其陋，而本于儒。孝父忠君，言及礼义”[1]的良好社会氛围。

二是兴教育，创办长山书房，搜罗儒释经典，招来孺子童生，口授手教，亲自培养读书人。

三是修复大云佛寺，宣扬佛教的“向善”思想，教化当地百姓应用佛教戒杀的主张和讲究好善乐施的道义，引导百姓改掉滥杀牲口的陋习。

四是释放奴婢，改造柳人以“男女质钱，过期不赎，子本均，则没为奴婢”[2]的残酷风习。

五是教民凿井，从根本上改变了柳人“各以罂瓶负江水，莫克井饮。崖岸峻厚，旱则水益远，人陟降大艰。雨多，涂则滑而颠。恒惟咨嗟，怨惑讹言，终不能就”[3]的用水习惯。

六是开荒劝农，使柳州出现了“民业有经，公无负租，流逋四归，乐生兴事。宅有新屋，步有新船，池园洁修，猪牛鸭鸡，肥大蕃息”[4]这样欣欣向荣的景象。

七是植柳种柑，美化环境，柳宗元率领行政官员在柳州城西北隅“手种黄柑二百

---

1 柳宗元：《柳州新修文宣王庙碑》，刘汉忠、罗方贵辑校：《柳州诗文征》，香港：香港新世纪国际金融文化出版社，2000年，第263页。

2 《新唐书·柳宗元传》。

3 柳宗元：《井铭并序》，刘汉忠、罗方贵辑校：《柳州诗文征》，香港：香港新世纪国际金融文化出版社，2000年，第267页。

4 柳宗元：《井铭并序》，刘汉忠、罗方贵辑校：《柳州诗文征》，香港：香港新世纪国际金融文化出版社，2000年，第270页。

株”，[1]在大云寺内植树木若干，种翠竹三万、菜地百畦，到柳江边，种下一批柳树，并作诗曰：“柳州柳刺史，种柳柳江边。”[2]使柳州一带呈现“香柑遍地，绿柳成行”“柳侯泽惠，万世流芳”美好图景。[3]

凡此种种，柳宗元在力所能及的范围内，进行了一番兴利除弊的改革，遗惠一方，从根本上教化了柳州，改变了柳州，发展了柳州，“从根子上使柳州开通”[4]，从而深得民心，受到人们的崇敬，正如宋代的黄翰在《悼柳侯文》中写道：“一麾出守，惠此南方。龙城虽远，勿敢怠荒。动以礼法，率由典常。公无负租，私有积仓。居处有屋，济川有航。黄柑绿柳，至今满乡。修夫子庙，次治城隍。农歌于野，士歌于庠。孝弟怡怡，弦诵洋洋。生能泽民，死且不亡。春秋享祀，旱潦祈禳。四百余年，血食不忘。“遗风善政，凛若冰霜。日想英灵，如在其旁。”[5]于是，1200多年来柳宗元演化成了柳州的保护神。柳州的地方官员谢宁、欧阳翼、魏忠等在柳宗元去世后的第三年，即822年为柳宗元建立了罗池庙加以祭祀。此后，宋元两朝不断敕封柳宗元：

> 宋哲宗元祐七年（1092年），哲宗皇帝发出敕书《敕赐灵文庙告词》，赐给罗池庙“灵文庙”的匾额；
>
> 宋徽宗崇宁三年（1104年），徽宗皇帝发出诏书《初封文惠侯告词》，特封柳宗元为文惠侯；
>
> 南宋绍兴二十八年（1158年），高宗皇帝下文《加封文惠昭灵侯告词》，加封柳宗元为文惠昭灵侯；
>
> 元朝泰定帝致和元年（1328年），泰定帝又批准加封为文惠昭灵公。

此后，历代的柳州地方官员对保护和修葺罗池庙都十分重视，并以此作为传承柳宗元文化和进行教化的重要基地。自1113年（南宋徽宗政和三年）至1899年（清光绪二十五年）的786年间，由柳州地方官员主持重修或重建柳侯祠及其附属建筑至少有18次。[6]北宋末年，宋徽宗追封柳宗元为“文惠侯”时，罗池庙的祠堂改称“柳侯祠”。

对于柳侯祠，今人余秋雨《柳侯祠》中有一段记述，读后如身临之中：

---

1 柳宗元：《柳州城西北隅种柑树》，刘汉忠、罗方贵辑校：《柳州诗文征》，香港：香港新世纪国际金融文化出版社，2000年，第7页。

2 柳宗元：《种柳戏题》，刘汉忠、罗方贵辑校：《柳州诗文征》，香港：香港新世纪国际金融文化出版社，2000年，第5页。

3 参阅谭奕：《浅议柳宗元对柳州的人本治理思想》，《科教导刊》2014年第9期。

4 余秋雨：《柳侯祠》，经典文学网，http：//www.ccview.net/htm/xiandai/wen/yuqiuyu011.htm

5 黄翰：《悼柳侯文》，刘汉忠、罗方贵辑校：《柳州诗文征》，香港：香港新世纪国际金融文化出版社，2000年，第290页。

6 参阅谢汉强：《传承柳宗元文化的主导者——历代柳州地方官员的柳宗元情结》，《唐代文学研究》2006年第12辑。

> 挡眼有石塑一尊，近似昨夜见到神貌。石塑底座镌《荔子碑》《剑铭碑》，皆先生手迹。石塑背后不远处是罗池，罗池东侧有柑香亭，西侧乃柳侯祠。祠北有衣冠墓。这名目，只要粗知宗元行迹，皆耳熟能详。
>
> 祠为粉墙灰瓦，回廊构架。中庭植松柏，东厢是碑廊。所立石碑，皆刻后人凭吊纪念文字，但康熙前的碑文，都已漫漶不可辨识。由此想到，宗元离去确已很远，连通向他的祭祀甬道，也已截截枯朽。时值清晨，祠中寥无一人，只能静听自己的脚步声，在回廊间回声，从漫漶走向清晰，又从清晰走向漫漶。[1]

确实，在柳州人眼里柳宗元分明就是一尊神。自唐宋以来，民间就流传着神化柳宗元的传说。据唐代杰出的文学家、思想家、哲学家、政治家韩愈《柳州罗池庙碑》记载：柳宗元与部将欧阳翼等人在凉亭里饮酒，酒酣耳热之际，柳刺史对欧阳翼说："吾弃于时，而寄于此，与若等好也。明年，吾将死，死而为神。后三年，为庙祀我。"第二年，柳宗元真的死了。又过了三年，柳宗元的神灵果然出现在州署后堂，还托梦欧阳翼："馆我于罗池！"要求在罗池建庙。欧阳翼将此事说与当地富户，大家全无异议，马上动手建庙。罗池庙竣工那天，照例举行祭拜，又设宴祷告，祈求"柳市长"英灵永远庇护柳州民众。有个远道而来姓李名仪的后生，从没见过也没听说过柳宗元市长，更兼自己本来就粗鲁少教，宴席上狂喝滥饮，直至酩酊大醉。这还不算，醉酒的后生颠三倒四，口出狂言，侮慢柳市长灵位，结果跌跌撞撞刚出庙门就倒地而殁——真真酒醒不见牛腊巴了。众所周知，韩愈向来不语"怪力乱神"，但他这篇碑文，却把这些传闻逸事记叙得活灵活现。看来，韩愈也从了柳州人的心愿，视柳如神了。

为此，韩愈在《柳州罗池庙碑》里以柳州人口吻吟诵"享神诗"："（愿侯）福我兮寿我，驱疠鬼兮山之左。下无苦湿兮高无干，秔稌充羡兮蛇蛟结蟠。我民报事兮无怠其始，自今兮钦于世世。"[2]其意是说祈愿柳大人啊，给我福分给我寿缘，把瘴疠恶鬼赶到深山里去啊，让我们没了忧患；低洼地方没了潮湿闷热之苦啊，高坡之上不会干旱，我们的粮食堆满谷仓啊，那些毒蛇蛟龙就让它们纠缠一堆沉下河底不再来祸害我们；我们这些您的子民啊，矢志不移和从前一样有事就来禀报，我们对您的仰慕钦敬从开始到现在啊，还将世世代代永无停息。[3]宋代刘斧的《柳子厚柳州立碑》还借柳侯部将谢宁之口说："或过庙不下，致祭不谨，则蛇出庙庭，民见即死。"靠韩愈写了一文，劝柳宗元"无为怪异之迹，败子平生之美名"，焚而祭之，"蛇不复出"。这些充满迷信色彩的文字，在宋代赐额、初封、加封的三个敕文中，也多有使用。北宋哲宗所颁

1　余秋雨：《柳侯祠》，经典文学网，http：//www.ccview.net/htm/xiandai/wen/yuqiuyu011.htm

2　韩愈：《柳州罗池庙碑》，刘汉忠、罗方贵辑校：《柳州诗文征》，香港：香港新世纪国际金融文化出版社，2000年，第270页。

3　参阅韦晓明：《一个人和一座城》，《民族文学》（汉文版）2021年第9期。

《敕赐灵文庙额牒》，主要篇幅讲的就是“伏睹唐柳州刺史元和立庙于罗池，至今三百年来，庙享不绝，州境凡有水旱疾疫之灾及公私祈祷，无不感应”。还具体讲到“自熙宁二年八月已后，至去年六月，计十余次，祈祷感应”。在宋徽宗《初封文惠侯告词》里，也强调了“祈禳祷祀，如响应声。水旱疾忧，咸有归赖”。[1]

一千多年来，神化柳宗元的种子不断裂变、积聚，聚成了柳州人文的底色，为柳州铸牢中华民族共同体意识，奠定了一块坚实的基石。在中国，一般来说每一个有历史底蕴的城市，都有一个城隍庙，供奉一位城隍爷。而历史悠久的柳州却没有城隍庙，这是因为柳州有罗池庙——柳侯祠，它就是柳州的城隍庙，柳宗元就是柳州的城隍爷。

（二）柳州话是柳州人的文化符号

语言是人类文化的一种表达。柳州话的形成是柳州各民族社会长期互动、磨合和交融的结果，是柳州文化的载体和底色。

柳州话形成的历史是漫长的，经过先秦夏商周到两汉三国，再经南北朝到隋唐，柳州基本上还是壮侗语族的少数民族聚居的“化外之地”。柳宗元在《柳州文宣王新修庙碑》中云：“仲尼之道，与王化远迩。惟柳州古为南夷，椎髻卉裳，攻劫斗暴，虽唐虞之仁不能柔，秦汉之勇不能威。”[2]他在《登柳州城楼寄漳、汀、封、连四州》诗中亦云：“共来百越文身地，犹是音书滞一乡。”[3]还因到城外郊野勉励农耕或在公庭上接见当地土人时语言不通，难与他们直接交流，于是作诗感叹道：“郡城南下接通津，异服殊音不可亲……愁向公庭问重译，欲投章甫作文身”[4]，为在郡城旁与当地土著因语言上的障碍而不能融洽相处沟通，又在公庭上你问他答彼此听不懂，得有翻译反复传话而发愁。《马平县志》亦载：“马平（即马平县，治柳州）在秦汉时，椎髻纹身，语言不通，一蛮俗也。”[5]但随着汉族、苗族和瑶族的陆续迁入，柳州原居壮侗语族少数民族与外界的互动交往、交流、交融也逐步深入。

据陈铁生撰稿的《图说柳州话》的研究：西汉元鼎六年（前111年），汉王朝在今

---

1 参阅谢汉强：《传承柳宗元文化的主导者——历代柳州地方官员的柳宗元情结》，《唐代文学研究》2006年第12辑。

2 柳宗元：《柳州文宣王新修庙碑》，刘汉忠、罗方贵辑校：《柳州诗文征》，香港：香港新世纪国际金融文化出版社，2000年，第263页。

3 柳宗元：《登柳州城楼寄漳、汀、封、连四州》，刘汉忠、罗方贵辑校：《柳州诗文征》，香港：香港新世纪国际金融文化出版社，2000年，第6页。

4 柳宗元：《柳州峒氓》，刘汉忠、罗方贵辑校：《柳州诗文征》，香港：香港新世纪国际金融文化出版社，2000年，第6页。

5 吴光昇：《马平县志》，光绪二十一年重刻本。转引自萧泽昌、张益桂：《柳州史话》，南宁：广西人民出版社，1983年，第13页。

柳州地设潭中县，进入柳州的外地人数量明显增多。市郊九头山汉墓出土的铁制农具、五铢钱、陶纺锤等器物，就是中原汉人定居柳州的明证。柳州尚存的汉墓除九头山外，柳江县白沙乡大田村一带亦有，数量有30余座。其间，不断有中原、湖湘士庶迁入潭中县，城内土客杂居，当地语言与北方语言开始有了交流。

三国两晋南北朝时期，战乱造成中原人口向南方的第一次大迁徙，南北方言形成初步融合趋势。但有姓名可考的汉族人进入柳州或在此定居的，始于唐代，这些人到柳或任官，或流寓，或旅游。据清乾隆《柳州府志》的不完全统计，唐代来柳有姓名可考的官员共17名（今人考证，实际远不止此数），其中任刺史者5人，任司马者3人，任参军者3人，任亚将者1人，任部将者5人。柳宗元到柳，其弟宗一、宗直，表哥卢遵亦随行。由于倾慕柳宗元的为人和学问，即使远在湖湘也有不少人前来拜访。足见官话与柳州原住民土语的语言接触的扩大和交流的深入。

宋代，外地移民迁入柳州的数量和规模较唐代又有增长，大量中原人及客家人辗转从山东、河南、湖北、湖南、福建、江西、广东等地，或任官，或逃难，或从军，或经商，或移民，到柳州城内定居，这在有关志书中多有记载。如《马平县志·宦迹》卷六云："魏瓘，字用之，歙县人，历官提点广南西路刑狱，邕州獠户缘逋负没妇女为者一千余人，悉奏还其家，迁转运使。减柳州无名役四百人，所至惠洽迁太常寺少卿。"他们彼此是用北方方言进行交流，使一些北方话、客家话、西南官话的语言词汇逐渐在柳州城厢中流行。

柳州话形成大约在元、明之际，元代是蒙古族人所建，故地方军政各官表面上是汉人充任，但掌印者悉为蒙古人，称为达鲁花赤（蒙古语"掌印官"之意）。这时的柳州，开始有蒙古人进入。明代，外地人迁入柳州者有增无减。明初，广西中部仍战乱不绝，朝廷遣兵平乱，柳州成了屯兵重镇，年长日久，作战部队和屯垦部队都有不少人就地定居，是为军事移民。到明末，南明政权在广西坚持抗清斗争十余年，在此期间不少军籍户口流落民间，尔后子孙繁衍，逐渐在各地包括柳州定居了下来。

此时除有更多客家人迁入外，回族人也开始进入柳州。据史载，明成化年间，朝廷用韩雍为右佥都御史，组织16万官军和4万土军，镇压侯大苟领导的广西大藤峡瑶民起义，因此之故，元明两代，柳州就是屯兵的基地。史载明朝实行卫所制，先后在广西设置了桂林左卫、右卫、中卫，以及柳州、南宁、南丹、庆远、浔州等8卫和20余千户所。[1]当时卫所驻军一般是七分守城三分屯田[2]，故广西卫所军士及家属在内约有10万人，其中桂林卫所军士3万及家属约有5万人。这些卫所驻军"子孙世及"，世袭为屯兵，遂在桂林、柳州等地落籍。随着屯军士及家属的落籍，在明代已成定型的北方官话也就在桂北一带开始流行。所以，当时广西的壮族称汉族为"军人"，称汉语为

1 参阅《明实录·明太祖实录》卷五〇、六四、七三、一〇一、一二五、一三四、一七八、二〇七。

2 参阅《明实录·明太祖实录》卷二四五。

"军话"。[1]因此，今天桂柳话的分布范围与明代卫所分布的范围基本一致。由于桂林和柳州是明代卫所的两个基地，西南官话在广西遂被俗称为"桂柳话"。西南官话传入广西后，由于其官场和文教用语均用桂柳话，故很快取代了平话的地位，而在广西北部和西北部的县城、集镇中流行开来。

桂柳话中桂林话流行的范围较柳州话小。桂林话只流行于桂林市及兴安、灵川、临桂的一些城镇，人口不过60余万，其余广大地区包括属桂林管辖的阳朔县都流行柳州话。故研究桂柳话的学者多以柳州话为代表。

到了清代，外地人进入柳州的已非常普遍。乾隆时的《马平县志》记载："马平城厢内外，从戎贸易者多异省人。"尤其是1728年，清世宗雍正帝设立"正音书馆"，在全国推行北京官话。他谕令福建、广东两省推行"官话"（即汉语官方标准语）。并规定各地各级读书人，若听不懂官话、不会说官话，则不能参加科举考试。为方便到柳州任官的北方籍官员能与当地民众沟通，清乾隆时修的《柳州府志》中特意编了"方言"一卷，把当地两大少数民族僮、瑶常用字如天、地、日、月、衣、饭、门、床、米、肉、行、归、猪、牛等约260个，以同音字标出，供这些官员办事、交流时参考。

1902年，张之洞、张百熙等为清廷制定《学务纲要》指出："中国民间各操土音，致一省之人彼此不能通语，办事动多扞格，兹拟官音统一天下语言，故自师范以及高等小学堂，均于中国文一科内附于官话一门。其练习官话，各学堂皆以用《圣谕广训直解》一书为准。"

1909年，清政府资政院开会，议员江谦正式提出把"官话"正名"国语"，作为正统语言在民间使用。于是，国语在柳州逐渐成了当地的强势语言，与西南官话相融合。

民国时，定居柳州的外地人无论是数量还是所占地域范围都超过了历代，尤其是抗战前后及临近解放时。居柳的原因除通常的逃难、经商、任官、驻防外，还增加了官方移民一项。最大规模的当是1934年7月至1935年3月，广西省立农村试办区从容县、北流、岑溪先后移民2500余人至沙塘、石碑坪一带安家，从事屯垦，现当地的居民大多是那时移民的后裔。这时的"国语"已与柳州话一起在柳州广泛通行，当地人对"国语"未必会说得很流利，但普遍能听懂。

1949年，中央人民政府建置柳州市，柳州人通常使用的语言始称为"柳州话"。[2]

桂柳话作为北方方言的次方言西南官话的一个分支，除具有西南官话的特点外，还有以下一些特点[3]：

1 刘村汉：《柳州方言词典》，南京：江苏教育出版社，1995年，第4页。

2 以上参阅中国人民政治协商会会议柳州市城中区委员会编：《图说柳州话》北京：中国文史出版社，2020年，第4—12页；徐杰舜主编：《汉民族史记》第3卷，北京：中国社会科学出版社，2019年，第616页。

3 刘村汉：《柳州方言词典·引论》，南京：江苏教育出版社，1995年，第6—7、14—16页。

1. 语音上的特点

柳州话包括零声母在内有19个声母；包括4个入声韵母在内有41个韵母；有5个声调，除阴、阳、上、去4个声调外，还有一个入声调，其特点有：

——古全浊声母一律读同部位清音，其中读塞音和塞擦音的，平声送气，仄声不送气。

——邪母平声今读送气塞擦音的比较多，除了跟北京相同的“辞词祠囚”以外，还有“徐”“隋随”“寻”“祥详”“松”。

——泥母与来母读音不混，如泥≠犁，女≠旅，牛≠留。

——知庄章组合并于精组，洪音读舌尖前音，细音读舌面前音，没有舌尖后音。

——分尖团，尖音读舌面前音或舌尖前音，团音读舌面后音（擦音舌位偏后）。

——黄王不混，匣母读［h］（萤、迥例外），云母读［O］（熊、雄例外）。

——端系蟹止臻三摄舒声合口字一律读开口呼。

——见系二等开口字读开口呼的比较多。

——咸摄并于山摄，深曾梗三摄并于臻摄（入声仅部分合并）。

——有少量残存的入声字。

——次浊平声读阴平的比北京话多。

2. 词汇、语法上的特点

柳州话词汇、语法上的特点主要有：

——指人的名词，男性多用“佬”，如土工佬（埋死人的）、拐子佬（人贩子）等；女性多用“婆”，如黄脸婆（丑女人）、老举婆（妓女）、肥婆（胖女人）等。

——用量词＋搭（打、对）＋量词的格式泛指数量很多。如斤搭斤（好多斤）、堆搭堆（很多堆）等。

——跟动词有关的“多、少”不放在动词前面，而放在动词后面。如“吃多一碗饭”“拿少两件行李”。

——跟动词有关的“先、后”放在动词后面作补语。如“你走先”“个个要守先，哪个来守后呢？”。

——否定副词“不”在口语中多用“没”。如“肚子没舒服”“没送了，你们回去了”。

——用介词“把、跟”表示起点方位、经过路线，相当于“从”“由”；“把”还可以表示终点方位，相当于“到”。如“把（或跟）桂林来”“把北京为止”“把那垲（那里）落脚”。

——双宾语可以把直接宾语（指物）放在前面，间接宾语（指人）放在后面。如“借杆笔我”“送两瓶酒你们爸”。

——表示性状程度的方法丰富而别具一格，一是用“算 × 了”表示程度极深，无以复加，如“阿兰算好了，哪方面都没得谈”。二是用“×死”“×死哏×”表示程度极深，如“放盐没得谱，菜煮得咸死”“送这贵重的礼，她还不高兴死？”三是用“死鬼×”“好鬼×”表示程度很深，“鬼”字不含贬义，如“这种布没透气，穿在身上死鬼（或好鬼）热”“小王的鼻子死鬼（或好鬼）灵，有好吃的他就来了”。四是用“蛮×点”“×多”表示程度比较深，如“今天蛮冷点”“这个柚子甜多”。五是用“××点”表示程度稍浅，相当于“有点×”，如“今天有雨，凉凉点”“大李比较内向，闷闷点”。六是用“没×几多”表示程度很浅，相当于“不大×”，如“果都没甜几多”“窗子太小了，没亮爽几多”，等等。

——比较式的语法也有别具一格之处，一是用“过”表示前项超过后项。如“小赵高过老赵”“吃盒饭好过方便面”。二是用“没够”表示前项不如后项，可以跟形容词搭配，也可以跟动词搭配，如“他没够那些人聪明”“我没够她讲”。三是用“多×点”表示某项甚于另一项，另一项可以不在同一小句出现，如“桂林比柳州多好点”“今天多冷点”，等等。[1]

柳州话作为柳州人主要的交流语言，不仅标示着一种文化，也是柳州铸牢中华民族共同体意识的体现。

（三）洋紫荆花是柳州人的花语

花语（language of flowers），是指特定种类、数量的花卉所代表的人们的某种情感与愿望，是在一定的历史条件下逐渐约定形成的，为一定范围人群所公认，是花卉文化的核心要素之一。花语虽无声，但此时无声胜有声，其中的含义和情感表达甚于言语。洋紫荆花的花语为亲情、阖家团圆、兄弟和睦，寓意着希望亲人之间能够和睦相处，团团圆圆。柳州满城洋紫荆花的景观，正好无声胜有声地表达和呈现了铸牢中华民族共同体意识、民族团结如一家的花语境界。

相传东汉时期，京兆尹田真与兄弟田广、田庆三人分家，所有财产已经分配完毕，余下一棵紫荆树意欲分为三截。第二天，到兄弟们前来砍树分树时，发现树已经枯萎，落花满地。田真不禁对天长叹：人不如木也。从此兄弟三人不再分家，和睦相处，紫荆树也随之重获生机，花繁叶茂。[2]南朝梁人吴均的《续齐谐记》亦载，京兆田真兄弟三人共议分财，生资皆平分，唯堂前一株紫荆树，共议欲破三片，明日就截之，其树即枯死，状如火燃。真往见之大惊，谓诸弟曰：“树本同株，闻将分斫，所以憔悴，是人不如木也。”因悲不自胜，不复解树，树应声荣茂。兄弟相感，更合财宝，遂为孝门。洋紫荆把根深深扎进百姓人家的庭院中，一直是家庭和美、骨肉情深的象征。西晋文

1 参阅徐杰舜主编:《汉民族史记》第3卷，北京：中国社会科学出版社，2019年，第617—619页。

2 参阅《洋紫荆的花语》，植物之家，https：//www.zw3e.com/105/56477.html。

图 3.2 紫荆花城柳州（贺肖华摄，柳州市民宗委提供）

人陆机有《豫章行》诗云：“三荆欢同株，四鸟悲异林。”“三荆同株”意为紫荆树虽三杈而同居一株干，比喻同胞兄弟。唐代诗人李白亦为此赋诗《上留田行》云：“田氏仓卒骨肉分，青天白日摧紫荆。”[1]其寓意均与柳州铸牢中华民族共同体意识的历史实践暗合。

正因为柳州人深度认同洋紫荆“阖家团圆，兄弟和睦”的花语，所以洋紫荆成了柳州的市花，谱写出一首满城尽是洋紫荆的“神曲”。据报道：

> 紫荆与柳州的情缘，还得从第一朵紫荆花说起。
>
> 走进位于柳北区沙塘镇的柳州市农业科学研究所院内，中国战时农都博物馆里放着两幅紫荆标本的相片。
>
> 柳州市园林科学研究所原所长石亮成介绍，现保存得最好的紫荆花标本主要存放在中国科学院广西植物研究所（桂林）标本馆。其中有两份紫荆标本来自柳州，采集时间分别是1939年3月31日和 1940年4月4日，采集地点均在沙塘镇。
>
> 据了解，紫荆花自20世纪30年代进入柳州，种植于沙塘一带，80年代被引入柳州街头，装点城市。直到21世纪，才真正开始在柳州大规模种植，目前遍布全城。
>
> 每一代柳州人都有关于紫荆花不同的记忆，紫荆花在柳州的成长史，也是柳州打造宜居城市的进阶史。
>
> 柳州曾是一座“酸雨之都”。酸雨让柳州人深刻意识到保护环境的重要性。
>
> 1996年，柳州市政府审议批准了控制酸雨污染的40条措施，其中“绿化”成

1 李白:《上留田行》，古诗文网，https：//www.gushiwen.cn/GuShiWen_f38b667276.aspx。

了园林建设的主基调；2002年，紫荆成为城市绿化的主力树种之一；2006年，紫荆花开始大规模运用于街道和公园绿化。

经过多年治理，柳州人与自然和谐共处，生态环境优良，柳州也成了全国种植紫荆最多的城市。[1]

柳州真正开始大规模种植洋紫荆，也经历了一个过程。据记载，1982 年，文惠路道路新植行道树洋紫荆 48 株，成为柳州紫荆花落户道路的首发地。20 世纪 90 年代中期，市园林局总工程师刘思明对弯塘路进行规划设计，种植一株洋紫荆间一株八月桂，形成绿树红花相互映衬的街景。1991—2002 年间，柳州市改造了三中路、迎宾路、柳石路等 20 余条道路，新植行道树主推洋紫荆、红花羊蹄甲等彩化植物，道路的园林设计以中国美学“大道至简”思想定位，结合每条道路特有的韵律，突出洋紫荆开花视觉效果的延伸感。而今，这些道路无一不成为柳州洋紫荆花观赏的网红地。

2002 年后柳州城市建设提速，开始了有史以来最大规模的城市道路绿化建设，在改造的 66 条道路、67 条街巷中，洋紫荆先后成为“彩化工程”“拆墙透绿”“拆违建绿”等项目中的首选品种。从 1965 年始的公园规模种植到街道大面积推广，洋紫荆花不知不觉间融入了市民群众的生活。柳州洋紫荆花也在人们不经意间，由一个豆蔻少女慢慢成熟起来，紫红、淡红、粉色、白色，洋紫荆花在用它的色彩装点着柳州之时，也见证了柳州洋紫荆花文化的成长之路。

一是伴随着柳州紫荆花的成长，一座“花园城市”由此诞生。洋紫荆与柳州的相遇，可以说是天时地利人和。2012 年，柳州市开始推广“花园城市”建设，并定下以洋紫荆为主、四季景观为辅的“花园城市”规划，柳州各大街道开始大力种植洋紫荆。从 2012 年到 2015 年，柳州完成了“花园城市”1.0 版的建设，柳州道路“紫荆盛放、四季花开”，沿江“百里花廊、流光溢彩”，公园“一园一品、各具特色”，石山“郁郁葱葱、峰峦叠彩”，形成品种多样、色彩丰富、配置合理的和谐园林，建设成了生态、宜居、绿色、环保的和谐城市。

花园城市建设，柳州紫荆花的种植以城市重要街道为主，让柳州“美景都在路上”。2015 年，花园城市项目升级为花园城市 2.0 版，着力打造“紫荆花城”的亮丽名片。驾车观赏柳州洋紫荆花的市民，可以走江滨公园 — 文庙 — 蟠龙路 — 窑埠古镇 — 东堤游园的“紫荆花最美赏花线路”；喜欢亲近大自然的，可以在园博园、河东公园、河西公园等 20 余处紫荆花赏花点及凤凰岭、双渔汇等紫荆花景观公园与花仙子亲密接触；喜欢载歌载舞的，可以到雀儿山和人民广场的紫荆花海观赏区感受紫荆花的热情。截至 2018 年，柳州市区种植洋紫荆 27 万株，是全国洋紫荆种植数量最多的城市，“紫

1 记者张冠年，通讯员覃珩、何晓连：《探寻紫荆花与柳州发展的故事》，新华网 2022-04-11，https://k.sina.cn/article_ 2810373291_a782eAAAAb02002bqit.html。

荆花开动江南，倾城红粉万人朝”，紫荆花已然成为柳州的幸福名片。

二是“独占花魁摘王冠”，洋紫荆成了柳州市花。市花是城市形象的重要标志，柳州市的第一届市花是1988年评选的月季，第二届是2010年评选的姐妹市花三角梅和杜鹃。柳州洋紫荆花在成长多年后，以浩大的声势逆袭而来，越来越多的市民发出疑问：“柳州市花不是紫荆花吗？”社会上要求重新评选市花的呼声不断，离上次市花评选仅隔8年，2018年第三届市花评选意外地以从下至上的方式席卷而来。评选经历了民意调查、品种初评、市民投票、专家论证、政府审定、人大审议等6个步骤，历时9个月，洋紫荆一举“夺魁”，成为最契合柳州市民心意的花仙子。

三是花开盛景推动了柳州紫荆花文化品牌建立，柳州的紫荆花名扬海内外。从2016年始，每年3月至4月柳州都举办各种以紫荆花为主题的活动，结合紫荆花文化进行多形态展示，市民游客谱歌写曲、吟诗作画、摄影拍片、创客文化展示交流活动，各界朋友积极参加以“紫荆花”为主题的征文比赛、摄影比赛等文化活动，形成了紫荆花文化热潮。特别是“两岸四地摄影家走进柳州”暨“最美柳州·春彩花潮”摄影大赛活动，以及“紫荆花城醉美柳州”摄影大赛，全国各地知名摄影家走进柳州，以紫荆花以及我市其他城市标志景观为主题，拍摄柳州繁花似锦的美丽景象。活动获得很大反响，柳州的洋紫荆花名扬海内外。[1]

柳州洋紫荆花文化的发生和成长史，正是适应了柳州民族团结进步示范市的创建，以花语的文化表达，沉淀柳州人文的底蕴，呈现了柳州融入中华民族大家庭的实践，而具有浪漫的象征意义。

（四）“壮歌、瑶舞、苗节、侗楼”是柳州的文化瑰宝

文化瑰宝指的是文化中的精华部分，是独特民族艺术。柳州的文化瑰宝就是“壮歌、瑶舞、苗节、侗楼”。

1. 壮歌：山歌好比春江水

唱山歌来这边唱来那边合那边合
山歌好比春江水也
不怕滩险弯又多喽弯又多
不怕滩险弯又多喽弯又多

---

1 参阅《华丽变身惊艳世界！紫荆花是如何让龙城披上“粉红霓裳”的？》，澎湃新闻，https://www.thepaper.cn/newsDetail_forward_4272753。

这首唱响中华大地的《山歌好比春江水》，是广西歌舞剧《刘三姐》的主题曲，是壮族多彩文化的一个符号。早在1959年，柳州市和平彩调话剧团就将刘三姐传说编排成为彩调剧《刘三姐》参加了新中国成立十周年演出；1960年，《刘三姐》在柳州进行了全区性文艺会演，随后三次进入怀仁堂、四次进入中南海演出，随后在全国进行了500多次的巡回演出；1961年，由乔羽编剧、雷振邦作曲的音乐故事片《刘三姐》上映，此歌一唱而传天下，迅速风靡全国，并传播到东南亚及世界各地，成为承载无数人美好记忆的经典佳作。38年后，在1999年的南宁国际民歌节上，600位"刘三姐"共同演唱了一首重新编曲的《山歌好比春江水》，使这首歌在新世纪又一次风靡了中华大地。这一切，说起来都是源自柳州壮歌的巨大魅力。

壮歌俗称"山歌"，柳州传说为壮族"歌仙"刘三姐传歌之地。海洋学的知识告诉我们，"洋"是海洋的中心部分。如果说广西是山歌之海，那柳州就是山歌之洋。壮族山歌具有种类的繁多、意境深邃的特点。柳州山歌取材广泛，格律严谨，富于动态变化，并且在长期的历史发展中承载着教育、审美、娱乐等多种功能，具备深刻的文化价值，是侧面记录历史、汇集文学知识、描绘生活画卷、传递人文艺术的重要文化活动。据《柳州市志》记载：

> 其山歌多为民间的即兴口头创作，纯朴、粗犷，切理切情。凡叙事问候、喜庆祝福、交朋结友、择偶婚配、戏笑逗趣，都可用山歌表现。明代岳和声《后骖鸾录》记述："其俗女歌与男歌相答，男歌胜而女歌不胜，则父母以为耻。"清《马平县志》记载：境内壮族"少妇于春时三五为伴，采芳拾翠于山椒水湄，歌唱为乐。少男亦三五为群，歌以赴之，一唱一和，竟日乃已"。壮语称山歌为欢，也叫"壮欢"，多为7字一句，一首4句，也有为了加强语气，首句改为3个字，如"唱歌好""好风光"之类。不讲平仄，但求顺口，用韵也只求相近为适合。多用对唱方式，一唱一答，或是几个人联唱。以男女对唱为多。如7字句山歌："喊声老天天呀天，想讨老婆没得钱。拖张板凳排妈坐，妈说还小慢着先。"随口而出，自然生动，诙谐风趣，富有人情味。又如3字句头歌："唱歌好，唱歌得耍又得玩。不信你看刘三姐，唱歌得坐鲤鱼岩。"[1]

后来，"刘三姐"的故事和歌声，在发展过程中，其形象与精神又与壮族山歌紧密联系在一起，集中展现了山歌艺术的一种精神形象，表现出壮族山歌的贴近生活、贴近人民的艺术形式，既承载着一年又一年柳州人的美好记忆，也沉淀了一代又一代柳州人的文化追求。

长期以来，柳州市采取多种措施进行壮歌文化建设。举行各种形式的山歌文化推

1 柳州市地方志编纂委员会编：《柳州市志》第七卷，南宁：广西人民出版社，2003年，第44页。

广演讲、演出，制作投放公益广告，营造出了浓郁的壮乡山歌文化氛围。重中之重是在全市多个繁华地带打造起的歌圩，其中最为著名的是鱼峰山歌圩、滨江公园歌圩。歌圩的建成使得人们在平常的傍晚、双休日的全天都能听到欢愉的歌声。每逢节假日，歌圩还会举行大型“壮歌王”对歌活动，歌手们结伴对唱山歌，围听者众多，场面气氛欢快。自2014年柳州市政府将“壮族三月三”设为公众假日起，柳州市“三月三”等主题活动每年如期举行，如今已然成为柳州市地域内最重要的民族特色节日。“千把芦笙闹龙潭，千人多耶唱和谐”，瑶、苗、侗等民族的演员共同演绎民族文化遗产，合奏民族团结之歌的民族对话活动也成常态，活动现场也总是人头攒动。有游客盛赞“三月三的柳州，处处都是阿牛哥和刘三姐”。高楼林立的柳州，现代化都市环境中，这种传唱山歌的文化形式，既古老又新鲜，不能不说是一个独特的文化景观，更是柳州文化瑰宝的华丽亮相。[1]

2. 瑶舞：翩跹起舞祭盘王

瑶族舞蹈被认为是柳州民族风情四绝之一，尤以融水苗族自治县同练瑶族乡盘瑶的瑶舞最具代表性。在同练瑶族乡流传并保留至今的瑶舞主要有师公舞、长号舞和盘王舞，起源于盘瑶很早的祭盘王仪典。其服装、道具、节奏、舞姿都别具特色，通过丰富的舞蹈语言记载了当地盘瑶生产生活习俗和民间信仰文化，内容还包括追念瑶族祖先功德、歌颂先祖英勇奋战的精神等。

（1）师公舞

师公舞的舞蹈动作主要有“串三门”“转圈拜”。“串三门”就是在3个师公中来回穿插行走，甲穿插于乙与丙之间，乙穿插于甲与丙之间，丙穿插于甲与乙之间，循环重复，时间持续半小时以上。“转圈拜”就是3个师公带领祭拜人沿着祭拜物不断循环围圈祭拜。在师公舞的所有动作中任何一个环节都要敲锣、打鼓、击钹，口中还要不停地唱诵经文。

（2）长号舞

长号舞由4个或4个以上的瑶族男子手持长号朝天吹奏，长号长1.2~1.5米，顶端呈喇叭状。吹奏者身穿民族盛装边吹奏边左右转换姿势。长号发出“呜——呜——呜”的声音，场面显得庄严肃穆。

（3）盘王舞

盘王舞又称长鼓舞，脱胎于祭祀盘王的仪式，所以又称跳盘王。盘王舞第一部分是“请圣、排位、上光、招禾、还愿、谢圣”，由唢呐乐队全程伴奏，包括“铜铃舞”“招兵舞”“祭兵舞”“捉龟舞”等。第二部分是请祖先神和全族人前来“流乐”

1　参阅周俊宇：《从“刘三姐”到“城市歌圩”看壮族山歌在柳州的传承》，《大众文艺》2019年第14期；胡晓：《柳州山歌的艺术特点与文化价值》，《广西教育》2016年第11期。

（盘瑶语，意为共娱乐）。流乐活动一般持续一天一夜，在此期间，前来参加节日活动的青年可以在参加活动的人群中寻找自己的意中人。“请祖先神”意为恭请盘瑶各路祖先神参加盘王节的各项娱乐活动，是盘王节活动的重要内容。通常会吟唱表现盘瑶神话、历史、政治、经济、文化艺术、社会生活等内容的历史长诗“盘王大歌”。盘王歌以诗叙述盘王一生的事迹，七字句式，诗句简练，曲律古雅而浑厚。盘王舞以锣鼓唢呐伴奏，舞者手持长鼓，长鼓鼓型类似腰鼓，鼓腔长约60厘米，中间粗细刚好一握，两头鼓面宽若手掌。舞步时而上跳，时而下蹲，时而左转，时而右旋，时而有男声朗朗，时而又男女对唱，动作健美、豪放、威武，再现了盘瑶先民耕种、狩猎、出征战斗的一幅幅画面。

2010年以后，融水文艺工作者对跳盘王进行了改造创新，跳盘王成为一台大型舞蹈。新舞蹈欢乐、奔放，场面宏大热烈，既增加了现代舞蹈的艺术内容，又不失瑶族原生态的艺术元素。过去民间祭祀活动的特殊舞蹈现在演变成为当地瑶族传统节日、欢庆丰收及重大活动的喜庆舞蹈。2020年10月31日至11月1日，融水同练瑶族乡在脱贫后举办了第二届农民丰收节暨盘王节盛会。瑶族同胞在舞台上摆放着稻谷、南瓜、玉米、酒坛等物品，身着民族盛装和各民族同胞一道，吹着唢呐、跳起瑶族长鼓舞，尽情表达脱贫后的喜悦。[1]

3. 苗节：“百节之乡”尽欢颜

节日是历史传统一种特殊的文化表达。

柳州融水苗族历史悠久，文化多样，在历史演进中，历经长途迁徙的苦难生活不断孕育着众多的祭日、纪念日、丰收日，这些日子经不断地补充完善，最后演化成民族节日，所以融水苗族聚居的村寨，被人们称之为“百节之乡”。

融水苗族欢度各种节日，节日寓意多种多样，比如悼祭先烈、缅怀前辈、鼓舞斗志、庆贺丰收、振奋精神等，有代表性的节日主要有坡会、苗年、拉鼓节、芦笙节、古龙节、斗马节、六月六等。

（1）坡会

坡会是融水苗族重要的传统节日，囊括了很多节日内容，不同的地方节期不定。据《岭表纪蛮》载，坡会“在桂称为‘坡会’，在黔称为‘跳厂’，其会期多在‘正月年节’‘二月二’‘三月三’‘四月八’‘八月中秋’‘九月重阳’等日，而春期为最多”[2]。坡会是根据当地民众的生产、生活具体需求逐渐形成的节日，其内容包括芦笙赛、爬杆赛、斗马、赛马等，既感谢自然的赐予与呵护，禳灾去祸，又能尽情娱乐，并且在

---

1 参阅中共融水苗族自治县委员会党史县志办公室编：《融水风物》，南宁：广西民族出版社，2014年，第187—188页。

2 刘锡蕃：《岭表纪蛮》，台北：南天书局，1987年，第176页。

图 3.3　热闹的融水苗族自治县香粉乡十六坡会（郁良权摄，柳州市民宗委提供）

男女婚恋中扮演着重要的角色。

（2）苗年

苗年是融水苗族最隆重的传统节日，各地苗族过年时间不一样，融水苗年是腊月初一到十五，人们包粽子、炒米花、打油茶、杀年猪，年夜饭时要将猪肝、粉肠、猪颈、香肠一起放入酒杯，按辈分吃，被称为“吃开节酒”。新年要将旧水倒尽，焚香烧纸并将小白石头放入井内以“买水”换新水，寓意万象更新。[1]

（3）拉鼓节

拉鼓节是融水苗族的传统节日，又称拉鼓度盛节，三年或七年一小祭，九年或十三年一大祭。还有每隔十二年举行一次的，为悼念先人举行仪式，以求福避凶。“拉鼓”，即要竞相拉动用泡桐木刳制的鼓，而制作鼓的木头需要由专门人选定。也称“大鼓”“小鼓”，或又称为“大节”和“小节”。小节杀猪三头，竞拉五尺长的小鼓；大节杀猪十三头，竞拉一丈三尺长的大鼓。整个拉鼓节活动分箍鼓、拉鼓和送鼓三个阶段，拉鼓是为最高潮。[2]以杆洞乡为例，无论大鼓小鼓，都选在剪完禾把以后的农历十月举行。小鼓为期七天，大鼓为期十三天。节日期间，远亲近戚，嘉宾好友，纷纷前来，一同欢度节日，主人们分鼓社猪肉，杀鸡鸭，掏酸肉，挖酸鲤，盛情款待亲朋，村村寨寨热热闹闹，往日的辛劳在一派欢乐气氛中得以消解。拉鼓，一般是人数相等的本

1　李耀宗：《中华节日名典》，西安：陕西师范大学出版社，2018 年，第 409 页。

2　《中国少数民族风俗志》编委会：《中国少数民族风俗志》，北京：民族出版社，2006 年，第 207 页。

寨青年和外村寨的青年对拉，近似汉族地区的拔河赛。哪一队的青年得胜，就预示他们村寨在这几年内粮林丰收，六畜兴旺。入夜，拉鼓胜队的青年就有很多姑娘找他们唱歌，因为胜队象征获得吉利。一些群众家中也有青年男女对歌活动，为了寻找意中人，这样一连欢庆三天三夜。第四天散节时，寨边会出现男女互相惜别，难分难舍的场面。

（4）芦笙节

芦笙是苗族同胞调剂生活的乐器，世代相传，逐渐成为象征欢乐和喜庆的吉祥物。几乎每家每户都有一二把，每寨都有一二堂（每堂三五十或六七十把），寨子中还专辟有芦笙坪，坪中竖有芦笙柱。每当芦笙节到来之际，各村各寨都集结本村寨的芦笙队，到本乡最大的芦笙坪度节。芦笙节各乡村的日子不一，但多在农历正月初三至正月十五之间，节日那天，少则二三十队、多则五六十队芦笙济济一堂，坪上笙管如林，人流如潮，一两千把芦笙齐奏，乐声震耳欲聋，到处人头攒动，场面宏大壮观。姑娘们载歌载舞，小伙子左摇右摆，奏出动人的笙歌。热闹异常，激动人心。

（5）古龙节

融水香粉乡古龙坡是元宝山脚下的一块坡地，每年农历正月十六，一年一度的“古坡会”就在这里举行。这一天，方圆数十里的苗族男女，手提芦笙，肩扛鸟枪，牵着马，打着花伞，从四面八方齐聚古龙坡。正午时分，山梁上、村道旁、河溪间，出现了成队成行穿红戴绿的人群，远望去似一条条彩带在飘动，当成千上万人会集后，整个坡地成了人的海洋。一阵鞭炮声响过，坡会开始。几百支芦笙齐奏。芦笙手弯腰踢足，边奏边舞。插在笙管上的锦鸡翎毛也随着左右摇曳，显出苗家后生豪迈的气势。一群群穿着绣衣褶裙的姑娘，头发上插扣着鲜花、银簪、银梳，还佩戴着闪光的手镯、颈圈、耳环、银铃等。她们围着芦笙手，按节拍踏足扭腰，轻姿曼舞，别具苗家情韵。

（6）斗马节

在大苗山西北部山区的安太、洞头、四荣、安陲等乡的苗民喜欢斗马取乐。相传500年前，姑娘都喜欢嫁给斗马的能手。情场上要是出现几男爱一女的多角恋，苗王就组织斗马比赛以决定姑娘的归属。自然，斗马获胜者，姑娘就高高兴兴地嫁给他。经过年复一年的演变，原来那种对婚姻裁决起作用的斗马活动，逐渐变成了今天群众性的节日娱乐活动。每年11月26日为斗马节，这天，各村寨笙歌震天、铁铳、鸟枪齐鸣，穿着节日盛装的各族人民兴高采烈，跳起欢快的芦笙舞，斗马手牵着各自的壮马，从四面八方云集斗马场，由两匹公马相斗，胜方留在场内，继续相斗，以胜败场次多少论高下。斗时，两马或高昂头颅，耀武扬威；或踏动四蹄，急切求战；时而头对头猛撞，时而嘴对嘴撕咬，八蹄腾空。弹跳对踢时，斗马场上尘土滚滚，十分惊险壮观！

（7）六月六

六月六又称新禾节，或尝新节，尝鲜节，是一个祈神保佑、预祝丰收的节日。也是一个文娱活动开禁的吉日。在苗族聚居的安太乡多元宝村一带，新禾节的热闹和隆重程度仅次于过苗年。节日定在农历六月初六，节期一至三日不等，家家杀鸡宰鸭捉鱼，并到田里摘取一些新谷穗。如果谷穗未完全成熟，也要脱下谷粒炒干，舂出扁米，蒸熟成饭，放到神台上供奉神灵。之后，把一小撮饭粒和一些酒洒在地上，表示让列祖列宗先尝新，以祈神灵和祖宗保佑取得好收成。接着燃放鞭炮，家人按长幼辈分次序分尝新饭，然后请宾客品尝。鱼，是新禾节的主要佳肴，捕鱼便是新禾节的主要活动内容。这天，有的放干自家田里的水，把头一年有意留在田里的鲤鱼捉回家，有的则到河里捕捉河鱼，田里河里一片欢腾。除了尝新、吃鱼以外，新禾节还要举行吹芦笙、斗马、对歌等节目庆贺丰年。[1]

融水苗族这些节日，包括悼祭先烈，缅怀前辈，庆贺丰收，表达爱情，振奋精神的文化活动，都极有个性、极富特色，为柳州的文化宝库增添了一道耀眼的风景线。

4. 侗楼：巧夺天工的建筑奇葩

建筑是文化的载体。侗族木质结构建筑以其奇特的艺术形态，给人以不同的视觉体验，展现了柳州侗族侗楼文化巧夺天工的灵魂图像。

《魏书·僚人》记载，三国时期，侗族先人“依树积木，以居其上，名曰干栏”。流传至今侗族的侗楼可以三江依山傍水的程阳八寨为代表。20 世纪 60 年代，笔者住过的平寨杨家木楼有 3 座，老大杨秀明的一栋有 4 层，老二杨秀光的一栋为 3 层，老三杨秀楠的一栋也是 3 层。三栋木楼紧紧连接在一起，只有一架楼梯上下出入，三栋楼之间由一个结构巧妙的连廊平台连接，非常实用。[2]

有学者研究，侗家人喜群居。大的村寨可达五六百户，小的也有七八十户，一般村寨一百多户。因为侗族认为在阴间时，人们都在天鹅水源头——“高村鹅雁”的花林大殿中集群聚居。来到阳间，也该听从花林大殿“南堂父母”和“花林四婆”的安排，同在一个村寨集群居住，才能得到祖灵的庇佑。又由于其居住的自然地理环境和人文历史条件，侗族人认识到，只有依靠集体，团结互助才能生存。侗楼依地形不同，无论平地、山地、陡坡均可竖起千姿百态的木楼。木楼上上下下全由杉木建造，通常二三层，也有四五层的；层高 2~2.3 米，进深 6~9 米，面宽约 18 米，一般五柱三进，多三间相连，两端有偏厦，四周吊脚楼；楼檐层层而上；檐柱吊金瓜；歇山式屋顶，上盖青瓦，呈四面流水状；屋顶垒一堆瓦或砌一个“金钱”泥塑。木楼一层不住人，以防潮气、毒蛇虫咬和猛兽的侵袭，而是饲养牲畜或安置柴草、石碓等农具。人居二、三层。一般二层设走马转角厅廊、火堂、客房、食品间、神龛间、主妇卧室；三层为

1　以上参阅戴义开编著：《骆越风情》，北京：光明日报出版社，2005 年，第 21—25 页；龙晓添：《基于民族标志性符号的非物质文化遗产保护及其 App 开发——以广西融水苗族为例》，《贺州学院学报》2021 年第 4 期。

2　参阅徐杰舜、杨秀楠、徐桂兰：《程阳桥风俗》，南宁：广西民族出版社，1992 年，第 36—37 页。

青年女子居室、纺织劳作场所、存放谷物仓库。二层厅廊光线充足，宽敞明亮，专作等客、宴宾或乘凉休息之所。在聚族而居的村寨，廊檐相接，因设宴、待客、欢庆佳节聚集时，就用木板铺成长桌，供一二百人同时举杯畅饮使用。平时这里是青年男女谈情、对歌的“月堂”。

此外，火堂是全家人炊饮、取暖的地方，也是接待宾客的地方。火堂设在香火间里边、厅廊后面。在堂屋中间约一平方米的地方不铺楼板，由四根小方柱或一根独柱撑起四方架，将四条青石托住，中间添土夯实，形成四方形火坑。火坑上方从屋顶垂吊下烘烤用的“昂”（大竹笼），火坑中心放置铁三脚架，以备随时置锅、燃火炊用。[1]

其实，侗楼建筑营造技艺堪称精湛，除干栏式民居、寨门、凉亭、井亭、粮仓、戏台之外，最为出色的建筑为鼓楼和风雨桥，更是中国建筑艺术中的精品，造型优美，工艺精湛。整座建筑看不到一颗铁钉，完全通过凿榫打眼、穿梁接拱、立柱连枋的工艺来完成，榫卯连接，结构复杂，具有较高的工艺和艺术价值，不仅包含了厚重的侗族文化信息，也是中国传统建筑文化的“活化石”。

鼓楼是侗楼文化的灵魂，侗族的创世纪史诗中就有鼓楼起源的传说。史诗中记录了人类始祖姜良、姜妹“造鼓楼于寨中，制礼俗于乡村”，“先建鼓楼，后修村寨”。因此，早期的侗族鼓楼属于宗教建筑，不仅是宗教活动的场所，同时也是社会交往的场所，建筑体量一般都较大，与之配套的院落空间也具有相应的规模，使鼓楼成了侗族文化艺术的结晶。它与侗族人民日常生活与精神生活密不可分，是记载着侗族历史政治和文化的一本建筑实体书。在每个村寨中，最醒目的标志建筑就是鼓楼，鼓楼是村寨的心脏。每逢重大节日，它是侗族举行群众活动的中心场所，完美地集功能使用和精神需求于一体。[2]

风雨桥是侗族的福桥。由桥、廊、亭组合在一起的风雨桥建造在村头寨尾，体现的是人们的风水信仰。一直以来，侗族人民将“水”视为财富的象征，将风雨桥屹立在村头寨尾有防止财源流失的含义。从近处看，风雨桥主要都是由廊亭、桥以及墩台几部分组成。“廊亭为木结构，采用凿眼与样枋相结合的办法，直穿斜套，相互勾连，从而形成严密的整体。”[3]从桥头至桥尾，整个桥廊都是由木质栏杆、座椅连接桥廊的桥柱，从远处看，桥身都是木质结构，除了深扎水底的大桥墩是水泥石柱外，其他的构造都为木质结构。从上往下看风雨桥，其桥檐向上弯曲并在上面刻有或挂有葫芦形状的物体，据说这是寓意吉祥多福。桥的栏杆上面有向前凸起的腰檐，一方面保护风雨桥的桥身不被日晒雨淋，增强其结构稳定性；另一方面又使风雨桥的整体构造层次丰富，增加美感。从风雨桥搭建至整个建筑的完成，其间都没有使用一个金属部件来连

---

1 参阅杨春凤：《广西侗族民居建筑及色彩文化研究》，《小城镇建设》2001 年第 11 期。

2 参阅韦玼伊：《浅谈侗族木构建筑营造技艺的价值——以广西三江侗族自治县为例》，《文化创新比较研究》2017 年第 27 期。

3 汪兴：《侗族风雨桥的文化内涵》，《中共铜仁地委党校学报》2011 年第 4 期。

接桥的相关部位。“用挂方、挂撑支撑亭檐及大小条木，凿通孔眼，以榫衔接，斜穿直套，交错吻合，结构精密。”[1]这一让人惊叹的宏伟建筑是侗族历年历代的智慧结晶。可见，风雨桥在侗族本族人心中被尊称为“福桥”，是集“祈福”“旺寨”“交通”等于一体的物质精神载体，既是侗族人的精神寄托，又是侗族村寨不可缺少的组成部分。[2]

确实，侗族村寨的鼓楼和风雨桥把人们对美、对理想的追求，镶嵌到一座座侗楼之中，融汇到建筑空间和环境中，且遍布于每个侗寨之中，构成为一个完整的建筑文化空间，形成了独特的柳州侗楼文化景观，沉淀入柳州人文底蕴之中。

柳州的人文在历史演进的沧桑中，积淀了“城隍”柳宗元、符号柳州话、花语洋紫荆和文化瑰宝“壮歌、瑶舞、苗节、侗楼”的文化底蕴，在桂中大地上奏响了“八桂大歌”。

三、情怀

情怀是人的一种心境。

柳州人的情怀是什么呢？是工业！这恐怕大出人们的意料之外了。

柳州的工业情怀要从制造第一辆木炭汽车谈起。

1927年深秋的一天，几个“神秘之客”登上鸡喇码头，来到鸡山脚，环顾四周，交头接耳，指指点点。这是怎么回事？

原来，新桂系军阀李宗仁、白崇禧、黄绍竑为了扩充实力，与其他军阀抗衡，谋划在柳建设军械修造场所，邀这一行人到此地选址。一番勘察后，几人兴奋不已：“鸡喇虽为弹丸之地，但位置隐蔽，易守难攻，交通便利，不可多得！”

没过多久，“柳州机械厂筹备处”牌匾便在鸡山脚下的工程指挥部门前挂起。

翌年9月，铁架厂屋、机械部厂屋、电机部厂屋、办公室和工人宿舍先后落成。30余套贵重设备由沪抵柳。

自此，一座规模较大的工厂拔地而起，工厂设置木工、翻砂、打铁、机械及电机五大部，建成后即开始生产手榴弹、炸弹，从事普通机械及军工设备制造与修理。

时间来到1931年，“九一八”事变爆发，日本悍然发动侵华战争。广西的石

1　汪兴：《侗族风雨桥的文化内涵》，《中共铜仁地委党校学报》2011 年第 4 期。

2　参阅张千：《广西三江侗族木构建筑的符号学研究》，广西大学硕士学位论文，2018 年，第 17、38、41 页。

油资源极度匮乏，造成数百辆汽车停驶，广西的军事补给一度陷入瘫痪，这让新桂系如芒在背。

这一年，在距离柳州1400多千米外的河南，留法归国的汤仲明，经历1000多个日日夜夜的研究实验和无数次的失败后，终于成功研制出我国第一辆木炭汽车。

一时间，以烧木炭代替烧石油的汽车在全国逐渐兴起。这让新桂系更加铁了心要造木炭汽车。

当时的柳州机械厂，经济实力与规模不仅雄视八桂，也名列全国机械工业厂家前茅。据厂史记载，柳机当时总资本为401000元（旧币东毫），几乎相当于广西贺县（今贺州）、梧州和南宁三地34个同类厂家资本总和的3倍。

市文史专家李乐年在接受央视《国宝档案》栏目采访时曾说：“抗战前夕，新桂系为了在后来的战争当中不受制于日本，秉承着自卫、自给、自治‘三自原则’，决定利用广西丰富的森林资源生产木炭汽车。”

这任务自然就落到广西“工业的心脏”柳州机械厂肩上。

于是，新桂系花重金从广东、香港和英国招募了一批技术精英来柳试制木炭车。团队却一直卡在木炭发动机这一环节，迟迟不得其所。汤仲明最终得以成功，还是源于一场实验小事故。

据相关史料记载，有一次，木炭汽车驾驶员在试驾过程中，不小心撞上了仓库的铁门，连接发动机的煤气管被撞裂了。突然，发动机一声轰鸣，木炭汽车往前一蹿，速度猛地加快。司机正担心要挨训时，汤仲明却笑了，还连声说“好”。

原来，煤气管的开裂让煤气中渗入了空气，而空气中的氧气能够助燃，让木炭汽车的动力成倍增加。他从碰破管子中得到启发，立刻对木炭汽车的动力装置进行修改，在炉子侧面钻了两个孔，一孔连鼓风机助燃，另一孔把煤气送出去。

经测试，木炭汽车车速可达到汽油车的水平，成功了！

1933年11月27日，汤仲明受邀来到柳州机械厂，帮助制造木炭汽车。近一个月后，柳州机械厂终于造出两台木炭机，并装好一辆木炭车。这就是广西自行设计制造的第一辆木炭车。

同年12月31日，这辆木炭车从柳州驶到南宁，李宗仁亲笔书写下“木炭车”三个大字，贴在车头。随后他与白崇禧等乘坐这辆木炭车，在南宁市内巡行一周，神采飞扬。市民们纷纷涌上街头观看。

木炭车用“木炭三磅可行华里十里”，“其消耗燃料之费，比较可减少八分之七”，由于造价低廉，易于制造，迅速在广西普及制造，发展到了柳州周边各城市。[1]

---

1 参阅微姐：《奇特！一边做炸弹一边造车，广西各地开上柳州产的这种“神车”！》，《柳州晚报》2022年7月19日。

木炭车的诞生揭开了柳州工业发展的第一页，柳州机械厂也因此被誉为“广西机械工业的摇篮”。从此之后，在近百年的时间里，柳州人夺得了无数个广西乃至中国工业的“第一”：

广西第一台木炭动力汽车；
广西第一架单座驱逐战斗机；
中国第一代Z435型轮式装载机；
中国第一台汽油机；
第一批丰收-37型拖拉机；
中国的第一台轮式装载机Z435；
广西第一辆“柳江”牌载货汽车；
第一辆LZ110微型货车；
广西第一条彩电生产线；
西南地区第一台大功率的激光器；
第一辆LZ110MC微型轿车；
广西本土第一款自主设计的自主品牌家庭轿车；
中国第一个年产销超过100万辆的汽车品牌；
广西第一款中级轿车……

这众多的“第一”从柳州工业发展年谱中更是淋漓尽致地呈现了柳州的工业情怀：

1928年：柳州机械厂建厂，曾制造出木炭车、“朱荣章号”双翼战斗飞机等，开广西制造汽车、飞机之先河。

1949—1957年：柳州开始“重工业化”的进程，建立了以柳州机械厂、柳州制造厂（今柳州第二空气压缩机总厂前身）为代表的机械工业，并恢复了一些轻工业企业和以柳州锌品厂（今柳州锌品有限责任公司）为代表的冶金业。

1953年：柳州机械厂成功试制1101型汽油机，开创我国生产小型内燃机的新纪元。

1958年：设柳北工业区。同年，广西柳州钢铁（集团）公司、柳州工程机械厂（今广西柳工机械股份有限公司）成立。

1960年：柳钢225立方米高炉流出第一炉铁水，结束了广西“手无寸铁”的历史，开创了广西现代钢铁工业新纪元。

1966年：柳州动力机械厂更名柳州拖拉机厂，开创拖拉机时代。

1969年：柳州机械厂自行设计研制4100型汽油机，首创“广西”牌汽车；成功开发70型汽车发动机，与柳州农械厂联合开发“柳江”牌汽车，为广西汽车工业发展奠下基础。

1978年：柳州基本建立了钢铁、机械、电力、化工、纺织、仪器仪表、电子通信设备、通用机械、农业机械等产业。柳州拖拉机厂以年产5000辆的生产能力，跻身“全国八大拖拉机厂”之一。

1982年：第一辆LZ110微型货车试制成功，开启柳州微车制造的历史。

1992年：柳州市工业总产值突破100亿元大关，达到109.12亿元，成为全国五个少数民族自治区中第一个年工业总产值超过百亿元的城市。

1993年：柳工机械股份有限公司在深圳交易所成功上市，成为广西第一家上市公司。

1997年：柳州成为全国优化资本结构试点城市，开展国有企业改制的探索。柳州汽车厂改制成为东风柳州汽车有限公司，柳州微型汽车厂进行企业股份公司制尝试。

1998年：柳州五菱汽车股份有限公司成立，同时，柳州企业加快科技创新、技术改造步伐，培育出“柳工”装载机、“两面针”牙膏、“金嗓子”喉宝等全国知名品牌。同年，柳钢钢产量突破100万吨，成为国内重点钢企之一。

2002年：“中—中—外”三方合资的上汽通用五菱汽车股份有限公司正式挂牌成立，东风柳州汽车有限公司划拨东风汽车有限公司旗下。

2009年：柳州汽车产量突破100万辆，成为国内第三个、西部第一个汽车年产突破100万辆的城市，成为中国第一个市区人均生产一辆汽车的城市。

2017年：柳州生产汽车253万辆，产量将近全国总产量的1/10，位居全国第三。

2020年：“中国品牌500强”排行榜发布，柳州钢铁排名第223位，位居广西工业企业之首。[1]

百年柳州工业情怀的发展史，工业文化深入柳州人的血脉，柳州，因工业而兴，因工业而荣，工业总产值占整个广西的四分之一。如今，工业柳州一呼百应，新能源汽车、智能交通、智能电网、装配式建筑、工业互联网等新兴产业加快布局，无人驾驶、5G遥控装载机等产品也渗入柳州人的生产、生活之中。敢为人先、超前发展的工业柳州在新时代又增添一丝科幻色彩，让我们叹为观止。[2]

更让人惊奇的是工业情怀浓厚的柳州人，用工业生产的方法把螺蛳粉做成了大产业，从工业情怀中发展出了更具人间烟火气的螺蛳粉情怀。

---

1 《钢铁柳州“大事记”》，中国共产党柳州市委员会宣传部：《24字秒懂柳州惊奇丨一文读懂柳州“钢多气盛”的工业惊奇》，2021-08-23。网络来源：https：//baijiahao.baidu.com/s？id=1708879723974826251&wfr=spider&for=pc。

2 荣瑶：《看工业之城的厚积薄发——“柳州是一座有故事的城市”系列报道之二》，《柳州日报》2021年2月8日。

这种螺蛳粉情怀，以独特的味觉与嗅觉自立于美食江湖，硬是把只是流行于柳州街头巷尾的地方米粉，演绎成了美食江湖的一段传奇。

传说20世纪80年代初期，有几个外地商人途经柳州，饥肠辘辘，但已是深夜。大部分的店铺都已经打烊，几位商人好不容易找到了一家还没打烊的米粉摊，可是摊上已经没有什么吃食了，煮米粉必用的骨头汤已经没有了，只剩下一锅螺蛳汤和一些零零碎碎的食材，还有一些米粉。可是几位商人饥饿难耐，恳求摊主随便做些东西给他们充饥，摊主情急之下把米粉放到螺蛳汤里煮，又加上了青菜、油炸腐竹以及花生等配菜。无巧不成书，几位外地商人吃后，对此赞不绝口，表示从未吃过这样的美食。说者无心，听者有意，摊主将此记在心中，并逐步完善其配料和制作，遂慢慢形成了现在螺蛳粉的雏形。机缘巧合，满足了饥肠辘辘的外地商人，也成了日后风靡柳州的一款经典美食。[1]此为一说。另一传说云：柳江边的柳树下，曾住着一位阿婆，专门做米粉给往来的船夫吃。由于船夫们都是苦力，买不起肉，阿婆就想了个办法，到柳江边捡螺蛳，倒入锅中煮汤，做成汤粉。船夫们吃着鲜美的螺蛳汤粉，赞不绝口。阿婆的螺蛳粉声名鹊起，城中四方百姓都来品尝。这就是柳州螺蛳粉的由来。[2]可能此说更具柳州地方色彩。

从此，螺蛳粉在柳州风生水起。

在柳州大街小巷，随便走走就会有螺蛳粉的店铺或者摊位。因为做螺蛳粉要专门熬制螺蛳汤，还要准备许多种配菜，再加之螺蛳粉价格便宜，五六块钱就可以来一碗，所以当地人都会选择在外边的粉店吃。又因为螺蛳粉的味道浓郁、独特，符合大多数人的口味，所以每家螺蛳粉店的生意都是十分火爆。在饭点，每家店都会有很多人排着长队打粉。

如此美味的螺蛳粉，奥秘就在那锅螺蛳汤里。螺蛳汤独特的汤料是由螺蛳肉与三奈、八角、肉桂、丁香、辣椒等13种天然香料和味素、蔗糖配制而成的，螺蛳肉要一直熬至熟烂，这样煮出的汤才十分浓郁。螺蛳粉的配菜也是十分讲究，青菜只选容易烫软、易熟且易入味的空心菜或者生菜，这两种菜与螺蛳粉是最配的；竹笋也要经过腌制，应柳州人的口味做成酸辣的；木耳煮熟后切成细丝；腐竹和花生都要用油炸，这样的花生更加油酥、腐竹更加爽脆，泡在汤里更容易变软、入味；另外还会加入营养价值较高的黄花菜。虽然看似简单的一碗螺蛳粉，每一种配菜都需要精心准备，可谓“简约而不简单”。

柳州人为何钟爱螺蛳粉凝聚而成的人间烟火气？

在柳州有着这样一句话，“不食螺蛳粉，枉做柳州人”，由此可见螺蛳粉对柳州人的重要性。螺蛳粉虽然只是一种小吃，但柳州人的早茶、午餐、晚饭和夜宵，没什么

1　郭之东：《柳州螺蛳粉——柳江河畔的“一碗”情怀》，《首都食品与医药》2016年第23期。

2　朱千华：《柳州：百里烟柳，诗意之城》，《读者》（原创版）2016年第11期。

是不能用螺蛳粉解决的。在任何一个地方寻找螺蛳粉都是十分容易的事，只要闻到一股特殊的浓厚的酸臭味，那么方圆几百米必定会有螺蛳粉店。虽然柳州的天气很闷热，大部分店里都没有空调，但是大家还是心甘情愿地挤在一家小小的店里，酣畅淋漓地来上一碗。吃粉之前先吃几口配菜，用筷子夹起已被泡得发软的腐竹和黄花菜、青菜，还有爽口的酸笋和酸豆角、酸辣的腌黄豆，再来几个浸满螺蛳汤的油豆腐果子，那满足感如同你已吃遍了这世间的美味。一边吃粉一边喝汤，岂不快哉！大部分人是连最后一口汤都不会放过的。

柳州人之所以如此喜爱螺蛳粉，表面看来，一是因为其鲜、酸、爽、烫、辣的独特口味；二是因为柳州人自古就有吃螺的爱好，再加之米粉算是这里的主食；三是因为柳州潮湿闷热的气候，人们容易没有食欲，而螺蛳粉的酸辣劲爽刺激了人们的味蕾，“一筷子通气，两筷子发汗，三筷子下肚整个人就通透了！”

一位当地的大叔说：“我们柳州人从小就是吃螺蛳粉长大的，如果一天不吃总会感觉少了一些什么，螺蛳粉已经成为生活中的一部分了。”一位在柳州求学的外地学生表示，第一次走进螺蛳粉店时，感觉有臭味，本来打算放弃，可是在同学的建议下还是尝试了，“我是江西人，我们也有吃米粉的习惯，可从未吃过螺蛳粉，但是吃过几次后便爱上了柳州的螺蛳粉，每次放假都会带一些包装好的螺蛳粉回去给家里人尝尝”。对于柳州螺蛳粉，虽有争议，但是却并不能阻止人们爱上它的步伐，更改变不了柳州人对它的独特情怀。[1]

其实，在柳州人的螺蛳粉情怀的背后，是爱柳州的家园情怀。

人们到柳州去吃螺蛳粉，一边吃一边听柳州人聊天。不难发现柳州人在自我介绍时常常说：“我是某某，柳州仔。”或者介绍其他人时会说：“某某是我朋友，柳州仔。”从说话的语气来看，“柳州仔”似乎是当地男人一种骄傲的自称，看似普通的称呼里，透露出来的是一种豪气。[2]这种对“柳州仔”的认同，其根源是对柳州深深的爱所沉淀而成的家园情怀。对此，柳州女作家梁雪珊在《柳州，柳州》一文中曾深情地写道：

> 我在柳州结婚、生子，上班、下班，洗衣、做饭，越来越深地以这个城市为自己安身立命的依靠。当这个城市的一草一木、一举一动都不再与我无关的时候，当自己做了母亲的时候，为了自己那个肉芽儿一样娇嫩的小可爱，注视柳州的目光，更增了一份挑剔。
>
> 好在，柳州，一直让我放心，它的山，一直青翠，它的水，也一直是那样的妩媚多情，除去雨季，从上游滚滚而来的洪流让它暂时污浊之外。这，也是柳州，山很青，水也美，百里柳江，十里画廊。

1 以上参阅郭之东：《柳州螺蛳粉——柳江河畔的“一碗”情怀》，《首都食品与医药》2016年第23期。

2 参阅朱千华：《柳州：百里烟柳，诗意之城》，《读者》（原创版）2016年第11期。

这还是柳州，一个有山有水的城市，可以大开大阖地大干工业，也可以豪放热烈地欣赏一朵花的美丽，还可以活得像城里那条河流一样细致婉约又不失大气。[1]

可见，柳州人对螺蛳粉的情怀，是从工业情怀的底蕴中生长出来的一朵奇葩。

1 梁雪珊:《柳州，柳州》,《当代广西》2017年第19期。

第四章　中华民族视野中的柳州民族结构

在中华民族视野中，柳州自古以来就是多民族聚居的地方，形成了多民族团结生活的和谐画面。

据考，柳州居住着壮族、汉族、苗族、侗族、瑶族、仫佬族、回族、水族、毛南族等 48 个民族。根据第七次全国人口普查结果，全市常住人口 415.79 万人，其中少数民族人口 219.31 万人，占全市总人口 52.75%。2021 年末，柳州常住人口中壮族 1453663 人，苗族 331089 人，侗族 326362 人，瑶族 92661 人，仫佬族 32947 人，回族 6694 人，水族 5930 人，毛南族 2551 人。[1]

柳州市辖 2 个自治县，分别是三江侗族自治县和融水苗族自治县；6 个民族乡，分别是三江侗族自治县的同乐苗族乡、高基瑶族乡、富禄苗族乡；融水苗族自治县的同练瑶族乡、滚贝侗族乡；柳城县古砦仫佬族乡。

壮族主要分布在柳江、柳城、融安、鹿寨等县和城区；苗族、侗族和瑶族主要分布在融水、三江；仫佬族主要分布在城区和柳江、柳城；回族主要分布在城区和鹿寨；水族主要分布在城区和融水。

柳州的民族结构图不是一挥而就的，而是经过了漫长的历史逐渐形成的。在柳州的民族结构图中，壮侗语族诸族是最重要的一个民族集团。

在一般学者的眼中，早在两千多年以前的周代，壮族的祖先就以瓯邓、桂国、损子、产里、九菌等名载于史籍。秦汉时期的瓯骆和骆越都是他们的远祖。壮族应该是壮侗语族中最古老的民族。其实不是，根据《岭南民族源流史》通过分子人类学（即基因分析）研究，壮族不仅不是壮侗语族中最古老的民族，而且也非其核心民族，侗族和水族才是壮侗语族的核心。侗族，长期位于壮侗语族地理上的中心位置，并且是遗传结构上的中心位置，是岭南族群分化过程中的核心成分。分子人类学研究表明，侗水群体几乎和任何一个类群都有连接，这也就暗示着水族可能是整个岭南人群中最

1　柳州市民宗委提供的数据。

核心的一个部分，处于岭南人群分布上的中心位置。那么，从分子人类学到历史学、民族学的研究来看，在中华民族交往交流交融的历史过程中，壮族、侗族、水族、仫佬族、毛南族是柳州的世居民族群，苗族、瑶族、回族和汉族是柳州的移民族群。

一、侗族

侗族是一个古老的世居民族群，其族源与百越中的骆越和瓯骆，以及后来演变的“乌浒”“僚浒”有密切关系。

秦始皇曾派50万大军兵分五路进攻岭南一带，其中“塞镡城之岭”的第一军正面与“瓯骆”接触。秦取岭南后，设置了桂林、象郡、南海三郡，其中象郡有镡城县。西汉元凤五年（前76年）秋，“罢象郡，分属郁林、牂牁”二郡，镡城县改隶武陵郡，地处“武陵西，南接郁林”。魏晋南北朝，曾被称为瓯骆的居民被称为“乌浒”或“僚”“僚浒”。到唐代，史籍对这一带的居民称为“峒蛮”。

侗族的形成经历了一个漫长的历史过程。到唐代以前，侗族社会出现了一种称为“款”的社会组织，有大、小之分。小款由三五个至一二十个村寨组成，若干小款合为一大款。款中居民根据“款约”处理款内有关生产、婚姻、债务以及偷盗等事，以维护公共秩序。款有款首，于村寨乡老中公推。由此可见款不仅是侗族原始社会进入阶级社会的前奏，也是其血缘关系向地缘关系转化的标志。

到了唐代，由于朝廷在湘西、黔东南等地区设置诚州、徽州等羁康州郡，侗族地区的社会经济发生了剧烈的变化。一方面是羁縻州郡的建立促使侗族的血缘关系进一步向地缘关系转化；另一方面，原来的款首凭借其政治特权和经济优势，逐渐转化为羁康州郡内封建政权的官吏，对辖区内的农民开始采取封建剥削方式。

到北宋时，在无阳县西南出现了“佶伶”（仡伶），史籍记载了其政治、军事和经济方面的活动。北宋熙宁五年（1072年），懿、洽州（辖今万山、玉屏、天柱一带）发生了“蛮酋”合“佶伶”抗拒官军之事。其中，据《宋史》载，“佶伶万众乘舟屯托口”，神宗皇帝和王安石为之震动。托口为今湖南洪江市属，位于渠水、清水江交汇处。到南宋，史籍中多称“仡伶”，仍以抗拒官军著称。陆游《老学庵笔记》卷四有这样的记载：“辰、沅、靖州蛮，有仡伶、有仡僚、有仡梗、有仡偻、有山徭，俗亦土著。”“诸蛮惟仡伶颇强，习战斗，他时或能为边患。”当时，在“仡伶”中，以靖州（辖今黎平、锦屏和天柱南部一带）杨姓和沅州（辖今万山、五屏、三穗和天柱北部一带）吴姓的势力较强。而靖州南面之浔江、融江和王江流域，为仡伶杨氏活动范围。佶伶（仡伶）居住的溪峒，在侗语中至今还保留着“九溪十八峒”“九溪十峒”以及诚州、五开等古地名。[1]

1　参阅《贵州省志·民族志》“侗族”，贵阳：贵州民族出版社，2002年，255页。

宋朝将地方建制改为路、州、县三级，在侗族地区建立了土司制度，终元之世，侗族地区皆为大、小土司管辖。土司制度的建立，标志着侗族从血缘关系向地缘关系转化的完成。侗族形成的标志是族称的确定。对此，《宋史·西南溪峒诸蛮》记载，“仡伶”的急读声与侗族的自称音近。此外，仡伶又称为“伶”。可见“仡伶”“伶”是侗族的自称，自宋代始作为单一民族的族称载入史册，迄今已有一千多年的历史了。而“峒人”或“侗家”则是汉族对侗族的称谓。

从百越中演化出来的秦汉的瓯骆、骆越、乌浒，到南北朝的僚，到隋唐的“峒蛮”，再到宋的仡伶，侗族源流路线图清晰可辨，可见侗族是柳州的世居民。

更有意思的是，对侗族的分子人类学研究发现，侗水族群总体的O1单倍群年龄是8000多年，这与台湾蕃族和东部越族群体中的O1年龄相当，而侗水族群的发源地都指向东南方向的沿海地区。这两个族群很有可能是同一时期内分化形成的。虽然，侗水族群不是岭南人群起源的中心，但是侗水在发展过程中，不断地与其他族群发生着关系，应该是处于岭南人群分布的中心位置上。也就是说，在岭南人群发育的过程中，侗水族群长期地处于地理上的中心位置，并且是遗传结构上的中心位置。这样，侗水族群才有机会和其他族群都发生交流。从地理上看，这个中心位置应该就在广东的东部和福建的南部，这个地区东接台湾，北连越族，南临黎族，西靠仡佬族，西南方向还有马来族群的出发地。这个地区也同语言学推测的起源地基本吻合。所以我们基本可以相信，侗水族群的起源地在厦汕一带的沿海地区。侗水族群长期以来是岭南人群分化过程中的核心成分。如果把黎族看作岭南人群的“根”，马来族和仡佬族就是“侧枝”，侗水族群则是澳泰族群的“主干”。而壮傣族群是较晚时间从侗水族群中分化形成的另一主干。分子人类学的这个研究成果一下子把侗族推到了壮侗语族族群最古老的位置上，让人们不得不对他刮目相看了。[1]

二、水族

水族是一个富有神秘色彩的民族，一是因为它的水书，二是因为它的古老。

水书是水族靠手抄、口传流传至今，类似甲骨文和金文的一种文字，内容博大精深，相当于汉族的《易经》。这种文字符号，记载了水族古代天文、地理、宗教、民俗、伦理、哲学、美学、法学等信息，是水族的百科全书，被誉为象形文字的“活化石”。

对于水族族源，1943年岑家梧在《水书与水家来源》中说：

---

1 参阅徐杰舜、李辉：《岭南民族源流史》，昆明：云南人民出版社，2016年，第323—324页。

> 水家语之属台语，确无疑义，然水家今日分布之方向，乃由北而南，与台语系族又显然不同，此其三。就上述事实合而观之，水家似为古代殷人之一支，原住中原一带，其后逐渐南迁中桂，因与台语族系杂处，而语言风俗上，受台语系族之影响，即成今日之状态。否则至少水书与古代殷人甲骨文字之间，当有若干姻缘关系，亦可断言也。[1]

但是，随着水族研究的深入，水族族源也众说纷纭，有越骆土著说、江西迁来说、江南迁来说、河南起源说、夏代起源说等。一个既简单又复杂的问题摆在人们面前：水族源于何处?

水族自称“睢”（sui^3），汉字音译为“水”。民间相传，水族由三大支系组成，即“睢闽”（sui^2min^6）、“睢柳”（sui^2liu^3）、“睢干”（sui^3kam^1）。“睢闽”主要指居住在都匀王司地区的水族；“睢柳”主要是指居住在三都、荔波、独山、榕江等县聚居区和散居地区的水族；“睢干”主要是指居住在三都水族自治县阳安、阳乐一带的水族。现在水族主要分布在贵州南部和东南部，占水族人口的90%以上。黔南布依族苗族自治州和黔东南苗族侗族自治州境内的三都水族自治县、荔波、独山、榕江、都匀、丹寨等县市是水族的主要聚居区，广西的河池和柳州地区也有少量水族分布。

按照分子人类学的研究，水族祖先是8000年前在福建厦门和广东汕头一带百越中闽越的一部分，在政治动乱中一部分经广东到广西，这个过程的细节已不可考，但民间传说中有线索，陈国安在《水族》一书中记载：

> 相传，水族古老古代住在遥远的地方，那里地面宽广平中坦，海水平岸，看见天边。那时，天上有十二个月亮照到半早，十二个太阳照到半夜。早上吃鱼，晚上吃肉，鱼当顿，肉当餐。天之不幸，河下九年水灾，海水上涨，赶人北上避难，走到红河清水边坐了下来。接着，又发生连续九年旱灾，领、良两个妈妈带着一部分儿女顺清水河而下，赶、鬲两个妈妈带着一部分儿女顺红水河上来，走到岜越山脚杉林中的枫树下，住在石崖边，睡在草丛中，生下了儿和女，男孩叫亚，女孩叫东。东、亚都长大了，东姑娘很贤惠受人爱戴，亚善于用犬猎兽，大家立他为头目，管理全部人群，后被老后拱龙猛、牙所洛代替。不久，人们又推举陆铎公接替，陆铎公看到人们住在树下遮不住风雨，挡不住烈日，迁到岜虽山蝙蝠洞、燕子洞居住。陆铎公请来天上青年仙人射日，仙人带着铜弓、铜箭，射落了十一个月亮，十一个太阳，天地景气宜人。陆铎兄弟为了人类的幸福，建造房屋，开荒垦，饲养六畜，五谷丰登，牛马兴旺，人类得到幸福。又有不幸，异族侵占田地房，他们带着铜弓铜箭向人群发射，徒手抵抗，终于失败，往北再

1　岑家梧：《水书与水家来源》，《岑家梧民族研究文集》，北京：民族出版社，1992年，第123页。

迁，经过南宁，远上庆远地方定居。往后异族又来侵占，祖先又北逃经南丹，又遇异族，转上贵州，东向南逃，选中了群山环绕的岜容地方。[1]

这个民间传说非常重要，它形象地印证了分子人类学基因分析所说的水族缘起于靠海的厦门汕头一带，迁徙时又是从广东到广西，大约也是沿海而迁，不然的话，哪来的“海水平岸，看见天边”，又哪有“鱼当顿，肉当餐”？正如王文光所分析的：

岜虽山，水中的“岜”，是山的意思，水族自称为“虽”（sui3），岜虽山正是以虽人居住此山则得名，因此，岜虽山可以理解为自称是“虽”这部分人居住的地方。从虽山北上到南宁，然后才是庆远、南丹等地。所以，岜虽山应在现在广西境内南宁以南的钦州、北海等地。而钦州、北海自古便是百越分布的核心区，则水族先民是百越后裔无疑。[2]

水族落籍广西又迁到贵州，在这个漫长的过程中，本是百越一部分的水族先民又与百越族群集团在广西的骆越交融在一起，历经秦汉、三国南北朝，历史文献中基本上没什么记载。但在语言学和民族志材料中却有反映，如水语保留了百越语言的大量入声字音和短促调；古越人居住干栏，水族至今乃住干栏；古越人盛行鸡卜，水族至今乃残存鸡卜和鸡蛋卜，杀鸡定亲就是一例；[3]古越人崇尚铜鼓，水族至今乃喜爱铜鼓，过端节和卯节时都要打铜鼓跳铜鼓舞，凡此等等，甚为普遍。

隋唐之时，湘、黔、桂边境一带统称为“溪洞”之地的少数民族都还处于原始社会，从事刀耕火种的农业。唐初包括水族先民在内被泛称为东谢蛮，《新唐书·南蛮传》云：“土宜五谷，不以牛耕，但为畲田，每岁易”；“散在山洞间，依树为巢而居。汲流以饮，皆自营生业。无赋税之事。”这可能是对水族历史在正史中最早的记载。唐开元年间（713—741年），中央政府设置了“抚水州”，才开始直接对水族地区进行统治，水族先民基本上在这一地区定居下来。

北宋时，水族的先民定居的抚水州，即龙江上游和都柳江上游之间一带地区（即今三都水族自治县及毗连的荔波、环江等地），据《宋史·抚水州传》记载：当时这一地区居住在田洞间者，“种稻似湖洲”，“亦种水田、采鱼”，其“保聚山险者，虽有畲田，收谷粟甚少，但以药箭射生取鸟兽，尽即徙他处，无羊、马、桑、柘”。生产发展虽很不平衡，但酋长居住的地方设有“楼屋战棚”，并以竹栅护卫，社会内部已分化为

1 陈国安：《水族》，北京：民族出版社，1993年，第6—7页。

2 王文光、李晓斌：《百越民族发展演变史：从越、僚到壮侗语族各民族》，北京：民族出版社，2007年，第342—343页。

3 黄革：《杀鸡定亲》，南宁师范学院广西民族民间文学研究室编：《广西少数民族风情录》，南宁：广西民族出版社，1984年，第337—338页。

贵族和平民两个阶级。蒙氏世为首领，形成一个相当强大的政治势力，其社会基层组织“洞”或“寨”也建立了起来。

水族先民的洞、寨有自己的领袖，称为“都老”。都老管理内部事务，遇有战事则敲击铜鼓，由都老召集成员参加战斗。成员可以自由使用洞、寨公有的山林、牧场，但经过开垦的土地则归垦者占有，而蒙姓贵族则在龙江上游的广大地区建立了封建领主制。这时，住在广西西北部的水族先民，已经发展壮大起来，并拥有自己的武装，与中央王朝形成对抗态势。在头人区希范、蒙赶的带领下，水族常常与中央王朝产生军事冲突。庆历四年（1044 年）区希范、蒙赶的反宋活动达到顶峰，他们声称“若得广西一方，当建为大唐国。乃推蒙赶为帝，正辞（区希范的叔叔）为建国柱王，希范为神武定国令公桂州牧，区丕绩为宰相。”试图与中央王朝分庭抗礼。最后，宋朝以“钱三十万，盐千斤，并赐袍带”为悬赏条件，将区希范、蒙赶等人捉拿归案并处死。这一事件平息之后，统治者采取“分而治之”的办法对水族进行分化瓦解，不少水族开始向更边远的西北部地区迁移，最终形成今天的分布地。从此以后水族再没有大规模的迁徙活动，水族也从官方的正史中消失了。

元世祖至元二十年（1283 年），四川行省参政曲立吉司用武力镇压了贵州南部“九溪十八洞”的少数民族，加封少数民族首领为世袭土官；不久，邻近的烂土、陈蒙等处的“洞长”也接受元朝的封号，改陈蒙、合江两洞为州，并增设了陈蒙、烂土军民安抚司。这样，土司制度在水族地区的建立，标志着水族从血缘关系向地缘关系的转化基本完成，也宣告了水族的基本形成。

元明之时，水族主要是在一些地方志、游记、杂记或所谓的野史中出现，但记载大多非常简略。但在明代，“水”这一称谓已经在史籍中出现，明人邝露《赤雅》卷上“佅人条”中就有“佅亦獠类”的记载。水族的族称从明代起一直被沿用下来发展至今。

水族先祖从厦汕起源，经广东、广西的长途而漫长的迁徙，在与骆越的互动后，又进入贵州，以及黔桂滇交界地逐渐定居下来。这支可能是百越族群集团中闽越的一支，秦汉时到广西后又被视为骆越的一部分，唐代被视为东谢蛮的一部分，宋代被视为峒蛮的一部分，及至明代才被称为“佅”，即水族。这就是水族源流的路线图。当然，水族主要分布在黔桂交界的龙江、都柳江上游地带，贵州黔南的三都水族自治县、荔波、独山、都匀等县市为主要居住区，居住在柳州的只是很少的一部分，除市区外，还分布在融安、柳城和鹿寨等县。

三、壮族

柳州的世居民中，壮族虽然不是最古老的世居民，但却是人数最多的。据考古材料研究，目前在壮族地区已发现15处古人类化石地点、100多处旧石器时代遗址或打制石器地点，400多处新石器时代遗址。根据考古学和体质人类学的研究结果，现代壮族人的体质形态特征与柳江县通天岩发现的距今4万~5万年的柳江人化石和桂林甑皮岩新石器时代遗址发现的距今7000~9000年的甑皮岩人的体质形态有诸多相同或相近之处，显示它是由春秋战国时期的西瓯、骆越（或称瓯骆）发展而来，其间经过了不断的分化、重组，并融合了其他一些民族成分而形成的。其早期历史可以追溯到距今7000~9000年前的桂林甑皮岩人乃至4万~5万年前的柳江人，其历史一直不断地延续和发展着。

壮族历史悠久，源远流长。早在2000多年以前的周代，他们的祖先就以瓯邓、桂国、损子、产里、九菌等名载于史籍。秦汉时期的瓯骆和骆越都是他们的远祖。东汉及至隋唐的俚及“乌浒蛮”是他们的直接族源。在壮族形成史上，瓯骆和骆越两个族群，从东汉到南北朝时期逐步形成为俚族、濮族及“乌浒蛮”。而后，在魏晋南北朝民族大融合的潮流中，俚族、濮族及“乌浒蛮”的一部分被汉族融合了。但是没有被汉族融合的一部分俚族及“乌浒蛮”，由于地处僻远，社会发展又多处于原始社会不同的发展阶段上，唐以后，在新的历史背景条件下，开始了形成壮族的历史过程。

隋时，包括岭南在内的中南地区“南蛮杂类，与华人错居，曰蜒、曰𢆡、曰俚、曰僚、曰㐌，俱无君长，随山洞而居，古先所谓百越是也”。[1]唐时统称为“蛮”，少数称为“僚”。

在中国民族关系史上，有意思的是侬智高起义反宋是因为请求内附、要求保护被拒绝而爆发的。侬智高起义虽然失败了，但宋朝却以此为契机，加强了对广西的统治，按侬智高的遗志接受了左、右江流域的壮族人民“归明出宋”（即出而归附宋朝），使得自唐以来所形成的羁縻关系，进一步发展为接受宋朝的直接统治。据史书记载，当时左、右江太平、永平、古万、迁隆、横山等五寨领108州峒，属于侬智高失败后“归明出宋”的有36州峒。与此同时，宜州（今宜山）、融州（今融水、融安）等地的羁縻州峒也有不少“归明出宋”，总计大约有25846户，40余万人，方圆19000千里。为了加强统治，宋朝在唐代羁縻州县的基础上，健全和严密了羁縻制度，形成土司制度。

这种以土官的形式出现的隶属关系，对于壮族形成的意义在于其表明壮族先民血缘关系向地缘关系转化的完成。而这个转化的最后完成，又是在侬智高起义的促进下完成的。此后，壮族广泛地分布于广西各地，柳州也是其重要的居住地区，主要分布在柳江、柳城、融安、鹿寨等县和城区。

---

1 《隋书·南蛮传》。

四、仫佬族

仫佬族在柳州人数较少，据2021年统计有32947人。

仫佬族自称为“Kjam”，作为一个人口较少、跨越黔桂两省、区的民族，90%以上的聚居在广西罗城仫佬族自治县。在柳州，仫佬族相对集中地居住在柳城县古砦仫佬族乡以及鱼峰区阳和村一带，还有部分散居于柳江、融水、融安等地。

古砦仫佬族乡是全国唯一的仫佬族乡，也是柳州仫佬族居住最为集中之地。据《古砦仫佬族乡志》记载，古砦仫佬族乡的仫佬族居民点共有30个，有韦、潘、梁、覃、吴、廖、李、姚、莫、黄等多个姓氏，约200年前从罗城德音、勒俄、勒垌、寨照、双合、大福等地迁来。又据《柳州市志》第七卷记载，阳和村仫佬族以龙、谢、覃三姓为主，村民称其祖上系从罗城迁入，在阳和落户约200年时间。

仫佬族的演进脉络大致是这样的：先秦时期，仫佬族先民属于百越族群集团中骆越的一支。

骆越之名，来历已久。“骆”最早称为“雒”。在中国古代的韵书中，骆、雒发音相同，《释文》“雒”字注“雒音洛，本作骆”，可见二字互通。所以，《史记》只称为骆或雒。

历史文献中最早记载骆越的是《逸周书·王会解》，其云：“卜人以丹砂，路人大竹。”史学界早已共识“路人”即骆越，可见西周时，骆越便与中原有过交往。

骆越之称最早见于《史记·南越列传》。由于贵州木佬人认同了仫佬族，所以还有必要看一看贵州南部的仫佬起源问题。《后汉书·西南夷传》中称夜郎境内的主体民族是“夷僚”。到唐、宋时期，分在今云南、贵州、湖南、广东、广西等省、区相接地带的僚，又出现了“僚民”“僚子”“土僚”“夷僚”“生僚”“山僚”“洞僚”等称谓；在四川、云南、贵州三省边界的僚族，被称为“葛僚”“守官僚”“夷子”等名称。张华《博物志》说：“荆州极西南界至蜀，诸民日‘僚子。”《太平御览》卷三五六引《广志》说：“獠在兴古、郁林、苍梧。”特别值得注意的是清人顾炎武的说法：“峒獠（僚）者，岭表溪洞之民，古称山越，唐末以来，开拓寖广，自邕州以东，广州以西……盖广州诸山并俚獠（僚），种类繁炽，前后屡为侵暴，历世患之。”[1]

而此地所称之“僚”，而“僚”者，江应樑认为就是“骆”。[2]所以《仫佬族简史》说：“由汉晋至唐、宋的一千多年间，僚族被当对西南少数民族的泛称，活动的地区范围极广，从西南到湖广、岭南，其中以岭南两广地区为集中。当时，仫佬族先民被包

1　《天下郡国利病书·广东下》“峒僚”条。

2　参见江应樑：《百越族属研究》，云南大学西南边疆民族历史研究所编《西南民族历史研究集刊》第一集，1980年，第48页。

括在古代的僚族的泛称之中。”[1]

在骆越及至僚演进的过程中，魏晋以来僚族中出现了被称为“伶”的族群，是仫佬族的先民。《古今图书集成·庆远府部下》载：“天河县邑分四乡，县东八里咸伶种，名曰姆佬。”清嘉庆《广西通志》载：“天河僚在县东，又名姆佬”；“宜山姆佬即僚人”。清金鉷《广西通志》又载：“罗城县东一、西一、西七、西九、东五、平东、上里，皆伶所居。”而《新天河县志》则称：“伶人又多僚，俗名姆佬。”这样，就把“僚”“伶”“姆佬”直接联系了起来，理顺了与僚、伶与姆佬之间的关系，说明仫佬族是源于僚族中被称为“伶”的一支。

另外，仫佬族在历史文献中常记为“木佬”“沐僚”“姆佬”，他们大约在宋元之际仫佬族从僚族中分化出来。《招捕总录·八番顺元诸蛮》载：“元贞二年（1296年）六月平伐（在贵定南部）邻界平珠洞寨主王三原、谢鸡公、韦巴郎、杨义贵十八处等官来云南省告降。行省差官人洞抚谕。至大德元年（1297年）四月，平珠洞（今平塘县）宿家、沙家二族，赍进呈礼物出洞，道经其邻蛮新添葛蛮（在今贵定）宋氏之村头水底寨，宋氏怒二族不由己以降，乃遣上都云（今麻江附近）长官落昌率众遮道，夺进物，二族逃散，破却韦巴郎寨。五月，宋氏复令平浪（在今都匀南部）巡检濯龙与其下洞李林、竹哥等率木佬六十余人劫平珠洞蛮官足万金、婆南大寨棚，逼使云南之招从己。”[2]很清楚，平浪土官欧濯龙率领的士兵“木佬”就是仫佬。《元史·地理志》又载：“大德七年（1303年），顺元同知宣抚事（宋）阿重，尝为曾竹蛮夷长官，以其叔父宋隆济结诸蛮为乱，弃家朝京师，陈其事宜，深入乌撒、乌蒙，至于水东，招谕木楼、苗、佬，生获隆济以献。”从这些史料看来，宋元之时，仫佬族的力量已大。所以，明以后，仫佬的记载越来越多，并且都强调仫佬为僚，实际上仫佬的“佬”便是“僚”。[3]

总之，骆越在东汉经过了一个相当稳定的发展时期后，在魏晋及唐宋时逐步演进为僚、伶、木佬等，仫佬族逐渐登上了岭南的历史舞台，而有一小部分落籍柳州。

五、毛南族

毛南族也是柳州的一个世居民，这从族源上可以看得很清楚。

根据史籍记载，毛南先民分布的地区是魏晋以来僚族分布的地区之一。由唐至宋，封建王朝先后在这一带设置宜州、环州、抚水州、安化州、镇宁州、河池州、南丹州

1 《仫佬族简史》编写组、《仫佬族简史》修订本编写组：《仫佬族简史》（修订本），北京，民族出版社，2008年，第9页。

2 转引自尤中：《中国西南的古代民族》（续编），昆明：云南人民出版社，1989年，第328页。

3 王文光、李晓斌：《百越民族发展演变史：从越、僚到壮侗语族各民族》，北京：民族出版社，2007年，第336页。

等，并称这些地方的少数民族为“生蛮”“抚水蛮”“安化蛮”“茅滩蛮”“荔波蛮”等，其中就包括有毛南族的先民在内。

最早记载毛南历史的是南宋周去非的《岭外代答》：“自融（州）稍西南，曰宜州。宜处群蛮之腹，有南丹州、安化三州一镇，荔波、赢河、五峒、茅滩、抚水诸蛮。”[1]注引《宋会要》云：“宜州尤为紧要，盖缘西接南丹，北接安化、茅难、荔波、五团，南接虾水、地州、三旺诸洞。”[2]把毛南族的聚居地叫作“茅滩”，将毛南族叫作“茅滩蛮”。《元史·地理志六》又载：“茆薙等团。…… 茅难、思风、北郡、都变等处。”其所言“茆薙”和“茅难”，都是“毛南”一词的同音异写，是有关毛南族最早的记载。

明、清之时，毛南族居住在隶属于庆远府的思恩、河池、南丹等州县，其境“危峰峻岭，密林深箐，土著之民，不无乔野。加以瑶、俍、休、伶、僚诸土蛮杂处其间，其服斒斓，其音鴃那，由来旧矣”[3]。嘉庆《广西通志》卷八七也说，庆远府境“天河、思恩又有伶、僚、仫佬、休、俍、侗之属”。

值得注意的是毛南语属壮侗语族，与壮语（北壮来宾语）、侗语、水语都有许多相同之处，与仫佬语则基本上相通。同时，毛南族不少风俗习惯与壮族、侗族、仫佬族有许多相似之处，这就反映了他们与魏晋时的僚族都有着渊源关系。毛南族大姓谭姓始祖谭三孝，乳名“僚”，也证明了毛南族与僚是有直接族源关系的。分子人类学家李辉认为毛南族“从水族中迁出”，[4]也足以说明毛南族与水族、侗族的亲缘关系。

关于毛南族形成的情况，由于史料的缺乏，历来研究甚少。但从血缘关系向地缘关系转化的关键来看，明代正德年间（1506—1521年），毛南族先民聚居的思恩县实行乡、里、甲制，全县分为四乡二十三里三十九甲，万历二十六年（1598年），为征调田赋和徭役，全县立为十九里三十三甲，这就表明了毛南族血缘关系向地缘关系转化的完成，从而标志着毛南族的形成。清代乾隆年间（1736—1795年），毛南人立有《谭家世谱》，碑文中开始出现“毛难土苗地方”“毛难甲”，“来毛难安处”的记载，此乃毛南族名称的正式出现。新中国成立后曾统称为毛难族，后又根据本民族的意愿，于1986年8月经国务院批准，改称为“毛南族”。

毛南族主要聚居在广西环江县，迁到柳州后散居在市区及鹿寨、柳城等县。

六、苗族

创造柳州百节文化的融水苗族是从北方迁徙来的移民。

1 （宋）周去非著，杨武泉校注：《岭外代答校注》，北京：中华书局，1999年，第4页。

2 （宋）周去非著，杨武泉校注：《岭外代答校注》，北京：中华书局，1999年，第6页。

3 乾隆《庆远府志》序。

4 徐杰舜、李辉：《岭南民族源流史》，昆明：云南人民出版社，2016年，第341页。

柳州的苗族聚居在融水苗族自治县。《柳州地区志》这样写道：融水的苗族从宋代起陆续迁入，一支从黔东南从江一带迁入；一支从贵州榕江迁入；一支从湖南迁入。三江侗族自治县西部和北部也居住有苗族，主要从贵州黔东南迁入。

据张有隽的研究：

> 1.苗瑶族群至少在1.7万—1万年前从“汉藏—苗瑶共同祖先”人群中分化并形成统一体。
>
> 2.苗瑶先民约8000年前在江汉平原一带创造了长江中游的新石器文化。
>
> 3.随后部分苗瑶先民向北扩张，与北方黄河中上游和下游文化区人群产生交流，与炎黄集团和东夷集团一道逐鹿中原，后因战争原因向南迁徙，参与北迁的主要是当今苗族的先民。[1]

此后，从炎、黄到尧、舜、禹为苗族起源的第二时期，即传说时期。这时苗族族源的主角是蚩尤。苗族世代相传的“远祖英雄”蚩尤是中国远古赫赫有名的传说人物：他活动的年代大致距今五六千年，与传说中的炎帝和黄帝齐名。事实上，当时蚩尤也确实是一个大族群的首领。张守节正义引《史记·五帝本纪》载：“蚩尤最为暴，莫能伐。”《龙鱼河图》云：“黄帝摄政，有蚩尤兄弟八十人，并兽身人语，铜头铁额，食沙，造五兵，仗刀戟大弩，威振天下。”在这里，所谓“兄弟八十人”大概就是80个氏族或部落的族群，这个族群称为“九黎”，他们以“铜头铁额”的蚩尤为首领，势力非常强大，故“威振天下”，成为可以与炎、黄二帝抗衡的一方“古天子”。以蚩尤为首的九黎族群活动的地域，大致在山东西南部和河南东部，即黄河下游与长江中游之间济水、淮水流域一带。

原始社会末期战争频繁。以蚩尤为首的九黎族群的崛起，与正沿黄河由西向东发展的炎黄族群相遇，最先与蚩尤九黎发生接触的是炎帝。当炎帝到达黄河下游之初，蚩尤九黎一度加入过炎帝族群，与蚩尤九黎可能有过一段和平相处的时期。但不久，两个族群发生了激烈的冲突，结果炎帝大败被逐。

此后，蚩尤九黎又与东下的黄帝族群发生了接触。初期，蚩尤九黎也一度加入了黄帝族群，尊黄帝为盟主，成为其重要成员，于是，两大集团也和平相处了一段时期，蚩尤成了黄帝统一天下的重要军事力量。但好景也不长，据传说，蚩尤与黄帝也在涿鹿一带发生了战争。《史记·五帝本纪》有记载：“轩辕之时……蚩尤最为暴，莫能伐。……蚩尤作乱，不用帝命，于是黄帝乃征师诸侯，与蚩尤战于涿鹿之野，遂禽杀蚩尤。”此后，蚩尤九黎族群战败后，大部分向南流徙，几经演进，又在新的地域上形成了新的族群——三苗，又称“有苗”，或称“苗民”，大约与尧、舜、禹三代同时，

1 奉恒高主编：《瑶族通史》上卷，北京：民族出版社，2007年，第58页。

距今四五千年。

重要的三苗的活动贯穿尧、舜、禹三代，他们之间的关系是时和时打，从尧开始，三苗常常成为征伐的对象，据记载，三苗与尧、舜、禹的冲突和战争延续了近两百年之久。三苗与尧之间的战争主要发生在丹水流域，即三苗族群所处的北部与尧相邻的河南西南部，以及河南、湖北交界的地方。

到了舜时，三苗不断被征伐、被击败、被分化。但三苗与舜也有和的时候。所以，舜才能带着娥皇、女英二妃“南巡”，泛舟洞庭，溯湘江而上，深入三苗腹地，直达苍梧九嶷。

到禹时，三苗与禹关系恶化。对此，《墨子·兼爱》就记载有禹出师伐三苗的誓言。战争进行得相当激烈和残酷，结果是三苗惨败。《墨子·非攻下》载：“苗师大乱”，三苗从此一蹶不振，被迫离开江淮和洞庭、彭蠡之间的平原地带，开始向西南山区迁徙。从此以后，在禹建夏王朝后的五百年间，再未见过有关三苗和有苗的记载，赫赫有名的三苗似乎在中国历史上消失了。

实际上，三苗并没有消失，而是演化成了夏、商、周三代时的“荆蛮”或“南蛮”。“荆蛮”或“南蛮”与九黎、三苗之间有着一脉相承的渊源关系。从《帝王世纪》关于唐尧时“诸侯有苗氏处南蛮而不服”的记载来看，可知“南蛮”是被驱逐到长江以南地区的部分三苗的别称，或者只是三苗的一个族群。而“荆楚”则是商、周时期对两湖地区“南蛮”的称呼。商、周时的“荆蛮”则是三苗的遗裔，与苗族有着同源关系，所以《续修叙永永宁厅县合志》卷二十中有“考苗族……古称三苗，……一曰有苗或荆蛮”的记载。从“荆蛮”所处地域来看，指的是洞庭湖南北，即今湖北、湖南二省及邻近地区，这正是地域上的吻合，正好反映了“荆蛮”与三苗的继承关系。

“荆蛮”或“南蛮”经过演化和休养生息，“夏、商之时，渐为边患。逮于周世，党众弥盛”[1]。商朝对“荆蛮”的征伐，早在成汤时期就开始了，武丁时则对“荆蛮”发动了大规模的战争，《诗经·商颂·殷武》载：“挞彼殷武，奋伐荆楚。”商朝的军队从河南进入湖北，一直打到“荆蛮”的腹地。周朝视“荆蛮”或“南蛮”为劲敌，西周金文多有昭王南征“荆蛮”的记载，全国军队倾巢出动。

及至战国时，吴起在楚悼王支持下以武力“南并蛮越，遂有洞庭、苍梧”[2]。数十年后，楚国对沅水一带的“濮地”采取了一次军事行动，楚国进一步控制了包括苗族先民“蛮”“濮”在内的沅水流域。从此，苗族先民“荆蛮”于战祸之中被迫大量西迁，逃入人烟稀少的武陵山区。战国末年，秦、楚两雄战争连绵，秦昭王令白起伐楚，略取蛮夷，始置黔中郡，武陵地区的“荆蛮”又开始遭到冲击而四散迁徙逃亡。

从秦汉到南北朝为苗族南迁的重要时期。春秋战国时期因战乱而在武陵山区四散

1 《后汉书·南蛮传》。

2 《后汉书·南蛮传》。

逃亡的“荆蛮”或“南蛮”，进入秦汉以后被称为“武陵蛮”或“五溪蛮”。

“武陵蛮”之名源于武陵郡。武陵郡始置于西汉初年，其前身为楚、秦的黔中郡，范围在今湘西土家族苗族自治州和怀化市各县市区，以及黔东，川东和鄂西土家族苗族自治州部分县市。这些地方，正是楚国“群蛮”和百濮分布地区。居住在这个地区的包括苗族先民在内的“蛮夷”，因皆属武陵郡管辖，故统称为“武陵蛮”。

“五溪蛮”得名于武陵郡内的“五溪”。五溪，指今湖南省西部的沅水中上游及其几条主要支流。与两汉的武陵郡相比，除北界和西界稍有不及外，五溪地区基本上同武陵郡相合。故“五溪蛮”实际上就是“武陵蛮”，以自然地域为名称“五溪蛮”，以鄂为名则称“武陵蛮”。

南北朝时，除“武陵蛮”和“五溪蛮”外，常常还有一些更小的地域性称呼，如“酉溪蛮”“零阳蛮”“黔阳蛮”，等等。他们都处于武陵郡和五溪地区之内，实际上就是由“武陵蛮”和“五溪蛮”的组成。“武陵蛮”或“五溪蛮”在秦汉至南北朝时期分布很广，并且地近中原，有时还有由南而北内徙的势头。但当时苗族先民的主要聚居区是在武陵五溪和相邻的鄂西、川东、黔东北一带。

从秦汉到南北朝，这一地区一直是多事之地，历代王朝的征讨不断。如东汉光武帝于建武年间三次征五溪；安帝、顺帝、桓帝、灵帝时对“武陵蛮”多次征讨；三国吴太常潘浚讨“武陵蛮”，钟离牧平五溪；西晋荆州刺史陶侃两次出兵五溪；南北朝宋荆州刺史沈庆之讨“五溪蛮”。这一场一场的征讨战争，迫使苗族先祖从武陵五溪地区继续由东而西，由北而南流徙。从路线来看，一部分从武陵山脉的北端而西，进入今贵州北部、中部、西北部和川南，一部分沿沅水而上，经湖南西南部，深入贵州东南、西南和广西境内，基本上奠定了今天苗族的分布格局。

唐代以来，苗族社会经济的发展和人口的繁盛引起了唐、宋王朝的关注，这些王朝在与苗族的频繁接触和交往中，也加深了对苗族的认识，于是苗族遂从与其他一些少数民族混称的“蛮”中脱离出来，其作为单一民族的族称出现在文献之中。如唐代樊绰的《蛮书》卷十说：“黔、泾、巴、夏，四邑苗众。”宋代朱辅著《溪蛮丛笑》也说：“五溪之蛮……今有五：曰苗、曰徭、曰僚、曰仡伶、曰仡佬。”苗族族称在唐代的确立，标志着苗族的形成。

至此，苗族源流的脉络已显山显水，从1.7万年前到5000年前的远古时代始源，经炎、黄时的蚩尤和九黎到尧、舜、禹时的三苗、有苗，又经夏、商、周到春秋战国时的“荆蛮”或“南蛮”，再经秦汉到南北朝时的“武陵蛮”或“五溪蛮”，最后到唐代的“苗”，这就是苗族源流的路线图。这个路线图足以说明苗族迁入柳州的历史源流。

七、瑶族

苗瑶同源，走过了盘瓠的传说时代，瑶族进入了文献时代。历史文献记载瑶族的远祖是九黎与三苗。

瑶族源流从春秋战国到秦汉，演进的脉络与苗族基本一样，都被称为“武陵蛮”“五溪蛮”。在“武陵蛮”中，两汉之时一般认为与瑶族源流关系最密切的是“长沙蛮”“零陵蛮”和“桂阳蛮”。南北朝时，“长沙蛮”“零陵蛮”和“桂阳蛮”又流变为“盘瓠蛮”。北朝时，以两湖地区为中心的南方广阔地域内，遍布着“种类繁多”的“蛮”族。这些“蛮”族与瑶族源流最密切的是“湘州蛮”与“莫徭蛮”。

“湘州蛮”在南朝时，在瑶族源流发展史上有里程碑意义的“莫徭蛮”出现。据《梁书·张缅传》附传卷三四载：梁大同九年（543年）零陵、衡阳等郡，有“莫徭蛮者，依山险为居，历政不宾服，因此向化”。这是瑶人见于册籍的首次记载。此后不久，《隋书·地理志》中也说：“长沙郡又杂有夷蜒，名曰莫徭。”由此可见，南朝时湘州界的零陵（治今湖南零陵）和衡阳（治今湖南衡阳东北）郡内山险之地已是瑶族先民“莫徭蛮”的天下了。至此，瑶族源流的脉络已梳理清楚。

但是，瑶族的形成却是在宋代。宋太祖派人率军向荆湖地区进军时，开始“择授土官”。从此之后，宋王朝在对瑶族地区进、征、剿、抚时，多“择授土官”。使为官的“知勇”者“坐而制服”广大瑶民。这样，到熙宁元年（1068年），宋王朝先后在湘西建立“土酋”为官的羁縻州36个，标志着瑶族血缘关系向地缘关系的基本完成。

明清时期的史籍较多地反映了柳州的瑶族情况。清代乾隆《马平县志》和《柳州府志》称“马平厢民皆属寓籍，独猺壮为地著”，城外“百里则为猺”。[1]

瑶族分布在中国南方广西、湖南、广东、云南、贵州和江西等省区，其中以广西为最多，有1471946人。2021年柳州有瑶族92661人，主要小聚居在三江和融水。《柳州地区志》上说，三江红瑶祖先从湖南迁入。

八、回族

元代，阿拉伯人、波斯人、中亚人进入中国后，与当地汉、蒙古、维吾尔等民族女子通婚后形成发展的回族，也从北方迁徙到了柳州。《柳州府志》记载：“柳州路…… 元制以蒙古人为达鲁花赤，…… 其知州、知县以汉人为之，而章印掌于达鲁花赤，其同知则以回回人为之。”柳州回族马姓一支，始祖翰宁，明末由陕西贩卖瓷器到广西，后留驻马平县作武官，清顺治末年其家才迁离。从现存的窑埠村回族坟山墓碑

1　参阅柳州市地方志编纂委员会编：《柳州市志》第七卷，南宁：广西人民出版社，2003年，第8页。

得知，明末清初以来，已有马、火、翁、海、白、章、田、以、麻、傅、唐、欧阳、刘等姓的回族人在柳定居。

据《柳州市志》记载，清顺治十一年（1654 年），有回族在城外鹧鸪堆（今东台路机关幼儿园处）建清真寺。顺治十八年（1661 年），回族人马雄（陕西固原人）任广西提督，康熙元年（1662 年）随提督署由南宁移驻柳州，此时回族定居柳州已有一定规模。乾隆三十七年（1772 年）邓昌义、杨青所立碑云："柳州在前明时，（回）民人烟寥寥，迨我朝仁育二百余年，生齿日繁，至二百户。"此后，来柳的回族人渐多。抗日战争时期以及新中国成立后，又有不少回族从外地搬迁来柳。柳州回族主要来自桂林等地。如白姓回族原居临桂，清末从桂林迁柳州，迄今已有 5 代。章姓回族原居鹿寨，后迁柳州，世居永福、桂林。翁姓回族原居临桂六塘，其二世祖云松公一支的第九代子孙守斌于清末民初迁柳州。另据《平定三朔方略》记载，柳州回族有一部分是清初马雄驻镇柳州时迁来的西北回民。

在柳州居住的回族，在乾隆三十七年（1772 年）时约有 200 户。咸丰年间，因战乱而致流离失所者较多，仅存 40 余户。清末到民国年间，回族又从广东、梧州、桂林等地陆续来柳。至抗日战争时期，柳州的回族约有 150 户约 500 人。[1]

柳州回族主要分布在柳南区、城中区、柳北区和鱼峰区。

九、汉族

汉族是柳州人口占比最大的一个移民族群。

汉族入桂虽然最早可从战国的楚国算起，但确切的记载则要从秦始皇经略岭南起。可是关于柳州汉族人的历史和文化的研究几乎还是一个空白，就是研究成果较多的西南官话在讨论到桂柳话时也叫学术界摇头，故李蓝在《六十年来西南官话的调查与研究》一文中说："广西的汉语方言非常复杂，广西的西南官话在这种环境中也有许多不同于其他西南官话的变化，但由于受种种主客观条件的限制，广西的语言调查仍滞后于当地极其丰富的语言事实。"至于论及柳州汉族族群的形成，仅有周振鹤、游汝杰先生在《方言与中国文化》中云："广西、云南、贵州自古以来是少数民族聚居地。粤人进入桂西时代应该较早。大批北方汉人进入云贵和桂北还是明代的事。明王朝在平定云贵后，为了巩固统治，保卫边疆，就留驻守军并实行兵屯。除了守留一些城市外，还选择一些农村地区设置兵屯。这些官兵皆有家室，军籍也可世代相传。大批汉人就此安家落户，使用和传布他们带来的北方官话。"[2] 对于柳州汉族族群形成的这种特点，

1 参阅柳州市地方志编纂委员会编：《柳州市志》第七卷，南宁：广西人民出版社，2003 年，第 7 页。

2 周振鹤、游汝杰：《方言与中国文化》，上海：上海人民出版社，1986 年，第 30 页。

他们称之为“墨渍式的移民”。

所谓“墨渍式的移民”，就是“外来的移民有时候并不占领成片的广大地区，而只是选择其中的一些地点定居下来，然后慢慢地对周围的地区有所浸润，好像在一张大白纸上滴上若干滴墨汁一样。这些在新地落脚的居民因文化地位较高，所以不但维持旧地带来的方言，并且逐渐扩散到周围地带。但是从全局来看，它们还未连成一片，中间尚被别的方言或语言隔开，方言的传布，好像青蛙跳着前进，不是遍布整个地区，而只是散落其中若干地点”[1]。柳州人的形成确实如此，如桂林市区里分布的是柳州汉族族群，郊区及郊县——临桂、灵山却是平话人的天下；柳州市区分布的是柳州汉族族群，郊县柳城、柳江却是壮族的天下。

那么，广西汉民族族群的这个“后起之秀”在明代究竟是怎么形成的呢？

明代是广西社会历史发展一个重要的转型时期。在这个时期广西各族人民既受明王朝各级官府横征暴敛，又受土司的残酷统治。在这种双重压迫和剥削下，严重地破坏了社会生产力，使各族人民无法生活下去，从而激起了各族人民的顽强反抗，其中最著名的就是大藤峡的瑶族和壮族的大起义。

大藤峡处于广西武宣和桂平之间浔江上游的黔江上。大藤峡地区山峦迭起，地势险峻，包括今武宣、象州、蒙山、桂平、平南、藤县、贵县、荔浦等县市方圆600多里的山区。这里居住着瑶族、壮族和汉族。明朝建立后，采取“以夷治夷”的政策，在推行土司制度的同时，又建立了卫所和进行屯田。而官府、土官、豪强和卫所大量侵夺壮瑶人民的耕地、牛马，并掠夺人口，滥杀无辜，逼得瑶民无法生存。因此，从洪武八年（1375年）起，就爆发了瑶民的反抗斗争。而大藤峡瑶民的起义，从一开始就得到了府江、吉田、八寨等地区壮、汉及其他少数民族起义的呼应和配合，在基本上与明王朝相始终的270多年间，广西各族人民的起义不绝于书。在以平乐为中心的府江地区，[2]洪武八年（1375年），明王朝平乐府灵亭山东北麓谷塘村汉族屯军在陈华四率领下，联合瑶族义军首领李九起义，开仓分粮，劫富济贫，转战于富川、荔浦、平乐等地瑶山。洪武二十二年（1389年），富川逃吏首赐，又联合瑶族盘大孝，在灵亭山起义，在反抗明军的征剿中不断取得胜利，连“征讨”指挥官耿良也投降了义军。[3]洪武三十一年（1398年），荔浦甘棠寨编民在周文昌领导下起义，他们攻县城、杀贪官，转战于荔浦和平乐一带，坚持了十几年，后来参加义军的汉族编民全部被杀。[4]正统九年（1444年），荔浦莫公乔率众起义，义军开入灵亭山区，和当地瑶、汉人民共同坚

1　周振鹤、游汝杰：《方言与中国文化》，上海：上海人民出版社，1986年，第29页。

2　指以平乐为中心的府江（又称抚河）流域，包括今阳朔、荔浦、平乐、蒙山、昭平、恭城、富川、贺县等县（自治县）。

3　参阅《富川县志》卷十二。

4　参阅《荔浦县志》卷二。

持斗争。[1]景泰元年（1450年）富宁山瑶族盘姓子联合冷水渚源瑶族廖八子，以及江华、永明的汉族农民王茂、何音保等，率众千人起义，盘姓子自称“胜道君王”，出击于今广西、广东、湖南三省、区交界地区，声势浩大，坚持了几十年。天顺八年（1464年）荔浦爆发了规模较大的起义，拥军数万攻入湖南，与大峡瑶族义军挥戈南下形成“两虎咆哮”[2]之势。后虽被韩雍残酷镇压，但弘治十二年（1499年）荔浦义军再次兴起，在兴安、全州苗族义军的配合下，长驱直入湘南地区，[3]并在府江根据地坚持斗争到嘉靖年间。隆庆三年（1569年）韦公海在荔浦中峒率五千余壮、瑶人民起义。隆庆五年（1571年），义军在杨公满的领导下攻占了荔浦的坊郭、平乐的乐山、峰门、南源等卫所，杀了一批暴吏，坚持斗争4年。

在永福的古田地区，[4]弘治三年（1490年）古田毛峒瑶族梁辰生在古河的北坡塘起义，壮族韦永盛在古河中岭十三村起义，史称“东瑶西壮”。这壮、瑶起义的星星之火，迅速燃成燎原之势，他们公推韦朝威和覃万贤为领袖联合起义，多次打败官军的片剿，使古田成为壮族起义军的天下。[5]正德七年（1512年），义军建立农民政权，韦朝威称“冲天将”。这次起义一直坚持到正德十年才被镇压下去。但是这燎原之火并没有被完全扑灭。韦朝威的儿子韦银豹于正德十三年（1518年）在古田登云山“韦银豹岩”又举起义旗，自封为王，并多次奇袭桂林，到隆庆元年（1567年）时已完全控制了永福至雒容（今鹿寨的一部分）一线，孤立了桂林，东与府江义军呼应，南与八寨义军声援。这次起义坚持了50余年，直到隆庆五年（1571年）才被最后镇压下去。

从上可见，有明一代，广西各族人民始终没有停止过反抗明王朝统治的斗争。在这样一种态势下，与广西各族人民的反抗斗争相对的就是明王朝政府不断派军队入桂屯兵驻守，围剿镇压。正如正统八年（1443年）八月庚戌广西总兵官安远侯柳溥言：“广西所属浔、梧、柳、庆等府地方，徭僮夷人，叛服不时”。[6]

《明实录》中关于明代卫所驻军入桂的记载甚多，与柳州人的形成有直接关系的桂北、桂中，以及桂西北的桂林、柳州、庆远、南丹等地大多是明朝卫所驻军之地，据《明史·兵制》记载，洪武二十六年（1393年）定天下卫所之时，广西都司就有6卫1所，全部兵力有3.5万人，合家属已有10万余人。

据统计，明代后期在广西的卫所已有8卫20余所，并且一直实行“许携家属”。[7]明王朝的卫所驻军在桂北、桂中、桂西北基本上分布在州府县所在地，即今桂林、柳州及其县城所在地。这就是今天柳州人大多聚居在镇的历史根源之所在。与此同时，

1　参阅《明英宗实录》卷五七。

2　田汝成：《田叔禾集》卷五。

3 《明孝宗实录》卷一五六。

4　古田地区今永福县及临村、融安、鹿寨等县的部分地区。

5　参阅《永宁州志》卷二。

6 《明实录·明英宗实录》卷一〇七。

7 《明实录·明宪宗实录》卷九七。

桂林和柳州一直是卫所驻军的中心。正统九年（1444 年）三月乙亥，广西柳州知府曹衡曾奏："比年镇守总兵等官，皆屯兵桂林府，去柳州府遥远。蛮贼出没，卒难援救。每年九月至次年三月，天气清和，宜于柳州府操备。四月至八月，天气炎瘴，回桂林府驻扎为便。上从之。"[1]

这种分布态势奠定了柳州汉族族群形成的基础。

明代，在卫所驻军入桂的同时，还有屯田入桂之汉族移民。对此，《明实录》中也有一些记载。这样，广西社会的发展在明代出现了历史上从来没有过的政治军事形势，即一方面是明王朝的政治统治和军事镇压，另一方面是广西壮、瑶、汉等各族人民的反抗斗争，就是在这样的历史转型之中，以入桂卫所驻军为主体，操西南官话的这批汉族移民与明以前入桂的平话人讲完全不同的汉语方言，与平话界限分明，自然而然地形成了一个不同于平话人的汉族新族群，壮族称之为"军人"［vun^2kun^1］，而他们所讲的西南官话则被称为"军话"［va^6kun^1］，这就一语道出了柳州人的来源与形成。

而由于操西南官话的柳州人在有明一代处于掌握军政大权的地位，这就使得平话的"官话"地位遂被西南官话所取代，就是至今在桂西北一带还存在政府干部办公讲桂柳话，做生意的则讲白话，农民讲壮话的语言现象。

正如前述，在明代的卫所驻军中，桂林和柳州是卫所驻军的两个中心，各自所受周围族群的影响不同，而造成了桂林话与柳州话、桂林人与柳州人之间的一些差异，但桂林话和柳州话基本一致，人们俗称之为"桂柳话"。而这一从明代开始形成柳州的汉族族群也就被人们统称为"柳州人"了。

---

1 《明实录·明英宗实录》卷一一四。

县域篇

团结之花开放在柳州希望的田野上

古人云，“郡县治，天下安”。

从这个高度上看，县域民族团结是安邦定国的根本之策。因为县域既是国家行政管理的基本单元，又是国家政权的基础，同时也是城市与农村的衔接点，工业经济与农业经济的交汇点。而且在地理空间上，作为中国国土的主体，县域以县城为中心，乡镇为纽带，农村为腹地，凸显出城镇与农村共存的特点。所以县域的民族团结是柳州民族团结的基础。

穿越历史的沧桑，走进柳州希望的田野，只见民族团结之花满山遍野地开放着，多姿多彩，令人应接不暇，美不胜收：

有“燕舞莺歌侗乡梦”的三江侗族自治县；

有“美美与共的百节之乡”的融水苗族自治县；

有“和谐龙城尽朝辉”的柳城县；

有“青蒿牵手诺贝尔奖的地方”的融安县；

有“呦呦鹿鸣、寨美一方”的鹿寨县。

让我们走进希望的田野，去领略柳州民族团结之花的风姿、风采和风韵吧！

第五章 三江：燕舞莺歌侗乡梦

“饭以养身，歌以养心”，这是侗家的口头语。到过侗乡的人常把侗乡誉为“诗的家乡，歌的海洋”。2022 年 7 月 29 日下午，笔者一行到达位于三江侗族自治县良口乡东北部距离县城 29 千米的燕茶村时，良口乡干部、燕茶村干部、驻村工作队员和村民们聚集在村委会办公室里等候我们多时，“燕之声”文艺队为我们献上悦耳动听的侗族大歌和琵琶歌。“燕之声”文艺队在区内外影响深远，2021 年 4 月 27 日，习近平总书记在南宁亲切接见燕之声文艺队全体成员。文艺队的一曲《春风吹进我侗家》把我们带入了风景如画、团结和谐的侗乡。

走在侗乡村寨，目之所及是村寨中央高高耸立的鼓楼、连接村寨内外的风雨桥和错落有致的吊脚楼以及半山腰上的茶树，一派人间仙境般的美景尽收眼底；在程阳八寨、冠洞景区等地又可以品味到热情洋溢的侗乡人民精心准备的百家宴。鼓楼、大歌、风雨桥，堪称是侗族文化史上的三样瑰宝。[1] 三江有“人类疲惫心灵的最后精神家园”之誉[2]，拥有令人心醉神迷的美丽山水，是一个让人来了就不愿离去的风情之都，更是一片民族团结燕舞莺歌的和谐侗乡。

长期以来三江各族人民团结奋斗，形成水乳交融、休戚与共的民族关系。2021 年三江侗族自治县荣获全国民族团结进步示范区示范单位，也是当时广西唯一的全国民族团结进步示范县。三江各族人民共建美好的家乡，共同守护中华民族共有精神家园，在这燕舞莺歌春无限的侗乡里奋力书写更加辉煌灿烂的明天，为实现新时代的侗乡梦而共同团结奋斗！

---

1 邓敏文：《侗族文化三样宝 —— 鼓楼、大歌、风雨桥》，《中国文化报》1993 年 1 月 8 日。

2 杨筑慧：《“三江”行记》，《今日民族》2004 年第 8 期。

一、中国侗族在三江

三江侗族自治县位于广西北部，地处湘、黔、桂三省（区）交界，历史悠久，始建于宋朝，古称怀远，因境内榕江、浔江、苗江三条大江在此融汇，1914年更名为三江县，1952年12月3日成立县级侗族自治区，1955年9月改为侗族自治县。全县总面积2454平方千米，现辖15个乡镇，是一个以侗族为主的少数民族聚居县，侗族、汉族、苗族、瑶族、壮族等各民族居民在此居住，总人口41.8万，其中侗族占58%。三江是广西唯一的侗族自治县，也是全国所有侗族自治县中侗族人口最多的县。

三江侗族自治县是旅游名县，是许多游客慕名而来的旅游胜地。乘坐动车来到三江侗族自治县，从三江南站走出，映入眼帘的是前面山上的"中国侗族在三江"这几个大字。行走在三江县城，就能感受到浓厚的侗乡风情。位于县城的中国三江大侗寨景区，于2012年被列为国家AAAA级景区，主要景点有世界最长的三江风雨桥、吉尼斯之最侗乡鸟巢、侗乡第一鼓楼——三江鼓楼、世界规模最大最丰富的侗族历史文化碑廊等闻名中外的著名旅游景点。

近年来，三江侗族自治县依托独有的生态环境和历史人文资源，以打响"千年侗寨·梦萦三江"品牌为目标，深度开发旅游景区景点，形成了以三江大侗寨为中心轴，以程阳八寨民俗旅游及丹洲景区生态旅游为两翼，以209、321国道沿线风情休闲旅游带为两带的"一轴两翼两带"旅游发展格局。同时，把大力发展乡村文化旅游作为推动旅游业全面发展、脱贫攻坚、乡村振兴的重要抓手，着力强化"农旅结合、文旅互动"，有效带动了农村经济快速增长和农民脱贫增收致富。[1]其中，重点打造形成了"三江百里侗乡风景旅游廊道"，该旅游廊道以侗天宫文化景区为起点，途经大侗寨景区（三江风雨桥、三江鼓、月亮街）、月也侗寨、马湾茶场、程阳八寨景区、冠洞景区，高友侗族原乡生活体验村为终点，全长约41千米，即"大侗寨景区—马湾—程阳八寨—冠洞—高秀—高友"的路线。

三江拥有AAAA级景区6个，AAA级景区4个。三江侗族木结构建筑群闻名于世，据统计，全县有鼓楼230多座，风雨桥200多座；拥有全国重点文物保护单位4个，非物质文化遗产项目65项，侗族村寨列入世界文化遗产保护预备名录6个，侗族大歌列入世界非物质文化遗产名录。百家宴、芦笙舞、木构建筑、侗族刺绣和打油茶等民俗文化焕发生机。举办18届中国（柳州·三江）侗族多耶节、17届侗族琵琶歌大赛、6届侗族多耶大赛、2届侗族服饰大赛、139届富禄乡花炮节、127届梅林侗族大歌节等侗族特色活动。[2]所以，三江又被誉为"歌舞之乡""百节之乡"和"世界桥楼

1 三江县文体广旅局：《三江获得"广西旅游创新发展十强县"殊荣！》，广西柳州三江侗族自治县人民政府门户网站，http://www.sjx.gov.cn/zjsj/xczs/202102/t20210207_2520361.shtml。

2 三江县委宣传部：《民族风情为底文化为魂 三江县全力构建全域旅游新格局》，"风情三江"公众号，2022-07-06。

之乡”。

早在2011年12月，三江侗族自治县就被自治区列入国家旅游标准化省级试点县，在2014年获2014“美丽中国”十佳旅游县（区）称号，2017年入选广西特色旅游名县，2017年入选中国最佳民族原生态旅游目的地。2019年12月入选“广西旅游创新发展十强县”。三江还先后获得“亚洲金旅奖最具民俗特色旅游县”“中国文化先进县”“全国旅游标准化示范县”等荣誉称号。

三江侗族自治县自然风光优美、木构建筑群独具特色、民族节庆和歌舞文化丰富多彩，吸引了大批国内外游客来感受侗乡文化。三江坚持“生态立县，旅游富民”发展战略，把创建国家全域旅游示范区作为推动乡村振兴的有力抓手，立足侗族特色，深化文旅融合，高站位要求、高起点谋划、高标准推进，全力推动县域文化旅游经济高质量发展。2021年，全县共接待游客862.9万人次，实现旅游消费总收入102.48亿元。[1]

三江，这块古老而神奇的土地，是侗乡人民与大自然和谐相处的幸福家园，更是中外游客心驰神往的旅游胜地。

二、一碗油茶敬亲人

茶叶、茶油是一碗油茶不可缺少的成分，融汇了三江各个民族团结一家亲的情谊。在“一碗油茶”里，三江各族人民谱写出更加美丽幸福的生活篇章，描绘出更加和谐友爱的交融画面。

（一）茶叶：侗乡人民的金叶子

在三江，有山的地方便有茶叶的身影。在三省坡顶的三省界碑处可以看到，位于广西地界的山林，是一片片茶树，层层叠叠，葱葱郁郁，烟雾缭绕，美不胜收。每到采茶季节，茶农们天微亮便去茶山采茶，“全副武装”的侗家妇女头上戴着草帽，腰间绑着装茶叶的背篓，双手左右分工一上一下摘取嫩芽，十分麻利，直到下午五六点归家，将一天的收获卖给前来收茶叶的茶商。茶叶是三江的支柱产业。1989年，茶叶生产在八江乡布央村开始种植，之后，推广至全县各乡镇，侗、汉、苗、瑶、壮等各民族同胞共同交流茶叶生产经验，齐心协力发展支柱产业。

为了解三江茶叶产业的发展脉络，笔者来到了中国三江茶城。路边立着一个宏伟的极具侗族特色的木牌坊建筑，牌坊中间是行书的鎏金大字——中国三江茶城。茶城

1 《深化文旅融合，推进乡村振兴——三江创建国家全域旅游示范区工作综述》，《柳州日报》2022年7月25日。

图 5.1 现代茶园（赖全康摄，三江县委统战部提供）

里的店铺大多都摆有用麻袋大小的白塑料袋装着的茶叶，询问得知，是刚收上来的还没卖出去的茶叶。有的店铺还有员工在对茶叶进行加工，但更多的是聚在一起品茶的茶商。笔者在福兴茶叶店铺认识了杨姓老板娘，她从小就跟茶叶打交道，经过多年的努力，现已拥有自己的茶园、冷库，还拓展出较大的收购和销售渠道。她告诉我们：

> 我们三江的茶产业最开始是从布央村开始的，那里的茶叶火了以后，大家都开始种茶卖茶，我们公司在布央也有茶叶收购点。我从十几岁就开始采茶了，后来嫁人了跟老公一起做茶叶，慢慢就成了现在的公司。做茶叶批发生意的，像我们这种门店，虽然看起来不大，但是从头做起的话，至少要有几百万才能做得起来，我们是慢慢积累才有了现在的规模。[1]

多年前，布央村只是个贫穷落后的侗族小村寨。在民间还流传着“山高水远布央村，有女莫嫁布央郎”的说法。1988 年，布央村派了多名青年人到桂林茶科所学习茶叶相关知识，回来后就在仙人山（当时的仙人山还是一片荒山）将承包到户的土地采取连片开发、分户经营、集中管理、分户负责的方式，开始引种绿茶，布央从此开始了蜕变之旅，翻开了三江侗族自治县书写茶叶辉煌史第一页，布央也成为三江茶产业

1 访谈对象：中国三江茶城福兴茶业老板娘杨女士；地点：福兴茶业门店；时间：2022 年 7 月 31 日下午。

的发源地。2018 年，布央村人均收入达到 12176 元，其中茶叶收入占总收入 93% 以上，是种茶前的 70 余倍[1]，享有“千亩茶园好风光，浓郁茶香飘四方”的美誉。布央的侗族人为自己带来幸福生活，也拉着三江各族人民一起奔小康。如今，茶叶产业已经遍布三江的每一个乡镇，各族群众靠着茶叶，或增加收入或发家致富，都记得这一切的改变是从布央村开始的，也不会忘记布央村里的侗家人。2021 年，布央村荣获第五批广西壮族自治区民族团结进步示范村称号。茶叶是侗乡人民“金叶子”，人们用“金叶子”的力量改善了生活，改变了侗乡的面貌，也彻底使布央从一个贫穷落后的小山村蜕变为光彩夺目的民族团结示范村。

（二）茶油：侗乡百姓的致富油

过去产于同乐乡的“孟江茶油”名声在外，现在各乡镇优质油茶林漫山遍野，各族人民共同发展生产，致力于脱贫致富奔小康。茶油具有较大的经济效益，随着产业的发展，茶油逐渐成为侗乡各族群众的“致富油”。

笔者从高友村村民口中得知，政府出台了优质高效油茶林种植项目实施方案，助力农民们种茶：

> 在过去，种油茶后要过五六年才能收茶油。17年引进新品种，村里面集体有280亩，农户有120亩左右，种了两年了。新品种的性价比高一点，政府提倡和推广种植新油茶，有补助。砍掉老的种新的树苗补贴2750块钱一亩，直接种下新的则补贴1750块钱一亩，一次性补完（苗、肥料、劳务）。新品种的油茶价格低一点，但产量高，所以总量、总收入增加。老油茶还有100亩左右，加起来大概有五六百亩。现在的年轻人不外出务工，回来重新护理老油茶了。[2]

三江县致力于调动农民种植油茶的积极性，不断鼓励各方参与油茶种植或低产改造，经过不懈努力，2021 年，三江油茶种植面积已达到 61.7 万亩。[3] 目前，已经创立并推广了多个著名品牌，如“程阳桥”“风雨桥”等。当地政府依托品牌，紧跟潮流，开发电商销售渠道，通过线上线下相结合，拓宽销售范围。此外，还建设三江公共检验检测中心，确保三江茶油以高质量高品质进入到市场，不断擦亮三江茶油的金字招牌，切实将三江油茶树变成致富树，将三江茶油变成致富油。

随着三江的油茶产业的蓬勃发展，油茶种植也在不断扩大之中，三江油茶林已经

1　数据来自三江统战部的内部资料。

2　采访对象：潘 LG，高友村村民；地点：潘 LG 家中；时间：2022 年 7 月 10 日。（此访谈资料由广西民族大学本科生任同学提供）

3　数据来源于 2022 年三江县政府工作报告。

覆盖了全县15个乡镇34万农村人口，人均油茶林面积达到1.8亩。[1]2021年，三江油茶籽产量迎来了重大突破，达到了2.19万吨，产油4381吨；年产值达到5.2亿元，较去年增值1.66亿元，全县农民人均油茶收入达1500元。[2]三江各族人民从油茶产业的发展中收获了红利，三江的经济、社会也得到了长足的发展，为铸牢中华民族共同体意识夯实物质基础。

（三）打油茶：三江茶香情意浓

打油茶是三江人的一个重要饮食习惯，三江人不论民族，都喜欢吃油茶。

说到打油茶，当地人说一般吃油茶的规矩是："二空三圆四粑粑、后加一碗甜油茶"，这是表示忆苦思甜的内涵。来自汉族的丹洲镇副镇长说：

> 在我记忆中，侗族是不喝油茶的，在我认知里面，榕江河这条下来是喝油茶的，像独峒之类地方不喝油茶的，不懂加工的。糯米是我们这里种出来的，良口、富禄、老堡、丹洲，我们这一带沿河下来的是喝油茶的。后面才说是侗族喝的。我们这里一直喝油茶的，侗族以前是不喝油茶的。[3]

经过长期的交往交流交融，各民族的饮食习惯相互影响，已经发生了很大改变，形成了几乎没有区别的饮食习俗。其实，如今已经很难考证到底是哪个民族最先打油茶的，也不能说油茶是侗族、苗族独有的习俗。在侗乡，油茶已经成为人们生活中不可缺少的一部分，甚至有人因为一天不喝油茶而感到身子不爽，油茶已经融入侗乡各族人民的血液中。笔者了解到，侗族地区的油茶已有近千年的历史，随着时间的推移，三江的油茶已经演绎出了具有独特性的油茶文化。香飘万里的三江油茶成了各族人民互动的媒介。

油茶贯穿了侗乡人的全生命周期，几乎每个生命仪式里，油茶都是不可缺少的存在。从人出生的那一刻起，油茶就开始了它一生的陪伴。三江有为孩子举办"三朝酒"的习俗。办"三朝酒"这天，母亲会到菜园里打油茶，寓意孩子健健康康。[4]每个儿童都会举办一次正式的生日宴，这次正式的生日宴，会邀请房族近亲参加，而生日宴一般会以打油茶的形式庆祝。以前，青年男女"行歌坐夜"，一碗甜油茶便道出男女倾慕之情。在"行歌坐夜"的过程中，油茶一碗接一碗喝着，情歌一首接一首唱着，心灵间

---

1 侯立英：《精准扶贫背景下三江县油茶产业扶贫实践总结》，《绿色科技》2018年第13期。

2 引自庞革平、龙晓琴、龚普康：《广西三江做大做强特色产业，让油茶树成为"致富树"》，人民网2022年3月25日的报道。

3 访谈对象：褚庆华，丹洲镇副镇长；地点：丹洲古城；时间：2022年7月31日。

4 贵州省民族事务委员会编：《侗族文化大观》，贵阳：贵州民族出版社，2016年，第68—69页。

的对话也一段一段进行着；油茶越煮越浓，情意也越来越浓。男女之间心生爱慕，要嫁娶，聘礼中会有油茶和茶叶，表达对新婚夫妇多子多福的祝愿。结婚酒宴则少不了粉肠油茶的身影，象征着婚姻二人永结同心。新娘进新郎家门前，要先打油茶，象征着新娘从此成为家庭的女主人。老人过世，主家会以白事油茶招待亲戚、房族亲友，借用油茶感谢各方的帮助。

图 5.2　一日三餐皆可喝油茶（罗彩娟摄，2022 年 7 月）

油茶文化也是和谐友爱的亲情文化。在侗寨，兄弟叔伯、亲朋好友、房族亲戚，通常会在节庆的日子聚在一起打油茶。今天在这家，明天在那家，各家轮流打油茶，拉家常。在参加各家油茶宴的过程中，人与人之间的关系更亲密，家庭更幸福，家族更友爱，房族更和谐。

油茶文化也是热情待客的友情文化。所谓“一碗油茶敬亲人”，不仅说明侗家人以油茶敬客，还说明客人在侗寨会如亲人一般被接待。在侗寨做客，主人会给贵宾一根筷子喝油茶，表明主人家敬客是一心一意的。喝油茶前，侗家人还会用歌声代替话语，表达对客人到来的敬意。以歌为敬，以茶为媒，在庄重而温馨的仪式感中，客人感受到主人的热情真诚，几碗温暖油茶下肚，不知不觉中拉近主客之间的距离，主客的情谊也在一碗接一碗的油茶中慢慢升温。

油茶文化还是和睦团结的交际文化。在侗族地区，侗家人办喜事、操白事、婚嫁、丧葬、建房、修房等都不是个人的事情，都要集体参与。这时，村寨的亲戚朋友、兄弟叔伯会聚在一起，一边吃油茶一边讨论解决的办法。亲戚朋友帮了忙，也会被邀请至家中吃油茶，以表示感谢。“月也”期间，油茶会贯穿整个“月也”活动。

三、程阳八寨百家宴

程阳八寨是国家 AAAA 级景区，也是三江最有代表性的景区。在美丽的程阳八寨，古典的程阳风雨桥静坐其中，岩寨鼓楼挺拔矗立，热闹非凡的岩寨百家宴不时开席。它们有各自的文化内涵和象征意义。在新时代，以风雨桥、鼓楼、百家宴为载体，三江各族人民一起手拉手，心连心，共同谱写民族大团结的华丽篇章，展现出中华民族一家亲的新时代精神风貌。

（一）风雨桥：民心相通之桥梁

风雨桥对侗寨而言是不可缺少的，在信仰上它有特定的文化内涵与象征意义。在侗乡，有河必有风雨桥。侗乡人民对风雨桥情有独钟，村寨修建风雨桥会得到各方人士的大力支持，捐物捐钱出工不一而足。据说世界最大的风雨桥——三江风雨桥，是由著名侗族木匠师傅杨似玉带领来自7个不同民族的总共150多人的木构建筑工程队建成的。风雨桥大都会建在寨河的下游，人们认为这样可以将上游福运财气拦截聚集起来，将下游的污秽邪气阻挡在寨外，还可为子孙后代纳福积德。因此。侗乡的风雨桥，是民族团结协作的象征，是民族间聚财纳福的重要场所，是各民族通往幸福生活的桥梁。

在三江的风雨桥里，程阳桥极具代表性。程阳桥又名永济桥，横跨在林溪河上，始建于1912年，整座桥不用一钉一卯，完全靠榫卯连接。它与我国的赵州石拱桥、泸定铁索桥以及罗马尼亚诺娃沃钢梁桥并称为世界四大历史名桥。2022年7月30日，笔者一行来到程阳八寨，站在程阳桥前，只见重檐叠瓦，飞阁高翘，青瓦白脊，犹如羽翼舒展。整座桥雄伟壮观、飘逸俊秀，气象浑厚，如飞龙腾空，又似绚虹横卧，美得让人心醉。1965年，著名作家郭沫若亲临程阳桥，赋诗盛赞：

艳说林溪风雨桥，桥长廿丈四寻高。
重瓴联阁怡神巧，列砥横流入望遥。
竹木一身坚胜铁，茶林万载茁新苗。
何时得上三江道，学把犁锄事体劳。[1]

程阳桥的巨大魅力吸引五湖四海的人们来到程阳八寨，感受古色古香的民族风情，在程阳八寨从景观转变为景区的过程中发挥了重要作用。1988年，程阳八寨景区正式被列为广西壮族自治区省级旅游名胜区，开始以程阳桥为核心进行旅游开发。在旅游开发的热潮中，程阳桥作为程阳八寨的镇寨之宝，如一方巨大的磁石，散发出连绵不断的向心力，吸引着海内外各族人民来到程阳八寨一探究竟。2022年2月1日的中国新闻网报道：

百年风雨桥把程阳八寨推向世界，随着越来越多的中外游客涌入这片古老神秘的土地，55岁的侗族绣娘吴宴凡依靠在廊桥上售卖传统民族绣品，生活发生了巨大变化。

……

1 郭沫若题诗已刻成碑立于程阳桥头。

图 5.3　三江程阳风雨桥（龚普康摄，三江县民宗局提供）

被改变的还有与桥共生的程阳八寨。2009年，程阳八寨景区被评为中国AAAA级旅游景区，也带动越来越多侗族民众吃上“旅游饭。”[1]（节选）

程阳桥的人气促进了程阳八寨从自然景观向经济景区的转变，依托旅游景区，程阳八寨的人们吃上了“旅游饭”，生活发生了巨大的变化。2021年，程阳八寨景区的年接待旅游总人数超过100万人次，旅游总收入接近1.8亿元。[2]程阳桥已成为人们连通幸福生活的桥梁。笔者了解到，吃上“旅游饭”的并不只是程阳八寨的侗家人。

问：程阳八寨成为景区，你们现在收入挺高了吧？
答：还可以，你看到那栋房子了吗？
问：有三个铺面的那个吗？
答：那个就是我家，大的铺面是我儿子的老婆开的，旁边两个租给别人了。
问：那你们住在哪里？
答：我们就住在楼上啊，租户也住在楼上，我们在不同的楼层而已。
问：租你家铺面的是什么人？
答：左边的是汉族的，右边的是瑶族的，他们做生意厉害，赚得比较多。[3]

1　林馨：《百年风雨桥 助推广西侗族“香格里拉”走向世界》，中国新闻网，2022年2月1日，http://www.chinanews.com.cn/sh/2022/02-01/9666938.shtml。

2　林馨：《百年风雨桥 助推广西侗族“香格里拉”走向世界》，中国新闻网，2022年2月1日，http://www.chinanews.com.cn/sh/2022/02-01/9666938.shtml。

3　访谈对象：岩寨吴姓老人，侗族，70岁；地点：岩寨鼓楼外的河边；时间：2022年7月30日下午。

依托程阳桥的经济辐射效应，在程阳八寨景区，越来越多的外来民族租赁侗家人的铺面做生意，有些租户还会和侗家人同住一个屋檐下，由此形成了民族互嵌式的居住格局。

各民族在程阳八寨“共商共住”，互通有无，共同描画民族团结友爱的和谐画面，同心接力民族团结一家亲的幸福生活，程阳桥成了民族友好往来的媒介，是民心相通的桥梁。

（二）鼓楼：凝心聚力的灵魂

走近侗寨，最先映入眼帘的是座座古典清雅、巍然挺立的鼓楼。鼓楼是侗寨的中心建筑，是侗乡的标志。千百年来形成的鼓楼文化，具有凝聚人心的作用。在鼓楼开展各种形式的集体活动，是促进民族团结一家亲重要方式，鼓楼也成为铸牢中华民族共同体意识的重要平台。

侗族村寨有谚语：“无村不寨门，无寨不鼓楼。”鼓楼是侗寨的中心建筑，侗家人从物质层面到精神层面，从社会层面到文化层面都以鼓楼为中心。鼓楼是侗族村寨的标志，是民族的族徽，村寨的心脏，是凝聚人心之所。侗家人在鼓楼议事、开展社交活动、迎接宾客、举行庆典、进行歌舞娱乐、学习知识，因此，鼓楼又是村寨公共事务的管理中心，也是休闲娱乐和社交、学习的重要场所。鼓楼是侗寨人人共享的公益性建筑，具有最广泛的群众基础。历来鼓楼的修建都是侗寨村民集体商定，然后捐物出工共同建设而成，因此，鼓楼文化的核心是团结互助、和谐相处，相亲相爱一家亲。如今，这种文化特质在三江的各个鼓楼得到继续发扬。

图 5.4 林溪镇高友村的鼓楼（罗彩娟摄）

程阳八寨景区内共有 11 座鼓楼，在景区的导览图上，重点突出了马鞍鼓楼、平寨鼓楼、岩寨鼓楼。7 月 30 日，笔者一行来到岩寨鼓楼。进入岩寨鼓楼，在鼓楼厅堂最里面中间的位置，笔者看到了“三江侗族自治县精神文明建设委员会鼓楼道德讲堂”“三江侗族自治县司法局法治建设鼓楼款文化讲堂”“三江县党员干部现代远程教育‘鼓楼讲堂’”等几个牌匾。据悉，岩寨鼓楼会以“鼓楼讲堂”的形式不定期开展宣教活动。各族群众在鼓楼认真学习党和国家的民族政策、民族法制、各种民族文化知识……通过举办此类活动，各族群众一起学习，共同进步，进一步了解到其他民族与本民族的历史渊源与相爱相亲的过往，增强了对各民族同呼吸共命运的理解，提高了中华民族一家亲的认同感。在鼓楼外的侗戏舞台上，笔者还看到了这样的幕布：“‘唱响三省坡’2022桂湘黔民歌联赛走进程阳八寨”。据了解，“唱响三省坡”2022桂湘黔民歌联赛是三江县牵头组织的第一届民歌联赛。该联赛以民歌为主要形式，以鼓楼为主要举办场地，通过推动文化共融促进民族团结一家亲，唱响各族人民的家国情怀，激励各族群众永远跟党走，引导各族人民牢固树立休戚与共、荣辱与共、命运与共的共同理念，进一步增强中华民族共同体意识。鼓楼已成为促进民族团结一家亲的重要平台。

被誉为“侗乡第一楼”的三江鼓楼在修建时，全县各族人民都踊跃捐款，当时捐款的盛况现在还可以从三江鼓楼下一块块功德碑上略知一二。三江鼓楼竣工时，整个多耶广场人山人海，各民族相聚一堂，以盛大的百家宴来庆贺三江鼓楼的落成。因此，三江鼓楼的建设过程就是凝聚各民族情感、谱写民族团结友爱大乐章的过程。如今，三江鼓楼矗立在三江县城的中心，是三江的标志性建筑，也是三江各族人民团结一家亲的见证。

在新时代，各族群众在鼓楼共学、共事、共乐，共同绘出民族团结一家亲的美好画面。鼓楼已成为铸牢中华民族共同体意识的重要平台，是凝心聚力的核心所在。

（三）百家宴：民族大团结盛宴

一排排长桌，桌上全是侗乡的美味佳肴；一条条长凳，凳上坐着来自五湖四海的各族人民。侗乡百家宴开始了，各族人民在欢声笑语中来回穿梭，从第一桌吃到最后一桌，又从最后一桌吃回到第一桌，尽情品尝各家各户的美味菜色；在欢乐的海洋里喝着转转酒，你来我往，觥筹交错，热闹非凡……

7月30日下午，笔者一行到达岩寨鼓楼坪，这里的百家宴已经开始了。身着蓝色盛装的侗家人唱着侗歌欢迎四方来客。在这里，笔者了解到的百家宴起源于一段美丽的传说：

> 相传很久以前，有一个侗寨遭到洪魔的袭击，眼看人们就要被冲走了，忽然来了一位英雄，斩断了洪魔的脊梁，拯救了人们。为了表达对英雄的敬意，家家户户都想请英雄到家中做客。可是英雄第二天就要离开，没有办法一一到各家中做客。这时，有一个漂亮的侗族姑娘想出一个好主意，每家炒几道拿手好菜，全寨人一起款待这位英雄，由于这个宴席集了百家之长，所以叫作百家宴。[1]

1　笔者根据现场录音整理。

图 5.5　三江百家宴（张炳光摄，柳州市民宗委提供）

神话传说为人们揭示了百家宴团结友爱、热爱和平、知恩图报、热情好客的文化内涵。在侗乡，百家宴的米饭、汤水、菜肴、米酒都由各家或煮或酿，各家所出，各式各样，吃百家宴即是吃百家饭、喝百家酒、尝百家菜，寓意连百家心，纳百家福，成百样事，享百年寿。

百家宴上通常会有祝酒歌，岩寨百家宴的祝酒歌大意如下：

> 四方的朋友大家好，大家有缘一起欢聚。请大家一起高举酒杯，干杯。和谐社会好又稳，侗汉苗瑶壮齐心共一家，钱来啦，银来啦，干杯啦。[1]

这首祝酒歌演唱到最后是以喊口号式的方式结束，侗家人喊一句，客人们喊一句："钱来唔，钱来唔，银来唔，银来唔，索拉唔，索拉唔！"[2]喊了口号之后，原本略显安静的场面顿时热闹起来了。人群开始涌动，客人们一桌一桌地品尝美味佳肴，一桌一桌地欢快碰杯；好客的侗家人身着盛装，拿着酒壶，唱着侗歌，一桌接着一桌敬酒；各族群众在欢声笑语中接过酒杯一饮而尽，场面热闹非凡。有歌，有酒，有笑，有说，此时的百家宴已成了各族人民团结一家亲的欢乐盛宴。敬酒环节最热闹的要数"高山

1　根据对演唱者吴爱仙的采访整理所得。

2　"钱来唔，银来唔，索拉唔"系侗语音译，意为：钱来啦，银来啦，干杯啦。

流水”[1]。我们一行人中的罗老师，巾帼不让须眉，欣然接受侗家人“高山流水”礼节。主人热情倒酒，客人诚心喝酒，各族共同演绎出友好团结的画面，引来现场各族人民的阵阵欢呼，现场气氛达到高潮……

岩寨的百家宴还包括多耶联欢篝火晚会。晚会的高潮是最后的民族大团结舞。人们在侗家人的歌声中手拉着手，一起跳起民族大团结舞。人们齐心而舞，欢聚一堂，其乐融融，现场充满欢声笑语。在优美的侗歌声中，人们忘却了世俗烦恼；在欢乐的舞动中，平稳了躁动的心境。这一刻，人们已经不分民族、地域、职业，不论男女老幼，都已经融入欢乐的海洋中，呈现出民族大团结的视觉盛宴！

吃百家宴，纳百家福。百家宴以其欢乐团结的氛围，成为三江各民族团结一家亲的重要载体，百家宴已经成为民族大团结的盛宴。

四、欢乐节庆促交融

三江侗族自治县素有“百节之乡”的美誉，几乎每个月都有自己的节日，更是有“月月过大节，周周过小节”的说法，其中“三月三”花炮节、中国侗族多耶节成为三江侗族自治县的闪亮名片。节庆活动的开展为各民族交往交流交融提供了契机，也成为促进民族团结的桥梁。

（一）抢花炮：东方橄榄球里添福禄

抢花炮，是三江侗族自治县境内一项脍炙人口的民族体育活动，有“东方橄榄球”的美称。富禄苗族乡的“三月三”花炮节历史悠久，驰名中外。这一项集智慧、竞技、团队精神、经济与娱乐为一体的节庆活动，受到周边各民族群众乃至外国友人的喜爱与追捧，成为促进民族团结一家亲的“强心剂”。“侗族花炮节”在2008年入选自治区非物质文化遗产名录。

1. 富禄：花炮节之乡

富禄苗族乡坐落于都柳江河畔，位于三江西部，距离县城约65千米，地处黔桂两省交界处。富禄苗族乡共辖富禄社区以及富禄、龙奋、大顺、仁里、匡里、纯德等14个行政村。乡政府所在地的富禄街道地势平坦，在国道321之上，于榕江河北岸，陆运水运便利，成为周边九乡镇的贸易中心，这也是开展“三月三”花炮节得天独厚的区位优势。

1　侗家人将竹制的开口的长嘴酒斗从高到低依次连接，酒水从酒斗一级一级往下流，接受“高山流水”敬酒的客人则坐在下方的凳子，喝下从高处流下的米酒。喝酒时间从侗歌起开始到侗歌停而止，要求接受该礼节的客人有较好的酒量。

图 5.6 富禄码头（关琦宇摄）

行走在富禄的大街小巷，能够感受到花炮节的氛围。笔者一行人来到富禄街道居委会，见到了筹办花炮节的负责人赖诗豪。在其带领下，我们前往“三月三”花炮节陈列馆，看到了精美的花炮。据了解，因为疫情，抢花炮已停止三年，但即便如此，这里每年都会制作新的花炮，用来祭祀古夜郎国竹王三子，以求境内平安，风调雨顺。在今年制作的第三炮中还写道：“苗乡侗寨迎盛会，民族团结度佳节。”传递出花炮节中民族团结的精神与当地各民族群众一家亲的佳况。

2. 驰名中外的富禄“三月三”花炮节

“三月三”花炮节由来已久，开始于清朝乾隆、嘉庆年间，起初是由迁徙到当地经商的客家人为了吸引更多顾客而举办的，后来逐渐演变为汉、侗、苗、瑶、壮等民族的共同节日。[1]据当地老人描述，花炮节的举办是过去的商家为了促进商业与市场的繁荣组织起来的，在节日当天能够促进物资交流。花炮节年年举办，至今已有137届。

> 富禄“三月三”花炮节，分为“祭炮”“游炮”“抢炮”3个环节。花炮是将红布缠绕的小铁环置于铁炮顶端，点燃铁炮，铁环冲入空中。待“花炮”落下，人们便以它为目标，奋力抢夺。谁能抢到“花炮”并成功跑到得胜门，谁就是炮头得主。抢花炮有三炮：抢得头一炮是福禄寿喜，抢得第二炮是升官发财，抢得第三炮是人丁兴旺。当第一炮的花炮头在烟雾里腾空而起，蓄势的汉子们双目圆

1 朱慧珍：《富禄百年——客家人与少数民族共生共荣关系考析》，南宁：广西民族出版社，2007 年 7 月。

睁，以抢先机。炮头下落瞬间，他们如箭般跃出，一双双粗壮的手抢向那个小巧的花炮，像玩美式橄榄球一样施展挤、扳、钻、藏、护、传、拦等技巧去争夺。选手们四处奔突，围观人群如潮水起落。不断有队伍虚张声势朝得胜门奔去，分散着对手的注意力……在这一过程中，选手们所展示的是他们的力量、智慧、默契与合作。[1]

作为花炮节的发祥地，每到节日当天富禄街道人潮拥挤，无论是三江县境内各族群众还是外国友人都会前来观看抢花炮。据富禄花炮节牵头人赖诗豪介绍：

附近的苗族都会来参加（花炮节），一般都二十多三十个队，贵州的可以参加，广东的、台湾的来也可以参加，有外国佬也来参加，他是想享受一下那个氛围。[2]

正是抢花炮增进了富禄乡周边各族群众之间乃至全世界花炮爱好者之间的交往互动。作为一个竞技类的民族体育项目，有效促进了民族团结。

除了抢花炮这一重要环节，还少不了侗、苗等民族的芦笙比赛、唱侗族大歌、唱侗戏、苗族情歌对唱以及汉族的彩调、桂戏、舞龙舞狮等环节，可谓是各族文化的大融合。花炮节虽然是以经济发展为初衷而被创建，但在节日以及节日活动的演变过程中逐渐成为各民族文化交流互鉴的大平台，各族人民在一年一度的节庆当中互相交流，是客家文化与当地少数民族文化共融、共赏、共享、共乐的体现。

3. 东方橄榄球里添福禄

改革开放后，广西体委对富禄进行考察，随后把抢花炮作为表演项目推向少数民族运动会。1982 年，在内蒙古呼和浩特举行的第二届少数民族运动会上，广西富禄花炮会的老会首从家乡精心扎制送到大会的花炮架（炮龛）吸引了众人的目光。1986 年，国家体委批准抢花炮列入第三届少数民族运动会的比赛项目，从此，抢花炮纳入了全国性体育竞赛项目之列。[3]在各界人士的努力下，富禄花炮节走出了侗乡苗寨。以富禄苗族乡“抢花炮”为代表的民族体育项目走出广西走向全国，由柳州花炮队员为主的广西花炮队，在历届全国少数民族传统体育运动会上六次夺冠，将“花炮节”文化推向全国。

随着花炮节的发展，抢花炮成为民族之间交流感情、增进情谊、促进民族团结的

1　整理自内部资料。来源：富禄社区居委会。

2　访谈对象：赖诗豪，苗族，富禄社区党总支书记；地点：富禄社区居委会；时间：2022 年 7 月 25 日。

3　李志清：《乡土中国的仪式性少数民族体育：以桂北侗乡抢花炮为个案的研究》，北京：中国社会科学出版社，2008 年，第 58 页。

图 5.7　抢花炮（来源于津门网，由富禄社区 2022 年 7 月提供）

重要纽带，得到中国乃至世界上不同民族、地区人民的认可与喜爱。花炮节在其发展历程中，不仅带动了周边经济发展，也加强了不同民族之间的文化互动，可谓是东方橄榄球，花炮节为富禄添福禄，为铸牢中华民族共同体意识注入物质与精神力量。

（二）“月也”季：走村串寨促交融

侗族的“月也”习俗具有悠久的历史，至今在三江侗族自治县一带盛行。2016 年，三江侗族月也入选第六批自治区级非物质文化遗产名录。“月也”作为侗族地区促进族际交往的习俗，能够有效推动民族间的交往交流交融，促进民族团结。

为探寻“月也”的功能，笔者走进了良口乡晒江村。晒江村位于良口乡西北部，坐落于都柳江畔，距离乡政府所在地 10 千米。主要居住侗、苗两个少数民族，村民告知笔者“晒江”在侗语里为苗人赠予侗人居住的地方，从晒江村的名字便能体现出当地侗族与苗族的友好关系。

1. 天时：侗苗人民的共享节庆

“月也”一般在过年、年底的时候举行，是侗族的传统年俗活动，从农历十二月二十日一直到正月期间都会开展“月也”。主要内容是一个侗寨的全体男女老少到另一个侗寨做客，通常是一来一往两次，一次为期 3~4 天，两个寨子分别做主寨邀请客寨到主寨开展娱乐活动。现如今的“月也”通常包括邀请、祭祀、吹芦笙、聚餐、表演、坐妹等环节。

芦笙是侗族与苗族村民娱乐交流的工具，也是贯穿整个“月也”活动的乐器，从活动开始时祭“萨”需要吹芦笙，活动中跳踩堂舞也离不开芦笙，活动结束回到本寨也需要吹芦笙。有了交际工具芦笙，有了民族团结的理念，“月也”才得以产生。在晒江村男女老少皆会吹芦笙。芦笙队的组建是做“月也”的关键。在侗族村寨中几乎每一个寨子都会有自己的芦笙队，20 世纪 90 年代以前江坪屯和款坪屯是共同组建芦笙队的，1990 年以后便各自有各自的芦笙队了。芦笙队的队长是每个寨子当中吹芦笙技艺最拔尖的人，同时队长也会成为寨子里的“月也”起头人。起头人充当着“月也”队伍“第一人”的角色，在客寨前往主寨的队伍中，起头人吹着芦笙走在最前方，带领全体村民集体前往主寨。

晒江村江坪屯与款坪屯做“月也”已有很长时间，两个寨子之间既会开展“月也”，也经常一同前往其他寨子做“月也”。江坪屯的龙明秀表示：“大的（月也）就是和款坪一起，小的（月也）我们就自己做。我们去做‘月也’的时候是一起去的。”[1] 他们时常选择去同乐乡和贵州附近的几个村子，如加列村、岑甲村等。有了适宜的时间，备好村民喜爱的芦笙，方可进行“月也”。

2. 地利：走村串寨促交融

“月也”习俗广泛分布于黔湘桂的侗族苗族地区，苗族地区将“月也”称为“打同年”，通过“月也”交流的村寨不在少数。如龙胜各族自治县宝赠村与三江侗族自治县马安村、高友村、马胖村都做过“月也”，三江侗族自治县晒江村与其周边的贵州村寨也都开展过“月也”，这不仅促进民族地区村寨之间的交流，也有助于该地区各民族间的交往互动。

历史上，侗族人民举行“月也”活动，是因村寨间距离较远，若是遇上困难无人相助，随后寨佬们便商量举行促进村寨交流、团结的“月也”活动。如今跨越村寨开展“月也”依旧是侗族人民喜爱的一种社交方式。独峒镇高定村与岜团村相隔有十几千米，两村的“月也”交流活动却已有几十年的历史，两村固定每两年开展一次“月也”，每次做客时间 3 天，在 2016 年的“月也”期间，岜团村有 400 多名村民集体前往高定村做客，之后高定村的村民也前往岜团村开展“月也”。[2] 建立有友谊关系的村落，即便是路程再遥远也会坚持互相往来。

开展“月也”的村寨会保持着相互合作、共同协作的友好关系。晒江村的款坪

1　访谈对象：龙明秀，苗族，晒江村江坪屯人；访谈时间：2021 年 8 月 12 日。

2　三江侗族自治县文化体育广电和旅游局：《高度重视民族工作材料汇总》，2021 年，第 96 页。

屯与江坪屯在地理空间上属于民族互嵌式居住格局，形成侗苗杂居的形态。两寨共同举办“月也”是常有的事情，这是建立在一定的友好密切的关系上才能够实现的。在“月也”中结交朋友，拟亲属关系而形成的亲友关系圈与婚姻圈促进了当地侗族苗族间的交往交流交融。据款坪屯杨应修介绍：

> 我年轻的时候做“月也”，去了某户人家住，现在都还有来往，以前我去你家住相当于打同年。“月也”的时候到哪家去住，以后都会有来往，等于变成朋友和亲戚。[1]

开展“月也”能够广泛联系各村寨，拉近村寨与村寨之间的距离，也能够凝聚人心，成为当地各民族之间长期交往互动的桥梁，促进区域内民族团结。

3. 人和：月也助推民族团结

“月也”为侗语，翻译过来为“交朋友”之意，此处的“交朋友”并不是简单意义上两人之间的交友，而是指村寨与村寨之间的集体交友，因此“月也”也成为当地民族交往的重要媒介。“月也”并不局限于侗族之中，三江县的侗族人民广泛与周边各族人民开展促进民族团结的“月也”。晒江村的侗族与苗族村寨之间以及与其附近民族之间通过集体互访的形式进行交往交流，通过仪式、拟亲属、歌舞、节日等一系列沟通渠道，不断加强彼此之间的联系与民族凝聚力，让侗族与苗族同胞在地域认同的前提下，长期交往交流产生了文化与心理上的认同，推动民族交往交流交融。

三江侗族自治县以“月也”命名了月也侗寨景区，意在邀请四面八方的游客来侗寨游玩做客，体现了侗族人民热情好客的品质。景区当中的“坐妹”实景演出、牛王争霸赛等项目诠释出“月也”的文化内涵，吸引着周边不同民族的群众前来交流，为多元文化的碰撞提供了一个公共场所，成为侗族人民与各族人民交往交流的窗口。

“月也”期间的社交习俗，建构了村寨与村寨之间交往的桥梁，提供了各族人民互相交流的平台，成为民族文化交融的载体，塑造了民族交往交流交融的新路径。各族群众在一次次的节庆活动中，维系民族情感，增强民族认同，提升民族文化自信，为铸牢中华民族共同体意识奠定坚实的基础。

（三）多耶节：侗乡苗寨共谱团结曲

多耶为侗语谐音，“多”有唱、跳之意，“耶”则为耶歌，因此多耶可译为“踏歌而舞”，是侗族最具代表性的一种无乐器伴奏，边唱边跳的集体性歌舞形式。侗族人民

1 访谈对象：杨应修，苗族，晒江村款坪屯人；地点：晒江村款坪屯；时间：2021 年 8 月 5 日。

图 5.8　三江侗族多耶（柳州市民宗委提供）

能歌善舞，无论是节日还是平日，迎宾接客之时跳多耶，丰收之时跳多耶，祭祀祈福之时也跳多耶。多耶的舞步简易，男女老少携手围圈，面向圆心用整齐有节奏的步伐，边绕边唱，甩手为拍。以一人领唱众人合唱的方式踏歌起舞，充满团结祥和的气氛。2021 年，多耶项目被列入第五批国家非物质文化遗产代表性项目名录。热情的侗乡人民，正是以多耶牵起各族人民的手，共画同心圆，共谱团结曲。

三江侗族自治县将文化传承与旅游业发展相结合，依托侗族多耶，打造了中国侗族多耶节。它以“欢乐、友谊、安定、团结”为永恒的主题，传达“平等、和谐、大同”的理想。至今已成功举办 18 届。全县各乡镇以多耶舞、侗族大歌、芦笙比赛、琵琶歌、民族服饰展演等形式共同欢庆民族节日，中国侗族多耶节也成为侗族文化面向世界的窗口。

> 在2021年的第十八届中国侗族多耶节暨第六届侗族多耶大赛中，全县各乡镇32支队伍，1000多人穿着精致的民族服饰齐聚三江县多耶广场，以“感党恩跟党走，促团结共发展”为主题进行歌舞比赛。各参赛队伍在歌词里表达了对党扶贫政策的歌颂以及对乡村振兴光明未来的向往。[1]

1　整理自三江侗族自治县文化馆公众号：《颂党恩舞团结，齐聚侗乡唱多耶》。

上述内容体现了多耶节“民族特色、民族文化、民族精神”的文化内核。三江县在深入挖掘侗族多耶节的过程中，开展了多种形式的歌舞文化活动，在传承侗族传统文化的过程中也能丰富其文化内涵，创建出一个文化交流互鉴、促进民族团结的大平台。中国侗族多耶节获得了“广西十大旅游节庆品牌”“中国十大最具有民族特色节庆”荣誉称号。

三江大力实施“生态立县，旅游富民”发展战略，依托秀丽的青山绿水、浓郁的民族风情，大力发展特色民族文化旅游，打造出“中国侗族多耶节”“中国侗族在三江”等民族文化品牌。在程阳八寨景区，每年都举办多种类型的节庆活动，吸引了大批游客前来观看、体验，在带动旅游业发展的同时，也创造经济效益、推动文化振兴，推进民族团结进步创建工作。

三江将民族团结进步创建工作与节庆文化结合起来，依托中国侗族多耶节、侗族大歌节、芦笙节、花炮节、茶文化节、敬牛节、吃冬节等，广泛开展民族团结进步创建“进机关、进企业、进学校、进社区、进乡村、进寺庙”活动。几年来，全县各地开展相关的民族团结文化活动达1万多场次，发放党的民族政策宣传材料达11万多份，拉挂横幅5000多条，出版板报500多板。通过群众喜闻乐见的民族文化形式，广为宣传，营造团结和谐的社会氛围。

在广大乡村，群众共奏团结曲。百里侗乡的600多个民族村寨，以节庆文化、楼桥文化、讲款、百家宴、月也、侗戏苗戏、多耶、芦笙踩堂、侗族大歌等为载体，掀起民族团结文化进村屯、创建活动进村屯的热潮。如林溪镇冠洞村作为全国民族团结进步示范点，以侗族“百家宴”为载体，唱响民族团结歌，享誉区内外、国内外。该村先后被评为“全国美德在农村示范点”“全国农业旅游示范点”“自治区巾帼示范村”。先后被国家民委、自治区民委、柳州市民委授予“民族团结示范点”称号。丹洲镇丹洲村是三江县新农村建设示范点，开展民族团结进步创建以来，经常与邻近的融安县、融水县的村屯开展联谊活动，周边各族群众异常团结和睦，如今丹洲村成为路不拾遗、夜不闭户的社会主义和谐新农村典范。

千人盛装展歌喉，万人多耶竞风流。自侗族多耶节举办以来，既成为展示侗族文化的盛宴，也成为各族群众手拉手，心连心的团结盛会。

五、侗歌声声颂繁荣

侗族是一个善于歌唱的民族，侗族有句俗语：“饭养身，歌养心”，饭是人的物质食粮，歌则是精神食粮，可见歌曲在侗族人民的生活中有重要的地位。在三江，侗乡人民以歌会友，以歌传情，用歌声歌颂党，用歌声凝聚人心，与各族群众一同唱响美好新生活。

（一）侗族大歌：各族群众齐高歌

在众多的侗族民间音乐形式中，无指挥、无伴奏、多声部、一人领唱集体合唱的侗族大歌最具有特色，反映了世代侗族人民的智慧。侗族大歌不仅是一项音乐艺术，其传唱的内容生动展现了侗族人民的性格特点、生活习俗、社会环境等等。如《蝉之歌》便是受自然界蝉叫的启发，以及众多的歌唱爱情、教育说理、叙说历史等内容的歌曲。2006 年，侗族大歌被列入第一批国家非物质文化遗产代表性项目名录。

1. 侗族大歌走进千家万户

三江侗族自治县充分发挥侗族大歌等民间音乐形式宣传党的好政策、促进民族团结、铸牢中华民族共同体意识的功能，对传统民族文化进行保护与传承，让侗族大歌走入侗乡的千家万户。

三江侗族自治县文化馆是侗族文化交流、传承以及侗族大歌传承人教学的重要平台。自 2020 年开始面向全县群众，采取“自发参与 + 免费夜课 + 学员点菜”的形式开展常态化的培训班，培训课程包含侗族琵琶歌、侗族大歌、侗笛吹奏、芦笙吹奏等，至今约有 15000 名学员参加培训。早在 2016 年 8 月，县文化馆种下了传播侗族大歌的种子——免费举办侗族大歌培训班。

图 5.9　侗族大歌（覃海南摄，柳州市民宗委提供）

> 作为项目具体实施人，石妮妮心里藏了很多故事。她回忆起第一期免费培训班——当时只能容纳60个人的小教室，吸引来130多人，站满了教室。石妮妮向记者介绍道："当时的培训班办了一个星期，每天晚上都开课。还有一些群众为了来上课，每天晚上从林溪镇、八江镇组队出发，包车赶到县城，上完课再回去，次日凌晨1时才能回到家。赶来上课虽然辛苦，但他们都坚持下来了，这源于他们对侗族大歌的喜爱。"[1]

培训班让非物质文化遗产得到很好的传承和普及，至今侗族大歌免费培训班已成功举办 100 期。除此以外，关于侗族大歌的各项文艺活动都受到县内以及周边各族人民的热爱。在 2021 年第五届三江侗族大歌比赛中，来自全县的 33 支侗族大歌队轮番登台献唱《八月好风光》《高山歌》《蝉之歌》《红军来到我侗寨》《侗乡河水心向党》等一首首侗族大歌，热情歌颂中国共产党建党百年的光辉历程和取得的伟大成就，纵情高歌民族团结、法治建设、党建引领、脱贫攻坚、乡村振兴等方面所取得的成就，激情抒发侗乡人民感党恩、听党话，永远跟党走的豪迈之情。

距今两百多年历史的梅林乡侗族"二月二"大歌节，已成功举办 129 届。节日当天不仅有梅林乡的侗族群众参加，周边的富禄乡、洋溪乡，贵州从江县的高增乡、白云乡，湖南通道县平坦乡的民众也来梅林乡过侗族大歌节。随着交通的改善，越来越多的来自三江县以外的汉族、苗族同胞也来梅林乡过节。[2] 侗族大歌节百年来的连续举办，足以体现群众对于侗族大歌的热爱，这也是促进各民族交往交流交融的重要平台。

2. 侗族大歌进校园

为铸牢中华民族共同体意识，全面统筹民族团结进步创建工作，三江侗族自治县因地制宜开展"六进"活动——民族团结进校园、进"亲情边界"、进社区、进机关、进企业、进寺庙。其中侗族大歌、侗族耶歌、侗戏表演、侗语课堂等民俗文化进校园活动，让民族传统文化在校园中传承与弘扬。在各个学校中，家长带子女，教师带学生，大手拉小手，共唱团结歌。

梅林乡是国家非物质文化遗产——侗族大歌的保护基地，自 2003 年把侗族大歌引进课堂，既成为侗族大歌传承的重要平台，也让侗家儿女的歌声飘向远方。2005 年，梅林乡中学梁艳等四位姑娘演唱的《侗族大歌》参加在北京举行的华夏艺术风采国际交流选拔赛荣获通俗—原创专业青年组一等奖；2010 年 12 月 18 日，梅林乡中学文艺队在广西"新童谣 新儿歌"创作表演大赛总决赛中表演的"侗族童声大歌"获得了特邀金奖；2011 年 5 月 25 日，梅林乡中学侗族大歌队应邀参加由中共中央宣传

1 三江县委宣传部：《三江第五届侗族大歌比赛落幕 快来看看花落谁家》，风情三江公众号，2021-12-05。

2 整理自三江县文化馆公众号。

部、中央文明办、中央电视台主办，柳州市委宣传部、市文明办协办的“爱国歌曲大家唱——柳州篇”，在全国观众面前展现了侗族人民的风采，更展现了侗族学生的风采。[1]

三江侗族自治县中学作为侗族大歌传承基地，以“开足开齐国家课程是根本，传承民族文化课程是特色”为指导思想，将民族团结教育融入日常教学工作，成为民族文化传承的重要场所。基地内展示了侗民族服饰及制作过程、侗族乐器、侗族生活器具、侗族大歌历史、侗族大歌手抄歌本等等，让师生直观地了解侗族文化。学校以传承人授课的方式将侗族大歌、侗画等民族文化引进课堂，搬上舞台，融入学习生活。从高一开始，让学生通过三年时间学会欣赏侗族大歌并至少会唱一首侗族大歌，学会跳一曲多耶舞，学会一种乐器的演奏方法，学会制作一件侗族工艺品，学会欣赏与创作侗画。除此以外，校内开展的各项民族体育活动，如跳侗族多耶、跳竹竿舞等，让学生传承民族艺术、体育同时，增进交流与互动。[2]

学生学习传统文化的过程，能够唤醒学生的文化自觉，提高文化自信；参与民族艺术、体育项目，能够增强学生的民族认同感。传唱侗族大歌、跳团结多耶舞，是增进各民族学生情谊、促进民族文化交流的有效手段，为在学校教育当中贯彻中华民族共同体意识发挥着重要作用。

（二）琵琶歌：唱响侗乡好生活

侗族琵琶歌，侗语称“ggal bigs bac”，即“嘎琵琶”。流行于广西、贵州、湖南三省的侗族聚居地。三江县近年来掀起一阵阵学习侗族琵琶歌的浪潮。大街小巷、茶园田间、鼓楼风雨桥歌声四溢，时不时可见弹唱琵琶的人。对此，三江县文化馆馆长石妮妮说，现在许多人去饭店吃饭、去路边摊吃烧烤，都会随身携带琵琶，吃完饭就迫不及待唱起歌来。[3]侗族琵琶歌也成为宣传党的好政策、开展文化活动、民族团结教育的利器。侗乡人民在琵琶歌声中，唱响侗乡好生活。

1. 琵琶铮铮颂党恩

鼓楼是侗族群众最为敬仰的建筑物之一，是侗族村寨的中心，也是侗族群众商议村寨大事的“行政中心”。三江县充分利用这一独特的资源条件，开设“鼓楼讲堂”，向广大群众积极宣讲党的民族政策、民族自治县的相关法规、民族团结的重大意义，让党的民族政策、惠民政策等通过宣讲、播放光碟、发放资料等方式得到广泛宣传，进一步增强侗乡群众讲团结、保团结、真团结的思想理念。

1　整理自内部资料：《三江县民族文化进校园情况汇报》。

2　整理自内部资料：《办侗族文化特色教育 增民族和谐团结进步——三江县中学民族团结进步创建事迹材料》。

3　新华社：《听非遗讲故事丨三江侗族琵琶歌 唱响侗乡好生活》，2022年6月27日。

图 5.10　祥和鼓楼（关琦宇摄）

侗族琵琶作为一种老百姓喜闻乐见的乐器，自然成为宣讲团的“好助手”。在三江侗族自治县南站社区祥和鼓楼内，琵琶歌师们通过侗族琵琶歌这个极具民族特色的形式开展宣讲，用群众听得懂、最亲切的话，宣讲习近平总书记在庆祝中国共产党成立 100 周年大会上的重要讲话精神，让“七一”重要讲话精神在基层落地生根。[1]步入祥和鼓楼，我们注意到鼓楼内悬挂着《侗乡人民永远跟党走》琵琶歌歌词，以下是歌词节选：

侗乡人民永远跟党走

手弹琵琶侗歌声声，民族政策深得人心；
中华民族炎黄子孙，各个民族永不分离；
南站社区各族聚居，团结和谐如一家人。

在八江镇，党员们还将党课搬进秀丽的仙人山茶园里，上起“茶园党课”，党员们弹唱自编的侗族琵琶歌，汇聚乡村振兴的精神力量，将美好新生活唱给党听，表达出听党话、感党恩、跟党走的坚定信念。[2]通过百姓喜爱的宣传形式，让党的政策、民族团结精神“声”入人心，生生不息。侗乡人民也用歌声表达对党的热爱，用歌声传达对中华民族一家亲的坚定，歌颂当下的美好新生活，表达对未来的信心。

1　整理自三江县委宣传部，风情三江公众号。
2　三江县委宣传部：《党课搬进“茶园里”课堂别样“更有味”》，风情三江公众号，2022-07-30。

2. 琵琶弹唱话民主

“琵琶拿起啊就想唱歌，大家洗耳恭听听我唱；中央人大工作会议在京召开，我们把会议精神来传递；宣传国家政策响应国家号召，人民当家做主啊来立法……”这首质朴的侗族琵琶歌曲来自三江县林溪镇基层人大代表和立法信息员组成的文艺小分队。他们深入平岩村和冠洞村，以弹唱侗族琵琶歌的方式将中央人大工作会议和党的十九届六中全会精神传遍大街小巷。2021年以来，林溪镇始终坚持以人民为中心，发挥基层立法联络点密切联系群众的桥梁作用，通过侗戏、侗款、琵琶歌、村规民约和鼓楼讲堂等方式，将“全过程人民民主”理念传递到村村寨寨，积极营造民主奋进和民族团结的良好氛围，推动侗族地区民主法治工作落地落实。

在2021年下半年，为呼吁全县各族人民做好人民代表大会换届选举工作，以歌传法唱选举，三江县在各媒体平台播发侗族琵琶弹唱歌曲《民主团结跟党走 共建美好新三江》，利用侗族民间艺术让民主精神“飞入寻常百姓家”。

侗族琵琶歌是侗族民间传统艺术的瑰宝，历史上的它可谓是侗族“百科全书”，侗族人民演唱的琵琶歌曲涵盖了历史事件、社会交往、婚恋习俗、风俗习惯、道德伦理等众多内容，发挥着道德教化、反映侗族人民积极的生活态度以及促进社会凝聚力和民族团结的功能。如今，三江县积极发挥侗族琵琶歌的功能，在新媒体时代的助推下侗族琵琶歌更大众化，将侗族琵琶歌融入百姓生活，成为传递正能量，宣传党的好政策，提升民族凝聚力的重要媒介，也为铸牢中华民族共同体意识奠定文化基础。

（三）燕之声：唱出侗乡新风采

“燕之声”是三江侗族自治县良口乡燕茶村文艺队的名字，很好地诠释了侗族大歌与侗族琵琶歌的魅力。这个充满生机的名称与他们美妙的歌声相得益彰，如今的“燕之声”已传遍侗乡，走向了世界。正是这悠扬的侗族大歌，点燃了燕茶村村民们团结一心奔小康的热情。

1. 燕茶村：侗乡深处的曲艺村

燕茶村位于三江侗族自治县良口乡东北部，坐落于侗乡深处的山腰上，包括辖燕子、大茶、布交、光塘四个自然屯。全村共有489户，2024人，主要居住有侗、苗两个民族，其中侗族居多，[1]该地区侗族苗族长期交往交流，形成以侗族为主、侗苗杂居的状况。入选柳州市民族团结示范村屯，三江县文化扶贫示范村。

燕茶村的寨门上写着这样一副对联：“燕舞莺歌美丽乡村如画卷，茶醇稻香风情侗寨胜桃园。”若要问燕茶村有何特色？从对联上就能一目了然。据村支书杨新运介绍，

1　内部资料，由燕茶村村委提供。

图 5.11　燕茶村寨门（关琦宇摄）

燕茶村名字的由来，是以前的两个大村——燕子和大茶的名字合起来就称为燕茶。[1]但现如今，燕茶二字的意义非同以往，一“燕”一“茶”便道出了该村的特色：“燕”是“燕之声”文艺队，“茶”便是茶叶。燕茶村以“两茶一稻一木”为特色农业产业（茶叶、油茶、鱼、杉木），茶叶是燕茶村的主导产业、农户收入主要来源，全村现有原生态优质茶园3500亩，茶园风光秀丽。[2]燕茶村原来是良口乡12个贫困村之一，是三江侗族自治县深度贫困村。随着脱贫攻坚战的胜利、乡村振兴的深入，让燕茶村发生了巨大的改变。

2. 燕之声：乡村振兴的最强音

乡村文化振兴是乡村振兴战略重要内容。燕茶村在脱贫攻坚驻村工作队帮助下组建了“燕之声”文艺队，在挖掘自身传统文化的同时，利用侗族传统文化促进乡村发展。

> 说到“燕之声”，不得不提“燕之声”的队长吴本清和指导老师吴纯娟。吴本清，土生土长的燕茶村燕子屯人，如今是村里的副主任。他整天跟着乡村振兴

1　访谈对象：杨新运，燕茶村党支部书记，访谈地点：燕茶村村委会，时间：2022年7月29日。

2　内部资料，由燕茶村村委提供。

图 5.12　吴本清队长与文艺队部分队员（关琦宇摄）

工作队一起走村串户，闲暇之余他也喜欢哼几曲侗歌陶冶情操，调动大家的工作积极性。吴纯娟是三江县文化馆的文艺老师，2019年的3月，她作为驻村工作队员被派到了燕茶村。

吴本清找到驻村工作队员吴纯娟，想让吴老师教他们唱歌。一番酝酿筹划，燕茶村第一支侗族大歌队正式开始组建。吴纯娟将其命名为“燕之声”。

2019年11月，才成立三个月的“燕之声”在柳州市三江县城举行的第二届文化旅游产业发展大会开幕式上小试牛刀，赢得大家一片好评。“燕之声”的名声，就这样打出来了！

2020年，大歌队参加了“我们的中国梦”文化进万家——“心连心”慰问演出三江分会场的文艺表演，“燕之声”更加声名远播。

2021年4月，“燕之声”代表三江县参加庆祝中国共产党成立100周年“壮族三月三・八桂嘉年华”广西民族博物馆主会场“同心歌圩”展演活动，受到习近平总书记亲切接见并合影留念。“燕之声”文艺队队长吴本清激动地说：“能见到习近平总书记我们太激动了，今后我们会牢记习近平总书记嘱托，把民族团结奋进之歌唱响、唱美。”[1]

1　内部资料，由燕茶村村委提供。

上述“燕之声”的蜕变故事，显现出侗族歌声的力量，村民的生活有了新活力，燕茶村也因“燕之声”发生了翻天覆地的变化。唱歌，改变了村民的精神面貌，村民们白天劳作，晚上学习侗歌，做农活有了动力，闲暇之余得到充实，课堂里、茶园里、稻田里也充满歌声。唱歌，减少了邻里纠纷，拉近了民族关系，苗族同胞也加入唱歌的队伍，一同唱出民族团结的最强音。

3. 文化振兴：唱响侗乡燕茶梦

“燕之声”走出了独具特色的文化振兴道路。由于燕茶村身处大山深处，经济相对落后，如何引导、推动燕茶村的经济发展，让燕茶村村民过上真正的好日子，进一步促进民族团结，成为燕茶村干部们的棘手问题。于是以“燕之声”文艺队为主旋律的文化促发展道路开始启动。

文化振兴点亮了燕茶村的村民生活。如今不少年轻人从外地返乡，投入到家乡的建设，吴本清的表妹吴培梦从外地返乡，加入文艺队后，便迅速喜爱上唱歌，还将自己的女儿也带入了文艺队。自从“燕之声”的歌声传出大山后，便为燕茶村的发展吸引来了上级部门的关注与诸多机会，驻村工作队员骆斌笑着对“燕之声”文艺队员说：“这都是你们的功劳”，为队员们鼓足士气。“燕之声”文艺队的成立，打开了燕茶村乡村振兴的窗口，也成为传承、创新传统文化的新平台。以唱侗歌的形式凝聚民心，促进民族团结，对助推乡村文化振兴、提升民族认同感起到了重要作用，也为夯实民族

图 5.13　2022 年 7 月，课题组成员在燕茶村座谈调研（程飞摄）

团结注入物质与精神力量。

中国有中国梦，燕茶也要有燕茶梦。对此，“燕之声”文艺队队长吴本清说道：“我的想法是希望把茶叶变成副业，现在是没有茶叶活不下去，但是如果以后能够真正把茶叶变成副业，那就是我们成功了。”[1]

现如今的“燕之声”文艺队，已发展到50多人，文艺骨干20多人。“燕之声”文艺队在民族团结、乡村振兴的道路上继续前进着。他们学习了贵州、湖南等地的侗歌，将汉语融入侗歌中，创作出“汉语唱侗歌”的新唱法，也将脱贫攻坚、乡村振兴的政策写进侗歌中，用歌声宣传政策，既促进了民族之间的文化交流，也推进了农村文化建设，推动了乡村文化振兴。

六、粤桂帮扶共兴旺

千百年来，从广西到广东，西江奔流不息，一直滋养着两广人民。两广人民同饮一江水，情谊传万里。从1996年开始，粤桂帮扶就在“一起好”的信念中拉开了序幕。2016年，习近平总书记提出，要在新形势下，做好东西部扶贫协作的工作，粤桂帮扶从此进入新的历史阶段。2017年以来，广东吴川市与广西三江侗族自治县两地结对协作，结下了“山呼海应，江川情深”的友谊，共同探索出一条侗乡脱贫致富的道路。

（一）粤桂共绘关怀画

2016年8月，“中国梦·侗乡情——广西柳州三江农民画晋京展”在北京展出，侗族农民画以其民族特色得到了广泛的社会关注。侗族农民画成为三江的重要文化符号，是三江一张亮丽的文化名片。

通过粤桂帮扶资金的协同助力，三江建立了江川残疾人集中就业基地，侗族农民画对残疾人的经济生活提供了很大的帮助，成为侗乡人民脱贫致富的好帮手、增加收入的新途径。散发出浓厚的人文关怀气息。

1. 侗族农民画：创收的好帮手

说到侗族农民画，我们不得不把目光投向侗族农民画的发源地、传承基地——独峒镇。独峒镇发挥党支部的带头作用，以“党支部+党员+农民画”的模式，带动当地农民和青少年提笔绘画，带领侗族农民画群体大力发展侗族农民画产业。笔者一行人一路驱车，沿着盘山公路来到三江独峒农民画博物馆。还未进门便被博物馆外墙用

1　访谈对象：吴本清，“燕之声”文艺队队长；地点：燕茶村村委会；时间：2022年7月29日。

侗画描绘的程阳风雨桥、侗族团结多耶、芦笙踩堂等大型场景吸引住。进入博物馆，在兰丽格老师的讲解下，我们浏览了一幅幅精美画作。农民画的内容皆来源于侗族人民的日常生产生活场景，有节庆场景如抢花炮、“月也”，有农忙场景如晒稻谷、庆丰收，有风俗场景如坐妹、对歌等等，色彩鲜明，笔底生风，栩栩如生。这些农民画师们，以笔绘侗乡，以画助梦圆，用自己勤劳的双手创造了“指尖上的财富”。

侗族农民画代表性传承人吴凡宇成立的三江侗画馆是一家集创作、展示、体验、生产、销售于一体的综合性画馆。画馆以“公司 + 基地 + 作者”为经营模式，现有汉、侗、苗、瑶等各族农民画家 20 多人（含兼职和馆聘画家）。三江侗画馆积极为脱贫户搭建学艺和就业平台，为当地农民创收做出了贡献。

随着侗族农民画的发展，受到的社会关注越来越多，在各方的努力下，侗族农民画从民间文化艺术转变为具有较大经济效益的新兴文化产业。侗族农民画的准入门槛低，培训周期不长，再加上相关政府部门及社会各界的支持和积极帮扶下，侗族农民画成为了当地农民脱贫致富的新路径。

2. 粤桂帮扶暖心间

三江县江川残疾人集中就业基地（以下简称为基地）位于三江县南站社区的鼓楼小区，是在粤桂协作帮助下，为三江残疾人打造的一个集培训、安置、就业为一体的综合性的就业基地。基地主要以产出侗族农民画和生产藤编织品为主。2021 年，基地荣获第二批“全国残疾人文化创意产业基地”称号，成为广西唯一一家获此殊荣的产业基地。

2022 年 7 月 27 日，我们一行人来到了江川残疾人就业基地。进入大门，就看到这样的宣传标语：“让关爱的阳光照亮每一个残疾人的心灵”。基地分为上下两层，侗族农民画的作画区和展示区主要在二楼。从一楼到二楼的楼梯间，可看到：“扶贫协作结硕果，吴川—三江携手奔小康”的红色大字。我们在参观的过程中，了解到了农民画代表性传承人杨庆宜的经历：

杨庆宜是三江独峒镇人，他右手残疾，劳动能力有限，便苦练左手绘画。如今，杨庆宜成了远近闻名的侗画师，更被列为非物质文化遗产传承人，和独峒画师们一起走上了一条属于自己的致富路。2005 年他的作品《斗牛节》获得了中国台湾省“抗日杯”中国书画名家优秀作品大展银奖。[1] 他今年 6 月接受人民网的采访时道出了脱贫的秘诀：

在党支部带领下，农民画帮助我甩掉了贫困户的帽子，现在收入越来越高、

1 杨庆宜的简介参考基地宣传板内容。

越来越稳定，日子过得越来越红火、越来越有盼头了。[1]

杨庆宜通过侗族农民画让自己的生活越来越滋润，同时也在不断给予他人帮助。他自己脱贫后，利用农闲时间，免费教村里的脱贫户画农民画，利用自己画画的技艺帮助更多的人，吴校元就是一个很好的例子。在基地二楼的宣传板上，我们了解到了吴校元的故事：

2012年，吴校元在柳州鹿寨县打工时，右手不小心被高速转动的机子搅断了，从此失去了工作能力。一对年幼的儿女，给了他生活下去的勇气与动力。于是，他开始练习左手，通过几年的锻炼，他的左手灵活度跟以前的右手一样了。但因为没有技能，找工作处处碰壁，没有企业愿意接收他。

2019年5月，在党和政府的帮助下，他们一家搬迁到三江南站社区居住，女儿和儿子都上了初中。但每天柴米油盐的开销也压得他喘不过气来，还有年迈的母亲需要照顾。2020年，通过粤桂协作，三江南站社区成立了残疾人集中就业扶贫基地，吴校元马上报名参加了侗族农民画的培训，从怎样拿笔开始学习，到后面

图 5.14　残疾人就业基地内的侗画成品展示区（关琦宇摄）

1　吴宇浩：《传承技艺创造“笔尖上的财富”》，人民网，2022 年 6 月 22 日，http：//gx.people.com.cn/BIG5/n2/2022/0622/c179409-40006363.html。

打形、上色、勾线，一步一个脚印地跟着老师学，不懂就问。功夫不负有心人，经过20多天的培训，他终于掌握了农民画的绘画技巧，完成了人生中第一幅农民画作品。如今，在基地工作一年多，吴校元的作品现在都是免检产品。他通过自己的努力和不放弃，找到了人生新方向！[1]

农民画里创收入，粤桂帮扶暖心间。在粤桂协作的帮助下，侗族农民画让就业基地的残疾人在经济上增加收入，在生活上重拾信心。这些画家们也将他们的感激之情绘入画中，他们的作品既是山海情谊的体现，也是中华民族一家亲的见证。

（二）粤桂帮扶定民心

1. 粤桂帮扶稳就业

三江侗族自治县古宜镇南站社区是全区第三大、三江县最大的易地扶贫搬迁集中安置点，搬迁群众是来自全县 14 个乡镇的建档立卡贫困户，已搬迁入住 4606 户 19011 人。有汉、侗、苗、瑶、壮等 15 个不同民族群众在此生活，其中侗族占 67%、苗族占 23%、汉族占 6%、壮族占 2%、瑶族占 2%，其他少数民族占 1%，少数民族搬迁群众占比达到 94%，是一个多民族聚居的安置点新家园。[2] 在易地搬迁以前，南站社区的居民绝大部分是居住在偏远山区的少数民族，很多人都住在半山腰或者山顶上，生活极其艰苦。如今搬迁到南站社区，虽然有更好的住房条件、更便利的交通、更好的生活环境，但是离开了熟悉的家园以及脱离了习惯的生活环境，就业问题成了南站社区各族人民的心头病。为解决这一问题，粤桂帮扶协作与三江县强强联合，积极探索，通过“就业驿站”平台为社区居民提供就业信息，投资成立三江县粤桂协作产业园区、建成江川残疾人集中就业基地，为南站社区各族群众的就业“保驾护航”。

南站社区有 5 个居住区，分别为侗兴家园、侗安家园、鼓楼小区、侗笛小区以及芦笙小区，社区内侗族文化浓郁，随处可见双语（侗语、汉语）标注的民族团结宣传标语，并获得了“柳州市民族团结进步示范社区”等荣誉称号。南站社区的“就业驿站”位于侗笛小区，面向公路，交通便利。就业驿站门口设有电子显示屏，屏幕上播放着不同地方的招聘信息，及时为寻求就业岗位的群众提供信息。就业驿站的工作队员刘建宁给我们介绍了南站社区的就业情况：

目前在南站社区入住人数已经达到19011人，就业人数达到9771人，这个是有劳动力并且有就业意愿的人数，是动态的，已经达到了“一户一就业”的要求。

1 来源于江川残疾人集中就业基地宣传板内容。

2 数据来源于南站社区党群服务中心。

> 我们现在统计到还有162人未就业。有些老家有地的，不肯放着荒凉，所以有空就跑回去种地了。下一步我们主要是做这部分人的思想工作，不用他们一直往老家跑。另外我们这个就业驿站，原来只针对南站社区，后来业务范围扩展到整个县城。[1]

“就业驿站”一方面开展线下社区干部入户核实，帮扶人联系走访，摸清南站社区就业情况和需求底数，积极登记和建立就业需求台账；另一方面，依托粤桂协作，定点帮扶资源，重点对接区内外重点企业和政府民生工程，摸清企业用工要求及底数，之后将企业用工需求通过线上“微信群”“QQ 群”“微信公众号”等快捷便利、大众易接受的方式推送就业招聘信息。截至 2022 年 6 月底，通过“就业驿站”提供岗位 1120 个，求职登记 1438 人，已推荐 1316 人次实现就业。[2]

如果说，粤桂帮扶对接“就业驿站”的主要业务是提供招聘就业信息，起到的只是媒介作用，那么上文提及的江川残疾人集中就业基地对当地残疾人的就业帮扶，就是粤桂帮扶直接拉动就业的结果。目前基地已安置侗、苗、壮、汉各族残疾人 54 名集

图 5.15　南站社区悬挂的标语（关琦宇摄）

1　访谈对象：“就业驿站”工作人员刘建宁；地点：南站社区就业驿站；时间：2022 年 7 月 27 日下午。

2　“就业驿站”相关数据均由南站社区就业驿站提供。

中就业，并辐射带动100名以上残疾人居家就业，月均增收800元。[1]粤桂帮扶积极牵桥搭线，建设帮扶车间，关注残疾人就业，在很大程度上为搬迁居民解决就业问题。不仅如此，粤桂协作因地制宜，立足于三江县的茶叶优势，投资建设了三江县粤桂协作生态产业园，为居民们提供了大量的就业岗位。

2. 粤桂帮扶稳就学

子女就近入学，既是易地搬迁群众最关心的问题、最迫切的需求，也是搬迁群众能否“稳得住”的关键。在粤桂协助的帮助下，自2018年起，江川小学与江川中学在南站社区拔地而起，校内教学设施健全，为孩子们带来优质的教育资源。

> “现在上学很方便，离家很近。到新的学校后，我的学习成绩有了很大的提高”。江川小学学生杨巧怡开心地说。2018年，杨巧怡还在八江镇岩脚村达沙小学上学，从家里到学校有3千米路，平时走路要将近1个小时，要是碰到雨天，衣服鞋子全都湿透了。2019年春季，江川小学开始正式招生办学，杨巧怡和其他移民搬迁的孩子一样来到了这所新学校，得以享受和城里孩子一样的教学资源。[2]

除了建设学校，粤桂帮扶教育协作还积极派遣优秀骨干教师深入到三江进行支教交流。

> 来自吴川市的陈湛、许丽娟夫妇就是粤桂教育帮扶选派支教队伍中的一员，他们积极响应组织号召，带上家人便奔赴三江支教。陈湛和许丽娟都是广东省吴川市人，在支教之前，夫妻俩分别是吴川市第二中学的物理老师和玉村港中学的生物老师。2022年2月28日，对于陈湛、许丽娟来说是个特别难忘的日子，他们告别了家乡，卷起行囊毅然踏上去往三江的支教路。目前，两人分别在三江中学和县民族初级中学任教。在教学中，陈老师和许老师还时常将生活中常见的道具带进课堂，用通俗易懂的方式开展教学，他们生动有趣的课堂赢得学生的一致好评。夫妻俩的教学方式与敬业精神同样得到师生的赞扬。[3]

与陈湛、许丽娟夫妇一般来三江支教的教师不在少数。从2018年到2021年，吴川市累计派遣37名教师到三江支教，2022年又派驻10名优秀教师到三江交流支教，使三江的教学水平有较为明显的提高。吴川、三江两地除了创立“江川小学”“江川中

---

1 三江县委宣传部：《怎样打造易地搬迁群众的幸福新生活？三江有好招！》，风情三江公众号，2021-12-31。

2 三江县委宣传部：《怎样打造易地搬迁群众的幸福新生活？三江有好招！》，风情三江公众号，2021-12-31。

3 三江县委宣传部：《巩固拓展脱贫攻坚成果 全面推进乡村振兴：侗乡小土豆引来支教“夫妻档”》，风情三江公众号，2022年5月27日。

学”，还携手创立了“玉民村江川小学”系列的“江川”品牌教育帮扶项目。吴川市发动各方力量，筹集到378.1万元，设立了“江川教育奖”，该奖项已经连续实施了4年。不仅如此，南站社区内卫生院、派出所、银行、农贸市场、鼓楼、同心文化长廊等各种公共服务配套设施同样齐全。

稳就业、稳就学、稳服务，让易地搬迁群众“稳得住，能发展，可致富”，过上幸福安康的生活。粤桂共同奏响“中华民族团结一家亲、同心共筑中国梦”主旋律。

（三）粤桂帮扶助侗乡

吴川、三江两地根据党中央和两省区、两市县的党委和政府的关于东西部协作的一系列部署，积极探索建立粤桂协作共建模式，着力打造“江川”品牌，助力三江巩固脱贫攻坚成果，推进粤桂协作工作取得新成效，这是粤桂帮扶的品牌力量；援助三江的粤桂帮扶资金逐年增加，帮扶力度日益加强，这是粤桂帮扶的大力量。

在此次三江之行中，在古宜镇南站社区、富禄苗族乡、独峒镇、林溪镇、丹洲镇、八江镇等地，无论是居民社区、旅游景区还是田间地头，都能看到粤桂协作的身影。多年来，吴川和三江在资金、产业、医疗、教育、旅游等方面开展强强合作，通过“江川”品牌，开展一系列帮扶项目，让“江川”品牌更加深入人心，江川协作更加有效，这是粤桂帮扶的品牌力量，“江川”品牌已成为粤桂协作的新标杆。

在两地的协同努力下，三江发生了翻天覆地的变化，人民的生活水平提升，各族群众的幸福感攀升。三江的繁荣发展离不开党和政府的正确领导，离不开三江各族人民的团结奋斗，离不开社会各界的鼎力相助，更加离不开粤桂帮扶大力支持。粤桂帮扶共兴旺，兴旺铸牢中华情。粤桂协作为铸牢中华民族共同体意识夯实物质基础，两地各民族的友好情谊为民族团结凝聚人心。

在2022年六一儿童节之际，粤桂两地小学通过线上连线的方式，同唱一首歌；侗族大歌、芦笙踩堂等侗族传统文化进入到吴川市鼎龙湾旅游景区，为吴川旅游文化增添吸引力。粤桂帮扶中有经济的助力，有感人的故事，有人文的关怀，有文化的交流，有民族的互动……这些事迹都将成为民族团结的佳话。两广的联系会因粤桂帮扶更加紧密，两广的前景也会因粤桂帮扶更加光明。

七、三省交界亦无界

三江侗族自治县地处桂、湘、黔三省（区）交界处，是一个三省（区）接边的少数民族自治县。近年来，三江侗族自治县以打造环“三省坡”边界地区铸牢中华民族共同体意识示范带为目标，充分发挥党建引领民族团结的作用，利用丰富多彩的民族文化和节庆活动，广泛深入宣传党的民族政策，促使县域内，尤其是三省坡地区各民族有了更深入的交往交流交融，成功树立起了“黔桂登晒”“湘桂将王”等接边地区民族团结进步的典范，各民族像石榴籽一样紧紧抱在一起。

（一）黔桂登晒：两地联合促和谐

登晒村属黎平县和三江县共同管辖，辖3个自然寨，6个村民小组，共有270户，1264人，其中，属龙额镇登晒村户籍237户1138人；属富禄苗族乡富禄村登晒屯户籍33户124人，是黔桂两省（区）杂居的侗族传统村寨，形成了“共村不共省”的管辖特点，有“一村跨两省，两省一家亲”的美誉，俗称“黔桂登晒”。近年来，黔桂登晒在联合党支部的带领下，以“构建和谐边界，做民族团结模范，做维护稳定模范”为目标，促进省际边界各民族交往交流交融，协同化解边界纠纷，促进民族团结，增进和谐安定，先后被评为县、市、省（区）民族团结示范村，2021年荣获全国第八批“民主法治示范村”称号。

1. 党建引领，打造民族团结示范点

以前登晒环境闭塞，行政划分上隶属不同省（区），是“大事管不了，小事管不全”的两不管区域，两地村民经常会因山林、土地、坟地、生产生活等原因产生一些治安问题，涉及全体村民的公益性事务也十分棘手。如何利用一村跨两省的地缘优势

图5.16 黔桂登晒全貌（登晒村委会提供）

图 5.17　桂登晒两省之村（关琦宇摄）

来解决现实问题，成了村两委的首要解决的问题。2011 年经多方努力，登晒村打破行政区域壁垒，创新性地成立了“黔桂登晒联合党支部”，来公平公正处理矛盾纠纷。

黔桂登晒联合党支部成立后商议制定了《黔桂登晒村规民约“十要十不准”》，并将其刻于石碑上，立于村寨中心位置，以示警示，更是昭示后人，得到了村民们的广泛认可。随后，联合党支部抢抓机遇，以创建“民主法治示范村”为契机，大力推进边界依法治理和法治建设，积极开展“平安边界、和谐乡村”“亲情边界”等民族团结进步工作，在实践中探索出了和谐平安边界“十联工作法”和人民调解“五联工作机制”，成为黔桂边界依法治理和法治建设的典范。登晒村各项事业都取得了较大的成效，建设成黔桂鼓楼、黔桂球场、黔桂学校等一大批“黔桂字号”公共设施，并深入每一位村民的心里。

登晒村委委员、治理员石海自豪地说道：

> 2011年黔桂登晒联合党支部成立，从那以后黔桂登晒的名字就打出去了，我们都联合起来了，可以一起做很多事情，大家都喜欢这个名字，黔桂登晒更加丰富，中央都知道我们这个黔桂登晒，不会有哪个不喜欢嘛。[1]

1　访谈对象：石海，男，50 岁；地点：登晒村村委会；时间：2022 年 7 月 28 日。

2. 联合治理，创新民族团结新机制

黔桂登晒很早就意识到，地处接边地区，要保持和谐稳定，在充分发挥村民自治的基础上，“联合共治”才能从根本上解决现实问题，达到长治久安。为此，联合党支部从联合周边村寨、相邻乡镇、接临县市再到毗邻省区，积极推动区域联防共治，并于 2015 年提炼出了“治安联防、警务联动、纠纷联调、困难联帮、活动联谊、事务联议、产业联兴、资源联享、问题联治、平安联创”等“十联工作法”，成为贵州省平安边界创建“十联工作法”的省级示范点。2016 年，三江、黎平、从江三县以黔桂登晒为样本，联合制定并签署了《黎平县、从江县、三江县省际接边地区人民调解“五联”合作机制》，用于解决黔桂接边地区的矛盾纠纷，为省际接边地区民族团结、边界和谐、经济繁荣等提供政策保障。

登晒村支书宣文胜对“十联工作法”中的资源共享赞不绝口，这也是村民们的共同心声。

> 资源共享嘛，哪个不喜欢，就像大家拿着好吃的一起来吃，今年贵州那边给我们提供了500棵茶树苗，广西这边就会给我们提供肥料，大家一起来种，这样就产业联创，资源又联享了，大家一起来分享，一起来做，你说好不好？[1]

通过资源共享的方式，两地共同推进跨区域水、电、路、讯等基础设施建设，解决了登晒村村民入学、出行、发展等难题，进一步促进接边地区睦邻友好。

3. 移风易俗，树生态文明乡风

登晒是一个传统侗族村寨，传统红白喜事过于铺张浪费，村民们经常会因为举办一次婚丧嫁娶的酒席，全家举债，有的可能要日后数年才能还清。为革除婚丧陋习，促进新农村、新风貌、新风尚的形成，登晒联合党支部牵头，设立红白理事会，将移风易俗纳入村规民约中，提倡节俭理事，反对大操大办、铺张浪费，切实减轻村民们操办婚丧酒席的负担。红白事理事会由两地村民共同管理，由村“两委”主要同志担任会长（一般由村支书担任），德高望重的寨老担任常务副会长，积极吸纳寨老、老党员、老村干、老干部和做事公平公正的中青年人作为成员，由司法、综治和派出所等部门对所有成员开展联审，实行会长负责制，全权负责全村红白事的管理和监督，草拟红白事操办规则，公示广泛征求意见，召开村民代表大会通过后张榜公布执行。

> 之前，我们村办一场新婚酒席，男方得带上一千斤肉、两千斤米、三百斤米酒给女方家，办一场酒席下来都要花费十几万元，这对我们普通村民家庭来说还

1 访谈对象：宣文胜，男，46 岁；地点：登晒村村委会；时间：2022 年 7 月 28 日。

是很有压力的。现在村里面办酒席好面子、讲排场、阔气攀比、铺张浪费的现象基本上都没有了，大家都很自觉地遵守理事会的规定，这都是为了大家好，大家都能很自觉地遵守。大家的负担也都大大减轻了。[1]

（二）桂湘将王：两地兄弟一家亲

将王屯是三江、通道侗族自治县两地群众和谐共居的接边侗族村寨，横跨湘桂两省（区）。全村共45户178人，其中34户125人属于广西管辖；11户43人属于湖南管辖，有“湘桂将王”之称。将王屯通过成立联合党支部、同心社区，开展多范围、多层次、多样化的平安边界共创活动，致力于打造“亲情边界”，换来了湘桂边界上两地兄弟的团结和睦，树立起了平安和谐一家亲的生动形象，将王屯也因此多次被评为各级“民族团结示范村”。

1. 党建联合，同创亲情边界

据联合党支部书记王凤鸣介绍，在1949年以前，将王屯匪患很严重，当地居民为了生计四处逃难，有的人去了湖南，有的人去了广西。后来他们陆续返回，形成了两地住一家的情况。[2]由于分属两地管辖，村民常因宅基地、山林、水源等一系列历史遗留问题扯皮，十分不利于将王屯的和谐稳定。2012年通道县与三江县突破行政区域界限，开展边界和谐共建活动，创新基层党组织设置模式，成立跨省联合党支部——将王屯党支部，切实解决边界群众的困难。

在联合党支部的基础上，为了共享湘桂两地的政策红利，2014年这里又成立了“将王屯同心社区”，首开两地跨省建社区的先例。将王屯同心社区成立后，坚持同屯同待遇，政策两边享，成功把通往湘桂两地的路都修通，村民们种植的生姜、辣椒，养的鱼很便利地流通到两地市场，使百姓获得了实实在在的实惠。

2. 矛盾联调，共促和谐稳定

将王屯是湘桂边界线上的插花地，村民间的矛盾纠纷若不能得到及时有效的化解，将影响两地的民族团结工作。为了能够及时化解纠纷，2012年组建成立了将王屯联合人民调解委员会。调解委员会坚持贯彻“调防结合，以防为主”的方针，把预防纠纷的发生作为人民调解的重点，采取切实有效措施，成效显著。据统计，仅在2020年联合调解委员会就成功调解6起纠纷，成功率100%，得到了上级党委政府的高度肯定，

1　访谈对象：宣文胜，男，46岁；地点：登晒村村委会；时间：2022年7月28日。

2　访谈对象：王凤明，男，73岁；地点：将王联合党支部；时间：2022年7月30日。

图 5.18　将王寨门（邱加贺摄）

图 5.19　湘桂将王同心社区成立（三江侗族自治县统战部提供）

将王屯联合人民调解委员会被授予“全国模范人民调解委员会”的称号，为维护湘桂边界地区社会稳定做出了积极贡献。

> 2020年2月湖南籍村民罗建平在自家林地公路边种树，将王屯村民认为其侵占公路要求移除并恢复公路，以免树木长大影响到公路。经联合调解委员会调解，罗建平移除了种植在公路边的树苗，成功把两省区群众间的矛盾化解在萌芽状态，实现了接边地区民族团结，社会稳定。[1]

将王屯联合调解委员会经过多年的实践摸索，总结出了人民调解的“将王经验”。内容主要包括抓机制创新，建立村级专职调解员固定津贴和个案补贴的奖励制度；抓队伍建设，提高调解人员素质；抓普法，在治本上下功夫；抓调解，筑牢维稳第一道防线这四个方面。

3. 多元参与，共建精神家园

鼓楼作为侗族的关键符号，是一种精神象征，是侗族村寨议事、集会、讲款的重要场地，可以通俗地比喻为村里的“行政中心”。将王屯的鼓楼是在联合党支部的带领下，两地居民有钱出钱、有力出力，同心共力、团结协作完成的，名为“和谐楼”。

一直以来将王的经济结构相对单一，家庭收入主要以年轻人外出务工为主。老人带着小孩在家务农，村里除了鼓楼之外，没有其他活动场地。联合党支部充分利用闲置设施，按照互帮互助、共建共享的原则，联合村民，在上级部门的大力支持下，建起了农村幸福院，丰富了老年人的业余生活。2016年联合党支部创新工作方式，将社工引入村寨治理，打开了民族接边社区乡村治理的新窗口，充分挖掘当地农产品资源、优秀传统文化资源和生态资源，为将王屯提供专业社工服务，也为村民参与村寨公共事务搭建了平台。

图5.20　湘桂将王和谐楼（邱加贺摄）

1　相关资料由将王联合党支部提供。

（三）三省坡：民族团结之高地

1. 侗族圣地三省坡

三省坡是湘黔桂三省（区）交界处共有的一座大山，因地处三省交界而得名，在侗语里称“弄三升”（Long Sang Sens）。三省坡植被丰富，贵州面阔叶树木成林，湖南面牧草一望无际，三江面茶园风光秀美。三省坡地区山水相连、环境优美、民风淳朴、民族团结、社会和谐，居住着桂湘黔三省（区）的侗、苗、瑶、汉等多个少数民族同胞约50万人，是湘黔桂接边地区侗族青年们向往的“侗族圣山”。三省坡区域的各族群众一直以“山同脉、水同源、语同音、俗同形、人同心”为荣，各民族守望相助、手足情深，民族团结之花绽放在三省坡之巅。

图5.21　三省坡上的三省界碑（罗彩娟摄）

2. 湘黔桂三省（区）侗寨村寨联合申遗

侗族村寨是侗族人民传统聚居生活方式的典型代表，也是千年来侗族人民与自然环境和谐共生的突出例证。“侗族村寨”申报世界文化遗产为湖南、贵州、广西三省区联合申报项目，包括柳州、怀化、邵阳、黔东南4个市（州），三江、通道、绥宁、黎平、榕江、从江等6个县25个侗族村寨。2012年11月国家文物局将侗族村寨列入更新的《中国世界文化遗产预备名单》，使其具备了将来申报世界文化遗产项目的条件。[1]

三省坡毗邻的湘黔桂将侗寨申遗当作保护、传承和弘扬侗族文化遗产的一项重要工作，三省（区）各级党委、政府联合互动，组织各方力量抓紧实施，根据《世界文化遗产申报工作规程》的要求，将列入预备名单的侗寨公布为省（区）级文物保护单位，依法完成文物保护单位“四有”工作，开展侗族村寨基础研究、价值研究和比较分析，划定申遗侗寨的核心区和缓冲区，编制侗寨保护管理规划，制定侗寨灾害防护

1　相关表述参见中共三江县委统战部李福生、粟东阳的《创建环“三省坡”铸牢中华民族共同体意识示范带　推动“三同”发展》报告。

措施，召开中国侗族村寨遗产价值论证会、协调会、研讨会等，开展侗寨非物质文化遗产保护、传承等工作。截至目前，申遗工作正在紧张有序地推进，侗族村寨申遗工作取得了明显成效。侗寨申遗也筑起了湘黔桂接边地区民族团结的精神高地。

3. 环“三省坡”铸牢中华民族共同体意识示范带

2022 年 5 月 13 日，广西壮族自治区十三届人大常委会第二十九次会议表决通过了《广西壮族自治区人民代表大会常务委员会关于推动铸牢中华民族共同体意识示范区建设的决定》。为更好贯彻落实自治区民族工作会议精神，三江侗族自治县先后与通道县、黎平县进行沟通协商并达成共识：要充分利用三省（区）交界的区位优势、资源禀赋，创新“四共”机制，通过开展民族文化交流活动，齐心协力打造好环“三省坡”接边地区铸牢中华民族共同体意识示范带。三省坡地区，一方面通过修建村际、乡际、省际公路打破三省坡接边地区的地理阻隔；另一方面，从三省（区）联合申报“湘黔桂三省坡侗族生态文化保护实验区”到中国侗寨申遗，再到环“三省坡”铸牢中华民族共同体意识示范带的创建等“文化共融”举措，聚心合力构建起了环三省坡民族精神文化园，进一步密切了湘黔桂三省（区）接边地区各族群众的交往交流交融，呈现出三省交界亦无界、中华民族一家亲的和谐共融的人文景观。

在 2022 年三江侗族自治县 70 周年县庆来临之际，一批县庆的献礼项目相继接近尾声。“宜阳风雨桥”就是三江县 70 周年县庆的献礼工程。2022 年 8 月 15 日，宜阳大桥双层木结构风雨桥上梁仪式在三江县隆重举行。据悉，宜阳大桥是三江县城第三座风雨桥，宜阳大桥双层木结构风雨桥坐落在浔江河上。东西桥头两个门楼设计拱弧型风雨桥式建造风格，目前在侗族地区属首创。据了解，该桥桥身两侧分别建设 6 个亭塔。桥门楼由五个亭塔组成，寓意侗、壮、苗、瑶、汉五个民族团结和谐一家亲，并建有七层瓦檐，寓意三江侗族自治县成立 70 周年。[1]

据了解，为充分展示 70 年来三江经济建设和社会各项事业发展成就，进一步推动全县经济社会高质量发展，拟于 2022 年 12 月初举行县庆庆典活动。70 年风雨同舟，70 年命运与共，迎来了 70 年的硕果累累，三江各族人民走向共同富裕。手弹琵琶侗歌声声，时代脚步催人奋进。侗乡人民正意气风发地为乡村振兴再立功勋，为建设美好家园奋勇前行，谱写侗乡创建铸牢中华民族共同体意识示范区的新篇章！

1　三江县委宣传部：宜阳大桥上梁仪式举行 拱弧型风雨桥式建造风格在侗族地区属首创，风情三江公众号，2022-08-17。

第六章　融水：美美与共的百节之乡

融水历史悠久，文化积淀浓厚。唐代贞元年间的“双龙纽铜钟”、宋代的《元祐党籍碑》、真仙岩历代摩崖石刻等文物都充分体现了这一点。这里，民俗文化源远流长、民族风情色彩斑斓，传统节庆多达138个。这些节日分布地域广泛、内容多姿多彩、民族特色鲜明。

“四季皆聚庆，无月不过节；坡连坡，节连节。”是融水“百节之乡”的真实写照。

一、坡会：百节之首

融水县上百个节日中最让人魂牵梦绕的当数苗族系列坡会群。坡会，亦称芦笙节、芦笙坡会，是由芦笙头组织芦笙队在田野或坡地的芦笙坪、芦笙坡上围着芦笙柱或大筒芦笙，以吹奏芦笙跳踩堂舞为主要活动内容的跨民族跨区域性的传统大型娱乐性盛会。苗族系列坡会群则是指正月初三至十七这段时间，融水县境内各地的坡会有序呈现的系列坡会现象，从而形成一个独特的文化空间。这些坡会时间排列有序，规模大的有三四万人，小的也有四五千人。它集中反映了这个地域各民族的生活习俗、文化特点和宗教信仰，具有浓厚的民族特色和地方色彩，也是增进各民族团结、弘扬传统文化、构建和谐社会的平台。

（一）赶坡会：民族团结之行

新春意味着一个新的起点，一个新的开始。每年新春来临，地处融水县境中部安太乡一带苗村侗寨全部歌声阵阵，芦笙呜呜，人们开始准备着一年一度的十三坡会。正月十三，也就是节日当天，一大清早，人们兴高采烈，翻山越岭从各条大路小路上往“整欧”（地名）汇集。山坡上、田垌里、公路边，到处挤满了欢乐的人群。

图 6.1　融水坡会（周健摄，柳州市民宗委提供）

节日之夜，各村各寨活动多种多样。有的结交芦笙同年，举行全村性的酒宴；有的进行村际歌手对唱赛；有的开文艺联欢晚会；有的放映苗语电影专场；有的坐夜行歌……山寨处处欢声笑语，歌声飞扬。

这就是融水安太坡会的场景。安太坡会又叫安太十三坡会，每年正月十三在苗语叫“整欧”的田垌里举行。

20 世纪 80 年代之前的安太坡会比较零散，并没有如此热闹。自 1985 年开始，当地开始对安太坡会进行整合。1985 年 3 月 2 日至 3 月 9 日（农历正月十一至十八），全国苗族学术讨论会在融水县城召开，来自四方的专家学者及各级领导参加了会议，这助推了在“文革”中发展受阻的苗族文化的大发展。为了重振芦笙雄风，恢复芦笙文化应有的地位和作用，在时任自治区民委副主任梁彬同志及自治县相关部门的建议和支持下，建立安太乡芦笙坡会一事提上议事日程。坡会举行日定在每年农历正月十三，坡址选在离乡政府一华里、苗语叫“整欧”的田垌里，谓之“十三坡会”，当年的坡会盛况非常，吸引了周边甚至贵州的众多芦笙队同台表演，观众多达四万人。

安太坡会以整合时间最早为特点，而乌勇芒哥坡会则因为有“芒哥”的参与显得别具风味。

每年正月初九是安陲乡乌勇村一年一度的乌勇芒哥坡会，坡会地址在乌勇寨芦笙坪。初八这天，“芒哥”扮演者各自上山采集芒藤，将芒藤藏在很隐蔽而离寨子不远的

图 6.2 融水安太乡苗家新娘（龙涛摄，融水民宗局提供）

地方。初九凌晨，他们趁天未亮前悄悄来到藏芒藤的地方装扮成芒哥——用芒藤编织成衣裙样，笼罩在身上，外露的手和脚用锅底烟灰涂黑，戴上木雕面具。面具以夸张手法表现各路神灵，有公有母，神态各异，喜怒哀乐兼备。装扮完了，就地等候。

中午时分，古老的乌勇寨芦笙坪上人声鼎沸，锣鼓欢腾。寨子上最德高望重的寨老来到场地中央，在一张摆有三牲祭品、代表寨上八个姓氏的八碗酒的四方桌前点燃香梗，虔诚地叨念祈祷词，开始祈祷仪式。

祈祷仪式结束，人们吹起芦笙，敲响锣鼓。芒哥听到芦笙锣鼓声，从山上“咿呜、咿呜”地叫喊着蹦跳出来。场上的人们见状，个个欢喜雀跃，“呜——啊！呜——啊！”的欢呼声响彻山寨。芒哥来到芦笙坪，时而掺到芦笙队中跟后生做吹芦笙动作，时而加入姑娘队中学跳踩堂舞；时而分散到人群中，摸一下这人的手，拍一下那人的头。苗家人普遍视芒哥为神，是驱邪扶正的象征。他们认为芒哥摸一下小孩，小孩就能快长快大；摸一下老人，老人添福添寿；拍一下姑娘，姑娘越长越漂亮；拍一下后生，后生体壮英俊。因此，人人都喜欢芒哥，个个主动与芒哥接触。

从安太坡会和乌勇芒哥坡会的描述中可见，坡会让山民们在互相赶坡中实现展现才华、谈情说爱、交友叙旧、传递信息、交流技术、交易商贸等不同的需要。

坡会活动，除了芦笙比赛、踩堂表演比赛之外，还有斗马、斗鸟等传统节目。2006 年 5 月 20 日，国务院下发国发〔2006〕18 号文件，把融水 15 个坡会作为融水苗族系列坡会群正式列入“国家级首批非物质文化遗产代表作名录”。这 15 个坡会分别

图 6.3　融水苗族自治县红水乡闹鱼节（柳州市民宗委提供）

是正月初三整英坡会、正月初四嘎直坡会、正月初五平卯坡会、正月初六沛松坡会、正月初七拱洞坡会、正月初八能邦坡会、正月初九乌勇芒哥坡会、正月初十整依直坡会、正月十一整堆坡会、正月十二百鸟衣坡会、正月十三安太坡会、正月十四更喔坡会、正月十五大坡坡会、正月十六古龙坡会、正月十七芒哥坡会。

坡会是民族艺术集中展现的最好契机，也是文化交流的绝佳时机。传统艺术形式，如芦笙踩堂、芦笙比赛、斗马、赛马、斗鸟、斗鸡、苗歌侗歌对唱、文艺表演、球赛等都在坡会上亮相。其中坡会踩堂最为热闹，坡会踩堂舞属于男女群舞，气氛热烈，场面壮观。每支芦笙队用笙五六十把，舞蹈者一二百人。男芦笙手们鸣奏踩堂调，时而左右摇摆，时而往下蹲转，笙曲抒情浪漫，舞蹈强悍潇洒，阳刚凸显。身着亮布盛装的姑娘们披戴银饰，熠熠生辉，舞姿柔美，神情兼备。当芦笙进入比赛阶段时，各村寨芦笙队都使出全力吹奏，总想以自己的芦笙音量盖过对方。声音高昂明快、笙种笙调不同的赛曲相互交错，你一曲响起，我一曲盖下，你来我往，互不相让。芦笙音浪此起彼应，如倒海翻江，地动天惊，激荡人心。这是一场赛耐力、比意志的角逐。坡会上还安排斗马、赛马、斗鸟、民族工艺展、科技图片展以及商品交流等活动。各种活动持续到夜幕即将降临，坡会才渐渐散场。

坡会也是各民族姑娘展示服饰的舞台，在坡会上姑娘们穿戴民族盛装赴会，尤其是苗族姑娘身上闪闪发亮的银饰，让整个坡会就像一个没有 T 台的时装盛会。坡会也是各族未婚男女青年寻找伴侣的机会。在坡会的夜晚，主办坡会的村寨和附近村寨，家家户户杀鸡宰鸭，盛情招待亲戚朋友，整个村寨通宵达旦，欢声笑语，人们沉浸在歌的海洋中。

融水县是多民族聚居的地方，每年举行15个坡会的地点虽然主要是在苗族地区，但是每当节日来临，芦笙吹响之时，来参加坡会的并非仅是苗族，而是各民族同乐，各族同胞欢聚一堂，交杯换盏；这也是各族未婚青年择偶的主要场合。这一切无疑促进了各族人民交往交流交融。

（二）吹芦笙：民族团结之音

2020年11月26日，在融水苗族自治县梦鸣苗寨景区，举行了“2020年双龙沟梦鸣苗寨首届千人芦笙比响大赛暨坡会”活动，以此来庆祝融水苗族自治县成立68周年。来自融水县红水、杆洞、安太、大浪等乡镇的12支芦笙队齐聚在刚刚建好的“梦鸣苗寨”进行比响比赛，以独特的民族文化庆祝家乡的生日，吸引了上千名当地群众和外地游客前来同欢。

芦笙是融水的灵魂和精神标识，是融水人民最喜爱的圣物，是大苗山人民的精神支柱，被誉为苗族的母亲和打开苗族同胞心灵的金钥匙。传说，三国时期，战乱纷纭，西南少数民族中有一位苗族头人带领苗兵抵抗蜀军，蜀国军师孔明率兵征讨，降服了这位苗人头领。孔明为了消除战争祸害，巩固蜀国对辖区少数民族的治理，宁息苗民的抗争情绪，就采取了各种安抚办法，其中之一就是教苗人做芦笙来吹奏娱乐。苗人

图6.4　小小芦笙手（融水民宗局提供）

砍来六根竹子做芦笙，可是吹起来嗡嗡响，声音高低不清，不好听。做芦笙的师傅把芦笙丢弃在野外的杂草丛中。过几天去看，竹管被竹鼠咬成了洞眼，管子也被啃得长短不一，捡起来用手指按住洞眼吹，突然吹出不同的声音来，芦笙师傅高兴得不得了，于是，照着样子在竹管上开了洞眼，终于做成了能吹出几个音阶的优美芦笙。自从有了芦笙之后，苗族村村寨寨便享受到了欢乐，听到了笑语。

芦笙由笙斗、笙管、簧片和共鸣筒四个部件构成。笙斗又称气箱，用杉木制作，外观呈纺锤形。制作时，将整块毛坯料从中破为两半，分别挖剜出内膛后再用胶粘合，外部用细篾箍五至七圈，斗的腹背两面钻有六个对称的小眼孔。由于笙斗呈淡黄色，外部涂饰桐油，木纹清晰，外表美观，故有“金芦笙”誉称。在笙斗中，以 75—90 度的角度纵向插入两排长短不一的六根竹管，每管入斗处装一个呈长方形的铜质簧片，每管近斗处的外侧开一个圆形按音孔，笙管上端管口通透，下端管口堵塞不通。笙管用“都铁”（苗语，专用制作芦笙的竹子）制作。这种竹子的竹质坚韧，首尾均匀，表面光滑、不易虫蛀。使用芦笙时，用手指按住音孔，把气吹进气箱即能发音。小芦笙发出的音有 612356，大芦笙能发 126，三根笙管的顶端各装配有用毛竹制成的共鸣筒，以增加音色和音量。

在融水大苗山，村村寨寨都有芦笙，在当地流传一句俗话“芦笙不吹响，谷子不发秧；芦笙一吹响，脚痒手也痒”。融水芦笙文化丰富多彩，深深融入了苗族人民的日常生活，欢庆丰收、传统节日、迎宾送客、婚庆喜事等多种场合都吹芦笙。吹芦笙、跳踩堂成为苗族人民最喜爱的娱乐活动，也是苗族人民接待贵宾的最高礼节。以下是戴民强和凤绍明对芦笙的介绍。

融水芦笙文化具有种类多、型号多、曲调多、活动规模大、用处广泛、分布广、芦笙坡会多、吹奏形式丰富多彩、能推动经济发展和社会进步及能促进社会和谐发展等十个特点。[1]

马忠华介绍了融水苗族芦笙与其他苗族地区的芦笙相比具有的独特特点：

> 一是声音洪亮，一堂芦笙高中低音融为一体，整堂芦笙齐吹奏，声音响彻云霄，震撼山岳，十分振奋人心；二是曲调丰富，有迎宾曲、送客曲、踩堂曲、合奏曲、比赛曲、婚礼曲、同年曲、杂曲等多种曲调，且不同的地域又各不相同，有的悠扬婉转、有的浑厚低沉、有的清澈透亮，还可以吹奏现代歌曲；三是型号多样，按大小分，有大号芦笙、中号芦笙、小号芦笙，还有地筒，按音谱分，有十多种大小不同的型号，按音管分，有四管、六管和多管芦笙；四是与舞蹈等艺术形式融合，创新形成了芦笙踩堂舞、芦笙拉鼓舞、芦笙芒篙舞以及新的芦笙音

1　戴民强、凤绍明：《融水芦笙文化的二个特点》，《三十年的实践与探索：庆祝融水苗族自治县芦笙协会成立三十周年（1986—2016）》，内部资料。

乐曲谱等多彩多姿的文化形态。[1]

在融水，从每年农历六月初六新禾节开始到第二年正月都是“秧嘎”的活动时间，而在正月到农历六月初六这段时间人们一般是不“秧嘎”的。“秧嘎”是苗语，“秧”是汉语“共”的意思，“嘎”是汉语“芦笙”的意思，合起来就是“共同吹芦笙”。无论从称谓，还是从芦笙音节来看，“秧嘎”特别强调一个“共同”的意义，也就是强调众人一心、齐心协力、团结一致。这也是“秧嘎”的主题，是苗族凝聚力、向心力的体现。“秧嘎”以青年和中年为主力，以少年儿童为辅，还有老年参与。姑娘来了之后，就要进入“座嘎”，就是芦笙踩堂。芦笙阵阵，歌舞飞扬，场面极具震撼力。

每年秋收过后到正月，是大苗山农闲时节，村寨之间互相邀请赛芦笙，既交流技艺又增进友谊，因此芦笙之音长久不衰。近年来，白云乡、良寨乡等地乡村年年举办芦笙节，来自本县的、三江县的以及相邻贵州省从江县的参赛芦笙队有上百支，大家用足气力吹芦笙，既是比响更是比精气神。芦笙节上人山人海，各族群众陶醉在震天动地的芦笙比响快乐氛围中，也激发了昂扬斗志、增强了民族文化自信。

近年来，融水县之所以有芦笙曲不断响起来、踩堂舞不断跳起来，得益于他们对芦笙进行了与时俱进的改革。20 世纪 90 年代，融水邀请原柳州地区民族歌舞剧团导演龙老太老师来到融水，对传统苗族芦笙进行了改革，创作了一系列具有时代气息的芦笙音乐和芦笙舞蹈，还带领融水苗族芦笙队先后到美国，中国台湾、香港、北京、上海、广州、深圳等国内外大都市演出，还走进了中央电视台的舞台，让全国人民共享，让大苗山的芦笙文化从此走出大山、走向世界。现在在乡村振兴大背景下，融水苗族自治县更是高度重视芦笙文化传承保护与创新发展。他们坚持每年举办芦笙演奏技艺、制作工艺人才培训班，举办全县“苗山美”芦笙舞比赛，培养了一大批青年芦笙文化人才，让芦笙文化代代相传。截至 2021 年，各级芦笙文化非遗传承人有 50 多人，其中国家级 1 人。此外，融水注重推进芦笙文化大众化。他们以芦笙文化“进城市、进景区、进校园”为抓手，在县城成立芦笙队 40 多支，在各景区都有芦笙表演节目，县民族中学、民族高中、民族小学等中小学校组织建有师生芦笙队、开设芦笙文化课程，芦笙文化在全县广泛普及。在文化发展方面，融水坚持与时俱进，融水苗族文体广旅局制定出台了芦笙柱、芦笙踩堂舞等地方标准化规范，一些民族村寨制定了坡会文明公约，进一步规范芦笙文化活动，促进守正创新。

总之，走向新时代的融水苗族自治县，坚持以习近平新时代中国特色社会主义思想为指导，以芦笙文化为纽带，苗、瑶、侗、壮、汉各民族深入交流交往交融，进一步铸牢中华民族共同体意识，在大苗山用芦笙奏响了民族团结进步的新乐章。

1 马忠华:《全国自治县苗族特色文化保护与传承发展交流视频解说词》，未发表。

二、打同年：民族交融之举

2011年11月，融水县隆重举行“第十一届中国·融水苗族芦笙斗马节”，节日上县城9支芦笙队邀请乡下9支芦笙队到县民族体育公园举行对口打同年，这是融水县有史以来第一次将芦笙打同年引进县城。

18支芦笙队伍中，不仅有苗族，还有侗族、瑶族、壮族的队伍共1000多人参加。此次打同年活动以“喝同年醇香米酒，享人间温暖情怀”为主题，共分为进堂、围同年、请同年、圆同年和宴请同年五个环节进行，集民族芦笙、歌舞、饮食、习俗、礼仪等为一体。节日充分展现融水各民族美轮美奂的文化，搭建了与外人交往、沟通的平台，是苗山儿女共同奏响的最美和谐音符，是营造各民族团结的桥梁和纽带，对维护社会安全，发展生产、弘扬民族文化、构建和谐社会具有巨大的推动作用。

在融水大苗山流传着这么一个传说：相传孔明为苗族造笙之后，村寨便有了欢声笑语。但当初芦笙活动，只在本村寨独自进行芦笙吹奏和芦笙踩堂舞表演，随着苗族社会和芦笙活动不断发展，在一位名叫“兄满”的寨老建议下，本村与邻村试办了首届芦笙同年，村寨之间关系密切了，两寨的感情加深了，苗族群众一致认为打芦笙同年是一项有益的社会活动，它增添了节日欢乐，增进了友谊，于是通过“立岩”，定为传统习俗，沿袭至今。

苗族打同年是广西融水苗族人民过年时最为热闹的传统风俗之一，也是历史比较悠久的一种传统习俗，苗语称谓为“阿支对”，这里的“支对”即汉语中的“兄弟”或“朋友”，“阿”则相当于汉语中的“结”或“交”，连接起来就是结拜兄弟、结交朋友的意思。这种结交从意义上来说，与汉族的“交同年”“结同伴”、瑶族的“打老庚”、侗族的“耶伴”大致相同，就像兄弟一样往来不断，关系密切。融水苗族自治县苗学会副会长陆征介绍：

> 与以上结交方式不同的是，苗族的打同年仪式，不是一对一、个体对个体，而是群体对群体的，是以村寨为单位，一个寨子和另一个寨子“结交”打同年，以吹芦笙和跳芦笙邀请舞的特殊方式来表现的，故苗族又称为“阿支对嘎”，“嘎”指芦笙，这就是人们通常说的“芦笙打同年”。而在这种特定的场合下，同年双方的人又相互称对方为“支对嘎”，即芦笙兄弟。[1]

融水打同年活动通常是在每年的春节期间举行。按照苗族习俗，春节期间的正月初一至初二不出远门，只在本寨子吹芦笙，供寨上人们享受热闹。从初三开始到十八，就可以组织芦笙队到外地走村串寨。因为这段时间是坡会、芦笙节等各种节日最为集

1　访谈对象：陆征；地点：苗学会办公室；时间：2022年7月16日。

中，最为热闹的时段。人们可以选择先赶某个坡会看热闹，再去某寨打同年，也可以先到某寨打同年，后再去赶某个坡会，是个一举两得的美好时节。

苗族打同年分为猪、羊、牛同年。主要体现在猪、羊、牛的使用意义是不同的。按照苗族民间的理解，猪代表丰收，即田园丰稔和人口增多，表明猪同年是一般同年，属于芦笙文化中一般正常交往，体现芦笙文化一般主题。羊代表和平与安宁，羊同年表示两村的关系很密切，情深意厚。这就是芦笙同年的社会功能。牛同年是所有芦笙同年中最隆重最盛大的一种规格和礼数。打牛同年常出现在两个昔日“绝少”往来的村寨之间。这里的“绝少”主要是指：第一，双方相距很远，平常难得往来，因某种机会相聚了，主人用牛来款待，表达内心无比喜悦；第二，双方过去也有往来，但只保持一般关系，近些年来，两村年轻人喜结良缘，成亲增多，村寨之间成了姻亲，不分彼此，因此用牛打同年，聚集老少同庆；第三，过去有积怨，现在和好了，相互理解了，双方都希望长久友好下去；第四，上级领导到大苗山参观考察，指导工作，所作所为深得苗家人衷心拥护，为表达真诚，杀牛招待，这种同年，体现新时期新型的党群、干群、上下级的鱼水关系，是苗族人民表达对党和政府感激之情的一种隆重方式。

打同年分为两类：一类是对等式芦笙同年。两村之间，你用一头猪招待我，明年或后年我也用一头猪款待你；你用牛作礼，明年或后年我也用牛回礼。另一类是增加礼信式芦笙同年。甲村赴乙村打芦笙同年，全住在乙村各家各户，返回时乙村送一头猪作礼，让甲村带回本村会餐；第二年乙村到甲村，甲村则送两头猪；第三年乙村要回送三头猪。如此增加下去，直到数目太大，又从头开始。

打同年的基本条件是：两村人口大致相当，经济状况相差不大，两村男青年（“达亨”）都有打同年的强烈愿望；两村都没有红白大事干扰，又逢天气晴朗等。其邀请方式有三种：一是过去甲村到乙村打过同年，于是甲村派人去乙村通知打同年的具体时间和有关事项。二是坡节期间，大家娱乐到傍晚，芦笙吹到尾声时，甲村如有意邀乙村打同年，则吹起芦笙邀请曲，三人一行，十人一列，将乙村芦笙队围起来，鸣放鞭炮，将大红纸贴在乙村大芦笙响筒上，并握住芦笙头的手，热情邀请。乙村芦笙队往往没有思想准备，他们找寨老合谋商量后，立即回话。若不接受邀请，说明理由；若接受邀请，甲村芦笙队就吹起迎宾曲，走在前头，乙村拉队跟后，并派人回村报告，当日或次日陆续前往。三是“嘎略纷”（汉语意为“芦笙到村”）时，若遇过去曾打过同年的村屯，或虽未打过同年，但双方都有打同年的愿望，则因时因地灵活决定，比如打同年的等级、时间等。

打同年进村仪式很讲究：入村必须走大路，过桥不涉水，从寨门进入，过寨门放鞭炮，吹三支入村曲；入村由村头引领，三五个老人走在前面，芦笙队紧随着，苗妹和老少随后；村头喝对方寨老敬的第一杯茶，并祝福对方；然后到村芦笙堂，要引领芦笙队绕芦笙柱转三圈，放鞭炮，芦笙手面向东方吹奏引笙，芦笙队合奏三曲，接着踩堂（“坐嘎”）。让甲村老少一睹乙村姑娘（“达配”）靓妹（“达亨”）的风采。一曲终了，二曲又起，甲村的姑娘禁不住芦笙踩堂曲引诱，加入踩堂行列，直至傍晚。接着，客人被分配到各家各户。分配时，以甲村群众自行抢客为分配方式，都以抢到客人多为荣。小伙子看中哪位姑娘，或姑娘迷上了哪位小伙子，则手拉手，将他（她）及其伙伴全部邀至家中。主人们杀鸡宰鸭款待客人，客人们以歌答谢，这一夜，村寨上下热闹非凡，人们在无尽欢乐之中通宵达旦。

我们从苗族打同年这项民俗活动看到，其不但增进了寨子间的感情，达到密切往来、增进友谊、化解矛盾、加强团结的目的，同时还给寨子中的未婚男女相互认识并促成联姻提供平台，而婚姻缔结又反过来促进了村寨之间的团结。正如融水苗族自治县苗学会副会长陆征介绍：

> 作为苗族文化最为集中展现的芦笙打同年，不仅能激发苗族人民对本民族文化的认同感、凝聚力和向心力，同时也吸引了当地和外地各民族群众的广泛参与。活动期间，各民族兄弟在一起参加各种文娱体育活动，分享欢乐愉悦气氛。在饭桌上共进同年餐，同喝团圆酒，齐喊“呀——呜”声，让人们体验到苗家人好客爱友、待人真诚、善良仁厚、心胸宽阔的性格，从而加深了本民族之间、苗族与其他兄弟民族之间的交往、沟通和了解，促进了多民族之间的融洽与团结。[1]

三、乌英：“最美的新娘”

笔者初到融水苗族自治县杆洞乡党鸠村乌英屯的夜晚，听到从乌英屯公共事务理事会办公楼三楼上传来阵阵抑扬顿挫的朗读声。后来仔细一问，才知道这是本屯妇女学习班正在用苗语来吟唱古诗词，而前面这些苗语正是从“花有重开日，人无再少年。相逢拌酩酊，何必备芳鲜”这首诗翻译过来。众所周知，这首诗是宋代陈著的《续侄溥赏酴醾劝酒二首·其一》，其意思是“花谢了还有再开放的一天，人老了之后再无少年之时。朋友相见尽管推杯换盏，喝个酩酊大醉，只要有酒无须备办美食”。这道出苗家人热情好客的传统，类似于广西传唱甚广的迎客歌“我家没有好茶饭，只有山歌敬亲人”。

杆洞乡党鸠村乌英屯距杆洞乡政府驻地 12 千米，地跨桂黔两地，是非常独特的一寨跨两省区，全屯共有 145 户 724 人，其中 104 户属广西壮族自治区融水县苗族自治县

1　陆征：《苗族芦笙打同年文化内涵初探》，《三十年的实践与探索：庆祝融水苗族自治县芦笙协会成立三十周年（1986—2016）》，内部资料。

杆洞乡党鸠村，41户属贵州省从江县翠里瑶族壮族乡南岑村，均为苗族。苗语“乌英”是“最美的新娘”的意思。乌英屯已有200多年历史，清末整个社会治安不靖，为了生活安宁，乌英屯的吴、梁、潘、卜、韦等五个姓氏的先祖先后迁来此地定居，其中吴、梁、卜三个姓氏是由广西迁入的，他们由广西管辖，而潘、韦两姓是由贵州迁入，他们由贵州管辖，因而从早期开始，吴、梁、卜三个姓氏由广西征收赋税，潘、韦两姓由贵州征收赋税。乌英屯虽由桂黔两省区管辖，但村民不分你我，他们心往一处想，田地无边界，各家房屋毗邻，互相“插花”，你中有我，我中有你。乌英民族文化风情浓郁，至今保留完整的苗族风俗，是融水苗年、芦笙、亮布等苗族文化活动和产业的发祥地之一。近年来，当地党委、政府聚焦铸牢中华民族共同体意识，结合群众生活文化特点，在乌英屯全力打造接边民族地区铸牢中华民族共同体意识和乡村振兴“共同体”，基层综合治理得到加强，有效促进省际接边各族群众的交往交流交融和共同团结进步。2016年，住建部将乌英屯列入中国传统村落名单，2021年乌英屯获命名“广西少数民族特色村寨”、柳州市民族团结进步示范村屯，是乡村振兴工作试点和新华社广西分社的脱贫攻坚和乡村振兴采访报道驻点之一。乌英屯四面环山，资源丰富，发源于尧告牛场的乌嘎河从村旁奔流不息，主要发展优质水稻野菜、杉木、黑木耳和羊、鸡、禾花鲤鱼等产业，自治区民委和水利厅准备将之打造成一个特色旅游村寨。乌英基层组织建设较为完备，先后成立屯级联合党支部、妇女联合会、关工委和青年协会。乌英屯的未来会越来越美!

（一）跨省区联合党支部：两地一盘棋

> 2017年6月，广西壮族自治区融水苗族自治县杆洞乡党委和贵州省从江县翠里瑶族壮族乡党委针对乌英“一寨两省区”的特点，积极探索党建新模式，成立“中国共产党桂黔两省（区）乌英屯联合支部委员会”。联合党支部共有13名党员，其中广西籍9名，贵州籍4名。乌英苗寨联合党支部的建立，使基层党组织的作用突破了行政区域的限制。桂黔两地政府部门以方便群众、服务群众为抓手，打破“界限”，竞相为民办实事。“插花地”种下的联建种子，迅速生根发芽，长出了一个个动人的故事。[1]

新华社广西分社记者黄孝邦记录下了乌英苗寨联合党支部的由来。乌英苗寨联合党支部成立后，双边党员在联合党支部的带领下，创新采取“支部联建”“纠纷联调”“监管联督”多联治理以及“三会兴屯”等模式，有效打通了村屯治理和议事过程中的“肠梗阻”问题，围绕铸牢中华民族共同体意识开展民族团结进步创建，全面促

1 黄孝邦：《我在乌英苗寨这三年》，南宁：广西教育出版社，2020年，第112—115页。

进接边民族团结，不断增强群众的幸福感、获得感、安全感。在脱贫攻坚及乡村振兴中，乌英苗寨联合党支部积极利用党的各项惠民政策，加大资金申报和项目建设力度，在上级部门的扶持下，先后完成了通屯道路硬化、巷道硬化、风貌改造、芦笙广场等民生基础设施建设，村容村貌大为改观。同时，以脱贫攻坚、美丽乡村建设为契机，大力实施危房改造和改厕、改厨、改圈等工作，群众居住环境明显改善，从过去的“脏乱差”一跃成了现在的美丽乡村。在提高村民素质方面，联合党支部、驻村干部的共同努力，制定了村寨卫生条约和防火公约，组织党员群众定期开展卫生保洁和防火检查，在学校成立“卫生志愿服务队”、开展“小手拉大手”活动等，村寨卫生环境不断改善，群众防火意识逐步提升。乌英屯还邀请回乡大学生、青年志愿者开展教育扶智扶志活动，聘请党员记者和驻村工作队员对在校学生进行课外辅导和军训等，学生学风、成绩和精神风貌明显提升。2020 年，乌英屯荣获黔桂两省（区）民族团结进步示范村（屯）荣誉称号。

（二）“双语双向”班：扶智先通语

见到陌生人来到寨子里，她们不敢说话，远远地躲开了。有时候我在寨子里碰到她们，会有意用普通话跟她们打招呼——“你好！”“你去哪里？”“吃饭了吗？”但我感觉这样还不够，和驻村指导员一合计，我们决定办一个普通话学习班，想在晚上或者农闲的时候把她们集中起来学习。刚开始，学习班开展得并不顺利。大家并不愿意来，家里的事确实挺多的。妇女主任何玉清自己带头参加，还挨家挨户上门去动员。驻村指导员还想了办法，给按时上课的妇女发一些小奖品，比如洗发水、洗洁精、香皂之类的。渐渐地，她们爱上了这个学习班，学得最多的就是：劳动最光荣，学习最快乐，欢迎你来乌英。[1]

黄孝邦在他的书《我在乌英苗寨这三年》里这样讲述了乌英苗寨“双语双向”学习班的源起。自脱贫攻坚工作开展以来，少数民族地区语言交流不畅一直是影响脱贫攻坚工作有效开展的一个难题。如何破解？柳州市民宗委等相关部门的领导们从 2019 年 4 月开始先后多次带队，深入少数民族地区开展实地调研，最后提出了“双语双向”助力脱贫攻坚初步方案。由柳州市民宗委牵头，开展“双语双向”助力脱贫攻坚活动。2019 年 11 月，柳州市扶贫开发领导小组印发《柳州市“双语双向”助力脱贫攻坚活动方案》，提出用 2 年时间，对柳州市存在普通话交流困难的少数民族群众进行普通话培训，对不会说当地少数民族语言的县（区）乡（镇）干部和驻村工作队员进行少数民族语言培训（即“双语双向”）。黄孝邦在他的书中精彩写下了柳州市推进“双语双

1　黄孝邦：《我在乌英苗寨这三年》，南宁：广西教育出版社，2020 年，第 91—93 页。

向”这一工作的画面：

> 柳州市民宗委等部门积极推进“双语双向”助力贫困攻坚活动，给乌英的普通话学习提供了很大的帮助。柳州市民宗委主任吴慧兰会苗语，她本身就是在杆洞乡长大的，受益于国家的民族政策——民族高中班，才上了大学，然后又回融水工作，一步步成长为民委系统工作的干部。2019年12月18日，在乌英的古枫下，吴主任以讲故事的形式，用苗话和普通话向苗族同胞讲了国庆节去北京参加全国民族团结进步表彰会的盛况，宣讲习近平总书记的讲话精神，宣讲民族团结进步政策和脱贫攻坚政策，现场不时响起了阵阵掌声。[1]

在柳州市民宗委、融水县人民政府的共同推动下，在驻村工作队和驻点记者的努力下，2019 年 12 月，融水苗族自治县杆洞乡党鸠村乌英苗寨“双语双向”学习班正式成立，2020 年 3 月起开始正常授课。2020 年以来，乌英苗寨“双语双向”学习班已聘请小学教师、大学生、交警、电视台主持人、农业专家、工作队员等来自社会各界的 50 多名老师走上乌英夜校的讲台。截至 2022 年 6 月，培训班已举办 500 多期（次），培训班学生从第 1 节课的 6 人发展到目前的近 30 人。学习形式有集中授课、课外实践、一对一入户授课等多种形式，学习内容除了国家民委、柳州市和融水县印制的教材外，还学习了众多的诗词和革命歌曲，同时进行了 12 次技能培训。

位于苗山深处的乌英苗寨受经济条件、地域环境、传统婚姻习俗，特别是传统“狗不耕田，女不读书”观念等诸多因素影响，这里 40 岁以上的妇女几乎没上过学，她们大多不识字、不会讲普通话，无法与外界沟通。通过近 3 年的培训，目前她们已经能够用普通话进行日常交流，能书写不少的文字，能背诵 50 首诗词，能唱 20 首红色歌曲。2022 年以来，通过引进电脑操作培训，目前有的已经能用电脑学习，并对 20 多首诗歌进行了苗语翻译学唱。驻村工作队还根据学习和劳动需要，建立课外实训基地，带领两省区妇女一起种植红小糯高粱和野菜、养殖禾花鱼、美化苗寨环境，将课堂延伸到实际生产劳作中。大家一起劳动、一起学习，在朝夕相处中增进同窗情谊，增强班级凝聚力。

以语言相通促进心灵相通、促进各民族交往交流交融、促进“五个认同”、铸牢中华民族共同体意识，这就是“双语双向”活动的意义所在。培训学习，不但帮助扶贫干部提高民族语言沟通交流能力，促进脱贫攻坚与乡村振兴工作的开展，还帮助部分困难群众提高普通话交流能力，激发了他们致富的内生动力，增强了群众脱贫致富的信心，助力“高标准扶贫，高质量脱贫”，实现可持续脱贫与乡村振兴有效链接，引导少数民族群众致富奔小康，共促乡村振兴。

1　黄孝邦：《我在乌英苗寨这三年》，南宁：广西教育出版社，2020 年，第 107 页。

（三）乌英亮布：脱贫致富之布

乌英苗寨的苗族亮布是当地苗族传统手工布料，制作要经过浸染、捶打、晾晒和涂蛋清等多道工序。亮布制成后可长久保持光泽。因制作工艺复杂、耗时长久，传统亮布曾一度淡出人们的视野。乌英妇女人人会制作亮布，把“非遗”文化穿在身上。乌英现有县级“非遗”传承人韦妹丽 1 人，其已经建成了家庭作坊式的亮布基地一间，主要生产苗衣、背带等，每月可以生产苗衣 15 套、儿童背带 15 套左右。

近年来，随着人们生活水平的提高和手工传统文化的复苏，手工亮布重新受到青睐。因此，乌英屯积极提升和建设党鸠村乌英苗寨亮布基地，主要内容是邀请相关文化产业专业人士或专家对基地的构建进行全方位的实地考察，对文化市场的前期预测做出亮布产品的制作走向评估指导；邀请农业专家对乌英屯的土地、水文和地形进行测量，选优培育适合本地的蓝靛草，从源头种植保质保优，确保亮布产品的质量和口碑；同时，以“非遗”传承人韦妹丽户为中心，向周边发展 10 户农户共 50 人制作亮布，形成乌英苗寨亮布一条街（巷），并带动发展种植蓝靛草 20 亩，打造集种植、制作、展示、网售的桂黔苗族传统手工亮布基地。另外，通过乌英屯经济合作组织（公司）进行资本面经营参与或纳入，引导全屯群众共同参与，进而带动全屯 145 户共 696 人从中受益。这样既可以使亮布得到更好的传承和开发，又逐渐成为苗族群众增收的手段，为更好地巩固脱贫攻坚成果，推进乡村振兴打下坚实的基础。

四、荣地村：脱贫沧桑之变

融水四荣乡荣地村，是一个侗族聚居村，位于元宝山南麓，344 户 1319 名侗胞在此居住了上百年，曾经的他们仰仗着大山勤恳耕作、繁衍传承，大山赋予了他们独特的文化灵魂，却也限制了他们的经济发展。荣地村至今还保留着浓郁的侗族人文习俗特色。因地处元宝山腹地，海拔较高，云雾时常缭绕于村寨，故荣地素有“云端古寨农耕家园”的美称。荣地村虽然拥有绝色美景，但一直都处于“捧着金饭碗讨饭吃”的境地。2015 年，荣地村尚有建档立卡人口 123 户 451 人，贫困发生率为 34.19%。贫困程度深，脱贫难度大，是融水脱贫攻坚最难啃的“硬骨头”之一。

荣地村更是个光荣之地，是柳州市中共党史教育基地，红七军两次转战融水，点燃苗山武装斗争火种的革命故事在村民口中传了一代又一代。1930 年，中共工农红军第七军两次经过大苗山少数民族地区。5 月，红七军攻占贵州古州城（今榕江县城）后，回师广西途经三江县的梅林、富禄，进入融水的大年乡、洞头乡、安太乡等地区，11 月，红七军再次北上，部队在三防镇休整 10 天后，在四安乡（今香粉乡）召开誓师大会，接着攻打长安镇，三日未克撤出战斗，挥师北上，经安陲乡、白云乡、红水乡、拱洞乡等地进入三江县、湖南省，前往江西省。红七军所到之处纪律严明，秋毫无犯，尊重少数民族风俗，向各族人民传播马列主义，宣传中国共产党的政策和主张，播下革命的火种，给各族人民带来了光明和希望。红七军途经荣地村龙女沟，为使红军安全顺利过河，当地群众组织起来和红军一起搭建了跨沟木桥，后来人们称此桥为红军桥。1996年一场山洪把木质红军桥冲毁，为了让革命精神流传下去，当地村民在民委的扶持下，改用钢筋混凝土重建红军桥，并立碑纪念。1933年，荣地村群众为了纪念红七军纪律严明、爱护群众的优良作风，自筹资金，在红七军经过的归秀屯修建了红军亭。2018年，在上级党委的大力支持下，归秀屯修建了红七军过苗山陈列馆，让红七军精神一直传承下去。

自2015年起，荣地村的村民和上级各部门在综合考虑自身优势和实际条件后立足“保生态、强基础、兴旅游、促脱贫”发展思路，确定大力打造“旅游+产业”发展模式。经过谋划动员，他们开发了红七军过大苗山党史教育基地、亿年火山石遗址科技探险营地、千亩“世外桃园”生态农业观光区、“云端古寨，农耕家园”——荣地村非遗活态展示区、民族手工艺传承基地等景点，有序发展特色农家乐和乡村民宿。凭借独特的生态环境与文化魅力，荣地村走上了特色生态旅游增收助脱贫的道路。整齐牢固的吊脚楼青瓦白檐，修缮后的红军亭傲然伫立，多耶广场上芦笙响彻云霄，多情的侗寨大门喜迎客来——在2019年，荣地村斩获“全国百佳旅游目的地”、全国第一批“乡村旅游重点村”等荣誉，贫困发生率降至2.04%，整村顺利摘帽出列。

融水四荣乡荣地村归秀屯内73岁的潘宝忠老人深刻感受到脱贫攻坚战让荣地村发生的巨变：

> 人老了，身体还好，还能做点簸箕。这些年游客多了起来，村民买簸箕，游客也会买簸箕。以前一个卖50块，现在能卖到120块了。近几年，党和政府把路修通，我们的生活慢慢地好起来了，你不知道，我们以前的生活苦得很呢！过去，村民从村里拿点东西出去卖，换点米、盐，一大早就要渡船过河，再翻山越岭，走羊肠小道，一天一夜才到，每次赶个圩都是“两头黑”。那时候，村民一家几口人，吃的住的都挤在小小的吊脚楼里，吃不饱也穿不暖，生活很艰难。[1]

现在走进荣地村，映入眼帘的是立在侗寨中心位置的芦笙坪，作为侗寨文化重要的体现形式，这个多耶广场周围亭台楼榭，民族村寨寨门、风雨廊、侗寨鼓楼、旅游公厕、停车场、观光步道等应有尽有。荣地村还修建了村屯污水处理系统，进行保护和传承独具侗族传统特色村落的风貌改造；完成多耶广场及观景长廊建设改造、侗族鼓楼室内民俗文化展示厅建设、生态停车场、农网改造工程及人畜饮水项目工程等16

1 访谈对象：潘宝忠；地点：归秀屯；时间：2022年7月13日。

个项目。几年时间村里面貌焕然一新，这是村里老人过去想都不敢想的。

融水县四荣乡荣地村村党总支书记潘以福表示："我们下一步的工作计划就是依托龙女沟景区的带动，继续发展乡村旅游带领群众走致富的路，在乡村振兴中把荣地村建设得更加美好。"[1]

五、告别"出行难"：想致富，先修路

受特殊地形条件制约和影响，融水县域内农村公路建设体量多、任务重、困难大，"晴天一身灰，雨天一身泥"是过去农村人对出行难的形象描述，所以打通公路"硬梗阻"，接通最后"一千米"，是融水在脱贫攻坚中重点解决的民生问题。经过五年努力，现在全县各族同胞已经告别了出行难，走上了致富路。

> 长期以来，尧告村民热切期盼修建与外界联系的公路，能够便捷地走出大山，打破封闭的状态，促进经济发展。1997年，在没有资金和物资支持的情况下，村民委组织村民自力更生，出力、出钱、出物，劈山开岭，开始公路施工。当时没有机械设备，全靠锄头、铲子、钢钎开掘，奋斗3年，修通了连接县、乡的6千米公路。村民的精神感动了上级部门，决定拨款帮助修桥。2000年9月，尧告村终于结束了不通车的历史。
>
> 只有37户人家的陪同屯（含老寨、新寨），吃够了交通闭塞的苦头，朝思暮想要修一条通往村民委员会所在地田边屯的5千米公路。为了修公路，这个屯的村民在没有外援的情况下，齐心合力，自筹资金，自出劳力，卖猪、卖牛、卖杉木，向银行贷款，每人凑了1000多元给集体作修公路经费。有的家庭人口多，承担了近万元的资金。全屯共筹集了20多万元，以每千米5万元的费用雇请挖掘机作业。此外，村民还无私让出山林、田地、迁移祖坟、拆除牛棚，给公路通过。大家积极献工献力，苦力实干数月，终于在2005年实现了通车的夙愿。[2]

这段叙述展现了大苗山人民对于通路的渴望，说明了"想致富，先修路"的道理。融水县之所以是广西20个深度贫困县之一，其最根本原因是投入不足、历史欠账过多，要想彻底拔除"穷根"，就要大幅增加投入，不断改善道路交通等农村基础设施。脱贫攻坚战的深入推进，为融水实现赶超跨越提供了千载难逢的重大机遇。因此在脱贫攻坚战中，融水紧紧围绕"与全国全区同步全面建成小康社会"的宏伟目标，抢抓

1　访谈对象：潘以福；地点：村委会办公室；时间：2022年7月13日。

2　蒋建雄：《尧告：一个西部中国苗族村寨的图文纪实》，昆明：云南人民出版社，2020年，第281页。

发展机遇，认真学习研究、用好用足用活上级对贫困地区的各种优惠政策，进一步明确发展思路，将脱贫攻坚的压力转化为实现“弯道超车”的强劲动力。“十二五”期间（2011—2015年），面对通建制村硬化道路不足41%、20户以上自然屯通沙石路不足30%的交通基础设施状况，融水苗族自治县县委、县政府创新投融资模式，在柳州市各县区率先运用BT模式，投融资9亿元，建成“村村通”水泥路109条1054.4千米，占柳州市6县同期通村水泥路总里程的近50%，全县通村水泥路比率由2010年的40.6%提升到2015年的100%。“十三五”期间，融水县把近900条20户以上的屯级硬化道路项目全部纳入脱贫攻坚规划，到2018年就已全面完成，形成了村与村之间、村与屯之间相互联结的农村路网，彻底改变山区农民肩挑背驮的历史。仅2016、2017两年内融水县就实施村屯级道路建设441条1033.2千米。同时，融水把道路建设作为脱贫攻坚最重要的工作来抓，提出了“乡乡通二级路”的目标，“十三五”期间建成了8条二级路。为实现这一具有里程碑意义的目标，融水县及时主动搭建融资平台，充分利用国家金融扶贫政策，整合包装项目向各类金融机构贷款40亿元以上，重点解决道路交通基础设施问题。随着县乡村三级农村物流网络体系的完善，“城货下乡、山货进城、电商进村、快递入户”双向运输服务进一步打通。“出门硬化路，抬脚上客车”的梦想如今在融水已经变成了现实。

六、“挪穷窝”：开启新生活

2018年的8月，卢显锋一家搬出祖祖辈辈生活的大山，搬进扶贫搬迁社区，85平方米的房子，三室一厅，社区里有小学、超市、卫生室、活动室等，门口有公交车直达县城，基础设施齐全。卢显锋说，他从来没敢奢望，自己也能像城里人一样能住上这么好的房子。卢显锋一家五口人居住怀宝镇永和村，村子坐落在四面环山的大山深处，土地贫瘠交通不便，老房子是40多年前卢显锋父亲盖的吊脚木楼，地基变形、木墙裂缝、屋顶漏雨，一到连阴雨天，总怕房子会塌。一家人营生全靠种地，可那一亩不到的田地又赚不了钱。当时大女儿在读大学，二女儿和小儿子还在镇上读小学，家里的老母亲也是年老体衰干不了体力活。面对家里的实际情况，想要出远门打工挣钱在他看来也是很难。2014年，卢显锋一家被确定为建档立卡的贫困户，易地扶贫搬迁让他看到了新希望。2018年，从村委和扶贫队员宣传信息中获知易地扶贫搬迁的消息后，卢显锋毫不犹豫地报了名。目前，卢显锋一家人住在85平方米三室一厅的新房里，这套成本价为11万多元的房子，卢显锋一家只付了1万元。搬迁前，新房里的水、电、门窗等已全部装好，对于他们来讲是属于拎包入住。

目前，卢显锋的妻子在离家不远的木材厂打工，每个月有2000元左右的收入；大女儿也顺利完成学业，目前在县法院的非编制岗位工作，收入也在1800元左右；二女儿和小儿子也在社区里的苗家小镇小学上学。考虑到因为家里有老人还有小孩需要照顾，社区也给卢显锋安排了一份公益岗位，职位为村务协理，主要负责社区的日常工作协助、社区管理和服务。目前，靠着党委政府的政策和家人们的共同努力，卢显锋一家也如期实现脱贫。[1]

卢显锋一家是融水易地扶贫的缩影。易地扶贫搬迁是中国扶贫的一个重要途径，是“五个一批”之一。这项扶贫措施的要旨在于将生存环境差、不具备基本发展条件地区的居民，搬迁至发展条件更好的地方，让迁出地居民享受更好的公共服务。在脱贫攻坚中，按照上级部门规定，融水县易地扶贫搬迁人口规模为3341户13695人。在实施这项工作中，全县易地扶贫搬迁全部采取集中安置方式安置，共设12个安置点，其中县城3个安置点安置3162户12862人，占93.9%；乡镇9个安置点安置186户833人，占6.1%。

融水易地扶贫搬迁立足长远、科学规划，打好“精准识别、科学选址、产业配套、稳定就业”组合拳，坚持以县城为主、乡村为辅的安置原则，将易地扶贫搬迁点选在县城AAAA级景区范围内，特别是着力打造富有民族特色的“学区房”“景区房”，大力发展旅游、苗绣等劳动密集型产业，与旅游景区、工业园区和新城区同步规划、同步推进，实现资源共享、相互促进，易地扶贫搬迁工作体现出较强的科学性、系统性。易地扶贫搬迁点除了实现安置功能外，更重要的是受益于城镇功能的辐射能力和产业支撑，做到宜居宜产宜业，确保搬迁户“搬得出、留得住、能就业、有保障”，从根本上解决“一方水土养不活一方人”的问题。苗家小镇、苗美社区两个县城安置点毗邻老君洞、双龙沟国家AAAA级景区，位于康田粤桂扶贫协作产业园2千米范围内，医院、中小学校及幼儿园等配套设施齐全。住房建设突出苗族吊脚楼风格，将移民新居与旅游休闲和商业服务有效结合，安置社区既是移民幸福新区又是民俗文化新景点，成为新时期脱贫攻坚的标志性工程。

融水镇苗美家园社区是“十三五”易地扶贫搬迁社区，于2019年10月成立，总占地151亩，包含双龙沟和铁坑两个安置点。其中，双龙沟安置点共安置1226户受益4757人；铁坑安置点共安置332户受益1410人。截至目前，两个安置点共安置来自全县20个乡镇建档立卡贫困户1558户6167人，有苗、瑶、侗、壮、汉等10个民族，是个多民族聚居区，公交车直达社区，交通便捷，环境优美。社区成立两年来，在上级各部门和各级领导的关心帮助下，基础设施不断完善，后续管理服务有序跟进，各民族群众和睦共处。自开展党史教育以来，苗美家园社区积极组织社区干部和群众参加融水镇组织的“学党史、感党恩、跟党走”系列活动，并取得了很好的成绩。同时，

1 秦胜聪、欧振波、韦辰：《易地搬迁让广西融水群众过上幸福生活》，中新网，chinanews.com.cn。

为丰富社区文化生活，增进邻里感情，构筑民族团结一家亲的思想意识，社区在做好疫情防控的同时，结合文化节日，积极组织各类活动。

2021年6月24日，柳州市“学党史感党恩永远跟党走 铸牢中华民族共同体意识，‘双语双向’百姓宣讲”活动来到社区，活动用“汉语+苗语”讲党史、宣党史、颂党恩，让搬迁群众更加深刻地理解中国共产党的“初心”和“使命”。通过双语宣讲、互教互学，用群众听得懂、最亲切的语言，讲述党的光辉历史，宣讲党的政策，讲好民族团结、民族地区经济社会发展的好故事、好做法，更好地推进柳州市创建全国民族团结进步示范市工作，构筑各民族共有精神家园，铸牢中华民族共同体意识，实现中华民族伟大复兴的中国梦。2021年9月17日，社区策划并组织“欢度中秋共建平安社区·民族团结共建美好家园”为主题的中秋晚会。晚会由精彩的芦笙舞开场，随后独唱、笛子独奏、民族舞等节目轮番登场，充分展现了融水各族群众搬出大山，走向新生活的良好精神风貌。2021年10月14日，为进一步弘扬中华民族敬老爱幼的传统美德，传播新时代社会主义正向价值观，厚植感恩之心，提升搬迁群众的融入感、获得感和幸福感，社区工会组织群众举办了“搬迁群众一家亲·尊老爱幼敬重阳”活动。当天，各民族老人欢聚一起喝油茶、唱苗歌，谈心聊天，好不热闹，活动取得了圆满的成功。

七、杨宁：扶贫之花绽放在大苗山上

融水扶贫工作的顺利进行，离不开广大基层干部和工作人员的努力和付出，融水苗族自治县安陲乡江门村党总支书记、村委会主任杨宁就是其中一员，也是最具代表性的一位，她是民族团结进步的典型标兵，2021年2月25日，习近平总书记亲自为她颁发了“全国脱贫攻坚先进个人奖”，她被称为绽放在大苗山上的“扶贫之花”。

虽是“80后”，杨宁在大学毕业后却毅然回到家乡江门村当起了大学生“村官”。两届6年的大学生“村官”任期结束后，她毅然选择继续留在基层一线。经过十年努力，杨宁带领江门村顺利脱贫。

江门村位于广西第三高峰——海拔2081米的元宝山山麓，距离县城54千米，地处深山，信息闭塞，却有丰富的资源和良好的生态环境。江门村辖12个自然屯共有村民501户1951人。

2016年，江门村建档立卡贫困户有95户327人，贫困发生率20%。在对原始资料进行收集、分析和判断后，杨宁把全村脱贫重点定在发展高山生态种植业和竹子加工业上，并通过网络等方式将“土特产”销往各地。随后几年，杨宁积极动员贫困村民种植高山泉水西瓜、高山水稻等特色农作物，带领农村创业青年成立了农民专业合作社，并创办了“苗阿嫂”品牌，形成了本村的拳头产品和明星品牌。

好的产品还需要好的渠道。杨宁尝试通过村官大联盟电商平台促进产品的外销。通过最初的朋友圈推广和电商平台销售，杨宁见识了网络销售的力量，也为解决村民种得下、有销路、稳收入的问题奠定了基础。2016 年，杨宁联合 6 名大学生村官成立了“苗村馆”农产品电商服务中心，截至 2020 年帮助贫困户销售农产品 900 多万元。在后援单位广西汽车集团的帮助下，江门村获赠一台冷藏车，并在柳州设立了一间扶贫门店。杨宁以消费扶贫为契机，通过“村民合作社 + 冷藏车 + 扶贫门店”的模式，助推江门村销售特色农产品 150 多万元，为村集体经济增收 10 万余元，打破了江门村集体经济零收入的现状。

不仅如此，她还心系留守儿童和特困户。扶贫的重点当属特困户，而留守儿童则是扶贫的长远大计。安陲乡大多数留守儿童走路往返到乡里读书，每家每天都需要大人接送。为解决村民的烦恼，杨宁将自己家建成“留守儿童之家”，每月抽空集中辅导留守儿童学习，作心理疏导等，为留守儿童撑起了一个温暖的“家”。2014 年至今，杨宁个人资助梁海春家庭小孩生活补助费、带领身患重疾的潘健强看病就医、向腾讯工银申请了百名老人“微心愿”等等，让爱心种子遍洒苗山大地，生根发芽。她说，让留守儿童感受民族大家庭的温暖，只有感受恩情，才能铭记恩情，才能自觉行动起来，报答社会、报答人民。

作为融水扶贫的先进代表，杨宁的努力和付出，村民们感受得到，政府也看得见。多年来，她的事迹被报道和宣传，她个人也收获诸多荣誉，如 2015 年 2 月当选“全国乡村创富好青年”，2016 年 5 月获“广西五四青年奖章”，2019 年 3 月获“全国三八红旗手”，2019 年 5 月被评为“广西壮族自治区脱贫攻坚先进个人”，2020 年 10 月获得国务院扶贫开发领导小组授予的“2020 年全国脱贫攻坚奖奋进奖”，2021 年 2 月获党中央、国务院授予的“全国脱贫攻坚先进个人”称号，2021 年 4 月被中央宣传部、民政部评委“最美城乡社区工作者”，2021 年 4 月荣获第 25 届“中国青年五四奖章”，2021 年 6 月被授予“全国优秀党务工作者”。在脱贫攻坚主战场，杨宁不断贡献着自己青春的智慧和力量，她常说，中国共产党使苗家人翻身做主人和实现脱贫致富，实现了千年的梦想。天大地大不如党的恩情大。这样的大恩大德，值得苗家人用毕生努力来报答！

八、廉江和融水：共谱脱贫“同心曲”

同饮一江水，两广一家亲。

党的十八大以来，粤桂扶贫协作步步深化，聚焦资金支持、人才交流、产业协作、劳务合作等重点协作内容，开展了多层次、多形式的扶贫协作，有力助推广西打赢打好脱贫攻坚战。融水苗族自治县是东西部扶贫协作和对口支援的生动典范，也是中华民族休戚与共、荣辱与共、生死与共、命运与共，共同团结奋斗、共同繁荣发展的真实写照。

（一）一家亲：江水相会，山海协作

“十三五”期间，融水苗族自治县是国家扶贫开发工作重点县和滇黔桂石漠化片区县，同时也是广西 20 个深度贫困县之一。全县 198 个行政村中有贫困村 115 个，占全县行政村总数的 58.1%，其中深度贫困村 73 个，极度贫困村 3 个。2013 年底全县有建档立卡贫困户 3.6 万户 15.7 万人；2015 年底精准识别建档立卡贫困户 2.86 万户 11.64 万人，贫困发生率为 28.53%，贫困人口致贫原因主要有因病、因残、因学、因灾、缺劳动力、缺技术等。

廉江市是广东省湛江市代管县级市，位于广东省西南部，雷州半岛北部，与广西接壤，濒临北部湾。廉江是传统农业大县和工业强县，盛产水果，号称百果之乡。廉江是广东 40 个产粮大县中表现较突出的县级市，是粤西唯一一个全国生猪调出大县，其工业类别齐全，尤以电饭煲产业表现突出，其电饭煲产量占全国三成以上，是“中国电饭煲之乡”、中国小家电产业基地。千里姻缘一线牵，2017 年，国家进一步加强东西部扶贫协作，按照上级部门的部署，廉江市对口帮扶融水县，从此，以山为依的融水和以海为邻的廉江立下“海誓山盟”，成为“同心永结”的脱贫攻坚亲密伙伴，唱响一曲东西部携手扶贫的“同心曲”。

1. 山海协作，共建产业园

融水贫困面广、贫困程度深、脱贫难度大，由于交通基础设施较差，虽有丰富的农林资源，却未得到有效开发。廉江、融水两地决定依托融水丰富的农林资源优势和廉江的园区管理经验、招商经验和理念，在融水易地扶贫搬迁安置点附近共建扶贫协作产业园，主要以竹木加工、农副产品加工为主。自 2017 年以来共投入广东帮扶财政资金 4022.73 万元（其中 2019 年投入 1213 万元）用于建设标准厂房，融水县配套出台相关优惠政策，廉江市配合组织招商，引进大型龙头企业入驻，打造产业集群，现在该园区已签约企业 18 家，投产企业 12 家，吸引了大王椰、兔宝宝、莫干山等全国知名的生态板生产企业进驻园区，园区企业为易地扶贫搬迁贫困户提供 1 万多个就业岗位，实现易地扶贫搬迁户“搬得出，稳得住，能致富”。产业园建设的标准厂房每年产生的租金收益作为 115 个贫困村集体经济收入，用于发展村集体经济。同时，融水县森林覆盖率 81%，其中杉木面积 297 万亩，杉木产量居全国第二，杉木种植是融水县扶贫的主打产业，覆盖了全县 96% 以上的贫困户。产业园通过引进木材加工、家具生产等企业，由过去单一的木材原材料加工转变为生产高端定制家具、办公家具，延长产业链，提高产品竞争力，推动融水经济加快发展。据统计，2018 年融水县的竹木加工产业产值达到40亿元，杉木原木价格从2017年的900元/立方米到2019年的1200元/立方米，使贫困户获得实实在在的收益。随着东部产业的转移，龙头企业的入驻和园区产业的发展壮大，融水工业化水平得到进一步提升，拉动了县域经济高质量发展，为实现脱贫摘帽夯实基础，也增加了融水发展的内生动力。

2. 山海联动，同心战贫困

廉江市和融水县坚持把携手奔小康扶贫协作工作作为一项重大政治任务，摆上重要议事日程抓紧抓实。主要领导亲自抓，四套班子领导齐上阵，在脱贫攻坚中两地互访交流累计达32次700多人次，扶贫协作呈现出“多主体参与、多层次协作、多领域推进”的良好态势。两地党政主要领导先后进行了多次深入互访，召开了多次联席工作会议。两地32间中小学校、5家医院以及12个乡镇、12个行政村分别结对开展帮扶。廉江选派多名党政干部，选派教育、医疗等专业技术人才40名到融水开展扶贫协作工作，两地举办党政干部培训班6期300多人次，专业技术人才、致富带头人等培训班5期300多人次。廉江市还积极动员民营企业、社会团体、爱心人士等社会公益力量参与脱贫攻坚，依托“万企帮万村”活动，引导一家企业结对帮扶融水县一个村，一个社会组织与融水县一个贫困村进行结对帮扶。仅2019年廉江市慈善会、企业、结对乡镇等向融水县捐款共计291.5万元，广东企业、社会团体向融水县捐物折款共计75.786万元，高位推动廉江融水扶贫协作见实效，形成了结对真帮实扶的生动局面。

3. 山呼海应，廉江引擎

融水所需，廉江所能”；山有所呼，海必有应。廉江和融水积极发挥自身优势，动员社会力量参与，全方位、深层次、多领域推动扶贫协作。两地组织部门探索在融水县粤桂扶贫协作产业园设立联合党总支部，党总支部下设5个非公企业党支部，共有党员21名，覆盖园区30多家企业。粤桂扶贫协作产业园以产业集群为理念，拓展廉江“园区党建集约化”经验，通过建立党建孵化中心和企业孵化基地，有序引导竹木加工、农产品加工的上下游企业向园区集中，着力发展产业集群。两地共建廉江·融水粤桂扶贫协作园区党群服务中心和苗家小镇易地扶贫搬迁安置小区党群活动中心。为提高“一支部·两中心”党建工作队伍的业务水平，两地探索建立驻会制，组织部门派出专职党建指导员到产业园区党群服务中心工作，推动相关市直单位及街道党组织与融水粤桂扶贫协作产业园区党总支部共建合作，探索产业发展的对接、园区企业的对接，架起两地党建共建“连心桥”。党群活动中心，服务惠及园区职工和易地扶贫安置点6000多名建档立卡贫困群众。在党群活动中心工作人员的帮助下，粤桂扶贫车间已解决200多名易地搬迁贫困劳动力务工问题，让贫困户们在家门口即可就业。“廉江引擎”将为融水扎实推进共同富裕提供源源不断的发展动能。

（二）“梦呜苗寨”：旅游扶贫协作共抒山海情

越是贫困落后的地方，自然生态和民族文化保护往往越完整，按照创建广西特色旅游名县和国家全域旅游示范区的布局和规划，融水县有旅游发展潜力和条件的贫困村 86 个，占全县“十三五”贫困村的 85% 以上。在扶贫协作中，双方紧紧围绕脱贫攻坚项目精准使用扶贫协作资金，将帮扶资金用在群众最需要、最迫切的地方，用在减贫带贫效果好的项目上，提高资金使用效益。双方结合融水丰富的旅游资源和少数民族特色，投入广东帮扶资金 150 万元（其中 2019 年投入 50 万元）建设“梦呜苗寨”苗族文化体验园，打造实景剧《苗魅》。

为使苗寨群众稳就业、能发展，这里成立了大冷农业观光专业合作社，社员有 112 人，其中少数民族社员有 94 人，是一个由苗族为主、多民族组成的农业观光专业合作社。合作社除了统一就业管理、统一物业管理、统一财务管理之外，还把民族团结进步创建工作贯穿于日常各项工作中。经常组织社员举办民族团结进步联谊活动，打同年、打油茶、杀猪宴、唱苗歌等，使各族社员进行交友联谊，在活动中宣传党的民族政策和法律法规，讲对伟大祖国、对中华民族、对中华文化、对中国共产党、对中国特色社会主义的认同；帮助他们树立正确的国家观、民族观、宗教观、历史观、文化观。同时听取各族社员的诉求，集思广益，使梦呜苗寨成为一个民族团结的苗寨，为民族团结进步创建奠定坚实思想基础，营造了各族群众相互了解、相互尊重、相互包容、相互欣赏、相互学习、相互帮助的良好氛围。

在脱贫攻坚中，融水县充分利用本地旅游资源丰富这一优势，确定旅游为脱贫致富的支柱产业，抓住创建广西特色旅游名县和创建全国全域旅游示范区的契机，发展全域旅游、特色旅游，并向纵深发展，向乡村延展，“十三五”时期实现以旅游产业脱贫的贫困人口占总贫困人口的 50% 以上。从 2016 年开始，融水县就全面实施“旅游脱贫富民工程”，投入资金 6642 万元，创新“旅游 +”模式，全力打造旅游扶贫示范点，引导贫困群众走“以旅扶贫”“以旅富民”的新路子。“十三五”时期全县有星级农家乐 13 家，旅游产品企业和商户达 160 家，2016 年带动在册贫困人口 4316 人脱贫。发展乡村旅游，让外面的人走进来，让本地的资源走出去，这无疑促进了人民交往交流交融。

（三）詹健飞：“江水相会”见真情

詹健飞是一位 80 后党员，原是广东省廉江市人民医院门诊部副主任。2018 年 7 月，他响应东西部（廉江 — 融水）扶贫协作工作到非常偏远的拱洞乡卫生院开展医疗帮扶。在帮扶期间，詹健飞在当地乡（镇）卫生院建立外科手术室，传授“负压封闭引流术”“免缝技术”“皮瓣修复”等技术，填补融水乡（镇）卫生院多项医术空白。原计划帮扶 2 个月，后来他主动要求延长到 4 个月。他免费帮助培训基层卫生院医务人员800多人，发放近400本科普书和800支烧伤膏，实施手术200多台。同时，他自驾跑遍了融水23家乡镇卫生院，开展了27次烧伤公益科普和专科培训；入户义诊行动不便患者50多人；建立融水医疗微信群，解答各类咨询，共有449名医护人员加入。2019年6月，詹健飞为了响应东西部扶贫协作号召，毅然决定放弃广东廉江人民医院的高薪待遇和舒适的工作环境，正式调到融水县中医院工作，在融水苗族自治县中医院带头成立创面修复科，治病救人。他任科室主任，发扬医道，“仁心仁术”，短短几月詹健飞就得到融水同行及老百姓的高度认可。

（四）民族团结结新果：廉江市·融水县民族团结共建展示中心成立

2022年6月28日上午，廉江市和融水县携手在广西融水苗族自治县民族路148号举行廉江市·融水县民族团结共建展示中心揭牌仪式，宣传落实民族团结进步创建政策，宣传“中华民族一家亲，同心共筑中国梦”理念。中心隆重推出廉江和融水两地特色名优产品资源以及精品文旅线路，以此拓展延伸两地特色产品市场吸引力。中心充分展示廉江“中国小家电产业基地”“中国红橙之乡”和融水“国家全域旅游示范区”和“全国民族团结进步创建示范县”的优势。中心货架上，电饭锅、电热水壶、折叠钢琴、紫黑香糯、泉水鱼稻米等廉江家电和融水特色农产品有序陈列，电子屏幕上，廉江樱花公园、鹤地水库、田园寨，融水梦鸣苗寨、双龙沟原始森林和老君洞景区等特色精品文旅线路，通过光影融合的立体展示，让游客收获沉浸式旅游体验。民族团结共建展示中心是廉江融水两地协作交流的创新举措，是促进各民族交往交流交融的新形式，它有助于实现两地特色产品互展互销，不断拓展市场，全方位扩大两地的知名度，帮助群众增收致富，全面推进乡村振兴。

在揭牌仪式上，廉江市委常委、统战部部长、市政协党组副书记黄日芳介绍说：今年以来，廉江市积极推动粤桂两地民族团结进步事业向纵深发展，发挥廉江工业优势、融水民族旅游优势，推动民族政策深入贯彻落实，推动两地在产业升级、医疗保障、教育扶持、人才培养、劳务协作、文化旅游、生产生活互助、青少年交往等众多的领域开展民族团结进步共建并取得显著成效。廉江市将持续开展民族团结进步合作共建，广泛宣传民族政策法规，推动两地在经济交往中互惠互利，社会结构上相互融合，思想文化上相互学习，促进各民族在理想、信念、情感、文化上的团结统一，共筑中华民族共有精神家园。广西融水塘口人家商贸有限公司总经理唐文峰则表示：这个平台的建成不仅推动了消费帮扶，更是让融水大苗山的名优土特产更便捷、更畅通地进入廉江、进入广东，甚至进入全国市场的竞争，也让我们更精准地把握融水农产品发展的未来和方向。在民族团结共建这个平台的扶持下，我们加快升级转型和创新发展，加快培育和培养新型农民的思想和管理技术。把廉江家电等优品引进来，让融水的土特产走出去。通过两地产销相结合，让融水的农产品和工业品更具市场竞争力。

九、武警春蕾红瑶女童班：大苗山飞出彩凤凰

“十二样的花呀，依啰喂依啰喂，你说哪一朵最红，我说什么都比不上瑶山寨的红杜鹃；十二样的藤呀，依啰喂依啰喂，你说哪一根最长，我说什么都比不上武警亲人的情谊长……”

这是融水苗族自治县白云乡“武警春蕾红瑶女童班”的学生经常唱的歌谣。歌声唱出了当地少数民族与武警部队的鱼水情深，唱出了各民族像石榴籽一样紧紧抱在一起的中华民族情。

红瑶是瑶族的一支，由于受传统“狗不耕田，女不读书”观念的影响，其适龄女童一度入学率极低。1988 年，广西融水苗族自治县在白云乡创办了红瑶女童班，女童班实行寄宿制，并免交一切费用，有效提高了红瑶女童的入学率和巩固率。从女童班走出的学生，成长为当地第一位女大学生、第一位女老师、第一位女军人、第一位女医生、第一位女干部……随着义务教育的普及、农村义务教育学生营养改善计划的实施等一系列教育惠民政策的全面落实，当地红瑶女童已经能够充分接受到良好的教育。女童班的学生也不再全部是红瑶女童，现在，女童班的 50 名学生中，有苗、瑶、侗、壮等民族的女童。

（一）瑶山杜鹃红：“红瑶女童班”的成长

1989 年底，在全国妇联领导下，中国儿童少年基金会成立了旨在救助贫困地区失学、辍学的女童重返校园的专项基金——“女童升学助学金”。而早在 1988 年春，融水苗族自治县教育局、县妇联、民族事务局联合调查发现，当地女童入学率极低，特别是红瑶（瑶族的一支）妇女自新中国成立以来未出过一个小学毕业生。这份令人震惊的调查结果引起了当地党政领导的高度重视。同年 8 月，融水县妇联争取到香港慈善人士周洁冰女士的部分善款，在该校创办了第一届“红瑶女童班”（该班学生于 1994 年毕业）。1990 年，融水武警官兵参与到捐资助学活动中，并于 1996 年与柳州市第二职业技术学校共同捐资，以武警名义创办了第二届“武警红瑶女童班”。2001 年，广西总队在充分论证选点的基础上，将“武警红瑶女童班”与全国妇联“春蕾计划”接轨，正式命名为“武警红瑶春蕾女童班”，作为武警部队第四批 62 个“武警春蕾女童班”之一进行资助。2006 年，武警广西总队与白云乡中心小学签订“武警红瑶春蕾女童班”办班协议，由广西总队每年进行资助，以三、四年级为起点，以红瑶女童为招生对象，每届招生 50 人。2006 年 9 月，第六届“武警红瑶春蕾女童班”开办，该班从三年级起招生，学生 39 人。2009 年 9 月，第七届开办，该班从四年级起办班，学生 50 人。2010 年至 2016 年，连续开办第八届、第九届、第十届，每届招生 50 人。2017 年 9 月，第十一届“武警红瑶春蕾女童班”开办，该班从四年级起办班，学生 50 人。

2019 年 9 月，第十二届“武警红瑶春蕾女童班”开办，该班从四年级起办班，学生 50 人，该班学生于 2022 年 6 月毕业。

（二）何方礼：被“武警红瑶春蕾女童班”改变的人生

何方礼是武警广西总队柳州市支队政委，是党的十九大代表。近 30 年来，何方礼通过资助帮扶“红瑶女童班”等形式，坚持对柳州市融水县白云乡的贫困户进行定点扶贫，先后带动 300 多户家庭摆脱贫困。

1993 年 3 月，入伍不久的何方礼来到武警融水苗族自治县中队。同年“五四”青年节前夕，还是新兵的何方礼跟随中队团支部第一次踏入白云乡开展“进瑶寨学雷锋”活动。在瑶山他亲眼看到了当地女孩子没读书的现状。回到部队之后，何方礼将自己每月 21 元的津贴分作 3 份，8 元寄给妹妹当学费，8 元寄给“红瑶女童班”的学生，5 元留给自己。身边的战友们纷纷效仿，少抽一包烟、少喝一瓶水……大家省吃俭用，持续不断给孩子们寄去学费、衣物和学习用品。

1996 年，“红瑶女童班”因经费不足停办，何方礼和中队的指导员背着照相机深入瑶寨，拍了 140 多幅照片并组成了“红瑶女童的心声”大型图片展，通过巡展引起社会各界的关注和关爱，柳州市第二职业学校筹集 10 万元、捐赠了课桌和教具，广西农业技术学院捐款 3800 多元和一批学习生活用品……这些爱心资助，足以支撑一个班 6 年的学费。经费问题解决后，第二届“红瑶女童班”开班了。但何方礼发现，即使学费全免、包食宿，仍有许多家长拒绝将孩子送到学校。他和时任校长凤老师挨家挨户上门家访，家长拒绝孩子读书的理由各种各样：有说家里缺劳动力的，有说读书无用的，有的甚至以“女儿已经定亲了，不适合再接触外界”为由拒绝。何方礼意识到，要解决红瑶女童读书难的问题，首先要做的是改变老一辈人的思想观念。为了能和村民有进一步的交流，他自学瑶话，陪村民做饭、下田、扛锄头，渐渐地，当地的瑶族同胞不再把他当外人了。有付出就有收获，在得到瑶族同胞认可后，何方礼成功将 50 多名学生劝进了课堂。

2000 年初，中共中央宣传部将时任武警融水县中队指导员何方礼，作为扶贫助学的先进典型在全国推出，使何方礼扶贫助学的先进事迹家喻户晓。何方礼也因此先后荣获“国际青少年消除贫困奖”“中国武警十大忠诚卫士”“全国拥政爱民模范”“全国民族团结进步先进个人”和“中国儿童慈善奖突出贡献奖”等荣誉称号，并荣立个人一等功 1 次、二等功 1 次、三等功 4 次。2017 年何方礼光荣当选为中国共产党第十九次全国代表大会代表。

（三）大瑶山上飞出金凤凰

2020 年 10 月 16 日武警柳州市支队在政委何方礼的带领下，到融水开展第十一届红瑶女童班优秀毕业学生助学金发放活动。助学金发放仪式在融水县思源实验学校举行，那年从红瑶女童班毕业的 23 名优秀学生与武警官兵们又聚在一起。在助学金发放仪式上，何方礼饱含深情地说到，在武警官兵以及社会各界的帮助下，白云乡的“春蕾女童班”暨“武警红瑶春蕾女童班”成功办了 11 届，帮助 458 名少数民族女童读完了小学。她们中的一些人，受助读完了初中、高中、中专或大学，有 27 人考上了大学。更可喜的是，这些受惠于女童班的孩子在用知识改变了命运之后常怀感恩之心，并力所能及回馈社会。这些飞出去的金凤凰以陈英花为代表。

家住白云乡白难村的陈英花，是第二届“武警红瑶女童班”学生。红瑶女童班的同学都喜欢叫她“富婆”“陈老板”，因为她是历届红瑶女童班中生意做得最成功的一位，被称为瑶乡“女强人”。

滴水之恩当以涌泉相报。每当谈起自己经商成功的经历，陈英花说得最多的话就是：“有时候真的觉得很幸运，在人生最重要的阶段有人引领着我们。”“感谢武警官兵和所有资助红瑶女童班的好心人，没有他们的帮助我们就没有机会读书，就会像母辈那样连大山都不敢走出来，更不用说出去经商赚钱了。”“因为读了‘红瑶女童班’，接触了外面的世界，我才有了出去的动力，有了创业的勇气。”

致富后陈英花没有忘本，她总在寻找机会回报社会。2012 年春节前，陈英花回娘家过年，看到老家还没通公路，山里的物资、矿产运不出去，外面的东西运不进来。于是，她先后投入 80 多万元把近 10 千米的公路修通，有效解决了群众出行难题。

十、军魂留苗乡：红七军过融水

苗岭贝江的浪，千年古榕的风，起起伏伏，真实记录了 1930 年红七军融水休整的光辉岁月，记录了 7000 将士浴血奋战得解放，披荆斩棘成大道的革命辉煌。融水县三防镇在新中国成立前隶属罗城管辖，位于贝江河畔。这里地势平坦、航运便利、物产丰茂、商贾云集，为红七军两次重要休整提供了后勤保障，邓小平、张云逸、李明瑞率领 7000 红军将士在这里留下的革命事迹，在融水各族人民群众中代代相传，生生不息，已是各族人民共有精神家园的重要组成部分。近年来，在中共柳州市委、中共融水县委的关心下，在三防镇党委和群众的齐心努力下，三防镇红七军纪念亭获命名为“柳州市爱国主义教育基地”，红色血脉在大苗山赓续，不断增强各族人民对伟大祖国、对中华民族、对中华文化、对中国共产党、对中国特色社会主义的认同。

（一）红七军留下的军旗

红七军是一支以广西子弟兵为主的部队，这支队伍与其他中国红军的兄弟部队一起浴血奋战，深受人民的衷心爱戴。在广西壮族自治区博物馆中，收藏着目前我国仅存的一面红七军的军旗，即中国红军第七军第一纵队第一营第四连军旗。这面红旗全部由红布制作，长 102 厘米，宽 87 厘米。虽然旗面已经褪色，但上面书写的“中国红军第七军第一纵队第一营第四连”17 个字仍非常清晰。在相当长的一段战争年代里（第一次国内革命战争到 1942 年期间），党徽图案既出现过“镰刀斧头”，也出现过“镰刀锤头”，这面红七军的军旗，旗面中央画着交叉的镰刀和斧头，象征广大工农革命群众紧密团结。在那个年代，“斧头劈开新世界，镰刀割断旧乾坤”的标语流传很广。这面旗帜本由一名叫刘瑞武的战士保管，在一场战斗后，刘瑞武与部队失散，被迫滞留在罗城县三防镇。为躲避国民党的搜查，他将这面旗帜藏在房梁上。直到 1951 年，这面旗帜才由其儿媳韦世花交给人民政府。1977 年，广西壮族自治区博物馆的工作人员拿着旗帜到北京，请陈漫远（曾任广西省委书记）确认。当时，陈漫远已经任解放军后勤学院院长，经过他的确认，这面旗帜是 1929 年百色起义前在平马（今田东）制作的。当时他任红七军第一纵队第一营第四连指导员，这面旗正是他们连队的连旗。

红旗漫卷，诠释着信仰的力量，见证了精神的光芒，历经战火的洗礼，虽然它的颜色已不复当年的鲜艳，但它所承载的红色基因生生不息、历久弥新，激励着融水各族人民不忘初心，砥砺前行，为乡村振兴、共同致富而努力奋斗。

（二）红七军留下的风采

红军两次过苗山，途经大年、良寨、洞头、安泰、三防、中寨、四荣、香粉、安陲、白云、拱洞等乡镇，所到之处，严明纪律，宣传群众，尊重当地少数民族。

1. 红七军为民做主

至今融水仍保留着当年红七军留下的不少历史陈迹，如在三防团练局门口写的两副对联“团团团、团酒、团肉、团糯饭；练练练、练嫖、练赌、练吹烟”“七寨诸公，猪公、羊公、狗公、谁谓无公，公内暗藏私，公心奚在，公道何存，似此办公真刻薄；三防团局，烟局、酒局、赌局，都成骗局，局分上下口，局内者甘、局外者苦，何时了局得升平”。在洞头贾天照家和香粉都景梁林栋家的墙壁上保留着几条红军标语墨迹：“推翻土豪劣绅！”“红军是工农革命的先锋队！”“红军不拉夫，不发洋财，不强奸妇女！”“没收地主豪绅的土地分给贫苦农民！”“清灭两广军阀，夺取广州政府！”等。在三防，红军打开地主韦永业、韦子俞、韦希林等人的粮仓，一部分作部队给养，大部分分给贫苦农民，并烧掉地主的地契、林契。在香粉，烧毁村公所保存的捐款、征税、征兵花名册，并分去大财主李长兴的半屋子谷子。

2. 红七军纪律严明

红军所到之处，纪律严明，对群众秋毫不犯。洞头寨顺屯贾天寿，听说来了大兵，慌乱中忘了锁门，就急忙跑上山躲避，红军走后，他回家一看，屋里东西都没有动过，木桶里的米一点不少，屋梁上的禾把如数挂着，坛子里腌的猪肉原封不动。红七军到达四荣的金兰苗寨，适逢金兰苗胞13年才举行1次的拉鼓盛会，他们杀猪宰羊，家家摆下丰盛的酒菜，听说红军来了，撇下酒席逃走。军部下令，群众未回来，队伍一律不准进村。红军在村外埋锅做饭，请来寨主周桂宝，向他说明红军只是路过借宿，要大家不要怕，拉鼓照样进行，照样会餐。请他上山把乡亲们找回来。通过寨主招呼，群众陆续回村。人们回到家里一看，桌上的酒肉饭菜丝毫未动，红军战士只是南瓜下饭，苗胞十分感动，不少人主动去请战士来家做客，均被婉言谢绝，最后还是寨主按民族风俗习惯请了几位领导赴宴。当晚，红军官兵同苗胞度过了一个欢乐的节日。

3. 红七军尊重民俗

红军平等待人，公买公卖。滚贝的黄昌甫、东水的潘老桥、洞头的蒙和英父亲、安陲的陈和伍，都先后为红军带路。红七军打榕江时，军部参谋凌云负伤，撤回途中，在安泰培科村逝世，当地群众把他安葬在村头路旁，并立下一小碑："中国工农红军第七军参谋凌云烈士墓"，下款署湖南衡州人。红七军某部郭连长因负伤久，到达香粉大坡村时，已奄奄一息。梁成章老人叫战士们把他抬到自家的床上，当郭连长从昏迷中醒来，发现自己睡在老乡的床上，执意要战士把他抬出屋外（当地苗族忌讳陌生人死在家里），梁大爷懂得郭连长心意，老泪纵横，立即叫儿子为郭连长连夜搭了一个小木皮棚。郭连长逝世后，梁成章老汉叫来乡亲，按当地的风俗安葬了烈士。

融水苗族自治县，古老与现代交织，各族文化交融，民族团结和睦，军民鱼水深情。带着多彩的民族文化形式、厚重的文化历史底蕴、宝贵的红色文化基因，融水和全国各族人民一道向着第二个百年奋斗目标进军。

第七章　柳城：和谐龙城尽朝晖

柳城，古称“龙城”，始建县于南朝梁大同三年（537年），宋景德三年（1006年）更名柳城县至今。柳城，这是一个令人无限遐想的地方，有赏不够的风景，阅不尽的古韵。凤山古寺，禅意悠悠；百节古砦，民族情浓；知青之城，友谊长存；归侨之乡，茶香人和；太平壮欢，团结之歌……柳城，这是一座充满自然之美、历史之美、青春之美、歌声之美、民族之美、和谐之美的魅力之城，这是一座有着开放、包容气质的生机之城，三江融汇，集八方英才豪杰，四十万柳城人民共沐龙城朝晖，守望着中华民族共同的精神家园，正大踏步迈向更加美好的未来！

一、柳城印象：柳州最美“后花园”

柳城自然资源丰富，人文底蕴深厚。这里灵山秀水，如诗如画，龙江、融江（柳江）、沙埔河三江交汇，八山朝拱佛睡美，江水长天共一色，这不仅是自然之交融，更是自然与人文交融的写照。千百年来，壮族、汉族、仫佬族等各民族在这片土地上生息繁衍，和谐相处，共同谱写了民族交融的古今篇章。

今日柳城，是全国净水百佳县、国家糖料基地县、东桑西移基地县、广西食用菌十强县、林业产业十佳进步县和现代农业产业示范科技县；今日柳城，跨区域、跨部门、跨行业开展民族团结进步创建，打造了一批民族团结进步示范带、示范长廊、示范群；今日柳城，先后获评为中国民间艺术之乡、广西彩调艺术之乡、广西壮欢之乡、广西书法之乡；今日柳城，有洛崖知青城、红马山、古砦民俗风情旅游区、崖山休闲农庄、凤山禅韵丝缘等景区景点；今日柳城，有柳城云片糕、沙埔淮山、伏虎绿茶、柳侨红茶、太平牛腊巴、“网山”牌白砂糖、“思福祥”牌丝绸等地方特产。今日柳城，正在奋进的号角中描绘一个民族团结、生态优美、城乡亮丽、经济繁荣的富裕和谐新柳城！宜居宜业，休闲康养，是名副其实的柳州最美“后花园”。

（一）三江融汇，田园画卷

柳城县位于柳州市中北部，南接柳州市城区和柳江区，西连罗城县、宜州区，北界融安、融水苗族自治县，东邻鹿寨县。行政区域面积2114.37平方千米，下辖10个镇、2个乡、121个村民委员会、18个社区居民委员会、2个华侨经营管理区，县人民政府驻大埔镇城东新区。2021年末全县人口40.86万，有壮族、仫佬族、侗族等各少数民族人口共24.6万人，其中壮族人口为166438人，占52.96%。[1]境内语言有壮话、客家话（俗称麻界话）、官话（柳州方言或称桂中方言）、百姓话、白话（粤语广州方言）、仫佬话、福建话（闽南语）等。其中以壮语、客家话、官话三种语言居多，普遍通用的是官话，因各族人民长期互嵌杂居，不分彼此地共同生产、生活、学习、劳作，紧密交往交流交融，因此每一个柳城人都习得至少两种语言。

柳城县地势特征呈东西高，中部低，是一个低丘谷地岩溶低山交错的半丘陵地区。“融江自北向南流，将县域划分为东西两大块。东部为丘陵和台地，西部系岩溶石山和丘陵交错地区。西北部地势较高，由东、西两面向中部融江递降。中部融江沿岸以低丘平原为主，地势平缓，海拔在200米以下。”[2]

柳城县坐拥丰富的水域资源，境内河流属珠江水系，河流总长221.9千米，流域总面积437237.6平方千米。主要河流有融江、龙江、沙埔河、东泉河、中回河等。因着水系发达，河网密布，柳城自古水运交通十分发达。江河水路一直为柳城县物资进出口的大动脉。融江、龙江在县境汇合于柳江，[3]号称“百里柳江第一镇”的凤山乃融、龙、柳三江水运转口之要埠，商贸繁华，民国期间曾“沙街河边，船桅如林，桅顶都挂彩旗，迎风飘动，晚上江中灯火闪烁，十分壮观”[4]。

淙淙三江水，赋予了柳城殊胜的山水灵气，青山、绿水、良田，滋养了柳城各族人民，孕育了一方淳朴的风情，交织成一幅幅绝美的田园画卷。

行走在柳城，三江蜿蜒曲折，穿流于群山之间，犹如一条条玉带，沿途两岸茂林修竹，生态极佳，风光秀丽，一幅幅秀美的山水画映入眼帘，令人流连。特别是一入古砦仫佬族乡境内，那稻花飘香的现代粮食核心示范区，连片的稻田映入眼帘，阡陌纵横，远处的山峦连绵起伏，散落其间的农家小院、村落与其相映成趣，把这里点缀得多姿多彩，绚丽自然，浑然天成一幅壮观的尽显自然之韵、和谐之美的田园诗画，让人目眩陶醉。而这诗意画卷，正是千百年来柳城各族人民与山相安生、与水共流长，

1 相关数据参见广西柳州市柳城县人民政府门户网站，http：//www.liucheng.gov.cn/sjzt/。

2 中国人民政治协商会议柳城县委员会文史资料研究委员会：《柳城文史资料》（第1辑），1986年，第13页。

3 关于融江和龙江的源起和汇流处，《柳城概况》有载：“河流有二：一自贵州经思恩，河池，宜山入境；一自湖南经三江，融县而来，二水汇合于县城之西，成为柳江，直放柳梧。”参见广西统计局编：《柳城概况》，1934年，第7页。

4 中国人民政治协商会议柳城县委员会文史资料研究委员会：《柳城文史资料》（第3辑），1986年，第39页。

共同创造的“各美其美、美美与共”的和谐家园。

柳城，三江共融，千古风情娓娓道来，养眼的青山绿水、养心的壮欢彩调，恬静而安详的田园生活，正吸引着越来越多的观光旅游者，“国家森林乡村”大户村、“花果村”邬家屯、高山下的童话村庄鸦鹊屯、宁静优美的田村屯、“风水”宝地中印屯……这一个个乡村旅游网红“打卡地”正成为柳城一个个亮丽的名片。

（二）龙城故地，红色沃土

柳城秦属桂林郡潭中县地，汉、晋因之。南朝梁大同三年（537 年）始置龙城县，治地南荡堡（今凤山镇南丹村）。唐武德四年（621 年）分龙城置柳岭两县。贞观七年（633 年）复废柳岭并入龙城县。宋景德三年（1006 年）取柳岭和龙城各一字，更名为柳城。宋末的柳州州治，元代的柳州路路治，连续百余年均设柳城。因地理区位优势显著，柳城历史上乃为兵家必争的战略要地，很早以前就开始了各民族交往交流交融的历史。悠悠千年历史，孕育了柳城深厚的文化底蕴。

据统计，柳城县已登记并公布的不可移动文物共有 69 处，其中全国重点文物保护单位 1 处、自治区文物保护单位 5 处、县级文物保护单位 4 处、一般不可移动文物点 59 处，分布在全县各个乡镇、村屯。

柳城还是一片具有深厚革命传统的红色沃土。自建县以来，历史上曾经发生过数次的人民反封建的斗争，尤其是自 20 世纪 20 年代开始，在中国共产党的领导下，开展了如火如荼、风起云涌的革命斗争，推动了历史前进。其中，位于柳城县西北部的今古砦仫佬族乡，是一个历经土地革命、抗日战争、解放战争三次革命烈火煅烧的革命老区。这里是中国共产党在柳城县开展活动较早、较活跃的地区，也是广西农民运动开展较早的地区之一。大革命时期，古砦籍农民运动先驱严叔庚，领导成立了柳北地区第一个农民协会——古砦农民协会，会员人数有 400 多人，还建立了一支 30 人的农民自卫军；抗日战争时期，这里是全县人民抗日的指挥中心；解放战争时期，这里是柳城武工队、柳北解放总队第五大队推翻国民党反动派在柳城统治的根据地；在这里，也曾经爆发了震惊广西的“古砦事件”。以严叔庚、廖美奇、龙家盛为代表的革命先烈前赴后继、鞠躬尽瘁、死而后已，先烈们伟大的爱国主义精神已深深扎根于这片土地。1994 年 11 月，经柳州市人民政府批准，古砦仫佬族乡被划定为“革命老根据地”。目前，桂黔边人民保卫团柳城武工队活动旧址——覃村学堂，位于古砦仫佬族乡龙美村委覃村屯，距县城 27 千米，有砖瓦结构房屋 5 间，建筑面积 400 平方米，是当年柳城武工队开展党的地下活动的主要场所，现列为柳城县爱国主义教育基地。

除古砦仫佬族乡外，今凤山镇、太平镇、龙头镇等地也有着光荣的革命传统，到 1997 年，这三个地方分别获批为抗日战争时期革命老区、革命根据地和解放战争游击根据地。

在柳城这片古老的土地上，汉族、壮族、仫佬族等各族人民用自己的故事，共同书写了柳城的壮丽史诗，红色基因传承至今，也激励着他们在追梦的路上携手同心，奋勇前行。

（三）甜蜜之乡，百花齐放[1]

柳城县是传统的农业大县，历以生产粮食、糖蔗、蜜橘等为主。境内古砦仫佬族乡尤盛产稻谷，有“砍不完苗山的竹，挑不完北乡的谷”之俗谚，其“稻花飘香”现代农业示范区、古砦富硒大米品牌早已蜚声区内外。由于气候条件得天独厚，特别适宜甘蔗和柑橘生长，蔗糖、蜜橘遂成为柳城县重要的核心产业，因之而有“甜蜜之乡”的美誉。

甘蔗产业一直是柳城县的产业支柱。甘蔗产量位居广西县级（城区）第4位，在人均产蔗量、亩产量、良种普及率和新技术应用等方面均走在广西前列，是国家糖料生产基地县、广西糖料蔗生产重点县，“甜蜜事业”正蒸蒸日上。

柳城蜜橘产业历史悠久。唐时柳宗元被贬柳州，曾“手种黄柑二百株，春来新叶遍城隅”，在其倡导下，柳州一带从此“香柑遍地，绿柳成行”。“柳城蜜橘”，外观美艳，肉嫩无渣，香味浓郁独特，于2010年成为中国地理标志保护产品，2018年被批准为国家级生态原产地保护产品。如今，“柳城蜜橘”不仅成了柳城的一个优势产业品牌，也成了柳城的一个文化品牌和各民族联谊交往交流的平台，借助于蜜橘节和电商平台，正走向世界，走向繁荣。

除了甘蔗、蜜橘外，柳城县还是广西蚕桑发展十佳基地县之一，通过实施“国家‘东桑西移’工程蚕桑基地建设”“桑蚕优质高效种养及深加工技术集成应用示范”“广西桑蚕标准园建设”等项目建设，持续做大做强桑蚕产业。目前，柳城县已建成现代蚕业示范区10个，成立桑蚕专业合作社13个。据统计，2021年柳城县桑园面积有15.5万亩，鲜茧产量1.87万吨，产值达9亿元，养蚕农户约3万户，户均收入近3万元。

如果说农业是柳城经济发展的“稳定器”，那么工业就是拉动柳城经济发展的“强力引擎”。多年来，柳城县已形成制糖、食品、缫丝、木材等四大传统产业，而今正不断凝聚着经济社会高质量发展的磅礴力量，实现着产业的“百花齐放”。其中，凤山糖厂、柳城糖厂、六塘制糖公司等制糖产业正朝向蔗糖产业由初级加工向精深加工转变，发展精制糖、功能糖等系列产品；引进了国内酵母行业龙头企业安琪酵母公司，利用糖蜜为主要原料生产酵母抽提物，并于2018年建成了年产3.5万吨全球最大的酵母抽提物生产基地。推进茧丝产业多元开发、延链发展、转型升级，开发生产AAAA级以

1 此节相关数据参见广西柳州市柳城县人民政府门户网站，http：//www.liucheng.gov.cn/sjzt/。

上缫丝、捻丝、织造等系列精深加工产品，打造广西现代茧丝加工重要基地。依托马山片区作为木业专业化集群发展的前景，引进、培育、发展具有自主品牌的木业企业，打造中高端家具、木制品、家装材料等现代木业生产基地，2021年柳城县木业企业规模以上工业产值25.78亿元。积极发展化工、金属精加工、生物制药等三大战略性新兴产业。以东风化工等为龙头，打造六塘精细化工产业园；以鼎铭金属制品有限公司为龙头，发展抗菌型不锈钢棒线材、镍基双相不锈钢、核级特种钢系列制品等新型特种钢产品，打造沙埔片区金属加工轧制—初加工—精深加工的完整产业链园区；在河西工业片区谋划打造生物科技产业园。

为谱写高质量发展壮丽篇章，柳城县还大力推进“三产活县工程”，高位推动旅游业发展。紧紧围绕“龙城原乡，休闲柳城”这条主线，逐渐探索出了一条乡村美、产业兴、村民富的发展之路。抓住柳州北部生态新区发展机遇，加大凤山古镇、南丹古城、开山寺寺前文化旅游区、大埔宋窑遗址文旅产业园等项目开发力度，谋划建设巨猿洞文化遗址公园，加快对洛崖知青城、古砦仫佬族乡风情旅游区、沙埔河漂流带等提升步伐，不断拓展旅游客源，培育塑造旅游品牌，积极推进旅游休闲度假基地建设，探索文旅+科技、乡村、康养等产业融合发展新思路，培强做大旅游产业，正在形成全域旅游发展大格局。2021年全县接待旅游游客数312.02万人次，同比增长9.81%，旅游消费31.38亿元。沙埔河、古砦红枫林等一批景区成为柳州近郊游网红地。

柳城，这个生态宜居美如画的地方，这片开拓产业发展的沃壤热土，正沐浴着乡村振兴的春风，汉族、壮族、仫佬族等各族人民勠力同心奋力前行！未来，美丽柳城将绽放怎样的异彩，让人满怀期待。

二、洛崖：历久弥新团结情

在柳城县大埔镇西南面、融江河畔，有一个百年滨江古镇——洛崖，这是一个与知青有着不解之缘的地方。这个依山傍水，风光旖旎的百年古镇，曾经是知青云集之地，而今已经建成以知青文化为主题，融山水、古镇风光于一体的知青文化创意产业园——“知青城”，正以“中国知青第一城”形象，吸引源源不断的游人前来观光休闲，了解知青文化、回顾历史，成为党性教育和爱国主义教育的基地。园区总面积4平方千米，2014年被授予国家AAAA级旅游景区，2016年被认定为广西休闲农业与乡村旅游示范点，2021年获批广西生态环境宣传教育实践基地。

因为知青，洛崖古镇承载了一段无法忘却的青春记忆，书写了无数个感人肺腑的知青故事，知青用青春与激情铸就的那段经历，诠释了他们对党、对祖国、对人民的无比赤诚；因为知青，洛崖古镇见证了民族团结一家亲的浓浓深情，演绎了一个个携手奋进共发展的动人画面，使民族团结之情、友谊之花在龙城大地绚丽绽放。

图 7.1 柳城县知青城知青博物馆（柳城县文物管理所提供）

（一）如歌岁月：互帮互助一家亲

当踏进山水相依的洛崖古镇，行走在温润的青石板路上，古老的巷道，古朴的民居，以及土黄色墙上“苦不苦，想想长征二万五；累不累，想想革命老前辈”“滚一身泥巴，炼一颗红心”“青春无悔，青春万岁”……一条条红色标语不时映入眼帘，透着厚重的历史沧桑感，构成一幅意蕴深长的画卷，向你诉说着那段豪情万丈、战天斗地的如歌岁月。这里，忠实地记录着知青们曾经洒下的汗水和经历的艰苦奋斗历程，也镌刻着知青与农民同生产共劳动的太多记忆，陈述着知青与农民之间水乳交融般的浓浓情谊。

当年来到洛崖的知青扎根农村，与农民相伴在烈日下，相随于风雨中，这段岁月成为众多知青心中一道道刻骨铭心的记忆。当时城乡无论生活方式、伦理价值、文化传统都差距甚远，为向农民靠拢，知青们与当地各族群众相互了解、相互尊重、相互欣赏、相互学习、相互帮助，主动克服语言、生活、劳动等“三关”问题。语言上，一般壮族村民日常都用壮话交流，知青便听其言，观其行，主动学习壮话，慢慢地也可以听懂并讲一些日常词语了，解决了与农民的沟通障碍；生活上，知青则慢慢适应农民的吃饭时间和贫苦的生活；劳动上，知青与农民一起早出晚归，担水、挑肥、挑秧、挑谷，扛甘蔗，很快变成一个个干农活儿的好手，并主动承揽重活儿、苦活儿和脏活儿。他们从面朝黄土背朝天的艰辛之中，体会到农民生活之不易，也练就了一身吃苦耐劳的过硬本领和健康体魄。

而大规模的知青上山下乡，又带来了广泛而扎实的社会主义文化下乡。知青们多责无旁贷地担负起插队所在地的扫盲教育任务，他们往往日间下田劳动，夜晚就在村中开办夜校，教村里不识字的农民识字，使大量少数民族群众摘掉了文盲帽子，推动了农村教育事业的发展。同时，作为推广农业科学技术的先锋，知青更是将在学校里学到的科学技术传播到农村去。当年的知青乐易珠就跟我们讲述了她们帮村里养猪的经历：

> 我们还在大队办夜校，教村民养猪。那些猪原本瘦弱，我们用科学方法来养猪，养得肥壮了。我们养猪的方法是比较先进的，主要是一种发酵的方法，猪草是要砍碎的，但不用煮了，直接发酵后就可以给猪吃了，这样就节约了木材，也节约了时间。我们养的猪就长得快，也长得肥，那时候农民家里养猪，生产队也要养猪，生产队的就抽了我和刘忠莲去做饲养员，当时大概有十多头的样子，现在看，其实我们养的也不多。猪草是我们自己上山找，为了这个我还有本养猪的日记。后来，我们这个科学的养猪方法得到一些推广。[1]

知青作为文化主体与插队下乡所在地的本土民族文化发生交汇、交融，同时也给本土民族文化注入了活力，以他们的知识、技术，帮助当地农民开阔了视野，提升了文化素质，实实在在地影响着农民的思想文化观念，促进和改变了当地生产条件和生活环境。而农民也热心地授予知青农业技术，以自身的朴实真诚，帮助广大知识青年度过了艰难的岁月。

据知青龙正平介绍，农民对知青的关心是实实在在的，看到知青是城市来的，从小没有接触过农活儿，一开始就安排知青做轻松的活路，让这些十几岁的年轻人看在眼里，暖在心里。他当年插队后，队里就只安排他做锄草、种烟等轻松的事情，这让背井离乡的龙正平一直铭记在心，十分感动。

> 我们当时就是三更半夜去耙田，我是1969年下乡插队，1974年回城的。我插队的公社叫洛崖公社寨岭大队，整个大队都是壮族人民居住的，他们都说壮话，所以我到那里后很不习惯的。一个是生活很不适应，一个是劳动不适应，还有语言不适应，但是时间一长，农民对我是相当关心的。我刚去的时候他们让我去和妇女一起种烟，犁田耙田都是男人的活路，他们不要我去，一个是我没有这方面的经验，一个是我体力也达不到，所以这种安排是对我的一种照顾。当时我们去

1　访谈对象：乐易珠，女，70岁；地点：柳州市广东茶楼金沙角店；时间：2022年6月20日。

> 的时候还是开春，很冷的天气，我们就锄草，不是很累的生活，但手拿镰刀，不到三天我的手就起泡了。当时有个大妈就对我说："儿子啊，你手不要抓得太紧了，明天你不要去了，就在家休息了，我去跟队长说一声。"我听到她对我说"儿子"的时候，我心里边就很暖，她把我当儿子，我心里是很感动的，我当时眼泪就流下来了。[1]

受访知青一致认为他们是最能吃苦的一代，"能吃苦"是知青群体区别于其他群体的一个标志。不怕苦，不怕难，是知青们共同的宣言，纵使是女知青干活儿也很拼命，也能在农村撑起一片天地。知青在农村坎坷磨炼中，培养了自强、自立、自信、自重的品格和坚韧不拔、吃苦耐劳的精神，也成为他们一生中宝贵的精神财富，让他们一次次勇敢面对生命中遭遇的种种挫折。他们后来返城参加工作后，坚定信念，积极进取，大多成为单位的骨干人才，和在农村锻造的强大意志力密不可分。

上山下乡改变了知青的人生轨迹，塑造了他们的意志和品质，特别壮族人民具有民族团结的优良传统，已积淀为一种优秀文化特质，也使插队知青深受感染、切身实践。知青之间、知青与农民之间都团结友爱、和睦相处。提起那些插队的日子，知青们深刻体会到农民身上淳朴善良的品质，也以自己的行动获得了农民的信任。在知青中，至今还津津乐道的是"方刚赤手空拳生擒了一头野猪"的故事。他初生牛犊不怕虎，为保护田间劳作的农民，赤手空拳擒野猪，保护了农民的生命安全，也成为知青中传奇式的人物。

> 我打野猪的事情，在知青们里传得很广。这事发生在1969年国庆节的前两天，知青都回家去了，就和我的一个小兄弟，只剩下我们两个没有回去。那天生产队出工，拔花生，掉的就去捡，我们出工走到一半的时候就听到有人喊，有野猪，就看到一个黑乎乎的东西跑过来，以前也知道有野猪，图片上也见过，但没有见过实物。跟我一起的小伙计就躲到我屁股后面去了，我是高二，他是老初一的，野猪冲过来，我就用扁担一敲，就感到手上一阵麻，扁担不知道飞哪里去了。野猪就跑，我们也追，它就跑到隔壁村的稻田里去了。那时候稻谷黄了，要准备收了，田里有人，我远远地看到野猪把那个人拱翻了，翻了后这野猪就继续拱他，这人又浮起来了，好像开玩笑一样。我就赤手空拳追上去，不能让他伤到这个农民，但追上去后那个野猪又跑，又跑到了方田。到了那里，野猪就是谁靠它近，它就冲谁来，那个农民掉头就跑，我冲上去后野猪就不管那个人了，就冲我来了，我身子一侧，刚好抱住它的脑袋，把它放翻后它就拱。旁边的农民看到我把它放倒了，就上来使劲地敲它，最后敲晕了。他们说野猪我打死的，我是一

1 访谈对象：龙正平，男，72岁；地点：柳州市凯悦嘉轩酒店；时间：2022年6月19日。

等功，野猪是死在村头的，农村有个习俗叫见者有份，分的时候村子里来了100多号人，因为我有功，给我一个猪头，拿回住户那里，和大家一起吃了。以至在多年后，当我们知青回村探望时，村里的老一辈在向后生们介绍我时仍说“这就是徒手打死野猪的老方呀！”[1]

没有血缘关系，但知青同少数民族村民们却有着难舍难分的血肉之情，成为一家人。他们毅然用烈焰般的激情，把美好的青春，熔铸成那段难忘的艰辛岁月。他们在和农民同吃同住同劳动过程中，也给民族地区广大农村带来了新气象和新气息，知青与农村少数民族群众在交往交流中实现交融，用实际行动促进了各民族之间的团结，谱写了一曲曲互助互爱的团结之歌，向党和人民交上了一份合格的答卷。

（二）魂牵梦绕：初心依旧爱依然

曾经挥洒汗水的地方，那一村一屯，一草一木都牵动着老知青的眷念之心，在他们心里，往昔的知青岁月虽然远去，但他们却时刻与村庄同在，与村民同在。今天，在追忆知青生活时，受访知青无不觉得上山下乡的经历弥足珍贵，在农村接受贫下中农再教育的他们，不仅在知青群体之间培养了深厚的拟兄弟姐妹情，在村民那里也收获了亲情般的照顾，建立起那种患难与共的血肉之情，体会到中华民族共同体的牢不可分，书写了团结友爱的浓墨重彩的华章。

在洛崖街口“知青城”纪念石的《修城记》里，写着“世上总有一种平凡，会让我们感动到泪流满面！世间总有一段历史，会让我们体会到心潮澎湃！”在洛崖，知青们留下了最美好的青春岁月，书写了绚丽多姿的生活，当年懵懂无知的少年，如今已双鬓斑白，时间虽会褪去许多记忆，但浓浓的知青情结依然如前，知青同第二故乡的联系并未中断。在访谈中，虽然有的知青在话语深处对于当时一些事情有些许遗憾，但感受更多的还是他们对过去经历的坦然面对以及对现在生活的乐观心态。曾经挥洒血汗的地方，和农民共同浇灌秧苗的地方，知青都时时刻刻牵挂着。

悬车之年的知青，虽返城近半世纪，但第二故乡总牵动着他们的内心，为反哺第二故乡，以龙正平为首的洛崖知青专门成立了知青联络站。发扬为知青服务，为第二故乡服务的精神，知青联络站开展了一系列有意义的活动。

现在我们做的叫知青联络站，我们主要是为知青服务的，我们开展活动的话，上千人都来的，都是知青，全国很多知青都来这里参观过。我们提供一个平台，让大家在这里面获得身心健康。我们坚持正确的政治方向，为党和国家的政

1　访谈对象：方刚，男，72岁；地点：柳州市凯悦嘉轩酒店；时间：2022年6月19日。

> 治局面，全局服务，这是我们紧紧把握的主题。所以，我们开展对民族地区的小学捐赠活动，发动知青对这些学校捐款、捐书，这些年几十万元，书籍也是几十万册。我们到三江侗族自治县去，是县教育局亲自接待的，我们给斗江中心小学、洛崖小学、桂林的凤凰小学送了三万册书，还捐钱给凤凰小学（红军小学），捐钱给他们买红军服。还捐钱给贵州台江县排羊乡的小学。[1]

自知青联络站建立以来，柳城知青在扶贫助困、支持地方教育发展等方面做出了重要贡献。

> 我们捐书捐钱多少都是记录好的，每一次我们都写文章宣传，这些东西都证明我们这代人跟党走、听党话的初心是不变的，我们这代人是永远不动摇的，我们当时下乡吃的苦算什么啊，我们通过重走长征路，才感到我们是多么的渺小。我们不忘初心，坚决跟党走，我们相信只要我们跟党走，我们的红色就永不变质。
>
> 我认为知青精神是延安精神培育起来的，是中华文化的产物，也是长征精神和延安精神的继承和发展，自力更生，艰苦奋斗，甘于奉献。[2]

知青返城快半个世纪，岁月销蚀着他们的青春容颜，知青和村民的关系却历久弥新。在乡村振兴中，知青尽己所能，为乡村振兴添砖加瓦。逢年过节，他们常回插队的农民家里叙旧情，在生活上尽可能地帮助他们。

> 因为有这么一段生活的经历，和农民的关系也很好，和队长啊、治保主任啊，他们有时候也来柳州，我们都是盛情款待，有些经济上有困难的，我们就掏点钱，当时工资也不高，反正尽自己的能力，能资助就资助一点。另外就是知青在回来后，逢年过节的时候，我们还一起去村里头，和农民叙友情，讲讲过去比较有趣的事情。
>
> 为什么和农民关系好，彼此间情谊很深，还是受红色文化的影响吧。这里要提到的就是侯信，他是柳北解放大队2支队的队长，他的墓就在太平镇上，这个镇子和我们村没有多远，他的墓就在来镇上的路边，换句话来说，我去赶集的时候就是从他的墓前走过来走过去的。回去我就和村民聊这个，村民就把侯信的事迹给我讲述，我们听后很感动，人家为了国家的解放生命都献出来了，我们在农村遇到的这些苦难算什么，这也是我们能够在农村坚持下来的一个精神支柱，一个力量。[3]

1 访谈对象：龙正平，男，72岁；地点：柳州市凯悦嘉轩酒店；时间：2022年6月19日。

2 访谈对象：龙正平，男，72岁；地点：柳州市凯悦嘉轩酒店；时间：2022年6月19日。

3 访谈对象：方刚，男，72岁；地点：柳州市凯悦嘉轩酒店；时间：2022年6月19日。

知青情结，是这批知青都有的情怀，心系民族地区农村，关心农村的发展，牵挂住户，牵挂曾经的一草一木，作为共和国的同龄人和建设者，他们知党恩，报党恩，努力为乡村建设做出应有的贡献。

洛崖，呈现的就是知青同人民群众同甘共苦、情同手足、血肉相连、鱼水交融的青春画卷，为铸牢中华民族共同体意识提供力量源泉，知青与农民互帮互助，交往交流交融的今与昔，就是铸牢中华民族共同体意识鲜活的历史样本。

三、侨乡：侨心汇聚向中华

在柳城，有两个侨乡，一个是位于县城东部的柳城华侨农场（简称柳华农场，原名“广西壮族自治区国营东泉农场”），一个是位于县城西北部的伏虎华侨农场（简称伏虎农场，原名“广西壮族自治区国营伏虎农场”），均始建于20世纪50年代末，用于安置当时从印度尼西亚、越南等国返回的“难侨”。

20世纪60年代，印度尼西亚政府针对华人实施了第十号总统法令，限制乡下的华人从事商贸活动，迫使大批华人离开印度尼西亚返回祖国；20世纪70年代，越南政府实施排华政策，又迫使大批华人华侨回到祖国。大量的华侨纷纷回到祖国，祖国在极为困难的情况下，开展了反排华斗争，调动一切力量接待和安置归国华侨。中央提出以“集中为主，分散为辅”的安置方针，国家陆续在海南、广东、广西等省、自治区设立华侨农场，以安置当时归国的大批华侨，为归国难侨在最艰难困苦的时刻提供了必要的生活保障。据统计，当时从越南回国的难侨进入中国广西边境的有222165人，其中留在广西的有10.4万人，大多数安置在武鸣、宁明、天西、丽光、海晏、来宾、凤凰、迁江、柳城、桂林、伏虎、百色、浪湾、左江、新和、桃城以及其他华侨农场等。[1]

归侨在来到安置点之初，大多有对气候环境、劳动、饮食等方面的不适应，这样一来，归侨在与当地人的交往之中就凸显了出来。起初，他们试图融入当地，却被本地人当作外地人而加以区别，自身也有所谓“归侨意识”而把自我与他者进行区隔，这些因素都妨碍着归侨融入当地的生活。但随着时间的推移，归侨对气候环境、劳动、饮食等逐步习惯，在通婚半径方面也在逐步扩大，同当地的交往交流交融逐步加深，实现了由“他乡”到“家乡”的转变。今天，柳华农场依托蜜橘带动农场经济发展，伏虎农场以茶叶致富，两个农场的归侨都心聚中华，融入中华民族伟大复兴的壮阔征程，拥抱幸福美好的生活。

1　郑一省：《回归与融入：华侨农场归侨口述历史》，中国华侨出版社，2021年，第1页。

（一）柳华：归来是故乡[1]

图 7.2 柳城华侨农场 90 亩茶园一角，采茶时节，茶农采茶忙。（柳城华侨管理区提供）

柳华农场位于柳城县东部，居柳城县东南的东泉镇和鹿寨县西北面的平山乡交界处，地跨两线边境，全场地理坐标为东经 109°30′49″~109°37′17″ 之间，北纬 24°24′30″~24°35′20″ 之间。农场总占地面积 53464 亩，其中发证土地面积 38450 亩。地形南北最宽 6 千米，东西最长 8 千米，地图呈“一”字形。农场距柳城县城 30 千米、东泉镇 7 千米，距湘桂线（高铁）鹿寨北站 16 千米，柳州—拉洞（屯秋）铁路贯穿农场，雒容至东泉一级公路连接至本场，323 国道改线鹿寨至柳城段横贯全境。

农场前身系农垦系统始建于 1958 年的“广西壮族自治区国营东泉农场”。1960 年 4 月接收印尼归侨后更名为“广西国营柳城华侨农场”，1978 年接收越南归难侨，是国家安置印尼、越南归难侨的六个广西老华侨农场之一，成立初期隶属于广西区侨务委员会。柳华农场从 1960 年到 1978 年先后安置印尼和越南等国归侨共 1005 户 4959 人。1970 年农场下放到柳州地区政府管理，1978 年 6 月改由广西区侨务办公室领导，1998 年 9 月下放柳州市人民政府管理，2002 年 11 月下放柳城县人民政府管理，2003 年 5 月成立柳城华侨经济管理区，2014 年 12 月改为柳城华侨管理区。2017 年 6 月列入柳州市北部生态新区规划范畴。历经六十余载风雨路，柳华归侨在适应中升华，正与柳城各族人民一起迈步在幸福的康庄大道上。

1. 艰难回归路，赤子中国心

柳华农场的归侨主要来源于印度尼西亚和越南，安置时间分别集中在 20 世纪 60 年代初期和 70 年代末期。

“二战”后，东南亚各国掀起了一场带有全局性、大规模的反华、排华浪潮，尤其是印度尼西亚基于经济发展和狭隘民族观等的因素，排华的时间最长，规模最大。1959 年印度尼西亚总统苏加诺签署第十号总统令，印尼政府强制驱赶华侨华人，13 万

1　柳华农场相关数据来源由柳城华侨管理区宣干覃雪磊提供。

华侨华人为了争取生存，被迫逃离印尼。1960 年 4 月 25 日，为了安置印尼等国归侨，原来的国营东泉农场改建成为国营柳城华侨农场，在建场之后，先后接待安置了从海外印尼归来的华侨 388 户 1599 名，农场属广西区侨委领导。

20 世纪 60 年代随着中苏关系走向恶化，受到国家利益、民族主义思想和越南国内工作重心转移的影响，越南当局也加入了反华行列，这一时期越南的对华政策也发生了较大的改变。到 1978 年，更是推行种族主义政策，大肆反华、排华，强行驱赶华侨、华人和住在中越边境的少数民族。大批华侨华人受到迫害，回到中国。柳华农场根据上级的指示，安置从云南省河口县和广西凭祥市、东兴县等地回国的越南归侨、侨眷共 617 户 3360 人。

在我们的调查中，受访归侨自述归国的历程，当时排华的恐怖氛围仍然历历在目。有的是主动踏上了归国历程，有的是在当地政府强行驱赶下被迫回来的。无论自愿还是被迫的，他们有畏惧和迷茫，也有憧憬和期待。越南归侨莫善棋回忆说：

> 归侨的人很多，有的从越南回来，有的从印度尼西亚回来，有的走路，有的搭船回来。我们到达竹山码头后，国内就有人接收，把我们集中到一个地方暂时住的，然后就有解放牌的汽车来拉我们，我们当时的东西很多，床啊、柜子啊都搬过来的。
>
> 当时我回来后在东兴居住嘛，临时住了两三天这样吧，然后就分配到不同的地方，海南啊、广东啊、广西啊，各个地方都有我们的亲戚，我们回来在南宁也住了几天，然后我们又统一上车，来到我们的六队。[1]

印度尼西亚归侨李志生也向我们讲述了他的归国历程：

> 那时候，国外不允许中国人居住，要么加入当地国籍，要么就回中国。我父母还是决定回国的好。老人当时就是想落叶归根，所以就带着一家大小回来了。1960年我就随父母亲回来了，我们是坐船过来的。下船后，在南宁住了一个月，因为这边的房子还没有起好，就在那边等房子起好，我们是印尼归侨中第四批回来的，回来的原因都是那边排华，我们是住在一个小岛里边的，受了这个影响后，当地的不办华文学校，不给读中文，取消中文，为了子女的教育，父母亲就把我们带回来了，主要是为了我们的读书，不回来的话，就要纳入当地了，就要读它的书了。[2]

1　访谈对象：莫善棋，男，53 岁；地点：柳城华侨农场；时间：2022 年 6 月 17 日。

2　访谈对象：李志生，男，68 岁；地点：柳城华侨农场；时间：2022 年 6 月 17 日。

归侨历经千辛万苦回到中国，但在栖身之后，处在明显的差异语境中，面对诸多的不适应，如何让他们尽快适应农场生活？为此，柳华农场遵照国家侨务政策，最初以“一视同仁，适当照顾”的八字方针，适当照顾归侨、侨眷的特点和利益，充分调动归侨的生产积极性，引导农场归侨、侨眷走社会主义道路；后又以1977年11月《关于全国侨务会议预备会议的情况报告》提出的“一视同仁、不得歧视、根据特点、适当照顾”十六字方针为指南，团结广大归侨、侨眷，参与社会主义现代化建设。

> 当时回来国家也并不富裕，但国家还是给了我们很多的照顾。我们刚来时，给我们发放了衣服、蚊帐和床铺，还有水壶、热水瓶和其他的一些日用品。回来的第二年，又给我们盖了砖瓦房，还有牛栏啊猪栏啊，通了水电，修了路，总算是安定了下来，能够有一个固定的生活地方。既然到这里，就把这里当作自己的家。农场按国家规定还给发一定的生活补助费，开始每个劳动力每个月发16元，非劳动力发10元，后来都是每人每月12元。有的特别困难户还有临时困难补助金。[1]

随着柳华农场的发展，以及几十年来在农场的生活，归侨、侨眷漂泊的心已渐渐安定下来，其对国家对农场集体的认同感逐渐加强，和当地人也建立了比较深的感情，农场社区与当地社会也不断相融合，归侨年轻一代已经将自己当作柳城的一员了。

2. 安居乐业，融入中华大家庭

初回祖国时，柳华农场的印尼归侨非常不适应。首先因为两地之间存在气候上的差异，从热带季风气候到亚热带季风气候，归侨在适应环境方面就需要一个过程，谈及刚来广西时，他们感触较多的就是气候上的不适应；其次就是生活方式和习惯上的不适应。

艰苦的条件并没有难倒归侨，他们主动适应气候环境，没有冬衣的解决冬衣的问题，没有劳动经验的，主动学习如何劳动。才归来的他们，在政府的安置下，就先和当地老百姓同吃同住同劳动，经过一段时间的体验逐渐适应，习惯成为自然。

华侨的归国历程是艰难的，他们融入当地的过程也是不易的，归国华侨在党和国家的关照下，主动克服困难，适应安置点的生活，积极地融入地方，在生活上和文化上与当地早已水乳交融。归侨融入地方的过程，就是归侨和当地人交往交流交融的过程。

归国后的生活虽然艰苦，但归侨在集体生活中主动适应环境，跟随集体，统一出工，统一收工。归侨和归侨之间，归侨和周边村民的关系从陌生到熟悉，逐步地，归

1 访谈对象：莫善棋，男，53岁；地点：柳城华侨农场；时间：2022年6月17日。

侨的生活和教育慢慢从开始的不适应到逐步融入当地，在文化上已无明显区别，归侨的通婚圈也没有局限于归侨内部，族际意识较淡薄。从目前的调查来说，归侨和当地村民之间已无明显的族群边界，语言相同，没有隔阂，区别极小。

今日之柳华，归侨早已实现安居乐业。归侨们住的是一栋栋楼房；漫山遍野都种着蜜橘，柑橘产业已成为县域优势特色农业品牌。目前，柑橘种植总面积15000亩，年产量4.5万多吨，年产值1.6亿元。农场柑橘果园先后通过出口水果果园、国家生态原产地保护认证。2020年获评为自治区三星级“侨城橘缘”现代农业核心示范区。此外，柳华农场茶厂生产的“桂侨红”红茶、“红叶传情”红茶在外也有较高的声誉。

今日之柳华，在党和国家对归侨的关心和支持下，农场2017年荣获第七批全国“一村一品”示范村镇称号，2020年获得农业农村部颁发的“亿元村”称号。随“柳城蜜橘”一起兴旺的，是归侨们的幸福指数，私家车逐渐成为农场职工的标配，归侨们的日子越过越红火！柳华蜜橘，大吉大利，幸福甜蜜！

（二）伏虎：茶香奔小康

伏虎农场位于柳城县西北部，距县城25千米，东与融安县交界，西与罗城仫佬族自治县毗邻，北与融水苗族自治县接壤。

农场始建于1958年，原名“广西壮族自治区国营伏虎农场”，1978年安置归难侨胞后更名为“广西壮族自治区国营伏虎华侨农场”，主要安置越南归国华侨。2003年成立“柳城县伏虎华侨经济管理区”，仍保留“广西壮族自治区国营伏虎华侨农场”牌子，执行“两块牌子，一套人马”的管理模式。伏虎华侨农场依托自然优势，大力发展茶叶。目前茶叶面积保持为2000亩左右，主要有云南大叶、福云六号、福鼎大豪；10亩茶叶品种园；甘蔗种植面积3363亩，其中双高基地1963亩；水果种植面积超3000亩。茶叶产品有“伏侨”牌茗珍、绿雪、金毫、龙韵、毛尖、毛峰、炒直条、炒曲条、爆花茶等10多个绿茶、红茶系列品种，2006—2018年，在“中茶杯”中国名茶全国名优茶评比活动中，荣获金奖、银奖、特等奖和一等奖，2016年荣获首届柳州市农业企业十大农产品品牌，2017年“伏侨牌”茶叶通过国家级生态原产地产品保护之一，2018年4月荣获首届广西好食材“十大好茶”荣誉，5月伏侨牌伏虎金毫荣获第二届中国国际茶叶博览会金奖。[1]随着农场茶叶知名度持续扩大，农场正在打造茶叶和其他产业的融合发展，带动农场职工腰包鼓起来的同时，周围村民也搭上了致富的快车。

1.漫漫幸福生活路

阳光总在风雨后，美好生活并不是一蹴而就，但只要不停地向前，亮丽就是最终

1　资料由伏虎华侨管理区全恭福提供。

的底色。安置在伏虎农场的归侨在外大多也是从事农业相关的工作，有吃苦耐劳的精神。自20世纪70年代来到伏虎农场后，就表现出极强的环境适应能力，对农场的劳动强度和劳作模式大都适应。

现在的伏虎农场的生力军大多是归侨的第二代。他们很小就跟随父辈回到中国，由于归国的孩子过多，学校一时间无法容下所有的学生。学校上课就分上午和下午，每个学生上课的时间只有半天，在这样的条件下，学生的课业是无法保证的，加之家庭条件的限制，好多学生的课业时断时续，但正是这样的环境，锻造了他们坚毅的精神品质，成为他们日后美好生活的重要积淀。

正是因为经历过峥嵘岁月，这些归侨在行业之间可以很迅速地实现转换，当有机会时，他们往往能率先搭上时代的快车，实现个体的转型发展。归侨黎荣福就是这样一个典型。

> 从外面打工回来后，就去了茶厂，厂里的主任说这人还可以，家里也困难，就叫去茶厂工作，按计件的方式来给工钱的，那是1987年、1988年的样子。后来我就自愿报名，有工作的话他就安排给我，没有工作的话，哪里有就去哪里做，我不是自然增长进入农场的员工，不能直接进入茶厂做工人。1989年，我就去承包茶叶，当时那边有茶厂的，承包茶叶的话，按收购的价去算你该得多少钱，当时做那个工作不得什么钱。
>
> 之后，学校这边又招代课老师，我就去考，结果就考上了，就去代课。因为代课，我机会来了，又报考县里的中专，那时代课老师最起码是要中专的学历，没有的话是不能从事这个职业的。从1993年开始，到1996年我完成了这个学习任务。完成不了没有证书，没办法，只能硬着头皮去学了，我是踩单车去柳城学习的，现在想起来都不知道怎么过来的。之后也没有一直当老师，到1999年的样子我就离开那里了。
>
> 我就在不同的地方打工，挣的钱比回到茶园或者做老师要多不少。就这样，我在外边做工有八九年的样子。2007年回来以后就是做茶叶了，我原来不是还有一份茶叶吗，就回来经营我的茶叶啊。做茶叶的话，这边厂里又要招一批管理人员，领导就过去了解我的情况，问我还打不打算去啊，说我在外跑了那么多年了，如果想在农场的话，就给农场做点贡献吧。我当时就说，如果觉得我还能用的话，就用我，不能用就算了。2008年6月15日下了通知，我就先把家里的事情安排好再去报到，16日那天我来这里报到，在人事劳动科，负责管理医保，同时协助管理养老和档案的整理，其他的工作慢慢地越来越多。2009年11月份把我调到分场那边当主任了。[1]

1 访谈对象：黎荣福，男，53岁；地点：伏虎华侨农场；时间：2022年6月18日。

黎荣福个人的发展小史只是众多归侨的代表之一，置身时代大潮中，其自身发展同时代共同发展，在众多行业之间，在成长中他始终不忘教育对改变命运的巨大作用。

2. 茶香四溢，发展同享

现今伏虎农场的主要产业有茶叶、甘蔗和水果，茶叶是主要产业，以茶叶为依托，带动整个农场的经济发展。据了解，伏虎农场主要经济产业是茶叶、甘蔗和水果，其中茶叶最主要，在外知名度也比较高。农场在20世纪60年代就有了茶叶生产加工经验，在管理上采用"公司+基地+农户"的管理模式，在茶叶加工方面实现了清洁化生产，在质量管理上已通过ISO9001国际质量管理体系认证，茶叶产品已获得QS市场卫生质量准入认证。

随着农业技术的提高，茶叶种植的机械化程度越来越高，效率也越来越高，茶地的日常管理是个体负责，要增收农民就要鼓足干劲加油干，伏虎茶叶主要走的是高端路线，一斤茶可以卖到上千元，农民的生活随着茶品牌发展壮大而越来越好，职工的保险也由茶厂统一购买，这样一来，工人在退休后的生活也有了足够的保障。

农场下一步的发展方向是第一、二、三产业的融合，形成以茶叶为依托，结合农场自身的特色和优势，紧跟时代，把第二、三产业融合进来，逐步打造出一条致富的链条，每一个职工和农民都是这个链条上的一员，共同迈向美好的明天。

伏虎农场不光带动了农场职工走向了美好生活，茶厂厂长何海华还主动担重任，发挥先锋作用，带领周围群众脱贫致富，他主动吸纳周围贫困群众到茶厂学习采茶制茶，这些困难群众在脱贫的同时也学到了一技之长，成功带领90户群众（贫困户40户）脱贫致富，拓展茶园面积500亩。何海华脱贫攻坚成效突出，在2021年被评为自治区优秀共产党员。

此外，何海华同志还授人以科学技术，助力其他县份贫困群众奔小康。2018—2020年间，从融水苗族自治县贫困户手中购买野生茶鲜叶10万元。他深入三江侗族自治县和融水苗族自治县开展科技扶贫，现场培训贫困户和茶农100多人次，帮助学员们系统掌握了相关技术、实现了增收。他还到三江侗族自治县贫困村茶企进行技术和企业管理营销培训，提升了贫困村茶企管理水平和产品质量。

利用地方资源，充分发挥地方优势，打出了品牌，打出了特色。伏虎农场以茶带动职工致富，全农场上下过上了幸福好生活；以茶传情，主动授人以渔，茶香入梦园，更入民族团结情。

四、开山寺：有容乃大谱华章

滔滔江水披荆斩棘，三江寻缘融汇龙城古地。"灵山雄踞两江隈，浮洞玲珑结石台。凤翼朝飞云彩合，龙舟情荡海波回。临风人倚雕楼迴，撞磬谁将妙谛开。未识珊瑚何日举，周遭纪我此游来。”有山有水，负阴抱阳，人杰地灵，物华天宝。的确，有寺庙的地方总是集山川与灵气于一体，物产丰饶，人才辈出。从嘉庆年间走来的开山寺，不仅见证了龙城巨变，还见证了民族之和、民族团结的新历程。

（一）寺中古榕：见证民族团结新历程

步入开山寺，禅音袅袅，净境超然，涤荡红尘。古色古香的建筑，布局错落有致，殿堂金碧辉煌。最为吸引人的还是拥有200余年历史的古榕大树，西边十二棵，寓意佛法西来；东边六棵，意为治法；东西之和，为十八罗汉。十八棵古榕大树，不仅是自然之和，还是人文之和，更是佛教与社会之和；从自然到社会，从平静到庙会狂欢互动，佛教与社会之和始终相得益彰。让我们走进开山寺，走进宗教之和。

1. 开山寺之前世今生

桂中四大名刹之一的开山寺，又名寿佛寺，坐落在距柳城县凤山镇三千米的网山南麓，于清嘉庆十年（1805年）秋动工兴建，嘉庆二十年（1815年）春建成。历时近10年。建成后的开山寺，有山门、八角亭、佛堂、七层佛塔、观音阁、罗汉洞、签房、膳堂、偏房等，大小房屋共34间，总面积450平方米。耗资白银3400余两，由绅士

图7.3 柳城县凤山庙会（韦小明摄，柳州市民宗委提供）

全大定募捐筹措兴建。[1]后来，开山寺在“文革”期间被破坏。自1992年以来，空山法师及其弟子现任住持明辉法师不懈努力，得各级领导关怀、善信檀越力助，先后建成普光明殿、榕林禅院、天王殿、伽蓝殿、地藏殿、药师殿、弥陀殿、钟鼓楼等建筑群。2008年开山寺拟扩建普光明殿、东西回廊、钟鼓楼、天王殿、宗教文化广场、放生池；东侧修身养性宗教生活体验区拟建住宿综合楼；西侧听经闻法游览休闲区拟建综合弘法楼，整体扩建工程计划投资5000万元人民币，2018年完成了三期扩建工程。

开山寺自建以来，香客络绎不绝，香火十分旺盛。开山寺在县委统战部的积极引导下，认真贯彻落实党和国家的宗教政策，把维护民族团结、宗教和谐、社会稳定摆在重要的位置。通过长抓慈善公益，主动承担社会责任，助推民族团结进步，民族团结进步创建工作卓有成效，先后获得2004年自治区“五好宗教场所”，2011年自治区“创建和谐寺观教堂先进集体”，2013年第二届全国创建和谐寺观教堂先进集体，2020年柳州市民族团结进步创建示范寺庙，2022年第五批自治区民族团结示范宗教活动场所。

2. 民族团结寺中行

在自治区、市、县民宗部门的支持和指导下，开山寺充分发挥宗教场所作用，积极地响应上级的号召，主动成立了民族团结进步创建班子，负责民族团结进步创建的各项工作。开山寺民族团结进步创建班子分工明确，各尽己责，利用特定的活动宣传民族团结。

> 民族团结进步创建班子，这个就是我们在创建民族团结工作的时候，要写材料，布置各种宣传，所以我们就建立了这个小组。我们还吸纳一些信众来参与，这个没有具体的制度了，就是按分工和合作，把各自的任务完成，我们会按这个创建的分工下去，能写的，就去写，能拍照的就去拍，能搞小视频的就去制作。创建的时候，我们会根据不同的主题，在创建这一年期间完成，我们会借助固定的时间节点，针对人多的人群去宣讲，就不会是刻意的组织。比如说我们初一、十五的供佛仪式，我们就会有意地安排个十分钟八分钟去宣讲这个主题，比如说今天义工来了，我们讲团结有关的内容，以佛经和教义来结合，比如说，你来敬香，当你回到你的工作和生活中去的时候，如何去处好自己和周边的关系，如何维护好单位的稳定和谐。[2]

佛教文化中包含了许多关于慈爱、和谐、平等，契合民族团结、铸牢中华民族共

1　韦少平：《桂中名胜开山寺》，香港：香港天马图书有限公司，2003年，第8页。

2　访谈对象：明辉法师，男，45岁；地点：凤山开山寺；时间：2022年6月15日。

同体意识的文化资源，开山寺在民族团结进步创建活动中，充分发挥自身的文化优势和自然优势，主动挖掘佛经中有利于社会主义和谐社会的经典教义，同时，开山寺充分利用自然布局中和合的文化因子，为创建民族团结进步示范寺服务。

> 我们会结合我们的实际，我们开山寺18棵古榕树，东面6棵，西面12棵，这个是有故事的，我们祖师还蛮有智慧，给我们后人留下了宝贵的财富；你看到的不仅仅是18棵榕树，我们佛教讲十二因缘，我们西面的12棵就是佛教的因果，十二因缘的流转，这就是讲事物的因果法则；把它解释出来，融入我们民族团结中，人是社会的，不是一个孤立的个体，是众缘和合的，如何才能够融入社会大家庭，你就要做好自己的事情，我们要扮演好自己的缘，来连接因与果。这个独有的环境能够给信众带来启发，这就是我们在平时的宣讲当中要讲好的，让信众进来感受到这个教义和氛围，榕树旁边的小沙弥，写有民族团结的金句：不忘党的恩情，不忘祖国的温暖，不忘各族人民共同团结奋斗的历程。促进各族群众共同富裕，促进各族人民大团结，携手共建美好家园。
>
> 小沙弥手里举着一块大理石的牌子，上刻有石榴果包着的紫荆花，并对含义有解释：紫荆花是柳州市花，石榴果和紫荆花紧密连在一起，五个花瓣的“五”和“石榴”，连起来读就是五十六，象征着生活在柳州各族人民和全国56个民族都是一家人，在中华民族大家庭中像石榴籽一样紧紧抱在一起，铸牢中华民族共同体意识。红色象征着党的领导下，柳州各族儿女传承红色基因，紧跟时代步伐，共同团结奋斗，共同繁荣发展，各族人民日子越来越红火。
>
> 民族团结是个大框架，我们所有的一切都是围绕这个做的，佛教最大的特征就是它的包容性，就是说做到众生平等，一切包容性，你不能是针对哪个民族或者哪个信教群众，然后我去有所分别地去讲解，我们都是一样的，不管你是哪一个民族，我们都不会去排斥，我们都不会去搞特殊，该如何正确对待就是如何正确对待的，都会一视同仁的。说回来，我们都是中国公民，我们都是一样的，这一块我们就没去针对和区别什么。[1]

“和谐，是中国传统文化的价值理想，是当代中国社会建设的目标诉求，也是佛教信仰修学体系的内在要求。”[2]开山寺以自身独特的方式来开展民族团结进步创建工作，充分发挥了宗教教义中与社会主义社会相适应的成分。

开山寺平时所做的一切都是围绕平等、友爱、团结而展开，以潜移默化和循循善诱的方式，让僧人和信众体悟到民族团结就在身边，就在日常生活中，自己所做的工

1 访谈对象：明辉法师，男，45岁；地点：凤山开山寺；时间：2022年6月15日。

2 国家宗教事务局宗教研究中心组：《中国五大宗教论和谐》，北京：宗教文化出版社，2011年，第13页。

作也是民族团结的一部分，民族团结工作常态化，这也是开山寺获得信众和统战民宗部门认可的地方。

3. 慈悲为怀，公益展大爱

佛教主张慈悲为怀，大慈大爱，广积善德，普度众生，众生平等，自古拥有乐善好施的优良传统。开山寺结合自身实际，尽己所能，积极地为社会做出贡献，比如，乡村扶贫，助力学子圆梦，关爱留守儿童、孤寡老人等，不仅从物质上给予帮助，还在心灵上对受助对象进行抚慰，获得了社会的广泛赞誉。

开山寺不仅向贫困学子和贫困户提供帮助，还积极地助力乡村振兴。在村庄基础设施建设、村落环境卫生整治等方面发挥着重要作用。

> 我们在古砦乡搞一个乡村振兴的示范点，把环境的脏乱差整治好，我们开山寺是捐了钱到这个点的，搞一些颜料把废旧的东西擦掉，然后再搞上新的东西。这些我们做得太多了，这些都是常态化的，包括建农村书屋的时候，我们也去支援创建农村书屋，美丽乡村的美化，这些村屯的建设，我们都会参与。像前面这两个村屯的风貌改造，石桌啊，我们都会去捐一部分给他们，以前我们这里有一段时间是美丽乡村的建设，在这个时间我们都会在物质上去支援一下，去参与一下，都是再平常不过的了。[1]

佛教本身的圆融和合精神，兼容并包精神，为促进民族交往交流交融提供了天然文化优势。开山寺充分利用所有的资源为铸牢中华民族共同体意识服务，在保持基本教义的条件下筛选出佛教思想的内核与中华文化相融合，弘扬佛教提倡的大爱精神，为促进社会和谐、民族团结、祖国统一服务，服务时代，服务于地方民众，为始终坚持宗教与社会主义社会相适应提供了注解。

（二）“二八”庙会：狂欢中的民族互动

据《柳城文史资料》记载：“农历二月初八，是开山寺佛祖的诞辰。新中国成立前，每到这日，舞龙、舞狮、演戏、抢花炮，抬阁、顶马、排灯、摇船，应有尽有。赶会期的人竟达数万，各处山头、岭顶，真可谓人山人海，热闹非凡。从二月初一开始，即陆续有人前来拜佛，以后逐日增多，直到初八晚上为止。”[2]“文革”时期，因开山寺的全部屋宇尽被拆毁无遗，庙会便也若有若无。1992 年开山寺开始重建，次年庙

1　访谈对象：明辉法师，男，45 岁；地点：凤山开山寺；时间：2022 年 6 月 15 日。

2　中国人民政治协商会议柳城县委员会文史资料研究委员会：《柳城文史资料》（第 3 辑），1986 年，第 73 页。

会得以恢复。庙会活动形式多样，有抢花炮赛、舞狮舞龙大赛、对歌比赛、商贸往来，等等，场面异常热烈。时间从农历二月初一开始，延至二月初八，游客比肩继踵。及至2019年的庙会，人数更是空前，达十万余众。

有学者认为，“庙会作为兼具神圣性和世俗性，集文化、娱乐、商贸、神灵崇拜等为一体的复合形态的文化，有利于社群成员缓和精神压力、平衡心理、增强自信、强健体魄、抒发感情，促进相互间的沟通、交流和协作，从而增强了群体凝聚力，维护了社会的团结，塑造了新的社区共同体”[1]。开山寺的庙会，除塘进屯本地民众以外，还有柳城、融安、融江、宜州、广东、湖南、贵州、四川等地的信众，可谓“多方来朝”，有各个民族的信众。这些地方来的香客有操桂柳话、客家话、壮话、粤语、湖南话、四川话等，在语言上势必遇到障碍，但普通话是各民族、各省市都通用的语言，在庙会这一神圣与世俗同在的场合，普通话无疑是大家交流的首选。商贾云集、文艺众多，这“不仅是一场神圣与世俗的盛宴，更是不同民族文化交流、不同族群相互融合的有效载体”[2]。

> 开山寺庙会的话，我们当地都去的，也烧香的，求求平安的，这是这里的风俗，基本上去的都要烧香的。像我们农村组织这个文艺活动啊，跳秧歌啊，唱戏啊、舞狮子啊，舞龙啊，很多外地人来的，前几年这些活动还设奖的，有一二三名这样的。
>
> 来参加开山寺庙会的人很多，屯里人也很热情。我们这个屯的人，不管是什么民族，都很和谐的。其实我是侗族，我妈是汉族，但身份证上都是汉族。这个屯里有很多民族，有汉族、壮族、侗族、苗族、畲族，就是仫佬族好像没有，主要以壮族为主。我们主要讲壮话，客家话、百姓话都有，百姓话我们基本也懂，苗族也讲苗语，但我们主要是讲桂柳话，这样大家都比较好沟通的，也没有什么其他的障碍和隔阂，这个比较好。[3]

开山寺的庙会，人的流动还带来物的流动，大大增加了附近村民的经济收入，促进了周边村屯的经济发展。

> 塘进屯去开山寺烧香的多，去卖香的人很多，开山寺是文明敬香，但外边还在卖的，好多是有在周围烧的，我们就去维护秩序了，到处烧还是不好，所以要

1 高克祥、蔡庭花、贺媛：《浅议西部地区传统庙会及其在当代社会治理中的作用》，《中国民族博览》2017年第3期。

2 高克祥、蔡庭花、贺媛：《浅议西部地区传统庙会及其在当代社会治理中的作用》，《中国民族博览》2017年第3期。

3 访谈对象：谢光任，男，72岁；地点：风山镇对河村塘进屯；时间：2022年6月15日。

保护好环境卫生的，要规范烧香。不仅仅是卖香了，其他的特产也卖，我们村里比较出名的桑果酒，参加过自治区特色小吃的比赛，都得过奖的，还有糍粑啊，还有其他的特色产品，这些大部分是已经做成商业品牌了。现在村里正在筹划怎么把这些东西和村落的旅游结合起来搞，这是下一步我们的主要方向，疫情期间，游客比较少，这里的发展受到了不小的影响。开山寺对我们经济的发展的带动作用很大的。[1]

每年二月初八的开山寺庙会，虽是群众自发组织，但由于香客来自五湖四海，庙会这天，人山人海，热闹非凡。这样一来，庙会期间的人群疏散和容纳就需要巨大的场地，同时，人群疏散也需要庞大的安保队伍来管理，政府斥资建设集散广场，届时也加大安保力度，开山寺旁的塘进屯村委会在庙会期间也主动派人负责维持秩序。

开山寺庙会热闹非凡，是一年一度群众的集体狂欢，人流量太大，大量烧香就会对寺院环境产生不利影响，同时，也为响应国家文明敬香的号召，开山寺主动为香客提供三支清香，不收取任何费用。开山寺做工作还不止于此，寺院还通过各种形式向香客介绍、宣传文明敬香理念，引导信众文明礼佛。

开山寺有一副楹联“原名网山更名开山网开三面人人爱，创自全姓建自众姓全众一心个个欢”，恰是“二八”庙会的真实写照。庙会是促进各民族交往交流交融的重要介质，是国家、寺庙、群众三方的交流互动，铸牢中华民族共同体意识，要充分发挥传统庙会在促进民族交往、社区文化认同、商贸往来等方面的积极作用。讲清楚中国佛教对铸牢中华民族共同体意识发挥的积极作用，激励更多的中华儿女、信教群众为实现中华民族的伟大复兴而共同奋斗。[2]

五、古砦：仫佬族乡的民族交融

古砦仫佬族乡位于柳城县西北部，九万大山的余脉将其围成一个大山峒，所以又叫作“北乡峒”。西北面与罗城仫佬族自治县接壤，东南面与龙头、大埔、寨隆、冲脉等乡镇比邻，距离县城 27 千米。全乡下辖 13 个村民委员会和 1 个居民委员会，共 135 个自然屯，总人口 3.7 万人，其中农业人口 3.2 万人。民族结构以仫佬族、壮族、汉族为主，其中仫佬族占总人口 30%。1994 年 11 月，古砦乡被柳州市人民政府划定为全县唯一集大革命、抗日战争和解放战争时期于一身的“三大革命老区”。1999 年 1 月，广西壮族自治区人民政府批准古砦乡为仫佬族乡，成为全国唯一的仫佬族乡，2011 年

1　访谈对象：谢光任，男，72 岁；地点：凤山镇对河村塘进屯；时间：2022 年 6 月 15 日。

2　李四龙：《试论中国佛教对铸牢中华民族共同体意识发挥的积极作用》，《中国宗教》2021 年第 11 期。

图 7.4　2019 年 11 月 15 日古砦仫佬族乡成立 20 周年庆典（韦晓平摄，柳城县民宗局提供）

国家民委将仫佬族定为人口较少民族加以扶持。[1]

古砦仫佬族乡地处大石山区，土地贫瘠。近年来，乡党委、政府在坚持社会和谐稳定的基础上，把发展作为第一要务，持续发展优质稻、甘蔗、桑蚕、食用菌等产业。积极围绕上级扶贫政策，重点发展水稻、甘蔗、山野葡萄、核桃、花椒、中草药、香猪、肉牛等特色产业并结合本乡人多地少的实际，大力推进劳务输出。

2021 年，全乡优质水稻种植面积 7.6 万亩，产量约 3 万吨，连续三年实现粮食丰收；大力推广农业标准化生产，加大甘蔗新品种新技术的推广和应用，全年甘蔗种植面积 4.47 万亩，榨季进厂原料蔗为 18.2 万吨。特色养殖业不断发展，肉鸽养殖逐渐实现规模化、产业化发展，全乡肉鸽规模化养殖达 63 家，存栏种鸽 12.6 万羽，年出栏 80 多万羽，产值 1200 万元；生猪产业持续健康发展，牧原生猪养殖场逐步投入运营，全乡现存栏生猪 2.8 万头，年出栏 7 万头，产值 1.4 亿元。[2]

全乡境内旅游资源丰富，有明朝洪武二年（1369 年）在古廨屯设立的巡检司衙门，古城门、石街路、石墙尚在；古砦老街东面的芙蓉山，有唐朝时期建造的“感应寺”古迹犹存；有为反清复明而修筑在海龙山上的石墙古迹；有市级宜居乡村示范点——新维屯；有桂中最美枫树林——蓬坡枫树林；此外还有风景秀丽的独山水库。2021 年，全乡共接待游客 20 万余人次，实现旅游收入 1000 万余元。

依托丰富的生态资源和深厚的民族文化底蕴，古砦仫佬族乡围绕“农旅立乡、文旅兴乡、品牌强乡、团结稳乡”的发展思路，坚持农文旅融合发展，发展生态休闲游、红色旅游、仫佬节庆文化游，蓬坡千亩红枫林——新维百年古树林——覃村柳北武工

1　数据来源：古砦仫佬族乡李慧提供。

2　数据来源：古砦仫佬族乡李慧提供。

队旧址——滩头围村旅游路线、古廨古民居成为假日休闲游的首选之地，打造民俗旅游特色品牌，稻花飘香旅游区被评为“2021年广西休闲农业与乡村旅游示范点”。

古砦仫佬族乡民族团结进步创建工作成绩突出，2020年获评为广西壮族自治区民族团结进步示范乡、柳州市民族团结进步创建示范乡。

（一）红色基因铸就团结魂

古砦仫佬族乡革命历史悠久，是柳州市第一个革命老根据地，是一片浸润着红色文化的土地，革命先烈的斗争精神滋养着人们的灵魂。在大革命时期就组建有农民组织，在中国共产党的领导下开展革命斗争。1926年，古砦革命青年严叔庚被广西农民部委任命为“农民运动特派员”，回乡领导农民运动，成立古砦农民协会，这是柳城第一个农民协会，会员400多人，还有组建了有几十支枪支的农民自卫军。协会成立后，领导农民打击土豪劣绅，打击日本侵略者，反对国民党在柳城的统治，直到柳城县解放，为中国革命做出了重要贡献。1994年11月，柳州市人民政府划定古砦仫佬族乡为革命老根据地。

作为革命老根据地，古砦仫佬族乡保留有许多革命先辈曾经生活过、战斗过的遗迹位于龙美村覃村屯的“覃村学堂”就是柳城武工队的活动旧址。为赓续红色血脉，传承革命先烈的革命精神，2014年4月，古砦仫佬族乡党委政府通过开展党的群众路线教育实践活动，着手创建覃村爱国教育基地，并经县委县政府研究决定，将覃村小学原柳城县武工队旧址，建设成为柳城县古砦仫佬族乡爱国教育基地。

覃村爱国主义教育基地于2014年建成，现有砖瓦房屋5间，设有5个展区，分别为古砦革命、柳城武工队、柳北解放总队第五大队展区；覃村学堂教学区展区；覃村学堂办公区展区；覃村学堂教师休息区展区；柳城人文风情及仫佬族风情展区。建筑面积400平方米，收集有革命史实资料350多份、实物120余件，多方位展示了柳城武工队、柳北人民解放总队第五大队、“古砦事件”的革命事迹。

覃村学堂以博物馆的形式，再现了红色的村落、战斗的岁月、英雄的人民。作为爱国主义教育基地和民族团结进步教育基地，自建成后便成为加强爱国主义教育和群众路线践行的重要场所。自2014年以来，不断有机关、学校到此开展爱国主义教育、党史学习教育、主题党日活动、铸牢中华民族共同体意识教育活动等，还有大量游客到基地参观学习。通过感受革命斗争的峥嵘岁月和可歌可泣的英雄故事，深刻领悟共产党人的初心和使命，让参与活动的党员和群众铭记初心，不忘使命，在赓续革命精神中坚定理想信念，各民族如石榴籽一般紧紧团结在一起，紧密团结在以习近平同志为核心的党中央周围，为实现中华民族的伟大复兴而奋斗不止。

（二）节日同庆共聚民族情

作为百节之乡的古砦，年年有节、月月有节，村村有节、屯屯有节，既有各民族自己的民族节日，又有各民族共享的节日。古砦各民族间自古互通有无，往来繁多，虽各村屯各有节日，但此村屯的节日也是彼村屯的节日，不同节日，各民族共享，共铸民族情。

1. 开塘节：村民鱼水一家亲

在每年晚稻收割后，挑选一个黄道吉日，覃村村民都会齐聚在村子东面的开塘，隆重举办一年一度的开塘节。村民将20亩鱼塘里的各种鱼捞出，过秤，再按人头分到各家，以示有福同享。在节日狂欢下，增进了村民之间的团结友爱。

相传，明末清初，土匪头子龙韬带领一众土匪企图劫掠覃村，在叛徒的里应外合之下覃村失守，村中的男女老幼惨遭屠杀，只有16人因上山采药才得以幸免于难。“龙韬就是我们古砦本地的，他的舅舅在覃村住，他在覃村的拱桥上钓鱼，被不文明的村民用牛粪撒在头上，他就说，‘你侮辱我，我长大后杀你们全村’，他长大后就去参军了，他去广东征剿，后来回来攻占覃村。”[1]龙韬好吃懒做，因说话必自称“老子”而有个花名“龙老子”。因时局动乱，龙韬在跟随明桂王朱由榔过河时救朱一命，为此朱由榔封他为“义宁伯”。后来朱由榔败走云南，龙韬就窜回乡里公报私仇，把覃村杀得仅剩16人。龙韬为了加强覃村防守，就在村子周围壕沟，还在村子东边挖出了个20多亩的池塘，在壕沟里插满了尖尖的竹片，即使如此，作恶多端的龙韬也躲不过上天的惩罚。在霸占覃村三年后，其部下温如珍以“调虎离山”计，终于在凤凰峡将其消灭，幸存下来的覃村人在亲友的帮助下，重建家园。但所剩人数过少，重建家园存在巨大困难，在周遭村民的大力相助下，覃村得以重建。为了对亲朋好友表示谢意，覃村人便在秋稻收获后宴请大家，把村子东面土匪们挖的池塘开塘捞鱼，广宴四方宾朋，这个习俗沿袭至今，已有300多年的历史，这就是开塘节的由来，这是覃村人民不忘先辈，感恩地邻，团结友爱的重要节日。

作为全国唯一的仫佬族乡古砦，有着各式富有民族特色和历史悠久的节庆，并且月月都有节，节节有欢乐。人们都是这样以节交友、以节结缘，以节释放丰收的喜悦与快乐的。

通常，覃村的村民们会在秋收结束后，选定两天把开塘节跟秋社合在一起连着做。开塘节这天，村民们除了下塘抓鱼外，不仅杀鱼，还杀鸡宰鸭宴请亲朋好友。而第二天的秋社，每家每户则都会迎来更多远道而来的亲朋好友，相互交流，畅谈来年将获取更好收成。村民们用开塘抓鱼的特殊方式来迎盛世、庆丰收，展现民族团结的大好

1 访谈对象：龙莫驹，男，83岁；地点：古砦仫佬族乡乡政府办公室；时间：2022年6月16日。

形势。

开塘节是覃村共享的民族节日，延续至今已有300余年历史，开塘节是各民族之间交往交流交融的重要载体，在节日举办的时间上，是村委会和村民共商共议的结果，是一个集合自然物候与民众智慧的过程；从分工下塘抓鱼到过秤分鱼到款待来客，是一个民族内部与内部，民族内部与外部的合作、互动、分享的过程。而“共食的形式具有建构生者之间‘我们属于同一个共同体’的文化功能”[1]。亲朋好友、游客，像一家人一样共同分享新鲜的池鱼，在丰收的喜悦下狂欢，不管与主家是否认识，在共食形式下，同吃一锅鱼，操着共同的桂柳话，共叙开塘的前世今生，这何尝不是一个活生生的文化共同体和精神共同体呢。

2. 卯节：宴八方来客庆丰收

卯节是古砦的滩头、山脚李、田垌李、古砦街、旧村、新村等村屯的尝新谷的节日，在庆祝早稻丰收的同时，也有祈愿晚稻丰收的愿望。

卯这一节日在古砦仫佬族比较普遍，卯的节日是指在整个农历的六月当中的“卯”日。做卯节的村屯，一般来说都做二“卯”，因为头“卯”是“丁卯”日，“丁”与“钉”谐音，不吉利。[2]但在古砦滩头屯，却过的是丁卯，似乎并没有忌讳所谓丁卯的不吉利。

在一年的12个月里，古砦13个村民委130多个自然屯几乎每月都有节日，并且不同的村屯各有不同的节日。如春社、四月初八、六月初二、七月十五、十月十六、秋社等，古砦这些传统节日，虽然名称不同，过节的时间、地点也不同，却不约而同地体现了古砦仫佬族人热情、纯朴的品性，体现了仫佬族人民与壮、汉等各族人民的友好、和谐关系。龙美村覃村村民覃继安介绍道：

> 我们古砦很多节日都没有正式的命名，基本是按农历来过的。
>
> 首先是春节，这是大家都很重视的节日了。春节是要祭灶神、门神和社神。
>
> 清明节，我们屯的五房人都要到各自老祖的坟墓处祭拜，不去祠堂。
>
> 六月的话，我们覃村没有什么节。滩头屯过的是卯节，下姚村过二卯。六月初二，上户村所有屯都过，龙美的岭头屯也过。这些节日有朋友有亲戚在那边就可以去，不论什么民族，不认识的也可以，只要有一个人带你，所有的人都可以去的，古砦人就是这么好客。六月二十四，大岩洞和罗洞过节，就叫六月二十四，不叫依饭节，我们有亲戚的就过去参加，没有的就不去。
>
> 七月初七到十四，我们这一带都过的，我们叫公娜回来，其实就是鬼节，就

1 彭兆荣：《“共食”：饮食共同体的表述伦理》，北京：北京大学出版社，2013年，第226—227页。

2 《古砦仫佬族乡志》（内部资料），第107页。

是老祖宗回家的意思。公娜回来，先要老祖宗吃饭我们才能吃的，初七是祖宗回来，十四是祖宗回去，一个是迎回来，一个是送回去的。

中秋，龙美村的中团屯和龙袍村的吴陋屯过节，我们只是买东西过去走走。

九月初九，有的地方叫重阳节，一般是老人聚会。

十月十五、十六，我们主要是去别的地方过节，还没有到，他们就提前通知的，比如大户的蓬坡，还有高田、木昂、上古匠、下古匠、东古匠，这些都过十五，以壮族和汉族为主。

十一月初九，白马屯过节。

冬至，四巷、大户、古砦等过。

我们还过正月十六，不叫元宵节，这天就意味着年过完啦。[1]

古砦的每个村屯都有自己的节日，是名副其实的百节之乡。村与村之间的交流，屯与屯之间的交流，民族与民族之间的交流，人与人之间的交流，以节为媒，以节传情，各村屯的节日为民族交往交流交融建立沟通的桥梁，“在节日中，各民族相互学习，有利于增强中华文化认同感，对巩固当地和谐稳定的民族关系起推动作用，促使民族关系从地域共同体向精神共同体转变。”[2]各村各屯，既有共享的传统节日，如中秋节、端午节等，也有村屯内部的节日，节日不同，时间也不同，这样更便于民族之间的交往交流交融。同时，古砦仫佬族乡的村民在族际边界上较为模糊，基本上不分你我，不刻意提及民族差别，这也是他们在各种节日间来回走动的一大“天然”优势。

六、壮欢：唱响民族团结主旋律

壮欢，与苗族的节、瑶族的舞、侗族的楼并列为“柳州风情四绝”，素有“广西民歌看柳州，柳州民歌听壮欢”之说。壮族人称自己的山歌为“欢”，称唱山歌为“做欢”。欢，叙事抒怀，以歌代言，抒发情感，传情达意，祖辈利用“口传心授”的方式世代相传流传至今，历史悠久，已有千余年历史。壮欢内容多姿多彩，传唱内容包罗万象。主要内容有拦门歌、故事歌、劝世歌、四季歌、时政歌、情歌、数落歌等。壮欢以壮话传唱，有独特的押韵、平仄等讲究，在唱出民族韵味的同时，壮欢还是民族交往互动的重要媒介，以歌为媒，以歌传情，共铸民族大团结。

柳城县民间传统山歌文化源远流长，种类较多，主要有壮欢、柳城官话（即桂柳方言）山歌、仫佬歌、客家（即麻界话）山歌、百姓话（即平话方言）山歌，均讲究

1 访谈对象：覃继安，男，73岁；地点：古砦仫佬族乡龙美村覃村屯；时间：2022年6月18日。

2 罗彩娟、蓝尉铭：《以节为媒：民族交往交流交融的新机制——以广西布努瑶祝著节为例》，《湖北民族大学学报（哲学社会科学版）》2022年第3期。

运用韵律。其中，以壮语演唱的壮欢在柳城县最为普及。而柳城壮欢又以太平壮欢为佳，除独唱外，其“二人或多人二声部”唱腔，音色尤为优美，旋律尤为动听，特色尤为鲜明，是柳城壮欢的代表。对歌时，歌手无须打底稿，都是即兴口头创作，开口便唱，出口成歌，你唱我和，用词风趣幽默，具有强烈的对抗性和竞技性。2006年，柳城县“太平壮欢”作为《柳城民间传统山歌》列入自治区非物质文化遗产代表作保护名录。2010年，柳城县被广西民间山歌协会授予“广西壮欢之乡”称号。

（一）欢歌传唱幸福新生活

柳城县充分利用壮欢等民间文艺在丰富百姓幸福生活、歌颂党的好政策、铸牢中华民族共同体意识等方面的作用，围绕柳城壮欢、彩调等做了大量的保护发展工作。一是从县级层面形成保护、传承“壮欢”文化的良好氛围。2010年9月，柳城县成立了“壮欢”研究会，具体负责“壮欢”文化的普查调研工作，探查了“壮欢”文化产生、发展的历史、现状及其与中华文化一脉相承的关系，将普查调研所得的资料进行归类、整理并建立档案。广西工学院艺术系在太平镇设立了教学实践基地，把柳城“壮欢”定为专门研究课题。二是在有条件的乡镇成立“壮欢”协会，充分发挥乡镇、村一线骨干歌手的带动力和影响力，通过“壮欢”协会培养发展新人，壮大队伍。三是建立壮族文化实物陈列厅，让人们系统深刻地了解壮族文化与中华文化，了解“壮欢”文化的传承与发展。四是做好“壮欢”文化申遗工作。2006年，柳城“壮欢”作为“柳州山歌”的重要分支被收入“第一批自治区级非物质文化遗产名录”。2010年，柳城县荣获“广西壮欢之乡”美称。[1]

柳城县大力挖掘山歌、彩调等非物质文化遗产，积极推进非物质文化遗产的传承工作。据统计，柳城县现有柳城县民间传统山歌、柳城彩调等县级保护名录14个，柳城县民间传统山歌、柳城彩调等区级保护名录5个。区级代表性传承人3个，市级代表性传承人13个，县级代表性传承人20个，传承基地3个，传承团体2个（柳城彩调——柳城实验小学、太平壮欢——太平中心小学）。同时建设非物质文化遗产传承基地，2013年柳城壮欢山歌传承基地在县文化馆建成并投入使用，每年接待壮欢山歌爱好者1000多人次，是柳城壮欢、山歌传承人传歌授徒、歌手学习交流以及展示柳城壮欢山歌魅力的平台，对宣传、培训和传承壮欢山歌发挥了积极的推动作用。

柳城“壮欢”文化形式多样，独具魅力。太平、六塘、马山、冲脉等壮族群众聚居的乡镇都有“壮欢”，而太平壮欢尤具特色。据太平镇文化站站长黄小明介绍，太平壮欢内容丰富，上至天文，下至地理，从远古到现代，包罗万象；清唱无伴奏，形式上有独唱、联唱、对唱，其中对唱也叫作“赛歌”“斗歌”，壮话称之为“唱比”，最

1　中国人民政治协商会议柳城县委员会编：《柳城文史》（第九辑），2014年，第67页。

能显示歌手的才华。歌手中的高手能做到见景唱景，见人唱人，遇事唱事，歌词短小精练，运用赋比兴、夸张、重叠等手法，对仗押韵，生活味道极浓。太平壮欢已成为柳城的重要民族文化品牌，2007 年 2 月，柳城壮欢走进中央电视台《金土地》栏目。目前，太平镇壮欢有广泛的群众基础和众多的歌手，主要分布在板贡、近潭、长岭、江头、山咀等村屯。全镇有壮欢队伍 5 支，壮欢歌手 500 多人，其中板贡村 19 人、杨梅村 12 人、近潭村 11 人、黄宜村 13 人、长岭村 15 人、江头村 16 人、木界村 7 人、上油村 5 人、上火村 3 人、山咀村 12 人。常年参加壮欢活动的 100 多人。[1]

太平镇最为著名的壮欢歌手是周德康。2008 年，周德康被评为柳州市“十佳民间艺人”称号，2007 年、2008 年连续两年获市级“歌王”称号。他自幼跟随祖父学习壮欢，冬练三九、夏练三伏。经过几年的学习，即可赶歌圩，寻求歌友对歌。为了提高自己的水平，又主动到周边县份拜师学艺，累积了众多手抄本壮欢资料。20 世纪 80 年代开始，融安等地的歌手主动拜周德康为师，收有徒弟 20 余人。

此外，太平镇还有两名在外颇有知名度的壮欢歌师罗建平和覃美菊。其中罗建平参加柳城县 2021 年“三月三”百首欢歌献给党壮欢擂台赛获广西壮欢歌王称号，覃美菊 2012 年被评为市级壮欢传承人，荣获 2021 中国 · 柳州“鱼峰歌圩”全国山歌邀请赛区级优秀奖。为传承发展壮欢，他们牵头组建了太平镇壮欢团队，并积极参与编写太平小学的壮欢的教材。

壮欢歌师们除了唱结婚歌、拦门歌、农事歌、情歌等传统的山歌外，还会依据形势编时政歌，用时政歌颂党恩，歌唱民族团结，宣传党和国家相关政策。

近些年，壮欢已然成为太平镇政府开展民族团结进步创建工作、铸牢广大干部群众中华民族共同体意识主题教育多位一体的宣传教育平台，发挥着聚力文化认同，建设各民族共有精神家园，讲好民族团结进步故事的重要作用。如，巧妙利用壮欢宣传征兵政策，动员适龄男儿参军入伍，报效祖国。2021 年 8 月 6 日，在杨梅村庙口屯的榕树下，罗建平与覃美菊带领壮欢队用亮美歌声传唱征兵政策。壮欢用群众喜闻乐见、通俗易懂的方式，同时又穿插征兵宣传。“太平民众觉悟好，送子送孙去当兵。送子部队去训练，保家卫国立新功。一人参军到部队，全家老少都光荣。”[2] 这样，通过壮欢，群众既获得了情感的陶冶，又领会了征兵政策。

壮欢歌师们除积极配合政府部门的宣传外，还利用赶集和平时空闲时间，在龙盘山上对歌，吸引壮欢爱好者前来对歌。每至庙会，安乐寺下都会出现山歌对唱的场面。

> 我们二人是经常搭班的，在龙盘山上啊，只要有我们的地方，我们唱的歌又好，笑容又好，我们在的地方，好多好多观众的。我们两个配合的时间有10年

---

1 访谈对象：黄小明，男；地点：太平镇政府；时间：2022 年 6 月 17 日。

2 作词人：覃美菊。

了，2012年开始的，一般来说这种都是两个男的和两个女的成为一个小组，就是4人一个小组。以二声部为主，一个主唱，一个和声，我们都是经过二三十年才学过来的。[1]

人民群众利用壮族“三月三”歌圩进行对歌，用歌声表达对党的热爱，用歌声传达党的好政策，歌颂美丽家乡，歌颂当下的美好新生活，表达对未来的向往和憧憬。

为弘扬优秀传统文化，太平镇政府组织开展“壮欢培训·线上课堂”为主题的壮欢培训活动，让“非遗”上“线”，进一步扩大壮欢的普及度和影响力。2022年5月9日，太平镇举办“壮欢培训·线上课堂”壮欢培训班开班仪式，各村的壮欢文艺队和其他爱好者参加此次培训学习。由覃美菊作为主讲，此次培训主要涉及壮欢起源、发展现状、特点以及种类教学、押韵教学、实例教学等内容。教学的同时还现场制作成壮欢教学视频，让更多的壮欢歌手和爱好者能得到学习，进一步推动太平壮欢发展与壮大。

此外，为繁荣文艺事业，丰富群众精神生活，密切党和群众的联系，柳城自1999年以来就在全县开展“百村百戏”。近年来，柳城利用“百村百戏”这一重要思想政治教育载体，深入开展铸牢中华民族共同体意识，在唱响文化品牌的同时，加深了各民族之间的交往交流交融。

（二）“金种子”：大手牵小手，传承路上一起走

为铸牢中华民族共同体意识，柳城县围绕“感党恩、讲团结、促发展”主题，广泛深入开展民族团结进步创建进机关、进学校、进社区、进企业、进乡村、进宗教场所等“十进”活动。

2010年，作为太平中心小学校长的韦关明充分利用学校地处壮欢之乡，有丰富的民间民俗文化教育资源，在多次调研、讨论和探索与实践后确立“和欢教育，健康成长”的办学理念，并在学校里成立了壮欢班，每周设立一节壮欢课。2012年学校创建了壮欢社团，先后购买了120套民族服装，目前该社团共有72名学生。同时，还带领一届又一届壮欢班的学生，参加县城的春晚、蜜橘节、柳州市首届民族之声文艺会演等县内外许多活动，让壮欢歌声响遍各地。2015年太平中心小学被授予柳州市市级“非物质文化遗产传承发展基地”。

为深入开展民族团结进步创建工作，增进各民族之间的交往交流交融，铸牢中华民族共同体意识，柳城县太平镇太平中心小学深入挖掘所属区域的文化特色，以繁茂中华文化枝叶、传承民族文化、建设“和欢”校园为主题。近年来，学校以民族文化

1　访谈对象：罗建平，男，59岁；地点：太平镇政府；时间：2022年6月17日。

传承为重点，以校园文化建设为依托，唱响“民族团结进步”活动主旋律，将民族团结教育融入日常教育教学中。太平中心小学最为突出的民族团结教育教学形式，当属壮欢进校园进课堂，也是学校办学的一大特色。

音乐教师是壮欢传承和教学的主体之一，在课堂上，教师是壮欢教学的直接负责人，和日常的音乐教学不同，壮欢教学需要教师有专业的壮欢教学知识，其中，会讲壮话是基本条件。太平小学自开展壮欢进课堂以来，就在音乐教师队伍中挑选会壮话的专业音乐教师来负责壮欢教学。

> 我是去年来到这里的，这里的壮欢班是没有去参加过比赛的，我来的时候就知道我们的小孩是没有出去到外边比赛的，他们大都是去镇上展示，开展一些展示的活动为主，要么就是等专家过来的时候就去展示一下。学校展示一般就是在这个教室，我本身也是壮族，也会讲壮话，所以就会唱，一般唱出来我们是可以听懂的，还是能听得出来，唱的时候那个旋律也是差不多的，这个旋律学起来也是有规律可循的。[1]

此外，太平中心小学还邀请广西壮欢歌王周德康、柳城壮欢歌王罗建平和柳州市壮欢传承人覃美菊到校进行授课。带领同学们学习壮欢歌曲，引导同学们用传统歌声歌唱新时代新思想。

太平中心小学不仅有专业的壮欢教学队伍，还组织专家专门编写以壮欢为主题的校本教材，创造了一系列朗朗上口的歌曲歌唱生活、歌唱民族团结。

好好学习报党恩

父母去打工　同学啊
送我来读书啊　送我来啊
送我来读书啊　我要好好学
你听啊　学习不放松啊
我主动学习啊　拿出好成绩
你听啊　向党来报喜啊
学习不放松啊　向党来报喜啊
民族团结喂啊喂
喂啊喂啊喂　壮欢唱起来　壮欢唱起来　哎咧喂啊喂啊喂
喂啊喂啊喂　壮欢唱起来　壮欢唱起来　哎咧喂啊喂啊喂
来唱什么　什么歌　喂啊喂啊喂　歌唱太平　最美三味

1　访谈对象：韦兰妮，女，26岁；地点：太平镇太平中心小学；时间：2022年6月17日。

来唱什么　什么歌　喂啊喂啊喂　歌唱太平　诱人三秀
哎咧　味美天下是壮欢　是壮欢哎咧　欢乐歌舞喜庆蜜橘节　蜜橘节　哎咧喂啊喂啊喂
节节香酥牛腊巴　香酥牛腊巴　哎咧喂啊喂
哎咧　秀美天下金洞河　金洞河哎咧　河边白鹭盘旋安乐湖　安乐湖哎咧……[1]

在老师的引导下，汉族学生和壮族学生在同一个空间来开展文化交流，使得壮欢的传承不仅有壮族的学生，还有汉族的学生，对于文化的传承创新来说，无疑是有着重要作用。同时，汉族学生学习壮欢，可以增加对壮族文化的了解和认同，以文化人，以文润心，对于青少年来讲，光是宣传层面的民族团结似乎过于抽象，以学习和传承传统文化的路径，让学生深刻体会到民族团结就在课堂里，就在自己周边。润物细无声，育人于无形，要继续打造好民族团结的阵地，唱响民族团结新篇章。

行走柳城，伫立在龙江河畔，观三江汇集，清晨远处悠远的群山，一切都显得那般静谧，当霞光穿透丛林洒进河面，远山、丛林被抹上一层金色，风景不经意间生动起来，充满诗情画意。奔腾的龙江水，不由让人想起一首歌："古老的东方有一条龙，它的名字就叫中国。古老的东方有一群人，他们全都是龙的传人……"柳城，这个千年龙城故地，无不拥有龙的凝聚精神与和合包容的精神气质。这里，壮族、汉族、仫佬族等27个民族和谐共生，"三个阵地""五大联盟""十大工程""百名模范"不断汇聚民族团结的筑梦力量，响彻同心筑梦的伟大乐章，遍开民族团结的绮丽之花——这是柳城四十万各族群众共同团结奋斗、共同繁荣发展，不断铸牢中华民族共同体意识的生动写照，也是柳城最美的一道风景。

行走柳城，品味民族团结的芬芳，感受民族团结的力量。今日之柳城，已不再是柳宗元笔下的"只因长作龙城守，剩种庭前木槲花"的龙城旧地，而是经济持续发展，社会和谐稳定，文化繁荣兴盛，芳华如许，笔墨妍丽，柳城各族人民团结、和谐、幸福的壮美画卷正徐徐呈现。试看未来之柳城，必定朝晖尽满！

1　柳城县太平中心小学校本教材，壮欢歌词节选。

第八章　融安：青蒿牵手诺贝尔奖的地方

2015 年 12 月 7 日下午，屠呦呦在瑞典用中文发表《青蒿素的发现：传统中医献给世界的礼物》的主题演讲，让全世界认识了传统中医散发出来的时代魅力；让全世界人民了解到了中国科学家在无比艰苦的环境下，依旧不懈努力奋斗，寻找抗疟新药的故事；让全世界的人民重新认识且关注到了“青蒿”这个不知名、不太起眼但作用无穷的草本植物。融安也因此进入了大众的视野，这里是青蒿草生产的地方，这里是青蒿牵手诺贝尔奖的地方。

一、融安：青蒿草生长的地方

疟疾自古以来就是一种传播广泛、破坏性强、影响深远的世界性传染病之一。我国关于疟疾的记载可以追溯到几千年前，而青蒿作为药材也有 2000 多年历史。屠呦呦从中医古籍得到启示，改用低沸点溶剂的提取方法，成功提取出具有抗疟药效的青蒿素。2015 年，屠呦呦获得诺贝尔生理学或医学奖，成为中国本土第一位获得该国际奖项的科学家。屠呦呦获得诺贝尔奖，引起世界对我国传统中医学以及青蒿素、青蒿的广泛关注。融安，作为青蒿的主要种植区，也就跟诺贝尔奖有了联结。

融安种植青蒿由来已久。由于这里石漠化片区荒山坡地较多，农民不得不选择适应能力强，生长快，且易于栽培管理的经济作物来种植，青蒿就是其中一种。2004 年，一条“世界卫生组织决定未来将从中国大量采购由中国青蒿素组成的复方产品替代奎宁治疗疟疾”消息引发青蒿种植和收购热潮，收购价格一路疯狂飙升，青蒿素每公斤价格从 2000 元涨到 8000 元，没过多久后，青蒿素市场渐趋理性，价格从每公斤 8000 元掉到 1400 元。自从屠呦呦发现青蒿素获得诺贝尔生理学或医学奖，青蒿便成为热门的诺奖草药，加上政府对青蒿产业的专项奖补政策，现如今，越来越多的农民的生活，尤其是偏远少数民族地区因诺奖草药而改变。

现如今，融安全球最大的青蒿种植及青蒿素产区越来越受到全国乃至全世界人民的关注。2019年《中国国家地理》杂志（2019年第8期）用12页篇幅报道了融安青蒿产业。万亩青蒿田，占全球三成的青蒿素产量和国家青蒿种质资源库，让桂北地区成为“诺奖草药”的东方基地。[1]

（一）为什么是广西融安？

青蒿又名黄花蒿，是一种油翠色植物，多生长于山地缓坡，遍及全国，是我国传统的一味中药，在民间多用于消暑、泻热、止汗、治虚劳等。青蒿素就是从青蒿中提取分离出来的，现在，青蒿素成了国际上防治疟疾的首选药物。

融安县是广西青蒿草种植大县之一，也是全国种植面积最大的县。种植青蒿面积近万亩，青蒿素的年产量一直稳定在50吨以上，稳居世界前列。2017年融安县青蒿素产量65吨。2018年融安县种植青蒿2.5万亩，生产青蒿4000吨，提取青蒿素70吨，约占全球的1/4，产值达到1.3亿元；惠及农民1万余户，人均年收入达到2700元，其中借助青蒿素产业脱贫4700余户、1.8万余人，青蒿成为贫困山区的“致富草”、山区人民心中的“仙草”。2020年融安县青蒿种植基地近5万亩，涉及农户超1.5万户，每年生产的青蒿素可救治近1.5亿疟疾病人，减少非洲四十万儿童的死亡。

那么，为什么融安能够成为广西，乃至全国、全世界最大的青蒿种植与生产基地？融安青蒿素为何产量如此多呢？

1. 独特的自然环境

青蒿，作为一种野生的药材，生长周期短且粗生易管，多需要在丘陵和山地种植，土壤要偏酸性土壤。

融安县是滇桂黔石漠化片区，多地属于喀斯特地貌，土地贫瘠，石多土少，有相当多的荒山坡地不适宜农作物。但青蒿属于浅根植物，适应能力强，在石山地区也能栽培，具有改善石漠化的作用。在当地，对于相对好的耕地农民们一般都会用来种植甘蔗、玉米等经济作物，对于一些零星地块、田边地角用来种青蒿正可谓因地制宜。青蒿不与粮争田、不与蔗争地，加上其生长较快，意味着收益也快，因此备受欢迎。

此外，融安县气候温暖，雨水丰富，自然环境优越，能够生长出更高品质的青蒿。广西仙草堂制药在决定开始青蒿项目之前，特别去了解青蒿这一植物，寻遍全国，看遍无数地方的青蒿，最后发现广西融安县内野生青蒿里的青蒿素含量较别的地方要高很多。后经许多科学家研究证实：生长在热量充足，降水丰沛地方的青蒿中所含青蒿

---

1 《青蒿素：我登上了〈中国国家地理〉，还多了一项〈生产技术规程〉标准》，https://www.sohu.com/a/335419072_120207005。

图 8.1　融安县青蒿种植基地（融安县民宗委提供）

素含量比其他地方高很多。

2. 特殊的人文环境

融安县是广西扶贫开发工作重点县，也是少数民族聚居的县。全县共有壮、汉、瑶、苗、侗等十多个民族，其中少数民族人口占全县人口的 43.5%，在沙子乡、桥板乡、泗顶镇，少数民族人口更是占到当地人口总量的 98% 以上，有很多典型的少数民族聚居村屯。这些地区产业基础薄弱，经济水平较低，很多人都选择背井离乡外出务工，劳动力流失严重。在这种特殊的背景下，技术要求简单、劳动强度不大，成本投入小、管护强度低的青蒿产业就受到了地方群众的欢迎。“青蒿生长快、对劳动力的要求不高，老人小孩都能参与种植。”“青蒿在很‘瘦’的地里能成活，管护也简单，生长还快，你看 4 月份才开始种的，现在都快有一个人这么高了。”“以前的石头地什么也种不了，只能荒着，现在不一样了，种上这种草后也不用怎么照顾，过几个月就能拿去卖钱嘞。”“一亩地最高能种 300 公斤，最低也有 100 多公斤，收购价每公斤 8 元，每亩地最低也有一千多呢。”泗顶镇吉照村村民们如是说。现如今，青蒿种植成为当地群众致富的重要产业之一。

3. 专项的扶持政策

青蒿产业的迅速发展离不开当地政府的支持和努力。为了推动各民族共同走向社会主义现代化，融安县政府积极履行职责，因地制宜，出台了许多政策，带领群众立足资源禀赋发展青蒿产业。2005 年，融安县委、县政府联合重点扶持的民族医药品牌企业——广西仙草堂制药有限公司，决心开发新产品青蒿素，以实现经济增长，提高居民收入。因此，该县出台了一系列专项奖补政策，通过赠送种苗和“以奖代补”的方式补助鼓励群众发展青蒿产业，尤其是在石漠山区种植青蒿；对建档立卡贫困户种植青蒿每亩补助 500 元，针对非贫困户，种植青蒿也有种植补贴；对所有的民族村屯农户免费提供种苗，并派出专业的技术人员，从种植到采收全程指导；对农户进行无偿技术培训，还为参加培训的人员每天发放 15 元的误工补贴；积极组织广西仙草堂制药有限责任公司进行驻村驻点、保底收购等。过去的石漠荒山变成金山银山，各族群众的生活富起来了，脸上也露出了笑容，大家种植青蒿的积极性也在日益增长。

石漠化土壤、零散的地块、上了年纪的劳动者、企业与政府保姆式的服务，这几种元素有机地融合在一起，就形成了广西融安县特色的青蒿种植产业。

（二）青蒿产业好不好，他们这样说

小小的青蒿草发挥着大大的作用，在不同的人心中有不同的看法。通过一系列的资料收集和实地考察，笔者从旁观者的视角收集分析了农民、企业、政府和世界卫生组织四种不同身份、不同角色对青蒿产业的看法。

1. 农民说：致富草、脱贫草

庙鸭屯是融安县泗顶镇马田村的壮族村屯，在当地政府扶持下通过种植青蒿草实现了脱贫致富。在庙鸭屯脱贫攻坚感恩民族文艺活动现场，壮族群众用本地壮话唱起了动情的山歌，表达内心深处最诚挚最质朴的民族情怀。[1]

青蒿草在融安县农民心中是一种脱贫“仙草”，也有当地人叫它致富草。对于年轻人大多数常年外出务工，只剩下老人在家务农的融安县来说，青蒿简单粗放的种植技术低、老人、妇女和小孩都能种，加上投资少见效快，管护容易，极受农民这一群体的欢迎。

在泗顶镇吉照村，我们听到农民这样说：

> 这一大块地都是我种的，我种了12亩呢。种青蒿能挣钱，家家户户都种呢。以前村里房前屋后、田间地头到处都是野生青蒿，我们都会当杂草除掉，或者拿

1 马昌华：《柳州融安县：青蒿托起的民族大爱》，http：//www.gxmzb.net/content/2021-09/10/content_10617.htm。

来烧洗澡水杀毒消菌。现在家家户户都因为种这个，个个都挣钱了。我种了5年了。种青蒿难度不大，种青蒿投入低，见效快，效益相对不错。仙草堂公司免费给我们提供青蒿种子，每亩一般只需投资200元左右，4元一斤的收购价，收入好的每亩能达到1600元。我家就是靠种青蒿发财的，还盖起了小洋楼哩！[1]

一根“仙草”带动一方百姓脱贫致富。现如今，青蒿作为一种“实打实”“看得见的买卖”，已经被当地农民当成“治疗”贫困，实现致富梦想的一味良方。

2. 企业：提效增润草

企业的发展提质需要原材料的稳定，仙草堂公司是自治区龙头企业，也是融安青蒿产业的收购商。根据笔者对广西仙草堂制药有限责任公司的走访，了解了其对青蒿产业的真实想法。刘开靖是广西仙草堂制药有限责任公司物料部部长，他这样说：

产量年年都在变化，变化很大，唯一不变的是每年都在增加。公司可以消化掉收购来的青蒿，毕竟青蒿多了，青蒿素的提取就多了，看我们每年公司青蒿素的产量就知道了，从默默无闻到占比全世界四分之一，到三分之一，再到现在的一半。简直难以置信，但这就是现实，青蒿种得越多，我们收购得就越多，公司就越能做大做强。

虽然青蒿种植难度并不大，但我们也会对种植户进行产前、产中和产后各项技术培训，到示范基地和示范户青蒿地实地指导，把栽培技术培训办到乡镇田头，虽然可能有些偏远地区可能还做得不是很好，但这也是我们未来努力的方向。

未来我们会继续加强和研究所的合作，培育更优质的植株，把公司的种子、技术、资金带到千家万户手中，带动广大农户增收脱贫。[2]

3. 政府：扶贫、振兴草

根据笔者了解，当地政府创新发展理念，坚持以人民为中心的发展思想，将改善民生赋予彰显中华民族共同体意识和促进民族团结的意义，为青蒿产业的发展，做出了重要贡献。首先是政策支持，融安县积极采取“以奖代补”的方式鼓励、扶持发展青蒿种植，把发展青蒿产业作为增加农民收入的一项支柱产业来抓，在资金上对企业和农民都给予有力扶持，在沙子乡、桥板乡、泗顶镇，少数民族人口占比多的地区积

---

1 访谈对象：卿家祥，泗顶镇吉照村村民；地点：泗顶镇吉照村卿家祥家；时间：2022 年 7 月 12 日。

2 访谈对象：刘开靖；地点：广西仙草堂制药有限责任公司；时间：2022 年 7 月 11 日。

极建设青蒿种植示范基地，助力偏远地区的少数民族人民，帮助他们走出贫困，与全县各族人民一道，实现共同发展，共享幸福生活。[1]其次，多方面协调引导企业、合作社、农民之间的工作，例如和广西仙草堂制药有限责任公司共同组织印发《融安青蒿栽培技术规程》，协调企业派技术人员实地指导，不断提升农户的栽培技术；协调各部门形成“公司+基地+科研单位+合作社+农户”的模式，让农民敢种青蒿、想种青蒿。

在融安，青蒿不仅是一种扶贫、振兴产业，石漠化治理的绿色产业，它更是一项带动桂北山区的少数民族经济发展，助力乡村振兴的重要产业。融安政府以青蒿产业为抓手，用行动托起民族大爱。

4. 世界卫生组织：中国神药

在过去的20余年里，青蒿素联合疗法在全球疟疾流行地区广泛使用。据世界卫生组织不完全统计，青蒿素在全世界已挽救了数百万人的生命，每年治疗患者上亿人。世界卫生组织认为，青蒿素联合疗法是目前治疗疟疾最有效的手段，也是抵抗疟疾耐药性效果最好的药物，中国作为抗疟药物青蒿素的发现方及最大生产方，在全球抗击疟疾进程中发挥了重要作用。作为现如今种植面积最大，产量最高的融安，青蒿已然成为融安走向世界的一张名片。“中国神药，融安制造。”“世界青蒿看中国，中国青蒿看融安。”融安的青蒿产业在为世界抗疟的事业上不断贡献着“融安力量”。

青蒿素的发展离不开经过一代代科研工作者的艰苦奋斗、呕心沥血的付出。自青蒿素发现以来，它已拯救了全世界数百万人的生命，让来自中药青蒿的青蒿素成为中国送给世界的一个礼物。青蒿素因此被誉为“中国神药”，随着种植面积和产量的不断提升，广西融安青蒿素一步步走出国门，产品出口印度、越南、巴基斯坦、印度尼西亚以及非洲部分国家，为世界抗疟事业贡献着“中国力量”。

马昌华在《青蒿托起的民族大爱》一文中写道：

> 从2005年实施青蒿项目以来，融安县坚持科技创新，走产学研合作之路，拥有目前全球最高含量和最高产量的良种、全国领先的青蒿素绿色提取发明专利，大力提高了科技经济核心竞争力，为世界人民的生命健康做出突出贡献的同时，有效地解决了贫困山区少数民族群众的生产生活困难，与科技扶贫、民族发展相结合，取得了丰硕的成果，为国家扶贫攻坚和民族团结进步工作做出了应有的努力和贡献，成就了青蒿托起的民族大爱。
>
> “搭帮党的民族好政策，千方百计为我们谋福利，不然哪有我们壮乡人脱贫致富的今天！”

1　马昌华：《柳州融安县：青蒿托起的民族大爱》，http：//www.gxmzb.net/content/2021-09/10/content_10617.htm。

这是庙鸭屯壮族同胞们最感慨的一句话。

呦呦鹿鸣，食野之“蒿”。在融安县莽莽的大山之中，青蒿正伴着阳光雨露茁壮成长……

二、龙舟文化节的团结曲

“秋色绚丽江水碧，百龙竞渡闹融江。”[1]龙舟文化节是融安第一大民间群众性集体活动，更是作为融安县铸牢中华民族共同体意识的有效载体。

碧波如镜的融江从县城穿城而过，河面宽阔、江水平缓，得天独厚的自然地理条件孕育出自成一格的融安龙舟文化。这条极具融安历史文化底蕴的河流，历经数年岁月变迁，仍然在这片土地上静静流淌。如今氛围浓厚的龙舟赛，让这条古老的河道再次焕发出年轻的活力。经过岁月的洗礼，融安县龙舟赛已成为全县规模最大、影响最深、群众最喜爱的民间传统体育活动。2012 年被人民网举办的第三届节庆创新论坛评为最佳传承弘扬传统文化节庆品牌，2013 年获柳州市非物质文化遗产名录，2018 年被列入自治区级非物质文化遗产名录。[2]聚居着汉、壮、苗、瑶、侗等 19 个民族的融安县，每一次龙舟赛的成功举办，都是一次民族团结的交流盛会。

（一）走近百年龙舟文化，追根溯源民族之魂

据史料记载，清朝道光年间，广西四大名镇之一的长安古镇就开始举办龙舟赛。经过一年年的延续，龙舟赛已是古镇长安民间传统体育活动中规模最大、影响最深、民众最喜爱的活动。据《融安县志》和《古镇长安》记载，清朝道光以后，随着海禁开放，上连黔湘、下达广东的融江水运逐渐繁忙。长安镇逐渐成为湘黔桂三省交界区商业物流中心，商铺林立，商贾云集，以湖南、广东、江西、福建商人居多。[3]繁荣的经济不仅激活民间文化艺术的蓬勃发展，同时，也大力助推了各种体育娱乐活动的空前活跃。而赛龙舟是珠江流域上游融江两岸各族群众最为喜爱的水上竞技活动之一。

据县城当地的一名舵手所言，这里如此盛行龙舟文化的原因之一在于很久以前，县内经常洪水泛滥，机智的村民想到利用龙舟救人，于是乎龙舟被村民人格化，龙王

1 滕以洪：《全民欢腾歌盛世 龙舟品牌美名扬》，http：//www.rongan.gov.cn/xwzx/rayw/202101/t20210109_2381259.shtml。

2 《柳州市自治区级非物质文化遗产名录项目》，http：//tyj.liuzhou.gov.cn/zwgk/fdzdgknr/ggwhty/whycbh/202011/t20201106_2214218.shtml。

3 秦其平：《龙舟赛事》，《古镇长安》编撰委员会编：《古镇长安》（内部资料），2009 年，第 154 页。

则成为村民每年都祭拜的神，以此来求得风调雨顺，平安顺遂。这一习俗延续至今。龙舟比赛起初是在端午节举办，后来改至金秋九月举办，也由一年一届演变为两年一届。

（二）龙舟文化繁荣，民族团结氛围浓

经过融安县城民众的代代相传，龙舟文化渐渐地在当地流传发展起来。融安龙舟赛起初是一场民间性的娱乐活动，而后演变为由县政府牵头，各族民众齐心协力的娱乐观赏型的体育文化活动，节日活动的凝聚力功能在此体现得淋漓尽致。

举行龙舟比赛并非轻而易举之事，需人力财力，有相当雄厚的经费才能举办。新中国成立前，长安镇上的商人见龙舟比赛场面宏大，影响面广，还是大众喜爱之活动，便主动捐资助办。龙舟赛分外热闹，江河龙舟竞渡，鼓声震天，铁炮轰隆。一河两岸，人山人海，呼声沸腾。[1]

长安镇的龙舟比赛名气愈来愈大，有湖南、贵州以及邻县的龙舟队前来参赛。为了规范赛龙舟活动，1978 年，融安县人民政府将龙舟赛纳入政府举办，当年 9 月举办了第一届龙舟赛，来自融安、融水两县共 33 艘龙舟参赛。1984 年 9 月举行第三届龙舟赛，首次打破了无女子赛龙舟的惯例，有 6 支女子龙舟队参赛。2012 年 9 月融安县第十四届龙舟赛，本县及来自柳州市内 5 县参赛龙舟队多达 124 支（男子 111 支、女子 13 支），在融江上展开男子、女子 1000 米直道逆水竞速。[2] 开赛之日，长安镇万人空巷，融江两岸，人山人海，锣鼓喧天，热闹非凡，盛况空前。此后，龙舟赛一届届延续下去，现已成为一个饱含深厚文化底蕴的水上体育活动品牌。

经过年复一年的延续，融安县至今已成功举办了 21 届龙舟大赛，参赛队伍最多的一届总共有 117 艘龙舟同台竞技，融安县龙舟赛事在广西乃至全国同类级别赛事参赛队规模排在前列，从第十五届开始成为中国柳州市水上狂欢的一个分项目比赛。[3] 此外，龙舟赛还吸引了周边县附近湖南省、贵州省的甚至国际友人的龙舟参赛。参赛龙舟队均以自然村组队，队员为村民，有汉、壮、侗、苗、瑶等 10 多个民族的民众参与其中，即使外出务工的青壮年也会请假返乡，为各自的村落出力。通过举办龙舟大赛，增强了民族地区民众的团结和友谊，成为柳州市乃至全湘、黔、桂三省（区）交界各民族群众体育交流的盛事。

龙舟赛离不开龙舟。龙舟有大龙舟、中龙舟和小龙舟三种，比赛中以中龙舟居多，中龙舟长五丈余，宽三尺许。大、中、小龙舟只是尺寸不同，龙体、龙头、龙尾、桨、

1　赵秀发：《传统龙舟节》，政协融安县委员会编：《融安文史》（第九辑），2008 年，第 186 页。

2　赵秀发：《传统龙舟节》，政协融安县委员会编：《融安文史》（第九辑），2008 年，第 186 页。

3　《新时代，需要“龙舟文化”；新征程，呼唤“龙舟精神”》，https：//www.163.com/dy/article/FOIJCLK90514D4OE.html。

图 8.2 赛龙舟（谢明友摄，柳州市民宗委提供）

橹、锣鼓以及装饰则大同小异。[1]传统的龙舟制作也很有讲究，原材料为上好杉木，融安香杉木材浮力大且树形笔直，木材表面分枝少、节疤少，是适合龙舟制作的原材料之一，木料要经过风干等工序方可达到标准，在选材、制作等方面都有自身的说法。

> 小时候，我喜欢坐在木凳上，看爷爷教父亲造龙舟。锯子一拉一扯发出的“沙沙”声，留在记忆深处。长大后，我继承父业，学会了造龙舟。[2]

尹景舟于 1990 年开始跟随父亲尹培养学习龙舟制作手艺，至今已有 20 余年，所造龙舟 400 余艘。20 多年来，通过师父传教和师徒二人共同研究，在龙舟制作技艺上不断大胆创新，新造龙舟与老龙舟在速度上有着巨大的改进。在采用传统造船技艺上，大胆改进进水料的定型工艺和先校型后装档工序，从而制造出破水好、阻力小、轻快迅猛的“新一代长安龙舟”。[3]2013 年至 2017 年 6 月，尹景舟深入三江、融安、融水、柳城等村屯制作龙舟，在 165 个村屯展开现场制作龙舟表演 170 场，观众前后高达 4250 人次。[4]

龙舟制作技艺代代相传，龙舟比赛定期开展。融安人民善借龙舟赛，好结兄弟情。

1　赵秀发：《传统龙舟节》，政协融安县委员会编：《融安文史》（第九辑），2008 年，第 186 页。

2　访谈对象：尹景舟，融安龙舟制作传承人；地点：融安县尹景舟家中；时间：2022 年 7 月 12 日。

3　秦其平：《龙舟赛事》，《古镇长安》编撰委员会编：《古镇长安》，（内部资料），2009 年，第 154 页。

4　秦其平：《龙舟赛事》，《古镇长安》编撰委员会编：《古镇长安》，（内部资料），2009 年，第 157 页。

融安县内多个村寨和龙舟队的师徒共同制作打造龙舟，寓团结于共乐，叙乡情以共欢。

（三）敷陈百年奇俗，听取乡情一片

在漫长的龙舟竞渡岁月中，产生了不少龙舟奇俗，其中龙舟“起水”“回拜”“庆宴”等是最主要的习俗。从古至今，融安龙舟习俗一直沿袭着先人的传统，百年韵味犹且尚存。尽管时代的巨轮在推进，百年的习俗仍旧保留着传统的文化内核。

起水仪式。开赛之前，将原置于岸上的龙舟放入河中叫“起水”（忌讳称为“下水”，“下水”有沉入水底之意，为忌讳之语，不吉利之词，龙舟下河称“起水”意为龙舟漂飞河面，永不下沉。）龙舟“起水”时，杀鸡燃香祭祀。每个自然村的祭祀仪式不同，但都大同小异。主持者（一般是村中最年长的老人）先以浸泡柚叶的淘米水净手，然后将其喷洒于龙头、龙身和龙尾，并口中念念有词：“吉日吉时龙起水，龙舟起水显龙威，金龙参加龙舟赛，此龙定夺锦标归。”祈祷比赛一帆风顺、摘冠夺标。祈福毕，燃放冲天铁炮，在轰隆炮声中，舵手和村民们齐声吼着：“龙舟起水！”随后，舵手们便开始为期十天半月的紧张训练。此时赞助商家或村中热心者自发踊跃捐资捐物，让划手们集中开饭，吃好喝足，身强体壮，争取比赛夺魁。

回拜仪式。“回拜”是指比赛结束后，参赛的龙舟队返回村寨时的送迎仪式。这一仪式只在个别村寨盛行，有的村寨则以其他的形式代替，但大多表示尊重对手，寄寓着和谐美好的情意。具体是指获得名次的龙舟队送别未获得名次的龙舟队回到村前河边，被送队伍燃放冲天炮致谢，之后掉头相送获胜龙舟队回村。同样，获胜龙舟队回到村前河边，也要鸣放铁炮或鞭炮感谢友队相送。这样一个来回往复的礼节仪式，体现了各龙舟队的良好品行，同时也彰显出龙舟比赛的强大包容性。龙舟“回拜”习俗代代相传，经久不衰，充分体现了沿江村寨各民族群众友爱团结、互相尊重、亲如一家的氛围。

庆宴仪式。“庆宴”是取胜龙舟队的祝捷活动，一般都由村中一位德高望重者主持，各家各户均派一至二人听其安排分配，或杀猪宰羊，或掌勺刷锅，或洗碗购物，一派繁忙。庆宴十分丰盛，大都摆上十二大碗，其中必不可少的主菜是龙舟赛奖品烧猪。有些获奖龙舟队，还要摆歌台，唱山歌，演彩调，载歌载舞，通宵达旦。同时，邻近村赛也会派人来贺，如融安壮族举办庆宴，三江县侗族、融水苗族会来放炮祝贺，因赛龙舟村寨“打老庚”（指结交朋友）。龙舟“庆宴”不但能够增添胜利的喜悦与欢乐，而且利于加强村民团结、民族团结，凝心聚力，激发再接再厉、积极向上、努力进取之精神，因此从清朝一直沿袭至今。

不管是起水，回拜，还是庆宴等种种习俗活动，看似古老的仪式过程，但也是百年不变的爱国爱家爱人民的情怀。龙舟比赛的整个过程，加固了中华民族认同和中华文化认同，是传承中华文化，弘扬中华民族精神，激发爱国情感的有效载体。龙舟比

赛仪式所蕴含的精神内核，是中华文化的传统印记，是各族民众的传统基因。

（四）同心凝聚千钧力，振奋民族文化情

从历史走来，在当下落笔，“龙舟”从古至今始终承载着强烈的爱国主义精神和中华民族意识，滋养和鼓舞着融安代代民众。声声龙舟鼓，浓浓民族情，闪耀的是融安文化自信之光，照亮的是融安游子回家的路。

一次次辉煌成就的背后离不开各族民众的并力同心。在龙舟精神的影响下，全县各族干部群众“团结一心，齐心协力，奋勇拼搏，敢为人先”的龙舟精神激励全县人民奋发有为、创新进取。参加龙舟比赛需要全村一条心、全队一条心，比赛的队员奋力拼搏勇往直前，岸上的村民不遗余力呐喊助威，后勤保障的团队保障有力……在龙舟比赛过程中，这个县城的每一位民众都在为传承龙舟文化，共同建设美好家园贡献着自己的力量。

一直以来，融安县高度重视融江流域生态环境的共建共治，融江在国家地表水考核断面水环境质量状况中名列前茅，水质总体状况为优。与此同时，该县积极开展植树造林、绿化家园的行动，极大加强了当地的生态文明建设，确保林业的可持续发展，并取得了明显成效，荣获融安县“广西森林城市”荣誉称号。

2020年，时任融安县县委书记的陈宏先生曾道：“在各民族共同团结奋斗、共同繁荣发展的新时代，龙舟赛的举办意义非凡，它既承载着勤劳质朴的中华民族艰苦创业、奋勇争先的光辉历程，又鼓舞融安人民在充满挑战的历史交汇期中奋勇前行。”[1]

龙舟，绵延的记忆，永恒的精神内核。龙舟文化的魅力不仅表现在它本身所具有的娱乐竞技属性又兼包容和团结属性，更表现在它对于巩固和谐民族关系、增强民族凝聚力以及加强国际交流与合作等方面有着极大的积极作用。每一位融安民众都应把自己摆进这场历史的书写中，传承龙舟文化，弘扬家国情怀，铸牢民族共同体意识，积蓄前行的力量，合力驱动融安“龙舟号”巨轮劈波斩浪、行稳致远。

三、金橘园里的致富曲

走进广西融安县的金橘园，耳畔萦绕着一首歌——《桔乡欢歌》：

我家哟在桔乡

1 《新时代，需要“龙舟文化”；新征程，呼唤“龙舟精神”》，https://www.163.com/dy/article/FOIJCLK90514D4OE.html。

丰收硕果多
金橘飘香迎宾客
乡亲乐呵呵
唱起那丰收歌
果园传欢笑哟
歌声唱出好心情哎
日子笑着过
哎……
金橘飘香
醉心窝
唱起丰收歌哎
心情多快乐哟
…………[1]

这首《桔乡欢歌》让人感受到融安热情包容的淳朴民风、厚重的历史文化感及魅力怡人的旅游风光，同时也营造了金橘节宾朋欢聚的盛世景象。

融安浪溪河谷是全国三大“天然温室”之一，属南亚热带季风气候区，日照时间长，气候湿润，降水充足，具有得天独厚的柑橘种植气候条件，是我国最重要柑橘产地之一。融安金橘，属芸香科，柑橘亚科，金柑属，灌木或小乔木，高 3 米，常绿通常无刺，分枝多，原产地广西融安。繁殖方式为嫁接繁殖，砧木用枸橘，酸橙或播种的实生苗，嫁接方法有枝接、芽接和靠接，枝接。融安金橘，是融安油皮金橘、融安滑皮金橘、融安脆蜜金橘的统称，是国家农产品地理标志保护产品。金橘，又名金柑、金枣，不仅清甜爽口，且具有丰富的营养价值。

“一年好景君须记，最是橙黄橘绿时”，每年的 11 月至 12 月，是金橘的成熟期，每当这时，融安县的金橘园里绿色和黄色交织相融，就连空气中都弥漫着一股沁人心脾的果香，形成一幅色香俱全的视觉盛宴。在融安县汉、壮、苗、瑶、侗等各族人民的共同培育下，“融安金橘”成为融安县地标性产品，在融安县人民的致富曲上留下了华丽绚彩的一章。

1　覃艺馨，广西壮族文化熏陶和孕育的音乐人之一，为祖国放歌（北京）文化传媒创始人。覃艺馨先后创作发行原创作品《我的梦 中国梦》《家乡恋歌》；作曲作品：《永远的一面旗》《吉祥花儿开》《老家是山东》《爱的感恩》《苦苦的思念》、《记得有我》、《水乡情缘》《马背上的格格》《红红的对联火火的歌》《幸福花儿开》《做你最爱的情郎》《为道德放歌》《珍爱百年》《我的健康梦》《青州农民画之歌》《阿却拉嘎》等数百首广为传唱的歌曲。

（一）打造金橘富民路，共绘乡村振兴新画卷

融安县是“中国金橘之乡”，县委、县政府大力实施“半亩金橘助脱贫，一亩金橘奔小康，万亩金橘促富裕”的战略决策。目前，融安金橘已发展成为国家地理标志产品，种植覆盖全县 12 个乡镇，是全县支柱产业之一。如表 8.1 所示，2021 年融安县金橘种植面积达 20.72 万亩，总产量 19 万吨，总产值 17 亿元，加工产值 1.6 亿元，实现品牌价值 19.42 亿元，参与发展人数超过 10 万人，农民人均单项收入 7000 多元。[1]融安金橘的规模、产量、品质和品种在全国金橘主产区中位居前列。融安县也成为全国最大的滑皮金橘和脆蜜金橘生产基地，入选“全国柑橘产业 30 强县”，被评为“中国特色农产品优势区”。

表 8.1　2021 年融安县金橘生产情况表

名称	果园面积（亩）	投产面积（亩）	产量（吨）	产值（万元）	平均单产（公斤 / 亩）
合计	207051.42	152194	191082.62	171974.358	1256
长安镇	31193	22674	25234	22710.6	1113
板榄镇	28853	20808	22919	20627.1	1101
大将镇	61164.83	55202	86819.62	78137.658	1573
雅瑶乡	20862	16624	23102	20791.8	1390
大坡乡	14519.09	9635	8719	7847.1	905
浮石镇	8895	4949	4397	3957.3	888
泗顶镇	7158	3478	3700	3330	1064
沙子乡	6677	3974	4368	3931.2	1099
桥板乡	9300	5219	3927	3534.3	752
东起乡	2491	1250	1132	1018.8	906
大良镇	10904.5	5036	4848	4363.2	963
潭头乡	5034	3345	1917	1725.3	573

1 《直击现场！融安金橘果脯、蜜饯、饮料都是如何制成？》https：//mp.weixin.qq.com/s/HlUfOwMEjGvfXO7zgc2Ecg。

1. 品种改良助农民丰收，经济发展促民族融合

种植融安金橘所呈现出来的巨大发展潜能带动更多农民参与其中，凭借融安金橘，当地农民的经济收入不断增加，生活水平稳步提升，与乡村振兴实现了有效衔接，进一步巩固着脱贫攻坚成果。融安金橘品种改良路上凝聚着当地各族人民团结互信的强大力量，拉紧了当地各民族人文交流合作的共同纽带，在创新中拓宽了各民族和谐共同发展的阳光大道，为融安各民族合作共赢写下了务实担当的生动注脚。

图 8.3　2021 年融安金橘擂台赛冠军的金橘王
（谭凯兴摄，融安县民宗局提供）

2. 身在一片乡土，服务一方乡亲

曾获“全国脱贫攻坚先进个人”“全国农业劳动模范”“全国十佳农民”“全国巾帼建功标兵”“第二十一届广西青年五四奖章”，现任广西融安桔乡里农业有限公司总经理的赖园园在共青团广西区委、广西广播电视台新闻频道共同主办的 2022 年青春访谈节目——《广西青年爱广西》第 6 期节目中提到，她在亲眼看见村里人因为金橘滞销之后选择砍掉金橘树后，她就下定决心回乡带领村民改变这种现状。她从开设一家小小的淘宝店开始，逐渐摸索融安金橘电商发展之路，用了 8 年时间，从无到有，最终创立了“桔乡里”电商品牌。在见识到金橘小小身体中蕴含的强大力量之后，融安政府提出了“半亩金橘助脱贫，一亩金橘助小康”的口号。在以赖园园和她的团队为代表的融安金橘发展路上的领路人们以及融安政府的共同努力下，使得融安金橘的种植面积从 2013 年的 8.2 万亩到现在的 20.6 万亩，助力“融安金橘”总品牌价值增值到 18 亿元。在节目中，赖园园提到她们始终坚持一点：“只向市场争取利益，绝不压低农民一分钱。”正是有将这种口号牢记于心的“金橘人”们，在 6 年的时间内，融安金橘产业带领融安近 28000 户的贫困户脱贫，为农民每户平均增收 20000 元以上。

融安金橘从一个价格低廉的滞销产品，到成为融安脱贫致富的金疙瘩，离不开政府的支持，也离不开使融安金橘成为“新法宝”的脱贫人。为巩固脱贫攻坚成果，促进融安人民走向共同富裕的道路，融安县积极发挥自身优势，以发展金橘种植巩固脱贫攻坚成果，助推乡村振兴发展。

（二）打造先锋模范，以点带面赢发展

建设农业现代化示范区，是党中央、国务院做出的战略部署，对全面推进乡村振兴、加快农业农村现代化具有重要的示范带动作用。融安县打造了一批具有模范示范作用的示范区，以此为今后的融安产业的完善与发展积累宝贵经验。[1]

1. 示范区：模范带头，打造金字招牌

融安县桔乡恋歌万南金橘示范区是融安县典型性示范区之一，该示范区位于融安县长安镇河勒村，严格按照“六个基地联合共创，一二三产融合发展”的建设思路建造而成。示范区分为核心区、拓展区和辐射区三个区域，包括母本园、采穗圃基地，健康苗木基地，标准化种植基地，金橘试验基地，精深加工基地，仓储物流基地六个基地，基地之间相互配合，形成一个完整的金橘全产业链。[2]

针对深化农村改革，示范区采取了以下七项措施激发乡村振兴新动能，并卓有成效。

一是实施“领头雁”工程。示范区积极将党建工作镶嵌到产业链上，充分发挥基层党组织和党员能人的引领带头作用，走出一条“党建＋产业”带富新路子，有力助推脱贫攻坚，有效衔接乡村振兴。

二是全面推进农村土地综合整治。示范区通过土地流转从事融安金橘产业开发，发展规模经营和集约经营，引导农民向第二、三产业转移，加快农业增效、农民增收、农村发展，全面提升融安县现代农业发展和新农村建设水平。核心示范区流转土地3150亩，每亩租金每年1000元，涉及农户1580户。

三是推进农村集体经营性资产股份合作制改革。村集体经济入股示范区“百村万亩金橘园”村集体经济项目，由长安镇13个村村民合作社入股，与融安县永丰农业发展有限责任公司合作经营，其中村集体入股合作310万元，占股30%，固定分红入股110万元，占股10%。分方式上，双方合作经营，村集体经济方占股30%。初步预算，到2021年涉及的13个村共获百万元的集体经济收入。

四是发展优势特色农业产业。全县拥有各类电商企业726家，网店24235家，有流企业49家，全县电商交易总额由2016年的8.8亿元增长到2020年的53.44亿元，其中农产品上行交易额由2016年的4.2亿元增长到2020年的23.11亿元。

五是培育发展农产品加工业。在精深加工基地引进的融桔茶业有限公司、金园食品有限公司、东边山酒业有限公司等企业，重点开展金精茶、饼、酒、果汁、香精等金橘系列产品的深加工，正常投产后可年产金橘茶50吨、金橘酒75吨、金橘饼5000

1 《一文读懂农业现代化示范区》，https：//cepnews.com.cn/a/xiangcunzhenxing/jujiaosannong/20210824/ 156631.html。

2 《示范引领 振兴一片》，http：//www.rongan.gov.cn/xwzx/xwzxtpbd/202110/t20211025_2941772.shtml。

吨、果汁1万吨，可实现销售额1.6亿元，年消耗金橘原料3600吨，实现了融安金橘从鲜果销售到深加工的突破。

六是创新金融支农产品和服务。每年通过县农业投资有限公司出资1000万元作为银行贷款保证金，按1：10的比例向银行申请发展特色农业产业融资贷款1亿元，作为发展金橘种植的贷款资金，确保经银行审核征信良好的金橘种植户在4年内新种植每亩金橘可获得6000元贷款资金，用于金橘种植经营管理。获得贷款扶持农户按每亩最高6000元贷款预拨贴息，贴息年限4年。

七是科技创新产业高质量发展。及时引进科研人才，成立融安金橘研究所，正在筹备金橘研究院，与广西特色作物研究院在示范区建设融安金橘试验站，建成新品种母本园和金橘无病毒苗圃，打造年培育金橘苗木达300万株以上'融安金橘'苗圃基地。"[1]

融安县桔乡恋歌万亩金橘示范区形成了一个从加工到深加工再到物流储存流程的相对完整的金橘产业链。该示范区成为金橘产业实验区，在发展的过程中积攒了宝贵经验，可以为今后金橘产业的发展提供建设性的建议。

2. 周岗：三年入行，五年懂行，十年称王

融安县桔乡恋歌万南金橘示范区的经营主体是融安县永丰生态农业责任有限公司，周岗则是该公司的主要负责人，即总经理兼公司的总协调及技术指导。周岗毕业于云南农业大学。2015年，辞职之后的周岗怀着对融安金橘品种的信任与实现融安金橘产业规模化生产的激情与热情投入到融安金橘种植行业中。作为融安金橘种植大户，周岗的事迹在融安广为人知。积累了一定种植经验后，周岗选择建立公司，即融安县永丰生态农业有限责任公司。从周岗口中可以得知，"融安县永丰生态农业有限责任公司是桔乡恋歌省级四星现代农业示范区的经营主体，公司拥有脆蜜金橘300亩，滑皮金橘200亩。公司做农业到今15年，致力于融安金橘技术的精益求精，基地以种植为主，还提供脆蜜金橘大杯苗，二年杯苗，土球地苗，分享脆蜜金橘的管理和技术经验。"

在对周岗的访谈过程中，他对种植金橘这一工作表达了自己的喜爱，毕业于农大的周岗选择辞掉较为稳定的工作，选择利用积累的农业方面知识与经验，满怀对融安金橘的信心和满腔热血，从云南来到广西融安，开始种植金橘。事实证明，融安金橘并没有让周岗失望。他提到开始接触金橘时，有很多困难和挫折。

在外人眼中，从事农业工作很难，其实在内行人眼中，农业的工作也充满艰

1 《"十有一超"造就"中国金橘之乡"，融安金橘这些知识你了解多少？》，https：//xw.qq.com/cmsid/20211027A0CYHI00。

辛。农业，特别是种植业，说到底就是靠天吃饭。天气因素对农作物种植的影响尤其大。再加上培育果苗、打药、施肥、采摘，每一个流程都需要付出心血。这一路走来，有过害怕，害怕亏损，没办法和公司里的人交代，毕竟从种地的工人到管理人员50多个人都靠这份工作养家糊口。责任越大，动力就越大。

首先，我想对身边从事金橘产业的同行们说，对于网络上和柑橘行业内出现的对于唱衰或诋毁脆蜜金柑品种的声音，我们无暇回应和评价。可以肯定的是，这类人要不就是行业内的淘汰者，要不就是害怕被脆蜜金柑冲击的其他品种从业者。种植没有门槛，也不存在红利期，农业唯一的出路在于品种、品质、品牌。其次，作为一个从事融安金橘产业工作将近十年的人，我亲眼见证了融安金橘产业从衰败到慢慢发展起来的过程。在这一过程中，融安农民、政府以及相关从业人员都付出了巨大的努力。其次，我作为一个从云南来到广西创业的“外地人”，成立了一家驻扎在融安县，依靠融安县资源发展的公司，在发展的过程中受到融安政府的支持与鼓励，受到当地人民的配合，理应回馈一些给当地人民。在前几年，融安县还未实现完全脱贫时，公司在员工的招聘时，相等条件下，会优先考虑当地贫困人员，希望可以为融安县的脱贫攻坚做出一点贡献。现在脱贫任务已经完成，我们公司还会采取该招聘标准，尽可能地为解决融安就业问题做出一点贡献。地处一个多民族聚集生活的城市，公司保证在各个方面不会区别对待少数民族员工，相反我们会组织一些活动，来促进员工团结互助。目前，我们团队接触金橘产业也已将近十年，在此过程中也积累了一些经验，可以尽最大可能为该行业其他从业者提供一些经验，为融安县的金橘产业化发展增砖添瓦，为融安经济增长贡献出自己的力量。[1]

周岗无数次提到过，在创业初期，融安人民无私地为他提供过关于种植金橘的经验，在交流过程中他们无碍于民族、地域。由此可见，各民族群众正是在生产生活中相互了解、相互尊重、相互学习、相互帮助，不断铸牢中华民族共同体意识，达到各民族融合发展、中华民族一家亲的和谐局面。

融安金橘历经300多年的岁月，发展成具有巨大经济效益的融安金橘产业，蜕变成一个享誉全国的地标性产品，是贯彻党和政府方针、政策的结果，是融安县汉、壮、苗等各族人民群众夜以继日付出的努力。融安金橘产业的不断优化促进了融安经济的快速发展，使得各族人们安居乐业，推动融安县各族人民共同繁荣富强，铸牢中华民族共同体意识打下坚实的物质基础。在发展金橘产业的过程中，各族人民手足情深，守望相助，共同促进金橘产业蓬勃发展。融安金橘的发展在融安如期打赢脱贫攻坚战，

1 访谈对象：周岗，永丰生态农业责任有限公司负责人；地点：永丰生态农业责任有限公司办公室；时间：2022年7月11日。

如期全面建成小康社会中发挥了关键性作用。面对融安金橘——脱贫致富的金疙瘩，融安各族人民自信心、自豪感激发，凝聚力向心力极大增强，呈现出民族团结一家亲、同心共筑中国梦的良好局面。

四、骑楼街里的交往交流交融

长安古镇，历史悠久，文化深厚，物华天宝，商业繁荣，人才辈出，是广西的名镇，有"小柳州"之称。各个历史时期，对湘黔桂粤等周边地区都产生一定的影响，尤其是那几条独具江南特色的骑楼街，一批又一批来自五湖四海的生意人，昔日在长安这块地灵人杰的商业沃土上创造了商业神话，同时也在这里书写下各民族交往交流交融的"三交"史。

（一）骑楼街的发展概况

长安骑楼街是距融江最近的历史街区，由于水路发达，吸引了不少外地商人前来经商，尤其是以粤商为代表。不少粤商最早来融江发展经商，其影响最大，最为深远。随着陆路交通的发展，各民族交往交流交融不断加快，不少商人与当地联姻，选择了留在这片美丽的地方。伴随着时代的发展，这座规模宏大、保存较为完好的骑楼街，

图 8.4　融安县城骑楼街景（石祖安摄，融安县民宗局提供）

印记着这座商业古镇民族“三交”的历史，成为当地一张珍贵的名片。接下来让我们走进长安镇骑楼街那悠悠的历史，去寻找那灿烂辉煌的岁月。

1. 兴起：商业交往

长安历史悠久，在春秋战国以前，这里就有人群居住；南北朝时，这里的生产和交易相当活跃；到了明朝初期就有了“长安”的名字；清朝康熙年间就建立了镇治，清朝中期商业开始兴盛；从民国初期起，这里的商业和文化非常繁荣，各民族交往频繁，因而被誉为“小柳州”，在当时乃是广西的名镇。

长安镇起初并不富裕，它同其他许多地方一样，生产方式和生活方式都比较落后，直到清朝乾隆末年至嘉庆初年，融江上游湘、黔、桂各地的农产品及木材开始进入长安口岸，渐渐商贾云集，商业逐步兴旺起来。长安最早以木材交易为主，是由福建人赖学耀经营，设商号“福万隆”，是长安镇上最早的商号之一。随后，湖南商人也来了，再往后是江西商人、广东商人，融安像一块磁铁吸引各族商人纷至沓来。此后，商号和店铺如雨后春笋蓬勃兴起，奠定了长安骑楼街的经济基础。到了同治九年（1870 年），长安商业步入了兴盛时期。

在众多的行业中，又以土产杂货业经营花色品种最多、资金最大、获利最丰。起初是由广东南海县商人张棣山开设“源昌隆”商号经营，以木材、茶油、桐油、土纸、片糖、萝卜丝、鸦片烟等土特产品运销广东，又从广东购回京果、棉纱、棉布、食盐、煤油、火柴、海味等杂货在长安批零兼营，开了长安商业运销的先声。

民国二年（1913 年）至二十五年（1936 年），国民党政府提出了“发展实业、振兴商务”的口号，并颁布了许多发展的政策，长安商业又向前迈进了一步，发展到了极盛时期，因为商贾聚集、人流甚多、市面繁华，长安“小柳州”之称就此时而得名，长安镇也成为各民族聚集之地。

由于经济基础的不断增强和社会地位的逐渐提高，长安镇各民族文化也开始繁荣。建会馆、办学堂、唱文场、演桂剧、排调子、舞龙狮、玩牌灯、敲渔鼓、作诗联……名目繁多，五彩纷呈，共同汇聚融合为中华文化的一部分。其兴旺、繁华促使其成为当时广西的四大名镇之一。[1]

2. 重建：政治需要

骑楼街地段是长安镇最繁华的商业街区，商号、百年老店众多，受到执政者的青睐，两度作为地区一级行政驻地（行政监督署、专员公署）。民国二十五年（1936 年），广西省政府在长安镇设立“广西省长安行政监督署”，负责筹备的官员发现，长安虽然繁荣富庶，但城镇楼宇凌乱，街道狭窄拥挤，与行署驻地的地位很不相称。再

1 周思泉:《代序：续写辉煌》,《古镇长安》编委会编:《古镇长安》（内部资料）2009 年。

加上当时正值广西新桂系当局，全省掀起建设广西模范省运动，于是决定拓宽街道，建设骑楼街。于1937年1月10日动工兴建，1938年2月竣工。骑楼街建设气势如虹，堪称人间奇迹。

据《融安县志》记载："民国二十六年长安镇市容进行第一次整顿，修建部分骑楼。"从那时起，古镇长安的太和街，升平街（今立新街），兴隆街（今新华街），兴仁街（今建设街局部）渐渐建起有岭南风格的骑楼街。

过去长安的主要街道都是清一色的青砖瓦屋，虽窄小低矮，但也都有较宽的廊檐，以方便来往行人遮阳躲雨，独具岭南特色。街上大多是鹅卵石铺成的花街和青石板铺成的石板街。街道又窄又弯。

新建的骑楼街都统一规划线，建筑精巧，风格各异，丰富多彩。街道加宽到8米，并铺上三合土，修了下水道。总体为大"十"字形，各商号的外墙及门面都装修一新，韵味十足，或庄重大方，或典雅高贵，有中式古朴的浮雕，有西方畅美的线条，中西文化在这里水乳交融，古典与现代的和谐共存。从整体看各街各段落风格统一，但每幢楼又各领风骚，多为三四层，一楼为商铺楼为会客和商务用房，三四楼为客商居住，许多骑楼建筑的一楼还建有夹层，秘存金银珠宝和贵重物品，用以防盗。骑楼下为人行道，供客户和行人防雨防晒，走进骑楼街，天晴不用戴帽，落雨不用备伞，可在骑楼街下自由自在地徜徉。不管天晴落雨大小商贩可把摊位移到骑楼街下，继续做生意。据考证古镇骑楼街和广州、梧州、柳州这些大通商口岸的骑楼街属同一时期破土动工，这也印证了长安商埠历史悠久和重要地位。骑楼街新建过程中，大部分资金投入来自居民或商家自身，造成部分商家元气大伤。而无力筹措修建骑楼资金的小商户则被强行驱离商业地段，失去了谋生的家园。加上战争的影响，骑楼街逐渐走向衰弱。[1]

3. 衰弱：时代更迭

骑楼街走向衰弱是一个长期的过程，其影响因素也是有多方面的。首先从时代环境上来看，经过两次兵匪的洗劫和一次特大火灾的重创，再到抗日战争和解放战争的多重影响，长安商业在遭受多次磨难之后，木价上涨，有的商号逐渐倒闭、迁离。其次，从商业发展的情况上看，随着公路铁路运输的兴起，水运衰落，商业东移，骑楼街也逐渐走向没落。骑楼街兴于水运，衰于水运，虽已老去，但仍是当地重要的商业中心。1951年6月融安县人民政府将县治迁驻长安镇，骑楼街成为县级政治经济文化中心，直至20世纪八九十年代，骑楼街仍然是举办各种大型活动的地方，政府还时常在此举行各种活动，骑楼街古镇人民生意和居住的重要场域。

1　沈克克：《长安骑楼的变迁》，融安县政协委员会编：《融安文史》（第九辑），2008年。

4. 重生：人民需求

改革开放以后，经过一代代人不懈地努力奋斗，长安镇发生了翻天覆地的变化。交通不断改善，从昔日唯一的水路通道，到现在四通八达的公路以及贯穿南北的铁路；城区建设不断加快，从过去仅有 3 平方千米、10 条街道、不足 1 万人口的城区，扩大为河东、河西 80 余条街道、人口 10 余万的小城市；商贸愈加繁荣，从过去全镇 40 多个行业、600 多家商号，到现在有行业超 100 个，工商业主超 10000 家。

现如今，骑楼街已经成为人们了解融安、认识融安、关注融安的一张名片。政府部门以及专家、学者们也逐渐重视挖掘、研究和保护。正如 1989 年春，时任广西壮族自治区人大常委会副主任的林克武先生到融安考察时填的一首词，其文为：

> 久慕长安景物优，来观处处别开眸。千山莽莽连黔楚，一水滔滔下广州。
> 迎远客，送飞舟，往来商旅货如流。深峦尽是摇钱树，只在人间善策谋。

新时代，骑楼街作为融安一张精美的名片，我们要充分挖掘其历史价值与文化内涵，了解其中记载的各民族交往交流交融的历史，再将这张珍贵而精美的名片进行宣传推广，把握机遇，将长安乃至整个融安建设得更加繁荣，更加美丽。

（二）独具优势的骑楼街

通过实地田野调查以及细致的分析，我们不难发现，骑楼街的商业之所以辉煌，主要有以下几个重要条件：一是区位优势，它位于湖南、贵州、广西三省的边境，有利于土特产和外来商品的集散。二是交通便利，融江水运上游能达贵州省的从江、榕江，下游可到柳州、梧州、广州，再加上公路、铁路的通车，加快了商品的流转。三是物资丰富，以木材为主的几十种土特产品取之不尽，卖之不竭，吸引了外商云集此处。四是地利人和，由于交通相对便捷，政府的政策、政令及信息容易通达；更由于长安人心胸宽阔，真诚地亲商、爱商和助商，既促进了交往交流交融，也给外来客商提供了便利，因此吸引来大量的投资经商者。[1]

1. 丰富的物资货源

这里有青山环绕，绿水相伴，这些山水不仅连接至桂北地区，还连着黔东南和湘西南。再加上独特的亚热带季风气候区，太阳辐射强，气候温和，雨量充沛，土地肥沃，大自然赐给它孕育万物的条件，一年四季农产品丰收，盛产杉木、竹子、茶桐、药材、香菇和水果等，物产丰富。商人们从长安口岸出口的商品以茶油、桐油、木材

1 周思泉：《代序：续写辉煌》，融安县《古镇长安》编委会编：《古镇长安》（内部资料），2009 年。

为大宗，其次有大米、黄片糖、东纸、药材、生猪、菜牛等。丰富的物货资源不仅销往柳州、梧州，相当一部分还会批发给贵州省及三江县等地，成为商业交流的集散地。

2. 天然的黄金口岸

融江从北边的云贵地区和桂北地区向南款款而来，在长安形成了一片宽达 400 多米的江面，然后扬起碧波向着柳州、梧州、广州奔腾而去。在长安这一段江面上，风平浪静，视野开阔，东西沿岸水深有 4~10 米，没有礁石，没有漩流，适宜船只停泊和木排、竹筏的停靠，是一个天然的风水宝地和黄金口岸。在民国十七年前，柳州至长安未通公路，长安口岸货物以水运为主。运输工具有机动火轮船、木船、木排。水路分为上、下两段，上段由长安口岸出发，逆江而上，往贵州榕江、黎平方向和三江古宜方向；下段由长安口岸出发，顺江而下，往柳州、梧州、广州方向。民国十七年后，柳（州）长（安）公路竣工通车，长安口岸又增加了一条陆路运输线，使得长安镇商业更为繁荣，各地商人争相前来，成为商贾们心中看好的发财、发展的黄金口岸。[1]

现如今的黄金口岸依旧静静地依偎在河岸的土地上，成为一道独特的风景，注视着融江上下来往的船阀，见证古镇的发展历史。

3. 融洽的商业环境

骑楼街的商业发展至今，有一个十分重要的因素就是当地各族人民热情的待客氛围和团结融洽的商业环境。长安镇广纳天下宾客。从明朝时候起，就有外省人来长安做生意，由于受到长安人的诚心欢迎和热情相待，久居不再离去，他们在长安建会馆、办学堂、买义冢，积极介绍和招引同乡人来这里经商。到了清朝，外地商人更加活跃，纷至沓来，并在此地定居，于是就成了商贾云集、人才荟萃的局面。正是由于活跃的商贸活动，繁荣社会稳定市场环境，才能吸引一批又一批的外地商人，得以造就广西近代商业交往交流交融的典范。

4. 繁华的夜市街区

长安骑楼街道特色明显，有骑楼式楼房的商业主街太和街；客商云集，生意活跃的河西街；以湖南人和广东人为多数的湖广街（今解放街）；交通便利、商铺众多的兴隆街；赶街农民常到之处，圩日时热闹非凡的兴仁街等。纵横交错的古街商铺林立，分行划市，形成了独特的街区风格。

街区内本地美食小吃众多，唐八经的手牵银丝鸡汤面，脆肉鲜馄饨、曹六记的京粉汤圆，徐玉珊的裸蒸、马益龙的肉丝炒粉，谢文记的南乳花生等，独特的地方风味，价廉量足，负有盛名。

1　黄秀鹤：《天然的黄金口岸》，融安县《古镇长安》编委会编：《古镇长安》（内部资料），2009 年。

此外，随着外商的交往交流，外地饮食文化逐渐交融进来，最具代表性的就是粤商所带来的广东的饮食文化。两广地区本就是亲如一家，饮食、文化等认同感深厚，再加上粤菜精致美味，因此粤商所带来的饮食文化备受欢迎。据记载，广东商人陈杰生在新华街创办的太白酒楼，从广东雇请技艺精湛的厨师，制作广东名菜原盅炖品，果子狸、炖鸡、乳鸽、燕窝等，门面堂皇，常住乐师等 20 余人，日夜供应名菜糕点，色香味俱佳，服务周到，接待热情，来往餐客川流不息。夜幕降临，骑楼街灯火齐明，街道往来人众频繁，每当华灯初上，街道两旁摆满摊台。烧烤摊、水果摊、成衣百货摊等五光十色，应有尽有。摊主端坐一旁，热情地看着行人高声叫卖。而行人漫步观看，欣赏夜景，自得其乐。商行老板则多上太白楼喝酒听曲，或谈生意，兼探商情。船民、筏夫们收工后，三三两两来到这里的茶馆饭店，消除一天的疲惫。前来游玩的外地人络绎不绝，城郊区的农民也常爱来逛夜市。酒楼、戏院门口广集人群，戏院里锣鼓声和粤曲桂剧声，小街巷里传出来的文场小调声，酒楼的划拳猜码声，一片热闹祥和之景，都在显示长安这个不夜城的喧闹与繁华。简言之，可谓：红绿灯闪，人如潮，歌如蜜，酒之酣，夜如梦。

（三）商帮商会——民族交往交流交融的使者

“小柳州”长安商业的发展造就了众多的商帮商会，这些商帮商会成为民族交往交流交融的桥梁，不断推动着当地各民族的交往交流交融，促进彼此的了解和接纳。

1. 商埠之先声：木材帮

柳州历来以优质木材闻名天下，柳州的优质木材多产于融安及融江上游各地。木材帮成了长安最早经销木材的商家。

清朝嘉庆五年（1800 年），福建人赖学耀最早来长安开设经营木材生意的商号“福万隆”，开创了长安木材业深购远销之先声。继后有广生祥、广隆兴、和兴昌等经营木材生意的商家。当时“广生祥”资金最为雄厚，经营活跃，还专门配备了雅洁豪华的长专船。船工上常备海味山珍佳肴，为交易和招待接送木材的购销商人之用，木材不仅销往柳州、梧州等省内周边地区，还远销广州、佛山、香港、澳门等地。

此外，有专门经营木材水路运输的“行商”，如徐锦泰、江彩源等。木材运输的行商也叫“广排帮”，根据江面的宽窄扎成“广排”，广排宽五至八米，连接十五至二十张木筏，长约四五十米，像一条长龙在水上游走。广排上有“放排手”，搭有窝棚，铺盖、炊具、粮油菜齐备，有时停排靠岸，到圩镇上买回些鸡鸭鱼肉，在窝棚前挂盏马灯，开怀畅饮。从融安放一次“广排”到广州要一个月左右，成为当地一大特色。[1]

1 杨论平：《古镇商埠之先声——木材帮》，融安县《古镇长安》编委会编：《古镇长安》（内部资料），2009 年。

2. 五彩缤纷的商业及商号

长安镇的商业，历史悠久，遗憾的是历代编纂的县志及文献均不重视对商业的记载，资料较少。据《融安县志》载："清乾隆元年县境内已形成圩场18个，商业活动比较活跃。"乾隆末至嘉庆初年，长安商业始兴，渐而商贾云集，融江上游湘、黔、桂各地农产品及木材，始入长安口岸，诸商获利，捐银创建宝善堂。"清道光以前，长安当时有盐埠、有当押、有银号、有梧州帮、广东帮。"[1]同治九年（1870年），长安商业步入了兴盛时期。

福建人赖学耀开设的福万隆商号的最早一批商业，主要经营木材生意。随后外地商人日渐增多，铺店如雨后春笋，蓬勃兴起，商业类型不断扩大，各种商号、商会纷纷建立，也呈现五彩缤纷的局面。在此期间，呈现出几大特点。

一是区域广。长安镇的商人，分坐商和行商两种。坐商是指设有商号、门面、店铺、货摊等固定营业地点，进行收购仓储、加工、批发、零售者。行商是指营业地点不固定，流动性大，不设铺号，进行长途贩运和短途贩运者。他们除了来自广西各地以外，还有来自安徽、福建、江西、广东、湖南、四川、贵州、云南等省外地区。人员来源区域广，而且商品经营区域也广，极大促进了各民族的交往交流交融。

二是数量多。民国建立初期，政府为了振兴实业，颁布了一些利商政策，扶助商业发展，为民族地区市场经济的发展打下了基础。在民国二年（1913年）时，较大的商号已有40家，其他属中型或兼营者有数百家，把当时不足0.5平方千米的长安骑楼街搞得熙熙攘攘。民国十七年（1928年）柳州至长安的公路开始通车，长安镇更是成为重要的集散地，进入了鼎盛时期。到1949年新中国成立时，长安镇的商业有主要行业36个，工商业户1130户，从业人员1850人。摊贩行业11个，463户，从业人员463人。全年营业总额，折合旧人民币66亿元。

三是行业杂。从清朝到1949年间，长安镇的经商行业主要有46个：杂货、苏杭、书店、文具、纸笺、首饰、铁铺、蒸酒、豆腐、香烛、糖果、木器店、竹器店、茶居、熟食、药材、皮箱、爆竹、理发、烧猪、找换、山货、特货（即鸦片或烟土）、妓院、屠宰、当铺、石器、银号、陶瓷、鞋店、镶牙、照相、织布、印染、丝烟、棕绳、粮店、修理、酱料、客栈、平码、饭店、酒楼、收购、贩运、经纪等，囊括了饮食业、服务业、手工业、运输业、中介业和金融业。这为各民族文化的相互学习、相互借鉴、相互融合提供了便利。

四是品种繁。从长安口岸输出的商品以木材、茶油居首位，大米、桐油、黄片糖、五倍、香信、东纸、萝卜丝为大宗；输入长安口岸的商品以食盐、棉纱、布匹、煤油、火柴、铁条、钢板、铁钉及日用百货为主。在农产品与工业品的贸易中，大大小小、粗粗细细无所不有。

---

1 《融安县志》，南宁：广西人民出版社，1996年，第313页。

五是分行成市。在民国二十五年（1936年），长安镇600余家店铺自然分成行市：粮食、陶瓷、柴炭和铁铺大多集中于沙街（今和平街东段）；布匹、丝绸、土产杂货、医药集中于江西街（今和平街西段）；客栈、山货多在湖广街（今解放街）；纸扎香烛店分布于昇平街（今立新街）；竹木器则多在塘码头，油箩街；长安镇商行的“四大天王”和部分巨商大户都集中在太和街（今和平街）。

六是帮会密集。长安镇商界各业人员中，本地人世代相传经商的不多，且商业经营资本不大。外地来做生意的，初为客串，继为庄客，最后落籍定居长安的不少，尤其是以广东、福建、江西、湖南等省的商人居多，纷纷来长安经商，房产，开店铺，并各自成立各种同乡帮会，建造会馆。

七是商会统治。光绪末年，清政府为了控制工商业，设立农工商部，制定法规，对工商业者加以约束。当时清廷颁布法令，各地组成商民的群众团体“商会”，由此取代了行帮组织，很多商业活动都由商会统治着。

八是团结互助，体现民族团结。例如早期的木帮安顺堂，是由粤、闽、桂、湘、黔五省集资所建，原址设在三江县境的葛亮村，在长安镇设有集会地点。木帮供奉天后圣母。会馆正门有对联曰：“汉满蒙回藏五族，粤闽桂湘黔一家。”

九是善于总结经验。各地商人在长安商埠的贸易活动中，积累了丰富的经商经验，总结出一套生意经。如“经商信誉胜千金，货真价实传美名”“人无我有，人有我好，人好我多，人多我早”“信息是个宝，经商少不了”“知己知彼，百战不殆”“生意中岂无学问，经营内亦有文章”“做生意不懂行好比瞎子乱撞墙”“接一顾二三联系”“三分生意七分仁义”等。

久而久之，长安形成了以诚信为服务方向，以信息为效益之源，以货真价实为抢占市场的筹码的经营模式，把小镇的商业市场搞得有声有色。

长安镇商业的诸多特点，构成了五彩缤纷、繁花似锦的格局。数百年来，在骑楼街上，表面上是风平浪静，实际上是刀光剑影，各显神通，竞争激烈，把古镇的生意做得淋漓尽致，轰轰烈烈，演绎了湘桂黔边界的商业神话。[1]

3. 四大会馆与其商会文化

从清朝开始，随着外来人口的增多，古镇长安逐渐成了移民城镇，镇上设有很多的行帮和会馆。各地客商带来不同地域的、不同民族的文化理念，融入古镇的民俗民风，营造出独特的、浓郁的、不同凡响的长安文化氛围，形成了别具一格的长安商会文化。接下来我们就说一说影响极大的四大会馆：湖南会馆、福建会馆、江西会馆和粤东会馆。

湖南会馆，原名泷江会馆。湘桂两省相邻，由湖南迁来长安镇的人数最多，遍布

1 黄秀鹤：《五彩缤纷的长安商业》，融安县《古镇长安》编委会编：《古镇长安》（内部资料），2009年。

全镇各个街巷，三教九流都有，所以经营的范围广泛。从事织布业的占全行业的百分之九十以上，从事陶瓷、竹器木器、修补、裁缝、泥水、木工行业的也有多数。该馆资金雄厚，人员较多。会馆建在太平街（今县招待所处），院内宽敞，前有戏楼，中有过厅，上有楼座，后有大殿，东边和西边各有厢房，全是青砖绿瓦，屋脊镶有瓷器制成的狮、龙、花、鸟等饰物，手工精妙，色彩艳丽。会馆在兴仁街建有“同德社”旅店，1925 年开办小学于会馆内，凡湖南籍的人来到长安镇，会馆均为其安排就业。每逢会期均要聚餐看戏，隆重热闹。会馆为凝聚人心，传递商机，招商接客起到很大的作用。

福建会馆。福建人移居来长安镇的人数甚多，初时大部分经营农业，后长安镇的商业开始兴旺，福建人意识到“不商难富”的道理，纷纷弃农进城从商，其经商较早。后集资兴建福建会馆，会馆设在兴仁街，会员以农业会员为主。供奉天后圣母，每年三月二十三日为神诞，会员集中馆内供奉圣母和聚餐。九月重阳节举行第二次集会议事。后因内部意见分歧，部分会员集资另建会馆，新馆建在同街（今建新饭店），取名“三罗会馆”。福建会馆和三罗会馆也在河东上面寨附近购买荒坡作义冢为同乡去世埋葬之处。会馆于民国十四年（1925 年）开办同乡小学，推动教育，引农入商。

江西会馆。清朝同治九年（1870 年），东南沿海开放海禁，江西省有一批商人慕名来到长安镇经商。到了民国初期，江西商人杨鼎成来长安，带头集资兴建江西会馆。会馆设在昇平街（今立新街邮电局），有三进三出围墙环绕。院内建筑分前楼、中楼和后楼，墙体全是青砖所砌，屋顶都为绿瓦所盖，用瓷器砌成的花、鸟、龙、狮装在屋脊上，整个会馆显得肃穆、大气。每年正月二十八会馆举行神诞集会聚餐看戏。会馆成员多经营裁缝成衣、首饰银匠、土布业、摊贩，也有专营想来长安谋生的江西籍的中介事务。1925 年，馆内开设同乡小学，同乡子弟入学免费。江西会馆的商帮文化突出，中介作用明显，起到信息互通、联络联谊的作用。

粤东会馆。1930 年后，在长安经商的广东籍商人日渐增多，集资设立了粤东会馆，还在板榄街、雅瑶街、龙妙街设立分会馆。设馆宗旨为“殖货财，便通商，叙桑梓”。会馆会员拥有的店铺较多，绝大部分经营土产、杂货、木材等。长安的豪商巨贾大都是广东人，如木商“广生祥”和四大天王的“广隆兴”“德记隆”“裕成”以及“建生”商号。会馆设置规模很大，有舞狮队，名为西荣堂乐队，道具齐全。后因馆内意见分歧，另在兴隆街（今新华街供电所处）设有新馆，老馆则设在兴仁街（今建筑公司处）。会馆在大巷下村购有土地，作为为同乡去世埋葬的义冢。新馆还建有“爱善堂”，为馆内孤寡残病护理治疗之所。馆内供奉白帝，每年举行春秋二祭，年终尾祭，则备丰厚佳肴，为乡人一年一度的联欢会。粤东会馆规模大，财气粗，富商多，乡意浓，在长安镇影响较大。[1]

1　黄秀鹤：《四大会馆各显其能》，融安县《古镇长安》编委会编：《古镇长安》（内部资料），2009 年。

总之，无论是湖南会馆、福建会馆、江西会馆还是粤东会馆，都将所在地的文化带到融安，最终形成长安古镇厚重的文化历史与浓厚的交往交流交融氛围。

（四）骑楼街里的故事

百年骑楼街，产生了无数故事。现如今，洗尽铅华的骑楼依然不失气派，气度不凡。骑楼虽已老去，但那一座座百年建筑还在向人们讲述着久远的往事。

1. 碑文中的官民团结史

长安骑楼街是广西一张珍贵的名片，见证了古镇长安商业的繁荣史。骑楼街于1937年重建，一年后竣工，立有碑记，名为《长安市政建设记》，是民国政府对外展示融县“模范一方”的窗口。该碑记系长安镇国民党当局者撰文，对政局难免多有溢美之词，但还是比较详细地介绍了骑楼街修建的完整过程，体现了官民团结一心、不怕困难、穷干苦干的精神面貌，对研究古镇长安的发展具有一定的史料价值。

该石碑高2.17米，宽1.2米，厚5厘米，碑文900多字，上有楷书“骑楼街”。竣工后立于镇内当街之处，新中国成立后被推倒。碑文中除少数字有损坏外，整块碑保存较为完好，现已收入县文物管理所保存。兹将碑文全录如下：

长安市政建设记

□□九省内政既平，二十年、本省最高军政长官李公德邻将军、白公健生将军、黄公旭初主席锐意刷新政治，本三民主义订立自卫、自治、自给三大政策，全省行政标的分军事、政治、经济、文化四大部门建设，以建设广西，复兴中国。数年来官民上下本穷干苦干之精神，团结一致，向标的政策前进，所有无形之精神与有形之物质建设诸种部门无不突飞猛进，成绩斐然，模范一方，誉满全国、洵一时之盛也。民二十五年，余奉命任柳州区指挥官兼行政监督，设署长安，本领袖之政策，推行庶政编训民众，建设地方，抵任之初即感长安居柳江上游，北入黔湘，东通桂林，西达庆远，为军事要地，为交通枢纽，平时商业辐辏，人口繁盛，诚一重要市口、惟是市政失修，街道残狭，屋宇栉比，人口拥挤，既感交通之不便，复时有火警之灾连，乃与地方人士会商，均认有速为改造之必要，时廖公燕农总军戟驻柳区，痌瘝民瘼，对地方建设尤热忱指导，当即将情转陈。慨蒙代向上请拨得款万元为补助长安市政建设之费，其余由地方筹措，此则廖公有造于长安民众者也！曷胜感戴，桑等以款项有着，当即着手施行，令长安区公所组织长安市政建设委员会，当由地方举出卢麓、吴一峰、姚崇武、江云渠、何汉口，口日初，徐正初，龚惠民，何显、覃兆昺，韦本明等诸同志办理其事，同时并蒙口口派技士宁裕谟同志前来设计指导工程，会勘多日，图案既出，计划已定，于是分组进行，各门并举，计自二十六年一月十日起兴工，先开筑公共体育场及公园、圩亭，三月中旬起开始拆建各街马路，由长和路、长发路、口口路而沙街，各处次第拆建，商业比较繁盛之街，屋式统令其采取新式整齐而路面则取坚牢平滑，水沟务必牢固、广阔以合要求，以长和路大码头、塘码头各处除路面用科学配合之三合土铺建外而地下水沟均用大量岩石砌拱，英泥为浆，沟阔在三尺以上，坚阔合用，省内不多也。其余各街以经济状况不同未能一律新建，仅能先令割让改造建筑平整，无骑楼者一律种树，历十余月之久，至民国二十七年二月，所有各种建筑工程完全竣工，用款总数桂钞约捌万余元。斯项建筑事业工程不小而竣工甚快，用款不多，此则负责诸技士及建筑委员会诸同志各本我领袖长官之刻苦奋斗精神努力尽责所致也，至堪慰藉。不以环境财力关系，尚有诸多应建设之事项未能悉举，且社会属进化的建设，属普遍的随时不忘修建适合，不可以为得此一次建设为已足，随地乡村均应建设，可以为得长安一街为已可，然今燊等未及办到，此则不得不有待于后起者之继续努力也，是为记。

柳州区民团指挥官兼行政监督

黄季燊撰

中华民国二十八年三月日[1]

2. 永昌利和它的故事

经纪业，又称“九八行”，专门代客买卖、代办完税、托运、信托、堆存等业务，后转手买卖，有的兼营商品批发。货物代卖后，按售价总额抽收2%的手续费，余款98%归货主，故称“九八行”。清朝时期，长安有永昌利、刘顺利两家经纪行，民国元年以后逐渐繁荣，增加到了18家。在收集到的有关骑楼街商号的故事中，永昌利第三代贺氏继承人贺安健在《潇湘鹤书〈永昌利〉》中向我们讲述了经纪业永昌利的故事，深刻地展现出了一个外来汉族到融安定居、与当地侗族通婚、夫妻携手创业，逐渐向商业家庭转变的历程：

我是永昌利第三代贺氏继承人贺安健，1959年考入广西大学化学专业，上学的第四年后于1962年光荣加入中国人民解放军。服役8年后转业到桂林氮肥厂工作，后调入桂林市某中学任化学教师，从教师任上退休后，现于桂林家中与亲人一起幸福安度晚年。

---

1 吴国树：《一块记载骑楼建设的碑记》，政协融安县委员会编：《回眸长安》，1996年，第12—13页。

回首过往，我仿佛置身于夕阳的余晖下，独自站在波光粼粼的融江河畔，向远处更远处江水逆流漫溯……100多年前，有个叫湘乡县（今双峰县）黄龙桥的地方，有一个可爱的小生灵降临到了这片美丽土地上一户贺姓人家里，他就是我的先辈贺鹤书、字隆相。那个时候人们都是靠天吃饭，连年灾荒、民不聊生。鹤书祖辈家境贫寒，生活穷困潦倒，只好背井离乡漂泊异处。他以一根扁担两只箩筐过上了肩挑日月的小贩生活。他一路顺流而下来到了长安，他发现这里街市繁华，人们生活富足，于是决定在这里定居下来。当时定居地点位于长安镇兴隆街（今新华街），主要以经商为生。

100多年前湘桂是不通火车的，也没有公路，要运载货物只能走水路，河运是当时最主要的运输渠道。长安地处融江中游，上通三江，但只能靠小木船运输；下达柳州，可航行较大的轮船。长安便成了客流与物流最大的中转港。就货源而言，广西长安缺桐油，得从湖南调运过来。湖南缺红糖，要从广西去。世祖鹤书公以商人锐利的目光和敏锐的头脑，利用长农转港有利地势，抓住了大好商机，创建了商专永昌利要经营货栈和代客买卖。

永昌利的发展离不开鹤书公的继配侗族姑娘杨氏的大力支持和倾力协作。杨氏是位美丽善良的姑娘，而且天资聪颖，能说湘语、粤语、长安本土语、侗话等多种语言。能与四面八方的客商进行交流和沟通，使得鹤书公的生意得以兴隆昌盛，是个不折不扣的贤内助。杨氏为人心地善良、乐善好施。不管是街坊邻居还是亲朋好友，只要看到谁家有困难，都会慷慨解囊相助。若是家在远方的客人，就会把人留在家里即使住上一年半载也会分文不取。每当客人回家时还会送上路费盘缠。因此，永昌利在长安一带享有极高声誉。后来鹤书公因积劳成疾，不幸中年过世。女辈杨氏责无旁贷挑起全家生活重担。全家的生活开支和生意上的资金往来她都打理得井井有条。她勤俭持家广交朋友，严守诚信优质服务。在她的不懈努力下，永昌利的生意是越做越大，逐渐兴旺发达起来。

积累了一定的资金后，永昌利在长安街兴建了一栋三进三出的砖木结构房屋，总建筑面积超过1000平方米，又在湖南购置水田20余亩分给两个儿子，永昌利还在柳州、湖南、靖州、洪江、永丰等地开设了分店。至此，永昌利家业发展到了昌盛时期。到了20世纪40年代，日寇入侵扰我中国乱我华南。连年战乱民不聊生，民族工商业处于危难存亡边缘。后来湘桂铁路的修建和发展，河运地位不断下降，长安中转港的作用逐渐消失，长安经济步入萧条时期。永昌利的生意下滑到谷底。在外地的分店接二连三倒闭，长安本部永昌利仅剩一栋空房。此时，永昌利第二代传人贺泽周将仅剩的资金参股到大码头李家福四爷的复安印务书店。但因股息有限，加上泽周公哮喘病常发，生活渐渐感到困难，于是泽周公便从复安印务书店退出股份，共得东毫1100元，独自创建了惠安石印社，经营印刷以及销售文房笔墨等文化用品。永昌利贺氏第三代传人贺安才，1948年于长安中学毕业后，继承父业从事印刷行业。1951年，贺安才将惠安石印社的印刷业务分出，与长安的印刷同行组建联合印刷社。1956年公私合营时，惠安石印社的店铺被合营到融安县百货公司，联合印刷社公私合营后转为地方国营印刷厂。厂址由大码头转角处的周家祖屋迁至永昌利房屋前栋。国营印刷厂租赁此屋用作厂房。每月向永昌利支付一定的租金。由贺安才担任副厂长职务，负责厂里的印刷业务。贺安才待人诚恳技术精湛，客户都对他称赞有加，为厂里招徕了许多业务。印刷厂年年营利，还获得了“柳州地区先进工厂”的光荣称号。也因此迎来了柳州地区工矿业现场会在融安胜利召开。1958年他还光荣出席了广西壮族自治区成立庆典大会。1959年被融安县政府选送到广西政治学校学习，并被邀请到广西各地参观考察。在1965年之前，连续几年都分别当选为人大代表、县政协委员、县工商联常委。贺安才退休后，还被政府邀请为新华街创办新华印刷厂，该厂还多次被长安镇人民政府评为先进集体单位。贺安才也获得了先进个人的荣誉称号。有着一百多年发展历史的永昌利，就像一个历尽沧桑的老人，见证了融安县近百年历史的沧海桑田。而今，永昌利虽然被历史的长河淹没了，但它依然会保留在我内心深深处，永不磨灭。[1]

融安，一个有故事的地方，各民族交往交流交融历史悠长。今天的融安已进入新的发展阶段，融安各族人民紧扣“中华民族一家亲，同心共筑中国梦”的总目标，以铸牢中华民族共同体意识为主线，奋力书写新时代融安民族团结进步事业新的篇章。

1　贺安健：《潇湘鹤书〈永昌利〉》（整编文筠），政协融安县委员会编：《融安文史》（第九辑），2008年，第88—90页。

第九章　鹿寨：呦呦鹿鸣　寨美一方

“鹿寨六角头，狮子把门楼，神奇仙鹿地，世代不忧愁。”

这首童谣，但凡在鹿寨出生长大的孩子，从牙牙学语时，就开始学唱念了。童谣所说的“六角头”，是指鹿寨县城南郊的平均海拔高度为1039米的六个山峰。六个山峰耸峙在桂中平原大地上，是天然的军事屏障，称为“六峰山”。极具浪漫情怀的鹿寨先人们，无论从哪个角度看，都觉得六个山峰像鹿角。桂中官话“六”与“鹿”同音，念来念去，“六”便念成了“鹿”，六峰山便称为“鹿寨山”。

一代又一代的鹿寨人，在这首儿歌和故事中由摇摇晃晃，到笃定沉实，一步步走到今天，为“世代不忧愁”毕生奋发。

今天的鹿寨，积极融入柳州市“一小时经济圈”，政通人和，交通便利，牢牢地攥住民族团结这根“弦”，突出抓好民族政策的落实，改善民生，促进各民族群众手足相亲，守望相助。在这里，各族人民心手相牵、团结奋进，共创中华民族的美好未来，共享民族复兴的伟大荣光！

一、鹿寨掠影：桂中大地一颗璀璨的明珠

（一）雒容、中渡、榴江：三县合一谱华章

鹿寨，位于广西中部，是广西工业重镇柳州市的东大门，东与桂林市的荔浦市和永福县、来宾市的金秀瑶族自治县为邻，南柳江区、来宾市的象州县相望，西与柳东新区和柳城县相接，北与融安县相连，素有“桂中宝地”之称。

乾坤运转，建制兴废。几百年来，在鹿寨这块大地盘上，有榴江县、中渡县、雒容县三个县。牛摆堡（现鹿寨镇）地处三县中心。查阅《鹿寨县志》，牛摆堡有些年属于榴江县管，有些年又属于中渡县管，有些年又划归雒容县管，一直轮流管了几百

年。新中国成立后，百废待兴，为进一步明确行政区域，加快建设步伐，1951年6月29日，广西省政府决定，把榴江、中渡、雒容三县以及修仁县的一部分辖区合并为鹿寨县。地处三县中心的牛摆堡，则成了县政府所最佳选址点。于是，牛摆堡由原来的“三管一”，变成了“一管三”，变成了政治、经济、文化的中心。同年的7月6日，鹿寨县首任县长石庆瑞到职履新，正式启用了“鹿寨县人民政府”公章。历经数十年的建设和发展，牛摆堡从默默无闻的小圩镇变为名扬四海的大鹿寨。渐渐地，“牛摆堡”这一地名也就从人们口中消失了。

得天独厚的地理位置，赋予鹿寨明显的区位优势。在上级党委、政府的正确领导下，历届县委、县政府集思广益，运筹帷幄，以工业化、城镇化为主导，带领全县人民以宏大的气魄，超乎寻常的大手笔，浓墨重彩地绘就了鹿寨历史上最新最美的画卷！

六角头，像一个不朽的灵魂，不经意间为世俗赢得巨大的力量。六角头的山脚下，鹿寨城日新月异，它的变迁是一部鹿寨人的生存史和精神史。一代又一代的鹿寨人，在这里过着不同的生活，也从这里走向世界。华灯初上之时，纵横阡陌的街道，晚跑的，散步的，歌唱的，嬉玩的，一切似在重演。迎面而来的鹿寨本土人，南腔北调的外地人，晚练的音乐人，亢奋的健身舞蹈队，扭着腰肢的文艺队，唱着化子腔的彩调队，穿着轮滑鞋风驰电掣的孩子们，一切都彰显着生机与活力。

鹿寨，已然天地间一册时光之书。时光的脚步，转眼来到2022年，鹿寨接待过无数来自远方的客人。文人墨客读它，江湖奇人读它，所有人都感觉到了这座小城亲和、包容、开放的气息。它的山山水水，滋养着一代又一代的人们。

（二）洛清江：涵养鹿寨精神的母亲河

洛清江，是鹿寨人的母亲河。她有两个源头，一为洛江，二为清江。

洛江，又称石门河。从永福县三皇乡鸡头岭出发，不久便在江头村附近潜入地下，伏流经好长一段路途，终于在中渡镇的香桥岩地质公园探出头来，在地面流淌半里路后，受限于喀斯特地貌，又潜入岩腹。这条地下河，沿着四十八弄熔岩一路向东，不断突围，最终在中渡镇大兆村桐木屯再次钻出地面。出了地面的它，不想再这样沉寂了。它欢腾，它奔流而下，其声隆隆，远闻若雷，近闻似鼓，因之得名响水瀑布。滩头，急水倾泻，气势磅礴；滩下，浪花滚滚，恰似万朵芙蓉，漂游水中。有题壁诗云：“层莲翻浪光如雪，万壑鸣雷兵赴敌”。洛江一路奔到旧街村尾，高出河道的两个沙洲又将其分流成三岔小河。它们各自寻找突围的路径，在叮叮咚咚的涛声里彼此呼应，艰难前行，终于又在旧街渡口交汇在一起。

清江，相比洛江，沉稳、内敛、含蓄多了。它发源于临桂县境内，也称义江，由北向南流，流经宛田、中庸、五通，往下直贯两江，从两江高塘村出境入永福县。它

图 9.1 鹿寨县艺术稻田（朱华涛摄，鹿寨县民宗局提供）

图 9.2 2020 年 12 月 3 日，柳州市创建全国民族团结进步示范市工作检查组到鹿寨县鹿寨镇第五小学现场调研（廖梦婕摄）

进入鹿寨县境，似乎是为了一个约会，与在此等候千年的洛江相会，携手一路南下，向柳江奔去。

洛江和清江，是在黄冕镇旧街村渡口相会的。两条江轻轻一搭，便股股叠叠地汇到了一起。两江交会，名字各取一字，便成了洛清江。千百年来，这条古老的江河从北向南，弯弯曲曲、浩浩荡荡地一路自北向南，流经黄冕、城关、雒容、江口等乡镇。在江口乡拐了一个弯，汇入了柳江。县境河段长 103 千米，流域面积 3231 平方千米。洛清江汇入柳江后，不停歇地向南一路流淌，孕育了辉煌灿烂的柳州工业文明。

在公路、铁路尚不发达的过去，洛清江曾是广西水上交通重要航道之一，日夜繁忙的航道，曾经创造过水上运输的辉煌。民国期间，船舶频繁往返桂林与柳州之间，日夜行舟。县境 103 千米的航道，北通永福，南接柳州为境内主要航道。桂北、桂中的糖蔗、木材、烟草、药材、茶油都经由这条河运往广州、上海、北京等大城市。船舶返程时，又从各大城市口岸带回的食盐、布匹、煤油、白糖、农药等日用货物，以及机器、设备等工业品。每天在洛清江河面上笃笃行驶的大大小小帆船有上百来艘。通航能力曾达到 10 吨级。其百舸争流、千船云集之盛况，正如山歌所唱："洛清江上千只船，一路滔滔穿梭忙。"

1958 年修筑里定拦河坝后，中断北通永福航道。1968 年，修筑江口电站拦河坝，中断南通柳州航道。

宽阔的水道，高悬的落差，两岸是大砂岩与山脉联成一线走向，让洛清江的每一个滩湾都成了建设水电站的绝佳地带。早在 70 年代初期，在洛清江上游的金山脚筑坝蓄水，建起了第一个电站——龙溪电站，后又建起了鲤鱼滩电站。几年后，又在三里屯规划建设了黄冕电站，在江口乡建了江口电站。随着国家经济实力的强盛与发展，2002 年，又先后规划建设了里定电站、龙兴电站。一座座现代化的水泥大坝，一座座电站呈梯级状顺江而下，盘踞江面，航道已不能再通航了。洛清江这条鹿寨的母亲河，成为水电能源的重要基地，被称之为"电力之江"。

在 21 世纪初期，建起的两座电站，使得河流两岸的一些村庄被迫搬迁，一些土地永久地沉到了河底。十年间，江面上多出了黄冕大桥、旧街大桥、龙兴大桥、鹿寨二桥。它们在不同河段横跨洛清江两岸。河床变宽了，河水变深了。河里没有险滩，岸上没有荒漠。人们双脚平稳地踩在平整的桥面上，沐着江风，从从容容地走过江去，然后一走步走向世界各地。

今天的洛清江，像一条绿色的缎带，清澈见底，无一丝杂质。在"绿水青山就是金山银山"理念指引下，鹿寨人以"河畅、水清、岸绿、景美"为目标，坚持一手抓"河长制"建设，一手抓"河长"履职尽责长效机制的落实，全力建设美丽河湖，建章立制推动治水常态化，推动全县水生态持续改善。2020 年至 2022 年，国家生态环境部发布的"国家地表水考核断面水环境质量状况排名"，洛清江水质三次获得全国第一名。

洛清江和鹿寨山，千百年来像滋养土生土长的鹿寨人那样，张开怀抱，打开密集的皱褶，接纳了无数来自远方的年轻生命。它的东西南北，都有本土人、外地人的自行车、摩托车、轿车匆匆而过。推土机、搅拌机不分昼夜，快马加鞭，发出一心要建设新鹿寨的狂叫。

（三）“鹿”在奔驰：奏响“工业后花园”协同曲

“无农不稳，无工不富”，鹿寨县历届县委、县政府充分明白这一俚语所蕴含的深刻道理。2002 年，鹿寨县辖的财税大镇——雒容镇整体划归柳州市鱼峰区后，鹿寨县工业经济失去了半壁江山，鹿寨，这位曾经牧鹿的“仙人”开始沉思，实现各民族共同富裕，突围的路径在哪里？

规划建设经济开发区！这是历史的必然，也是让鹿寨经济腾飞的首选。然而，规划建设在哪？选址太重要了。

早在 2002 年之前，也就是在雒容镇尚未整体划归柳州市之前，鹿寨的当家人便开始谋划经济开发区的建设。邀请了上海同济大学进行了规划设计，并于 1992 年 12 月经广西壮族自治区人民政府批准设立。但因政策、经济基础，以及各种原因，经济开发区从图纸走到现实的步伐太慢。直到 2002 年之后，工业经济失去了一条强有力的臂膀，当家人们才意识到建设刻不容缓。

既然是经济开发区，交通要十分便利，区位优势要十分明显，基础设施要十分齐全，方能产生较强的吸聚效应。唯有这样才是高起点的规划，大手笔的建设，也唯有这样，鹿寨才能成为真正意义上的“工业强县”！

县委常委会召开会议几经研究和讨论，终于得出一个结果：经济开发区必须紧紧抓住东部沿海及柳州市工业转移的良好机遇。目标确定，措施到位，“鹿寨经济开发区”渐渐地从规划图纸中走了出来，以“接受西南工业重镇——柳州的工业辐射”的强大功能，这个开发区如愿地镶嵌在柳州与世界旅游名城桂林市之间。这样好了，地上有湘桂铁路、桂海高速公路贯穿而过，还有 322、323 等多条国道、省道横穿东西；空中有柳州白莲机场和桂林两江国际机场（抵达机场车程均不需一小时）；水路可直达梧州、广州等地的导江、江口深水码头。形成了铁路、公路、水路、航空“四位一体”的发达交通网络。2005 年，国家发改委确定为国家第一批 145 个省级开发区。2013 年，确定为国家循环化改造示范试点园区。这是广西县级第一家国家循环化改造示范试点园区。

各层级的“示范点”落在园区，建设犹如插上两只强有力的翅膀。如今，20 年过去了，鹿寨当家人真正做到了“一张蓝图绘到底”，开发区功能逐年完善，以“一区三带五园”为总体发展框架，重点发展了机械制造、汽配、林业加工等产业，培育新材料、新能源等战略性新兴产业。“一区”即：鹿寨经济开发区，规划面积 1282 公顷，入驻企业100多家。规模以上工业企业69家、产值达亿元以上企业40家，高新技术企业13家，新三板上市企业2家。“三带”即：鹿寨—雒容经济带、江口—导江沿江经济带、高铁鹿寨北站—广西柳州汽车城经济带。“五园”即：鹿寨中心工业园、江口工业园、精细化工和汽配产业园、桂中现代林业科技产业园、寨沙农产品加工园。

经济开发区以优质的硬件设施和服务环境，赢来了各地商家到此投资兴业。2021年底，规模以上企业38家，其中产值超10亿元企业1家，超亿元企业18家。工业经济发展后劲较强，其中热电联产、柳工核心铸件、柳州汽车城电镀工业园、人体硒蛋白、七色珠光效应材料等一批重大工业项目。

与此同时，柳化集团、凤糖纸业、柳工集团等一批龙头企业入驻投产，化工、机械、汽配、建材、造纸、制糖、缫丝等支柱产业不断发展壮大，构建了鹿寨经济开发区、鹿雒经济带、导江—江口临江经济带、鹿寨工业园、江口工业园、桂中现代林业科技产业园、农产品加工园、汽配和精细化工产业园等“一区两带五园”工业发展格局，鹿寨经济开发区成为广西县级第一家国家循环化改造示范试点园区，随着广西柳州汽车城的建设，加快了县域主导产业转移和配套产业链的延伸，鹿寨打造工业升级版步伐稳步前行。

相关资料显示，经济开发区里的企业员工，有壮、苗、回、仫佬、侗、瑶、彝、满族等20多个民族，其中少数民族员工占全体员工的80%。企业里的管理者认识到，要搞好一个企业，必须先要凝聚人心，拧成一股绳。而一个由众多民族成员组成的大企业，它命中注定就是一个多民族成员同伴共生的大家庭，是一个命运共同体。于是，县委始终牢牢地攥住事业不断兴旺发达的第三把钥匙：把民族团结进步创建工作当作企业繁荣发展的关键极。

搞好民族团结工作，鹿寨人不是光挂在嘴皮上，而是扎扎实实地干。为此，鹿寨县委统战部（民宗局）、工商联专门成立了负责企业民族团结进步创建工作的专业机构，负责从顶层设计到具体实施。尤其是在落实民族团结进步创建工作项目和人事工作方面，都有具体的措施和目标。各民族员工不分彼此一起工作一起创业，从班组长到公司高管，都有他们忙碌的身影。

（四）“鹿”在忙碌：保障“米袋子”和丰富“菜篮子”

习近平总书记指出：“中国人的饭碗任何时候都要牢牢端在自己手中，我们的饭碗应该主要装中国粮。”鹿寨的当家人，以保障“米袋子”和丰富“菜篮子”为目标，发展壮大鹿寨镇、江口乡、导江乡无公害粮食、蔬菜、养殖基地，培育农产品物流、精深加工等农业服务业，提升农产品的供给保障水平。依托各乡镇的自然条件、资源禀赋，突出现代农业、高效农业、特色农业、观光农业发展导向，进一步优化农业发展空间布局。提升以平山镇、鹿寨镇、四排镇等为主线的特色优质水果产业带，优化果业结构，促进产业转型升级，促进水果产业高质量发展；提升以黄冕镇、寨沙镇为重点的优质高效桑蚕产业带，打造蚕桑生产基地、优质原料茧示范基地和优质茧丝生产基地。

高产优质粮食主产区，以平山镇、鹿寨镇、中渡镇、四排镇、导江乡为重点，实施“藏粮于地、藏粮于技”战略，打造优质粮源基地。高产高糖糖料蔗主产区，以鹿寨镇、平山镇、江口乡、导江乡等为重点，持续推进糖料蔗生产经营规模化、种植良种化、生产机械化、水利现代化，不断提高糖料蔗单产、糖分和生产效益，促进全县蔗糖业可持续发展。绿色无公害蔬菜主产区，依托以平山镇、中渡镇为重点的秋冬季特色蔬菜生产基地，以四排镇、寨沙镇、鹿寨镇为重点的“外销型”大宗特色蔬菜基地，带动各乡镇或适宜村屯因地制宜发展各具特色的高产、优质、安全、高效蔬菜。优质生态养殖发展区，巩固提升鹿寨镇、中渡镇的旱鸭、生猪养殖以及黄冕镇、拉沟乡的林下特色养殖等产业，依托各乡镇山林地貌、沿江平地的不同特点，差别化发展林下养殖、果园养殖、水产渔业等种养产业。优质品牌茶叶主产区，以中渡镇、寨沙镇、拉沟乡等为重点，打造标准化生态茶园基地、健康养生茶园基地、现代茶叶科技研发与试验基地。生态林木主产区，以拉沟乡、黄冕镇、寨沙镇、导江乡为重点，因地制宜推广油茶、山楂、竹笋等种植，发展林下种养和森林生态旅游，打造集健康、绿色、生态于一体，第一、二、三产融合的林木全产业链。现代农业稳步发展。粮食、水果、桑蚕、蔬菜、甘蔗等传统产业稳步发展，畜牧业养殖规模持续扩大，新增自治区级特色农业（核心）示范区 5 个，县级示范区 11 个，新增“三品一标”农产品认证 13 个，鹿寨蜜橙、桂客蜜橘入选广西农业品牌目录，裕康葡萄、大乐岭茶叶获评首届柳州市农业企业十大品牌。新增自治区级龙头企业 2 家，市级 11 家，农民合作社 500 家，家庭农场 127 家。农作物耕种收综合机械化水平达 74.4%。

流年似水，千年时光在洛清江流逝。它几经风雨，几经兴废，历经世间沧桑，见证变幻风云。一路走来，鹿寨人知道，般若（智慧之意）在哪里？只要跟着党的指引，选准了一个方向，大家心往一处想、劲往一处使，勇气百倍地走下去，就能抵达想去的“远方”。

二、薪火相传的靓丽名片：非物质文化遗产润鹿乡

非物质文化遗产是前人留下来的宝贵历史文化遗产，它是历史最好的见证，是中华文化不可或缺的枝叶，更是文化自信更基本更深沉更持久的力量。鹿寨有深厚的人文底蕴，县境内现列入自治区级非物质文化遗产名录的有平山山歌、壮族“打龙”、中渡“五·廿八”城隍庙会、鹿寨彩调、中渡干切粉 5 个。自治区级代表性传承人 5 人。多年来，鹿寨人积极构建中华优秀传统文化传承体系，推动中华优秀传统文化创造性

转化、创新性发展，文化遗产保护力度不断加大，在蕴含中华文明、民族精神的历史文化遗产中汲取力量，坚定文化自信。

（一）平山山歌：公母腔的独特唱技

平山山歌的历史可追溯至明末清初，由第一代歌手张老溜从宜州传入平山镇、中渡镇。平山山歌属原生态双声部民歌，是广西有名的“四十八弄”弄口，这里大小石山林立，在群山间形成一个个平坦的峒场，与外界几乎隔绝。山民们最常用的娱乐方式就是唱山歌，他们劳动时唱、休闲时唱、求爱时唱、遇到办喜事时唱，即使是亲人离世也要唱几天几夜，以此来表达自己的思想情感。

平山山歌的功用是多方面的，可以讲述故事、历史，可以解困消愁，可以传授知识、传达感恩，还可以娱乐。在这些需要表达思想情感的场合中，山歌成了人们最好的表达方式。平山山歌由一人主唱，另一人伴唱，二人形成和声，既增添山歌的气氛又使得音色更优美。

平山山歌能传承千年，因其具有极强的渗透力。旧时当地要举办各种庙会，同时也要举办歌会以增加游客和扩大影响。家庭筹办红、白喜事也要开设歌堂，既增添热闹气氛又解决客人的留宿问题。如今政府各级部门，开展各项宣传活动都需要山歌的参与，山歌也成为推动铸牢中华民族共同体意识宣传教育有形有感有效的好帮手，因山歌形式活泼多样而队伍精干人数不多，最受群众欢迎。2007 年，列为自治区级非物质文化遗产名录。

（二）壮族“打龙”：民族体育的精华

鹿寨壮族“打龙”历史可追溯至清末民初，鹿寨镇大河村村民吴仕方到河南学艺，接受了龙狮、武术、杂耍等中原文化的熏陶，回乡后，吴仕方及其师兄三人召集本村青年组成了龙狮队。在排练中不断把习得的中原文化和本地的壮族民风民俗融合，遂形成了富有情节的“龙”表演、武术、唱山歌等一整套娱乐表演形式。民国二十年（1931 年），吴仕方购回表演道具，历经大半年的精益求精地训练，最终形成了在节庆上活跃至今的鹿寨壮族“打龙”。

“打龙”队伍至少 12 人，全套分 7 个部分，需进行 5—6 个小时。第一部分是祭祀，舞龙坛、游龙坛；第二部分是大头小脸表演，唱歌诀、叠罗汉；第三部分是富有情节的“龙”表演，讲述“龙”从生育到长大的故事；第四部分是武术表演，有拳、棍、刀、叉等 24 个套路；第五部分是杂耍表演，有斑鸠吃水、蚂拐跳塘、鲤鱼翻身等；第六部分是立站歌，叠四层罗汉唱壮族山歌；第七部分是回龙仪式结束。

鹿寨壮族“打龙”一直延续至 20 世纪 80 年代，其内涵丰富、形式多样，娱乐性强，是各民族文化互鉴交融的结晶，是壮族地区节庆典礼的重要助兴方式。“打龙”至今还活跃在节庆活动中。2007年，列为自治区级非物质文化遗产名录。

（三）中渡“五·廿八”城隍庙会：传承民族文化

“城以卫民，隍以辅城”，城隍是列入国家祀典的正统神灵，城隍信仰肇始于元代，明代走向兴盛。祭祀行为具有普遍性，庙会是对其信仰的一种集中体现。

作为一种外来的神灵信仰，城隍信仰为广西民众所接受，在王朝的统一部署下，广西各州府县均建立了城隍庙，按规定每年祭祀五次，故明代祭祀达到鼎盛。中渡古镇祭祀城隍的历史也由此拉开序幕，明清之际已是为官、民所接纳的信仰，并发展了酬神娱神还愿等活动。

据《雒容县志》乾隆版（1794年）卷四记载：“鹰山在旧县城内有城隍庙，两峰并峙，左有故明平蛮碑记，右有古榕一株，里人号为榕亭。”卷九记载：“旧县城隍庙在鹰山，神灵赫濯，壮人敬畏，镌有石碑。宰斯邑者，每于莅任之初，进香一次，上红袍一身，谓之平安袍，明中元下元三节以城隍主之。”

中渡古镇的居民每年农历五月二十八日自发筹办城隍庙会，这一习俗至今已延续了200多年了。城隍信仰是当地文化的重要组成部分，至今还流传着鹰山城隍光绪十年赴京救火，被赐予“膏泽芘荫”的民间故事。相传每年农历五月二十八是中渡城隍的诞辰，当地会举办丰富的民俗活动。过去的庙会历时十天之久，有城隍巡城、龙船比赛、桂剧演出、抢花炮等。辛亥革命期间，城隍神像被藏于苗子岩得以幸免。“文革”期间城隍庙被毁，遂把城隍供奉于中渡关帝庙中。但每年的农历五月二十八，群众仍旧自发地供奉城隍爷，抬城隍爷巡城，后又增加和家宴、放花灯、民俗展示展演等。中渡城隍庙会的影响愈发深远，上至桂林，下至来宾。

城隍是中渡信仰体系中主要组成部分，庙会是中渡每年民俗生活中重要的一环，具有群众的广泛参与性，丰富的民俗性，它已经超越民间信仰的范畴成为各民族共享的节日活动，2018年，列入自治区级非物质文化遗产名录。

（四）鹿寨彩调：唱响民族团结进步主旋律

鹿寨人常说：“落雨蒙蒙不见天，谷子黄黄不见田。隔了几天没戏看，好像屋里断油盐。”鹿寨人民爱看戏，特别是发源于桂北一带农村的彩调，这一贴近生活的戏曲剧种，遍布鹿寨各乡镇村屯。

彩调的起源众说纷纭，其中一说指永福、鹿寨、临桂、荔浦修仁一带的农村地区，即彩调起源的区域范围包含今鹿寨县的东北部一带的农村地区。

鹿寨县戏曲出现较早，遍布的古戏台，主要是为每年祭礼、祭祖、举行会期时演戏所用。清光绪十八年（1892 年）一些彩调专业班社从桂北进入，本地业余艺人接受并学习他们的技艺后，先后组织了一些业余班社。光绪末年永福县鸡屎（石）湾彩调班到中渡（县）连演 2 个月。民国二年（1913 年）起，永福“宾乐园”“同乐园”等彩调班，到中渡、四排、鹿寨甘王庙等地演出，招徒教戏。鹿寨彩调艺人谢子成、黄老喜、黄子祥、温科廷、黄建贵、梁诚等初露头角。1955—1957 年，两江名艺人谢济舟到鹿寨县开办了 2 期彩调训练班，学员有韦金声、莫显木、温运球、王学文等 200 人。这些学徒后来带班演出，设馆招徒，足迹遍布鹿寨县各村屯。1953—1957 年连续举办五届全县业余文艺大会演，全县业余彩调剧团达 186 个。1959 年排演的《刘三姐》在全区大获成功。韦金声独创的“化子腔”“强盗腔”被收入《彩调传统唱腔一百曲》中。

鹿寨彩调历史悠久，与永福彩调一脉相承，现在依旧是鹿寨人民喜闻乐见的艺术形式。它带着中华文化的元素从历史走来，又带着新时代的脉动融入各族群众的日常生活中。群众用彩调唱社会主义价值观、唱民族团结国家富强、唱出心中的中国梦，有深厚的群众基础，具有重要的历史、文化价值。

（五）中渡干切粉：阳光底下的独特技艺

广西中渡特产干切粉，采用传统手工艺制作，以本地四十八弄石山区种植的优质大米为原料，经过淘洗，石磨磨浆，蒸煮，太阳晒干，过温水，叠压，切丝切片，回晒等制作而成，该米粉粉质光泽，柔韧爽滑，口感宜人，风味独特。离开了中渡这块水土，即使粉制作技艺一样，也做不出这种味道。

俗话说，靠山吃山，靠水吃水。鹿寨中渡这地方，有鹰山柴，有洛江水，还有四十八弄石山区种植的优质稻米。都是纯天然的。粉是太阳晒干的，不是机器烘干的，米粉有一股阳光的味道。

据说，1951 年匪首向天雷被解放军活捉，要押送到柳州枪毙。在由平山经柳城东泉往柳州押送的路上，向天雷反复请求解放军：“能不能拐个弯经中渡镇，然后再去柳州？”押送的解放军问：“为什么要舍近求远呢？”向天雷答曰：“我想吃一碗中渡干切粉，在死前再吃一碗能咀嚼出阳光味道的粉。”这样的请求不过分，解放军无法拒绝。于是绕道来到中渡，让向天雷吃上一口阳光的味道。

这个故事至今仍在中渡的街头巷尾到处流传，意思是说中渡切粉好吃，让人要死了都想吃上一碗，若真能吃上一碗那就死而无憾了。

陈洪波是中渡镇石墨村河边屯陈家干切粉的第四代传人，前些年，他结束了外出打工的奔波岁月，从父亲陈子文手中接过祖传的制粉技艺。到底是在外面闯荡几年的年轻人，陈洪波见过世面，开过眼界，脑子活，有情怀，看得长远，2016 年，35 岁的他向市里的文化部门申请将中渡干切粉列为非物质文化遗产项目。2020 年，中渡干切粉制作技艺列入第八批自治区级非物质文化遗产名录，这一门独特的民间传统手工技艺将得到更好的传承和发扬。

文化就有这样神奇的力量。文化可以改变命运及风物。凭借鹿寨县境内被列为自治区级的非物质文化遗产名录，鹿寨，成为神州大地上声名远播的一座历史文化名城，一处中华民族源远流长的文化遗产。

流年似水，千年时光在洛清江流逝。它几经风雨，几经兴废，历经世间沧桑，见证变幻风云。如今的鹿寨，终于在时光中呈现出凤凰涅槃、浴火重生的大美来。

三、守望的精神家园：民俗活动话鹿乡

民俗，又称民间文化，是指一个民族或一个社会群体在长期的生产实践和社会生活中逐渐形成并世代相传、较为稳定的文化事项，可以简单概括为民间流行的风尚、习俗。鹿寨县境内土生土长的各民族群众创造了丰富多彩的各类民俗活动，这些民族文化基因代代传承，不仅丰富了人们的生活，还增加了民族凝聚力、民族文化自信。

（一）寨沙“过街溜”：说唱艺术源远流长

寨沙“过街溜”是鹿寨县的一种传统年俗。相传在明末清初年间，战火蔓延，社会动荡，百姓贫苦，就连算命的瞎子也没了生意，断了财路，纷纷另辟蹊径谋生。据说有一瞎子很聪明，根据自己听说过的一些神话故事和民间传奇，利用诵颂腔调和乞讨者沿街叫化的“过街溜”唱腔，编排一个个故事，用竹筒蒙上鱼皮作乐器走村串巷，四处叫卖，居然一唱走红，很受民众欢迎。于是，一些民间艺人效仿编排唱词演绎历史，说唱故事，模拟多个角色，使之形象生动，语言流畅，曲调优美动听，就这样，客家鼓文就成为一种全新的口头说唱艺术在民间流传开来。

现在的“过街溜”已经有了很大的改善与创新。乐器方面，为了让曲子更好听，乐队在原有扬琴、三弦、琵琶、二胡、笙、箫、碰铃等传统民族乐器的基础上，又加入了大小提琴这样的西洋乐器。演奏曲目也不再囿于原来的一些古老曲目，因为之前的古曲让群众感觉与现实生活相距太远，比较难理解。乐队把广西本地的彩调《王三打鸟》，民间山歌《刘三姐》，流行歌曲《小城故事》《十五的月亮》《荷塘月色》等拿来演奏，为这古老的民间艺术形式注入了鲜活的时代感。“现在‘过街溜’每次演奏的五首曲子，除了三首固定的经典古曲以外，另外两首曲子会灵活更换。”李志强说。此外，现在“过街溜”也不再限于重大节日之夜才“溜”，遇到“官办”的一些重大喜庆活动，或有的群众家中操办嫁娶、乔迁等喜事，这些民间艺人们也会潇洒“溜”一回。

2014 年，列为柳州市市级非物质文化遗产名录。

（二）瑶族“度戒”：增强族群认同感

“度戒”是瑶族同胞中男子一生最重要、最隆重的传统成人礼，同时也是瑶族祖先流传下来对族人进行道德、族规、族史、礼仪教育的传统方法。瑶族宗教信仰浓厚，鹿寨瑶族属于盘瑶支系，崇奉盘瓠，信奉道教，崇敬三清尊神，以太上老君为正统法师。瑶族度戒是瑶族的成人礼，是对祖先的尊重和继承，也是学习瑶族宗教信仰的入门仪式，经过度戒的男子即拜了师父，可以学习瑶族的宗族事务。

鹿寨的瑶族男子在 15 岁后，家人就可为其设坛度戒，举行成人礼。瑶族传说度了戒的人，都说是“大身人”，可参与瑶族的红、白事。死后能升入上界，即能得道升天。没度戒的人称为“白衣使者”凡人“小人”，死后既不得道，更不能升天。瑶族女子不用度戒，但可在度戒仪式祭拜祖先后，为“师嫂”。度戒活动在瑶族聚集区盛行，“文革”后恢复，今天的度戒活动偶尔有之，正在逐渐走向没落。

（三）瑶族婚俗：奠定家庭美满的基石

鹿寨县的瑶族有 9446 人，主要分布在拉沟乡的大坪、关江，黄冕乡的爱国，寨沙镇的兴等、六朝，平山镇的白马坪等村屯。近年来，拉沟乡交通、水利、通信等基础设施不断完善，但与外界相比，仍有很大差距。

瑶族自称勉、荆门、布努、拉珈、炳多优等，有盘瑶、山子瑶、过山瑶、平地瑶、

图 9.3　鹿寨县拉沟乡木龙村五家屯瑶族“萝坳”婚礼（肖红路摄，鹿寨县民宗局提供）

白裤瑶支系等。瑶族语言属于汉藏语系的苗瑶语族。瑶族与秦汉时期的荆蛮、长沙武陵蛮等族源上有渊源关系。

拉沟瑶族的婚礼习俗有很独特的流程：新娘坐在院子的板凳上，头上盖着盖头，戴尖头帽，左右手各拿一块红色的“喜”字毛巾，伴娘撑着伞，周围围观的大部分戴平头帽。两个乐手围着新娘吹奏，“有福”之人帮戴上新娘的胸花、洗脸、洗脚、穿袜、穿鞋。待进入屋内，屋内贴着“鸾凤和鸣”，贴着毛笔写的文字“鹊桥遥渡会双星，天上人间总有情，好似鸳鸯欣对舞，恰如鸾凤喜和鸣，用心创业千秋盛，合力兴家万世荣，真的良缘由凤舞，果然信偶自天成。”。香火台前，新郎已在等候，新郎穿着西装，头戴头巾，手上拿着“喜”字毛巾。有主持人念词：“吉时良辰，天地开张，手拿披红，一丈二尺长，…… 披新郎新娘。”此时“有福”的人帮新郎新娘披红。乐手吹奏起来，喝酒，宴宾客，礼成。

（四）鹿寨文场：喜闻乐见的群众艺术

鹿寨文场在当地又称为扬琴小调，从桂林传入，鹿寨文场活动盛行，历史悠久。鹿寨文场的历史可追溯到清朝光绪末年，寨沙镇上的唐家、蔡家、沈家、胡家开始购置扬琴，作取乐之用，吸引了相当一批年轻人前来学习。民国初年，条条街都有要扬琴小调的。20 世纪三四十年代鹿寨的文场艺人辈出，如海逢贤，1959 年广西文化局、中国音协广西分会与广西艺术学院三家联合编印了《广西文场音乐 —— 海逢贤先生唱腔集》。榴江县组织成立了“三乎社”、寨沙成立了“玉琴馆”、中渡成立了“国乐社”等组织。

20 世纪四五十年代是鹿寨文场承前启后的时代，有杨霖昌、韦六金、杨朝权等生力军，他们成立“宾贤团”，收徒传业，挂衣演出《陈姑追舟》《贵妃醉酒》。80 年代鹿寨文场重新活动，“玉琴馆”更名为“鹿寨县文场小组”，演出了《待月西厢下》。2003 年鹿寨县文化艺术活动周上，有《贵妃醉酒》的演出。2014 年 11 月举办了寨沙文场联欢晚会。

现今鹿寨文场虽还可见要坐场的形式，但无论从参加人员规模、活动样式等就远不能与昔日相提并论了，鹿寨文场的保护迫在眉睫。

（五）中渡和家宴：邻里和谐润滑剂

“和家宴”是中渡古镇一项独特的民间习俗，由古时中渡的吃和饭演变而来，已有将近 600 年的历史。

明清时期，依洛清江水运中转枢纽的区位优势，中渡镇成为连通桂、粤、黔商路的经济重镇。三地商贾多为客家人，汇聚中渡，渐因生意、私交来往增多，邻里、主宾之间感情日笃。由此，民间商会理事会在策划庙会活动时，发动当地知名人士、富商集资筹款，在举行完巡城仪式后，召集本乡或本街“合得来”的邻里故人聚在一起吃团圆饭，外地商客纷纷加入，不分民族欢聚一堂，渐渐发展成为本地与外地客家人民增进感情交流的重要活动。

每年的中渡“五·廿八”庙会当天下午，人们为筹备和饭，全城大街小巷的乡亲老少齐上阵，一起动手做菜。以古城内的东、西、南、北四条街道为“百家宴”活动场地，在街道上摆起圆餐桌，一张紧挨一张地放在那里，成为长长的圆桌龙状，尤为壮观。各家各户将自己家做得最好的几道菜献上饭桌，斟上香醇的米酒，全城人一起举杯相碰，为祝愿彼此生活红红火火，兴旺发达而高唱“烘、烘、烘、烘起来”，大家干杯之后，宴席正式开始。

而今，为沿袭古时中渡民俗，中渡镇将“吃和饭”改称为“和家宴”，预示着人们家家和和睦睦，家人平平安安，生意兴兴旺旺。近年来，和家宴已发展成为当地的旅游品牌活动。

四、中渡古镇：鹿寨文明发源地之一

中渡古镇地处鹿寨、永福、融安三县交界。水路上接桂林、下通柳州。依靠险峻幽奇的喀斯特地貌和便利的水上运输条件，中渡历史上曾为岭南地区的军事和经济重镇。《雒容县志》上记载：“清初设巡检司，后升置中渡厅……因地处洛江之畔，上有旧县渡，下有新县渡，中有平乐镇三个横水渡，故名中渡。”中渡古镇因渡口而繁华，又因渡口的衰落而得以完整保存。“中渡”的名称来源于渡口。是鹿寨文化发源地之一。

（一）千年古镇：山清水秀，人杰地灵

早在三国时期，公元265年，东吴就在中渡建县，至今已有1700多年的历史。战火曾一次次地打破这个小镇的和平，使得古时的武备文化盛行。武备文化成为当地建筑的一个特色，至今仍保留军事防御的功能，建筑开间狭窄，进深长，门前设有密格栅的插槽，或全圆，或半圆，由一根根结实的圆木焊接起来，非常坚固，称为“龙门”。民国以来，镇子匪患猖獗，中渡地处四十八弄，形形色色的土匪汇集此地，各占据一方山头。武备文化影响之下的古镇，不乏英雄豪杰。历经千年的繁衍生息，孕育了一代代历史名人——宋代文人张亚卿，明代仕者韦士恭，清代武将李岚谷，形成了崇文尚武、尊师重教的文化现象。在洛江大码头上立有一块刻有《中渡县公署布告》的石碑，其主张者就是文化先驱钟秀杰。

图 9.4 风光秀美的鹿寨中渡古镇（覃玉年摄）

钟秀杰无疑是中渡人的骄傲，早年，他东渡日本考察维新之道，追随孙中山在东京加入中国同盟会。1907 年，钟秀杰奉孙中山之命回国，参加同盟会广西支部活动，1921 年回乡省亲，被推举为中渡知事。在任期间，他发布公告，革除县政积弊，废除苛捐杂税，并将公告刻于石碑上，与民众共同遵守，深得民心。

这些在历史上赫赫有名的人物鲜活而生动，至今浸润着中渡的土地，使它有了一种人文的柔软。脚下一块块青石板，经过了千百年的风吹雨打，已数不清有多少脚步从此走过或就此停留。青石板的棱角已经不再鲜明，光滑圆润的表面正是岁月的沉淀和历史的积累。如今的中渡古镇，老街两侧屋檐下挂着火红的灯笼，将小镇装饰得热闹而喜庆。走在这些历经浩劫而幸存的青石板路上，令人不禁想象那个时代，想象居住在此的人家，想象他们曾经有过的生活。

被硝烟遮蔽的文化与文脉，在桂中西北部的边陲小镇中渡延续着。它是一本文明之书，只不过，这部书让我们现今读来，在赞叹中渡奇迹的同时，也感叹我们家园的命运多灾多难。最能代表中渡镇古迹的“一方保障”立在中渡镇旧县村旁的铜盆山上，那是两方巨大的石壁，高 3.2 米，宽 3 米，历经 400 多年，碑上的文字仍清晰可辨。明朝时期，广西农民起义持续不断。1492 年，在桂北、桂中一带爆发古田农民起义，明朝政府先后 16 次派兵进行大规模征剿。1571 年，朝廷命广西巡抚殷正茂、总兵俞大猷统兵，调兵 10 万进攻古田，前后 3 个月，破营寨 62 处，起义军最终因实力不济，在退至现今的中渡境内时，被朝廷军诛杀。俞大猷为炫耀功绩，震慑百姓，派人在此刻下“一方保障”。

爬上西眉山，古镇全貌及周围的村庄尽收眼底。蓝天白云下，镇子中心一排排古建筑安静永恒。镇子外围是新开发的街区，热气腾腾。始建于清代的古炮楼，高高耸立在西眉山顶。炮楼是中渡的最高点，也是当年的一个战略要冲。清咸丰元年（1851年），洪秀全在广西桂平金田村发动了“太平天国”农民起义，战争波及全国十几个省。咸丰二年（1852年），当地政府在中渡镇制高点西眉山顶修筑炮楼，用于城防。炮楼的基础用混合灰砂夯实而成，楼共两层，一层用山石砌成，二层为青砖木板楼结构，设有瞭望孔、炮孔、枪孔等。站在矗立于白云中间的古炮楼，仿佛还能隐约听到历史的炮声。如今，这些历史及历史的人物，以照片、旧址及传说的方式，浓缩在中渡博物馆里，也留在中渡人的记忆中，更多的是对历史的缅怀和对未来的期许。

置身于这样一个古镇之中，行走的步履、心情甚至生活的节奏也会随之放慢。那虚掩着的斑驳低矮的木板门似乎在叙述昔日的光景，一些当街的老行当也还散发着古老的气息。钟秀杰故居、粤东会馆、抚民厅、罗公馆、中渡县政府、商铺、客栈以及香火鼎盛的武庙等古镇建筑所穿越过的战乱和沧桑的历史岁月，依然被古镇的居民所热切地转述。

中渡古镇民居，还是广西目前为数不多的、保存完好的古民居群之一。该民居群始建于清代中期，整个群落一律青砖灰瓦，木质构架。至今仍有很多保存较好的旧商号、客栈、古民居等建筑。此外，中渡武庙、粤东会馆、名人故居等坐落其中，较好地反映了古镇的历史风貌。

2014年，中渡古镇入选“中国历史文化名镇名村”名录。古镇依托深厚的民俗传统和文化积淀，打造寨美一方都市休闲农业示范区，形成了和家宴、荷花宴等一系列大型节庆文化品牌，有效带动了乡村休闲旅游产业的发展。

（二）中渡八景：自然之美无处不在

中渡八景之一——香桥仙境　香桥岩处于群山环抱之中，四周青山耸翠，层峦叠嶂。入口处是一个窄小洞口，前行数十步，见到一个钟乳倒挂的大型洞厅，眼前豁然开朗，白云悠悠，别有洞天。遥望，一座天生石桥高拱，宛若长虹，桥面上绿树披荫，藤蔓垂悬。桥下河水汹涌湍急，飞珠溅玉，声如雷鸣，上游碧水宛转，下游潭深水幽，如仙境一般。

中渡八景之二——响水涌泉　洛江上游的响水，两岸山峰对峙，河中有阶梯状的石平台，长100余公尺，河床落差20余公尺，河水激越奔腾，飞流而下，轰鸣如雷，故名“响水”。河水落到石平台上，银珠飞溅，如朵朵莲花。大有“层莲翻浪光如雪，十里闻声听隐雷”的情景，气势磅礴，蔚为壮观。这就是著名风景名胜“响水瀑布”，由于响水源头从香桥岩地下河涌出，所以也有人称之为“响水涌泉”或“响水鸣琴”。

中渡八景之三——鹰山挂月　有诗云“一山飞崎洛江边，酷似苍鹰羽翼全。万里晴空天如水，峰顶常挂月婵娟”。位于英山中学背后、旧县村头的鹰山，无论遥望、近看，都非常像一只雄伟的苍鹰。昔人曾在鹰山嘴上题写“鹰山不二”四字，意即此处第一，再无第二了。中渡镇又名鹰山镇，即典出于此。每逢碧天如洗，皓月当空，遥望鹰山，仿佛嫦娥起舞，雄鹰展翅，难怪诗人有“嫦娥戏鹰”的联想。

中渡八景之四——洛江春汛　洛江发源于永福县的喇嗒和香桥岩的地下河。洛江流至黄冕的旧街村与清江汇合，称为洛清江，洛清江流经鹿寨镇、雒容镇、江口乡后汇入柳江。镌刻在江边巨石上的“洛江”两个鲜红大字，年复一年，风雨剥蚀，但仍然分外显眼。这里的春天来得特别早，残冬刚过，江水泛蓝，鱼跃滩头，燕舞树梢，牧笛横吹，牛儿欢跳，田野秧歌，绿满山腰，一幅“春耕图”和“农家乐”，便在春姑娘的嬉笑声中呈现在人们面前了，很容易使人想起唐代诗人白居易“日出江花红胜火，春来江水绿如蓝，能不忆江南”的名句。前人也非常形象地将这一景观称为“洛江春汛”。

中渡八景之五——西眉烟雨　溯江而上，船移景换，江面波光粼粼，只见远山含黛，近坡浮翠，令人目不暇接，西眉山倒影隐映水中，拔地而起的西眉山，雄奇俊秀，树木葱茏繁茂，山顶炮台凌空而起，在蒙蒙细雨中，山上云缠雾绕，景象颇为壮观。

中渡八景之六——东岭晴岚　东岭，又名十二岭或十二弄，横列在中渡城东门码头洛江对岸，是古城中渡东南方向的屏障。雨过天晴，或明月当空，嵯峨峥嵘的岭峰在缥缈的雾霭中似有若无，确有长江三峡中巫山十二峰的意境。

中渡八景之七——龙潭秋月　龙潭即龙潭河，即月桥村与新县村那一段洛江，碧绿幽兰，深不可望。民间传说有一条黄龙潜藏，故名“龙潭河”。它发怒，洛江便暴涨；它息怒，洛江就平缓。这个传说，可能是我们古老的民族将“龙”当成“图腾”顶礼膜拜演化而来的。

中渡八景之八——独秀凌霄　指朝阳村独寨屯后那座在千顷田畴中拔地而起的孤峰。由此往西行进，至平山镇，一路上还有“三大炮”“笔架山”等许多直插云霄的山峰，座座雄奇伟岸，千顷良田，村环水绕，很有古人所谓“参天卓立标千古，拔地巍然镇四周”之概。登临选胜，确实“疑在画中游”。

（三）旅游乡镇：打造农文旅融合示范点

在中渡古镇的西面，有一个村叫大兆村。村里有两个自然屯，一个叫石祥屯，一个叫塘藕屯，并排坐落在蜿蜒流淌的洛江畔。一幢幢小洋楼民居映入眼帘，白色的外立面与荷塘相互映衬，硬化的屯内道路干净整洁，道路两旁种上了树木和花草，一盏盏路灯排列有序。在村级综合服务中心前，村民健身，老人安逸，其乐融融，一幅和谐、宜居、幸福、美丽的乡村画卷呈现在人们面前。

这是鹿寨县在做好“农 + 文 + 旅”融合建设秀美乡村这篇大文章时，突出在资源开发深度、文化创意精度、产业融合黏度上，以文促旅，以旅兴农，使农业和旅游相得益彰。

2015 年，在农业部门的引导下，石祥、塘藕屯种植太空莲 200 多亩，并积极宣传打响荷花品牌，这一措施很快就收到了成效。莲子销路不错，漂亮的荷花还吸引了大量游客前来观赏，让这两个原本寂静的山村热闹了起来。尝到甜头后，加入到太空莲种植队伍的村民越来越多，荷花成为石祥、塘藕的标志。两个屯种植太空莲有 1000 多亩。善于思变的石祥人顿时萌生了新的想法，除太空莲之外，村民还流转出土地种植连片油菜花、可食用菊花、可食用玫瑰花九品香莲，使得村子四季花香。

2017 年，这两个屯获评“美丽柳州”乡村建设综合示范村后，在原来的基础上，不断加大投入，经过几年的建设，村屯面貌焕然一新，成为广西乡村振兴建设的典范。如今，信步莲花栈道举头凝望，越过碧绿的荷田，越过参差的画壁翘檐，由近及远的鹰山峰林就是挂在村屯后面的巨幅背景图，以雄奇浩荡作为衬托，尤以鹰山、铜盆山为代表，给温婉的小村屯以自然与历史人文的厚重底蕴。

五、寨沙镇：榴江两岸石榴红

寨沙，因其驻地靠山为寨、前临一沙滩而得名。寨沙秦属桂林郡地，汉为始安县地，民国十三年（1924 年），析永福县的黄冕、鹿寨、寨沙 3 个区设置榴江县，县治寨沙镇。1951 年 6 月，雒容、中渡、榴江 3 县及修仁县第二区合并成立鹿寨县，划寨沙镇为第九区。寨沙镇距鹿寨县城 31 千米，国道 323 穿境而过，是“两镇一乡”（四排镇、寨沙镇、拉沟乡）的商贸中心。镇域总面积 502 平方千米，辖社区 1 个，村 22 个，自然屯（街道）220 个，总人口 7.2 万，是整个鹿寨县地域最广、村最多的乡镇。寨沙镇因地处柳州、桂林大旅游圈内，区位优势明显。寨沙镇自然资源得天独厚，主要种植水稻、头菜、淮山、马蹄、慈姑、黄栀子等优质农产品，其中寨沙头菜、寨沙淮山和和尚岗茶油、和尚岗茶叶名扬区内外，畅销港澳及东南亚地区。

榴江河又称石榴河或石榴江，是寨沙的母亲河，其发源于荔浦县修仁镇长洞村附近的六社岭，流经金秀瑶族自治县头排乡，在四排乡三排村入鹿寨县境，经四排、寨沙、龙江、城关等乡镇，于城关乡鹅洲村的脚板洲汇入洛清江。石榴江全长 150 多千米，流域面积达 1360 平方千米，水流充足，是洛清江主要支流之一。石榴河流域较长，分上、中、下三段，形成一个羽状型的河川。在水路为主的年代，河的中段成为上通修仁、荔浦，下达雒容柳江各地的交通要道。地处中段的寨沙也就逐渐发展成为农副产品、手工业产品的集散枢纽，沿河的圩镇也逐步建立和发展起来。榴江河昔日可通航到达香港、澳门、广州、梧州、柳州等商业发达之地。民国时期，广东之货来榴江县，大都从榴江水运往返，转输、汇兑、贸易等也在榴江县总汇，因而形成悠久繁华的商埠文化。湖南、江西、广东等地的商人常来此处经商，并定居在此，曾建有粤东会馆、湖南会馆、江西会馆等。因此，寨沙的民族交往交流交融积淀深厚，各民族之间的团结就像石榴籽一样紧紧地抱在一起。

（一）“榴江当铺”：“当”字背后有乾坤

榴江县时期是寨沙镇历史发展过程中重要的历史阶段，给寨沙镇留下了宝贵的历史遗产。如今我们到寨沙，有一个地方是不得不去的，那就名闻遐迩的榴江当铺，它是广西最大也是保存最完好的当铺，它是榴江县往昔商业发达的见证者。榴江当铺又称“逢源当铺”，位于寨沙镇和平街街口，始建于民国中期，占地面积2000平方米，呈两排两进结构，前座2层，为原当铺营业厅；后座7层高20多米，为当铺碉楼式的当物仓库。解放战争时期，榴江当铺作为武装阵地，供部队使用。新中国成立后，榴江当铺遭到毁坏。为充分保护和开发其背后的价值，寨沙镇多方筹备，对榴江当铺进行修缮及做好内部布展，还原民国当铺历史场景，涵盖“榴江”红色文化，现已建设成为一个弘扬社会主义核心价值观和爱国主义精神、拓展民族文化内涵的综合性文化宣传教育基地。

天下当铺多盘剥，当铺收取高额的利息，其利息标准是“九出十三归”，即价值十元的当物，当客只能拿到九元，赎回则要出十三元。后来“九出十三归”成为高利息的代名词。当然，利息会随行情变化高低起伏，有时高达百分之三十。但是榴江当铺收取的利率是典当行中最合理的，因为最大股东陈兆丰从小饱读诗书，为人小心谨慎、中规中矩。他一直牢记祖上教导：仁义守信。对在仁里村怀英书院、榴江英明书院求学的学生，陈兆丰往往伸出援助之手。逢源当铺之于榴江县城百姓，更像是安心定神丸，急人所急，当地流传着很多有关逢源当铺的温暖人心的故事。

一天一早，当铺开门后，一夜瓢泼大雨突然停了下来，陈兆丰注意到一个四十来岁的汉子在门前人群后踟蹰不前，举动极是古怪，不由暗自留心。日近中午，铺中客人渐少，天又下起雨来，只剩下汉子徘徊未去。陈兆丰见状，便向他打了个招呼，请他登堂入室，并命伙计上茶。汉子受宠若惊，连忙道谢，说他是邻近雒容县六味斋的老伙计，跟着老东家干了二十来年，不承想，老东家暴病，撒手而去，少东家是个嗜赌如命的败家子，为还赌债竟要将六味斋招牌盘出去。他心疼东家祖业，对少东家许以全价买下六味斋招牌。少东家心急，限他在三天内筹齐款项。无奈自己手上积蓄不多，多方筹措，尚差八百银圆没着落。一旁的伙计听后冷笑道：“哼，我又不识你，无人担保你，张口就是八百，怎敢放贷？”汉子叹了口气，红着脸拱手告辞。这时雨下得更大了，汉子解开包袱，从里面拿出一双破旧的千层底布鞋，脱下脚上缎面方口鞋替换。陈兆丰看到后，一把扯住汉子道：“请留步！雨天路滑，且到里屋小酌两杯，如何？”说罢将他拉到柜面后客厅坐下，又让小伙计备下酒菜。陈兆丰便同汉子推杯换盏，天南地北，边喝边谈生意经，越谈越有共同话题，大有相见恨晚之意。这场酒直喝到天黑，一个小伙计匆匆忙忙赶来，对陈兆丰一阵耳语。陈兆丰频频点头，又叫来几个伙计，吩咐一番。陈兆丰回席，汉子要告辞。陈兆丰笑道：“兄台，刚才小伙计告诉我，你要借的八百块银圆已给你准备好了。”言毕，小伙计便将码好的一袋银圆提到汉子面前。汉子惊得目瞪口呆，好半天才醒过神来。汉子走后，小伙计大惑不解，连连抱怨大掌柜太不谨慎了。陈兆丰笑道：“以我的经验，相信我不会看错人的。识人贵在识品，此汉子心念故主，爱惜店誉，已是让人钦敬；他借人鞋子犹爱护有加，如此看重自己的信誉，八百块银圆又岂会不知珍惜？吃饭之际，我看似同他东拉西扯，实则是考他，发现他确实有一肚子生意经。而我暗中又派人骑马去雒容六味斋打探，证实他的话确实无虚，这才敢放银给他。”眨眼间一年过去，果如陈兆丰所言，汉子经营六味斋日进斗金。到了年关，发了财的他亲自还了本金和利息。还捧来一面金匾，一路吹吹打打，送至逢源当铺。从此，逢源的名气更响了，在榴江、雒容、中渡一带有口皆碑。陈兆丰也被人称为义商。[1]

（二）寨沙客家人：怀英书院育英才

客家人是一个具有华夏族特征的汉族分支，也是汉族分布较广影响深远的民系之一。客家人一词源于东晋南北朝时期的“给客制度”及唐宋时期的“客户”制度。客家人主要分布于江西、福建、广东、广西等南方各地。客家文化源远流长，亦被誉为中原古文化的活化石，为华夏历经岁月之瑰宝。

寨沙客家人是几经迁徙而客居在榴江河畔阳光下的一支。清朝道光年间，来自广东大梅县（现梅州市）的客家商人迁徙至鹿寨县寨沙镇，在此繁衍生息，他们在这里栖居，在这里劳作，用双手见证着时代的变迁，用故事延续着客家人的精神。几百年来，寨沙客家人子子孙孙享受着寨沙这一方水土的恩赐，孕育出一代代优秀的客家儿女，他们将丰富的客家文化保留和延续了下来，在融入了当地文化的基础上，创造了今日更加璀璨绚丽的寨沙客家文化。现在寨沙客家独具特色的传统民俗有“过街溜”、百家宴、庙会等。此外，还完整保存着怀英书院（邓氏祖祠）、榴江当铺、进士堂、古

1　廖献红：《鹿城图谱》，天津：百花文艺出版社，2020年，第41—42页。

炮楼、廖家大院等一系列特色古建筑。

据当地老人口述，寨沙客家人迁徙源地最早可追溯至福建宁化等地，传为随南宋宋高宗渡江南迁民众，世代变迁后迁居赣闽粤地区。后因满族入主中原，清兵进至福建和广东时，客家节义之士出面号召群众举义反清，失败后被迫散居各地。而后经过多年的发展，赣闽粤边区的客家人，人口大增，而当地山多田少，耕殖所获，不足供应，乃思向外发展。适逢清政府于康熙年间发起“移湖广、填四川”和移民运动。于是，其中一支广东梅州客家人在移居过程中迁入广西，最终定居寨沙，广东梅州成了寨沙客家人的主要来源地。

据统计，目前寨沙客家人主要由邓、郭、黄、刘、李 5 大姓氏组成。郭氏主要分布在寨沙镇古木村料旺屯、板里屯以及九敢村的仁里屯等地；李氏主要聚居在全坡村大鲁屯、龙江村小拉吉屯、六往村浪洲屯、教化村教化屯等地。经过 200 多年的发展，寨沙客家族群已经发展成为当地较大的族群，寨沙也成为鹿寨县客家人定居最多的乡镇，客家文化也自然成为地方最核心的文化。

客家精神的内涵是很丰富的，其核心在于团结和奋进。这在客家迁徙史和客家文化的诸方面都有很突出很具体的表现，也正是这种精神，使他们在漫长的迁徙过程中不被当地的文化同化。此外，勤农善商、持家有道；兼收并蓄、开拓进取；崇文尚武、耕读传家等也是寨沙客家人的精神内涵。

说到耕读传家，九敢村仁里屯的怀英书院就是最好的例证。

走入寨沙镇九敢村仁里屯，我们看到良田千陌，水渠纵横交错，在半月形池塘旁边的就是供奉客家祖先的邓氏祠堂。只见倒映在池中的黄砖黛瓦，九井十厅的客家祖宅，成为一道亮丽的风景线。而这古朴的邓氏祠堂也就是远近闻名的怀英书院，这里有着邓悦俊与怀英书院的精彩故事：

> 一个地方，一座村庄，一旦有了书院，就拥有了照亮黑夜的明灯，拥有了启动智慧之门的钥匙。怀英书院与邓氏祖祠一同开工，1839年竣工后，当年秋季便招收学子。书院成了邓悦俊一生最感亲切的地方。“怀英”，是邓悦俊为纪念先父邓捷英，感念父亲的养育之恩而取的名字。书院从招收学子那天起，便矢志于播撒孝道、诚信、仁义的种子。从此，这片土地在商之外，有了学子，有了商仕报国、耕读传家的传统。种子一旦撒下，便收获绵延的福报。多少年来，书院走出了一代代杰出的学子。邓悦俊与中国众多耕读传家的乡绅一样心怀家国。起初，怀英书院主要招收邓氏家族青少年，每年三十人，凡本族子弟均可免费入学。后来，书院名声渐大，邻近村镇异姓家族子弟也渴望到此寄读。有天晚上，邻村一外姓老者带着孩子来到邓家，恳求邓悦俊允准入读怀英书院。学生逐渐增多，邓悦俊担心教书先生顾不过来，正为聘请先生发愁。正说着，八仙桌上的油灯灯油就要耗尽，火苗向上跳了一下，一瞬间光亮洒满厅堂，然后慢慢熄灭。这

个情景击中了邓悦俊。即便身处乡间，邓悦俊心怀天下，他对鸦片战争以来国家日益衰败的现实十分清楚，也感到焦心。中国不正像灯油即将耗尽的油灯吗，处在存亡的关键时刻？“天下兴亡，匹夫有责。”邓悦俊作为邓氏家族及怀英书院的总掌门人，懂得民族面临深重的危机，懂得文化在扭转危机中能起到的作用。他当即做出一个决定：怀英书院免费向附近村庄所有家庭的孩子敞开大门。师资不足，本族以外，聘请外姓德高望重、饱读诗书的长者担任，先生工钱及书院日常开销由本族偿田供给。怀英书院学子升入高一级学校或考中秀才者，每年奖稻谷一万斤，多人考中，多人平分，不分贫富贵贱，一视同仁。在这样的激励下，怀英书院的孩子发奋读书，成才者甚众。书院的先生对学生严格要求。调皮捣蛋的学生，要受严厉体罚。书院邓献颂先生在其戒尺上题铭曰：“板子一块笔，不打书不熟。谁家痛子弟，莫送他来读。”怀英书院清初出了好几位秀才、举人、进士，后来又走出了两位师长，一位县长，多位团长、营长、连长，还有多名学子考取黄埔军校。以怀英书院为中心，仁里形成了崇文尚武、尊师重教的文化氛围及传统。我慢慢地在村中转悠，不经意哪一座院落里，便撞见一位名人。邓瑞徵、邓崇斌、徐启明、梁献谟，等等，是仁里村的骄傲。他们在怀英书院勤奋耕读，受到了自身修养的严格训练，得到了修身、齐家、治国、平天下的最初启蒙。他们的事迹如今定格在村中的乡愁纪念馆里，滋养着仁里的土地。[1]

如同邓悦俊所希望的那样，居住在这里的邓氏族人及子孙后代，皆争做有道德修养、讲求仁义之人，世世代代延续至今。

（三）寨沙头菜：产业引领共致富

2021 年 12 月 25 日，寨沙镇正热闹地举行首届“头菜文化节”。文化节在榴江文化广场举行，通过头菜文化节集中展示了鹿寨县特色农业发展成果，同时进一步提升寨沙头菜的品牌力。

“寨沙头菜”因产于寨沙镇而得名，作为寨沙四大特产之一，以其悠久的发展历史以及香脆可口的独特风味，享誉八桂。寨沙头菜浑身上下都是宝，它具有十分丰富的营养价值，富含维生素 A、维生素 B 族等各类维生素，不仅具有缓解疲劳、提神醒脑的作用，还有解毒消肿等功效。地道的寨沙头菜，做法多种多样，用途也十分广泛，从头部到尾部，都可以充分地利用。头菜焖五花肉、头菜扣肉、头菜焖猪脚、凉拌头菜丝等一道道寨沙头菜系列美味佳肴让人胃口大开、垂涎欲滴。寨沙头菜不仅适用于炒菜、炖菜、煲汤、拌馅等，其头部及根茎还可以加工成榨菜罐头，叶子可以晒干加

1　廖献红：《鹿城图谱》，天津：百花文艺出版社，2020 年，第 21—22 页。

工做成螺蛳粉配料。

寨沙头菜的制作加工是相对烦琐，需要经过多次晾晒、翻晒，反复腌制和发酵等12道程序，所以不光是考验技术，更考验耐心。寨沙头菜从种植到腌制，均采用了传统无公害的生产工艺，这样生产出来的头菜才鲜、香、嫩，风味独特，脆甜爽口。从采收到制作成品，再到售卖，需要耗费几个月的时间。

头菜丰收时节，农户们忙碌采收的身影与田野中绿油油的头菜相互映衬着。他们将拔起的头菜根须和泥土削干净，在田间地头进行初次晾晒，待搬运回来将其洗净再进行二次晾晒。寨沙头菜采用特制的木桶放盐腌制，腌制过一次的头菜还需要再拿出来晾晒，白天晒，晚上收，如此反复，待晒干后入坛。寨沙头菜成品制作阶段，最关键的因素就是天气。头菜种植户需要掌握契机，得利用晴好天气，将头菜拿出来晾晒，太干或太湿都有可能影响到头菜腌制的色泽以及香味。装坛后的头菜需封藏严密，保证了品质的头菜，在常温下能保存一年之久。现在寨沙头菜也逐步往发展熟食即食和原汁原味轻包装方向发展，主要是采用“真空包装＋机械化生产＋互联网销售”的模式，并通过自媒体、抖音直播带货等线上线下结合的方式拓宽寨沙头菜销售渠道。2013年底，“寨沙头菜”注册成为商标。2014年，寨沙头菜被评为“柳州市受市民欢迎的十佳（土）特产”。2018年，寨沙头菜手工制作技艺被纳入柳州市第六批市级非物质文化遗产代表性项目、鹿寨县第三批非物质文化遗产名录。2022年，寨沙镇人民政府与广西芋香阁食品公司结成长期、全面的战略合作关系，从事收购生鲜头菜加工销售，推动农产品寨沙头菜进入广西芋香阁食品公司的系列预包装食品和销售网络。

寨沙头菜这几年突飞猛进，种植量翻了几番，给当地村民带来了实实在在的效益，这得益于当地致富带头人邓国泰的引领。邓国泰出生于1975年11月，现为寨沙镇九敢村民委员会副主任。自2017年9月到九敢村工作以来，邓国泰时刻高标准要求自己，满腔热忱地爱岗敬业，无比忠诚地履职尽责，热心为群众服务，2019年兼任九敢村脱贫攻坚信息员，同年荣获“鹿寨县优秀脱贫攻坚信息员”荣誉称号，2021年2月经过换届选举担任九敢村村民委员会副主任。他跟笔者讲述了他的经历：

我以前也是在外面闯荡的，高中毕业后先在外打工，也在深圳开过粉店，主要经营桂林米粉和螺蛳粉，收入也还可以。但是后来不得不回家了，主要是因为父母年纪大了，要回来照顾，此外，我儿子考上了桂林理工大学毕业后，又考上了上海理工大学的硕士，明年就毕业了，他学的是桥梁建筑方面的专业，就业应该没有问题，这样我的经济压力小多了，所以就回来了。我回来后发现当时我们这里头菜种植户屈指可数，我觉得这是一个不可多得的发家致富机会，所以从2014年开始，我先是通过调查市场，走访头菜种植户学习了解头菜种植。仅仅了解种植技术还不够，我又找到拥有头菜腌制制作技术的能人学习交流头菜腌制。经过不断的学习和尝试，我逐渐掌握了头菜生产技术，然后开始拿自家闲田做实验，从最初的每亩1000斤产量，慢慢地到如今的每亩8000斤产量，效益也越来越好了。

我始终认为，一个人富了不算富，带动大家共同致富才是真的富。我慢慢种出效益后，就鼓励村民们一起跟着种。在这过程中，有部分群众的不理解、不支持，甚至持反对的意见，但我并没有打退堂鼓，耐心为村民讲前景、讲市场。后来在我的推进下，特别是村民们见了我每年实实在在的收益，他们就心动了也行动了，从一开始的几户到如今的上百户参与头菜生产产业，现在我们利用冬季闲田种植头菜共计350亩，收获产业惠及村民达600人。我还主动联系电商、客户，帮助村民签订订单，拓宽头菜产品销售渠道，把九敢村头菜推广到全国各地，这一产业也带动了村集体经济发展，提高了村民经济收入和发展生产的积极性。现在我们九敢村已成立头菜产业合作社，逐步建立头菜特色品牌，完成从初步加工到包装出售全链条，以确保头菜产业得发展，村民收入有增加。[1]

当下在“产业兴旺”“产业振兴”的要求下，寨沙镇政府正在积极发展头菜产业，他们制订了详细的发展规划，建立头菜种植基地和头菜产业园，现面向全国招商引资。未来，寨沙头菜将融合传统的头菜制作技术，运用高科技生产工艺和现代化生产方法，提炼传统头菜生产制作的精华，让经验变成数据，以工厂模式进行复制。从规模化种植，集中加工到统一销售，形成统一的寨沙头菜标准、统一的寨沙头菜口味。打破传统的一家一户的小作坊模式，建立寨沙头菜生产加工基地，引进“农字头”、科技型、规模大的企业对寨沙头菜进行投资。通过深加工、精包装等方式，大力开发头菜熟食包装、头菜精品礼盒包装、头菜制品软包装等系列精深加工产品，推动头菜种植加工从粗散型向精细型转变，实现寨沙头菜产品多元化，形成拳头品牌和市场竞争力，提高头菜综合价值，增加头菜产品附加值，建立完整的寨沙头菜产业链。最后，通过与各大市场、物流公司、超市合作的形式，实现寨沙头菜之乡与企业的互惠互赢，将寨沙头菜远销国内外，将寨沙头菜产业做大做强，助力乡村振兴。

六、堡底屯：汉壮交融是一家

乍到鹿寨县平山镇，看惯了桂西北巍巍大石山的笔者被这里苍翠秀气的山所迷住。在这众山环绕的小盆地中，有一座孤峰傲立其中，堡底屯就静静地坐落于这座独秀峰的山脚下。这座名为平龙山的独秀峰就像一座沙发的背靠支撑着堡底屯。堡底屯隶属于平山镇青山村，位于平山镇东面约 2 千米处，距鹿寨县城 38 千米，国道 G323 在村

1 访谈对象：邓国泰，男，47 岁；地点：寨沙九敢村村民委员会办公室；时间：2022 年 8 月 4 日。

头蜿蜒而过，距鹿寨火车北站11千米，距中渡古镇12千米，交通十分便利。全屯115户，总人口417人，属汉族和壮族，其中壮族人口占总人口比例34%，汉族占64%。堡底屯历史悠久，文化底蕴深厚，民族团结，家风优良，自然风光秀丽，有丰富的文化旅游资源。堡底屯2016年10月获评第二批广西壮族自治区传统村落，2019年12月获评第三批中国少数民族特色村寨，2020年3月被命名为第一批柳州市民族团结进步教育基地。

（一）“屯兵总部驻地”：堡底屯的前世今生

堡底屯源远流长，历史厚重。堡底屯建村之前为平头堡，是古代屯兵的地方，为雒容县知县直接管领的地方武装总部驻地，设立于明朝万历年间，由堡底吴氏先祖吴思勋选址建设。吴思勋博学多才、精通武艺，选任雒容县为官后，担任首任平头堡总指挥，官名土舍，管领平头堡、界牌堡、三板堡，当年全县共设置八堡（旧县堡、杨潭江堡、高天堡、大河堡、石崖堡、平头堡、界牌堡、三板堡），雒容有八堡，吴思勋就管领三堡，可见其当年在同侪中的实力。当时平头堡有耕兵300名，界牌堡耕兵51名，三板堡耕兵31名，也就是说吴思勋当年手下共有382名士兵。按照吴氏后人的说法，因吴思勋连续三代单传，人丁单薄，因而平头堡一直只是屯兵之所，没有建立村庄。

清朝初年，吴思勋曾孙吴祖胤（字永锡），天资聪颖，幼年习武，骁勇善战，曾任广西永宁州（治今永福县西北寿成，属桂林府）参将，在多次剿流寇行动中，战绩卓著，于康熙年间诰封昭勇将军，并世袭平头堡土舍，统领全县地方武装（五堡：平头堡、界牌堡、高天堡、大河堡、石崖堡），驻扎平头堡。当时全县共有堡兵279名，其中平头堡178名，设土舍2名，堡目16名。堡兵们平日开荒种田，战为兵，和为农，三分守城，七分屯田。吴祖胤世袭平头堡土舍后，遂安家于此，共生十六子九女，有孙辈49人，由于人口增加，便建立村庄。因村庄为平头堡设立管理并建于平头山下，故名堡底。

> 当年，吴祖胤无疑是这座兵寨的最高将领。朝廷既然要让他留下，他便开始对自己永久居住的房舍做认真规划了。他选择山脚下一片宽阔之地，谋划建造一系列与自然和谐，与山水相依相偎的建筑。于是，他多方打探，邀请了远在广东的数十名能工巧匠来到堡底。他亲自主导，烧砖、烧瓦、凿石条、砌砖、雕花窗，敲敲打打，前后花了十多年时间，五栋雄伟的徽派建筑在堡底拔地而起。
>
> 走进吴氏祖屋，领略到了徽派建筑与南方民居的巧妙结合。一字排开五栋楼房，全是青砖到顶，封山高出屋顶，呈阶梯状，可有效防止火灾蔓延，封山火墙即由此得名。中间一座楼房有五进，两侧四座楼房为四进。楼房中间有天井、回

廊、庭院。大小五座楼房组成的建筑群，各建筑之间独立而又相互联系。楼与楼之间，青石板铺就的巷道有两米多宽。……巷道有前、中、后三个门楼，每个门楼安装有推笼门，础石均用青石板凿成，非常坚固。一旦有敌入侵，笼门可立即推上，很难攻入。这样的防御方略，使阖村得平安。可谓“纵你战马东奔西突，我自壁垒森严”。[1]

平龙山就像一位慈祥的老人静静地俯视着堡底屯，微笑地看着它的沧桑巨变。如果真的是这样，这位老人肯定惊诧于堡底屯近来的历史巨变。现在通过广西乡土特色示范村、广西农村综合改革美丽乡村建设示范村、鹿寨县廉洁家风教育基地等项目的实施，堡底屯的古建筑和文化设施得到了进一步保护和修复；通过开展“三月三”山歌会、家风文化节、小年团圆宴等一系列民族文化活动，堡底的优良家风得到了很好的传承和弘扬。为加快发展，堡底屯不断加强党的建设，建设了屯党支部活动中心，成立了屯经济文化发展理事会。历史进入乡村振兴阶段，堡底屯按照“产业兴旺、生态宜居、乡风文明、治理有效、生活富裕”的总要求，加大产业发展力度，加快推进农业农村现代化。他们重点围绕柳州市螺蛳粉产业的发展，充分发挥鹿寨县平头堡蔬菜种植专业合作社的带动作用，因地制宜发展螺蛳粉配套产业，种植竹笋、豆角，养殖螺蛳，不断推动产业发展，促进农民增收。同时依托鹿寨县中渡古镇旅游产业的带动，堡底屯致力于建设成为一个融历史古迹、传统文化、人文景观与自然生态景观于一体的美丽宜居乡村，努力争创成为中国传统村落、中国历史文化名村、中国廉洁家风建设示范村。

（二）“耕读传家，廉洁齐家”：堡底屯吴氏家训家规

在堡底村，书香门第不只是一个词汇，而是家门前高高耸立的桅杆。吴氏家族耕读传家，崇文重教，力求让子弟知书达礼。村里人家一旦有子弟考取了功名，就会在自家大门前左右对称地建造两根桅杆，每根桅杆顶端套上斗。如果是考中了举人，套一个斗，称作“单斗桅杆”。如果考中进士，套两个斗，称作“双斗桅杆”。所谓“一斗举人，二斗进士”。吴氏家族以此激励后人用功读书，考取功名，光宗耀祖。[2]

“国有国法，家有家规”“不以规矩，不成方圆”。堡底吴氏有严格的家训、家规，这些家训、家规就保存在发黄的《吴氏族谱》里，教育着一代又一代的吴氏后人。他

1　廖献红：《鹿城图谱》，天津：百花文艺出版社，2020年，第64页。

2　廖献红：《鹿城图谱》，天津：百花文艺出版社，2020年，第68页。

们非常重视文化和家庭教育，对后人要求甚严，因而族人团结互助，和睦相处，讲究规矩，遵守礼仪，勤奋好学，勤俭持家。在良好的家训教诲和严格的家规管理下，堡底屯建村以来一直人才辈出、文人甚多，为远近闻名的老文明村。《吴氏族谱》记录着为家族增光添彩的一串名字，清朝曾出过 2 位进士，2 位岁进士、2 位举人、14 名贡生、16 名国学生（监生），清朝年间曾有族人任永宁州参将、知县、武骑尉、教谕、训导、州司马、宣德郎、承务郎、修职郎等要职。1949 年以来，吴氏子孙科级以上干部数十人，在外工作且有一定社会身份的近百人，目前在职干部职工 60 多人。堡底吴氏家训家规在教育子孙遵守规矩、立身处世、齐家治业中发挥了重要作用。

数百年来，堡底村的吴氏用家训家规教育和管理着一代代子孙，孕育了一代代人的成长，规训着子孙的一言一行。带领笔者参观堡底屯的平山镇吴副书记正好是堡底屯吴氏后裔，他跟笔者讲他父辈有五兄弟，是宏字辈，他爸是老大，五兄弟是以仁、义、礼、智、信来取的名字。五兄弟均通过考试成为国家干部，现在他们均在县城安了家，五兄弟后来商量自愿把他们的祖屋腾出来做堡底屯博物馆，供人们免费参观。他说逢年过节或者有比较大的活动，只要在场的吴氏子弟够多，老人就会领着大家一起朗诵吴氏家规。在无数次的践行中，吴氏家规得到了传承。

（三）“福禄寿喜”：堡底屯文化交流一瞥

“福禄寿喜”是天界四神，一般是指对人的祝福，代表健康长命幸福快活和吉祥如意的意思。此外，“福禄寿喜歌”是太平歌词的一个曲目，全曲全都是祝愿人吉祥的歌词。自清代以来，每场相声演出都要唱这个曲子。现在北京德云社还延续着这个习俗。在平龙山南面有一个岩洞，当在群众称之为平龙岩。平龙岩岩口朝南，比较高大，主岩宽约 300 平方米，高约 8 米。平龙岩内有多处摩崖石刻，字体各异，且刚劲有力。2006 年鹿寨县人民政府将平龙岩摩崖石刻列入文物保护单位加以保护。在众多石刻中最让人惊艳的是镌刻于岩口顶上的“福禄寿喜”四个金文大字，这是清末民国初期堡底屯读书人吴启湘写的，必须抬头仰望才能看到。“福禄寿喜”四字与岩洞同一方向，福字在外，喜字在内。在“福禄寿喜”四字下方，有《底城图谱·序》做了介绍。廖献红详细介绍了“福禄寿喜”四字的由来。

> 民国年间，中渡、平山风光旖旎，常有读书人来这一带畅游山水，吟诗题字。他们或坐船，或骑马，游遍江南，题诗作画，访友问道，像一只挣脱牢笼的鸟，不停飞翔。在山水间，与古人相逢。从堡底走出去的秀才吴启湘，多次邀请浔州府巡检吴大光、灌阳县知县韦孟到家乡一游。酒酣耳热之际，吴启湘挥毫写下了“福禄寿禧”四个字。字写好后，有人提议，每个字再配上一首小诗。于是，三人分别在不同时期用“福禄寿禧”四个字作诗。有一次韦孟用“福”字

吟诗一首："占尽人间福，渊源量孰知。沧滨东望阔，海屋庆居诸。"吴大光很快接上："五福衍畴光，深宏量孰求。如何观大海，万派尽东流。"吴启湘也不甘示弱："多福深自水，恰如箕衍畴。扬君东望去，大海受群流。"他们三人还分别用"禄""寿""禧"三字作诗。如"禄"："受禄本于天，位尊听自然。高而不危也，日升庆捷联。""寿"："富寿真无匹，名言比喻之。星辉南极朗，图绘泰山奇。""禧"："此燕双飞外，庭帏禧气重。临轩方相士，兰桂一门中。"这些士大夫，每天除了忙于公务，还研习书法、诗词。从他们留下的书法、诗词，可以看出对于仕与隐、庙堂与江湖的复杂情愫。吴启湘书写的"福禄寿禧"遒劲有力，颇受他的学生及友人称赞。每个字又藏着四个字。"福"字藏着"福如东海"，"寿"字藏着"寿比南山"，"禧"字藏着"双喜临门"。后来，他的学生和家人请来四位著名的石匠，将这四个字，连同他所作几首小诗镌刻在石岩上。如今，我们在平龙山上看到的石刻，字体刚劲有力。书法高妙，加上吴启湘性格淡泊和煦，很多人慕名前来观赏。[1]

我们从中看到，清末民初，虽然整个中国社会处于失序的状态，但是在底层社会，地方文人生活还是相对安逸，他们主要以儒家文化为媒进行着彼此间的交流。

七、鹿寨剿匪：三县合一前的枪声

四十八弄是永福、鹿寨、融安、柳城等数县边界地区延绵 100 多千米的石山区，约有 240 个民族村寨分布其间，千山百弄，地形复杂险要，民风剽悍，古来为兵家必争之地。从明末到清末民初，四十八弄就一直是农民武装的聚集地。清光绪二十八年（1902 年），中渡农民覃老发等揭竿而起，聚众五六千人占据四十八弄，直到 1905 年才被镇压下去。为加强对四十八弄地区的统治，清光绪三十二年（1906 年），择融县、永宁州、永福、柳城、雒容五地边界的中渡、平山、黄腊置中渡抚民厅，1912 年降厅为县，这是中渡县的由来。

1949 年 11 月，中国人民解放军以雷霆手段打垮了盘踞广西多年的桂系集团，桂林绥靖公署第二支队（林秀山部），329 师 985 团（梁明德部）及中央交警部队残部，从黄冕、鹿寨等地窜入四十八弄，盘踞中渡县平山乡，伺机反攻倒算。

1950年1月，残存境内的国民党军被全部消灭。2月，白崇禧在台湾召见其国防部二厅上校情报参谋、军统特务何仲钊（雒容县石贵村人，化名向天雷），

1　廖献红：《鹿城图谱》，天津：百花文艺出版社，2020 年，第 66—67 页。

> 根据蒋介石逃台时制订的《大陆失陷后组织全国性游击武装的应变计划》，命令他潜回鹿寨，利用境内自然环境及地缘政治等条件，组织“桂中军政区”，在大瑶山与四十八弄广阔山区，建立游击根据地，发展反革命武装，播撒“复国”种子，以实现其“克服广西，反攻大陆”的梦想“桂中军政区”下辖第126和128两个军。向天雷的叔父何次山（曾任国民党军队少将副师长、柳州专区副专员及师管区司令），被任命为“桂中军政区”司令长官；向天雷为副司令长官兼第128军军长；在解放军两次围歼中逃脱的广西绥靖公署第3支队司令、惯匪林秀山，被任命为第126军军长。[1]

广西省委、广西军区把清剿匪特作为压倒一切的中心任务，解放军剿匪部队会同鹿寨三县地方武装力量，在鹿寨境域（雒容、榴江、中渡三县等）特别是在四十八弄开展了艰苦卓绝的剿匪斗争。在历时一年半时间里，经历数百次大小战斗，消灭匪众15000多人，缴获枪支7000余支、子弹30多万发，如期实现毛主席的战略部署。鹿寨剿匪特别是四十八弄剿匪的胜利，是广西剿匪胜利结束的标志性事件，宣告广西国民党匪帮的彻底覆灭，为土地改革、抗美援朝和大规模社会主义建设创造了条件、奠定了基础。

（一）上下同心：英雄的剿匪部队

鹿寨的剿匪是1950年元月初从中渡开始。当时剿匪依靠的主要武装力量是第四野战军第13兵团49军146师438团和中国人民解放军柳北总队第六大队的联合力量。“中国人民解放军柳北总队第六大队是奉命由百寿县（后与永福县并新的永福县）调到中渡县来的。随同六大队由百寿来中渡的有南下工作团的总领队石庆瑞及高中、黄振海、胡宙平等同志。第六大队时任大队长是黄显明，副政委是韦应光。不久，中渡县成立办事处，石庆瑞同志任办事处主任。1950年3月，中国人民解放军柳北总队第六大队改编为中渡县大队，石庆瑞主任兼政委，鲁光任大队长（北方人），黄显明（融安龙庙人）任副大队长，韦应光（融安大将人）任副政委。大队下设两个连和两个区中队，一连连长左长东（山东省青岛人），副连长黄正肃（融安龙庙人），大阳区中队中队长黄庭康（融安龙庙人），平山区中队中队长朱江（四川省人）。我当时在一连一排任副排长。”[2]

1950年朝鲜战争爆发前夜，原南下解放广西并驻守广西的四野第13兵团20多万兵力奉命调东北布防，广西兵力锐减，防务空虚，广西的土匪利用这个机会向新生人

1　吴狄：《暴乱与灭亡——鹿寨全境剿匪斗争纪实》，信息来源：鹿寨史志办。

2　莫杰：《潘圩村剿匪记》，《鹿寨文史资料》（第15辑），内部资料。

民政权发起进攻。一时间，周边各县的几十股土匪集结于四十八弄内，桂中大地人心惶惶，暴乱四起。针对广西猖獗的匪情，毛泽东同志做出了《关于1951年“五一”节前消灭广西股匪的指示》。并命令在湖南省进行政治整训和生产练兵的中国人民解放军第21兵团（司令员陈明仁、政委唐天际）由湖南省入桂剿匪。1950年12月11—18日，第52军215师（师长张镜白，政委江腾蛟）643、644和645三个团万余兵力，进抵黄冕、鹿寨、雒容铁道沿线，师部驻节雒容县城。在广西军区副司令员李天佑统一指挥下，开始了对鹿寨全境及桂中地区各县的重点剿匪工作。

> 1950年12月8日，该师全体官兵在长沙市举行誓师大会，12月12日挥戈南下；12月18日抵达指定的集结待命地区寨沙、鹿寨和雒容三镇。根据中共广西省委会和广西军区的统一部署，该师643、644和645三个步兵团先在雒容县、榴江县及象州县以北、修仁县以西等地进剿、驻剿和追剿。[1]

我们从这些记录中知道，当时参与鹿寨剿匪的有第13兵团和第21兵团的部队，还有地方上的武装力量即中国人民解放军中渡县大队。这三大部队加上群众上下同心，终于取得了剿匪的伟大胜利。当时参加剿匪的谢永宁回顾了他当时的心情：

> 1949年上半年，我在武宣惠儒中学读书，覃秉寿老师常暗地里给我们几个壮族学生讲革命道理，讲中国的前途和命运。后来才知道，他是1947年广西地下党中秋起义的领导人之一。这一年7月，我们毕业了，我父亲卖牛买了一支驳壳枪，让我参加我小学时的教导主任蒙光朝领导的中国人民解放军桂中支队来宾大队。也是后来才知道，我父亲也是桂中游击队来宾大队的成员。1949年11月29日，来宾县解放了。我和一部分战友调编到柳州地委剿匪工作队，先后跟随莫矜副专员和地委陈东秘书长到柳城、柳江开展剿匪工作。1950年3月，我和其中的5位战友奉命到中渡县参加剿匪。我们背着简单的行李，肩扛七九步枪，脚踏自编的草鞋，赶到中渡。我被分在中渡一区，区长是何韬，副区长是蔡菩菴。他们安排我担任区公所的文教助理。……那时，剿匪斗争形势十分复杂。土匪在暗处，我们在明处，很危险的，也许我们的脑袋什么时候搬家都难讲。但我们这帮20多岁的热血青年，一心跟党干革命，勇于在艰苦和危险的环境中接受考验，虽然在“土匪窝”的地方工作，也不怕危险，而感到无上光荣。[2]

1　吴狄：《四十八　剿匪记略——献给牺牲的烈士与活着的勇士们》，《鹿寨文史资料》（第6辑），内部资料。

2　谢永宁：《中渡剿匪岁月漫忆》，《鹿寨文史资料》第10辑，内部资料。

（二）百年毒瘤灭：群众庆升平

1951年3月20日，剿匪部队对鹿寨多支土匪发起总攻。在空间上，剿匪部队采取村村驻人、户户进人、山山有人、洞洞搜索的办法，在人民战争的汪洋大海中，匪徒们陷入了绝境。在时间上，剿匪部队白天以大部分兵力搜山，夜间到处设伏，使土匪无机可乘，无路可逃。至1951年4月15日止，四十八弄重点剿匪任务基本完成，流窜于山区中的股匪全部被歼灭。

为了彻底根绝百年毒瘤，巩固新生人民政权，在重点剿匪期间特别是剿匪胜利结束之后，当时三县分别成立了县级“清匪联防指挥部”，在区、乡、镇建立“防匪自卫委员会”，在则村、街建立“剿匪搜山小组”，纵向到底，横向到边深挖暗藏敌特分子，构建反顽匪的铜墙铁壁。从此，鹿寨历史拨云见日，老百姓额手相庆，当时在鹿寨流传这么一副对联：想当年，国民党在此，匪霸当权，烧杀掳掠，血海深仇无处诉；到如今，共产党领导，政府撑腰，穷人翻身，追怀故旧悼亡魂。这反映了群众翻身做主的喜悦心情。

（三）西眉山下祭英魂：剿匪烈士永垂不朽

在中渡镇西眉山脚下屹立着一座雄伟的烈士纪念碑，这座纪念碑是1984年中华人民共和国成立35周年的时候，当时中渡区委会、中渡区公所（即现在的中渡镇党委、政府）为纪念为中渡的解放而牺牲的革命英烈而立。烈士墓安葬的烈士所属的单位是中国人民解放军49军146师438团、52军125师644和645团、中渡县大队、柳北游击队26中队等。

2021年4月12日，《广西日报》头版刊发报道《碧血千秋 永耀苍穹——中渡解放革命烈士纪念碑背后的英雄故事》。报道称，位于鹿寨县中渡镇西眉山的解放革命烈士纪念碑，纪念着长眠于此的15位中国人民解放军第215师指战员。碑文最后16个字（“生作猛士，死为鬼雄；碧血千秋，永耀苍穹！”），写出了这15位在剿匪斗争中牺牲烈士的铁血丹心。

近年来，中渡镇党委、政府抢抓机遇、砥砺奋进，深入实施“强镇富民”战略，全面推进乡村振兴，推动文体旅农深度融合发展，重点打造有香桥喀斯特国家地质公园、中渡古镇、祥荷乡韵3个国家AAAA级旅游景区，鹿鸣谷、响水石林2个国家AAA级旅游景区。2019年助力鹿寨县成功创建广西旅游特色名县，2020年柳州市第三届文化旅游产业发展大会在中渡镇开幕并取得圆满成功。随着知名度不断提高，来中渡旅游的游客会越来越多，他们来到中渡下车的地方就是中渡革命烈士纪念碑的下方，导游会引领他们拾级而上，到中渡革命烈士纪念碑前他们还会声情并茂地向游客讲述这些英雄烈士的故事。

城区篇

满城绽放洋紫荆花的柳州

城市，是人类走向成熟和文明的标志，也是人类群居生活的高级形式。

“城市”包含了两方面的含义：“城”为行政地域的概念，即人口的集聚地；“市”为商业的概念，即商品交换的场所。而由于人口的集聚和商品的交换，使群居于城市的各族人民，从根本上打破了地域的边界，冲破了民族的区隔，而互嵌居住在一起，从而为民族间的交往、交流、交融提供了更便利的环境和条件，使各民族像石榴籽一样紧紧抱在一起。

柳州是有创意的城市，其虽然没有满城的石榴花，但却有满城的洋紫荆花。

石榴花象征石榴籽紧紧地抱在一起，洋紫荆花象征阖家团圆，兄弟和睦。与石榴花有异曲同工之妙。

因为洋紫荆花语有一个“三荆同株”的古老传说。唐代诗人李白亦为此赋诗《上留田行》云：“田氏仓卒骨肉分，青天白日摧紫荆。”其寓意竟与柳州铸牢中华民族共同体意识的实践暗合。正因为柳州人深度认同洋紫荆为阖家团圆，兄弟和睦的花语，所以洋紫荆成了柳州的市花，绘出了一幅幅满城尽是洋紫荆的文化图像：

有“‘柳江人’唱新歌”的柳江区；

有“山歌好比春江水”的鱼峰区；

有“当芦笙吹响的时候”的柳北区；

有“‘柳工’装载机走向世界”的柳南区；

有“城隍爷柳宗元居住的地方”的城中区。

让我们走到柳州的大路上，去领略各区“洋紫荆花”的风姿、风采和风韵吧！

第十章　鱼峰：山歌好比春江水

唱山歌
这边唱来那边和
山歌好比春江水
不怕滩险弯又多
弯又多

每当旋律响起，哪怕记不住歌词，人们也会跟着哼唱。这首广为流传的彩调旋律，让人情不自禁想到了广西，想到了刘三姐和她唱歌的地方。柳州有个鱼峰山，三姐亲口把歌传。据说鱼峰山是刘三姐唱歌升仙的地方，柳州市鱼峰区因它而得名。

鱼峰区位于柳州市区东南部，是中国最早古人类之一的“柳江人”发祥地。辖区内居住着汉、壮、侗、苗、回、仫佬等40多个民族，少数民族人口约13.5万人，占全区总人口的33.2%，是典型的多民族城区。鱼峰区交通便捷，文旅资源丰富，工业基础雄厚，商业发达，是柳州市建设现代制造城的主战场，素有“柳州工业摇篮”“桂中商埠中心”美誉。在铸牢中华民族共同体意识方面，鱼峰区也谱写了华丽篇章。

一、历史记忆：白莲清香泥不染，洞里堆积内涵多

谈到鱼峰区的历史文化，自然绕不开白莲洞和柳江人。

柳州白莲洞是岩溶奇景之地，是鱼峰区古文化遗存之所在。

在以白莲洞为中心的鱼峰南片区，拥有三项“中国之最”：最大的远古人类洞穴遗址群，最早的晚期智人化石——“柳江人”，最先的洞穴科学研究综合性博物馆——白莲洞洞穴科学博物馆。为此，著名人类学家裴文中教授曾欣然题下：“中国可以成为

图 10.1 柳州市白莲洞博物馆柳江人雕像（覃佳玲摄）

世界上古人类学研究的中心，而广西是中心的中心。”中科院贾兰坡院士也为白莲洞题词：“白莲清香泥不染，洞内堆积内涵多。”

（一）我们从哪里来：白莲洞是柳州人历史认同的关键站点

白莲洞遗址的发现和发掘不仅进一步丰富了柳州市历史文化的内涵，开辟了宣传科学、普及历史文化的新阵地，而且极大增强了柳州人的历史认同。

1. 洞穴寻踪：走进南方古人类发源地

北有山顶洞人，南有白莲洞人。如果北京山顶洞遗址昭示着中国北方早期现代人文化面貌，那么，柳州白莲洞遗址等古人类遗址群落则揭开了南方史前文化、古人类的神秘面纱。学术界对以柳州白莲洞为中心的史前文化的发掘给予高度评价，称其“柳州的史前文化是研究华南地区史前文化的标尺”。而今，柳州白莲洞史前文化也成为寻找南方古人类祖先、追寻史前远古文明的重要窗口。

1958 年 9 月，一具疑似古人类的较完整的人头骨化石在柳州市郊东南的新兴农场内的通天岩被发现。这一信息上报国家后，中央立即通知在柳城进行巨猿研究的两位中国考古界泰斗裴文中、贾兰坡，组织专家派人前往考察。经清理发掘，在人头骨化石附近又发现了部分椎骨、股骨等化石。将这些化石装箱妥善保护，随即送到北京。经过系统研究，中国科学院著名古人类专家吴汝康鉴定认为，这块人头骨化石是分化和形成蒙古人种的一种早期类型，为当时在中国乃至整个东南亚发现的最早的现代人代表，这块头骨化石也被定名为“柳江人”。

那么柳江人为何会出现在这里？距离“柳江人洞”仅 2 千米的白莲洞遗址给出了解释。

1960 年，贾兰坡教授写了一篇名为《广西洞穴中打击石器的时代》的文章，将白莲洞首次对外公开。白莲洞迂回曲折的洞中狭道全长 1870 多米，溶洞面积约 7000 平方米，洞穴底层还有全长 370 多米的地下河道流水。经专家们历次发掘，白莲洞遗址出土石器 500 多件、人牙化石 2 枚、动物骨骼化石 3500 多件、人类用火遗迹 2 处。这些化石（遗物）说明了早在距今 3 万年以前“白莲洞人”已经会缝制衣服、用火和食用熟食，其构成了特有的白莲洞文化。根据洞内地层堆积和文化遗物特征，确定白莲洞年代为距今 37000 到 7000 年。部分专家学者认为，“柳江人”极大可能是白莲洞早期文化的创造者，是“白莲洞人”的祖先。而这些文化遗物和活动痕迹，浓缩了 3 万年来石器发展的历程，记录了先民留下的繁衍生息、供后人叩问的无穷绵长的历史。

柳州古人类遗址群落的发现，质疑了现代人类“非洲起源说”，为“多地区起源说”提供了重要证据，成为现代人类起源研究绕不开的化石人类之一。柳州古人类遗址群落的发现，为公众增强历史认同、增强文化自信、增强民族自豪感贡献了力量，从而助力民族团结进步事业。

2. 洞有乾坤：见证石器时代历程演变

数万年前的柳州先民怎么生活？他们住在哪里？用什么工具？吃什么？也像今天的柳州人这样喜欢嗍螺吗？置身白莲洞，我们仿佛穿越历史时空，重返石器时代。

途中偶遇前来参加研学的大学生，征得同意后，笔者对其进行了采访。

冯：打搅了！这次研学你们有收获吗？

覃：有，这次研学让我们眼界大开，起码解开了一直藏在我心中的一个谜，就是柳州人到底是从哪里来的。白莲洞是解开这谜团的关键，它记载着丰富的历史信息。我们知道，无论是石器时代、青铜时代还是铁器时代，人类都依赖大自然的恩赐来维持生存，而物质资料的变迁则记录了人类发展的全部历程。我了解到，在漫长的石器时代，柳州先民物尽其用，人尽其才，利用各种自然资源，制造出石器、骨器及陶器等生产工具和生活用具，通过采集、捕捞、狩猎等生产方式获取生活资料，他们在与大自然顽强拼搏中，不断书写着这部不屈不挠的奋斗历史。

韦：我也说一下，我参观了博物馆第二层的《洞穴家园》，里面是关于柳州的史前文化。我特别留意了一下，就是在旧石器时代晚期，在环境变化和人口增加的双重压力下，人类就把螺蛙类加入食物范围，所以柳州就有了螺文化。所以柳州人吃螺蛳历史很悠久。到这里来研学既可以增长知识，也可以了解柳州的历史文化。[1]

柳州白莲洞遗址的发现，证实了我国南方中石器时代文化的真实存在，并为探索南方旧时代文化如何过渡到新石器时代文化，以及研究史前人类的生存状态等，提供了十分珍贵的实证材料。香港考古学家邓聪教授在1990年曾题词：“白莲洞遗址的发掘完全解决了中国考古学上中石器时代的长久不解之谜，白莲洞遗址的发掘是伟大的，是中国人的光荣！”

白莲洞遗址经过历次发掘和研究，根据其地层堆积和文化遗物特征，在考古学文化上可划分为旧石器时代晚期、过渡期和新石器时代早、中期三个不同时期的文化，其年代为距今37000—7000年。遗址各层出土的文化遗物表明，其地层堆积划分为五个不同时期文化层。这些文化遗物和活动轨迹，如石器、骨器、角器，还有用火痕迹等，共同记录了白莲洞人3万年的洪荒岁月。[2]翻开白莲洞遗址这部“无字天书”，柳州先民自强不息和顽强拼搏的奋斗精神迎面而来，在身临其境的体验观光中，人们对自己的家乡，对柳州有了更深入的了解，对柳州的历史文化有了更强烈的认同。

3. 洞穴展览：筑牢民族文化认同基石

方寸之间，一览万年。博物馆是历史的保存者和记录者，承载着民族和国家的历史和文化，联结着过去、现在和未来。因而，博物馆在形塑社会群体的集体记忆和认同方面具有特殊意义。柳州白莲洞洞穴科学博物馆于1985年成立，是我国第一座洞穴科学博物馆。此后，柳州市区史前遗址保护工作全部划归其管理。2019年9月，柳州白莲洞洞穴科学博物馆新馆以全新的面貌开放，软硬件得到全面升级。

史前遗址类博物馆和其他综合类博物馆不同的是，虽然没有耀眼的文物，但是你会油然而生出对远古人类智慧的敬畏和感叹。当我们走进遗址类博物馆看着远古人类生活的遗存，就仿若置身于历史的氛围当中，能够真正感受到历史源远流长的魅力。

为了更好地了解白莲洞洞穴科学博物馆各方面情况，笔者对副馆长叶亮进行了访谈。

冯：叶馆长您好，白莲洞洞穴科学博物馆是柳州市民族团结教育的重要阵地。请您介绍下基本情况。

---

1 访谈对象：覃同学和韦同学；地点：白莲洞洞穴科学博物馆；时间：2022年7月19日。

2 蒋远金、王仁湘、张礼智：《中国史前遗址博物馆：洞穴寻踪（白莲洞卷）》，西安：陕西科学技术出版社，2018年，第52页。

叶：白莲洞洞穴科学博物馆是在1985年正式成立的，是我国第一座集洞穴科学研究、科普和旅游为一体的综合性博物馆。按照“突出柳州地域特色，展现柳州史前文化亮点”的思路，我馆精心打造了“洞穴·家园—柳州史前文化陈列”和“地球·往事—古生物演化陈列”两个基本陈列，系统展示柳州史前文化的演化和传承及脊椎动物的演化，共展出古生物化石、古人类文化遗存等重要文物标本近2000件。

博物馆在推进民族团结进步创建中，凸现生命起源地、生物多样性、命运共同体的科普宣传教育作用，立足优势，助力中华民族共同体意识、世界命运共同体意识形成。2020年入选国家文物局评选的一百项“弘扬优秀传统文化、培育社会主义核心价值观”主题展览，2022年入选2021—2025年全国科普教育基地第一批认定名单。

冯：贵馆是如何发挥资源优势，做好民族团结进步工作？

叶：为凸显特色，发挥民族团结进步创建宣传教育作用，我们将科普宣传、爱国主义教育、民族团结进步与藏品展陈有机结合。一是紧盯目标任务，抓实工作责任。博物馆高度重视民族团结进步创建工作，把民族团结进步创建工作纳入重要议事日程，加强全馆干部职工理论学习，树立“三个离不开”和“五个认同”思想，铸牢中华民族共同体意识。二是讲好白莲洞人及其文化故事，坚定文化自信。用现代科技还原史前生产生活场景，以AR、VR及科普互动多媒体游戏、视频等更为直观、丰富的现代手段，为世人展现柳州这一脉相承、绵延不断的历史根脉，让文物“活起来”。三是推出“流动展览大篷车”活动，筑牢民族文化认同基石。从2006年起，白莲洞博物馆创新工作思路，针对博物馆受众面小、边缘地区参观不便等问题，推出“流动展览大篷车”活动，送展至乡村、学校等地区，通过观看流动展览的形式，在讲解员的引导下接受民族团结进步教育，进一步夯实中华民族文化认同基石。

冯：请介绍一下贵馆开展民族团结教育工作的下一步计划或构想。

叶：柳州人都知道柳州有一个白莲洞，但或许不知道白莲洞遗址的周边还分布着仙佛洞遗址、白岩遗址等数十处史前遗址。因多方面原因，目前对史前文化的研究，主要以单个遗址为主，缺乏整体研究和对比研究。下一步我们计划进行白莲洞遗址和周边史前遗址的调查和发掘，以进一步明确我市史前文化遗址类型、文化构成、遗址堆积和科学历史价值等情况，进而为后续开展史前考古发掘和科学研究做准备。

在科普这一块的话，我们陆陆续续增加了很多公众科普的项目。下一步将整合博物馆陈列展览资源和柳州史前文化遗存的考古研究成果，开发“远古的文明”系列课程，同时与第三方文化教育公司合作，将博物馆课程传播给更多观众，服务更多学校和研学团队。[1]

4. 文化研究：凝聚民族团结精神力量

一个城市的文化名片要享誉全国，走向世界，先决条件是对那些能够体现城市特色的文化资源进行有效的挖掘、集聚、研究和利用，使其以独特的魅力获胜。

史前文化是柳州这座历史文化名城桂冠上亮丽的明珠，诸多史前遗址由此蜚声海内外，各界学者名流不吝对柳州史前文化的赞美。建立在白莲洞遗址基础上的白莲洞洞穴科学博物馆，用更为直观、丰富的科技手段，让参观者仿佛置身于史前洪荒当中，与我们的先祖展开对话，通过学习了解古人类的生活、生产，深入认识古人类智慧，进一步认同中华优秀传统文化，凝聚民族团结精神力量。

柳州白莲洞洞穴科学博物馆馆长蒋远金介绍，目前已经在推进新馆建设，新馆将科普性、科学性结合在一起，是一座集洞穴科学研究、科普和旅游为一体的综合性博物馆，旨在把白莲洞文化、柳州史前文化整合在一起，打造成史前文化研究基地，将文物内涵外化，扩大文物影响力。

5. 社会教育：培育民族自豪感归属感

白莲洞科学博物馆作为公益性社会文化机构，始终秉承教育使命，以普及科学、服务社会、文化惠民为己任。目前，白莲洞洞穴科学博物馆已成为柳州市科普教育基地、自治区级中小学生研学实践教育基地、中国华侨国际文化交流基地。在开展遗址保护与展示、科学文化普及和史前文化研究等方面发挥了良好的社会效益，在增强历史认同历史自信、培育民族自豪感归属感、促进民族团结进步方面发挥重要作用。

案例1：举行“侨心向党筑梦新时代，共绘民族团结同心圆”活动

2022年7月8日，由柳州市侨联和鱼峰区侨办联合主办、天和社区承办的“侨心向党筑梦新时代，共绘民族团结同心圆”主题活动在中国华侨国际文化交流基地——柳州白莲洞洞穴科学博物馆举行。活动以“庆祝中国共产党成立101周年”为主线，带领归侨侨眷走进中国华侨国际文化交流基地，引导归侨侨眷爱党爱国。在讲解员的带领下，归侨侨眷近距离感受了5万年以前白莲洞文化的魅力，了解柳州丰富的历史文化，提升归侨侨眷对历史文化的兴趣，增强大家对民族文化的认同感和自豪感。

1　访谈对象：叶亮；地点：白莲洞洞穴科学博物馆；时间：2022年7月19日。

案例2：柳州市委党史研究室到白莲洞洞穴科学博物馆开展民族团结进步教育活动

2021年10月13日，柳州市委党史研究室组织全室干部到白莲洞洞穴科学博物馆开展以“中华民族一家亲 同心共筑中国梦”为主题的民族团结进步教育活动。白莲洞洞穴科学博物馆展出的庆祝中国共产党成立100周年“百年英烈”全国巡回展览，分为星火、信仰、堡垒、胜利、公仆和楷模六个篇章，展现了八桂大地各民族儿女在革命、建设、改革开放和新时代各个不同历史时期做出的重大贡献、先进事迹和革命宣言。通过参观学习，全室干部纷纷表示上了一节生动的民族团结进步教育课，感受到了一百年来各民族人民是休戚与共、荣辱与共、生死与共、命运与共的共同体，深受教育，倍感鼓舞。[1]

实践证明，只有毫不动摇地坚持铸牢中华民族共同体意识这一主线，只有拥有自己独特的价值，不断丰富具有历史文化和优秀民族文化内涵的藏品，充分运用各种手段，发挥展示、科普、教育功能，切实发挥好在铸牢中华民族共同体意识方面独特而重要的作用，才能推动各民族走向包容性更广、凝聚力更强的命运共同体。

（二）我们向何处去：文化建设柳州模式推进民族团结进步

不仅仅是柳州白莲洞洞穴科学博物馆，鱼峰区辖区内博物馆众多，诸多博物馆共同架构起了文化建设柳州模式，为推进民族团结进步提供了强大支撑。

自改革开放以来，柳州市文化事业发展突飞猛进，各类博物馆也如雨后春笋般涌现。从1959年柳州第一座博物馆——柳州市博物馆建成，到2015年建立“柳州博联”，再到2018年全市扩充至58家博物馆（陈列馆、展览馆），包括国有博物馆、国企行业类博物馆和民间类博物馆，它们在各自的领域里绽放异彩。柳州博物馆、柳州白莲洞洞穴科学博物馆、柳州文庙（柳州儒学博物馆）、柳州工业博物馆等国有博物馆，留存柳州历史文化，挖掘文化遗产的潜在价值；牙膏博物馆、工程机械博物馆、五菱柳机企业博物馆等行业类博物馆，丰富柳州工业重镇的文化内涵；票证博物馆、侗绣博物馆、侗画博物馆、侗族民俗馆工艺、竹刻工艺馆等民间收藏和技艺类博物馆，展示民俗文化，贴近群众。这些珍贵的文化遗产是柳州历史悠久、文化灿烂的重要物证。在增强文化认同、铸牢中华民族共同体意识、推动民族团结进步方面发挥重要作用。

目前，柳州已经形成了以国有博物馆为龙头、行业专题博物馆为骨干、企业民间博物馆为补充的特色博物馆体系，被评为全区民办博物馆建设试点城市，自治区文化厅更是在全区推广柳州博物馆群建设的“柳州经验”。

1　根据柳州白莲洞洞穴科学博物馆提供资料整理而成。

1. “谋”字开路：搭建民族团结故事会“舞台”

2015 年 12 月，柳州博联成立，会上通过《柳州博联章程》，开启了以柳州博联机制为主要形式的法人治理结构新模式。工作机制上，柳州博联由决策层、管理层、监督层和专家咨询层四部分组成；管理模式上，成立了藏品管理、宣传教育、陈列展览、文创旅游四个专业委员会，加强行业自律，促进馆际交流，每年对全市非国有博物馆运营情况进行考核评估。2019 年，印发了《关于推进柳州市特色博物馆建设的实施方案》，2019—2021 年，柳州每年安排 100 万元，对全市的国有特色博物馆和 10 家非国有博物馆进行特色展陈提升和建设“互联网 + 博物馆群”特色展览项目。打造柳州博物馆群，搭建民族团结故事会“舞台”，有效促进了各民族在理想、信念、情感、文化上的团结统一，逐步形成了守望相助、手足情深的良好氛围和局面。

2. “提”字当先：高质量发展道路上携手共进

柳州全市博物馆深入挖掘藏品、展品价值和文化内涵，打造精品展览，提升柳州博物馆群的知名度和影响力。2018 年，依托“柳州博联”机制，全市 58 家博物馆开展基本陈列外，还举办临时展览 90 个。其中，“国家工业遗产旅游基地”的工业博物馆改造提升三大主展馆展陈内容，并承担起接待自治区 60 周年大庆中央慰问团的重要任务。柳州市博物馆全年共举办“泥彩雅瓷 —— 馆藏古代陶瓷艺术展”及为庆祝自治区成立 60 周年筹办的《心仪广西 六十国宝展》柳州展等各类临时展览 22 个等。每年围绕“我们的节日”举行送福字、诵经典、拜月祭月等活动，增强文化认同，推动民族团结进步。2018 年 5 月，柳州市博物馆在“广西十大特色博物馆”评选活动中荣获“陈列展览特色奖”；柳州 5 家非国有博物馆被评为“广西优秀非国有博物馆”，占全区被表彰数量的 60% 以上。

3. “联”字下功：共同发声讲好民族团结故事

博物馆群建设坚持“和而不同，美美与共”的方针，各博物馆通力合作、抱团发展，打造特色品牌活动，共同发声讲好民族团结故事，充分发挥博物馆民族团结教育的功能。暑假期间，博联开展以“共建历史文化名城，共享文博建设成果”为主题的“走进博物馆群”活动，筑牢民族文化认同基石。每年逾二十万名青少年参与其中。另外，博物馆群还积极进校园、进乡村、进社区，开展贴近生活的文化活动，让博物馆真正与百姓“零距离”接触，提高民族团结教育服务水平。

二、千年歌圩：山歌好比春江水，魅力鱼峰咏团结

（一）千年传承：鱼峰歌圩山歌传统源远流长

1. 鱼峰歌圩：欢唱山歌，共育民族团结

“柳州有个鱼峰山，山下有个小龙潭；终年四季歌不断，都是三姐亲口传。”这首传唱千年的柳州山歌，生动地反映了鱼峰歌圩深厚的历史积淀和广泛的群众基础。以歌仙刘三姐传歌升天故事为核心的“鱼峰歌圩”有着悠久的文化历史和浓郁的民族特色，千百年来鱼峰山下歌声不断，歌圩文化完全融入了百姓生活，深受群众喜爱。“鱼峰歌圩”也是鱼峰区着力打造的各族群众共有的精神家园，还先后投资 5.5 亿元打造鱼峰歌圩大剧院、刘三姐沉香文化产业园等“十大文化项目”，将民族团结一家亲的文化根植于广大人民群众的日常生活中，为各族群众交往、交流、交融提供平台。

历史悠久，代代相传，交流交融有深度。唐代刘三姐在鱼峰山传歌成仙的故事流传广泛，当时柳州山歌活动已很活跃，宋元形成歌圩，明、清至中华民国时期已颇具影响。歌圩所演唱的柳州山歌，约定俗成为四句七言的桂柳方言山歌，格律严谨，赋比兴运用巧妙，偶有壮语演唱的壮欢。形式有独唱、齐唱、对唱等，以对唱最具特色。对歌时，歌手分组相对，即兴创作，出口成歌，此起彼伏，风趣幽默，贴近生活，群众喜闻乐见。2009 年，市民委、市文化局、鱼峰区政府和市中华文化促进会等单位，在鱼峰山刘三姐歌仙广场联合举办了“金嗓子杯”全国山歌邀请赛，把“鱼峰歌圩”

图 10.2　鱼峰山下的“鱼峰歌圩”（林士放摄，柳州市民宗委提供）

活动又推向了一个高潮。先后获2014—2016年度、2018—2020年度国家级“中国民间文化艺术之乡”、国家第二批公共文化服务体系建设示范项目、自治区级“中国民间文化艺术之乡”、自治区级非遗名录、广西文化先进城区、“八桂群星奖”等殊荣。江滨社区文化广场以其独特的民族文化魅力，被评为“全国特色文化广场”荣誉称号。如今，每年中秋节、农历三月三为固定歌节，规模在数万人之上。平日每周六、日下午各族歌手、歌迷自发前往对歌、听歌，形成自然歌圩，无须刻意组织。

创建品牌，享誉全国，交流交融有广度。千百年来，鱼峰歌圩已自发形成了一个影响全国，乃至港澳、东南亚地区，各民族群众自发参与“以歌会友”“以歌传情”“以歌为媒”的重要的“山歌集散中心”。自2013年以来，鱼峰区以国家公共文化服务体系建设示范项目创建为切入点，推动“鱼峰歌圩”成功列入自治区级非物质文化遗产代表性项目名录，并以此为契机，创立了“鱼峰之声”群众文艺会演、“立鱼欢歌”广场文化节、“每月一星”歌手PK赛等群文品牌，培育打造了“以人民为主体”的具有鱼峰特色的品牌项目。壮乡春暖山歌飞，欢歌广迎八方客。自2014年以来，柳州市将“鱼峰歌圩”持续打造成品牌系列活动，每年三月三举办“鱼峰歌圩”全国山歌邀请赛，群众参与度极高，好评如潮。

创新载体，多措并举，交流交融有效度。鱼峰区委、区政府努力打造“鱼峰歌圩”品牌，狠抓歌圩人才培养和硬件设施建设，改造扩建了鱼峰山歌圩广场、江滨公园大歌台，坚持举办山歌比赛，并开展山歌进社区、进校园、进企业、进机关及网络山歌等活动，歌圩影响辐射全辖区。如今，“鱼峰歌圩”对山歌文化进行了内容和形式的丰富和升级，创新地将山歌唱到了网上，形成了“唱歌不搭台，对歌不见面”的新型模式。目前，已形成了“精品歌圩年年唱、擂台歌圩季季唱、主题歌圩月月唱、常态歌圩天天唱、网络歌圩时时唱”的良好态势。

2. 江波：不忘初心 守护民族记忆

垃圾堆里抢救出来的彩调剧照、经历漫长邮寄时间与外地粉丝交换来的歌本……历经30多年时间，江波用近千件藏品为刘三姐构筑起一座“时空胶囊”，其有助于守护各民族共有的精神家园。

“20世纪50年代，鱼峰山下、柳江边，都有我爷爷的山歌声，他一开口，人们就聚过来了。后来，我父亲也成了一名山歌歌手。”[1]江波边回忆边讲述，他是在爷爷和父亲的山歌声中成长起来的。那时候，《刘三姐》彩调剧及电影相继问世，刘三姐从岭南地区火到全国乃至世界，口口相传1000多年的她迎来了自己的“高光时刻”，从城市到乡村，从学校到工厂，到处都是传唱三姐的彩调、播放三姐的电影，唱山歌也成了老少皆宜的文娱项目，江波顺理成章成为歌圩“代言人”刘三姐的小粉丝。

1 访谈对象：江波；地点：刘三姐产业园；时间：2022年7月22日。

到了20世纪80年代末，20多岁的江波开始广泛收集刘三姐的黑胶唱片、磁带、歌本、电影海报等。那时刘三姐是名副其实的“流量巨星”，粉丝遍布世界各地。“刘三姐的山歌在东南亚很火，你看这些黑胶唱片，大多来自香港、台湾，甚至还有我从新加坡、马来西亚等国家购回的。你看这张海报有何不同？它是手绘的，不是油印的，是我从吉林长春的一个小县城买来的。小县城的电影院条件有限，因此手绘了这张海报供当时的电影宣传。”江波如数家珍般介绍着。那时不像现在，江波与各地粉丝邮寄交换或从外地购回的每一件藏品，都会经历漫长的时间，因此每一件藏品对江波而言都尤其珍贵。

这其中，最为珍贵的是一组摄于20世纪60年代柳州彩调剧团演出《刘三姐》的黑白剧照。因后来彩调剧团解散，这组照片成了为数不多的物证。在一次展览结束后，这组照片因无处储藏，面临被丢弃的命运。江波从朋友那里得知此消息后，立即前往寻找，救回了正要被丢掉的剧照。

到了20世纪90年代，刘三姐的热度渐渐退去，江波却反倒迎来了自己的收藏高潮期。“刘三姐爱好者们都不收藏了，听到谁要抛售或丢弃藏品，我就赶紧联系购买回来。”[1]江波说，那时候他收入也不高，但视保护和弘扬歌圩、刘三姐文化为己任，因此从未想过要放弃，幸而家人都很支持他。

历经30多年时间，江波用近千件藏品为刘三姐构筑起一座“时空胶囊”。近年来，江波不断进行提案，提出提升柳州市刘三姐文化传承发展的建议。2022年3月26日，在纪念刘三姐的“三月三”节日期间，在柳州市文化历史专家们的共同见证下，鱼峰区刘三姐文化研究会和鱼峰区刘三姐文化馆挂牌成立了，文化馆里的几百件刘三姐相关藏品，均是江波的私人收藏。

藏品展览的这段时间，常有喜爱刘三姐的老柳州人甚至曾经的柳州彩调剧团成员前来参观，一件件藏品唤起了曾经的记忆，参观者们或泪光闪烁，或跟着歌本唱起山歌，或细细端详老照片、老海报……江波说：“这样的展览不仅唤起了大家的回忆，也让更多人了解了刘三姐，喜欢上了刘三姐。”[2]江波也陆续在柳州市各小学、社区、企业进行展览和宣讲。

3. 陆连芳：传承瑰宝 唱响新时代民族团结曲

“众人拾柴火更旺，众人淋水花更香，民族团结跟党走，人民更富国更强……”

陆连芳自小就受歌圩文化的熏陶，对山歌文化产生了浓厚的兴趣。15岁那年，她尝试着自学编唱山歌。那时的鱼峰公园、江滨公园、大龙潭公园经常传来嘹亮的歌声，她便在各个公园之间穿梭，听那些人们唱歌。有所收获的陆连芳并不满足于现状，开

1 访谈对象：江波；地点：刘三姐产业园；时间：2022年7月22日。

2 访谈对象：江波；地点：刘三姐产业园；时间：2022年7月22日。

始踏上了主动求学的路程，多年来跟歌友到贵州、宜州等各地歌圩参加歌赛歌会，主动向歌师们求教学艺。

功夫不负有心人，在机缘巧合下，2010年10月陆连芳正式拜广西歌王、“王中王”、自治区级非遗传承人李隆球为师，在网络发达的21世纪，她不仅通过手机与师父沟通学习，还从网上搜索资料，通过山歌网站学唱山歌。在师父的鼓励下，她经常到鱼峰歌圩与各地歌友对歌。师徒二人一起学习报告、切磋创作，能量满满。对于这名山歌弟子，60多岁的李隆球毫不吝惜地夸赞说，陆连芳是徒弟当中的佼佼者，她不仅爱山歌、唱山歌，更成为山歌文化的传承人。

陆连芳把对山歌的热情也投入了工作中。她积极参与“鱼峰歌圩”非遗保护中心建设工作，在社区工作期间，她将山歌与本职工作有机融合，利用山歌调解居民矛盾，促进社区和谐，受到群众欢迎，被《柳州日报》评选为“社区铁杆优秀新闻代言人”。节假日陆连芳还组织山歌手到鱼峰公园“鱼峰歌圩”大舞台、江滨公园歌圩广场宣唱时政山歌。

借助“鱼峰歌圩”这个平台，陆连芳开办了山歌培训班，吸引了社区里众多山歌爱好者的加入，陆连芳对这些居民进行基本山歌技能培训，让大家对山歌更加感兴趣。除了在社区办班传艺外，陆连芳不仅担任柳州市众多小学的山歌辅导老师，还曾经身兼柳州市职业技术学院客座教授，给中小学生、大学生开设的山歌课程、山歌讲座达上百场。

陆连芳给孩子们上山歌课，教材自己编写，教唱的山歌也都由自己编词。她说，这样既可以教孩子们唱山歌，又可以用这种特别的方式让孩子们学习到一些文化知识。孩子们很爱唱山歌，学得也特别快。也正是孩子们的这份热情，让她坚持走进校园，在山歌传承中传播文明风尚，让民族传统文化开出了新花。

2013年陆连芳获得“广西歌王”称号，2014年被授予柳州市非遗代表性传承人。2015年她把更多的时间和精力投入山歌传承与鱼峰歌圩工作中，陆连芳又光荣成为柳州“鱼峰歌圩”代表性传承人，同年被增选为柳州市民间文艺家协会副主席。其后，她在鱼峰区羊角山社区成立了“陆连芳歌王工作室”，成为广西第一个以歌王名字命名的社区工作室。有了这间工作室，各种山歌展演、民俗文化进社区等活动相继开展起来。2017年，陆连芳被评为自治区级非物质文化遗产项目代表性传承人。

陆连芳说：“群众很喜欢这种方式，我还是会继续用山歌的方式，宣传党的方针政策，宣传正能量，传承民族文化。我用我的山歌，祝福我们的祖国繁荣昌盛。”[1]这几年来，陆连芳用山歌的形式，宣传党的十九大和十九届二中、三中、四中、五中全会精神，还有最近的两会精神，近百场宣传，受众足足有几万人。

1 访谈对象：陆连芳；地点：鱼峰公园；时间：2022年7月22日。

（二）乐以主和：各民族乐器合奏团结交响曲

1.龙潭公园：民族文化的“活化石”

龙潭公园大龙潭是国家AAAA级旅游景区，占地544公顷，24座形态各异的山峰环抱其中的“一湖二潭（镜湖、龙潭和雷潭）；山峰峻峭秀丽，湖水清莹透彻，湖光山色相互辉映。

景区内有雷塘庙、祷雨亭、雷山石刻和鲤鱼嘴古人类遗址等古迹景点。唐代柳宗元曾在雷塘谒庙设坛，为民祈雨。雷山高高的石壁上有“江山如画”“人间仙境”等众多大幅小幅的石刻——好一个“潭映书山，文景交融”的画卷。明代兵部侍郎张羽中（柳州人）生动描绘了龙潭仙境：“山下清泉出，林间白发来，寒云如可卧，不必问蓬莱。”

大龙潭融喀斯特自然景观和西南少数民族文化风情于一体，风雨桥、侗族鼓楼、芦笙坪、傣楼等精巧秀美的少数民族特色建筑散落在其间，民族风情凸显，魅力十足，是中国最美丽的“少数民族风情园”之一。

龙潭公园的楹联，描述了鬼斧神工的湖光山色，民族风情也在其中熠熠生辉。大门框上的楹联把侗族的“廊桥”、苗族的“笙”、瑶族的“阁”、壮族的“铜鼓”等都包含其中，意象深远，呈现出一种浓浓的民族团结情结，妙趣之至，回味无穷。

图10.3　2020年11月21日，在龙潭公园开展声绕大龙潭民族文化活动（柳州市民宗委提供）

诸如此类，不胜枚举。瑶寨内亭廊的“挑花添锦绣，长鼓壮山河”，风雨桥上的“揽胜上雨桥，试问潭中灵物，天际浮云知否何时风雨；造型依侗寨，更喜树外华亭，楼前陈鼓迎来遍地春光”，侗寨大门的“千载鼓楼，行歌坐夜怀桑梓；百家宴席，侗酒油茶醉古今”；苗寨大门的“苗锦添花，甜酒同年堪畅饮；寨坡斗马，芒哥鼓舞溢欢情”，等等，无不传递出中华民族大家庭的温暖和睦，是一处名副其实的和谐的民族乐园。

2017 年、2018 年连续两年举办的千把芦笙闹龙潭活动，通过千人芦笙踩堂、千人多耶唱和谐、三月三坡会等内容，展示民族风采，增进民族团结，活动盛况连续两年在央视《新闻联播》播出。

公园内的民族乐器馆和民族服饰坊大名鼎鼎。其中民族乐器馆收藏有壮、瑶、苗、侗等民族共 50 余种、250 多件民族乐器。这些外形奇异、造型独特的少数民族乐器，有血、有肉、有生命力，是民族的魂。这些具有灵性的乐器会说话、唱歌、跳舞，会穿透历史，传承一个民族最深邃的文化。2017 年，民族乐器馆先后被评为柳州市非物质文化遗产保护工作平台、柳州市鱼峰区众创空间，演绎出独特的民族团结乐章。柳州市龙潭公园民族文化科覃柳霞深情地谈道：“龙潭公园作为民族团结教育自治区级教育基地，我们有责任和义务，在城市里面都能去把民族文化一代一代地传承下来。”[1]

2. 梁治荣：民族乐器的守艺人

在鱼峰区大龙潭公园幽静的一角，清脆的鸣叫声响起，眼前跃过一只飞翔的鸟儿，追逐微风又穿过竹林，带来淡淡花香和青草气……然而，这却不是真正的鸟儿发出的鸣叫。“这种乐器叫作山乌，是侗族的一种古乐器。”[2]广西民间工艺美术大师梁治荣放下手中的乐器，笑着说道。山乌最开始用于狩猎，因可以模仿各种鸟的叫声吸引猎物而被广泛使用。之后村民生活方式发生了变化，山乌慢慢消失。

梁治荣出生在三江侗族自治县独峒乡一个“会说话就会唱歌，会走路就会跳舞”的侗族家庭。侗族人天生喜爱音乐，他们的心灵如小鸟一样自由，而那些种类繁多的乐器也如蔓延的枝条，让侗族人的灵魂栖息。梁治荣的父亲是乡里有名的“芦笙王”，还是拥有祖传手艺的工匠人。而他也成了梁治荣成长过程中的启蒙老师，从小就坐不住的梁治荣打小就跟着父亲学做侗笛、侗琵琶。十里八乡有大小喜事，他也跟着父亲去表演，渐渐地他也学会了各种乐器的演奏，先后获得“广西工艺美术大师”“广西民间工艺大师”“柳州工匠”等荣誉称号。他日复一日，年复一年，在民族乐器的传承之路上，一步一个脚印，以极致的态度为我们诠释了“精雕细琢、精益求精、追求更完美”的工匠精神。

1　访谈对象：覃柳霞；地点：龙潭公园民族乐器博物馆；时间：2022 年 7 月 14 日。

2　访谈对象：梁治荣；地点：龙潭公园民族乐器博物馆；时间：2022 年 7 月 14 日。

在龙潭公园工作的30多年间，梁治荣和乐器日日为伴，在保护、研究、传承、发展民族民间艺术文化的过程中，他渐渐发现传统民族乐器在演奏上的局限性，如何才能让这些“老伙伴”焕然一新呢，这成为萦绕在他心头的大事。

传统的民族乐器音域有限，为了达到更好的传承和推广，梁治荣结合现代中国乐器和西洋乐器的优点，对民族乐器进行了创新和改良。此外，梁治荣老师本着健康、绿色、环保的理念，将民族吹管乐和科学的声学原理进行有机融合，研发出了独具特色的蔬菜乐器。蔬菜乐器品种繁多，音质各具特色，音域宽广，既适合乐队合奏，又可作为研学体验项目。其造型自然别致，极富新颖性和独特性，音色清脆响亮，优美动听，深受听众欢迎。

如今他已经创新改良民族乐器100多件，特别是他改造的牛腿琴、牛头琴、如意琴更是获得多项荣誉大奖。30多年来，梁治荣专心致力于民族乐器的挖掘和研发，通过史料查询和从老艺人的探访中，将一些失传已久的乐器成功制作出来并向人们展示。侗族民乐是中华民族优秀文化不可或缺的一部分，让更多的人认识侗族民乐，让更多的人接受侗族民乐，这是梁治荣的愿景，也是他的动力。

在潜心研究乐器的同时，他也不忘培养年轻后辈。很多年轻人也慕名而来跟他学习。他希望通过自己对乐器的改良和表演，让更多人知道少数民族音乐的魅力。梁治荣的双手赋予了传统乐器新的生命。

“适应现代人的需求是一回事，但最重要的是要在民乐中融入民族生活中最具特色的因素，观演者虽然没有经历过这样的生活，但却能一眼看懂，融入生活的艺术才有生命力。”[1]梁治荣在民族乐器演奏和失传乐器抢救上躬耕不止。梁治荣说，希望能够将这些传统民族乐器，进行传承和创新，让它们在这个时代也能重新绽放耀眼的光彩。

3. 石培香：民族特色的传承人

侗族刺绣是广西的非物质文化遗产，这个集纺织、印染、剪纸、刺绣于一体的传统工艺为当地许多妇女所熟练掌握。自古以来，这里的群众穿着很有特色，特别是侗族妇女，头上包着自织的白头巾，上身穿着对襟花衣，两边袖口镶有宽幅花边，衣脚衣叉都配有花边，分层次，胸部另配一块胸兜，因其部位是最能显示技艺的地方，极其花样繁多，有的绣上双龙抢宝，有的绣上金钱葫芦，有的绣上牡丹富贵，有的绣上孔雀开屏等图案，这些就是具有浓厚原始趣味的侗族刺绣。侗族刺绣的艺术品繁多，头巾图案、婴儿背带、妇女胸兜、布花鞋、鞋垫、烟袋、挎包刺绣等内容相当广泛。

石培香自幼受淳朴的民风和传统民族文化的熏陶，潜心专研民间手工艺20多年，对侗族、壮族、彝族、苗族等少数民族服装的设计与制作有着较深的研究。2015年，石培香凭借精心创作的侗族传统百鸟衣和创新改良的侗族盛装两套民族服装精品，一

---

1 访谈对象：梁治荣；地点：龙潭公园民族乐器博物馆；时间：2022年7月14日。

举获得“广西刺绣一级民间工艺师”的荣誉称号。在访谈中她谈到，自己就是十来岁的时候开始学绣花儿的，到现在，几十年过去，绣的花样已经印在脑海里了，一块布拿来，只要看一眼它的大小、形状，在哪儿要绣什么心里就有了底，直接用硬纸壳剪出图案，就可以开工刺绣了。

经过一代又一代的沉淀、传承，侗绣形成了“凡图必有意，有意必吉祥”的文化特征。

（三）歌以言治：婉转山歌声中的民情调解会

大龙潭边是我家，
同心浇开团结花；
各族居民手牵手，
共唱盛世大中华。

大龙潭社区现有住户3700多户，居民8000多人，多为企业职工，来自全国各地，有壮、瑶、苗、侗、仫佬、回等10多个少数民族，占居民总人口的四分之一。在这个民族成分众多的大家庭里，做好民族团结进步工作着实不易，但大龙潭社区做到了，而且做得很出色。2013年，大龙潭社区被自治区党委、自治区人民政府授予自治区民族团结进步模范集体称号；2014年被国务院授予全国民族团结进步模范集体称号；2016年被国家民委命名为全国民族团结进步创建活动示范社区；2017年被自治区民族宗教事务委员会、自治区党委宣传部、自治区党委统战部命名为民族团结进步创建活动示范社区。轮转的四季里，各族群众在大龙潭这片土地上繁衍生息，各民族和谐相处，合力搞建设，一心谋发展。一篇篇共同团结奋斗、共同繁荣发展的民族团结和谐华章在这里悄然谱就；一个个民族团结故事，见证着大龙潭各族干部群众血浓于水的深情厚谊，“民族团结一家亲”似锦繁花芬芳四溢。

近年来，大龙潭社区充分利用民族元素，广泛开展民族团结进步创建活动。设立社区民族工作服务站，制定了书记主任工作职责和走访联系、扶贫帮困等工作制度；创新社区服务载体，借助柳州音乐网站开展网络山歌交流，宣传党的民族方针，用网络山歌开展调解活动，促进民族团结；开展民情唱谈会，以山歌吸引居民参与聊民情，帮助少数民族群众解决生活难题，构筑起民族团结的“连心桥”。还组建了一支130多人的志愿者队伍。退休医生、毛南族党员谭迺核义务护理、照顾高位截瘫壮族居民卢玉珍近5年，在谭迺核的感召下，瑶族党员盘丽珍、满族居民那淑珍加入志愿服务队伍中，一直照顾卢玉珍老人，直到她去世。社区党委为此开设了“学习身边好人好事”百姓宣讲课，向更多的人宣传民族团结的互助精神，推动了社区民族团结进步创建。

1. 固基础：建章立制，纾难解困

大龙潭社区从民族团结进步工作着手，推动社区服务管理工作，建立民族团结进步创建工作制度，制定了《外来少数民族服务管理制度》《民族工作服务站联络员制度》等，健全落细民族工作网络体系，将社区分为 8 个网格，确定楼栋网格员，责任细分到人，做到底数清、情况明，并定期召开社区民族团结工作会议，分析总结社区民族工作，有的放矢，措施果断有力。小问题随时随地解决，不出社区，大问题及时上报。

基础设施建设与民生改善齐头并进，夯实民族团结进步基础根基。民族团结事关民心、事关发展、事关稳定。社区把为各族群众服务作为民族团结进步创建的重心，努力为各族困难群众解决就业、就医、子女入学等实际困难，使来到社区生活创业的各民族流动人员进得来、留得住、能受益。几年来，社区为居民调解纠纷 50 余起，帮助 65 户共计 317 名各族居民申请了城镇最低生活保障金；为群众解决小额贷款 13 多万元，为 269 名各族居民提供免费就业技能及自主创业培训。

2. 凝人心：文艺搭台，交心交情

大龙潭社区注重将民族文化建设作为推动民族团结进步创建工作的纽带，对辖区居民少数民族传统文化进行挖掘和保护，丰富民族文化交流活动，推动各民族优秀文化传承发展、创新交融。

社区设立了民族文化宣传墙和共享书吧，布置了各民族特色的装饰，如壮族的帽子、苗族和侗族的头饰、饰品、民族器乐，专门设置了民族类书籍专区民族文化角，放置有关民族文化的书刊、报纸等。居民可以随时来这里翻看各种书籍，在休闲中丰富文化知识，认识到各民族的文化都是中华民族文化不可或缺的组成部分。让“三个离不开”“五个认同”思想如春雨般浸润入脑入心。

针对辖区特点，社区不定期组织开展“系列民族团结”活动，比如国庆节组织居民开展“我和国旗合个影，我为祖国送祝福”活动，激发大家的爱国热情。经常开展民族团结一家亲文体活动和邻里百家宴等活动，把各民族的居民联系在一起，共居共学共事共乐，促进各民族的交往交流交融。

3. 创特色：巧用山歌，其乐融融

大龙潭社区很多居民都喜欢编山歌唱山歌，龙潭社区巧用山歌做帮手，以山歌唱谈会为载体，倾听居民心声，以山歌来说事、论理、讲法，还用山歌来解决邻里纠纷、消除居民烦恼。前年，龙潭小区的马路市场上有一些周边住户划地收摊位费，不仅乱摆乱卖，影响环境卫生，还因为抢地盘邻里间发生争吵。为此，社区请来了周边居民，开了一场民情唱谈会：“乱摆乱卖不应当，门前嘈杂又肮脏；捞得几个不义财，买肉

来吃都不香。”“要把邻居当朋友，团结和谐怨莫结；遇事先跟社区讲，莫让怒火烧心头。”“山歌调解好处多，妙趣横生又科学；不管吵成什么样，一首山歌胜良药。”“网络山歌吸引人，三嫂山歌合民情；因势利导大发展，社区调解又创新！”大龙潭社区就是这样运用山歌这一百姓喜闻乐见的形式，积极地调停纠纷、去除民忧、凝聚人心，把矛盾和纠纷化解在第一线。首首山歌，娓娓唱来，深入浅出，入情入理，唱得争吵双方心生惭愧，自觉遵章守纪，主动纠正违规行为。社区还收集整理网友和辖区居民创作的数千首山歌，在柳州音乐网站开设山歌台、编制《大龙潭社区山歌调参考资料》，引导居民学唱山歌，用山歌来宣传党和国家的民族政策，讲述民族团结故事，歌唱爱党爱国情怀，颂党恩跟党走。大龙潭社区特色的民族团结工作形式，团结了各民族群众，丰富了居民群众的文化精神生活，得到了辖区各族居民群众的高度认可。

2018 年，在广西壮族自治区成立 60 周年之际，全国人大常委会副委员长白玛赤林一行带着习近平总书记为核心的党中央的亲切关怀和全国各族人民的美好祝福到大龙潭社区进行慰问，社区各族居民备受鼓舞，倍感温暖。

三、工业精神：小米粉成大产业，一碗串起民族情

柳州，一座西南工业重镇，百年工业历史文化孕育出“艰苦奋斗、自强不息、敢为人先、守望相助”的柳州工业精神，凝聚着柳州各族人民融入血液之中的对工业的挚爱情感，柳州人懂工业，以工业为荣，并且以工业化思维成就了风靡全球的螺蛳粉产业，创造了“小米粉”的惊天巨变。

（一）柳州工业博物馆：柳州工业精神的叙事载体

柳州工业博物馆坐落于广西工业重镇柳州市鱼峰区柳东路 220 号（原柳州市第三棉纺织厂旧址），是全国首家对外开放的城市综合性工业博物馆。柳州工业博物馆设有“柳州工业历史馆”“柳州企业风采馆”“柳州生态宜居馆”“机动展厅”四个部分。馆内含有工业文物实物 6200 多件（套），文献资料和图片、影像资料 25000 多件。这些藏品不仅蕴含着这座城市厚重的百年工业历史内涵，也蕴藏着柳州的工业精神，更记录了广西乃至中华民族百年间的历史进程，是各民族共同团结奋斗、共同繁荣发展的历史见证。

1. 展百年工业历史，追忆激情燃烧的火红年代

走进柳州工业博物馆，每一件历久弥新的工业展品，都在无声地诉说着柳州百年工业史的峥嵘与巨变。馆内的工业文物大多是企业和市民自发捐赠的，大至火车头、

汽车、拖拉机、机床，小至洗衣机、电冰箱、电风扇等小家电，都寄存着这座城市的工业记忆，成为柳州百年工业史的“见证者”，带领着人们重温那段激情燃烧的火红岁月。柳州工业历史悠久，在清末民初时传统手工业就已经相当发达，随着历史的变迁和工业化的不断壮大、发展。“去柳州，支援工业建设。”从1958年播下现代工业的种子，一批批响应国家号召的产业工人，从祖国四面八方支援柳州建设，很快，柳州这座城市有了“形”，制造出中国第一代汽油机、第一代制氧设备、西南地区第一台大功率激光器、广西第一辆“柳江牌”汽车等，为其打下了坚实的工业基础。并凝聚出“魂”，有了“艰苦奋斗、自强不息、敢为人先、守望相助”的工业精神。从过去“工业立柳，强市富民”到“工业强市，富民兴柳”，再到如今“实业兴市，开放强柳”，各族人民在柳州这片红色的热土上团结奋斗，镌刻下历史的荣光。

2. 传柳州工业精神，铸就民族团结的钢铁之城

柳州工业博物馆建起了柳州的精神大厦，展现了柳州那种“自强不息，奋斗不止”的精神面貌，构筑了柳州各民族共同团结奋斗的精神家园。柳州工业博物馆先后荣获柳州市民族团结进步教育基地和自治区民族团结进步教育基地，成为宣传柳州工业文化、传承弘扬柳州工业精神和爱国主义教育的重要阵地。为了更好地了解柳州工业博物馆民族团结工作开展的情况，笔者对柳州工业博物馆庄副馆长进行了访谈，庄副馆长简单谈了一下工作开展情况：

> 柳州工业博物馆现在的两大功能，一个是宣传，另一个就是教育。对于宣传，博物馆很重要的就是对文物的讲解，我们结合馆内的展品资料去挖掘一些内容，将在柳州工业创业的过程中，在建设和发展工业的过程中，一些各族人民团结奋斗的内容，我们会融进讲解中。此外，我们会定期组织讲解员出去做一些宣讲，主要是和中小学对接，宣讲的内容就是很多文物背后的各族人民共同促进工业发展，各民族团结奋斗的因素，以及将在发展工业建设、发展城市过程中的一些故事融进去。[1]

除了聚焦讲解内容，柳州工业博物馆充分发挥其在民族团结进步中的宣传教育主阵地作用，大力弘扬以爱国主义为核心的民族精神，依据场馆优势，积极开展民族团结进步宣传工作。一是广泛征集民族史料，柳州工业博物馆前后共出版了《百年工业柳州》《藏品史话》第一、二、三辑，《从桂中商埠到工业名城》《藏品中的100个故事》等6本书籍，同时拍摄制作了《柳州工业博物馆宣传片》《春花秋水——柳州生态宜居馆宣传片》《历程》等3部宣传视频，用文献记录民族文化，给观众带来更多的

1　访谈对象：庄严副馆长；地点：柳州工业博物馆；时间：2022年7月26日。

听觉、视觉的情感体验。二是深入推进民族团结进步教育工作，建设完成了一条文化长廊，并利用该长廊完成了《柳州工匠精神展》的展示工作，传承和弘扬柳州工业精神，使之成为柳江人文景观的新亮点。三是聚焦学生群体，开展“百年工业进校园”将柳州工业历史带入中小学校，并积极发挥博物馆第二课堂作用，开设“工业知识讲座”“科普论坛”“小小讲解员培训班”等课程活动，使学生传承民族团结精神的同时了解柳州百年工业辉煌历史，将中华文化和民族团结观念扎根到学生的心里。

从 2012 年 5 月 1 日柳州工业博物馆开馆到现在，柳州工业博物馆一共接待国内外游客 540 多万人次，用一件件工业文物向游客们讲述党和国家对民族地区的支持和关怀，讲解各民族共同奋斗一起走过的历史，坚定各族群众对伟大祖国、中华民族、中华文化、中国共产党和中国特色社会主义的高度认同。

3. 促民族经济发展，夯实民族团结进步的基石

鱼峰区坚持把发展作为第一要务，不断推动民族经济繁荣发展。鱼峰区在 2021 年的地区生产总值达到 202.18 亿元，同比上年增长 3.5%，增速在全市四城区中排名第二。区内（未含雒容、洛埠镇及阳和街道）现有工业企业 812 家，其中规模以上企业 74 家。鱼峰区注重民族品牌的打造，区内企业积极响应，取得了丰硕的成果。其中，柳州螺蛳粉产业园荣获国家级消费品标准化试点、荣获“广西轻工园”称号；嘻螺会、好欢螺、螺霸王、螺状元、柳江人家等一大批产业龙头企业，积极申请中国驰名商标和广西著名商标，争创“民族名品”；东方工程入选广西第一批制造业单项冠军企业；五菱柳机、螺霸王入选 2021 年广西智能工厂示范企业；柳电电气等 3 家企业荣获国家级专精特新“小巨人”企业称号；大新实业等 3 家企业获自治区“专精特新”企业称号；祥兴科技孵化园获自治区特色小微企业示范园称号。

同时，鱼峰区依托良好的自然条件和优势，结合大健康产业定位，打造了柳州生物医药产业集聚区，并注重民族药品牌构建，大力发展中药民族药产业。“广西金嗓子”“广西馨海药业”等一批骨干企业脱颖而出。鱼峰区逐步打造产业民族品牌，推动民族经济不断繁荣发展，逐步夯实民族团结进步的基石。

（二）柳州螺蛳粉产业：柳州工业精神的时代结晶

一碗粉，惊奇了世界的目光，惊醒了世人的味蕾，惊艳了一座工业名城。柳州螺蛳粉的成功“出圈”，是工业城市运用工业思维发展特色产业的成功样板，是柳州依托“可食用的城市名片”推进城市形象传播的典型案例。

1. 工业化理念促发“小米粉”惊奇巨变

2021 年 4 月，习近平总书记在视察柳州螺蛳粉生产集聚区时，对柳州螺蛳粉的

“惊奇”巨变发出赞叹：“真是令人惊奇！小米粉搞出这么大规模的产业来，不容易，值得好好研究总结。”[1]柳州螺蛳粉的历史最早可追溯到20世纪70年代末，当时还只是柳州夜市的地方小吃。直到2010年，柳州市政府才提出要将它打造成城市名片。并在2014年，柳州市抓住柳州螺蛳粉“走红”的重要机遇，提出要用工业化的理念来谋划和发展柳州螺蛳粉，至此柳州螺蛳粉进入了工业化生产、袋装速食的时代。

柳州螺蛳粉从小米粉到大产业的迭变是柳州百年工业积淀的结晶。用工业化理念、产业链思维、推陈出新的创新精神，改良米粉制作工艺、物理杀菌、真空包装等食品生产及包装技术，推动柳州螺蛳粉品牌化、标准化、规模化发展，并搭上时代互联网电商的快车，地方小吃逐渐走向更广阔的天地，是柳州最亮眼的新名片之一。以工业化思维发展壮大的柳州螺蛳粉产业，已成为柳州最具潜力、最有前景、最聚人气的特色产业。

2.“螺蛳粉＋工业”推动文旅产业发展

一碗螺蛳粉，一条旅游线。鱼峰区求新求变，依托柳州螺蛳粉，围绕“螺蛳粉之旅”打造工业旅游路线。这种文化旅游融合发展的模式，逐步成为鱼峰区旅游发展的新方向。2021年3月30日鱼峰区推出螺蛳粉文化体验游的主题线路，涵盖白莲洞洞穴科学博物馆、螺霸王螺蛳粉产业园、窑埠古镇螺蛳街（龙城阁螺乐园）等重要景区（点），充分挖掘了柳州螺蛳粉历史渊源及文化内涵，也充分展示了柳州螺蛳粉产业发展和文化科技创新的成果，拉开了螺蛳粉文化体验之旅。2021年10月，鱼峰区又继续整合资源，推出了乐游鱼峰2日游三条线路，“味蕾溯源”“时代记忆”“非遗寻踪”，柳州螺蛳粉成为柳州吸引外地游客的重要抓手。

3.民族团结助推螺蛳粉产业高质量发展

2021年4月以来，鱼峰区深入贯彻落实习近平总书记视察柳州螺蛳粉生产集聚区时的重要讲话和重要指示精神，牢牢把住质量安全关，推动螺蛳粉品牌化、标准化、规模化发展，促使柳州螺蛳粉产业迈上了高质量发展新台阶。2022年，位于柳州螺蛳粉产业园的广西沪桂食品集团通过由中国标准化协会组织的第三方企业标准化良好行为评价，成为螺蛳粉产业首家AAA级标准化良好行为企业。

广西沪桂食品集团由苗族企业家罗岸峰在2015年成立并进驻螺蛳粉行业，通过柳州市、鱼峰区政府政策扶持，集团迅速发展，成为鱼峰区民族经济的龙头企业之一，目前公司已有员工586人，其中少数民族员工356人。多年来，广西沪桂食品集团有限公司通过坚持不懈的开展民族团结活动，公司各族干部职工互相支持，亲如一家，共谱民族团结之曲，共唱民族团结之歌，推动企业不断发展壮大。

1　孔国俊、刘昀：《“小米粉”的惊奇巨变》，《中国市场监管报》2022年4月29日，第1版。

螺蛳粉产业继承工业思维，传承“艰苦奋斗、自强不息、敢为人先、守望相助”的柳州工业精神，各族人民紧密地连在一起，在推动产业高质量发展上闯出新路子、展现新作为、迈出新步伐、彰显新担当，谱写新辉煌。

（三）螺蛳粉中的乾坤：小米粉大产业串起民族情

柳州是多民族聚居的地方，一碗螺蛳粉，正是由各族饮食文化交融形成的，承载着各民族文化记忆，蕴含着浓浓的民族团结情。“不食螺蛳粉，枉为柳州人。”螺蛳粉是柳州人刻在味蕾上的美食符号，更是柳州不可磨灭的饮食文化烙印。小小一碗螺蛳粉见证着各族同胞共同追梦、共同参与的创业历程。各族同胞齐心协力，将“小米粉”奋斗成“大产业”。

1.“聚”——一碗螺蛳粉蕴含着各民族大融合

螺蛳粉是各民族饮食文化交融互鉴的产物。在螺蛳粉的“基因”里，既有侗族、苗族的“酸食”文化，也有壮族的“稻作”文化，还有柳州先民“柳江人”的“食螺”文化，更有现代的饮食文化，并采借了中原汉族的饮食技艺。它是北方汉族制造面条的手工技术与柳州壮、瑶、苗、侗等少数民族传统饮食习惯的交流融合产生的绝妙反应，这种不同地域文化碰撞出来了味蕾上的高级享受。“宁可三日无米，不可一日无粉”，这碗粉盛着柳州人的乡愁，是一方水土孕育的味道。

2.“齐”——各民族团结奋斗出螺蛳粉大产业

小小螺蛳粉见证了各民族经济互相依存、携手发展的历程，成为带动各族人民群众增收致富、促进民族团结的大产业，书写了民族团结孵化的柳州惊奇。柳州螺蛳粉全产业链发展过程凝结了各族群众的智慧与汗水，各民族饮食文化交往交流交融而成的柳州螺蛳粉由街头小吃发展成大产业，正是各民族在经济和文化上相互依存的生动见证，也是各族同胞共同追梦、共同参与、共同创造、共同致富齐心圆梦的创业历程的展现。全市各地区、各族群众参与到螺蛳粉产业的发展中，通过实干和苦干打造出风靡全球的特色美食。各民族同胞齐心协力，螺蛳粉产业蒸蒸日上。

3.“兴”——原材料产业助推乡村经济大发展

一碗粉，托起农民增收致富的希望。螺蛳粉的原材料包含螺蛳、竹笋、豆角、大米、木耳等多种食材，这些原材料均来自柳州农村地区，众多村屯依托螺蛳粉产业特色优势资源，打造农业全产业链，摸索出一条原材料生产致富路，成为推动产业振兴、乡村振兴的新引擎。

在螺蛳粉原料生产的带动下，鱼峰区所有贫困村在2019年实现整体脱贫。鱼峰区还以打造螺蛳粉原材料种植示范基地为抓手，引导少数民族群众立足资源优势，重点建设原材料种植示范基地，充分发挥产业的带动优势，产业发展吸引越来越多乡村青壮年回乡创业就业，助力乡村振兴。笔者在对白沙镇王眉村黄殷福书记进行访谈时，黄书记讲道：

> 现在我们这边有螺蛳粉原材料基地，带动了本村和周边村民的就业。像我们本村的那些青壮年，外出务工的少了，之前我们村外出务工的人数比较多，但就通过这两年产业化发展，村里面有产业带动，土地资源基础设施也不断提升，就近务工就业的青年也想回到村里面创业，他们自己回来通过申请创建合作社，然后去经营土地使用生产。同时，种养螺蛳粉原材料的农户有自主买卖的自由，比如说我自己家种了两三亩的豆角，我自己可以自主售卖，也可以卖到那个示范区基地去，合作的螺蛳粉企业就是有一个兜底作用，充分保障农户的利益。我们村这两年改观比较大，我们之前的人均可支配收入是7000多，到现在已经1万多，多了很多，变化很大，村庄群众的整体的生活质量比较明显地提升上来。[1]

2021年，鱼峰区原材料种植示范区内行政村集体收入均超过10万元。村民们纷纷建起了“螺蛳粉产业楼”，在螺蛳粉原材料产业的带动下，乡村面貌焕然一新，乡村经济快速发展。

四、文化传承：柳州文庙履新命，千年窑埠展新颜

一庙话千年，一镇映古今，“柳州文庙”和“窑埠古镇”作为柳州人文历史和工业历史的文化集成记忆，蕴含着丰富的文化价值和历史底蕴，吸引着五湖四海的游客慕名前往一睹其芳华。

（一）北有曲阜，南有柳州：柳州文庙千年文脉不断

1. 千年承一脉，风雨续辉煌

柳州文庙，始建于唐贞观二年（628年），唐元和十年（815年），柳宗元重修文宣王庙，并撰写了《柳州文宣王新修庙碑》。至元二十六年（1289年）地方官重立柳州文宣王庙碑于柳城（当时柳州治所）。柳州文庙历经1300余年的数十次迁徙和修葺，于1928年毁于一场大火。2011年，在柳州市委、市政府的重视下，重新建成开放。重

1　访谈对象：黄殷福书记；地点：白沙镇王眉村村委会；时间：2022年7月15日。

图10.4　2022年柳州市文庙开展“立德树人”开笔启智教育研学活动（刘静摄，鱼峰区民宗局提供）

建的柳州文庙位于驾鹤山侧，灯台山下，柳江案边，坐东北朝西南，占地面积98.33亩，建筑面积10000平方米，总体规模居全国第四位。

柳州文庙除大成殿供奉孔子及“四配”“十二哲人”塑像外，还设有《大哉孔子》《中国孔庙在世界》《名宦乡贤》三个常设展陈，采用声、光、电等多媒体手段，对孔子的事迹、中国孔庙的概况、柳州名宦乡贤的事迹做了全方位的展示。

现今的柳州文庙既是国家AAAA级景区，又是弘扬传承中华优秀传统文化的博物馆，还是践行社会主义核心价值观的柳江文化带“文明”主题区。它已成为柳州人心中的人文荟萃之地、中华文化和中华文明美德的展示之地、儒家思想文化的教育阵地和市民休闲活动之地，成了柳州市百里柳江文化带上显著的文化标志和对外宣传的亮丽名片。

2. 乾坤时有变，赓续永常新

柳州文庙自重建开放以来，始终以“践行社会主义核心价值观，弘扬中华优秀传统文化”为主旨，积极打造中华传统美德及文明礼仪的教育示范基地，致力于研究如何更好地传承和弘扬中华各民族优秀传统文化，创新中华优秀传统文化传承的方式方法，引导社会各界、各族群众牢固树立正确的国家观、历史观、民族观和价值观。

（1）依托历史环境优势，营造民族团结氛围

自2011年重建开放以来，柳州文庙立足传播儒学的文化定位，开发特有的传统文

化活动和传统文化课程，在传承优秀传统文化、弘扬民族团结意识方面做出了特色、打出了品牌。2015年起，柳州文庙打造了针对中小学生群体为主的传统文化学习课堂，包括参观柳州文庙建筑群和《大哉孔子》《中国孔庙在世界》《名宦乡贤》《中华·优秀家风家训》固定陈展，让中小学生深入了解儒学发展史和儒学对柳州的影响，全面了解柳州的家风家训文化、民族文化和乡贤名宦文化，营造民族团结氛围，增强文化自信和历史自信，培育爱党忠诚、爱国爱家的家国情怀。

（2）贯彻“文化惠民”理念，铸牢民族团结意识

柳州文庙坚持“公益优先，免费开放”的原则，开办全民阅读驿站，搭建传统文化书籍阅读推广新阵地，持续深入开展“柳州文庙大讲堂”公益系列活动、“我们的节日”传统民俗活动、传统礼仪体验活动等三大传统文化公益品牌活动，运用人民群众喜闻乐见的形式解读和展现中华文化的精髓神韵、提升民族文化认同感，铸牢民族团结意识。

第一，讲传统文化，育民族情感。柳州文庙持续开展“柳州文庙大讲堂”公益系列活动，包括“柳州市道德讲堂”活动、“国学名人堂”专题讲座、“书香龙城”阅读分享课、“天天学”公益学习班等。通过传统文化公益课程的开设激发未成年人尊重历史、敬畏文化、维护民族团结、珍惜美好生活的核心价值情感，让他们从小就懂得珍惜和维护自己民族的思想文化，热爱并传承中华优秀传统文化。

案例1：“天天学”公益学习班

2021年12月26日上午，“柳州文庙大讲堂”之“天天学”第十一期公益学习班结业典礼在道德讲堂举行。

典礼上，由各班学生代表，向所有志愿者老师敬上一杯谢师茶，感谢老师们的辛勤授课和谆谆教导。在优秀家长志愿者颁奖仪式上，由柳州文庙博物馆馆长，给优秀家长志愿者颁发柳州文庙文创奖品，感谢他们对“天天学”公益学习班的支持和帮助。

学习成果展示环节，同学们用精心准备的表演节目、书画作品等，向老师和家长们展示了自己一个学期的学习成果。其中古筝合奏“我和你”婉转悠扬、余音袅袅；传统国画“二十四节日”，跃然纸上、惟妙惟肖；传统武术“国风武韵”大气磅礴、行云流水……整个成果展示尽显国风雅韵，将中华优秀传统文化的美表现得淋漓尽致，得到了现场阵阵热烈掌声。

柳州文庙践行社会主义核心价值观，把中华优秀传统文化的精神标识和当代价值以具象化的活动展示出来，让更多的未成年人感受到中华优秀传统文化的魅力。

第二，崇“礼”入心，化文于礼。柳州文庙创新文化宣传方式，一方面将幼儿园毕业礼、小学初中升学礼、高中生高考誓师大会等与中华优秀传统礼仪相结合，开展

传统礼仪活动。包括开笔礼、启智礼、成童礼、成人礼四项。另一方面，每年9月举行“祭孔大典”，用音乐、舞蹈等形式集中展现儒家思想文化。参与活动的学生身穿中华传统服饰、各民族不同服饰，参与到各个古典礼仪的仪式中。除了在柳州文庙内开展传统礼仪活动外，还与市内小学联动，到学校内开展传统礼仪进校园体验活动，给同学们阐释各民族传统礼仪、礼的由来等。

案例1：祭孔大典

2021年9月28日，孔子诞辰2572年。上午8：40整，柳州文庙内钟鼓齐鸣，伴随着论语诵读声的响起，2021柳州祭孔大典，正式开始。此次祭孔大典由柳州文庙博物馆馆长李捷主持，大典分为击鼓鸣钟、献贡、敬香、敬献花篮、恭读祭文、焚烧祭文、诵读三字经、献舞、行三鞠躬礼等环节。

琴瑟钟磬音，丝竹管弦鸣。整个祭孔大典庄严肃穆，古风浓郁。孔氏、颜氏、孟氏、曾氏后裔，以及社会各界代表依次上前敬香、敬献花篮。小朋友们高声诵读《论语》，献舞的学生们身着传统礼服，翩翩起舞，以示对先圣的崇敬和追思。整个祭孔大典包含了古礼古乐、古曲古舞，生动形象地阐释了“礼仪之邦”的优秀传统文化。

柳州文庙祭孔大典用音乐、舞蹈等集中表现了儒家思想文化，体现了艺术形式与政治内容的高度统一，形象地阐释了孔子学说中“礼”的含义，表达了“仁者爱人”“以礼立人”的思想，具有较强的思想亲和力、精神凝聚力和艺术感染力，对于弘扬优秀传统文化、营造和乐氛围、构建和谐社会、凝聚民族精神具有不可替代的社会作用。

案例2：开笔礼

2021年10月15日，驾鹤路小学教育集团在文庙举行“开笔礼”活动，用古典庄严的传统方式为学校一年级新生开启小学生涯“第一课”。

在悠扬的古典乐声中，一年级所有学生和家长，手牵手，喜气洋洋，在老师们的带领下，齐聚大成殿广场，大家共同见证孩子们人生中重要的一步。活动形式丰富多彩，包含了“开笔礼”仪式包括“正衣冠”“拜师礼”“敬茶礼”“朱砂启智”“击鼓鸣志”“启蒙描红”“家长赠书”七大环节，让一年级的学生在传统文化的熏陶下，增强了仪式感和勤奋学习的使命感。

孩子们在庄严的“开笔礼”仪式中领略到了中华民族传统的勤学苦习、尊师孝亲、仁爱处世等文化精髓，将传统书法文化发扬光大，并懂得了感恩父母，感恩老师，进而从小树立正确的人生观、世界观和价值观。

（3）搭志愿服务平台，凝民族团结意识

柳州文庙积极搭建志愿服务平台，于2015年成立了柳州文庙志愿服务队，人员组成主要包括合作机构、民族传统文化爱好者，以及柳州市各大中院校的学生。目前，登记在册的志愿者有 750 多人，累计发布志愿服务项目 22 个，累计招募志愿者 1560 人次，累计服务时长达 20020 小时。柳州文庙志愿服务队以未成年人作为主要服务对象，以“中华民族一家亲，同心共筑中国梦”为总目标，紧紧围绕共同团结奋斗、共同繁荣发展主题，秉持“重在平时、重在交心、重在行动、重在基层”理念，按人文化、实体化、大众化总要求，全面深入持久开展志愿服务工作，大力营造中华民族一家亲的社会氛围，为实现中华民族伟大复兴中国梦凝聚磅礴的精神力量。据不完全统计，近 3 年来，柳州文庙共举办（开办）各民族传统文化教育活动和传统文化教育课程 150 多场次（门次），惠及群众 100 多万人次。

（二）文旅融合，打卡圣地：窑埠古镇旧貌已换新颜

柳州作为全国历史文化名城，文化底蕴深厚，柳州最具代表的古镇文化当数浓缩了柳州千年文化史的窑埠古镇。[1] 悠久绵长的人文历史、得天独厚的地理位置和优越富集的资源禀赋孕育了桂中商贾府地——窑埠古镇。

1. 话千古窑埠，酝商贾府地

柳州在西汉元鼎六年（前 111 年）为潭中县治所，《马平县志》中记载，潭中县在（马平县）城外东南驾鹤山间，也就是今天的窑埠附近位置，是广西四大城市（南宁、柳州、梧州、桂林）中历史最悠久的城市之一。据史料记载，窑埠是柳州最古老的渡口。从西汉元鼎六年柳州建城之初算起，距今已有 2000 多年的历史，是目前柳州市仅存下来的古码头。

窑埠古街是柳州历史上重要的商道、官道和军事要地，是柳州古城的缩影，由于当时烧制业兴盛，运送砖瓦陶器的船舶汇聚这片江岸，逐渐形成了柳州最繁华的聚居点——窑埠街。窑埠街依山傍水，古韵悠悠，自形成之初，便是柳州河东的风景人文地标、老柳州人们口中津津乐道的江滨繁街。

作为柳州城市兴盛的见证者，窑埠的人文故事也一路伴随着柳州崛起的脚步从未间断。

明崇祯十年（1637 年）六月十四日，著名的地理学家、旅行学家徐霞客（1587—1641 年）到达柳州继续他的粤西之行。六天后的二十日，他乘船溯柳江、融江而上，前往融县（今融水苗族自治县）游览，七月十日又返回柳州，他逗留柳州的十四天写下了 8000 多字的日记，叙述了他在柳州的见闻观感。六月十四日，徐霞客从洛（雒）容来柳州途中，在山门冲（今称三门江），往窑埠过渡的路上，他正面向北，眺望了

1　“阳关 100 窑埠古镇”微信公众号。

“两尖峰亭亭夹立”的马鹿山、“群峰森绕”的山景和“有楼阁高悬翠微的黄（王）氏书馆”，这些美景都给他留下了美好的印象。[1]

清咸丰七年（1857年）二月，李文茂率大成军从窑埠渡江攻进柳州城，看到柳州虎踞龙盘，青山绿水，心中大喜，便决定在柳州城建立大成国平靖王府，自封为王，下设丞相、都督，改马平县为瑞龙县，改柳州府为龙城府，当时王府的门口还悬挂了一副对联“平定三尺剑，靖乱一戎衣”。清咸丰六年（1856年）十一月初七，李文茂率领大成军从窑埠水南街河段一线横渡柳江，直扑柳州城府，在东门发起攻击，由东门转向江西会馆处（在今文惠路）。李文茂进城后，除暴安民，整顿秩序，开炉铸币，恢复集市，受到百姓的拥护。据说，平靖王开府那天，全城百姓聚集王府前祝贺，鞭炮声、欢呼声，响彻龙城。[2]

2. 念古镇情怀，领时代风骚

为了铭记历史，传承柳州历史文化，重现窑埠古风古韵，柳州市政府以“再现窑埠老镇古朴风貌，复兴古埠码头昔日繁荣”为理念，发起了建设窑埠古镇的项目，于2012年开始建设，将城市建设与文化建设结合，让窑埠古村落在新的千年里实现最华丽的蜕变。改造中的窑埠古镇，针对窑埠村及周边地理特点，兼顾了“百里柳江，百里画廊”的总体规划，牺牲了短期平快的经济效益，将时间拉长，将眼光放远，将窑埠古镇项目打造成为显山露水、与自然和谐统一的风情古镇。

2015年，实现改造蜕变之后的窑埠古镇，总建筑面积约43万平方米，其中一期（AB地块）占地面积约129亩，总建筑面积21万平方米，彻底地融入了柳州本土风情和城市文化，让记忆里的窑埠再一次回到了柳州人的视线之中，延续了千年前的窑埠使命，成为值得每一个柳州人骄傲的城市会客厅。

2016年窑埠古镇客流量超472万人次，窑埠古镇已成为广西著名的文化旅游景点，再现千年前“一埠通达、万贾归来”的繁华昌盛景象。

时尚窑埠——窑埠古镇项目地处百里柳州核心景观带，位于柳州市柳江东岸蟠龙山下。是集柳州文化、休闲、娱乐、运动、购物、餐饮、民族风情、夜生活、二次元、水上乐园于一体的文创、文娱、文体、文旅小镇，是国家AAAA级旅游景区。

风情窑埠——柳州市政府以窑埠古镇为中心，连同“柳江明珠大舞台”“音乐喷泉”“东门城楼”“窑埠古渡码头”“蟠龙双塔”“文庙”“东台返照”“驾鹤晴岚”“柳堤环翠”“玉带垂虹”（文惠桥）等项目申报“百里柳江”国家AAAAA级景区。窑埠古镇被誉为百里柳江之上的明珠，早在2013年，窑埠古镇就被评为柳州新八景之一。

---

1 中国人民政治协商会议柳州市鱼峰区委员会：《窑埠古镇话春秋》，南宁：广西民族出版社，2016年，第215页。

2 中国人民政治协商会议柳州市鱼峰区委员会：《窑埠古镇话春秋》，南宁：广西民族出版社，2016年，第42—43页。

运动窑埠——2015年7月16日，中国第一个跑酷公园（柳州酷跑公园）由丹麦文化中心、丹麦葛莱体育运动教育学院指导建设，并于2015年建成国际标准跑酷公园。400平方米的跑酷公园引进丹麦设施，并作为柳州与丹麦联合举办的国际跑酷邀请赛的定点比赛交流场所，成为中丹文化交流活动项目的长驻基地和国际跑酷圣地。2017年获国际旅游投资协会ITIA旅游大奖。2017年3月18日，第六届艾蒂亚奖榜单在乌镇公布，窑埠古镇斩获"中国最佳旅游产业创新奖"金奖，成为柳州首个获艾蒂亚奖的景区。艾蒂亚是中国旅游业中影响力最大、奖项最权威、评奖最专业、颁奖最隆重的行业盛典，被称为中国旅游奥斯卡，是中国旅游投资行业最高奖项。

狂欢窑埠——柳州国际水上狂欢节由柳州市政府主办，是柳州一年一度的大型狂欢盛事。其中，柳州国际水上狂欢节最重要的活动板块——中意文化交流周已经连续两年在窑埠古镇举行，也是窑埠古镇的年度盛会，2016年十一期间活动参与人次达65万。

国际铁人三项柳州赛区主赛场——铁人三项是继F1摩托艇世锦赛、世界羽毛球超级联赛、斯坦科维奇杯洲际篮球赛等国际赛事后，柳州引入的又一大型国际新兴综合性竞赛，也是首次进入窑埠古镇的国际赛事。2017年4月1日，2017年世界铁人三项中国揭幕战正式开赛，来自中、英、美、南非等50多个国家和地区的1000多名选手在阳光100窑埠古镇同台竞技，比赛吸引数万名游客和市民前来观战。

窑埠古镇将自然历史和民族文化完美融入人居生活之中，以多元一体的多民族文化共存共荣彰显柳州历史文化名城的独特魅力，开拓了全新文旅商业未来。

五、民族融合：阳和村中仫佬族，民族三交谱新篇

（一）城中民族村：阳和村仫佬族迁徙之历史溯源

柳江绕过阳和大桥到阳和村形成了一个90度的河湾——阳和湾。阳和村位于柳州市东南郊，距离阳和街道办事处约6千米，东靠天琬山，西南柳江环绕，是一个仫佬族聚居的自然村，山水环抱，面积约10.1203平方千米，具有浓郁的乡土文化和深厚的民族传统文化沉淀，村委会设在村中心，下辖10个村民小组，1282户，人口4985人（据2022年底统计），仫佬族人口占总人口的75%，壮族、汉族等民族占25%。

清乾隆《柳州府志》马平县在厢二十五村中有与社湾一起并列"阳合村"（即后面的阳和村）。关于"阳和"之名，据《柳州地名志》此村形成于元朝年间，1330年前后，有一群羊从洛维游过河到此村，即得名"羊河"，后因字意不好，改为阳和。民国《柳江县志》已经明确用"阳和"来表述阳和村，阳和村在民国时期属于平川乡，其中依柳江水流上下游分置出阳和上村、阳和中村、阳和下村。1949年，阳和村属柳江县

文笔乡，1950年属柳州市六区阳和村（行政村）。1952年属三区燕山乡。1958年公社化时，称阳和大队，归东风公社管辖。1984年改为阳和村，属羊角山镇管辖，2005年7月划入阳和街道管辖。

阳和湾地势西部平坦，东部为山地。阳和自然村东邻雒容镇和鱼峰区里雍镇，北接社湾村，西、南二面临柳江。现阳和村中70%为仫佬族。阳和上村多为周、杨、吴、谢姓人家，中村多为陈、罗姓居多，下村为龙、覃两姓。龙姓在阳和村占2000多人，据龙姓族人说，他们的祖先是仫佬族，从江西到湖南再到广西罗城，罗城中的一支于清代到了阳和，至今有250多年的历史，约12代人。后罗城一支覃姓仫佬族人到阳和入赘，成为阳和的第二大姓，据悉到阳和也有140多年历史，至今发展有7代人。

1970年前，阳和村的龙、覃两姓仫佬族人都会在农历四月初八举行仫佬族的“牛魔王节”。这天，龙、覃两姓的村民会做五色糯米饭喂食耕牛，故也称“四月八敬牛节”，意为耕牛辛苦地帮人耕田耙地拉东西，所以要在这一天犒劳耕牛。不过随着城市的发展，村里农业机械化程度提高，耕牛使用少后，“敬牛节”也逐渐退出了阳和仫佬族人的节庆活动。因近河边，五月端午节时龙、覃两姓村民也会组织划龙舟活动，不过年轻人出去打工后，缺乏青壮年，龙舟活动也难组织了。

2007年，柳州市第三次全国文物普查中登记有民国时期的阳和村民居群，建筑多为硬山顶砖木结构，小青瓦，青砖（部分泥砖）砌筑，大部分为青砖清水墙，用泥砖和二合土夯筑，墙体则抹灰浆。这些老房子分别为陈家和罗家的。老房子的门牌号是“羊角山阳和村三队”19号、21号等。如今，看9号至21号老屋的墙面，那些历史时期留下的标语仍然清晰可见，特定时代的痕迹明显。

清康熙三十一年（1692年），阳和陈氏始祖陈诲娶妻欧阳氏，欧阳氏娘家陪嫁了阳和大片土地后，陈诲从里雍到阳和定居，成为阳和陈氏第一代而衍生阳和陈氏支系，至今已有328年的历史，陈氏家族旧宅从明清到民国，留存下来的就剩这几间了。民国时期阳和陈氏家族最显赫一时的当数曾任广东督军、陆军上将的陈炳焜（1868—1927）。据阳和陈氏家族的族谱记载，陈炳焜为阳和陈氏支系的第七代，其在阳和出生，是阳和陈氏第四代陈士荣的曾孙，逝世后也葬在阳和龟山的陈氏家族墓群，其墓为柳州市文物保护单位。

阳和罗家发展至今已经有9代人。据阳和罗氏柳州第一代始祖罗碧珣的夫人陈氏的墓碑记载，罗氏原籍为清乾隆平乐府贺县北寨村人，乾隆年间陈氏随三个儿子到柳州经商，于乾隆五十五年（1790年）逝世。那么，阳和罗氏在柳州最少有230年的历史，第三次全国文物普查登记的罗氏旧宅，为阳和罗氏第三代友字辈的祖屋。

2011年，柳州市在阳和下村附近建设了一个新的货运码头——柳州港阳和港区码头，开启了西江黄金水道的集装箱航运。

（二）抗日爱国情：阳和村仫佬族村民的抗日事迹

时间追溯到抗日战争时期，在阳和村里有一群勇敢而又爱国的人民，那就是阳和村的仫佬族村民。要在阳和村内有燕山、龟山、天琬山、水山，还有一座牛蹄山；在燕山和水山的山上都有一个山洞。女人和孩子是战争最大的牺牲品，尤其是在群众逃到燕山和水山的山洞之后，有些妇女带着小孩，七八岁的还好，可是在襁褓中的婴儿该怎么办？这些孩子在乱世中出生，生下来就要面对战火燎原，甚至还未对这个世界有任何的认知就殒命而去。在日军扫荡时，有些妇女为了不让孩子的哭声惹来更多的日本兵，只有把心一横，将孩子的嘴堵住！可是孩子的嘴堵住了，没有声音，也没有了呼吸……本以为是可以安身立命的掩护场所，却成为殉葬火海的坟墓。没有办法，村民就跑去了天琬山上面躲避敌人的追杀。

可是，覆巢之下焉有完卵？即使是躲避敌人，自己的国家也会被慢慢地蚕食，只有端起枪，拿起刀，向侵略者砍去！可是对于手无寸铁的仫佬族村民，却拿着仅有的五把长枪就开始了与日本军的抗战。就在那个浴血奋战的年代，仫佬族村民几个人，几杆枪就勇敢地与日军抗争，当时仫佬族村民的枪条件极差，是一种只能打两颗子弹的枪，但是这种枪好在威力很强！

当时日本人实施了三光政策，他们所到之处哀鸿遍野、断壁残垣、火光冲天。因为阳和村隔着一条柳江河，村附近的山峦环抱，坡陡路弯，地势险要，是一个天然的避难场所，很多城市的人民不断地涌入阳和村，当时阳和村里的人口不是很多的，由于从市区过来的人太多了，当时的阳和村和城市的人民联合起来形成了队伍，建立民间自卫队。

就这样那些民间自卫队就开始了与日军游击战，利用村落建筑为掩体，以及斜坡、土岭、水山蝴蝶岭作掩护，利用阳和村有利的地形，团结一心，齐心砥砺抗战。

（三）三交谱新篇：阳和村仫佬族村民的前世今生

为更好地了解阳和村仫佬族村民生活的实况，笔者对村支书进行了访谈。

冯：各位长辈好！咱们在这儿的祖祖辈辈已经有大概200多年的历史了，是柳州市内极具特色的少数民族聚集区，咱们村目前现状如何？

村支书：阳和村为柳州市鱼峰区阳和街道办事处管辖村，位于阳和工业新区阳和南路南面，东接柳江县里雍镇立冲村民委辖区的大塘口屯、上大塘屯、水山屯，西南连接柳江河，北靠社湾村。阳和村面积约16.14平方千米，为自然村，村委会设在村中心。截至2020年底，阳和村本地户籍1280户，人口5204人，外来流动人口也近5000人。辖区内本地户籍人口仫佬族占75%，除仫佬族外还有壮、汉等其他民族。阳和村主要的姓氏有覃、龙、韦、罗、陈等。其中覃、龙两姓是阳和村之大姓。覃、龙姓多为仫佬族，族群人丁兴旺时占阳和村人口的50%以上。

冯：咱们村祖上是哪里的？

村支书：村民祖上系从湖南省经罗城县迁徙来到阳和，在此居住已有200多年时间，是柳州市区内唯一的少数民族聚居村。

冯：咱们村里经济情况怎么样？

村支书：2009年开展“整村推进”工作后，村容村貌得以改观，加之周边产业迅速发展，大量流动人口涌入我村居住，目前村民主要以出租房屋、门面，从事个体经营，或附近工厂就业增加家庭收入。其中以出租房屋和门面为主，一般的家庭出租收入每个月有2000元左右，多的达万元。村集体收入主要以租赁形式。一是菜市场、办公楼及闲置场地出租和承包山林租金。二是减免税款、银行利息收入等。

冯：咱们村在民族团结融合等方面做了些什么工作？

村支书：一是加大投入力度，着力改善少数民族聚居区基础设施，在没有建成阳和大桥之前，村里的出行都是依靠水路交通，客船通行时间是6—18点，当时票价是1元/人，一艘客运小船，一天12小时穿梭在阳和村和鸡喇码头之间，当时还有一艘可以运送汽车过河的大渡船，每天就负责车辆的运送过河，除此时间段，阳和村就“与世隔绝”，俗称为“世外桃源”了！二是发挥财政杠杆作用，着力改善少数民族聚居区公共服务均等化水平，征地开发以前，阳和村相对比较落后，处处都是泥土路，每逢阴天下雨的时候，便泥泞满地，难以出行。自打村村通政策实施之后，阳和村的泥泞路都变成了柏油马路，村民们雨天出行的时候再也不用担心走“水、泥路”了！随着这十几年的征地开发，阳和村由原来一个闭塞的小村逐渐对外开放，干净、清新、舒适是阳和村给人留下的印象。三是推动文化建设，着力推进少数民族团结进步。广西民族语文研究中心负责人带领专家团队到柳州市，对鱼峰区阳和街道办事处阳和村委仫佬族语言进行调查。专家团队按照中国语言资源保护研究中心的工作规范和技术标准，在完成阳和仫佬语的音系、词汇、语法、口头文化、地普等语料数据采集记录之后，还将进行录音和拍摄。语言是文化的载体，承载着各民族的历史文化，生产、生活经验，还是情感的寄托。开展少数民族语言调查工作，对科学保护少数民族语言，传承民族文化，推动铸牢中华民族共同体意识有着不可替代的作用。此外，多年以来阳和村一直收集仫佬族日常生活用具、服饰、族谱、老照片、节庆习俗等资料，等待着一个能够重新修葺村中仫佬族古建筑并成立仫佬族民俗展览室的契机，以达到保护、促进仫佬族民族文化特色的传承的目的，促进各族群众对伟大祖国、对中华民族、对中华文化、对中国共产党、对中国特色社会主义的认同。

为更好地了解阳和村仫佬族村民在历史变迁中的实际情况，笔者对村民进行了访谈。

冯：阿叔，下午好！咱们祖上是从湖南那边过来的吗？还有族谱家谱记录吗？

村民：湖南衡山过来的，族谱都有记载的。我们老太太老太公的都是湖南衡山来的，像我自己家里面现在我们都是第五代了，这是我阿姑，她80岁了，现在我又有儿子，也有孙子，八代人了。

冯：您对铸牢中华民族共同体意识有什么见解吗？

村民：我们这里都是很融合，很包容的，不排外。我们村汉族、壮族、苗族同胞都有的，大家也不分彼此，不管你是哪个族，都相处得很好。其实整个柳州都这样，包容性很强的。节日也是一样的，中秋啊、端午啊、四月初八，我们都一起过，我们做社他们也跟我们一起过，这也是加强我们村民之间感情联络、相互帮忙的一种重要方式。

经过多年的接续努力，鱼峰区全员全方位全过程推进铸牢中华民族共同体意识，多措并举取得了一些成绩，也积累了一些经验。鱼峰区坚持把发展作为第一要务，2019年鱼峰区实现地区生产总值260亿元，财政收入39.97亿元，为地方各项事业的发展提供了有力的财政保障。柳州螺蛳粉已成为广西的一大民族经济品牌，红遍网络，走出国门，成就百亿产业。同时，鱼峰区依托良好的自然条件和优势，结合大健康产业定位，打造柳州生物医药产业集聚区的同时，注重民族药品牌构建，大力发展中药民族药产业。“广西金嗓子”“广西馨海药业”等一批骨干企业脱颖而出。推动民族经济可持续发展，为民族团结进步铸基立梁。

鱼峰区以“刘三姐”“鱼峰歌圩”文化品牌为载体，构筑各民族共享的精神家园。将文化与旅游相融合，赋予铸牢中华民族共同体意识的内涵，做好“文化＋旅游”文章，着力打造国际知名的民族风情旅游目的地。至2020年末，全区接待游客总量将达600万人次，旅游总消费将达50亿元以上。将民族文化与扶贫相结合，以中国传统的“24节日”为时间轴，让传统联结现实，让民族走向世界，开展24节日消费扶贫活动，促进乡村振兴取得新成效。

鱼峰区坚持“示范引领、以点带面、全民共创”的思路，推出“1610”［“1”即打造鱼峰区天马街道大龙潭社区为典型标杆；“6”即六个纳入：把民族团结进步创建纳入鱼峰区经济社会发展总体规划，把铸牢中华民族共同体意识纳入区委中心组、全区各级领导干部学习培训内容，把民族团结教育广泛纳入中小学校思政教育，把民族团结进步教育纳入大宣讲，把民族团结宣传教育纳入城区公民道德教育，把创建工作纳入日常宣传；“10”即开展“十进”活动，民族团结进步创建工作进机关（单位）、进企业（园区）、进乡镇（村）、进街道（社区）、进学校、进宗教活动场所、进连队、进窗口单位、进景区、进两新组织等］工作法，积极鼓励基层创新民族团结进步创建工作方式载体，营造全民共创良好氛围，把铸牢中华民族共同体意识融嵌到辖区各项工作中，坚持党的领导、经济发展、文化传承和改善民生相统一的原则，协同推进铸牢中华民族共同体意识工作可持续发展。通过以上举措，鱼峰区各族群众真切感受到参与民族团结进步创建的获得感、幸福感，民族团结进步理念已成为鱼峰各族人民的共识。

第十一章　城中：柳宗元曾经生活过的地方

这里有闻名遐迩的柳侯祠、柳宗元衣冠墓、罗池、柑香亭，有珍藏于柳侯祠内被列为国家一级文物的《荔碑》《龙城石刻》等碑刻40余方；这里有历史感厚重的音乐亭、新月桥、纪念碑、开元寺遗址，有近代的极具岭南建筑风格的南门牌楼；这里有近年恢复建设的贤良祠、讲堂、山长住房等历史建筑。这就是为纪念唐代大文豪、曾任柳州刺史的柳宗元而建的柳侯公园。公园位于柳州市城中区，创建于清朝宣统年间，是广西仅有的一处国家重点公园。

如果说柳州是柳宗元的励精图治之城，也是他生命的最后一站，那么城中区则是柳宗元曾经生活过的地方。时至今日，柳州市民尚保持着务实、文明、奋进之风，与这位千年前的柳老市长遗风不无关系。柳宗元的故事跨越千年时光仍然在城中区这片土地上传唱，民族团结的幸福故事在柳宗元曾经生活工作的地方演绎着。

一、柳侯祠：地以人传人以地

"地以人传人以地。"郭沫若先生题给柳侯祠的诗句很好地表现了柳州人杰地灵，柳宗元与柳州相互成全、相映成趣的文化现象。柳侯祠因柳宗元"有德于民"而千年长存，柳宗元德政柳州四载，惠泽龙城千年，也因其治柳功绩，永载史册，为世代柳州人民所传颂。

唐元和十年（815年）六月，柳宗元到达柳州的时候，已经是43岁。尽管屡遭挫折，但是作为一州之长的他，深知自己的职责所在，并努力去实践自己早年立下的"心乎生民而已""无忘生人之患"的勤政誓言，做了许多为后人称道的好事，极大促进了柳州的文化和经济发展，深得人民爱戴。元和十四年（819年）十一月初八，年仅47岁的柳宗元病逝于柳州任上。北宋末年，宋徽宗追封他为"文惠侯"。

（一）平等交流促融合

柳宗元在柳州任刺史期间，主动深入当地少数民族中了解他们的文化、风俗、习惯。他体察民情、愿意随俗，促进各族人民交流交往交融，这些在他任职期间所做的诗文和韩愈的诗文中都有所体现。他把自己的情感建立在对柳州地域民族文化的认同上，促进了中原文化与区域文化的融合，同时也推动了少数民族的风俗习惯的传承与发展。

柳州峒氓

郡城南下接通津，异服殊音不可亲。
青箬裹盐归峒客，绿荷包饭趁虚人。
鹅毛御腊缝山罽，鸡骨占年拜水神。
愁向公庭问重译，欲投章甫作文身。[1]

柳宗元的这首诗中反映了他在治柳期间与当地少数民族接触交流的情况。柳州城南的柳江渡口，穿着特殊服装的少数民族群众从那经过，但是由于语言不通，不能深入地沟通交流。诗中描绘了峒氓居住在山上，去郡城集市买盐，用鹅毛来御寒的生活

图 11.1 柳侯祠正门（柳侯祠提供）

1 上海辞书出版社文学鉴赏辞典编纂中心编：《柳宗元诗文鉴赏辞典》，上海：上海辞书出版社，2020 年，第 214 页。

图 11.2　柳宗元雕像（柳侯祠提供）

环境和场景，同时还提及了用“鸡骨占卜”祈求来年风调雨顺的风俗习惯。诗末，柳宗元写到“我不愿意只在公庭上通过翻译人员来和峒氓接触，而更宁愿换下中原士大夫的服装，按照峒氓的习俗，在身上也刺上花纹，学习他们的样子，与他们亲近”。柳宗元“欲投章甫作文身”式的亲近各族百姓，真切地表达了他尊重民族风俗和朴素的“民族平等”思想。

韩愈在《答柳柳州食虾蟆》等文中，也记载了柳宗元尊重各族人民风俗习惯，逐步接受柳州饮食文化的过程。“虾蟆虽水居，水特变形貌。…… 余初不下喉，近亦能稍稍”，即起初吃不下青蛙，最近也能食用了。柳宗元作为一州之长，并不强势主张中原文化一统柳州，而是愿意亲身尝试“作文身”“食虾蟆”等当地少数民族文化和风俗习惯，在当时的封建社会确实难能可贵，这也是部分民族文化风俗保留至今的关键，同时极大地促进汉族与少数民族文化的交往交流交融。

柳州民间还流传着柳宗元解放奴婢惠民生的故事。一次，柳宗元微服私访，偶然看到几个凶横的家伙抓住一个中年汉子，这个中年汉子的妻子和儿女在悲惨地哭哭闹闹。他上前打听，原来这个中年汉子欠了债，到期还不出，债主就把他抓去当奴隶。柳宗元实在看不过去，就下令全带到官府去。经过审问，他才知道这是柳州的一种陋习。当地一直存在着买卖和滥用奴婢的现象，这些奴婢们主要来源有两种：一是地主们通过高昂的地租和高利贷，逼迫柳州人民用自己的子女来作为抵押，如果过了还债的期限，其子女则沦为奴婢；二是豪强大户通过绑架和贩卖所获得。在当时的柳州社会，蓄奴的风气非常严重，一家豪门大户通常坐拥数百个男奴女婢。在他们眼里，奴婢们命如草芥一般，可以随意地侮辱、虐待，甚至是杀害。柳宗元决心改变这种情况。他下令所有的奴隶或奴婢一律可以由亲人或朋友按原来所借的债还清赎回；要是因为贫困一时没有能力赎回，可以为债主打工，等工钱和债务相当的时候，就应该解除债务关系。柳宗元在柳州解放奴婢，废除奴俗，并禁绝人口买卖。这一系列的政策保障了当地生产生活秩序的正常运行，也为当地人民的安居乐业提供了制度保障，符合人民的愿望。

（二）德政千年后人记

柳宗元释放奴婢，解放生产力；重整礼教，教化社会风气；凿井取水，关心民生；种柑植柳，发展经济，美化环境；兴办学堂，促进文化教育传播。柳宗元在病死柳州后的第三年，即长庆元年（821 年），地方人士按照他“棺我于罗池”的遗愿，在罗池旁建柳侯祠以作纪念。柳侯祠原名罗池庙，位于柳州市中心柳侯公园内的西隅，原名罗池庙（因建于罗池西畔得名），现改名为柳侯祠，是柳州人民为纪念这位老市长而建造的庙。

罗池之水，终年不绝，祠庙馨香，千年不断。柳州以柳侯祠为中心，以柳宗元文化为主线的传统文化与公园优美自然景观相结合，建立了柳侯公园。柳侯公园包括柳侯祠、柳宗元衣冠墓、罗池、柑香亭等与柳宗元有关的古迹，许多文人、游客慕名而来，也是柳州市民了解这位“老市长”和柳州发展的重要“窗口”，使柳宗元的思想文化和执政理念得到进一步弘扬和推广。柳侯公园还是柳州市民族团结进步教育基地，经常性举办柳宗元文化活动图片专题展和民族团结进步宣传，在铸牢中华民族共同体意识中发挥着独特的作用。

柳州市还成立了柳宗元文化研究会，研究柳宗元的为官之道、家国情怀、黎民之念、官场交往、为官策略、民族平等思想，同时向大众推广“柳学”，使柳宗元的思想成为推进柳州社会治理和文化建设的重要财富和资源。柳州市还举办全国性的柳宗元学术研讨会，围绕柳宗元思想与事迹研究、柳宗元作品版本与文献研究、柳宗元诗文艺术与唐代文学及地域文化关系研究、柳宗元与当代文化建设等主题展开研究，开展专题研讨、出版书籍，开展科普活动，进而促进“柳学”的繁荣与发展。

（三）清明祭柳寄哀思

柳宗元逝世的第二年，柳州人民就举行了隆重的祭祀活动，延续至今已有千年历史。韩愈曾为柳宗元写了《柳子厚墓志铭》《祭柳子厚文》《柳州罗池庙碑》等三篇纪念文章。《柳子厚墓志铭》被誉为“昌黎墓志第一，亦古今墓志第一”。

如今，“祭柳”仪式是柳州在清明节开展的缅怀先烈、追溯历史、传承文明的集体性活动。古代分春、秋两祭，民国以来以清明祭祀为主，社会各界汇聚柳侯祠、衣冠墓前，诵读祭文、吟唱《祭柳歌》，敬献鲜花蔬果，缅怀先贤。宋代，柳宗元先后被追封为“文惠侯”“文惠召灵侯”，罗池庙亦赐额“文惠侯祠”“柳侯祠”。柳宗元祭祀仪式也由百姓自发的民间祭祀逐渐上升为官祭、国家祭祀，延续至明清。民国以后，以清明祭祀为主，《祭柳侯歌》传唱至今。时至今日，清明“祭柳”仪式已成为柳州地方不可或缺的民俗活动，是人们纪念历史先贤、传承传统习俗、弘扬柳宗元文化的重要方式。2018 年，柳州祭祀柳宗元习俗已列入柳州市非物质文化遗产项目名录。

2021年4月2日，柳州市举行了辛丑清明祭祀柳宗元仪式。柳州市民自发集中在柳侯公园南门柳宗元石像前，整齐排列，场面壮观。市博物馆馆长、柳宗元文化研究会副会长宣布仪式开始，向大家介绍仪式主办、承办单位，宣读参加仪式及敬献花篮的领导、嘉宾、单位名单，并带领全场人员向柳宗元像鞠躬致礼。全体参与人员集体诵读祭柳文，市相关领导发表了讲话。来自公园路小学、箭盘山小学等学校的师生们朗诵柳宗元的《江雪》《渔翁》《柳州城西北隅种柑树》等诗词，表演《中华孝道》《津味戏妞》等舞蹈，合唱《祭柳歌》。

这位柳州人民的"老市长"在柳州的德政证明了他真挚的为民情怀，即使不在长安，身处蛮荒，也将"民本"和"廉政"贯彻到底，造福百姓、爱国爱民。柳州这一"百越文身之地"，也因他逐渐融入了中华文化圈。如今，"柳柳州"的文人风骨早已融入柳州的文化气韵和柳州人的精神气质之中，成为凝聚柳州各族人民本土认同和文化认同的代表性文化符号。

二、东门城楼：历史往事通古今

柳宗元曾多次登上柳州东门城楼远观山水、眺望故乡。如今的东门城楼，重建于明洪武十二年（1379年），是在唐宋土城的基础上进行拓宽后砌砖而成，至今已有600多年的历史。东门现存砖砌墙体120余米，墙通高7米，厚6米左右。东门城楼巍然屹

图11.3　柳州东门城楼（陈艾宇摄，城中区提供）

立在柳江之滨，它雄姿英发，散发着岁月洗礼后深厚独特的魅力。站在城楼上俯瞰柳江，远眺灯台山，也可观仙弈、驾鹤胜景，不失为游览和观光柳州风光的好去处。

（一）龙城古迹迎紫气东来

东门城楼分为两个部分，下部为城台，上部为谯楼。城台包括拱形城门和城墙，楼呈长方形，墙基由人工凿成的方形大青石砌垫。青石上由特制的大块青砖做墙，城门洞有两扇木质大门。主楼的重楼檐下悬挂集颜真卿字重刻的“出乎震”青底黑字横匾，震，为卦象中的乾卦，寓东方之意。

城门上为两层谯楼，屋檐是重檐歇山式。楼有两层，上层较下层稍窄，下层是内厅外廊式。两层的架梁、斗拱，纵横交错，全部运用凿木相吻，互相制约，彼此扶持，体现了古楼建筑匠师们高超的才华。

城楼一楼大殿称为武帝阁，内供奉关羽。正殿当中的关帝像栩栩如生，神龛两旁塑关平捧印，周仓持刀之立像。关公神龛两旁塑有佛像二尊。现在东门城楼上的武帝阁是根据文献的记载重新修复的，重修后的武帝阁，每逢初一、十五，香火十分旺盛。

东门城楼由于其地理位置原因，一直是柳州通往外地的通道。历史上，从北方来柳有两条路线，一条是水路，一条是陆路。无论是水路、陆路都先到东门码头进入东门。柳州的学子、官员进京也是从东门下船，渡过柳江从窑埠码头上岸走陆路，或直接坐船离开柳州。因此当时人们把东门称为“喜门”。

600 多年时光逝去，不断修葺但仍旧挺拔的东门城楼记载了柳州曾经的过往。紫气东来，喜瑞之门依旧见证着柳州的变迁。东门城楼一直与柳州居民的生活关系密切，它是居民们在平常休闲娱乐和进行节日活动的主要场所，在柳州人民心中具有不可磨灭的地位。

（二）东门往事通古今记忆

在东门往事纪念馆中记载了柳宗元、朱元璋、徐霞客等多位历史名人的事迹。柳宗元曾经在城楼上眺望故乡、思念友人，写下了《登柳州城楼寄漳、汀、封、连四州》《古东门行》等感人诗篇，留下了“岭树重遮千里目，江流曲似九回肠”描绘柳江两岸逶迤风光的千古佳句。

东门城楼在清咸丰年间曾遭火灾，据说，光绪元年（1875 年）由柳州一姓郭的名建筑师重建。民间得其作为奉祀关帝的地方，称“武帝阁”，有神像，亦有庙祝焚香洒扫，每逢年节，东门内外住户去楼上进香。光绪年间，东门街喜做善事的谢有福，邀集乡绅商民聚资成立单刀会，定五月十三为会期，举行庙会，演戏饮酒，并购置几处房地产，收租作历年庙会之用。直到抗日战争胜利，单刀会停办。

城下有戏台，于民国十七年（1928 年）拆掉改建电话局机房大楼。民国三十六年（1947 年），中共广西地下党将其作为编辑和印刷《广西日报》柳州版的地点。新中国成立后，会产移交给龙城中学。新中国成立后政府曾 5 次拨款，对东门进行维修和修复，使其成为游览和观赏风光的好去处。由于东门城楼具有较高的历史、艺术价值，1994 年广西壮族自治区人民政府将其列为重点文物保护单位。1998 年维修，基本上恢复了明代柳州"粤西声名文物之盛郡"的府城气象，并新增柳州古城陈列。如今的东门城楼与江中舞台"柳江明珠"、文庙、古码头和蟠龙公园等景点遥遥相对，组合成特色景带，充分展现柳州的山水文化、民俗文化、历史文化的交相辉映。

（三）红色血脉赓续传承

20 世纪初，中华民族面临着亡国灭种的危险。一群和柳宗元一样热爱祖国、心怀抱负的青年勇敢站了出来，在东门城楼建立了中共柳州县委和中共桂柳区工委。他们积极开展革命运动，前赴后继地践行着当年柳宗元的"民本"思想。在东门城楼西侧建起的陈列馆诉说着从 1926 年柳州第一个党组织——中共柳州支部干事会成立到 1949 年柳州解放这 23 年来艰苦卓绝的革命历程。柳州县委负责人胡习恒、熊元清等曾在此主持机关工作，广西省工委书记钱兴、省桂柳区工委书记陈枫等人也曾多次到此指导工作，这里也是地下党领导学生反饥饿、反内战运动的指挥部。1949 年 7 月，柳州党组织合并后成立中共柳州市临时工作委员会，柳州县委撤销。

1947 年 7 月，经中共中央香港分局批准，中共桂柳区工委在桂林成立，任命陈枫为书记，负责领导桂林、柳州、南宁、梧州等四座城市的工作和桂北、柳北、桂西北及桂中的象县（今象州县）、修仁等地区的农村武装斗争。同年 10 月，桂柳区工委领导机关由桂林迁至柳州曙光东路 159 号。陈枫任命梁山为中共柳州特派员，接替吴师光职务，在该处以开杂货店为掩护开展活动，领导桂柳区人民与国民党敌特进行斗争。从 1947 年夏开始，中共柳州地方组织积极抽调党员和进步青年到农村工作或参加游击队，有力支援了农村工作的开展。1948 年 3 月，机关迁到曙光西路 223 号。年底，桂柳区工委撤销，分别成立中共广西省城市工作委员会和中共广西省农村工作委员会。

柳州东门城楼见证了这个历史文化名城的变迁，也承载着中华民族休戚与共、荣辱与共、生死与共、命运与共的历史记忆。如今这里已经成为历史文化、红色文化、民族文化教育的"网红"打卡地，历史记忆在砖瓦缝隙间被重新唤醒，散发着城中历史文化街区独特的魅力。

三、筑基城中：中华民族共同体意识教育的闪亮名片

柳宗元不仅是著名的文学家、哲学家，而且是一位务实有为的教育家。到任柳州任刺史后，他觉得要改变面貌，造福百姓，不仅要治标，更要治本。“本”在哪里？那就是教育。柳宗元注重兴办教育，推行教化，修葺孔庙，亲自执教。他教育青年不但要“博极群书”，还要独立思考，扎实基础。柳宗元采取“因其土俗，为设教禁”“因俗成化，择恶取美，除残佑仁”的办法，在尊重少数民族地区风俗习惯的前提下，逐步改革旧有文化中的落后部分，使之适应时代的发展。柳宗元“因俗成化”的思想和举措，打破了民族歧视，输入了先进文化，提高了民众素质。“不鄙夷其民，动以礼法”，改变少数民族的落后状况，跟上时代发展的步伐，促进中华民族的团结，促进少数民族地区的繁荣进步。[1]

（一）学校教育：铸牢中华民族共同体意识的主阵地

柳宗元曾经在这里兴办教育、施以教化，如今的城中区更是名校云集，各族青少年在此获得了良好的教育，从而走出了柳州，走出广西，得以有更广阔的发展空间。

为了更好地了解城中区依托学校主阵地多举措构筑中华民族共有精神家园的情况，笔者对城中区委常委、统战部部长佟德军进行了访谈。

何：佟部长您好，教育俨然成为城中区一张闪亮的名片。想请您介绍下城中区学校教育的基本情况。

佟：民族振兴的希望在教育，民族团结的希望也在教育。教育可以滋养人心，培根铸魂，增长见识，为社会发展带来无限潜能。辖区内拥有相对完整的教育体系，涵盖幼儿园、小学、初中、高中、大学，如景行小学、龙城中学、柳州高中、广西科技大学等，城区所辖学校22所，在校生4万多人。2020年城中区成为柳州市唯一入选自治区义务教育学区制管理改革示范区的城区，并在“2020年自治区县域义务教育优质均衡工作会”上作经验发言。

何：各级学校在铸牢中华民族共同体意识工作中有什么亮点呢？

佟：辖区内的各级学校都把铸牢中华民族共同体意识宣传教育放在突出位置，因地制宜，创新开展，所以亮点纷呈。例如民族实验小学的蜡染手工技艺基地获得“自治区级非物质文化遗产代表性项目保护平台”；马鹿山小学有独具特色的民族博物馆，多次承担台湾学校文化交流访问活动；广西科技大学在专业课

---

1 陈殿新：《柳州柳学研究文集：柳宗元对西南边疆早期开发的积极影响》，合肥：黄山书社，2004年，第319页。

程中开设了20余门民族理论和民族文化相关的课程，将毽球、投绣球、舞龙等民族体育项目纳入公共体育课程；柳州高中、龙城高中、文慧小学等均为柳州红色摇篮，通过挖掘红色事迹、传承红色精神，进一步强化校园革命传统和民族团结教育，发挥其“春风化雨，润物无声”的力量。城中区把铸牢中华民族共同体意识教育渗透到学校教育教学全过程，使得民族团结有相对较完整的教育体系，让学生在潜移默化中接受民族团结教育，浸润人心，生根发芽，让中华民族共同体意识在这块文化热土上绽放出绚烂的色彩！

何：既然城中区有着丰富而优质的教育资源和工作亮点，那在铸牢中华民族共同体意识工作中有什么宣教品牌呢？

佟：城中区充分发挥教育资源优势，正在全力打造“筑基城中”铸牢中华民族共同体意识教育全体系，发挥教育在铸牢中华民族共同体意识工作中的基础性、先导性作用，不断拓宽各民族群众和广大青少年交往交流交融的载体。以铸牢中华民族共同体意识为主线，构建课堂教育、社会实践、主题教育三位一体的教育平台；突出抓好青少年铸牢中华民族共同体意识教育，筹划成立铸牢中华民族共同体意识促进会，充分发挥学校、家庭、社会组织等方面的积极作用，在社会各阶层中通过多种形式进行声势浩大的宣传教育；多载体统筹推进各类“筑基”创新活动，全面搭建横向到边、纵向到底的工作格局，推动城区铸牢中华民族共同体意识宣传教育工作提质增效。

何：“筑基城中”宣教品牌建设的进展如何？

佟：目前，我们成立了城中区教育领域“铸牢中华民族共同体意识”全体系建设工作领导小组，依托广西科技大学设立铸牢中华民族共同体意识教育实践基地，并准备命名一批大中小学一体化铸牢中华民族共同体意识教育示范学校，建设一批“同心文化载体”。城区正在大力推动建设具有示范效应的教育领域铸牢中华民族共同体意识全体系创新机制，积极构建各学校根植学生红色基因、厚植学生爱国情怀、培植学生精神家园的生动局面。[1]

（二）民族实验小学：民族教育润心田

柳州市民族实验小学建于2016年8月，是柳州市弯塘小学教育集团的总部，现有1648名学生，专任教师85人，其中少数民族师生722人，涵盖广西11个少数民族。学校以“深化民族团结进步教育，铸牢中华民族共同体意识”为工作核心，紧扣爱国主义这条主线，积极开展铸牢中华民族共同体意识教育教学，被评为柳州市民族团结

1　访谈对象：佟德军；地点：城中区政府；时间：2022年7月14日。

进步示范单位。

1.“教学生六年，为学生着想一辈子”

围绕学校文化建设、民族团结创建等问题，笔者采访了学校党总支书记、副校长黄珺老师。

何：黄书记您好，您可以给我们介绍一下学校民族创建工作吗？

黄：我们学校民族创建工作可以概括为“一个核心，一条主线，四条路径，五支队伍，两个保障”。以“深化民族团结进步教育，铸牢中华民族共同体意识”为工作核心，紧扣“爱国主义”这条主线，通过“制度建设、环境建设、课程建设、活动组织”四条路径来实施，组织好“教师、学生、家长、五老、课外辅导员”五支队伍参与，提供“评价改进和经费投入”两个强有力的保障，调动学校、社区、家长和所有学生的力量，做好民族团结进步创建工作。

何：贵校开展民族团结教育有哪些具体措施呢？

黄：首先，学校非常重视顶层设计，将创建工作纳入学校发展规划。为突显“民族团结”办学特色，学校创建了民族团结进步示范学校工作机制，形成了“一个核心，一条主线，四条路径，五支队伍，两个保障”创建工作系统。

学校建设主题场馆，为民族团结教育营造环境氛围。以爱国主义为主线，建设“一场一馆一廊一室一坊”，让校园成为爱国主义教育基地，成为培育民族团结精神的大课堂！

学校开展课程活动，强化各族学生对中华文化的整体认同。抓住课程实施和课堂呈现主阵地，在学习中华文化精髓的课程活动中发现56个民族所共有的文化基因。老师们开发的“民族艺术传承、民族体育运动、民俗民风体验、能工巧匠体验、民族美食烹饪、民俗礼仪讲习、民族服饰欣赏、民族英雄瞻仰、民族精神宣讲”“八面一体”的民族文化项目式课程。

学校注重整合社会资源，以“五支宣讲队伍”为民族团结进步教育群策群力。教师、学生、家长、校外辅导员、五老代表组成宣讲团，积极参与到大力推动民族传统文化教育与传承的活动中，做到“七讲”，即“讲平等、讲团结、讲互助、讲和谐，讲共学、讲共享、讲共乐”，在各族孩子心田上播撒爱我中华的种子，让“三个离不开”的思想悄然生根发芽。

何：您能介绍下贵校编制的特色校本教材吗？

黄：我们根据学生年段认知、心理、身体等特点，以当地发展史为载体，多角度解读中华民族发展时间轴上的时、人、物、事背后所蕴含的核心思想和精神追求，将中华民族精神根植于学生生命中，让他们成为一颗颗饱含着中华传统美德，人文精神、民族自信的种子，发芽成长。每年段都有不同的侧重点，例如，低年段教学目标定位：学习并积累；中年段教学目标定位：探索与发现；高年段教学目标定位：体验并实践。每年段安排5~6个单元课程，每单元课程安排2~3课时。每课时之间是相互关联的，前一个内容为后一个内容打基础作铺垫。所编写的课本教材，既是学生的学习载体，也是学生的作业成果集。目前仍在实践阶段，预计在今年年底会进行第一轮实践后的修改和完善工作。[1]

2. 传承非遗蜡染，共绘团结图景

文化是一个国家、一个民族的灵魂。为做好柳州市蜡染手工技艺的传承和发展，发挥蜡染手工技艺传承基地的作用，民族实验小学结合本校民族特色教育课程，于2018年5月向城中区文化体育和新闻出版局申报建设蜡染非遗保护工作平台，并通过与专业团队老师交流沟通，推进了保护平台建设项目。2018年12月，蜡染手工技艺传习基地被自治区文化和旅游厅授予自治区级非物质文化遗产代表性项目。

非遗课程进校园是弘扬和传承中华优秀传统文化的重要形式。民族实验小学积极将非物质文化遗产之蜡染引进民族艺术传承课程中，积极打造蜡染传习基地，并将融水苗族蜡染传承人梁桂秋的弟子梁立丽老师（融水苗族蜡染第三代传承人）请进校园开展讲座培训，让优秀的艺术教师参与其中学习提升，在与传承人学习交流中提升蜡染技艺。在蜡染课程的学习中，孩子们近距离感受非物质文化遗产独特的文化魅力，从零基础到了解、到模仿，从简单到复杂、到能够尝试自行设计制作蜡染作品，在看、听、讲、练中初步了解蜡染及其传统文化内涵和表现形式，知道蜡染是劳动人民智慧的结晶。

通过开展非遗传承人进校园、学生蜡染社团、艺术教师课程培训、蜡染研学活动、民俗文化节和成果展示等系列活动，让师生在非遗课程的体验和传习中感受中华文化的多姿多彩，在提高保护我国非物质文化遗产意识的同时也提升了师生的文化自信。

周朝《考工记》言："天有时，地有气、材有美、工有巧，合此四者，然后可以为良。"一件蜡染织物，需浸染十多次，历经上百道工序，最终才成为可与大自然媲美的良品。青底白花，纹样图腾，印染了劳动人民对美好生活的愿景。各民族团结一心，繁荣发展，就是将印染在织物上的美好愿望变为眼前的事实，中华民族大家庭也必将带着各族人民的美好祝愿变得更好。

3. 小小石榴籽，传承民族情

学校以"民族团结一家亲"为主题，带领学生开展德育活动，感受各族人民在中华民族大家庭中手足相亲、守望相助。"三月三"民俗文化节、"传统节日周"、民族文化主题月、"社会实践日"等丰富多彩的活动，让学生在制作绣球和壮乡糯米饭、排演

1　访谈对象：黄珺；地点：柳州市民族实验小学；时间：2022年8月12日。

壮乡情景剧、学习绣球舞、竹竿舞和抛绣球等活动中，了解各民族的风俗习惯，增进彼此了解和信任。

“波浪、稻花、号子、白帆，一群小朋友提着木桶正在河边帮解放军叔叔打水！”这是民族实验小学开展民俗文化节的现场。孩子们带来舞蹈表演《我心中的河》，以活泼、可爱的肢体语言和舞台化的表演方式，展现了军民鱼水情，表达出少年儿童们对祖国的热爱和对最可爱的人的敬意。踩着鼓点，踏着歌声。民族服饰秀节目的小演员们从舞台两侧走来，同学们戴着亲自动手制作的苗族银饰，穿上精美的民族服装，朴实大方又不失精致，袖口、裤脚等地方绣着精美的图案，寓意吉祥。民族服饰秀让大家在美的享受中感受到了少数民族对祖国的热爱。“非遗”板凳龙舞表演集书法、绘画、剪纸、刻花、雕塑艺术和扎制编糊工艺为一体，熔体育、杂技、舞蹈为一炉，充分表达了民间舞蹈气势恢宏、刚强柔美的特征，以及勤劳智慧的劳动人民对美好生活的追求。文化节上还展示了不少学生制作的剪纸和蜡染作品，传承非遗文化。一张张普通的纸，通过孩子们精巧的双手，化作具有民族团结韵味的铜鼓，生机勃勃的大树，充满意境的山和水，引来不少师生连连赞叹。除此之外，还有音乐剧优秀作品展示《我和我的父辈》《听妈妈讲那过去的事情》《卢沟谣》。学生们用那嘹亮的歌声，歌颂着我们的党与国家，弘扬红色革命精神，传承红色血脉。

4. 润物无声 民族团结之花常盛

学校开发了“民族艺术传承、民族体育运动、民俗民风体验、能工巧匠体验、民族美食烹饪、民俗礼仪讲习、民族服饰欣赏、民族英雄瞻仰、民族精神宣讲”“八面一体”的民族文化项目式课程，通过看、摸、做、玩等多种体验方式，引导学生近距离地去拥抱我们共同拥有的中华文化，增强学生的文化认同。

学校以爱国主义为主线，建设“一场一馆一廊一室一坊”，让校园成为爱国主义教育基地，成为培育民族团结精神的大课堂。在“三同”（同看、同听、同讲英雄故事）、“两读”（读英雄诗词，读英雄事迹书籍）等一系列活动中，感受中华民族儿女们的赤胆忠心和铮铮铁骨，懂得了是各民族共同缔造了我们的祖国、共同捍卫了伟大的祖国，我国56个民族互相依存、和谐共处凝聚而形成了中华民族，在学生幼小的心中激发中华民族的认同感。

学校整合社会资源，组织教师、学生、家长、校外辅导员、五老代表组成民族团结宣讲团，积极参与到铸牢中华民族共同体意识的活动中，做到“七讲”，即“讲平等、讲团结、讲互助、讲和谐，讲共学、讲共享、讲共乐”，在各族孩子心田上播撒互相团结友爱的种子，让“三个离不开”的思想悄然生根发芽。

（三）龙城中学：柳州第一面红旗升起的地方

1. 红色龙中，其华灼灼

20世纪30年代的广西，教育非常落后。偌大一个柳州地区，只有省立第四中学（柳州高中前身），每学期也只能招收100名学生。“官不办，民来办！”1935年毕业于上海大厦大学的高天骥放弃出国深造的机会，回到故乡柳州，动员其母变卖房屋地产，与地方有识之士合办了龙城中学。抗日战争全面爆发后，高天骥老校长带领龙中师生参与抗日救亡运动，动员大批学生参加广西抗日学生军。1939年7月15日，日本飞机轰炸柳州，龙中校舍受到破坏，学校被迫迁到鹧鸪山上搭盖茅草屋上课。同时，弯塘路的校舍被国民党第四战区的173伤兵医院占用，企图长期霸占，从而解散龙中。学校在地下党员教师的组织下掀起收回校舍的斗争。高校长带领全校师生上街游行请愿，到第四战区司令部作说理斗争，师生们在五角星闹市区露天上课，得到社会各界的同情和支持，终于收回校舍。1944年11月11日柳州被日军占领。学校被迫迁到罗城县山区办学。不久，日本侵略军又打到罗城，师生们在地下党的领导下，与当地人民联合开展游击战争。日本投降后，学校在废墟上重建。

解放战争爆发后，在地下党组织的领导下，龙中学子成立了革命文学团体——奔流社，以笔杆代替枪杆，宣传共产党主张，开展思想政治教育，引导广大师生走上了革命解放道路。师生们又在地下党的领导下，开展“反内战、反饥饿、反迫害”的爱国民主运动，国民党反动派对龙中恨之入骨，阴谋逮捕龙中的党员教师，继而撤去高天骥的校长职务。“寻师运动”后，龙中的学生运动更加活跃，地下党、爱青会和地下学联迅速发展，一批学生运动的骨干输送到农村参加武装斗争，为柳州的最后解放做好了充分的准备。

其中就有被誉为广西“刘胡兰”的贺智华。贺智华是龙城中学46级学生。1949年的春天，解放军以摧枯拉朽之势打败国民党反动派军队主力，全国即将解放，但柳州还处在国民党反动派的白色统治中。为了配合解放军南下，中共地下党领导的都宜忻、柳北等游击队，是当时进步青年渴望奔赴的队伍。1949年5月，在龙城中学读书的贺智华再三请求，参加了中国共产党领导的都宜忻游击队，负责救治前线伤员。

在一次阻击战中，正在给伤员包扎伤口的贺智华被敌人发现。敌人端着刺刀向她逼近，贺智华负伤倒在地上，敌人叫嚣道：“投降吧。”她拼力站起来，两眼怒视敌人说：“绝不投降！”接下来，她振臂高呼，“打倒国民党！共产党万岁！”为了新中国的诞生和柳州的解放，年仅17岁的贺智华献出了自己的生命。她被誉为广西的“刘胡兰”，她永远活在我们心中。贺智华在给其姐姐的一封诀别信中写道：“凡是人，都有‘生离死别’之日。可是怎样的‘离’或死。假如像我这样地离开了你，甚至于不幸的话，永远永远地离开了你及这人间，那也是光荣的，有价值的……”[1]

解放战争期间，龙城中学积极吸纳地下党和爱国人士在龙城中学任教，八角楼成为教师的一个办公点和宿舍。八角楼的烛火亮起，照亮了教育兴邦道路，也照亮了柳州的革命之路。1946 年春，柳州市第一个支部直属中共粤桂边特委领导的中共柳州特别支部（简称“特支”）设在龙城中学，领导了柳州市的革命斗争。在“特支”的领导下，龙城中学的师生在解放战争和为柳州市的解放中做出了重要贡献。

1949 年 11 月 25 日终于迎来了柳州的解放和龙中的新生。当解放的曙光来临时，龙城中学的地下党员沈章平、曾公朗等登上高楼，升起了柳州第一面五星红旗。

2. 传承红色基因，培育时代新人

学校深挖办学历程中的红色基因，以身边的党史、校史资源作为鲜活教材，弘扬革命传统。以龙城中学女学生贺智华的感人事迹为原型创编情景剧《红色记忆》，参演微电影《黎明华光》，自拍校史微视频《风雨龙中路》《红色之旅》，打磨集体朗诵《读烈士遗书，缅龙中先烈》、诗朗诵《青春中国》等校本文化精品，激励师生追寻龙中先贤足迹，让红色学校、红色教育浸润师生心灵，实现“党课 + 校本”双教育。

所有龙中学子入学时要经过“三部曲”：一是在学长学姐们的带领、讲解下了解校史，培育对学校的认同和爱国主义情怀；二是学唱龙中校歌，从中汲取革命先辈的精神，继承先辈意志；三是开展军训，军事化管理，促成良好行为习惯养成。在生活上自立自强，艰苦朴素，成立学生会等学生组织进行自我管理，自我服务。龙中的师生情也延续了革命年代的师生情怀，形成了相互帮助，互助互爱的一种氛围。通过党建带团建，团建带队建的方式，学生之间的一对一的帮扶、党员对班级对老师的帮扶互动，或者班级之间共建，各项工作取得明显成效。

百年的励精图治，百年的春华秋实，在龙城中学这方深含文化底蕴的育人沃土里，一代又一代德才兼备的教师以他们的理想、才华热情耕耘着这神圣的园地；一批又一批莘莘学子在这里插上理想的翅膀，走出母校的怀抱，走向高校，走向社会，走向人生事业的星空。

3. 心手相牵，谱写民族团结诗篇

龙中少数民族学生比例达 50% 以上，经常性开展民族团结进步教育工作，成立民族团结进步创建工作领导小组，将民族团结融入办学特色、校园建设、德育工作之中。设置中华文化阵地，开展研学活动，学习传统工艺，了解中华文化，构建各民族师生共有精神家园，铸牢中华民族共同体意识。

---

1 《百城百人讲百年故事：那年她才十七岁——广西的“刘胡兰”贺智华》，广西关心下一代公众号，https://mp.weixin.qq.com/s/WW3FC8NaqUEhG4rEq9hEpw。

学校龙城中学对口帮扶融安县长安中学、融安县民族中学，结成龙城中学教育集团—长安中学教育共同体，派遣教师到县城中学开展教育教学指导工作，以教育为县城脱贫，乡村振兴注入潜力，力促各民族学生交往交流交融，努力实现“专业引领、资源共享、相互促进、共同提高”的目的。

学校积极与中国香港、美国辛辛那提等城市达成合作，促进文化交流，将中华文化传播世界。龙城中学与其新疆姊妹中学开展长期联谊活动，通过线上交流，交换书信等方式，增进民族之间相互了解，铸牢中华民族共同体意识。龙城中学还与香港航海学校达成长期合作，相互访学，并互派交换生进行交流学习。疫情期间，龙城中学通过慰问信关心香港航海学校情况，加深了香港与大陆的亲密关系。

“我们不怕风霜，不怕艰苦……在伟大的时代里，我们更要亲爱团结，不断学习，紧紧地拉起手，为建设龙中而努力，为建设新的中国迈进……”正如龙中校歌传唱的，龙中师生将继续发扬龙中精神，不怕风霜，不怕艰苦，赓续红色基因，铸牢中华民族共同体意识，在新时代展现新作为！

（四）柳州高中：革命之火在此传递

柳州高中不仅是一所百年名校，还是柳州革命的摇篮。1949年11月，在辛亥革命时期柳州高中孕育的革命火种，终于成为新民主主义革命的燎原烈火，烧毁了半封建半殖民地社会的统治，历经磨难的古城柳州获得了解放。柳高的仁人志士和革命先烈，用鲜血和生命铸就了柳高的革命光荣传统。柳高的新民主主义革命历史，实际上是柳州地下党组织23个春秋历史的缩影。[1]

1907年，一所教育圣地在龙城诞生。柳州高级中学原名柳州中学堂，同盟会起义成功后，在柳州中学堂宣布柳州独立，推翻了统治柳州两千多年的封建制度。1919年5月，五四爱国运动爆发，揭开柳州中学堂爱国救亡运动高潮。此后诸多毕业生加入中国共产党，成为柳州籍第一批共产党员。中共柳州支部成立后，通过国共合作的渠道，帮助国民党左派建立、发展和整顿一系列合法组织、联合会、协会、同盟会等，使这些组织成为领导大革命运动的指挥部和共产党的工作据点，组织开展反帝、反封建、反压迫、反侵略的宣传活动和示威游行。国共合作失败后，大批共产党员惨遭杀害，革命形势困难。在白色恐怖中，共产党人克服重重困难，独立领导革命，逐步恢复和发展党组织。1931年九一八事变发生后，学校学生参与抗日救亡运动，宣传进步思想，抵制日货，集体罢课，到农村宣传抗日工作，并与文化团开展抗日救亡的歌咏、戏剧演出活动。抗日战争期间，柳州党组织遭到严重破坏。大革命时期加入共青团的柳州中学学生吕明，逃脱四一二反革命的屠杀，改名换姓考入广西航空学校，成为柳

1　中共柳州市城中区委宣传部：《星火城中》，第45页，内部资料。

州的第一批飞行员，驾驶战机战斗在蓝天。柳州中学的共产党员带领进步同学参加广西学生军，有的加入共产党，转入新四军，战斗在江淮两岸。其中，柳州中学学生赵素娥、陈守善，为中华民族的自由解放献出了宝贵生命。不少党的地下工作者和革命分子，为了国家民族独立和解放，前仆后继、不屈不挠、英勇斗争。[1]

（五）广西科技大学：教育部部长点赞的高校

广西科技大学于2013年由原广西工学院和原柳州医学高等专科学校合并建立，是直属广西壮族自治区人民政府管理的普通高等学校。学校坚持“校市相融，校企合作”的办学特色，积极探索民族团结进步教育工作新模式。2021年，时任教育部党组书记、部长陈宝生视察广西科技大学，先后走进了大学生赛车俱乐部实验室、虚拟现实实验室、新能源汽车实验室和智能化工程机械实验室，高度肯定了学校坚持社会主义办学和应用型办学方向。

“赛车俱乐部就像一个大家庭，同时也是一个教学和实践相结合的平台，在赛车制造过程中，可以不断丰富同学们的专业技能知识。”陈宝生部长在参观学校赛车俱乐部时赞扬道。在得到部长的肯定后，作为赛车俱乐部成员的郑富天同学深受鼓舞，“我们要再接再厉，让这支拥有辉煌成绩的队伍在我们的努力下更上一层楼”。机械与交通工程学院学生岳耀状同学说：“智能制造领域在未来有很大的发展前景，这对于正在就读该专业的我来说是莫大的鼓舞，今后我将进一步明确目标，把理论和实际相结合，走进企业，通过实践去进一步巩固所学知识，在成长中实现自身的价值，更好地为国家、为人民服务”。

“广西科技大学的同学都是好样的，有着大学生该有的朝气蓬勃。”陈宝生部长的话让科大全体师生充满了热情和斗志。学校通过“产业＋学校”“信息＋教育”“企业＋学科（专业）”“党建＋班级（社团）”等方式，全面提高人才培养质量，提升服务地方经济社会发展能力。

1. 民族团结教育进校园

学校重视民族理论和民族政策教育，通过开设50余门文化类通识课、专业课程，在各学科（课程）教学中积极挖掘中华民族共同体意识教育资源，将铸牢中华民族共同体意识纳入课堂教学和课时安排，不断打牢师生中华民族共同体思想基础。

学校不断拓宽活动平台，通过中华经典诗文朗诵比赛、“经典国学”讲座、“少数民族文艺汇报演出”、“我们的节日”主题班会、知识竞赛、壮乡“三月三”等富有中华文化内涵的活动开展铸牢中华民族共同体意识教育，增强大学生对于中华民族大家

1　中共柳州市城中区委宣传部：《星火城中》，第37、41页，内部资料。

庭的认同感，促进各族青年交往交流交融。形成各民族交往交流交融、民族感情和谐融洽的良好氛围，推动中华民族传统文化的保护和传承，构筑各民族共有的精神家园。

学校设立了“广西铸牢中华民族共同体意识研究基地”，组织专家教师深入探讨铸牢中华民族共同体意识理论和柳州实践路径，努力为柳州市和广西铸牢中华民族共同体意识工作做贡献。

2. 立足本地资源，传承非遗文化

结合地方民族文化资源特点，广西科技大学设立了“广西非物质文化遗产民族民间文化研究所”和“苗锦文化研究与展示中心”，通过与政府及非物质文化传承人合作，建立教育实践基地，积极开展与民族艺术文化相关的教学、研究和培训活动。在柳城县、融水县建立了广西科技大学艺术教育实践基地，为学生提供民族创新设计实践平台。

推门而入，一件精美的苗衣映入眼帘，两旁是展板和陈列柜，以展示广西融水苗锦文化、苗锦工艺技法、苗锦老物件为主，兼有苗族蜡染、亮布等展品。此外还有教师成果展示区、学生成果展示区、非遗剪纸展厅、紫荆花展厅。

苗族织锦，又称“织花”，即编织棉、纱、丝或麻线形成的花纹织物，它是我国民族织锦中独具特色、至今仍保有传统艺术风格和织造工艺的手工艺品。苗锦文化研究与展示中心旨在研究、体验、传承以苗锦为主的民族民间技艺及其文化，研究民族文化与中华文化一脉相承的基因图谱，打造高校创新、研究、传承非物质文化的新高地。

3. 壮族攀岩教练与汉族螺蛳粉“大神”

广西科技大学是柳州市民族团结进步创建示范单位，民族团结氛围浓郁，各民族师生相亲相爱，积极上进，涌现了一批批优秀师生。壮族青年莫双瑗，是学校体育学院专业教师，他潜心钻研教学，关爱学生成长和发展，专业技能突出，担任教练指导和带领我校攀岩队获得多届全国大学生攀岩锦标赛 59 枚金牌、36 枚银牌、27 枚铜牌，是广西五一劳动奖章获得者。

“对，踩准落脚点！注意序列！”攀岩馆内，在巨大的攀岩模型下，一身专业运动服的莫双瑗，在给攀岩队员们指导着动作，话语中无不蕴藏着催人奋斗的力量。这些年来，尽管队员不断地新老交替，但广西科技大学攀岩队始终保持在全国大学生攀岩赛事第一军团的地位，其中队员先后有 5 人次入选中国大学生攀岩队，代表国家参加第一届和第二届世界大学生攀岩锦标赛。对于这些队员而言，短短几年时间，从不懂攀岩到成长为中国大学生攀岩队伍中一匹闪亮的黑马，这些成绩，与莫老师有着密不可分的联系。

在攀岩队里，莫双瑗总在“严父”和“慈母”的角色中来回切换。训练中，他是

“严父”：储备训练必须要达到一定的时间；每晚带领队员们至少训练到10点；对队员的每一次失误和不足，都会不厌其烦地反复纠正，直到达到完美的效果。临近比赛前，他是“慈母”：每天都给学生带鸡蛋和运动饮料；关心学生衣食住行，给予学生最大的鼓励和疏导，确保他们在比赛中保持最佳状态。“就像学习、教学和带队比赛，我喜欢这种互动的过程，喜欢从中收获的阅历与见识，带学生和参加比赛其实都是一种自我价值的体现。”这就是真性情的莫双瑗。“只有进行了激情奋斗的青春，只有进行了顽强拼搏的青春，只有为人民做出了奉献的青春，才会留下充实、温暖、持久、无悔的青春回忆。”莫双瑗把习近平总书记对青年的寄语作为座右铭，用实际行动诠释着自己最美丽的青春，不断攀登着生命里新的高峰。[1]

在广西科技大学有一名来自山东的汉族年轻教师，他扎根柳州，潜心研究螺蛳粉，已经成为螺蛳粉界的“大神”。他就是广西科技大学生物与化学工程学院专任教师、广西柳州螺蛳粉技术标准委员会委员、广西柳州螺蛳粉工程技术研究中心岗位专家程昊。

如何才算是一名真正的柳州螺蛳粉发烧友？是几乎吃遍柳州城区所有的螺蛳粉实体店？还是天天都嗍粉，根本停不下来？程昊把爱好做成了事业，从一名“骨灰级”的嗍粉爱好者，摇身一变成为螺蛳粉领域的研究专家，见证着柳州螺蛳粉一步步从路边摊走向世界。

“我几乎每天都要吃一碗螺蛳粉！最夸张的一次，是2015年的暑假，42天我就吃了100多家实体店螺蛳粉！从城中区吃到柳北区再到鱼峰区，没放过任何一家螺蛳粉店。”程昊笑着说，身为山东人的他，在2003年19岁时就来到柳州学习和工作，一次在路边的“邂逅”，没想到就这样爱上了这碗粉。

而这一开始并不是为了研究，仅仅就是因为喜欢螺蛳粉这道美食。“柳州螺蛳粉有着鲜香爽辣烫的特性，忙碌的工作后，吃一碗下去，胃里暖乎乎的，感觉也没那么疲惫了。”程昊认为，柳州螺蛳粉是能够让他在疲倦时满血复活的一则“灵药”，当时柳州遍地都是螺蛳粉店，既有路边摊，也有门店，只要想吃，随时随地都能一饱口福。

2014年，为了让柳州螺蛳粉走得更远，制作预包装螺蛳粉的风潮在柳州逐渐兴起。“当时制作预包装螺蛳粉的多数以小作坊为主，标准化的程度还比较低。”程昊说，在2015年，柳州召开螺蛳粉产业发展大会，确定了柳州螺蛳粉“产业化、标准化、品牌化、规模化”发展理念，柳州螺蛳粉产业才算正式走上工业化生产的道路。

“直到2015年，我才开始踏入螺蛳粉的研究领域。”当时的程昊作为广西科技大学生物与化学工程学院的专任教师，一些螺蛳粉企业陆续找上门，商量一起联合申报科技攻关项目，“初步我们是合作做一些产品设计方案，确定如产品用什么醋，辣椒油的成分等细节。”程昊说，也是从这时，自己从一个爱好者“变身”成了研究员。

“为了提高螺蛳粉的品质，标准化是大势所趋。”程昊说，在2021年7月，市政府

1 《广西日报》2018年3月9日，第10版。

首次启动柳州螺蛳粉产业相关领域柳州市地方标准制定工作，为高标准支撑高质量发展提供重要纲领。

“这也是我第一次接到市级的标准制定工作！”程昊激动地说，在 2022 年 4 月，《柳州螺蛳粉辣椒油配料包制作工艺规范》等 35 项柳州市地方标准正式发布，其中 12 项由程昊带领团队起草编写完成，为促进柳州螺蛳粉产业高质量发展再添新翼。

回顾多年来的嗍粉“历程”，程昊十分感慨，未来柳州螺蛳粉将去向何处？“我们团队目前专攻关于米粉的研究，正在努力实现米粉的冲泡，让冲泡型螺蛳粉更能还原实体店口感，同时开创更多新口味的米粉。”程昊说，目前企业的主要诉求是进一步延长袋装螺蛳粉的保质期，同时在口味上，再进一步还原实体店口感。

> “柳州这个地方很开放包容，五湖四海，不排外。各个地方、各个民族的文化都能在这里找到归宿，而重新整合焕发出新的生机和活力。螺蛳粉就是这样，一个多元文化的糅合体。我爱螺蛳粉，也更爱柳州。我们目标就是把螺蛳粉做成柳州的品牌、广西的大品牌，甚至是中国的品牌。目前我所做的就是在技术上提质增效的工作。”程昊说。柳州螺蛳粉还有着更多的可能，等待着各路专业人士，一同去挖掘。[1]

百年大计，教育为本。在柳宗元生活工作过的地方，城中区正以优质的教育资源播撒着中华民族意识的火种，办人民满意的教育，让教育为民族团结事业锦上添花。

四、中南街道：醉美龙城的人间烟火

中南街道因所处地域位于原城中区的中心偏南，命名“中南”。中南街道下辖 4 个社区：福柳新都社区、西门社区、映山社区、青云社区，街道办事处驻西门社区雅儒路 75 号。中南街道以汉族为主，有壮、满、侗、瑶、苗、回、白、藏、布依、土家、傣、水、毛南、仫佬、仡佬、蒙古、彝族等 17 个少数民族，占总人口的 13% 左右。

（一）青云菜市——舌尖上的柳州

1. 青云烟火，醉美龙城

古往今来，这块被柳江兜起来的“壶城”，地灵水秀：留得住人、集得起货、做得开买卖、养得旺宗族。作为整个西江航路上最聚人气的城镇，柳州是名副其实的码

1　访谈对象：程昊；地点：广西科技大学柳州螺蛳粉研究中心；时间：2022 年 8 月 16 日。

头商埠之城。明崇祯十年（1637年）夏天，一位叫徐霞客的游者来到柳州，开始长达14天的游历。在柳州城外，他留下这样的描述："其城颇峻，而东郭之聚庐，反密于城中。"意为这个区域的建筑比城内更密集，足见繁荣景象。《徐霞客游记》中提到的这个"东郭"，指的就是今天的曙光路一带的青云片区。这条邻近柳江的街道，在以河运为主的古代，一直是官商要道。位于曙光西路历史文化街区的小南路旧称"苏杭街"，来自苏杭的绫罗绸缎、布匹金银聚集在这里。一到晚上，处处可见"江里画舫烟中浅，岸上花市灯如昼"的景象。曙光西路的"曙光"，不只是一个街名那么简单。1926年至1949年，中共柳州地下党组织，在这里和国民党反动派周旋斗争，如今，中共桂柳区工委驻地旧址（陈枫旧居）依然在这条街上静静地伫立，无声地向无数归人和过客，讲述着那段可歌可泣的历史。

如今青云片区的青云菜市仍然是柳州市历史最悠久、最大的菜市场之一。从滨江西路和中山西路、小南路的许多路口都可进入青云菜市，在曙光西路和中山西路口各建有一个牌坊，作为首尾出入口的标志。市场有摊位近900个，其中青云传统美食集中在柳州市城中区曙光西路，曙光西路全长700米，住宅约220户，沿街商铺92户，摊贩约332家。高峰期人流量达到每小时2800人次，可谓车水马龙。汉族、壮族、侗族、苗族、瑶族、仫佬族、土家族、毛南族等多个民族在此相聚而居。熙熙攘攘的菜市诠释着柳州市井烟火气，其特殊的地理位置和多元的民族结构，也孕育出多元包容、特色鲜明的饮食文化。

在青云，柳州螺蛳粉、桂林米粉、融安滤粉、羊肉粉、卷粉、云吞店等店比比皆是，还有林和记烧肉、十八婶芝麻糊、五婶粽子、符老三露水汤圆、五色糯米饭、芋头糕、水糕、新疆烤包子、韭菜盒子、烧鸭、烤鸡等地方小吃，这里就是各民族、各地方特色美食的"集散地"。

2. 露水汤圆，记住乡愁

符老三露水汤圆历经百年，已传承至第三代，其制作技艺入选2018年柳州市第六批非物质文化遗产代表性项目名录。符国伟（瑶族，因排行老三，人称"符老三"）于2019年被认定为该项目代表性传承人，在街道、社区的广泛宣传下成为最负盛名的"老柳州"民族美食之一。每天都可以卖上上千个汤圆，许多老食客穿越大半个柳州都要来吃上一口符家的露水汤圆。

1991年，符国伟接过祖传技艺——露水汤圆，并在多民族聚居的柳州青云菜市扎下了根。露水汤圆是福建、台湾等地的传统美食，从符老三的爷爷辈开始被带入柳州，并根据柳州地理环境、饮食习惯等改良成本地特色的露水汤圆。露水汤圆个头浑厚圆润，用料充足，咸鲜软糯，又被称为"咸汤圆"。由于老一辈制作汤圆没有冰箱冰柜等的储存条件，做好的汤圆只能放在室外低温保存。第二天清晨，汤圆就会沾上一层露水，因而得名露水汤圆。一直以来，符老三坚持传统做法，用料讲究，馅料十足，彰显了老手艺人不改初心的执着。

我的店在这个巷子尾，地方比较简陋。装修不太好，也没有空调，座位也没有多少。每到一日三餐的饭点，我这个地方都会有很多人过来吃汤圆。虽然汤圆不是主食，但是很多人都会买回家当作甜品或者是早餐、夜宵。甚至还有一些外地人，或者说住得比较远的柳州人，他们都会大费周章一路问到我的店里。虽然赚不了很多钱，但是这道传统的美食能被各族群众所接受所喜欢，我内心也是很安慰的，觉得特别有成就感。[1]

符老三露水汤圆店深藏于菜市之中，招牌其貌不扬，许多慕名而来的新客要想找到它得费一番周折，颇有“大隐隐于市”之感。露水汤圆皮多采用粘米、糯米制作而成，汤圆皮经过磨浆、加热、揉搓等传统工序变得洁白绵软，加之猪肉，头菜，木耳，香菇，加点豆腐丝或者粉丝为馅，再加上筒骨高汤锦上添花。一口咬开汤圆皮，Q弹软糯，阵阵米香瞬间俘获味觉与嗅觉，紧接着咸香的内馅儿扑鼻而来，一碗露水汤圆即可开启柳州人的一天。粘米、糯米是壮族的重要主食，各种食材混制的内馅儿又似各民族亲密无间，一枚露水汤圆涵盖了各民族美食的精髓，又蕴含柳州各个民族相互包含，互不分离，团团圆圆的良好寓意。

鲜有人知道香软的露水汤圆却是出自钢铁军人之手。符国伟于1979年参加中越边境自卫反击战。退役后，这位老党员、老战士选择回到家乡，继续着最能抚慰人心的事业。符国伟的战友非常支持其制作露水汤圆，并常来捧场。对这些老战士来说，露水汤圆不仅是一道美食，更是家国和平安定的象征。它见证了祖国繁荣稳定、各民族心手相牵的历史，包含了国昌盛、家和睦、人团圆的深情。可以说，这一枚小小的露水汤圆就是这名老兵对祖国、对中华民族最真挚的祝福。

除了坚守传统，符师傅的露水汤圆也作了一定创新。露水汤圆其中创新之道便在于糯玉米汤圆皮。柳州自产的白糯玉米口感上佳，相较糯米更易于消化吸收。以糯玉米粉改良的汤圆皮，符合现代人轻饮食的理念，受到更广泛群体的欢迎。

虽然露水汤圆是一道传统美食，很多人喜欢吃。但是露水汤圆毕竟不是主食，街坊邻居们吃多了，吃久了也会腻。而且现在不像我们过去有得吃就行了，现在的人对于美食更加注重健康，其次才是味道，为了让露水汤圆能够符合现代人的饮食标准和习惯，我也对露水汤圆的制作方法和用料选材上做了适量的改变，没想到消费者还挺喜欢。

年末的时候很多在外谋生的人回到柳州以后都会来到这里吃一碗露水汤圆，

1　访谈对象：符国伟；地点：符老三露水汤圆店；时间：2022年7月12日。

他们说“吃到露水汤圆就是回到柳州了”。春节刚过不少外出务工的人都会来到我店里打包很多露水汤圆，一是留给自己吃，二是分给自己的同事。要打包露水汤圆的人很多，于是有些人为了抢露水汤圆，还会提前好长时间给我打电话预订。[1]

“吃到露水汤圆就是真的回到柳州了。”不少在外打拼的柳州人一回到柳州，就要来吃一碗露水汤圆。露水汤圆保留了最传统的配方，符师傅说：“这是大家记忆中的味道，我会一直坚持做下来。”露水汤圆不单只是饱腹的一道美食，更是承载着柳州独有的文化记忆，柳州人不可抹去的乡愁，是文化认同、代表各民族共同记忆中的符号。

3. 人间烟火气，最抚凡人心

青云菜市可不仅仅是个菜市，在别的菜市买不到的东西，在青云菜市却可买得到。在这里，河边鱼、野蘑菇、野菜、中草药材常年可以买到。除此之外，市场里还有服装、五金用品、食品配料、茶叶特产、烧卤等店商品，甚至有生铁锅、竹制筐篮、草编板凳、草竹凉席等进行售卖，从贴膜、小吃，再到生活用品，一应俱全。每天来这里的人很多，人群摩肩接踵的。大家都喜欢去逛青云菜市，这里不仅可以买到新鲜、实惠的特色水果、便宜的生活用品，还可以品尝当地特色美食。你很难想象在市中心有这样一个地方，在大块的青石板上行走，听到讨价还价声，看着周边有年代感的私人楼房，有一种穿越时空的在乡镇赶圩的感觉。

青云菜市有很多的地摊，也有部分商家租私人楼房的一楼当作门面。入夜后的青云，形形色色的摆摊族三两成群，张罗起手头营生。那些看起来毫不起眼的小店，一开就是十多年。有的甚至没有店名，也没有菜单，低调到你从它身边路过都会忽视，但却总是能够口口相传，引得无数食客蜂拥而至。

“青云像是闹市区留下的最后遗珠，有现代繁华商圈，也有简陋至极的摆摊一族。就好像，它既能满足你巴黎喂鸽子的雅兴，也能圆你村口逗黄狗的乐趣。在这里比较有名的有几十种。从青云美食谱我们可以看出柳州文化的兼收并蓄，既有壮家粽子、侗家油茶，又有汉族的口味；既有南方的主打，又有北方的元素。青云是一条充满着历史和故事的街道，这条街道里孕育了独特的美食文化。”住在附近的小蔡大学毕业两年多了，在报社工作。忙碌一天后，她喜欢在青云菜市走走，感受一下青云的人间烟火气，她对青云有着自己的理解，也有着一份特殊的情感。

于繁华闹市之中，能够保留一丝老柳州的生活气息——“吃过饭散步，听听卖唱小曲，在小摊上讨价还价，给孩子捎带个玩偶回家……”这是柳州人生活的一部分。很多民族的群众在这个地方安居乐业，平时他们都穿着一样的衣服，说着一样的

1 访谈对象：符国伟；地点：符老三露水汤圆店；时间：2022 年 7 月 12 日。

桂柳话，我不知道你从哪里来，你也不问我是哪个民族。但是大家却有一个共同的符号——柳州人。

4. 从非遗美食到“可口载体”

为了使传统美食品牌适应现代化市场需求，中南街道转变发展思路，在保持民族传统食品风味的同时，探索方便化、商品化之路，让老技艺与新技术碰撞出新思路。中南街道还成立青云民族小吃制作技艺非遗项目保护小组，带领各族老匠人参观食品加工厂，了解食品精美包装、真空包装等程序，帮助老商铺申报非遗项目，同时通过开展“青云民族老手艺”专题宣讲走进社区、学校等活动，让年青的一代对民族传统技艺中蕴含的民族文化有更深刻的认识。民族传统美食制作工艺焕发新的活力，也成为民族团结进步创建工作“最可口的载体”。

20 世纪 80 年代，壮族姑娘潘引耐以一手壮家传统五色糯米饭工艺，在青云民族美食街站住脚跟。2000 年，她一度想用快捷高效的食物染料等新技术替代传统工艺，后在街道社区的指导下选择了保留传统工艺，改进美食包装及售卖形式。潘姐五色糯米饭深受大家的喜爱，经久不衰，呈现最正宗的壮家味道，也承载着新老柳州人浓浓的乡愁。

从青云走出的驰名柳州美食品牌“黑子米粉”，清一色的服务员“大姐”多数是下岗的街坊邻居，一开始出于邻里互助的初衷，创始人曾凡钰吸纳了部分姐妹到店里帮忙。随着事业的不断扩大，黑子米粉已在市内开设分店 12 家，提供就业岗位近 50 个，就业人员涵盖壮、汉、瑶等多个民族，实现了从一个小粉摊到品牌连锁店的华丽蜕变。

据中南街道的统计，2021 年青云美食街共接待游客超百万人次，总体营业收入超 8000 万元，实现游客人数、营业收入双提高。青云社区不仅打开了就业新空间，街区美食的多元化和各民族的包容性也不断促进青云民族美食业不断做大做强，不但吸引了柳州市内外的八方来客，同时还解决了 1000 余名下岗职工和剩余劳动力的就业难题。

（二）福苗苗课堂——守望麦田，共铸梦想

柳州市福柳新都社区成立于 2001 年 7 月 28 日，常住人口 2.14 万人，隶属城中区中南街道办事处，荣获“全国青年文明社区”“自治区文明小区”“柳州市科普示范小区”“柳州市文明小区”“柳州市爱国卫生先进单位”等荣誉称号。福柳新都社区是柳州拥有数百年历史和商贸传统的商业中心，商铺林立，人流如织。位于河北半岛的“五角星”商业区域是整个城市的核心商业区，在柳州市民心目中具有极高的知名度。

福柳新都小区居民多以上班、打工族为主，他们的孩子大多由老人照顾，一部分孩子甚至独自上放学。这些孩子放学后、周末、寒暑假“管理真空”成为小区大多数

居民的心病。针对居民的这一服务需求，社区党委于2016年1月以党建创新项目“福星家园”为载体建立了福柳新都小区“四点半学校”——福苗苗课堂。课堂场地选在福柳新都小区28栋活动室，占地30平方米，场内配置桌椅、黑板白板和文体活动用具。与社区儿童家园、图书阅览室、科普工作室等资源实现共享，更好地发挥其教育和服务功能。活动室利用寒暑假和周末，举办社区绘画、声乐、手工制作、科普教育、球类等多个主题培训班，吸引了社区100余人次参加活动。2016—2018年，共利用惠民资金21万余元开课400余节，惠及居民和孩子6000余人次。

> 小孩子一般放学比较早，有些小孩子有爷爷奶奶带，也有部分小孩由于父母的工作的原因，无法及时在家照看孩子。在孩子放学到父母回来的这一段时间，小孩子在家就存在着很严重的安全隐患，同时在这段时间小孩子的时间被大量地浪费掉了。尤其是在周末寒暑假，容易受到自然的和非自然的因素所带来的侵害。社区党委为了解决这一问题，保护这个群体，于是就开创了这个“四点半学校”，也就是福苗苗课堂。小孩子放学以后来到福苗苗课堂，在这段时间里，小孩子不仅能够受到监管和看护，在确保人身安全的同时，还能学习新的知识和技能，也在一定程度上缓解了父母无暇看管孩子的问题。我们小区附近也有很多类似于午托、晚托这样的辅导班，但是收费相对比较高，许多家庭都负担不起，所以很多家长都愿意把小孩送到福苗苗课堂。[1]

福苗苗课堂紧贴社区实际，迎合群众需求，切实解决辖区青少年儿童的课外教育和安全问题，构建有利于青少年成长的和谐社区。社区邀请柳州市儿少中心、知名教育培训机构、社会组织等来丰富课程设置，还组织小区党员、志愿者、共建单位在职党员等组成教师志愿服务团队。学校设置了科学实验课、泥塑课、绘画手工课、英语课、书法课、音乐舞蹈课、汉文化学习等课程，还在小区党群之家旁打造“绿巨人科普园”，方便孩子更好地了解植物树种，增长植物学方面的知识，丰富孩子们的课余生活。

> 我们福苗苗课堂虽然周一到周五开设的课程时间只有一个半小时，但是我们也开设周末课程和寒暑假课程。课程内容丰富涉及各个领域和不同的层面，主要有兴趣爱好培养、手工制作和科普教育等类型的课程。其主要目的是培养小孩的动手能力、思维能力和学习能力。福苗苗课堂开课以后，很多小孩和家长都特别喜欢我们这里的课程模式。现在福柳新都社区的福苗苗课堂已经辐射到周边多个社区，许多其他社区的家长都会选择把小孩送到福苗苗课堂进行学习。能够服务

1 访谈对象：福苗苗课堂负责人；地点：城中区福柳新都社区办公室；时间：2022年7月13日。

多个社区并且得到社会和家长的广泛认可，我们内心也是非常开心的。[1]

“四点半学校”课程时间安排为周一至周五下午4:30—6:00，课程设置有课业辅导、手工、英语口语、黏土课、简笔画，周末开设写作技巧、播音主持、英语口语、科技制作、简笔画等课程。寒暑假期间，聘请培训机构的专业老师开展“我的寒暑假”活动，寒暑假每天开班，课程设置有英语、舞蹈、绘画、声乐、手工制作、科普教育等，同时还根据居民需求举办夏令营、户外拓展、趣味运动会等主题活动，深受居民和孩子们的欢迎。

福苗苗课堂推出了“两学一做，童心向党”等系列微教育活动。在“两学一做，向国旗敬礼”福苗苗创意泥塑活动中，家长与孩子一起制作国旗党旗，加深了孩子对国旗党旗的认识，是很好的爱国主义教育形式；在“两学一做·红色经典故事我来讲”福苗苗课堂讲故事比赛中，党员当评委，小朋友们讲故事，重温红色经典，传党情、颂党恩；在“两学一做·福奶奶的红色记忆”中，通过参观军事博物馆活动，老党员讲军事时事，为孩子答疑解惑，引导孩子晓军事，明历史。截至2022年7月，活动共组织辖区参与人数达120余人次。

福苗苗课堂吸引了很多社会各界的志愿者，特别是部分学生家长，他们经常会来到校区从事义务劳动，帮助小孩子们建立起一个更加舒适的上课环境。社区里的老党员也经常来从事一些志愿活动，他们会给小孩子们讲故事，说历史。经过一段时间的学习，我发现来我们小区上课的小孩子，他们的进步也非常大，不管是动手能力、思维能力还是自我管理能力都有明显的进步，我想这应该符合我们开办福苗苗课堂的初衷。[2]

通过志愿服务积分制和小区党员轮值，“四点半学校”实现了居民自主服务、自我管理。课堂签退、课堂秩序维护、场地管理维护等均由志愿者承担。小区居民每户有一本《福柳新都志愿服务手册》，他们每参加一次志愿服务就可以获得相应的积分，积分不仅可以兑换物品还可以兑换惠民服务。党员、居民、孩子共同参与，形成了和谐邻里、居民互助的良好氛围。

（三）无血缘祖孙——中华民族一家亲

中南街道映山社区流传着这样一个故事。

---

1 访谈对象：福苗苗课堂负责人；地点：城中区福柳新都社区办公室；时间：2022年7月13日。

2 访谈对象：福苗苗课堂负责人；地点：城中区福柳新都社区办公室；时间：2022年7月13日。

30 年前刘柄均跟随父母亲来到柳州生活，由于家庭原因无法照料年幼的刘柄均。无奈之下询问邻居谁愿意帮忙照顾年仅 1 岁 7 个月的刘柄均，一对夫妇可怜这个无人照料的刘柄均，于是夫妻二人不顾年龄已大就答应帮忙照看这个孩子。没想到这一善举竟成了长达近 30 年的陪伴和守护，此后夫妻二人就把刘柄均当作亲孙子一样抚养长大。刘柄均的父母将他寄养到覃庆英家，不久后便再无音讯。至此刘柄均一直都生活在覃庆英的家里，覃庆英将刘柄均视如已出悉心照料，其中有多少辛酸和苦累我们不得而知。

> 我很小的时候家里很穷，阿婆靠着她的退休工资和在青云市场卖壮乡粽子维持着我们的生活，同时也负担着我的学费。有一次我嘴馋想吃水果，但是又没有钱，于是就在市场水果摊边捡了一个烂了的水果吃。阿婆见了很是心疼，立马就给我买了新鲜的水果，并嘱咐我不要再捡地上的东西吃，那样不卫生。我们家确实不太宽裕，但是钱和这个孙儿相比，阿婆毫不犹豫选择了我。多年过去了她那时心疼的表情还有眼神，我至今难以忘怀。[1]

阿婆在青云市场摆摊卖壮乡粽子供刘柄均上学，刘柄均每天一下课就去帮忙，晚上和阿婆一起将第二天的粽子包好。就这样，不同民族没有血缘的祖孙俩相依为命，经历了不少生活苦难，也建立起了深厚的祖孙亲情。

> 当时我爸妈把我送到阿婆家里以后不久就离开了，由于他们之前结婚没有办结婚证，不久后因为情感不合就离婚了，然后各自又组建了家庭，他们各自成家以后就没有怎么来看过我，这么多年过去了，我对他们已经没有什么印象了。我记得前几年我父亲因病去世了，然后我去老家给他奔丧，这么多年了那是我第一次去到我爸的家里，当时就感觉特别陌生。母亲自当年抛弃我以后就没怎么出现过，可以说我基本就没有见过她。对于他们俩而言，我也没有太多的情结。

刘柄均的眼神坚定、性格开朗、对未来充满着希望，而且满眼都是这个毫无血缘关系的老人，阿公和阿婆寄托了他所有对于亲情的憧憬和亲人的牵挂。覃庆英婆婆的丈夫去世时，刘柄均才刚满 10 岁，覃庆英婆婆与刘柄均一老一少相依为命。前几年覃庆英由于腿摔伤了要进行手术，对于一个只拿退休金和微薄工资的家庭来说，这无疑是一笔巨款。刘柄均身边的朋友还有亲人，都劝说刘柄均放弃治疗，毕竟阿婆已经这么大岁数了，应该没有什么遗憾。但是刘柄均却并不这么想。

1 访谈对象：刘柄均；地点：映山社区社区办公室；时间：2022 年 7 月 13 日。

不管遇到怎样的困难，我都不会放弃阿婆，阿婆不仅是我的恩人，更是我的亲人。我小的时候阿婆在青云菜市场卖壮乡粽子把我养大，而今她只是受了一点小伤，我无论如何都不会抛弃她的。我现在虽然是有工作不愁吃喝，但是说实在的我除了阿婆以外什么都没有了，不管出现什么样的困难，我都不会放弃。[1]

手术后覃庆英因为腿疼时常晚上睡不着觉，于是刘柄均就经常半夜给阿婆上药按摩，有时候一按就是一整晚，第二天还要忙着干活。覃庆英婆婆因为腿脚受伤，走路很容易摔跤，所以每次出门刘柄均都寸步不离。覃庆英婆婆每次去医院拿药，刘柄均都陪在身边搀扶着覃庆英婆婆害怕她摔跤。每次覃庆英婆婆去开党员会议，刘柄均早早扶着她开会，会议结束又去接她回家。哪怕再忙，只要一有空，刘柄均就会搀扶着阿婆散步，一心一意对覃庆英婆婆好。刘柄均的孝心也受到邻居的赞扬。

刘柄均学的是软件工程，大专毕业后他没有选择离开柳州，毅然决然放弃其他机会只为守在阿婆身边，他现在最大的愿望就是陪伴阿婆走完人生最后的路。

这份跨越了血缘、跨越了民族、沉淀了30年的祖孙情，是如此的厚重。在城中区这片土地上，时时刻刻都在发生着这样的相遇、这样的坚守和这样的民族情深。

五、两面针：民族品牌的“民族团结牌”

广西柳州两面针股份有限公司为国有控股上市公司，现有员工1101人，包括汉、壮、苗、回、仫佬、侗、瑶、彝、满族、布依族等10个民族，其中少数民族员工共有273名，占全体员工的24.79%。两面针公司自成立以来，始终坚持开展民族团结进步创建工作，将民族工作融入公司经营管理的各个环节中，各民族员工同心同向齐奋进，取得了突出的成绩，多次受到民宗系统和社会各界的高度肯定，公司先后于2005年、2014年两次荣获“全国民族团结进步模范集体”称号，并于2017年被命名为“全国民族团结进步创建示范企业”。

（一）扎根民族沃土，打造百年老店

“一口好牙，两面针”，这句颇具“回忆杀”的广告语，让大多数“80”“90”后都会回想起儿时电视里高频率播放的牙膏广告。这句广告语道出了广西著名老字号“两面针”用中药牙膏守护消费者口腔健康的承诺。

广西素以中药材资源丰富著称。在20世纪70年代末，柳州市日化厂决定选择具

1 访谈对象：刘柄均；地点：映山社区社区办公室；时间：2022年7月13日。

有中华民族特色的中药提取物作为功效成分，开发一款功效突出的中药牙膏。为此，厂里派出科研人员分成若干小组，分别到柳州、南宁、玉林等地进行考察，广泛深入苗、瑶、壮、侗等少数民族居住的偏远山区，期盼能寻找到对口腔、牙龈有消炎除疾作用的中草药。由于当时交通极不便利，偏远山区的路都是崎岖不平的山路泥土路，要靠走路进去。但为了寻到合适的药材，科研人员不怕艰苦，靠着一双脚，踏遍了广西各地的山山水水，遍寻细辛、九里香等数十种中草药，并从《本草纲目》等医药典籍入手，与所寻找到的中药逐项对比、分析，试图制作成牙膏，但效果都不够理想。

在一次深山寻药中，科研人员走累了，坐在一村庄旁边歇息，见一名老汉坐在路边用自制烟斗抽烟，于是走过去与他攀谈，出于好奇，问他的烟斗用什么木制作的。老汉说是用一种叫两面针药材的根做的。他介绍说，用两面针根做烟斗不是随随便便选的，而是有原因的。当地村民牙齿疼痛、牙龈肿痛或出血时，都是直接采两面针的根皮来嚼一嚼，立马止痛消肿止血，用它的根做烟斗，对牙齿牙龈问题也有很好防治作用。科研人员惊喜地发现，这位老汉虽年近古稀，牙齿仍然整齐且坚固。这一下科研人员如获至宝，精神为之一振，真是踏破青山无觅处，得来全不费功夫！自始开创了两面针的商业传奇。确定以两面针为中药牙膏的主药后，研究小组就开展紧张的药物提炼及膏体制作试验，两面针中药牙膏的研制由此正式开始。1978 年，第一支两面针中药牙膏也由此诞生，开创中药牙膏之先河，并多年畅销全国。

如今，公司已发展成为中药日化创新型企业，“两面针”是柳州老字号、广西老字号。2020 年以来，新研发推出了青蒿、苍术等中药系列消杀产品，随后又成功推出了青蒿系列（牙膏、洗衣液、洗洁精）产品、紫荆花文创牙膏、便携式养护漱口水、灵香草洗衣凝珠等富有民族特色的新产品。2021 年，柳州市民宗委联合公司开发了体现民族团结理念的“石榴籽”系列创意日化产品，让承载着铸牢中华民族共同体意识内涵的创新产品服务大众，走进千家万户。

（二）以人为本暖人心，民族团结聚合力

“以人为本”是公司贯彻的一条重要管理理念。公司注重人才队伍的建设和培养，切实维护各少数民族员工的合法权益，无论来自哪个民族的员工，两面针都一视同仁，提供一样的福利、待遇、培训和晋升机会，让大家在不同岗位上都能发光发热。如今的两面针，不论在哪个岗位上，都有少数民族员工忙碌的身影。截至目前，公司中层及以上干部队伍中，少数民族干部占 21.88%；具有专业职称的员工中，少数民族员工占 29.5%，其中高级工程师中的少数民族员工占 20.8%；公司内，柳州“十百千”人才中少数民族员工占 22.2%，柳州市拔尖人才、优秀青年科技人才中少数民族员工占 28.6%。越来越多的少数民族员工成为公司的中坚力量，为两面针公司的发展汇聚了更多智慧和力量。创新推出中药牙膏，两面针中药牙膏获首届全国轻工业博览会金奖，

图 11.4　两面针股份有限公司“中华民族一家亲　同心共筑中国梦”民族团结联欢活动（柳州市民宗委提供）

具有止血护龈功效的两面针中药牙膏成功通过美国 FDA 认证，国内牙膏行业中以自有品牌上市的企业，行业内较早设立博士后科研工作站的企业，中药牙膏行业标准起草单位，获“最受公众喜爱的民族品牌”“消费者放心购物可信产品”……获得的无数荣誉和成绩，都是各民族员工共同努力、团结拼搏的成果。

公司注重将企业文化建设与民族团结创建工作融合推进，通过各类阵地开展形式多样的宣教活动，引领员工思想，凝聚共识助力发展。公司开设了“民族团结员工阅览室”“读书角”，订购民族团结书籍和报刊，让员工在工作之余更多地了解民族政策和各民族传统文化，促进交流交融；设立“周五讲堂”常态化开展思想宣教，重点学习关于民族团结进步的系列重要内容，引导广大员工把维护国家统一和民族团结作为各民族最高利益；打造“两面针学堂”，并经常邀请各行业专家前来授课，广泛组织员工开展法律法规、党史国史、革命传统、形势政策、知识技能等方面的教育培训；建设“党建文化长廊”、“针”行生产线党建阵地、民族团结展示厅，经常组织党员群众参观学习，宣传民族政策法规，展示公司民族团结创建工作成果；在传统节日送福利、生日时送蛋糕券、生病住院或生活困难时进行看望慰问、出资办理医疗互助保险等，更让公司员工充分感受到了两面针大家庭的温暖；与此同时，公司还常年开展“我们的节日”等主题活动，促进各族员工的团结与沟通，让大家凝心聚力共促发展。

（三）定点帮扶助脱贫，各民族牵手共振兴

作为国有企业，两面针从来没有忘记自己肩上的社会责任。2012 年以来，两面针公司先后对接帮扶融水苗族自治县的白云乡龙岑村、安太乡培秀村、红水乡高文村和芝东村及三江侗族自治县洋溪乡信洞村，并分别选派 5 名优秀员工驻村协助开展精

准扶贫、脱贫攻坚、乡村振兴工作。其中，培秀村被评为广西民族团结进步村，并于2019年实现整村脱贫；高文村和芝东村于2020年实现脱贫摘帽。2021年4月开始，公司新对接帮扶三江侗族自治县洋溪乡信洞村，帮助巩固信洞村脱贫攻坚成果并大力推进乡村振兴工作，出资为信洞小学援建小舞台并开展助学捐赠，组织村民学习肉牛养殖技术和牧草种植技术，推动示范产业项目助力村产业发展。

2015年10月，董文信同志由两面针公司委派到培秀村担任第一书记，为尽快熟悉村情民情，刚驻村时的第一件重要工作就是走村入户，深入群众，探民情、访民意、解民困。董文信平均每月驻村23天，踏踏实实为培秀村做了很多实事好事，几年的时间内，一件件新事物不断呈现在眼前，使得全村424户1883人受益，大大改善了培秀村的村容村貌和村民的居住环境。

两面针公司挂任融水龙岑村第一书记叶国亮通过走访调查、与村民面对面沟通、与村两委班子研讨，结合所驻村实际制订了详细的帮扶计划，并积极采取措施推进计划的落实。其中，修路是最深得民心的一项工程。村里有一条位于山坡上、长约1.3千米、宽度为1.5米、村民从事田间生产的必经之路，由于年久失修，加之路面窄小湿滑，几年间已有不少村民不慎滚落田间，存在极大的安全隐患。村民们迫切希望能将此路硬化，以保证能安全地进行田间生产劳动。2012年9月，在村委干部的带头下，广大群众积极响应，以村民出工出力、自出沙石，单位赞助水泥的形式，利用村民采收完水稻的空余时间，开展了田间生产道路的硬化工作。老人、妇女、儿童全村出动，积极参与，施工现场的气氛极其活跃。2021年11月初，当单位部门领导带着40床价值总计2万元的蚕丝被再度到村里慰问孤寡老人和贫困户时，正值这条田间生产道路硬化的收尾竣工阶段。村里的老支书带着单位领导到了施工现场，看着即将完成的千米田间路，大家的脸上都带着笑容。老支书激动地说，感谢企业的关心与支持，村民们总算搬掉了一块压在心中的大石。

多年来，两面针公司领导坚持每季度带队到帮扶村走访调研，帮助解决产业项目发展中的难题，有近千人次干部员工深入帮扶村开展入户慰问、科普宣传、志愿服务、共建联谊等活动，累计送去生活用品、办公用品等慰问物资近30万元，出资15万元用于修建乡村道路、慰问困难户、留守儿童、“五保户”等，捐赠资金11.95万元用于培秀村村集体经济发展；广泛发动员工为帮扶村小学师生捐赠课桌椅、书包、取暖器、冬季衣物、液晶电视及书籍文具等，金额达2万余元；两面针公司在员工食堂开设消费扶贫产品专柜，助推扶贫农产品销售，并多次组织员工开展消费扶贫，通过线上线下等多种方式认购培秀村以及其他少数民族地区的土鸡、土猪、茶叶、木耳等扶贫农产品，仅2020年就实现消费扶贫27.47万元，2021年又采购脱贫县价值15.3万元的帮扶农产品，以实际行动帮助村民致富。

（四）民族匠心不曾改，中药文化出国门

广西是我国中草药资源第二大省区，自古以来，就有“川、广、云、贵，道地药材”的说法。在广西的深山老林里，蕴藏着丰富的中草药资源。柳州两面针专注中草药的传承与创新，研发人员通过实地考察、查阅医药典籍、拜访民间药师等形式，对上千种传统中草药进行研究。2002 年，柳州两面针博士后科研工作站经人事部批准设立，从此之后，柳州两面针开始引进博士后科研人员开展中药在日化产品上的应用研究，并持续开展“产学研”合作，积极推动技术创新。截至 2022 年 12 月，拥有有效专利 62 项，其中发明专利 46 项。正因为有了“博士后科研工作站”的保驾护航，确保产品品质优良、功效突出，为柳州两面针中药牙膏走出国门奠定了坚实基础。

两面针股份有限公司于 1978 年研制成功中国首支中药牙膏，把广西本地特有的中药两面针运用到口腔护理产品中，经过近 40 年的发展，两面针不忘“做最好的中药牙膏”的初心和目标，秉承匠心精神，始终专注于中药日化核心技术的发展，积极开展民族特色中药在日化产品中的应用研究，公司已把两面针、金银花、罗汉果、官桂、银丹草、积雪草、桂花等传统中药运用到口腔护理产品中，并把牡丹皮、山茶、桑叶、侧柏叶、蔓荆子、川芎、桑白皮等中药运用到洗护产品中，为国人提供安全、健康、有效的中药日化产品。近年来，公司通过东盟博览会这个平台，发挥民族产地的资源优势，把中药日化产品推向东盟国家，成功协办“中药日化产业发展暨两面针产品东盟市场推介会”，不断提升中药文化及中药日化产品在东盟国家的影响力。目前，两面针股份有限公司顺利开拓了新加坡、马来西亚、缅甸等东盟市场以及美国等国际市场，自主品牌成功走向海外。

2018 年，两面针以国内强效护龈为基础，专为美国市场打造的功效型护龈止血牙膏，不仅在美国成功完成 FDA 注册，而且顺利通过美国 FDA 实验室极其严苛的检验。这意味着两面针护龈止血牙膏成为中国历史上首支获得美国合法销售地位的功效型（DRUG FACT）中药牙膏，两面针成为首家，也是目前唯一一家获得此地位的牙膏品牌。FDA 是食品药品监督管理局（Food and Drug Administration）的简称，也代表美国食品药品监督管理局。FDA 由美国国会即联邦政府授权，是专门从事食品与药品管理的最高执法机关，因此，国际很多厂商都以追求获得 FDA 认证作为产品品质的最高荣誉和保证。FDA 国际自由销售许可证不仅是美国 FDA 认证中最高级别的认证，而且是世贸（WTO）核定有关食品、药品的最高通行认证，是必须通过美国 FDA 和世界贸易组织全面核定后才可发放的认证证书。一旦获此认证，产品畅通进入任何 WTO 成员国家，甚至连行销模式，所在国政府都不得干预。[1]

---

1 《中国首款获美国 FDA 认证的中药牙膏》，柳州两面针股份有限公司微信公众号，[DB/OL] .https：//mp.weixin.qq.com/s/HK—oNDGU0Vza5sdqg6leBg，2018-07-25.

成功注册FDA并且通过FDA实验室检验对两面针品牌可以说是历史性的一刻，这将会为两面针拓展国际市场、提升两面针品牌影响力带来一系列积极影响。两面针在巩固护龈止血、茉莉茶清两个系列销量的基础上，将会陆续开发更多符合美国市场，乃至世界市场需求的中药牙膏产品。

“两面针”坚定了柳州人的文化自信，“两面针人”的工匠精神也是柳州工业精神的写照。民族同心，团结“生金”。“两面针人”深谙其道，他们秉承“传承、健康、时尚”的品牌理念，充分发挥日化板块中中药牙膏产品在行业民族品牌中的带头作用，继续擦亮“全国民族团结进步创建示范企业”这一金字招牌，致力于打造“以中药为核心的大消费、大健康”产业领军企业。

第十二章　柳南：螺蛳粉从这里走向世界

柳南区地处柳州市南大门，位于柳州市交通枢纽的中心区，辖 3 个镇 8 个街道 41 个村 51 个社区，辖区有柳州火车站、柳州汽车总站，还拥有多个大型服装鞋帽日用百货批发市场，是柳州市主要集散地，流动人口流量大。截至 2022 年底，城区居住有 42 个民族，总人口 57.87 万人，其中少数民族人口 15.55 万人，约占总人口的 26.87%。

柳南区工业基础雄厚，有规模以上工业企业 168 家，工业总产值约占柳州三分之一。辖区有世界工程机械 500 强企业柳工集团，还有上汽通用五菱、广西汽车集团等大型企业，自治区级“柳州河西高新技术产业开发区”坐落辖区。柳南也是柳州螺蛳粉和预包装螺蛳粉产业的发源地，建成了产业链最长、链条最完整、效益链最强的螺蛳粉产业带，螺蛳粉小镇被评为国家 AAAA 级景区，柳南现代农业产业园被认定为国家级现代农业产业园和国家级农村产业融合发展示范园。

柳南区和谐稳定、宜业宜居，基层治理创新成效显著，先后荣获“全国科技创新百强区”“全国工业百强区”“自治区稳增长先进县（区）”，在自治区率先提出“社区网格化管理”工作新模式，“三无”小区治理改革创新入选全国城市社区治理九大成功案例，被民政部列为“全国街道服务管理创新实验区”；2020 年在柳州市各县区营商环境得分排名第一。

多年来，柳南区委、区政府以铸牢中华民族共同体意识为主线，紧紧围绕“中华民族一家亲，同心共筑中国梦”的总目标，全面深入持久开展民族团结进步创建工作，探索出一条各民族融合发展的城市民族团结进步创建之路，谱写了柳南区经济发展、民族团结、社会和谐美丽的新华章。柳南区民族团结进步创建的经验被收录进《柳州市民族团结进步创建工作典型案例汇编》，亮点纷呈，摘录如下：

> 坚持把进机关、进学校、进企业、进社区、进乡镇、进连队、进宗教活动场所等作为开展民族团结进步创建活动的主阵地、主渠道……
>
> 如柳南派出所致力于少数民族流动人口管理服务工作，采取“以流管流”工

图12.1 柳南区“三月三”民俗文化活动中，辖区居民身着节日盛装与子弟兵共跳竹竿舞（柳南区民宗局提供）

作方法，确保辖区内多年来未曾发生涉及民族因素的纠纷……

柳工机械股份有限公司把民族团结进步创建工作作为企业的生命线，推进柳工企业文化和民族团结进步相结合，促进民族地区经济社会发展……荣获“第六批全国民族团结进步创建活动示范单位”称号……

车辆厂社区通过开展统战同心圆百家宴等特色活动，促进各族居民感情融洽和关系和谐，以精细服务，营造拴心留人的环境；广电社区12年来坚持开展民族团结进步创建工作……形成了广电说事、民族团结亭、和乐大讲堂等多个工作阵地……荣获自治区级“民族团结进步创建示范单位”称号……

革新小学使用墙壁作为民族团结进步教育阵地之一，设置了两幅长达31米巨型民族团结知识宣传画，打造“七彩民族团结乐园”学生绘画作品墙，把爱我中华的种子深埋同学们心中……

加强军民团结，在“三月三”、端午节等传统节日邀请子弟兵参与民俗文化活动，共同体验中华民族传统文化。开展进军营爱国主义教育活动，带领学生、群众参观军营，体悟军旅生活，加深对伟大祖国的认同。武警柳州支队执勤一大队、执勤二中队获评自治区民族团结进步示范连队……

发挥两新组织“群众性”的特点做好创建工作。广西螺霸王食品有限公司、广西善元食品有限公司开展以党建引领带动民族团结活动，让企业各族干部职工团结和睦、亲如一家，促进了企业的发展，同时带动了民族地区经济增长……[1]

走进柳南，一起感受其民族团结进步的有力脉动。

1 参阅柳州市创建全国民族团结进步示范市领导小组办公室编：《柳州市民族团结进步创建工作典型案例汇编》，2021年。

一、“网红”螺蛳粉里的团结味道

柳州是一个多民族相聚而居的地区，独特的地理位置，使柳州成为大流通、大交流、大融合的移民城市。粉是汉族地区的传统食品，而用甜笋制作成的酸笋和各种辣味食物是深受苗族、侗族等少数民族地区喜爱的食物。汉族和少教民族饮食文化经过千年的融合与发展，造就了柳州深厚的饮食文化内涵，也诞生了网红小吃——螺蛳粉。1988 年 6 月 20 日，柳州市工商行政管理部门向个体户邱云英颁发我国现存最早的螺蛳粉个体工商营业执照。2008 年，柳州螺蛳粉手工制作技艺被列入广西壮族自治区级非物质文化遗产代表性项目目录。

而真正让这款市井小吃成为千亿产业的，则是预包装螺蛳粉。经过多年的保护、传承、推广和创新，螺蛳粉文化成功“出圈”，走出柳州，走向全国，走向世界。柳南区是预包装螺蛳粉产业的发源地，先后出台了一系列政策进行扶持，如《柳南区推进螺蛳粉产业做大做强若干政策措施（试行）》（柳南办〔2018〕32 号）、《柳南区 2018 年度螺蛳粉原料（竹笋）供应基地建设实施方案》（柳南农发〔2018〕9 号）、《柳州市万亩螺田及十万亩笋用竹基地建设方案》（柳办发〔2019〕100 号）等。有了政策加持，柳州螺蛳粉产业沐浴春风，快速发展，真正实现了“一碗小米粉，撑起一个大产业”。

（一）构建螺蛳粉全产业链

1. 螺蛳粉小镇：魅力螺蛳，柳南飘香

为丰富螺蛳粉文化的内涵，柳南区打造了以螺蛳粉为主题的特色小镇，成为促进各民族交往交流交融的“网红”打卡点。柳南螺蛳粉小镇位于柳州市柳南区太阳村镇，东临柳州市科技型中小企业孵化园，西至凤阳村，南连龙眼村屯，北接大朝垌。项目覆盖面广，区域规划面积较大。

小镇以“魅力螺蛳，柳南飘香”“一碗螺蛳粉，一座柳州城”为主题，按照“一镇五区”格局建设，形成集新村建设、旧村改造、产业发展、自然风光提升、乡村旅游为主体的生态乡村发展格局。在柳州市党委、政府，柳南区委、区政府，当地各民族村民，外来入驻企业，媒体等各方的共同努力下，2018 年，螺蛳粉小镇列入广西壮族自治区级特色小镇培育名单；2019 年 11 月，螺蛳粉小镇被评为国家 AAAA 级旅游景区、螺蛳粉小镇飞行营地（滑翔伞项目）获评 2019 年广西航空体育飞行基地名单；2019 年 12 月，螺蛳粉小镇被评为国家级现代农业产业园和国家农村产业融合发展示范园；2020 年 11 月，螺蛳粉小镇作为广西壮族自治区文化旅游发展大会观摩项目点之一；2020 年 12 月，螺蛳粉小镇被评为第二批柳州市民族团结进步教育基地。

螺蛳粉小镇十分注重文化的创作和弘扬，尤其是在当地多民族聚居区，传统民俗文化、民族文化十分丰富。为做好螺蛳粉文化的弘扬，柳州市各部门合力共建，开展了一系列文化创建活动。

一是打造民俗文化精品。深度挖掘和提炼以螺蛳粉为代表的饮食文化、以高沙锣鼓为代表的地方民俗传统文化、以壮乡农耕文明为代表的民族风情文化，传播推广螺蛳粉民俗文化打造螺蛳粉小镇宣传片，创作《仙螺传奇》《壮山星月》《那山那舞那鼓》等以螺蛳文化和乡村旅游为背景的原创剧目。以庆祝建党100周年为主题主线，结合2021年4月26日习近平总书记视察柳州螺蛳粉生产集聚区的重要讲话和重要指示精神，创作小品《家有喜事》，用独特的人文精神塑造特色小镇的灵魂。

二是以特色活动广泛开展宣传教育活动。连续成功举办三届螺蛳粉小镇文化节，吸引游客20万余人。螺蛳粉小镇文化节推动以柳南区民俗文化的研究、发展、传承为指导思想，讲好柳南故事、传播柳南声音，开展集民俗文化与农业休闲观光旅游业为一体的活动，如嗍螺大赛、百螺宴、农夫集市、车尾厢市集、乡村文艺大舞台、美食街、螺友趣味运动会、螺蛳粉音乐节、滑翔伞飞行表演，柳南区建区40周年书画摄影展等活动，促进民族交流，增进各民族感情。以传播二十四节日民俗文化为抓手，开展螺蛳粉小镇“红领巾研学”活动，通过阅读二十四节日旅行绘本，让市民学生了解节日习俗，充分以传播二十四节日民俗文化为抓手，组织开展螺蛳粉小镇“红领巾研学”活动，通过阅读二十四节日旅行绘本，让市民学生了解节日习俗，充分领略中华民族传统历法的丰富内涵和文化魅力，通过体验二十四节日传统劳作，亲近大自然，感受农耕劳作，发扬辛勤劳动民族传统美德。

其一：
就是这座螺蛳粉小镇啊
将神奇的螺蛳粉精灵收藏
就是这座螺蛳粉小镇啊
将一方新兴产业做大做强
三产融合　绿色发展
工业化理念　现代化包装
开创螺蛳粉产业链发展模式
让螺蛳粉姑娘焕发时代风光
火辣辣的时代火辣辣的你
火辣辣的品牌火辣辣的爽
螺蛳粉产业园成龙配套
原材料、深加工、物流配送
餐饮、旅游休闲观光
让壮乡农耕文明、民族特色美食

与螺蛳粉产业相得益彰
让生态文化、旅游文化
与老百姓幸福指数上涨
火辣辣的生活火辣辣的你
火辣辣的爱情火辣辣的希望
到这里来吧
柳南螺蛳粉小镇
千亩螺蛳、千亩豆角、万亩竹海
“千千万”宏图让你日夜神往
一碗螺蛳粉让你流连忘返
一口嗍螺让你梦回故乡
爆款螺蛳粉　爆款故乡
柳南人创业创新豪气壮
云游大数据，点击互联网
生态美、产业新，新格局
乘上人工智能高科技的翅膀
火辣辣的小镇火辣辣的你
火辣辣的太阳火辣辣的梦想
啊，螺蛳粉小镇
银丝飞舞螺飘香
一张蓝图绘到底
金山银山在绿水青山上
小镇绿野创奇迹
美丽乡村梦飞翔

其二：
千年古城
九曲柳江
穿越时空
万年守望
去哪里去寻觅古城的味道
去哪里去寻觅古城的幽香
去白莲洞触摸螺化石
去山林挖竹笋熬鲜汤
一碗螺蛳粉装下这座城市的故事

一座小镇浓缩了银丝飞舞螺飘香
是碧水与绿林相遇
这是银丝与田螺碰撞
在这方绿水青山的田野
螺蛳粉小镇异军突起美名扬
像漂浮在稻田上的螺蛳
像银装素裹的美丽姑娘
你从远古走来
散发泥土的芬芳
你从大自然走来
给人以欢乐健康
多少年你深藏不露
多少年你素颜淡妆
这座小镇啊
为你扬名——螺蛳粉小镇
这座小镇啊
为你打扮梳妆
螺蛳粉姑娘要做大贡献
要为舌尖上的中国添光
螺蛳粉姑娘要出嫁啊
嫁给海角天涯
嫁给梦与远方[1]

这两首诗是2020年柳州螺蛳粉小镇文化节后，文学爱好者对螺蛳粉小镇风光的描述和感慨，洋溢着墨客们对小镇风光的赞美之情。螺蛳粉小镇通过连续多年的文化节的举办，吸引了一大批外地游客前来参观游玩，极大地促进了当地经济的发展，文化的传播以及民族交往交流交融。

近年来，柳州市加快推动螺蛳粉产业化、规模化、品牌化发展，打通原材料种植养殖、生产包装、电商服务等全产业链。2020年，柳州预包装螺蛳粉销售收入达110亿元，创造就业岗位30万多个。螺蛳粉小镇也是柳州螺蛳粉重要的原材料生产基地，2019年成功创建国家级现代农业产业园、国家农村产业融合发展示范园。小镇用工业思维突破瓶颈，把“小作坊”的街头米粉，向标准化、规模化、工业化转变，打造柳州螺蛳粉生产集聚区，包揽了所有制作米粉的原材料，形成全产业链，凭借坚实的产

1 《螺蛳粉小镇：一座小镇浓缩了银丝飞舞螺飘香！》，https：//www.sohu.com/a/436315714_750356。

业支撑，陆续吸引34家螺蛳粉生产及配套企业入驻，就业人员近3000人，日产螺蛳粉约150万袋，产品远销美国、加拿大等国的20多个城市。

2. 文旅融合：以文促旅，以旅彰文，旅游促“三交”

柳南区政府在建设螺蛳粉小镇过程中，创新“以文促旅，以旅彰文，融合创新”的发展理念，深化文旅融合发展。实施旅游促进各民族交往交流交融计划，以旅游业高质量发展推动各民族在空间、文化、经济、社会、心理等方面全方位嵌入、铸牢中华民族共同体意识，加强中华民族共同体建设。

一是围绕主线规划引领。出台了《螺蛳粉小镇总体规划》《螺蛳粉小镇重点建设区域提升实施规划》《柳州螺蛳粉小镇概念规划方案》《螺蛳粉特色小镇文化发展规划》。制订2021年创建文化和旅游特色小镇建设方案，赋予旅游业高质量发展以彰显中华民族共同体意识的意义，以改善民生、凝聚人心的意义。

二是凸显特色打造项目。2020年促成总投资20亿元的柳州融创螺蛳粉主题乐园项目落地，以丰富的旅游产品供给和各具特色的旅游线路，吸引更多游客到民族地区旅游，促进交往交流交融。螺蛳粉小镇一期主要建设项目全面进入攻坚阶段，建成螺蛳粉小镇客厅、百乐竹海公园、螺蛳粉小镇飞行营地等文旅项目，2021年开展柳州融创螺蛳粉主题乐园项目建设，规划建设五大核心功能板块：螺蛳粉小镇客厅游客中心+螺蛳宇宙主题娱乐+寻螺巷商业街区+欢螺谷主题景区+螺心岛风情住宿区，以螺蛳粉为原点，打造爆款螺蛳粉乐园和爆款柳州，助力实现柳州全域旅游的工作目标，打造柳州对外展示的另一张形象名片。

三是文化融合提升内涵。2020年，邀请“马蜂窝”旅游达人、湖南卫视户外综艺《功夫学徒》《星姐带你游广西》以及柳州《摆古》栏目组到小镇实地拍摄取景，进一步提升螺蛳粉小镇的知名度、美誉度、影响力。2020年11月5日，广西文化旅游发展大会观摩点——螺蛳粉小镇客厅以其螺蛳元素与柳州山水相结合的独特造型，讲述螺蛳粉发展历程的深厚内涵和螺蛳粉里面的民族团结故事。螺蛳粉小镇客厅内的螺蛳粉文化馆分别讲述柳州先民烹螺、制粉历史；柳州螺蛳粉在柳南谷埠街起步，到以工业理念推动螺蛳粉发展，走向世界的历程；螺蛳粉制作工艺；柳南区打造螺蛳粉小镇，实现三产融合，绿色发展的经验做法，给来自广西各地的800多位嘉宾留下了深刻印象，让各族群众在参与体验中了解中华民族历史，在轻松自在的旅游氛围中感受中华文化魅力，增强对中华文化的认同，铸牢中华民族共同体意识。

（二）习近平总书记点赞的螺蛳粉企业

2021年4月26日下午，正在柳州考察调研的习近平总书记来到柳州螺蛳粉生产集聚区，了解螺蛳粉生产情况。看完成品展示后，习近平总书记走进广西善元食品有限公司，从中央厨房到包装车间，实地察看螺蛳粉生产流程。习近平总书记称赞说："真是令人惊奇！小米粉搞出这么大规模的产业来，不容易，值得好好研究总结。""酸甜苦辣咸，各种味道都有了。不分南北大家都喜欢吃。"总书记叮嘱大家："发展产业一定要有特色。螺蛳粉就是特色，抓住了大家的胃，做成了舌尖上的产业。要继续走品牌化道路，同时坚持高质量，把住高标准。我相信，将来螺蛳粉产业会有更大的发展前景。"从产业发展讲到民营经济，总书记还指出，"在螺蛳粉产业化过程中，民营企业发挥着重要作用。民营企业灵活，敢于闯。我们鼓励民营企业发展，党和国家在民营企业遇到困难的时候给予支持、遇到困惑的时候给予指导，就是希望民营企业放心大胆发展。民营企业对我国经济发展贡献很大，前途不可限量"[1]。发展特色产业是地方做实做强做优实体经济的一大实招，要结合自身条件和优势，推动高质量发展。[2]

广西善元食品有限公司是螺蛳粉企业的典型代表，在其引领下，"小米粉、大产业"，已经遍及全国、走向世界，喜欢吃螺蛳粉的人越来越多。

广西善元食品有限公司成立于2015年9月，厂房面积18000多平方米，拥有12条生产线，日产量50万包，是一家以研发、生产、加工及销售为一体的食品企业，主营预包装袋装螺蛳粉方便食品。主要生产水煮型、自热型、冲泡型等预包装螺蛳粉，主打品牌"佳味螺"，同时代工百草味、洽洽等8个知名品牌。近年来，广西善元食品有限公司先后荣获自治区"民族团结进步示范单位""柳州市农业产业化重点龙头企业""柳州市'百企扶百村'精准扶贫行动先进单位""柳州市红十字会2017—2020年度爱心事业奉献奖"，自治区"小微企业个体工商户专业市场党建工作示范点"，2022年荣获柳州市"五星级"两新组织党建工作示范点、柳州市经济发展贡献奖等多项荣誉。

公司是个多民族的大家庭，2022年度有职工375人，由壮、苗、瑶、侗、土家、仫佬、水、毛南族等8个民族构成，其中少数民族员工共有226人，占全体员工的60%。公司全面贯彻落实党的二十大精神，以习近平新时代中国特色社会主义思想为指导，全面落实习近平总书记视察广西"4·27"重要指示精神，按照上级民族工作会议的总体要求，广泛深入地开展民族团结进步创建工作，努力推动各民族和睦相处、和谐发展、相互尊重、共同进步，实现了经济效益与社会效益同步发展。公司兴民族团结进步之源，助推善元品牌发展，2021年公司"佳味螺"牌螺蛳粉产销增长了300%。2022年再翻番。

公司董事长陈生说：

柳州有127家螺蛳粉企业，我认为习近平总书记到我们公司参观，有运气成

1 参阅《"加油、努力、再长征！"——习近平总书记考察广西纪实》,《人民日报》2012年4月29日第1版

2 《构建全方位开放发展新格局》,《人民日报》2022年6月17日。

分，但更多的是实力。我们有超前意识，我们建厂时就提要在技术、厂房等方面领先同行5年以上；我是第一个提出透明化工厂的管理的，让人们一眼望去干干净净、不允许藏污纳垢，主动接受社会各界提出的意见，在大家监督下提升公司的各项运营水平。

自2015年9月22日开业，至今走过了7个年头，成立之初，25个员工，现在基本都还在，现在员工越来越多。面向国内，共设立了湖南长沙、四川成都等11个子公司，统一定价销售。广西善元食品有限公司自有品牌6个，主打“佳味螺”品牌，与苏宁易购、红牛、柳州铁路局、柳州日报社达成战略合作并推出联名款产品；目前销售平台拓展了40多个，线上店铺600多家，销售网络遍布全国，月销售额达3000多万元；公司自有电商运营团队，品牌覆盖多个线上线下渠道。线上渠道以淘宝、天猫、京东、唯品会、苏宁易购、云集等为主；线下渠道以大型商超、连锁系统、新零售平台为主；面向国外，现在出口国外的量逐年增大，公司坚持“走出去”的战略，已全面拓展欧美、日韩、东南亚为主的海外市场，尤其是东南亚市场，整个产销过程全部实现自动化和智能物流一体化。目前有三个优秀的电商运营团队，品牌已覆盖多个线上销售渠道，三年间成功积累了庞大的中、高端销售客户。公司长期与天猫、淘宝、阿里巴巴、贝店、云集、斑马等主流电商平台进行深度合作。进行线上品牌宣传、推广及销售。线下销售主要是直接进驻大型商超、新零售、微商、连锁商超等。公司现发展连锁实体堂食店正向全国铺开。我从开始创业就将“弘扬柳州螺蛳粉文化，打造更安全美味食品，让螺蛳粉走向世界”作为自己的使命。[1]

1. 义乌创业者的螺蛳粉情结

讲起广西善元食品有限公司“佳味螺”螺蛳粉品牌，首先想到的就是董事长陈生。习近平总书记到民营企业广西善元食品有限公司考察，与该公司注重产品的高质量和高标准有关，是对该公司取得的突出成绩的高度肯定。

陈生，1976年生于浙江义乌。高中毕业以后，怀着早日走入社会，自力更生，安身立命的志向，少年陈生没有选择参加高考，而是毅然告别双亲，走出家门，千里迢迢来到南疆一座陌生的城市柳州。天时地利人和是事业成功必须同时具备的条件，三者之中，人和是关键。陈生生意做得好，家和万事兴是关键，当然也离不开国家实行改革开放政策这个大好的“天时”和柳州特别宽松的市场环境这个“地利”。柳州人热情好客，宽厚包容，崇尚诚信，勇于进取，正是在这样一个宽松环境下，陈生这个来自浙江的小老板很快就融入柳州这个多民族聚居的城市，广交朋友，以柳州为第二家乡，成为半个柳州人，其企业也为柳州人所认可，被视为正宗的柳州民营企业。虽生

1　访谈对象：陈生；地点：广西善元食品有限公司；时间：2022年7月28日。

意越做越顺，但陈生并不满足现状，仍不断寻找新的商机。2014年，他敏锐地发现一种特色小吃螺蛳粉正在成为市场新宠，经过一番调研和论证，果断决策，把开发螺蛳粉产业定为企业主攻方向。为此，他专门注册了一家公司，投入了必要的资金。

螺蛳粉是柳州特有的一种美味小吃。它以米粉为主要食材，烹煮时加入配料跟猪骨和螺蛳一起熬制成营养丰富的鲜味浓汤，配以八角、沙姜、桂皮、酸笋、豆角、腐竹等作料，具有酸、辣、鲜、香、烫、爽等独特风味，男女老少皆宜。但是由摊档和饮食店经营的螺蛳粉是手工操作，一碗一碗地烫煮，难以实现产业化、规模化和形成品牌。包括陈生在内的业内有识之士注意到了这个问题，于是开始探索如何把螺蛳粉做成袋装速食，让不易保存储运的美味得以走出柳州，推向更为广阔的各地市场。最初试制的袋装速食螺蛳粉是由手工操作，通过挤压米粉和作料中的水分使之干燥然后装袋制成的，保质期只有20天，离产业化和规模化尚存在很大差距。投入资金引进新技术新工艺，势在必行！陈生看到螺蛳粉产业化、规模化和品牌化的美好愿景，当即果断决策，投入巨资，于2015年创办了一家专门生产和营销袋装速食螺蛳粉的公司，建成一座总面积达500多平方米拥有现代化生产流水线的大工厂，开始大量生产。同时引进专业人才，开展科研攻关，致力于解决螺蛳粉袋装速食技术难题，逐步实现真空包装，将保质期从20天延长到180天。由于得到市委和市政府的支持和引导，袋装速食螺蛳粉在柳州迅速形成热门的产业，一下子涌现出一大批专营螺蛳粉产业的民营企业，有的比陈生的公司规模更大，螺蛳粉产量更高，一时形成竞争的局面。

火车跑得快，全靠车头带。螺蛳粉产业要跑起来，也全靠车头拉动。车头是什么？就是科学技术。依靠科学技术攻下了保质期短这个难题，螺蛳粉产业这趟列车就能开动，而且开得平稳，越开越快。竞争是好事，有利于提高产品质量，优化产品价格提升产品知名度。如何在激烈竞争中取胜，是老板们竞相致力解决的难题。陈生是个非常敬业的人，身为老板，同时也是行家，技术的改进，工艺的革新，他都亲身参与，动脑筋，想办法，力求有所突破。因此在行业中不管竞争多么激烈，他的企业始终能保住领先的优势地位，立于不败之地。

陈生为人谦和，待人友善，将企业员工视作家人。他常说："不管是谁，只要跨进厂门，就是我的贵宾，享受礼遇。"正因为有此规矩，全厂上下各民族职工亲如一家，人人心情舒畅，心甘情愿做好本职工作，竭尽全力为螺蛳粉产业做贡献。这就是"人和"的威力，也是陈生作为企业老板事业成功的诀窍之一。有一次厂里电路出故障，陈生请人帮忙，后来电工讲：我不过是个来厂里帮忙维修线路的电工，人家把我当作贵宾热情款待，又请吃饭又送礼，陈董还亲自过来敬酒，其诚意令人感动！

敬业，不光要热爱自己所从事的事业，还得精通自己正在做的业务，这就需要具备足够的专业知识和文化修养。陈生没有上过大学，为了补齐这一短板，他在走上创业之路后发愤图强，先后到浙大、厦大等多所名牌大学进修，给自己加压充电；同时还积极踊跃参加与业务有关的研讨会、交流会等，不放过任何学习的机会。就这样，尽管没有大学本科毕业的文凭，他的专业知识和文化修养比起科班出身的企业家来也毫不逊色。作为一家民营企业的老板，陈生在竞争激烈的市场上摸爬滚打二十余年，积累了丰富的经验，也曾遭受挫折，但他能从中吸取教训。他从亲身经历中悟到，企业要在竞争中求得生存和发展，自己的产品一定要有特色，始终保持高质量，把住高标准不放松，这是在竞争中屡试不爽的取胜之道。正是在这样的科学理念指导下，经过刻苦钻研，多次探索，由陈生亲自把关研制的有特色、高质量、高标准的袋装速食螺蛳粉诞生了。陈生为这款新产品起了个好听而又响亮的名字——佳味螺，意味着味道特别好的螺蛳粉。功夫不负有心人。果然不出所料，“佳味螺”一经推出，马上受到广大消费者的普遍欢迎，在市场上供不应求，很快成为知名品牌，不但畅销于全国各地，并且走出国门，远销海外。产品有了好名字，生产和营销这一产品的公司当然也应当有一个好名字。陈生作为公司的董事长，煞费苦心，为公司起了好些个好名字。但这些名字都经不起推敲，征求公司高管和员工们的意见，也得不到一致的好评。有人推荐了一位学识渊博的长者，据说此人在起名方面造诣颇深。陈生很是心动，便诚心诚意地专程前往求教。长者念及陈生的诚意，经过深思熟虑，郑重其事地赐予一个名号——善元，意谓“向善而生，元气茫茫”。据长者称，这个名号原是为自己的儿子起的，寄托着对其殷切的期望。可惜儿子不争气，无所作为，辜负了长辈的厚望。如今将此名号转赠陈生，是在经过认真考察和判断之后才做出的决定，希望这个名号能给他和他的公司带来好运。陈生一时无法参透“善元”名号其中深含的奥妙哲理，便怀着姑且信之的心情谢过长者，采用了这个名号，将自己的公司起名为“善元”。没想到长者的殷切期望真的给公司带来天大的好运：习近平总书记亲临公司考察并对螺蛳粉产业予以充分肯定和谆谆叮嘱，让这家普普通通的民营企业一下子扬名全世界。

习近平总书记亲临考察善元公司，作为善元公司董事长的陈生万分激动，倍感振奋，深受鼓舞。他在感到无比幸福和温暖的同时，也清醒地意识到所面临的巨大压力和挑战。他表示：今后他会谦虚谨慎，牢记总书记的教导，结合自身条件和优势，把住质量安全关，进一步推进标准化、品牌化，以此推动企业的高质量发展，为柳州螺蛳粉产业做出新的贡献。

2. 建设和谐善元、共圆中国梦

善元公司的宣传册上写道：“螺蛳粉是广西柳州市知名的地方特色小吃，是汉族、侗族和苗族等少数民族饮食文化融合的产物。”公司把维护民族团结当成企业应当履行的政治责任和社会责任，将民族团结进步教育与生产、经营工作同谋划，不断增强员工的民族团结进步意识，坚持不懈开展民族团结进步创建工作，带领各族职工共同团结奋斗，共同繁荣发展，把民族团结进步创建工作不断引向深入，把小小一碗螺蛳粉做成带动百姓增收致富、促进民族团结的大产业。

一是做到思想认识到位。公司党支部结合党史学习教育活动，采取多种形式，组织各族党员和员工，学习习近平总书记在全国民族团结进步表彰大会上的讲话精神、关于民族团结的重要论述及党的民族理论和党的民族政策，树立正确的国家观、历史观、民族观、文化观、宗教观，形成“建设和谐善元、共圆中国梦”的合力，促进各民族员工和谐共处、互帮互助、不分彼此、共同为更加美好的生活而努力奋斗。也正是在共同追求更加美好生活的过程中，各族职工体会到生活在中华民族大家庭中的温暖和幸福，将铸牢中华民族共同体意识融于血液和灵魂。

*二是宣传氛围到位。*充分利用会议室、电子屏、文化墙等形式积极宣传民族团结进步，积极营造各族员工大团结的和谐氛围。同时，通过公司工业旅游观光点带领来访客人参观公司生产线、观看螺蛳粉产业文化发展宣传片、讲解螺蛳粉民族特色产业的发展史、产品工艺流程、电商直播带货等，讲好螺蛳粉背后的民族团结故事，不断提升企业服务功能和品牌形象。2022年，善元食品有限公司将螺蛳粉外包装赋予民族团结和铸牢中华民族共同体意识内容，让“网红”螺蛳粉成为铸牢中华民族共同体意识宣传教育的载体和促进各地各民族交流交融的纽带。

*三是活动落实到位。*公司扎实推进民族团结进步创建工作，充分发挥党组织的领导作用，调动工会等群众组织，把民族团结进步与实际工作有机结合，促进各民族交往交流交融。引导各族职工在生活、工作和学习中相互了解、相互尊重、相互包容、相互欣赏、相互学习、相互帮助，不断增进感情，形成各族职工感情相融、心灵相通、手足相亲、守望相助的良好氛围。公司先后开展了“党建引领比先锋、培育技能比贡献”“分享运动快乐、感受团队魅力”等劳动竞赛和团队拓展活动，促进各族员工凝心聚力。

他们尤为关心少数民族职工的成长进步。积极开展赶学比超、技能比武及文体活动，通过活动积极培育崇尚劳动、尊重人才的企业文化，进一步激励和培育管理能手、优秀班组、技术标兵和先进员工，从而促进公司各民族职工共同成长成才。2020年，公司从企业管理、技术、生产一线中筛选出思想觉悟高、有培养潜能的优秀员工纳入人才储备对象，进行重点培养。品控检测中心检测员罗树德，是位侗族小伙子，自2017年入职公司以来，工作表现一直很优秀，得到公司的认可，渐渐地从一名普通员工培养成为公司品控部主管、入党积极分子。

3. 构建产业集聚，打造民族特色品牌

近年来，在柳州市委、市政府的大力支持下，柳州袋装螺蛳粉“从无到有、从小到大”形成产业集聚，2021年，袋装螺蛳粉网络销售达151.97亿元。公司抢抓机遇、借势而上，经过5年多不懈努力，从一家不起眼的小作坊企业，发展到现如今厂房面积1.8万平方米，生产线12条，日产能达50万包，线上销售平台达20多家，线下销售平台达40多家，各族员工近500人的规模以上企业。

公司注重支持民族地区和贫困地区发展，2020年公司成立了上游产业链分公司，

在柳南区洛满镇开发20亩的生产基地，进行豆角、酸笋等农产品种植及初加工，助推当地产业发展。公司从收购竹笋、豆角、木耳等农副产品，到聘用贫困人口和一般农户务工，有效带动了各族农户的增产增收，对稳固脱贫成果起到了积极作用。

公司以“农业产业化、标准化、规模化”为发展目标，采用“龙头企业＋农民合作社＋农户”的运营模式，将公司发展与基地建设、农民增收致富结合起来，将千家万户的农业生产与市场联结起来，开创一条小农户生产和现代农业有机衔接的螺蛳粉产业化联合体发展道路，走出了一条螺蛳粉产业链功能多样、业态丰富、利益联结紧密的第一、二、三产业融合发展道路，实现了各族农民共同追梦、共同发展、共同受益的发展局面，目前至少带动了近500户贫困户及一般农户增产增收。

未来2—3年，善元计划将佳味螺品牌打造成为预包装螺蛳粉的领导品牌，让佳味螺品牌做到家喻户晓，深入人心；渠道布局上，计划覆盖全国超50万个终端网点；销量上，实现线上线下全渠道销量领先。未来3—5年，通过品牌创新、产品创新、管理创新、人才创新、模式创新，建立集团化螺蛳粉产业集群，改变螺蛳粉行业销量大，企业规模小的现状，并通过“品牌赋能、产业联合、共同发展、利益共享”的新型产业发展模式，推动螺蛳粉产业进一步规模化发展。未来5—10年，力争成为柳州螺蛳粉行业第一家上市公司，成为柳州螺蛳粉产业的龙头企业，成为年收入超百亿的集团化公司。公司董事长陈生说：

> 每个民族的员工，都是企业的一员，大家在一起其乐融融，不存在民族上的不平等，待遇上一视同仁，在平时交往上没有任何的隔阂。现在我们喝的矿泉水是广西融安笙露天然山泉水有限公司生产的“善元水”，主要是支持本土企业，因为知道生产这个水的企业在少数民族聚居的融安县雅瑶乡福田村，我虽然没有去过，但我觉得应该相互促进、相互支持、相互成就。我每次都订1万多件，我并不认识该公司的领导，但我一定支持这个企业的发展。
>
> 2021年4月习近平总书记到了公司，我有幸陪同了36分钟，这是我终生难忘的36分钟，让我更加坚定了“致富不忘国家、致富回报社会”的情怀。我觉得我不是在为自己做，我还有员工、有供应商、有客户的支持和依赖，一定要做到经济效益与社会效益相统一，要把社会效益放在首位，承担更多的社会责任。[1]

“致富不忘国家、致富回报社会”是公司多年来所遵循的准则。多年来，公司积极履行社会责任，济危帮困、精准扶贫，为推进民族团结进步和脱贫致富奠定了坚实基础。一是积极献爱心，助力战疫情。公司每年向社会各界捐赠都在300万元以上，在2020年新冠肺炎疫情防控期间，公司及时复工复产，组织人员向战斗在一线的各族防

1　访谈对象：陈生；地点：广西善元食品有限公司；时间：2022年7月28日。

疫人员捐赠了价值32万元以上的螺蛳粉、医用口罩及现金。同时还组织党员志愿者进驻社区参加“三无”小区疫情防控，为疫情防控做出了贡献；2022年上海和北海新冠肺炎疫情期间捐赠物资43万元以上；2021年河南新乡暴雨受灾派驻爱心团队深入灾区开展志愿服务，并捐赠达125万元物资。二是积极开展扶贫帮困，助力脱贫攻坚。每年资助贫困生的学费及家庭生活补贴近2万元；多次跟随工商联、商务局等政府部门走访国家深度贫困县三江县独峒镇具盘村、程村乡泗里村及独峒镇岜团村，为侗族、苗族等各族困难群众送去价值5万元的“佳味螺”螺蛳粉、米、油等物资及现金，用于慰问建档立卡贫困户和支持乡村民族文化旅游宣传等，同时回购当地的农副产品；捐赠近6万元，资助城区总工会和残联开展网红电商直播带货培训等；通过“供应商+合作社+农户”的产业合作模式，带动了各族贫困户增产增收；积极吸收15名建档立卡贫困户和周边农村贫困劳动力到企业就职；每年招收在校贫困大学生到工厂实习，为脱贫攻坚做出了积极贡献。2020年公司“佳味螺”袋装螺蛳粉已通过国务院扶贫办认定为国家扶贫产品。这不仅履行了社会责任，也增强了公司的影响力，更为螺蛳粉民族特色产业做出了贡献。

广西善元食品有限公司联合党委潘朝英说：

> 2022年是“十四五”开局之年，我们将坚持贯彻落实习近平总书记强调的“加强民族团结，基础在于搞好民族团结进步教育，建设各民族共有精神家园。深入践行守望相助理念，深化民族团结进步教育，铸牢中华民族共同体意识，促进各民族像石榴籽一样紧紧抱在一起”的重要论述，铸牢中华民族共同体意识，强化民族责任，发展民族产业，追求品牌质量，做大公司规模，维护民族团结进步，努力实现一碗小小螺蛳粉，共铸民族团结大产业的经济格局。[1]

二、上汽通用五菱：人民需要什么，五菱就造什么

都说柳州有五张名片“一花倾城，一粉飘香，一车风行，一江旖旎，一城风情”，其中的五菱汽车在网络上留下了许多的“神话”，被誉为“神车”。在新冠疫情肆虐的时候，一句“人民需要什么我们就造什么”再次让上汽通用五菱家喻户晓，不禁让人们感叹“不愧是民族企业”。了解上汽通用五菱企业历史的人知道，这句口号绝不是空穴来风，而是五菱的传承。

五菱汽车的前身是柳州动力机械厂。1953年国家急需4匹马力汽油发动机，柳机二话不说投入研发，在1953年11月，1101型4马力汽油机研发成功，填补了国内汽

1 访谈对象：潘朝英；地点：广西善元食品有限公司；时间：2022年7月28日。

图 12.2　在广西壮族自治区成立 60 周年庆祝大会上的柳州五菱宝骏小车方阵（柳州市民宗委提供）

油机的空白。在中国 70 周年大庆之时，这台汽油机还是新中国 150 个“第一”的展品之一。1956 年，应国家社会需求，造出了第一款国产油锯——051 型“友谊”牌油锯，从此，我国也开启了机器伐木时代。1959 年，因农业需求，柳机仅用了 57 天就试制了 5 台拖拉机，就当时的社会背景，拖拉机的意义重大！1969 年，柳机研制出了 4100 型汽油机以及 70 型汽车发动机，为广西未来汽车行业奠定基础。在当时，还与柳州农械厂联合创办“柳州”牌的汽车，这对中国汽车行业也有着积极作用！1976 年，国防事业需要大马力发动机，柳机一马当先，开发 127 型大马力操舟机。1980 年，中国改革就进入了一个新阶段，中央决定成立中国汽车工业公司。到了 1981 年柳机也做出表率，研制出 270Q 系列的微型汽车发动机，为国家汽车行业做出重大贡献。[1]

1985 年柳机更名为柳州微型汽车厂主攻微型面包车，货车等车型；1989 年柳州五菱汽车企业集团正式成立；1991 年的时候，五菱汽车产量达到了 13100 辆，位于国内微车行业第三；2001 年，五菱集团正式将旗下整车板块 75.9% 的股份转让给上汽集团，上汽五菱汽车有限公司正式成立。

疫情突起口罩紧缺，五菱只用了短短几天从一个汽车企业转身成为医疗器械厂家。在疫情期间，五菱还造出了一种“特殊”功能汽车——智能移动测温车。据称，这种车的功能主要用于红外线测温，能够在 2 米的范围之内，对此范围内的移动人群实现

1　参阅《“人民需要什么，五菱就造什么”这不是喊口号，而是五菱传统》，2020-03-10，https：//baijiahao.baidu.com/s? id=1660749141604357607&wfr=spider&for=pc。

实时测温。所以说，国家和人民需要什么就造什么，是“上通五”刻在基因图谱里的执着。

上汽通用五菱宝骏基地则是上汽通用五菱汽车股份有限公司的一个缩影。

（一）宝骏基地：全国民族团结进步模范集体

上汽通用五菱宝骏基地于2012年正式投产，占地近5000亩，总投资200亿元，生产宝骏品牌汽车及配套发动机产品，具备年产80万辆整车的能力。宝骏基地目前员工约为3900人，有汉、壮、瑶、苗、回、侗、土家族等17个民族，少数民族员工超过1500人，占比约为39%，宝骏基地是一个开放包容年轻的团队，基地坚持以铸牢中华民族共同体意识为主线，以“中华民族一家亲，同心共筑中国梦”为总目标，把民族团结进步创建工作纳入基地党群工作中，狠抓落实，营造了良好的工作和创业氛围，各民族员工在企业团结互助，共同描绘着个人与企业共同发展的美丽画卷，2019年宝骏基地荣获国务院授予的“全国民族团结进步模范集体”称号。

1. 关爱员工，助力成长

基地积极营造团结和谐干事创业良好氛围，为各族员工提供持续学习的平台，搭建了十余个领导力培养平台，普及前沿理念，打开智能制造眼界，鼓励各民族职工学习先进理念、操作技术，争当技术能手。在员工培养和晋升通道上一视同仁、公开透明，在晋升机会上人人平等，各族员工通过自我努力和发挥聪明才智，都能得到很好的发展，一大批少数民族员工成长为企业管理人员和专业技术人员。侗族同胞龙章文担任上汽通用五菱宝骏基地质量区域工段长，他说由一名普通员工晋升为业务主管，真切地感受到基地对员工成长的关怀和重视。基地还支持员工参加民族文化体育活动，基地冲压车间一线工人的壮族小伙梁小谋是射弩高手，经常代表柳州市参加少数民族体育运动会比赛，基地积极协调解决梁小谋外出比赛岗位空缺问题，支持他参加比赛。在基地的大力支持下，梁小谋在广西第14届少数民族运动会上荣获4块金牌，在全国第10届少数民族运动会上又获得了1块银牌和2块铜牌，为广西和柳州市争得了荣誉。2022年开展首届发现“柳州工匠”评选，共评选出9名工匠，其中少数民族工匠6人，占比67%。和乐的民族团结氛围，共同团结奋斗，共同繁荣发展，使得上汽通用五菱从2016年至2022年连续7年获评“中国杰出雇主”称号。

2. 宣传引导，架设民族团结连心桥

宝骏基地紧紧围绕铸牢中华民族共同体意识这条主线，加强民族团结进步宣传教育，从民族感情的共鸣点和群众利益的结合点出发，构筑各民族员工共有精神家园。推出“民族团结进步”为主题的系列推文，利用餐厅电视等媒介宣传党和国家民族政

策法律法规，营造民族团结进步良好氛围。通过对身边正能量事件的宣传教育，让宝骏基地全员加强民族团结，在互帮互助中铸牢中华民族共同体意识。同时，充分利用青年员工喜闻乐见的抖音、快手、小红书等社交展示平台，展示宝骏基地民族团结友好氛围，其中侗族员工吴思潞草莓熊大巴系列，获 86 万多的播放量。

在不断推进民族团结进步宣传教育的同时，对民族团结进步的模范团队、先进个人进行表彰，宣传员工身边民族团结进步事迹，鼓励基地各族员工向身边的模范看齐。积极推动中华优秀传统文化融入基地生产生活，开展民族文化交流互鉴活动，民族节庆时在基地开展活动融入民族特色元素，通过开展壮族“三月三”对山歌活动，口罩歌王进车间等，努力营造各族员工共事共乐的“和乐家园”，不同民族的员工们每天一起愉快地工作、生活，成为不分彼此的一家人，相互扶持共同发展。同时定期开展以“建设铸牢中华民族共同体意识示范区”主题的演讲比赛、致辞等活动，加深全体人员的中华民族共同体意识。

基地推进立交桥式的互助结构，通过居住地点周边与少数民族结对子，形成社区立交桥，每一名民族团结工作者都是桥的枢纽。截至 2022 年 6 月，共搭建立交桥枢纽 86 个。同时，按实际情况开展民族团结委员会增补工作，委员班子年轻化，新生力量补充后，开展了线上学习民族团结知识，参与率达 100%。在线上学习过程中，全面掌握了民族团结进步创建工作要求，为铸牢中华民族共同体意识打下牢固基础。来自河池都安的韦俊尤这样说：

> 我在车间主要感觉五菱的文化，五菱一直在推进持续优化理念。比如，帮员工更轻松地完成抬重物问题，每个工位的改进，都深入每个工位，掌握生产运行中需要改进的设备。由于大家在一起，拿生产口罩来讲，当时去来宾看口罩机的时候，就有经理过去了，他是管设备的，所以我们最开始就听见了这个信息，平民老百姓不敢想，公司敢想，宏观决策要做这个业务，且“只赠”不卖，现场生产过程中，有当年地里一起干活的感觉，有空位，管理人员或其他人马上就会顶上这个岗位，生怕少生产一个口罩。[1]

3. 责任至上，开展公益事业回报社会

公司始终秉承“责任至上 全员公益”的理念，心系民族地区发展，不断践行企业社会责任。自 2004 年起投入资源帮扶民族地区扶贫开发、建桥修路等，依托企业产业优势，2019 年度解决包含三江、融水等民族地区 1000 多人员就业问题；加入中国红十字基金会并成立“上汽通用五菱博爱基金”，在全国 25 个省市援建博爱卫生站（院）

1　访谈对象：韦俊尤；地点：上汽通用五菱汽车股份有限公司；时间：2022 年 7 月 29 日。

243所，每年组织员工参与无偿献血活动，累计献血超过10万毫升；开展贫困小学助学、各民族贫困户帮扶等关爱活动。在国家重点扶贫县——三江侗族自治县连续多年开展助学行动，为社会奉献企业爱心。

2022年5月31日，宝骏基地民族团结工作小组前往柳城大埔镇洛古村小学，开展主题为“情满洛古 爱心助学”的活动，送上知识与礼品，陪伴孩子们迎接一个特别而又美好的“六一”，鼓励孩子们努力学习，茁壮成长，勇敢去追逐自己的梦想。

作为新时代的生力军，公司青年们将不断响应国家号召，积极投身社会公益事业，在乡村振兴、教育扶贫等浪潮中肩负使命，奋勇前行！基地团支部书记杨舒文是这样说的：

> 洛古小学是一所包含有苗族、壮族、仫佬族、侗族等多个民族小朋友的乡村小学，他们由于地域等条件，对外界的信息了解较少，我们通过爱心助学，给孩子们讲解汽车知识、送上具有特色的汽车模型等慰问品，激发孩子们对汽车的浓厚兴趣，在他们心中种下一颗颗对未来美好生活向往的种子。通过这类活动，践行了民族企业在民族团结、乡村振兴、教育扶贫等国家浪潮中的社会责任与担当。[1]

宝骏基地作为“国家AAAA级旅游景区”和广西重要的工业旅游点，10年来接待了来自全国乃至世界各地各民族的参观人员8万余人次。基地充分发挥全国民族团结进步示范企业的示范作用，紧紧围绕“中华民族一家亲、同心共筑中国梦”的总目标，开展民族团结进步宣传教育，让每一位到宝骏基地参观的游客进一步树立民族团结进步理念、铸牢中华民族共同体意识。

（二）品牌宣言：人民需要什么，五菱就造什么

2020年初，为应对新冠肺炎疫情防控严峻形势，上汽通用五菱汽车股份有限公司主动担负起企业社会责任，充分发挥拥有“大产业、大行业”的资源整合优势，与供应链企业联动，做出“人民需要什么，五菱就造什么”的承诺，打通了口罩生产的全产业链，有力地支援防疫一线，助力国家支援全球抗疫，夯实“中国制造”形象。

1.“五菱速度”彰显企业担当

在2020年1月22日，疫情暴发之初，宝骏基地党委书记、壮族同胞范文健，牵头成立宝骏基地“疫情防控领导小组”，由基地党委委员、支部书记等27名党员组成的

1 访谈对象：杨舒文；地点：上汽通用五菱汽车股份有限公司；时间：2022年7月29日。

党员突击队自愿放弃春节假期，并严格按照上级党委的部署、投身疫情防控工作。

随着节后复工潮的到来，防护口罩紧缺已成为影响社会快速恢复有序运转的重要因素，在严峻的疫情形势下，为了更好地抗击疫情，为公司全面复工复产做好准备，2月6日，公司宣布联合供应商改建生产线转产口罩。

2020年2月8日，当人们还在欢度元宵佳节的时候，基地党委书记就带领冲压党支部书记、工会主席、模修工段班段长及业务骨干等8名党员成立战“疫”突击队，并立即动身前往公司950项目现场驰援口罩设备安装、调试、维护与生产等工作。

2020年2月9日，项目组快速集成各方资源，全力以赴进行口罩生产设备、原材料等资源查找及整合。

2020年2月11日，项目组完成了无尘车间改造，第一批口罩生产设备进厂，并连夜通宵进行设备安装调试。

2020年2月12日，在政府相关部门大力支持下，公司取得民用防护口罩的研发、生产和销售资质，同时设备调试初步完成，按照医用口罩专业标准进行试生产。

2020年2月13日，首批生产合格的口罩下线。

2020年2月14日凌晨，冒着滂沱大雨，从无锡历经1700多千米20多个城市日夜兼程的运输车，载着广西第一条全自动口罩生产线到达柳州。维修队伍连夜开展安装调试，上午6点左右，完成调试的首条全自动口罩生产线正式实现自动化生产。

2020年2月16日，宝骏基地35人口罩突击队支持生产运行。

2020年2月19日，公司对外宣布，由企业自主生产的，广西第一台全自动化“五菱牌”口罩机正式下线！面对口罩生产设备全国紧缺的情况，公司紧急调集超过120名专家、精英技师组成核心团队，各民族伙伴团结一心，24小时不间断轮班，仅用1天时间就完成了结构设计，76小时就实现了口罩机的正式下线，从而为扩大口罩产能提供了有力保障。人民需要什么，五菱就造什么！在五菱牌口罩产能爬坡的战疫前线，宝骏口罩班的巾帼标兵们抢时间、抓质量、提产能，以开拓进取的创新精神，全力以赴奋战一线，在“五菱牌口罩”的生产战场上用行动诠释着“五菱速度”。

2.“五菱力量”以人民需要为己任

受新冠肺炎疫情影响，随着节后复工潮的到来，防护口罩紧缺已成为全国政企和民众普遍关心的首要问题。为了更好地保障人民的基本防护需求，宝骏基地党委根据上级党委指示，发出口罩生产支持团队招募的通知，各民族员工伙伴踊跃报名，从35人口罩突击队增长到700多人，民族团结一心，冲锋一线，成为疫情防控的“逆行者”。战“疫”的号角吹响，他们舍小家顾大家，用使命、爱心、责任、担当，争分夺秒地为前线抗“疫”的医护人员和人民生产防护口罩，守护万千家庭，谱写出一个个民族团结曲，奏响和谐进步歌。

叶剑勇，汉族，宝骏车身车门工段的操作工，中共党员；覃建杏，壮族，宝骏车身检验班组的质检员，巾帼标兵岗成员。现在，他们是五菱牌口罩生产线上的夫妻搭档。2月16日上午，叶剑勇在接到口罩生产支持通知时，义无反顾就答应了，他心里明白，身为一名共产党员，担当在前，战斗有我。同一天下午，覃建杏也收到车间“巾帼”支援口罩生产的通知，当时她犹豫了一下，因为家中有三岁小孩，还有行动不方便的老人，夫妻两人都上班要怎么办。随后，经过与家人的沟通协调，老父亲都非常支持两人去支持生产口罩，那是在为人民做贡献，并表示一定会照顾好小孩和家庭。

次日清晨，他们俩就“狠心”放下孩子离开了家，前往口罩生产车间，全身心投入口罩生产中。刚开始时由于人员不够，要流动支持各组织生产，尽管前期岗位不熟悉，但通过努力学习和团队成员的帮助下，很快胜任多个操作岗位。几天后，他们都转到包装组，夫妻两个人成为同一“战线”上的战友。

除了夫妻档，还有家人在默默支持的产能冠军。她天资聪慧，上岗一天就完全掌握了电焊岗位操作要领；她敢打敢拼，上岗四天便拿到第一个产能冠军；她乘胜追击，上岗至今已取得班次产能十连冠。她是公司950项目宝骏口罩班点焊二工段员工、仡佬族同胞黄利玲。

在公司“人民需要什么，五菱就造什么”的号召下，刚过哺乳期的黄利玲积极与家里沟通，在获得家人鼎力支持的情况下，主动报名参加口罩生产，并分配到口罩点焊二工段。2月23日，黄利玲开始进入口罩厂上班，天资聪慧的她在第一个班次就克服了夜班的工作模式，并在班段长的指导下，迅速完成口罩耳绳点焊岗位技能学习，完全达到耳绳点焊的独立上岗要求。随后，黄利玲扎根工作岗位，发挥宝骏人敢拼善战的优良传统，在4天后的27日，首夺班次产量冠军，在宝骏口罩班乃至整个950项目中崭露头角。首次获得产能之星荣誉后，黄利玲并没有骄傲自满，而是趁热打铁乘胜追击，在往后的工作中不断刷新自己以及班次的纪录，至3月13日为止，黄利玲已经先后十次夺得班次产能冠军，最高产量高达4298只。

在参与口罩生产之前，黄利玲是宝骏发动机装配C班的一名员工，负责发动机活塞的分装工作。平日里工段开展的持续改进工作让黄利玲收获颇多，在宝骏基地这种开拓创新、团结和谐的良好氛围之下，她也养成了不断改进工作方法的良好习惯，也正因如此，黄利玲在口罩生产的工作中不断优化自己的操作，让耳绳点焊的效率不断提升，不断挑战个人生产效率的极限。功夫不负有心人，黄利玲一次又一次打破班次记录，成为当之无愧的产能之星。当在询问她怎么能完成如此惊人的数量的时候，质朴的她回答道：“做这个脖子很累，如果慢下来就很困，为了使自己清醒保障口罩完成质量，所以会一直做，一直做。”[1]

是啊，疫情发生以来，许多五菱的一线抗疫人员就牢牢把自己“钉”在各条战线上，疫情如猛虎，可是也正激励着他们艰苦创业、自强不息，也正是有了像黄利玲这

1 访谈对象：黄利玲；地点：上汽通用五菱汽车股份有限公司；时间：2022年7月29日。

样许许多多的五菱人，才能共同筑起一道“防护网”，用五菱力量去守护人民安康！

骄人成绩离不开家属伙伴的鼎力支持。为了让黄利玲能以更好的状态投入口罩生产的工作中去，黄利玲的丈夫葵毅每天接送她上下班，并承担起全部家务活，同时悉心照顾刚满一岁的儿子，解决家庭的一切后顾之忧。虽然每天照料家庭需要比之前投入更多精力，但他仍然乐此不疲，“能以这种特别的方式，为抗疫做自己的贡献，一切都是值得的。”[1]黄利玲丈夫葵毅如是说。

沉舟侧畔千帆过，病树前头万木春。没有一个冬天不可逾越，没有一个春天不会到来。黄利玲只是公司口罩班的其中一员，是公司努力发挥“人民需要什么，五菱就造什么”社会责任与担当的一个缩影，还有许许多多像黄利玲一样的伙伴奋战在抗“疫”的战线上，用汗水浇灌收获，以实干笃定前行，只争朝夕，不负韶华，用实际行动，助力疫情防控的人民战争取得更大的胜利。

国家有难之时，企业能及时进行生产转型，确实也体现出了一个成熟企业的社会责任感。疫情期间，口罩物资供不应求的状态下，上汽通用五菱宣布改造口罩生产线，所生产的口罩“只赠不卖”，全部捐赠广西柳州政府，统一调配。上汽通用五菱累计生产口罩超过2亿只，累计向社会各界无偿捐赠口罩超过5000万只，向美国、英国、德国、法国、澳大利亚、泰国、印度等21个国家累计出口数量超过5000万只。

上汽通用五菱秉承“造百姓喜爱的车”的企业理念，以“为顾客创造价值”为工作目标；在产品层面，汽车产品一直以能装能载，价格低廉，满足消费者需求著称；在传播层面，“人民需要什么 五菱就造什么”重点落在“人民”二字之上，凸显的是“人”。之所以说这句口号值得称赞，最重要的原因是：所传达的信息符合策略目标，让受众能够感知五菱的品牌文化，自始至终都突出了五菱关注销售者，站在消费者身边。如今，宝骏基地各民族同胞大家手牵着手、心连着心，用“人民需要什么，五菱就造什么”的为民之心，以“中华民族一家亲，同心共筑中国梦”为总目标，各民族共同团结奋斗，共同繁荣发展，不断探索汽车前沿科技，便利人民出行，为世界人民造好车！

三、柳工传奇的前世今生

2021年4月26日，习近平总书记在广西壮族自治区柳州市考察调研期间，迈着稳健的步伐走进了这家全国民族团结进步示范企业——广西柳工集团有限公司。

柳工是一家从事工程机械研发、制造、销售的国有大型企业集团，先后荣获中国500强企业、世界工程机械50强企业、国家级高新技术企业、广西壮族自治区实施

1　访谈对象：葵毅；地点：上汽通用五菱汽车股份有限公司；时间：2022年7月29日。

“二次创业”方案重点企业，被誉为“中国装备制造业的示范旗帜”。柳工作为广西制造企业，目前拥有少数民族员工逾2000名，约占公司总人数的23%，有汉、壮、瑶、回、侗、苗、仫佬、蒙古等25个民族的员工。柳工坚持和加强党对民族团结进步的全面领导，认真贯彻落实党和国家的各项民族政策，积极推进民族团结进步创建工作的常态化、制度化建设，为促进经济发展，带动民族地区工业制造，发挥了重要作用。2018年，国家民委授予柳工集团“全国民族团结进步创建示范企业”荣誉称号。

（一）沪企援桂，龙脊岭上建厂房

上海支边企业外迁广西，是20世纪五六十年代，党中央在我国社会主义建设探索时期，为了促进国家的工业化进程，实施东部沿海发达的工业城市支援工业相对落后的内地和边疆地区，发展当地工业，促进当地经济发展战略的一个重要组成部分。从1956年至1969年，上海有26家企业连人带设备一起分五批迁到广西。第二批企业中有一家企业，如今已发展成面向全球工程机械行业的翘楚，这就是柳工。

1956年，在发现大庆油田之前，国家发现了全国最大的广东茂名油页岩矿，立即列入重点开发建设项目。1958年初，在“大跃进”洪流的冲击下，国家不仅要在广东茂名地区建一座规模宏大的炼油厂，还要同时建一座年产10000吨的金属结构厂，为油城的开发建设服务。

为此，承担工程建设任务的建筑工程部金属结构安装总局“茂名筹备处”在北京成立。筹备处的任务主要是为广东茂名石油联合企业配套，建一个金属结构制造厂。当时的中南工程局第三建筑公司党委书记李郁任筹备处主任，金属结构总局生产处副处长李杰任副主任。1958年7月间，筹备处派员去茂名进行勘察和筹备。经过现场调查，了解到当时的茂名，地处偏僻，交通不便，除建一座炼油厂外，别无其他工程兴建，在该地建造一个大型金属结构厂，一旦炼油厂建成后就将派不上用场。因此，上海华东钢铁建筑厂经慎重研究后向建筑工程部建议，将工厂建在离茂名不远，且地理位置好、交通便捷的广西柳州市；这样不仅可以承担茂名炼油厂的金属结构制造任务，还可以面向华南和中南地区承担各类金属结构制造任务。

广西壮族自治区党委也多次派建委主任谢王岗到部里争取，表示广西全力支持。建工部接受了这一建议，随即报国家计委审批。后经国家计委批准，遂定在广西柳州市建厂。1958年8月，上海华东钢铁建筑厂按照部局指示，即派员到广西联系建厂事宜。9月，根据建筑工程部和上海市委达成的关于将“上海华东钢铁建筑厂”搬迁的协议，上海华东钢铁建筑厂将设备和人员各迁一半前往柳州。这便是柳工的前身。

1958年11月，筹备处主任李郁一行5人到达柳州选择厂址，最后选定厂址在柳州市西郊西鹅乡龙腾背。最初占地总面积140万平方米，厂区为长方形，东西向1千米，南北向0.5千米，面积50万平方米。宽阔的面积，优越的地理位置，幽雅的环境，为工厂的筹建和发展提供了良好的条件。1958年11月，上海华东钢铁建筑厂527名职工连同家属从上海迁到柳州，同时带来各种机器设备47台。1959年初，建筑工程部从西北金属结构厂抽调了60余名工程技术人员和管理干部，又从北京等地分配来一部分大中专毕业生，加强了柳工建厂初期的基础力量。柳工开始踏上建设和发展的艰苦征途。柳工建厂时，国家拟投资2500万元，建设一个有相当规模的大中型企业。后因遇上国家经济困难时期，资金不到位，所以时停时建。由于建厂筹备时间短，初来柳州，厂区无厂房，生活区无宿舍，柳州市政府安排大部分职工借住市内民房，制氧站的职工借住柳铁材料总厂库房。住在市内的职工上下班往返工地近的十多里，远的二三十里，没有交通工具，全靠步行，风雨无阻。这些从上海、西安、北京等大城市来的职工，为了早日把工厂建成，在困难面前毫无怨言，以支援祖国边疆建设为荣，再大的困难也难不住。在基建全面动工之前，生产和生活设施基本上靠筹建中临时搭建的简易工棚。1959年11月9日晚上，一场意外的大火将工厂的简易工棚、茅屋全部烧毁。职工一年的辛勤劳动创造的成果毁于一旦，损失物资设备70多万元。在部局、自治区党委政府、柳州市委市政府的关怀下，以及兄弟厂矿的大力支持下，全体职工奋不顾身，夜以继日地清理现场，修复机器设备，一周后恢复基建施工和生产。年末完成各种自制设备和革新项目16种55台，完成金属结构非标设备502吨，为计划的106%；实现产值109.8万元，为计划的137.3%；超额完成了国家下达的计划，打胜了建厂生产的第一仗。

“柳州建筑机械制造厂”隶属国家建工部机械设备制造局领导，后来隶属关系几度更改，又几经易名，1971年9月改称柳州工程机械厂，1993年11月改为广西柳工机械股份有限公司。

（二）浴火重生，改革创新谋发展

60多年前，借“愚公移山”之意，取名为“移山”的中国第一台推土机，由柳工生产。这家1958年从上海搬迁到柳州的老国企，由此扬名全国。斗转星移，风雨兼程。柳工人以愚公移山精神创造中国装备制造业一个又一个奇迹：广西及全国工程机械行业第一家上市企业；生产出中国第一台轮式装载机、第一台铰接式装载机、世界首台高原型轮式装载机；第一台商用5G智能遥控装载机、首台20吨级纯电动挖掘机诞生于此；行业率先首发无人驾驶设备，首台电动装载机销往海外……2021年虽受疫情影响，柳工的业绩依旧亮丽：装载机国内占有率雄踞行业第一，销量全球第一；海外收入跨越50亿元大关，同比增长66%。

2021年4月26日，习近平总书记来到柳工考察，对柳工的探索发展给予充分肯定。总书记强调：“制造业高质量发展是我国经济高质量发展的重中之重，建设社会主义现代化强国、发展壮大实体经济，都离不开制造业，要在推动产业优化升级上继续

图12.3　2020年，柳工最新开发的纯电动装载机助力川藏铁路建设，作为一款集智能管理和能效管理双赢的全新产品，开创了柳工“智慧节能时代”，引领行业电动化变革（王重彬摄，柳州市民宗委提供）

下功夫。”

亲切的关怀，殷殷的嘱托，坚定了柳工锚定更高目标，推动产业优化升级，追求科技自立自强的信念。迎着夏日的骄阳光，笔者深入柳工采访，看它如何咬钉嚼铁、爬坡过坎，如何不断移除制约企业发展的技术瓶颈、转型压力、市场挑战、人才短板、制度束缚等一座座“大山”，在坚守初心、砥砺奋进中，闯出装备制造业高质量发展之路。

习近平总书记在柳工考察时指出，只有创新才能自强、才能争先，要坚定不移走自主创新道路，把创新发展主动权牢牢掌握在自己手中。

广西柳工机械股份有限公司党委书记、董事长曾光安这样说：“总书记的重要指示，给我们指明了前进方向，坚定了柳工努力攀登技术高峰，争做行业领先者的决心和信心。”[1]

总书记的话，有着穿透时空的力量。初创时的柳工已经意识到，产品质量和技术是企业发展的生命线。但是，这些花钱买不来，合资请不来，降价换不来，只有苦练内功，才能培育创新基因。

88岁高龄的柳工原党委书记、董事长张沛说：“当时我们处在西方严密技术封锁中，难题如巨石压顶。很多零部件都要请人家做，油封、高压管、液压泵等都没见过，技术人员在异常艰苦的条件下研发。”[2]

靠着上海老师傅的经验和一股不服输的劲头，柳工冲破技术壁垒，于1966年研制出新中国第一台轮式装载机——Z435，首先解决了“有没有”的问题。

2001年，智能化相关工作被柳工提上日程。“当时，还没有智能化概念，但我们做的远程管理系统、机电一体化等已经是智能化技术的前身。”[3]广西柳工机械股份有限公司副总工程师、智能研究院院长蔡登胜说，经验告诉我们，一定要掌控技术话语权。

如今，走进柳工总部装配工厂，AGV无人搬运车根据设定线路运送零部件，工业

1 《柳工移山——牢记总书记的嘱托·企业调研行》，http：//bgimg.ce.cn/cysc/newmain/yc/jsxw/202204/18/t20220418_37502957.shtml。

2 《柳工移山——牢记总书记的嘱托·企业调研行》，http：//bgimg.ce.cn/cysc/newmain/yc/jsxw/202204/18/t20220418_37502957.shtml。

3 访谈对象：蔡登胜；地点：柳工全球研发实验中心；时间：2022年7月30日。

机器人正在焊接和涂装结构件。这里，每 15 分钟至 20 分钟就有一辆装载机下线。“等今年 8 月灯塔工厂建好，生产效率还会进一步提高。”广西柳工机械股份有限公司装载机制造公司党总支书记彭盛列举了一组目标数据：灯塔工厂就是全自动无人工厂，全流程机器人操控。建成后，运营成本降低 15%，产品制造周期减少 40%，设备综合利用率提升 40%，直接劳动生产效率提高 22%。“智能化工厂还在建，智能化解决方案已开始应用了。”在柳工智慧矿山系统演示室，柳工研究院智能解决方案研究所产品经理张永飞指着大屏幕介绍，不同颜色的进度条、上上下下的箭头，展示的是广西最大水泥生产企业鱼峰集团矿山作业卡车的实时工作画面。

“人民需要什么，我们就造什么。”这句话在柳州市工业口很流行。柳工的注意力对准了“人民需要的机械”——甘蔗收获机。

中国是世界三大产糖国之一，广西又是我国的产糖大省。2008 年后，广西甘蔗种植面积长期维持在 1300 万亩以上。不过，甜蜜事业背后，是较低的生产效率：人工一天只能收一亩甘蔗。

柳工敏锐地捕捉到这一特殊市场需求，也看到了自身多元化的另一个机遇，为民族地区各民族群众共同富裕提供了保障。

（三）扬帆出海：布局海外，逐鹿全球

在柳工总部基地，从办公楼到全球研发中心再到装配车间，都可见到一幅特别图案的世界地图，标出了柳工 300 多家海外机构。20 年前，当柳工做出国际化决定时，并不知道路在哪，从无到有的困难并不亚于建厂初期的风餐露宿、披荆斩棘。随着中国加入世界贸易组织，国外工程机械龙头企业纷纷到中国抢占市场和收购企业。柳工就曾赫然出现在某跨国企业并购名单之首。国内工程机械企业为保住市场，也纷纷打起价格战。那时的柳工，超过 94% 的收入来自装载机业务，加上企业所在的广西柳州，地理位置并不优越，物流成本偏高，在价格战中并无太多优势，一旦进入周期性谷底，其面临的风险必将成倍放大。穿越周期，既要有以质取胜的实力，也要开展全球布局，加快形成出口竞争新优势，提高抵御风险能力。2002 年，柳工在上市公司年报中，第一次向外界宣告“打造开放的、国际化的柳工”的战略目标。这个提气的口号，那时只能算是一种豪情。国内竞争还没有胜算，为什么要搞国际化？种种质疑纷至沓来。柳工相关负责人黄遂说：“当时，柳工的产品价格在国内没有优势，但‘走出去’是有优势的。到国外跟人家竞争，也能知道我们的产品有什么不足，反过来可以改进和提升产品质量。”[1]

目标是清晰的，道路却是曲折的。柳工国际化战略的提出，比同行早了 3 年左右。

1　访谈对象：黄遂；地点：柳工全球研发实验中心；时间：2022 年 7 月 30 日。

第一个吃螃蟹的，既要尝到鲜，又要避免扎到嘴，挑战不小。“早期做国际业务时，我们‘三不知’——不知道客户在哪，产品卖给谁，客户满意与否。而且，基本上国内卖什么海外就卖什么，出过不少笑话。例如，我们拿到热带国家卖的一些产品就因为散热达不到要求‘趴了窝’。”作为首批外派人员的广西柳工机械股份有限公司国际业务中心总经理李东春回忆说。

那时，柳工很多高管从未出过国门，拿着世界地图找市场，成了柳工早期国际化的写照。2003 年春，一群柳工人风尘仆仆地出现在地处北非西北部的摩洛哥。几番周折，一行人找到了一家合作数年但从未谋面的企业——Mecomar 公司。公司创始人把他们引到一个建筑工地上。

在现场，一家知名企业的设备停在一旁维修，而柳工的装载机却在轰鸣声中干活。这一幕令身处异乡的柳工人产生了别样的感受：我们的设备并不比别人差，这不正是出海的好机会吗？北非探路，坚定了柳工国际化信心。以北非为第一站，柳工一步一个脚印踏上了波澜壮阔的国际化征程。

中国工程机械工业协会秘书长吴培国说：“经过 20 年海外布局，柳工相继完成国际营销、国际制造和国际并购三级跳，走出一条从海外贸易、海外营销到海外制造、海外并购的国际化路径，成为中国装备制造业‘走出去’的标杆企业之一。国际市场已成为柳工的优质‘海外粮仓’。”[1]

吴培国认为，柳工国际化给中国制造业的启示是，国际化需要企业最高决策者拥有国际化视野，制定一个好的国际化战略，需要管理层坚定的意志和毅力，需要一支脚踏实地、执行力强的团队，需要适应目的国本地文化，融入本地社区，做一个受人尊重的负责任的企业公民。

在国际市场，不仅仅是价格的竞争，还是质量和服务的竞争，更是综合运营能力的全面较量。为应对挑战，柳工提出了“合作创造价值”的经营理念。

无论是与柳工合资生产配件产品的知名国际供应商美国康明斯、德国采埃孚公司，还是众多的本土供应商，以及下游众多的国内外代理商伙伴，它们一起构成全球供应链，而这条供应链的强度和韧度在周期性波动中体现得更明显。

山再高，往上攀，总能登顶；路再长，走下去，定能到达。柳工已具备全球化发展的基础，在现有基础上进一步加强国际化运营能力，推进全价值链全球化运营，瞄准高端市场，对接“一带一路”，加快海外本地化发展，柳工国际化还将翻开新篇章。各族群众在工作中通过交往交流交融，实现了共同富裕，经济上形成了共同体，增强了各族群众中华民族共同体意识。

1 《“出海”20 年 柳工扬帆再启航》，http://gx.people.com.cn/n2/2022/0729/c179435-40058884.html。

（四）不忘初心，民族团结谱华章

回望1958年，中央南宁会议之后，时任广西省省长的韦国清同志即携带中央领导的介绍信，赴国内两大工业基地东北和上海，请求支持广西工业发展。在中央及兄弟省市的大力支持下，1958—1966年，一批管理人才和工程技术人员从沿海及北方老工业基地举家迁入柳州。第一批柳工职工连同家属一共527人，1958年11月从上海出发，抵达柳州时，还带来了各种机器设备47台。1959年初，西安支边的人员也陆续南下。后来，从全国各地抽调来的一批批骨干人员陆续加入了建设柳工的拓荒者队伍，扎根民族地区60多年。在这里，来自全国各地各民族的产业工人谱写了共同团结奋斗、共同繁荣发展的壮美篇章！

1. 讲团结、促发展，铸牢中华民族共同体意识

柳工致力于不断铸牢中华民族共同体意识，把民族团结进步创建工作作为企业工作的重要组成部分，引导各民族职工牢固树立“三个离不开”“五观”思想理念，增强“五个认同”，营造各民族职工相互了解、相互尊重、相互包容、相互欣赏、相互学习、相互帮助的良好氛围。柳工积极推进民族团结进步创建工作的常态化、制度化，以民族团结促经济发展，彰显民族品牌，带动民族地区工业制造，发挥了重要作用。2020年，实现营业收入268亿元，同比增长19.6%；利润总额16.6亿元，同比增长17.4%。

图12.4　2019年柳工深入开展“不忘初心、牢记使命”主题教育；以形式多样、主题鲜明的活动庆祝新中国成立70周年（柳州市民宗委提供）

带动广西壮族自治区相关产业产值500多亿元，成为少数民族自治区大型装备制造企业，为自治区经济发展做出突出贡献。

2. 建组织、强宣传，构筑各民族共有精神家园

柳工充分利用网络平台、内邮、微信、宣传栏、班组园地、简报等形式，广泛地宣传党的民族政策，宣传民族团结进步先进典型和先进事迹，使广大干部职工在潜移默化中受到民族团结进步教育，为做好民族工作打下了良好的思想基础。在企业文化展厅及在员工生活区设立民族团结进步宣传栏，开展中华民族多元一体宣传教育。建立“民族团结大家庭”教育基地、活动营地等，订阅及采购了民族文化书籍、报刊，书籍杂志500多册，充实到员工图书阅览室、办公楼图书角，以及20多个柳工基层单位阅览室，做到每个基层阅览室都有民族团结书籍。出资100多万元兴建的员工文体活动中心，占地面积1100多平方米，适合开展气排球、羽毛球、乒乓球、毽球等各种文体活动，是柳工开展民族团结进步宣传教育及民族团结文体活动的又一重要场所。公司开展少数民族团结摄影活动，并获得基层员工的喜爱和大力支持。丰富多彩的活动构建起各民族职工共有的精神家园，促进各民族职工共事共学共乐共同创业。

3. 走出去、引进来，促进各民族交往交流交融

多年来，柳工始终注重各民族交往交流交融，通过开展多民族文化交流、中外文化交流、少数民族参观接待、民族活动宣讲等活动，增进各民族交往交流交融。民族团结进步创建进班组是柳工民族团结进步创建工作在基层落实的一个路径。为更好地在基层班组推进民族团结进步创建工作，公司组织开展创建民族团结进步和谐班组交流座谈会、举办“同舟共济六十载，民族团结一家亲”主题民族团结进步创建活动。选派优秀宣讲员参加柳州市“民族团结进步百场大宣讲”，宣讲员江倩以“上海阿拉的酱黄瓜与柳工的民族团结故事”为题，为大家讲述身边的民族团结友爱、共同建设家园的故事。

4. 重培养、树人才，培育各民族干部骨干

柳工把对少数民族员工、少数民族知识分子的培养摆到了民族团结进步创建工作的重要位置。认真贯彻全面从严治党的要求，切实履行选人用人职责，坚持按照习近平总书记提出的“三个特别”的民族地区干部新标准，对中高级经理人进行考察任用。在全面考核后备人才的履职能力和德、能、勤、绩、廉表现的基础上，坚持把坚定维护祖国统一，在大是大非问题上立场坚定、头脑清醒、行动坚决的优秀少数民族员工选拔到中高层领导岗位上来。近年来，柳工逐渐加大对少数民族员工提拔任用比例，现任总监中近14%是少数民族。

在柳工有数量众多的少数民族员工担任重要岗位，如“80后”锡伯族青年关志鹏，大学毕业后便加入柳工，从一名普通的总装厂助理工艺师做到农机公司副总经理，在公司新兴产业农业机械领域担任重要职务；负责推动和实施“数字化柳工创新工程”的数字信息总监何剑，是一位侗族员工；负责全公司产品质量管理的质量管理总监谭卫是一位毛南族员工；在生产制造系统、在基层一线，柳工少数民族员工同样有自己的精彩故事。如壮族小伙韦勇豪作为柳工技术服务专家来到南极助力南极科考，公司还成立了以他名字命名的“韦勇豪创新工作室”。

5. 帮脱贫、助抗疫，展现大型国企的责任担当

作为全国民族团结进步创建示范企业，柳工时刻把促进民族团结进步的社会责任担在肩上。2008 年，柳工开始助力三江侗族自治县经济建设和脱贫攻坚工作。秉承“帮思想、帮门路、帮项目、帮资金”的思路，在国家深度贫困的三江侗族自治县枫木、美俗、扶平、高友等 5 个贫困村开展定点帮扶工作，先后派出 16 名精干人员担任驻村工作队员、驻村“第一书记”；调用公司挖掘机、装载机开通扶贫产业路 29 条共计 30 多千米；出资建设茶叶加工厂、养牛场、菌棒种植基地；出资 154 万元安装了太阳能路灯、民族特色景观灯共计 600 余盏；拨付助学金 10 万多元，确保了 5 个贫困村的贫困户孩子有书读，同时捐赠大量的办公设施提升贫困村委的办公条件；至 2019 底，柳工帮扶的 5 个贫困村，全部脱贫摘帽。

习近平总书记指出，高质量发展不只是一个经济要求，而是对经济社会发展方方面面的总要求。总书记的到来让柳工人备受鼓舞，信心百倍。柳工必将牢记总书记的嘱托，不断铸牢中华民族共同体意识，带动民族地区工业制造经济发展。

四、南站派出所：用“警察蓝”守护“石榴红”

柳州市公安局南站派出所成立于 1949 年 12 月 16 日，时称南站分所，地处柳州“南大门”柳州火车站腹地，管辖有南站、太阳、利民、上游、红桥、大鹅山、天鹅湖、汇江共八个社区居委会，辖区大小旅社宾馆酒店、商店铺面众多，常住人口 6.26 万人，其中少数民族 1.93 万人，占 29.02%；流动人口 11672 人，其中少数民族 4783 人，占 40.98%。

由于辖区民族成分多、流动人口多，成为柳州市治安最复杂的地区之一。为加强柳州火车站治安巡逻防控工作，派出所建立应急反恐联动工作机制，积极维护辖区内各民族群众和流动人口的出行安全。南站派出所用“忠心、贴心、公心、细心”努力做好各民族群众的服务、管理和保障工作，始终坚持围绕铸牢中华民族共同体意识这条主线，实现部门工作与民族团结进步创建工作同谋划、同部署、同落实，先后获得

“全区优秀公安基层单位”“全区十佳派出所”“全市公安机关和谐警民关系建设示范单位”“柳州市民族团结进步示范机关”“全市公安机关先进基层党组织”等荣誉称号。

（一）流动人口的服务者

近年来，随着柳州市户籍制度改革，落户政策限制的放宽，吸引了各民族群众来柳落户定居。派出所积极发挥民族团结示范单位引领作用，从工作机制、平安守护、宣传教育、流动人口管理四个方面深入持久做好流动人口管理相关工作，切实维护民族团结。

在工作机制上，南站派出所坚持“手挽手”共走枫桥路，“肩并肩”共绘发展图，“心连心”共解难心事，全面加强对民族工作的组织领导，将民族工作与派出所业务有机结合，积极践行“枫桥经验”，努力为群众办实事；积极协调组织柳州紫荆志愿服务站、南天社区、飞鹅商圈流动人口服务站等开展对柳南区流动人口的服务与管理，利用区域辐射形成少数民族流动人口服务圈，促进柳南区处处绽放民族团结之花。

为做好平安守护，派出所与辖区各街道社区、志愿服务站、流动人口服务站等开展合作。协调社区针对外来务工群众无暇关注子女管理及教育等情况，建立“小候鸟工作室”，在周末和寒暑假期间组织外来务工群众子女开展兴趣学习、法律教育、安全教育等课程，让外来务工群众对孩子放心、生活舒心、工作安心。协调辖区内的志愿服务工作站对火车站开展志愿服务活动，让外来群众进入柳州的“第一扇大门”时，感受志愿者们热情贴心的服务，传递着柳州的“亮丽名片”。在飞鹅商圈流动人口服务站成立以来，开展技能培训、特色展示、志愿帮扶等服务、活动20场，培训少数民族流动人口达1000多人次，成为流动人口的“加油站”。

在宣传教育方面，南站派出所以党建为引领，建立民族工作例会、专题培训学习、政策宣传、定期走访慰问等制度，做好理论武装和实践指导，切实将铸牢中华民族共同体意识工作抓实、抓好、抓出成效；以各种形式广泛宣传党的民族宗教政策、法律法规、模范集体和先进个人典型事迹等内容，通过讲好民族团结故事，让铸牢中华民族共同体意识正能量更充沛、主旋律更强劲；深入居民家中进行消防安全、防电信诈骗、流动人口管理、民族团结政策等宣传和管理，以提升辖区居民群众满意率、知晓率和参与率，凝聚各族群众守望相助、团结奋斗共享繁荣强大合力。

在加强流动人口的管理和服务上，为站好治安排查“管理岗”，派出所定期进行流动人口、出租屋、行业场所等的清查排查，做到底数清、情况明、措施实，努力实现流动人口的动态管理目标，致力于营造良好宜居、宜商、宜学的辖区环境；为站好安全防范“指导岗”，派出所深入开展安全防范宣传教育，指导治安巡逻和邻里守望行动，构建警民联防联治的防控机制；为站好后备保障“安心岗”，派出所联合社区建立“小候鸟工作室”，使孩子放学有“家”回，假期有处学，外来务工人员无后顾之忧；

为站好便民利民“服务岗”，派出所扎实推进“我为群众办实事”活动，采取预约、上门、自助、绿色通道等便民措施，为群众办理户籍身份证居住证等业务；为站好交流交融“贴心岗”，南站派出所社区民警经常利用节假日新疆独有的“肉孜节”，走访慰问辖区新疆籍人员；为站好社情民意“搜集岗”，派出所多次慰问来柳新疆籍少数民族喀迪尔、翁绘华，并与其交流谈心，积极发挥喀迪尔·阿卜拉“柳州老资历”带头人作用，通过“以流管流”做好新疆来柳人员信息登记和服务管理工作。

针对外来少数民族群众来柳人生地不熟、无亲朋好友、生活习俗差异，一时无法适应，难以融入柳州等的情况，派出所主动贴近群众、服务群众，摩擦出了一系列火花故事。

2018 年 9 月 28 日，派出所帮助在外出生长期漂泊 23 年的“黑户”唐思焕解决户口登记，唐思焕母女欣喜万分，并送来锦旗表示对派出所的感谢。

2018 年 10 月 1 日国庆期间，派出所干警发现暂住在辖区的新疆籍同胞阿拉拜尔迪·喀吾力夫妻居住证已经制作完毕，随即马上就将居住证送上门，当拿上居住证的那一刻，阿拉拜尔迪激动地说：“谢谢派出所的同志，感谢你们的帮助。”

2018 年 10 月 19 日，在派出所民警热情服务帮助下，新疆籍同胞买买江·吾曼尔江、米热帮古丽·吾布力夫妻将户口从新疆迁入柳州，并在柳州定居生活、进一步融入柳州这个城市大家庭。

（二）各类矛盾纠纷的化解者

南站派出所建立“点对点”的滚动排查机制，通过社区民警入户核查，及时收集掌握苗头性纠纷隐患，并坚持“依法依规、公平公正”，坚持“法律法规面前人人平等”“一视同仁”的原则，坚持“是什么问题就按什么问题解决”“不搞民族特权”。当发生矛盾纠纷时，不因为当事人一方或双方是少数民族就将其定义为民族问题，而是引导居民群众不以“民族身份”强调特殊性，坚持法律和政策底线，把矛盾纠纷限制在法律法规解决范围内，绝不把一般性矛盾纠纷上升到“民族问题”。

2020 年 9 月 27 日，维吾尔族同胞阿卜力克木到派出所，反映其与本地人廖某良转租天鹅湖小区一间铺面，因客观原因他无法办理营业执照，想要回转让费，但廖某良一直避而不见。针对这种情况，派出所民警与廖某良进行谈心，通过耐心地做思想工作，妥善解决了这一纠纷，化解了双方矛盾。

2020 年 11 月 24 日，市公安局部门领导、分局领导与在柳经商的维吾尔族群众座谈交流，力争把矛盾纠纷排查调处工作重心放在预防上，交流过程中呈现出一幅民族团结进步和谐局面。

派出所把矛盾纠纷排查调处工作重心放在预防上，积极做好预警工作，避免纠纷滋事，辖区未发生涉民族因素可能影响民族团结的案（事）件情况。2020 年以来，派出所共受理的 431 起纠纷，全部都在社区警务室得到了圆满解决。截至 8 月底，南站派出所 110 案件警情同比下降 0.5%。

（三）民族团结进步创建的“排头兵”

刚进入南站派出所，民族团结进步创建工作文化长廊庄严浓厚的文化氛围扑面而来，过道上“习近平总书记关于加强和改进民族工作的重要思想”“习近平总书记在全国公安工作会议重要讲话精神”“习近平总书记在广西考察时的强调”等映入眼帘。坚定“四个意识”，增强“四个自信”，做到“两个维护”等标语深入人心。

派出所成立民族团结进步创建工作领导小组，建立了民族工作例会，学习、宣传、定期走访慰问辖区内各民族群众；与社区民警签订创建目标责任书，一级带着一级干，一层一层抓落实，切实将民族团结进步创建工作抓实、抓好、抓出成效；组织民警开展民族团结进步学习，到“不忘初心、牢记使命”展馆开展民族团结主题活动。

派出所依托社区警务网格化，创新铸牢中华民族共同体意识宣教工作。与联合街道社区联动，积极创新宣传载体，充分利用互联网、公交站、电子屏、宣传栏等方式，开展民族团结进步“五进”宣传，通过“五进”（进社区、进校园、进企业、进机关、进场所）活动，在辖区宣传中央、全区、全市民族工作会议精神，发放民族团结进步宣传手册资料；在社区宣传栏中增设民族团结进步教育栏目；在群众聚集区域设置电视宣传屏，24 小时不间断地进行民族团结进步宣传和各类法律知识宣传；主动到辖区的“地摊”夜市，发放资料，解答群众咨询；利用新媒体开展网上宣传等。

派出所通过“润物细无声”的事情，做好“牵头人”“明白人”“主持人”“贴心人”，促进民族团结进步工作有形、有感、有效，引导各族人民牢固树立休戚与共、荣辱与共、生死与共、命运与共的共同体意识，牢固树立正确的国家观、历史观、民族观、文化观、宗教观，推动“三个离不开”“五个认同”更加深入人心，促进各民族像石榴籽一样紧紧抱在一起。

在南站派出所无微不至的“细心”服务下，辖区内营造出一片团结的氛围，社区居民共居、共学、共建、共事、共乐，逐渐融合在了一起，在这种互嵌式环境的熏陶下，像石榴籽一样不分你我，共同为柳州这个大家庭奉献出自己的力量。

柳南区，习近平总书记视察柳州时到过的城区。在这里各族人民牢记嘱托踔厉奋发，在这里民族团结进步亮点多、品牌多、故事多，在这里你看到的不是一枝独秀而是美美与共。柳南正信心百倍踏上新征程、筑梦新愿景！

第十三章　柳北：民族团结坚如钢铁

古人云："南有马鞍北有雀。""马鞍"是柳州城南的马鞍山，"雀"就是指雀儿山，它在柳州城北拔地而起，形似雀儿振翼。气宇轩昂的雀儿山下是柳北区所在。

截至2022年8月，柳北区总人口48.48万人，有汉、壮、苗、瑶、侗等41个民族，其中少数民族人口16.68万人，占比34.41%。辖区呈扇形，依山环水，风景宜人，环境优越，九曲柳江环东、南、西三面而过。柳北区是柳州市工业大区，辖区聚集有柳钢集团、柳州宝钢等十多家大中型企业，共有规模以上工业企业148家。"柳北工业园区"是广西A类产业园区，也是广西两个产值超500亿的工业园区之一。近年来，柳北区加快产业转型升级，形成以旅游装备制造、装配式建筑、金属深加工和循环利用、现代服装、汽配和工程机械加工产业为主导的"1+1+3"产业体系，为经济社会高质量发展注入新动能。2021年末，柳北区地区生产总值625.74亿元，两年平均增长5.3%，地区生产总值总量保持排全市各县区第一、广西各县区前列，地区生产总值约占全市五分之一，工业总产值约占全市四分之一。柳北区也是柳州市农业大区，以香兰农园等一区多园的现代农业核心示范区为依托，打造成为柳北区集约用地示范区、特色产业发展示范区的重要载体。

柳北区坚持以铸牢中华民族共同体意识为主线，突出"经济带动、理念引导、治理安全、三交共促、共同发展"的20字方针，守护民族团结生命线，高位推动民族团结进步创建工作纵深开展。不论是社区还是乡村，不论是企业还是学校处处可见民族团结一家亲的景象；不论是汉族还是少数民族，犹如千籽如一、千房同膜的石榴籽紧紧抱在一起，演绎着雀儿山下、石榴花红的动人故事。形成了"雀儿山下芦笙唱，各族儿女情谊长，石榴花红遍柳北，民族团结坚如钢"的民族团结进步生动局面。柳北区于2021年6月，获评为自治区民族团结进步示范区。

漫步雀儿山下，悠扬的芦笙旋律中，一幅幅民族团结的壮美画卷徐徐展开。

一、铸钢铸魂铸就广西钢铁脊梁

（一）柳钢的诞生：各族人民共建柳钢

1949年新中国刚刚成立，百废待兴。西方一些国家对我国进行大规模的经济封锁，拒绝向中国进口原材料及产品，使中国大数工厂已无法正常经营，钢铁生产也处于停顿状态。1952年，为恢复国民经济，我国将发展重心由政治变革转向经济发展，我国宣布了第一个“五年计划”的实施，为使与钢铁行业相关的重工业得到更高速的发展，国家多次派遣勘测小组在全国各地进行建厂选址。

1. 柳钢选址

钢铁厂的选址是一项极其复杂而烦琐的工作，选址时既需要考虑交通运输、能源问题，又需要斟酌当地工业发展情况等因素。

从交通运输上看，广西冶炼所用的主焦煤、铁矿石主要依赖于海南等其他省份的输入。自古以来，柳州都是货物、商品流通的重要集散中心，是连接各方的交通枢纽。在中唐时期，开通了桂林经柳州到邕州的道路以及临桂相思埭、桂柳运河，这不仅极大地提高了柳州与中原地区的陆运、水运能力，还促进了柳州与中原地区的经济、文化交流；新桂系统一广西后，修建了黔桂、湘桂两条铁路，其中包括4条主干道，中

图13.1 柳钢生产场景（蒋国华 摄，柳北区民宗局提供）

部以柳州为中心，形成5条纵贯线，途经20余个县市；[1]1928—1930年，柳州建成柳州机场以及柳州铁路大桥，多条途经柳州的高铁相继通车；1955年，柳江水路上下游皆可通航，公路也四通八达，直通大巴辐射至全国各个市县，水陆运输都很方便，这使得柳州成为西南大后方的交通枢纽以及建设钢铁厂的首选之地。

从能源上看，柳州自然资源十分丰富。广西区委对钢铁厂选址进行充分讨论后便开始在广西各地进行勘测。"西南地区选厂小组"来到柳州调研时发现，柳州与广西其他各县市的情况相比更具备发展工业的条件。随后，广西区委为压缩投资成本、提高建厂速度，统一划分广西钢铁工业布局，再次组织相关单位，对广西各地的资源、工业和交通状况进行调查。本次勘测结果表明，广西铁矿、锰矿资源绝大部分分布在北起融安县，南至玉林、横县中间的湘桂、黔桂、黎湛铁路沿线地区及柳江、浔江、部江流域一带。其中柳州东北屯秋铁矿，储藏量最大，位于柳州市东北80千米的鹿寨县平山区屯秋乡，含铁量高达5000余万吨。

从工业背景上看，柳州市作为广西的工业中心，产出了第一辆木炭车和第一架军用飞机，机械工业相对扎实。同时，柳州市的城区面积达到270000平方千米，城镇人口达到186900人，工业用地面积富足且劳动力后备人员调动性强。最后，钢铁厂建厂前柳州市已有钢铁行业发展所需的工业材料、制造工厂24个，多个千瓦级的发电厂，随着钢铁行业的快速发展，制钢的各种材料的需求量也呈高速增长之势。

从柳州市的情况来看，在设备方面，可以胜任钢铁厂的机修工作，尤其是铸铁的生产能力，这是柳州市被选择为建设钢铁厂的首选城市的一个重要因素。加之，柳州地区也是石灰石和白云石资源丰富的地区，广西其他地区都没办法同时具备以上多种条件。因此，广西区委经过多次商议和研究，决定在柳州设立该厂。

2. 毛主席的审定

在《论联合政府》一文中，毛泽东表明："没有工业，便没有巩固的国防，没有人民的福利，没有国家的富强。"[2]工业发展问题一直是悬挂在众人心中的重点问题，既没有资金、技术又没实现原料合理调控的中国该如何发展呢？1949年，毛主席出访莫斯科与苏联签订《中苏友好同盟互助条约》，其中包括苏联向中国发放的贷款、器材和技术援助，并且贷款须以产品和原材料的形式进行抵扣和偿还。为快速恢复国民经济，国家公布了"一五"计划的投资资金分配，其中，工业投资额占投资总额的42.53%，钢铁投资额占工业投资总额的15.16%。有了资金和器材的中国如何加快工业化的步伐呢？毛泽东提出："我们要重视钢铁工业的发展，用沿海工业之优势，补内地工业之匮

1　柳州市地方志编纂委员会编：《柳州市志（第一卷）》，广西：广西人民出版社，1999年。

2　毛泽东：《毛泽东选集（第二版）》，北京：人民出版社，1951年，第1080页。

乏，将钢铁工业发展得再快一些。”[1]那么，中国在交通条件尚不成熟的阶段如何做到平衡资源呢？毛泽东提出：“在发展大的钢厂的同时，也要大力扶持各地建设中小钢铁企业，将内地资源有效地开发出来，做到就地生产以供内需，以此降低运输的压力。”随后，在第二个五年计划的规划中，冶金工业部提出了钢铁工业建设“三大、五中、十八小”的战略部署。

毛泽东在1956年发表的《论十大关系》一书中再次提道：“我们应该将全国各地的一切积极力量调动起来，为以防后续有沿海冲突的可能性，中国发展经济不能只发展沿海工业，更要向内地去延伸。中国未来的社会进步将在很大程度上依赖于工业发展，所以我们要充分利用好各地的资源，将我国的工业布局调整至最佳平衡状态。”[2]为了支持广西的发展，国家在“二五”计划里将钢铁行业纳入广西工业发展规划之中，广西区委、人民政府按照党中央的指示，为满足广西工业、农业同建设共发展的要求，广西决定在全省建立一座钢铁厂，以供内需。在1957年7月全国地方冶金工业会议上，批准了广西建设一座产钢10万吨规模的钢铁厂，属国家限产以上建设项目，成为当时全国18个地方小型钢铁企业之一。

1958年1月11日，南宁会议如期召开，毛泽东、周恩来等主要领导出席本次会议。在会议上，省长韦国清汇报工作时提道：“广西是我国南疆的一个相对落后的地区，新中国成立之初，广西由于历史原因，仅有少量的生铁可用于制作锅、犁、耙等器具，没有钢厂更没有炼钢和轧钢工业，我们抗战之所以这么辛苦，都是因为没有钢！我们也想拥有属于自己的钢铁厂！”[3]

毛主席听后十分动容，广西工业发展缓慢，有其客观的原因，除原有的基础较差之外，还有一个国际环境对广西的影响极大。第一个五年计划期间，由于广西毗邻越南与法国交战的地方，因此，政府对广西的基建投入很小。第二个五年计划期间，在中央和地方的多次勘探中，仅有柳州一地能几乎满足所有建厂条件：第一，柳州有良好的工业发展基础；第二，处于交通枢纽，水路、公路、铁路运输便利；第三，可开发矿产均在其周围，很好地满足了毛主席提出的就地生产，降低运输压力的条件。基于以上众多因素，毛泽东不仅批准了区委提出的将柳州钢铁厂建设为重点项目的请求，而且交代李富春副总理具体帮助广西规划和安排有关的建设项目。1958年7月，在毛主席的关心下，柳钢一号高炉终于正式破土动工，这一天也成为柳钢诞生之日。

基于以上多种经济因素，中央决定在广西建立柳州柳北工业区等2个工业区。不仅如此，中央随后又在柳州设立了柳州钢铁厂、柳州电力机械厂等3个工业厂。1957年11—12月，广西区委调派程曙天为柳钢厂长、钟国松为柳钢党委书记，接着，柳州

1　毛泽东：《毛泽东文集》（第六卷），北京：人民出版社，1999年，第241页。

2　毛泽东：《毛泽东文集》（第三卷），北京：人民出版社，1996年，第146—147页。

3　《韦国清是开国上将，却主政广西长达20年，影响力至今不绝》，https://3g.163.com/dy/article/H5SMRMHN0552A5KS.html? spss=adap_pc.2022-04-26.2022-08-13。

钢铁厂筹备处正式成立。1958 年 1 月，钢铁厂的全程规划和统筹安排由国家建委区域规划局牵头，区内外各部门人员负责地形、能源、道路等方面的勘测并提出合理建议。最终，综合多种因素，广西区委将柳州市北郊鹏鸪江马厂一带设为柳钢建厂厂址。

3. 各族人民共建柳钢

柳钢作为毛泽东主席亲自审定建设规划方案的地方国有企业，自成立以来柳钢集团便扎根于民族地区，勇当广西工业发展排头兵，大力开展生产建设，为民族地区经济发展和民族团结进步事业注入了强劲动力。柳钢人愿意说，这是伟人在柳州画的圈，数以万计的柳钢人还意识到，这个圈是民族团结的同心圆。

广西柳州钢铁集团有限公司发展的历史，更是一部各民族守望相助，携手共进、团结进步的历史。在柳钢建设的过程中，全国 18 个省、市、自治区人民，给予了柳钢以大力的支援和热忱的帮助。1958 年，3 万多各族人民从祖国的四面八方汇聚到祖国南疆，开启了柳钢建设的大会战，书写了“各族人民建柳钢，齐心协力助南疆”的动人篇章，在八桂大地上建起被誉为“壮乡明珠”的十里钢城。这些支援和帮助是柳钢建设能得以顺利发展的重要保证。其中包括资源勘探、厂址选定的支援，设计工作的支援，人力的支援，建筑材料、备品备件、设备制造方面的支援，技术培训和技术力量的支援。各族产业工人在这里创造了一个又一个发展奇迹，一批批“柳钢制造”的民族品牌走向全国乃至世界。

柳钢集团宣传片《八方支援，共建柳钢》写道：

> 在1958年1月，中央有关部门从全国各大钢厂选调了545名技术人员和管理干部支援柳钢建设，受到了柳钢筹备处员工的热烈欢迎。紧接着，广西区党委又从全区各地选调了400多名县级、区级干部来担任柳钢的基层单位领导，并在广西军区的转业干部中调了一批校尉级军官来支援柳钢建设。不仅如此，还在全区各市县吸引了6607名新的员工加入。建设初期，柳钢汇集了全国各地的汉、壮、瑶、苗、侗等各民族的三万余名建设者，开启了柳钢建设的大会战。

近年来，柳钢集团不忘初心，深耕民族地区发展事业，与各族人民携手并肩，形成柳钢“一体两翼”钢铁新版图，实现了柳钢打造“千亿强企”的宏伟目标，助力民族区域经济社会的快速发展，各民族职工收入不断提高，幸福感、获得感日益攀升，实实在在分享到企业快速发展带来的成果。

目前，广西柳州钢铁集团有限公司现有职工 32000 多人，包含汉、壮、瑶、苗、侗、回、满、仫佬族等 24 个民族，其中少数民族职工共有 9800 余人。柳钢集团高度重视人才队伍建设，扣紧民族职工“连心锁”，始终坚持“人人皆是人才，人人皆可成才”的人才理念。注重对各民族职工的教育、引导和培养，将思想作风正、表率作用好的各民族职工吸收到党员队伍中来，为民族干部思想意识铸魂；充分调动民族科技人才工作积极性，在产品创新、技术进步等各个领域发挥出积极作用，为民族人才创新发展铸基；重视民族干部选拔使用，对优秀的民族干部给予大胆提拔，充分发挥民族干部独特优势和重要作用，大力铸就民族干部施展才能的舞台。在柳钢各大基地、各个领域、各条战线上，各族干部职工挥洒汗水、团结奋斗，把实现人生出彩主动融入企业发展进程中，谱写了传诵祖国南疆的民族团结进步佳话。

在谈及少数民族优秀员工时，柳钢集团党工部刘俊良介绍：

> 如柳钢武保部部长韦良呈，他是一位壮族的员工，现在负责着集团武保部的全面工作，并当选为柳州市柳北区人大常委。
>
> 柳钢“十佳青年”获得者董正明，他是一位苗族员工，他参加了很多次全国技能竞赛，都获得了很不错的成绩，现在他已经从一名普通操作工晋升为科室副科长，该同志也被推选为自治区人大代表。
>
> 柳钢气体公司学科带头人廖典科，他是一位瑶族员工，在集团的比赛中，多次荣获集团科技进步一等奖，在2019年他被提任柳钢集团气体公司副经理。由此可见，在基层，少数民族职工也有他们自己的精彩经历，为柳钢集团的发展做出了巨大贡献。
>
> 还有柳钢后勤中心员工乔海燕，她原来是柳钢集团的重点扶贫地区——融水县安陲乡大田村的一位贫困家庭的孩子，现在的她，不仅在工作岗位上为柳钢贡献自己的力量，还在融水县安陲乡吉曼村，参加了扶贫工作。[1]

在柳钢这个民族大家庭里，才华、才干得到应有的尊重和充分的发挥，产品研发、创新技改等各个领域都有少数民族的干部。柳钢各个重要岗位上都有意识地培养和任用少数民族员工，从班组长到公司高管，都有他们的名字。

不仅如此，柳钢集团依托“柳钢统战之家”工作阵地，专门建设“柳钢民族团结进步之家”，积极打造柳钢民族团结进步创建工作新名片，创新民族团结进步创建工作的新思路、新方法，为各民族职工搭建交往交流交融的广阔平台，同时利用集团官网大力宣传民族政策、法律法规以及各民族团结进步基本知识，营造民族团结进步创建工作的浓厚氛围。柳钢集团把“铸”作为柳钢的精神，以铸魂引领国企党的建设，以铸牢中华民族共同体意识引领团结奋进，以铸造质量为最高追求，以铸就忠诚、担当奋进的人才队伍为荣。对此，刘俊良继续介绍说：

> 在集团组织文艺会演中，《月光下的凤尾竹》《走在山水间》等民族歌舞作

1 访谈对象：刘俊良；地点：柳钢集团；时间：2022 年 8 月 5 日。

品在集团的组织和发动下被创作出来，还多次参加市级、自治区级文艺竞赛，并取得很不错的成绩，在创作的过程中不仅凝聚了大家的文化共识，还促进了集团内部的文化交融。集团工会、团委在中秋节、国庆节等传统节日期间，举办“团聚双节、越钢城”青年百家宴活动，让公司里各民族的职工们大展身手，制作出了上百种具有地域及民族特色菜肴，在饮食上促进各民族的文化交往交流交融、增进民族感情，营造中华民族一家亲的团结氛围。

60多年来，一代又一代柳钢各族干部职工，传承老一辈革命家的期待、肩负时代和民族地区赋予的重任，团结奋斗、砥砺前行，推动柳钢从小到大、从弱到强，打造成为我国华南、西南地区乃至泛北部湾经济圈最大的钢铁联合企业，跻身2020全球钢企50强第20位，挺起广西壮族自治区工业发展的“钢铁脊梁”。柳钢是大藤峡水利枢纽工程唯一的钢材供应与配送企业。世界最长的跨海大桥港珠澳大桥有5.23万吨的钢材来自柳钢。柳钢集团先后荣获“全国民族团结进步先进集体（1990年）”“全国文明单位”“自治区民族团结进步示范企业”等一系列荣誉称号。

近年来，柳钢集团还不忘初心，深耕民族地区发展事业，与各族人员携手并肩，在防钢基地及中金不锈钢基地建设项目上投入自己的力量。柳钢集团先后荣获“全国民族团结进步先进集体”“全国文明单位”“自治区民族团结进步示范企业”“自治区和谐企业”“柳州市民族团结进步示范企业”等一系列荣誉称号。柳钢集团60余年的发展铸就了民族团结进步的丰碑，谱写了一曲传颂南疆的民族团结佳话。

（二）国企的担当：对口帮扶助民生

在脱贫攻坚战役中，柳钢响应号召积极投入脱贫攻坚主战场，展现了国企的担当。

1. 七彩课堂：大手牵着小手前行

边远山区贫困家庭的孩子，很多从小到大都不曾离开过自己的村寨。柳钢为了丰富孩子们的课堂知识，多次走进少数民族学校开展“七彩课堂”、兑现少数民族学生“微心愿”，邀请少数民族学生来到柳州感受城市魅力，坚定“知识改变命运”的信心。同时大力推进“成长淬炼”少数民族贫困学生结对帮扶，组织他们参与丰富多彩的文化体育活动。在柳钢的长期帮助下，村里90名少数民族贫困学生都迈进了高中、大学，开启了他们人生的新篇章。在“成长淬炼”结对帮扶计划中，发动党员干部、职工个人、基层党支部、团支部、青年文明号等单位，与帮扶村的学生建立长期的联系，帮助帮扶村的学生从小学到高中，甚至是大学，为753个帮扶村的学生实现了自己的“微心愿”。

七彩课堂——“成长淬炼”结对帮扶计划是柳钢的特色结对帮扶新模式，据相关人员刘俊良介绍：

> 在2021年7月25—27日，柳钢集团为了将巩固拓展脱贫攻坚成果同乡村振兴有效衔接，开始推进定点帮扶村小学生“成长淬炼”结对帮扶计划，2021年柳钢集团定点帮扶村结对学生暑期研学夏令营活动，邀请到柳钢集团各定点村的18名学生代表来到柳州开展三天两夜的暑期研学之旅。
>
> 在开班典礼上，柳钢党工部负责人对柳钢集团近几年来积极投身扶贫和乡村振兴的工作进行了简单的回顾，并且对2016年以来在帮扶村中开展的“成长淬炼”活动进行总结，鼓励帮扶村的孩子们努力奋斗，为他们树立“知识改变命运”的信念，提醒孩子们刻苦学习，努力完成学业，用优秀的成绩回馈社会。同时，他也希望公司的员工能够用自己的爱心，去帮助那些在广西发展农村的孩子。
>
> 接着，柳钢党工部、工会、团委、各单位、部室的代表为贫困大学生赠送了爱心助学、学习用品、爱心助学金、爱心物资等。在会议上，结对学生代表们也发表了自己的看法。
>
> 本次夏令营为期三天，由集团团委精心组织柳钢重点帮扶村的结对同学开展了一系列丰富多彩的学习活动，同时还安排了志愿者全天24小时的服务。此次夏令营的主要内容有：柳钢展览馆、冷轧厂生产线、柳州市工业博物馆、白莲洞科学博物馆、东风柳汽厂生产线、柳州市青少年宫的“七彩课堂”、看温馨的主题影片、“结对共话”等活动，让同学们开阔眼界。[1]

2. 履行国企社会责任，搭建民族奋进“同心桥”

——2018年以来，柳钢共选派20余名扶贫干部进驻9个少数民族地区开展对口帮扶工作，投入8510余万元扶贫资金物资，目前，对口帮扶的9个扶贫村全部脱贫摘帽，2297户贫困户、8768名贫困人口全部顺利脱贫，有效实现脱贫攻坚长效机制和乡村振兴有效衔接，搭建起民族振兴发展之桥。

——2020年新冠肺炎疫情暴发，柳钢集团第一时间向自治区、柳州市、防城港市、玉林市总计捐赠资金3000万元用于防疫抗疫工作；同时，派出12名各族医务人员组成医疗队驰援武汉；此外，捐赠200万元用于支持广西红十字会购置负压救护车，捐赠价值480万元的钢材支援建设广西“小汤山”医院，柳钢集团被授予“中国红十字人道勋章”，彰显了柳钢的钢铁意志和民族情怀，搭建起了民族齐心奋进之桥。

——柳钢集团连续两年承办广西国企扶贫农产品展销会，在广西率先建成国企扶贫农产品展销专区，让更多民族地区优质扶贫农产品常态化进入职工“菜篮子”，近三

1 访谈对象：刘俊良；地点：柳钢集团农副产品展销厅；时间：2022年8月5日。

年，在消费扶贫领域总计投入资金3500多万元，搭建起了民族经济致富之桥。

说到助力脱贫攻坚、乡村振兴，柳钢集团党工部刘俊良如数家珍：

> 柳钢集团在推进少数民族定向帮扶贫困村旅游扶贫设施建设、产业扶贫发展项目中发挥着积极的作用，我们将脱贫攻坚及乡村振兴工作相结合，积极为少数民族乡村培育和发展主导产业，类似于发展米酒、黑木耳、香猪、山羊等特色种养殖业，为乌吉村打造旅游观光栈道等旅游基地，为村寨打造属于他们特有的民族特色扶贫产品和乡村旅游品牌。
>
> 同时，公司还连续举办了多次广西国有企业扶贫农产品展销会，在广西建立了国有企业扶贫农产品展销区。其中，我们采取“企业职工超市+扶贫产品供应商+少数民族定点帮扶村”的模式，集中定向采购少数民族扶贫农产品作为工会会员节日慰问物资，让更多少数民族地区的优质扶贫农产品可以以一种常态化的方式进入职工的生活中去，在最近的三年里，柳钢在消费扶贫领域总计投入资金3500多万元，为民族地区巩固脱贫攻坚和推动乡村振兴架起了一座民族经济致富之桥。[1]

在开展田野调查期间，我们听说了乔海燕的故事。

乔海燕是来自融水苗族自治县安陲乡的苗族姑娘，是2019年柳钢定向民族地区贫困村优先招录的工人。乔海燕说：“进入柳钢工作后，在改善家庭生活条件的同时，我个人也得到非常大的成长和进步，家里也顺利脱贫。家里都为我能进入柳钢而感到骄傲和自豪，并不断鼓励我一定要在自己的工作岗位上为柳钢贡献自己的力量，以此回报党和政府对我的关心与帮助。”

2021年3月，乔海燕积极响应集团公司的号召，主动报名到脱贫攻坚（乡村振兴）一线，立志接好“接力棒”带领家乡的父老乡亲们一起奔小康，巩固好脱贫攻坚的重要成果。经柳钢集团党委严格择优选派、精准选派，乔海燕作为集团公司新一轮驻村工作队员回到家乡，投身到乡村振兴事业中，4月7日，她作为柳钢集团新一轮广西脱贫攻坚（乡村振兴）工作队员中的一员冒着淅沥沥的小雨，回到家乡融水苗族自治县安陲乡吉曼村开启乡村振兴队伍生涯。“我的身份在乡村振兴队伍中很‘特殊’，我既是安陲乡定点帮扶村脱贫户子女，又是这次驻安陲乡的驻村工作队员，能回到这里为家乡父老乡亲们出自己的一份力，我感觉自己充满了干劲。”在出征仪式上时，乔海燕与驻村干部们分享着自己的心路历程。

乔海燕从小生活在少数民族的村寨，会讲壮语、苗语、桂柳话和普通话。她充分利用语言的优势，给驻村工作带来了很大的帮助，在村里，留守老人占据了大部分，

1　访谈对象：刘俊良；地点：柳钢集团农副产品展销厅；时间：2022年8月5日。

有些老人只会说家乡话苗话。因此对于其他不会讲苗语的驻村干部来说，这是开展工作的一大难题。在入户过程中，乔海燕充当了驻村第一书记的“翻译官”，认真用苗语跟群众交流，了解群众的家庭生活情况、积极向群众宣传脱贫户区外务工交通补贴、雨露计划、产业奖补、特困贫困、教育补助、小额信贷等惠民政策，耐心指导群众安装国家反诈中心 APP、缴纳城乡居民医疗保险，保护好群众利益。

有一次到一户脱贫户走访，家中只有一位 86 岁的高龄老人，老人只会用苗语交流。乔海燕用苗语向老人嘘寒问暖，讲解政策，老人握着她的手激动地说道：“之前驻村干部来她家，但是他们都不会说苗话，他们说什么她也听不懂，这回终于有个会说苗话的‘苗家妹’来看她了。”后来她每次到老人家的家里，老人都像第一次见面一样紧紧抓住乔海燕的手，和她亲切交谈，这让她真切感受到自己就是柳钢和边远苗寨互通的桥梁纽带，是传递党和国家民族团结政策的使者。她在驻村工作日记本上写道：“深入基层，我深刻意识到驻村工作队员不仅仅是一个职务和称谓，更代表着一种责任，只有融入群众中去，不断真抓实干求发展，才能无愧于组织对我的信任和托付。”

二、“石榴红”里的民族情

柳北区民族团结进步画卷里，有一个特别闪亮的品牌，那就是“石榴红”民族团结公交。柳州轨道集团恒达巴士公司充分发挥公交服务行业资源优势，建成柳州市“石榴红”铸牢中华民族共同体意识公交教育实践基地。通过“党建 + 创建”“浸润 + 创新”“关爱 + 互助”“帮扶 + 就业”，在柳州市以铸牢中华民族共同体意识为主线的民族团结进步创建实践中脱颖而出，荣获自治区级民族团结进步示范企业荣誉，成为民族团结进步创建的“排头兵”。

（一）56 路“石榴红”民族团结公交专线

在柳州宽敞的街路上，有一条与众不同的公交线路，每天有 7 辆 56 路“石榴红”民族团结公交车行驶在道路上，它们已经成为我市民族团结进步流动的宣传窗口和各民族交往交流交融的重要平台。2020 年 10 月 4 日，新华社为它发了图文报道和视频直播，浏览量 67 万多人次：

> 从雀儿山公园出发，到达柳侯公园再返回，这是广西柳州56路公交车的行驶路线。10月1日以来，在柳州市这条全长11.9千米的公交路线上，全新打造的“石榴红”民族团结主题公交专线穿城而过。
>
> “公交专线目前投入运营7辆车，每隔20分钟发车1次。这7辆车分别按照‘石

图13.2 56路“石榴红”民族团结公交专线（柳州市民宗委提供）

榴花红’‘同心筑梦’‘团结欢歌’三个主题进行装饰。”柳州轨道集团恒达巴士公司党群宣传部部长李颖说。

记者看到，车身外侧喷绘的石榴花、紫荆花以及芦笙踩堂、侗族风雨桥等民族元素让车体显得清新别致。以“团结欢歌”为主题的车厢是用三江侗画装饰，侗岭茶山的嫩绿、苗寨梯田的金黄、欢庆时的五彩缤纷让车身变得绚烂多彩。

车厢内部，民族元素同样丰富。28个车把手上，是56个民族的展示图画。铜鼓、风雨桥、赛龙舟，不同彩绘展现出不同主题。

无论是车外的LED尾屏，还是车内的多媒体显示屏，均循环播放有关民族团结的文字知识和视频。“公交车的整体外形和车身都进行了专门设计，通过诸多细节展示民族特色。”56路公交车驾驶员顾芳说。

柳州市民徐先生一上车，就注意到了椅背上印着“您好”的少数民族语对照读音，图片下方还有一个二维码。徐先生拿出手机扫一扫，页面马上跳转到一个关于少数民族语言的小程序，里面有同一个词语的柳江壮语、融水苗语、三江侗语和融水瑶语的读音。进入小程序，人们不仅可以学习少数民族常用词汇和句子，还可凭借获得的学习积分到当地扶贫爱心超市兑换相应奖品。

除了装饰上的用心，“石榴红”公交专线公交车上还有一些小细节值得乘客挖掘。公交车每一站的报站都用普通话和壮语进行播报。车厢内左侧的宣传栏放着《广西壮族自治区少数民族语言文字工作条例》《柳州市民族团结进步创建工作应知应会》等宣传手册，右侧则是扶贫产品信息台的海报版，乘客通过扫描二维码，就能直接购买。

“我们希望56路公交车不仅成为一个流动的展示平台、一个网红打卡点，更希望成为流动的互帮互助平台。各民族群众登上我们的公交车，如果需要帮助，可以跟驾驶员说明情况，我们都会积极协调相关部门进行帮助。”李颖说。

柳州是一个多民族聚居地区，少数民族人口占到总人口的56%。2019年启动创建全国民族团结进步示范市以来，柳州广泛开展民族团结进步创建活动。“我们一直力求把民族团结的宣传工作做得有温度，而公交车是贴近人民群众生活的一个载体。”柳州市民族宗教事务委员会四级调研员班雪梅说，“我们希望大家看到‘石榴红’，就能想到各民族像石榴籽一样紧紧拥抱在一起，互帮互助，携手共进。”[1]

随即，广西广播电视台、新浪网、搜狐网、今日头条、光明网、广西日报、广西民族报、贵阳网、中国经济网、人民政协网等30多家媒体相继转载报道。其中《广西日报》在头版进行了报道。《学习强国》先后2次采用图文和视频宣传报道、点击量7.4万人次。

56路“石榴红”民族团结公交专线的创立，进一步扩大了市民对民族团结进步创建工作的知晓率和参与度，推动柳州市民族团结进步创建活动全面深入持久开展，铸牢中华民族共同体意识。“石榴红”民族团结公交专线的建设，打造了柳州市民族团结进步创建工作窗口服务单位品牌和示范。同时将恒达巴士股份有限公司建设成为民族团结进步创建示范单位，在争创全国民族团结进步示范市工作中发挥出典型示范引领作用。这是柳州市有史以来第一次把宣传教育的阵地拓展到公交车，为民族团结进步宣传教育增加了全新的一个流动平台和载体，是广西第一条民族团结主题的公交专线，是实现铸牢中华民族共同体意识宣传教育有形有感有效的成功尝试。恒达巴士第三分公司书记刘冬介绍：

结合公共交通媒体信息传播快、流动性强、群众认可度高等宣传优势，公司党委与市民宗委、柳北区委、轨道集团党委开展四方合作，共推共建，全力打造56路“石榴红”民族团结公交专线，使其成为我们柳州市创建民族团结进步示范城市的一道亮丽风景。56路“石榴红”民族团结公交专线于2020年10月1日正式首发运行。专线以56路公交车为载体，从雀儿山公园出发，到达柳侯公园再返回，全长11.9千米，途经22个站点。打造民族团结工作室、民族政策公交咨询台、民族政策知识微课堂和各族职工互助平台“四个阵地”，开展团结示范岗、民族团结进步模范部门（班组、车队）、“中华民族一家亲，同心共筑中国梦”系列主题

1 参阅新华社：《“石榴红”里的民族情——广西柳州首发民族团结公交专线见闻》，2020-10-04，http://baijiahao.baidu.com/s?id=1679622306415393262&wfr=spider&for=pc。

图 13.3　凤凰岭大桥铸牢中华民族共同体意识示范带（柳北区民宗局提供）

活动、双语双向学习活动和民族故事交流“五项活动”，把公交专线打造成为凝聚各族群众智慧与力量的纽带。[1]

“石榴红”公交专线不仅是流动的宣传车，还是传递中华民族一家亲大爱的暖心车，每一位驾驶员都用实际行动争当民族团结的践行者。

“石榴红”公交专线驾驶员韦文，瑶族，中国共产党党员。每一位乘坐他运营的车辆的乘客都得到他细心的照顾，帮扶老人、关爱未成年人、照顾“六种人”等，一些经常乘坐韦文车辆上下班、买菜、看病的乘客已经和他亲如一家，很多乘客还专门致电公司对他进行表扬。有一次，韦文最后一班车返回车场后，发现还有一名乘客在车上没有下车，在询问的过程中他发现与乘客沟通有障碍，乘客无法清楚地表达自己的意思，于是韦文联系了民警，并和民警一同陪着乘客找到了他的家人。当老人家人赶来时已是半夜凌晨，距离韦文下班的时间已经过去 3 个多小时，然而在看着乘客家属感激的脸庞，他没有感到一丝疲倦。在得知韦文只是公交车驾驶员，并不是民警时，乘客再一次被感动了，拉着他的手不停地道谢，并且邀请他出去吃夜宵，韦文委婉地拒绝了。每天他都默默地在平凡的岗位上用点滴付出成就民族团结这一不平凡的事业，他说：“我希望能够用我的双手为我们国家的民族团结尽一份力。”

还有优秀驾驶员顾芳，当她第一次踏上 56 路“石榴红”民族团结公交专线车时，就深深地被它吸引，亮丽的车身，鲜艳的图案，绣球、石榴、中国结，车厢内的布置充满了民族团结元素，便民栏里还有民族常识的介绍。她清楚地记得第一位乘客刚刚

1　访谈对象：刘冬；地点：柳州恒达巴士公司；时间：2022 年 8 月 2 日。

登上车厢就发出惊叹“哇！这个车子好漂亮啊！司机，我没有上错车吧？这个是公交车吗？”她说：“在第一次跑完全程，车子缓缓回到车场时，我突然意识到，‘石榴红’民族团结公交专线不仅仅是一趟公交车，还是我们传播民族信息，促进民族团结，实现中华民族一家亲的载体，我虽然只是一个普普通通的司机，但是在这条专线上，除了日常安全运营、热情待客外，我还多了一个使命，那就是要把民族团结的精神传播出去，要让更多的龙城人民加深民族团结的意识。今后我会更加努力地学习，更加认真地工作，即使在最平凡的岗位上，我也会尽最大努力为‘中华民族一家亲，同心共筑中国梦’这一目标贡献自己的力量。”

（二）“石榴红”教育铸魂把人心力量“聚”起来

恒达巴士始终把民族团结进步作为可持续发展和精神文明建设的一项重要内容，每年制订切实可行的工作计划并有序推进，自觉加强对马克思主义“五观”、党和国家的民族理论政策法规的学习。为了营造民族团结和谐的良好氛围，公司充分利用内部刊物、官方公众号、公告栏、职工大会、车载媒介等多种资源，宣传社会主义核心价值观和民族工作方针政策，普及民族法律法规和基本知识，增强干部职工“三个离不开”“四个与共”“五个认同”的理念，夯实民族团结进步的思想基础。不断提高认识和处理民族问题的能力，确保民族团结进步创建工作抓紧抓实抓出成效，努力营造人人宣传民族团结、人人讲民族团结、人人争当民族团结模范的良好局面。恒达巴士干部职工们在承诺签名墙上写下自己的名字，表达“铸牢中华民族共同体意识有你有我有我们”的决心。驾驶员承诺：要当民族团结先锋和优质服务先锋，做民族团结的践行者和文明风尚的传播者，为擦亮城市文明窗口、铸牢中华民族团结共同体意识做出应有的贡献。

恒达巴士把民族团结进步创建和践行社会主义核心价值观融合起来，通过组织开展“民族团结先进班组”“最美公交线路和最美公交驾驶员”评选活动以及道德讲堂、岗位学雷锋、军（警）民共建、志愿服务进社区进校园等活动，大力弘扬让座文化、互助文化、礼让文化、关爱文化等中华民族优秀文化，公交“正能量”屡获各大新闻媒体表扬。据统计，2019—2021 年，公交驾驶员文明善举获市民来电、来信、来访、登报表扬达 11316 起，获主流新闻媒体报道表扬达 1281 人次，获上级主管部门（市国资委、交通局、集团）表扬 58 人次，获全国公交系统媒体表扬 7 次，央级媒体表扬报道 8 人次，《学习强国》报道 9 次。其中，壮族小伙 24 路驾驶员覃波“暖心一抱”搀扶老人上下车获央视新闻官方微博点赞。

这“暖心一抱”发生在 2019 年 2 月 13 日上午 8：46，覃波驾驶公交车行驶至白沙村四队站台时，一位老人拄着拐杖要上车。老人一手拿着拐杖，一手拿着雨伞，扶着两边门把手，尝试几次都上不了车。覃波看到后，便起身离开驾驶室，试图从车内搀扶老人上车，但没成功。于是他下车连推带抱帮助老人上了车。到站时，覃波又走到后门处扶老人下车。覃波这“温暖一抱”获得了央视新闻微博、安徽卫视等媒体的转载。网友点赞说“我们柳州的公交司机真的很不错”“伸一伸手，暖一暖心”“总有人对这个世界充满善意，温暖”。

还有71路“红色专线”壮族夫妻星级驾驶员梁春燕、成景校“实力宠乘客”获《学习强国》点赞报道；65路驾驶员覃敏“隔空”连线120紧急救治患病八旬老人、41路驾驶员刘艺“公交车秒变救护车，为乘客打开生命通道”、驾驶员韦儒援、何年秀文明礼让“停车一分钟，温暖一座城”、兰柳燕“甘当拐杖”下车搀扶老人过马路等好人善举更是获得央视《新闻直播间》专题报道。柳州公交人用实际行动传递各民族休戚与共、荣辱与共、生死与共、命运与共的共同体理念。

（三）“石榴红”公交品牌让宣传教育“火”起来

公共交通媒体信息传播快、流动性强、群众认可度高。立足于这一行业优势，柳州市民宗委联合柳北区、轨道集团、恒达巴士打造“石榴红”民族团结公交品牌。“石榴红”品牌里远不止一条公交专线。将柳州市72个公交站的电子站牌设计成“石榴福娃”形象，引导市民铸牢中华民族共同体意识。柳州市112条公交线路1220台公交车在车载电视和车辆尾屏LED每天以120次的频率（平均每10分钟就有一条）播放民族团结进步和铸牢中华民族共同体意识公益视频和标语，每天柳州公交近30万人乘坐公交车，很好提升市民对柳州市民族团结进步工作的知晓率。

成立出租车“石榴红”民族团结先锋车队，发挥出租车走街串巷贴近民生的特质，延伸铸牢中华民族共同体意识宣传教育触角。180台新能源出租车组成的先锋车队，所有出租车外观为石榴红配青绿的颜色，寓意它承载着促进民族团结的使命，让“石榴红”开遍龙城。车顶指示灯位置是红色醒目的“民族团结先锋车队”标识。车后窗玻璃印着“各民族在中华民族大家庭中像石榴籽一样紧紧抱在一起”，门内把手、座椅靠枕等处有美观的民族团结进步宣传车贴。车顶部的彩色LED屏幕，全天候不间断滚动播放铸牢中华民族共同体意识主题宣传内容。驾驶员统一着装，石榴红颜色的上衣印有“民族团结先锋车队”标识和“幸福出行 平安回家”字样，处处细节让乘客感受到中华民族一家亲的温暖亲切，将铸牢中华民族共同体意识宣传教育延展到每一个角落。

紧跟新时代、适应新形势联合打造数字化全民阅读项目——柳州市铸牢中华民族共同体意识“石榴红”数字阅读候车亭。该候车亭全长106米，共有12路公交车在此停靠，每天乘客流量达1万人次，是柳州市最大、最新、最中心的一个公交候车亭。候车亭依托数字化阅读成果，充分运用全媒体手段，向市民免费提供丰富多彩的数字阅读资源。根据不同的阅读需求，创设主题出版、民族语言、民族医药、民族音乐、民族文学、少儿阅读、民风民俗、有声读物、科普读物、民族团结故事10个主题板块，读者通过扫描阅读墙上的二维码获取多种有声书、电子书资源，引导各族干部群众感党恩、听党话、跟党走。

> “我在等78路公交车。等车的时候读读数字阅读墙上的内容，还蛮有意思的。”3月29日，在广场路铸牢中华民族共同体意识“石榴红”数字阅读候车亭内，田女士看着阅读墙上的文字，忍不住读出了声。看到阅读墙上有二维码，她好奇地用手机扫了扫，手机上立即出现有声读物的界面，其中包含有声读物系列的音频和视频。点开音频列表，内容有《人间有大爱——好好地说着温暖的话》和《温暖如故——广西红色书简》等。田女士说，等会儿上了公交车，她要好好地听一听这些音频。[1]

（四）“石榴红”一家亲行动让民族大家庭“暖”起来

恒达巴士有汉族、壮族、苗族、回族、侗族、瑶族、仫佬族等各民族职工，为了让这个民族大家庭的儿女像石榴籽一样紧紧抱在一起，公司深入开展“暖心”主题活动。一是打造柳州公交“5·20公交驾驶员关爱日”活动品牌，通过开展看望慰问、健康咨询、心理测评、义诊服务和困难帮扶等活动，为广大一线职工送上“定制”节日祝福。同时，结合元旦、春节、国庆等重大节日，广泛组织开展文艺会演、知识竞赛、为患病的各民族贫困职工捐款献爱心等活动，做好各民族困难职工帮扶工作，使各民族职工切实感受到党组织的温暖和关怀，共同铸就团结进步、互帮互助、和睦共处的大家庭。二是深入推进公交驾驶员温馨驿站建设，打造成一个集民族团结进步教育学习阵地、各族职工交流联谊、休闲健身多功能于一体的综合性“驿站”，为职工尤其是一线驾驶员提供坚实的后勤保障，是名副其实的“温馨港”和“加油站”。

（五）“石榴红”帮扶行动让民族情谊“深”起来

维护民族团结，支持少数民族和民族地区经济社会发展，是国有企业应当履行的政治责任和社会责任。恒达巴士先后选派5名优秀干部参与脱贫攻坚，助力乡村振兴。2021年，公司瑶族干部职工刘剑波到融水苗族自治县四荣乡九溪村担任贫困村第一书记，积极协调上级部门申请到180多万元资金用于贫困村屯级路硬化、铺设饮水管道、路灯项目等基础设施建设；开展“雨露计划”，深入落实对贫困户家庭孩子资助政策；

1 《候车厅里、广场上、校园中……越来越多的“石榴红”阅读墙走进柳州人的生活》，《南国今报》，2022年4月2日。

推进“公司＋合作社＋致富带头人＋贫困户”模式，为贫困村民引入香鸭养殖，努力实现产业脱贫。公司领导班子成员定期入村调研慰问，不断推动乡村振兴取得新成效。

恒达巴士发挥劳动密集型企业优势，加大就业帮扶力度，支持少数民族聚居地区精准脱贫谋发展。通过进村入户开展驾驶员招聘、开展公交驾驶员学员定向委培就业等方式，引导贫困家庭的劳动力，特别是少数民族青壮年劳动力，主动走出家门就业。公司共招聘来自周边县域的少数民族职工 230 多人，帮助解决周边县域群众的就业问题。

在柳州市创建“全国公交都市示范城市”过程中，公司以民族团结进步引领实践，相继开通运行多条为少数民族聚居地服务的公交专线，满足各族乘客的出行需求，彰显国企担当。如阳和村是民风淳朴的仫佬族民族村，地处相对偏远，为满足和方便群众出行，公司及时开通 34 路阳和专线。类似的还有 13 路、63 路、102 路等，哪里有需要恒达巴士就开到哪里，助力打破城郊地域限制，促进城郊各民族交往交流交融和民族地区经济社会发展。

在柳州市各相关部门的共同培育和呵护下，象征民族团结进步的石榴花绚烂绽放于柳州市“石榴红”铸牢中华民族共同体意识公交教育实践基地，并搭载恒达巴士的快车红遍龙城。

三、服务型治理促团结

柳北区各部门各领域积极探索，营造互嵌式的社会结构和社区环境。通过政府购买服务方式，提供专业多样化的社会工作服务，实现民族事务从“社会管理”到“社会治理”，再到“服务型治理”转变，铸牢中华民族共同体意识群众基础。近年来，设立了社区团结进步服务平台、民族团结志愿服务队、“石榴红”社区合唱团、公益性法律援助、“柳北民宗”微信小程序，加强落实少数民族流动人口服务制度。创新推动社区（村）与社会组织、社会工作者、社区志愿者、社会慈善资源“五社”联动机制，加强社区社会工作服务站（点）、社区志愿者服务站、社区慈善服务站“三站”的载体建设，有效促进了各族群众需求与民生保障政策精准对接。

（一）陈卫明调解工作室

陈卫明调解工作室，位于柳州市柳北区雅儒路 470 号 4 栋 1 单元 11 号，主要提供调解婚姻家庭纠纷、邻里纠纷、房屋宅基地纠纷、合同纠纷、生产经营纠纷等多项纠纷调解服务，同时也提供心理咨询、心理辅导。

陈卫明，女，中共党员，1995 年参加社区工作，曾经在雅儒街道办事处金葫社区、富康社区担任过社区书记、主任和人民调解委员会主任。2020 年 12 月 19 日，被授予“全国模范人民调解员”称号。2019 年 5 月退休前，每年调解和参与调解的征地拆迁纠纷、婚姻家庭纠纷、土地纠纷、医患纠纷、各种损害赔偿纠纷等各类矛盾纠纷每年 60 多宗，24 多年来累计调解 1400 多宗，调解率达 100%，成功率 98% 以上，做到不仅妥善调解纠纷，还有效化解积怨，引导各族居民和睦相处。

陈卫明有着 18 年党龄，且连任 5 届柳北区人大代表。她公正、廉洁、真诚、热情及娴熟的调解技巧深得广大居民群众的认可，街坊邻里有什么纠纷，都愿意找她来调解处理。她曾多次获得过市级、区级“人民调解能手”。

2019 年 5 月，陈卫明到退休年龄，柳北区司法局希望她继续发挥人民调解工作中的影响力，在化解矛盾纠纷的同时，进一步提高人民调解员的公信力和影响力。陈卫明也非常愿意继续回到她所热爱的工作岗位上发挥余热，甘愿当一辈子平息纠纷、促进和谐的和事佬。为了更好更专业地做好调解工作，陈卫明在调解的道路上还在积极地摸索和学习，通过多年的调解实践工作，她创新了一套“四杯茶四做到 + 六个一”调解工作法：

> 第一杯茶解解渴，即做到控制和调整当事人的情绪。调解员为当事人送上一杯热茶来转移情绪激动的当事人的注意力和对抗心理。
>
> 第二杯茶消消气，即做到善于疏导，稳定当事人的情绪；使其情绪得到控制，让其接受调解。在调解中，当事人最初心理压力往往很大，当情绪失去控制时，理智就会受到损害，使其拒不接受调解。所以，对于比较情绪化的当事人，调解员会巧用一些最容易与当事人形成一致的事件，转移当事人的注意力和对抗心理，使其情绪得到控制，让其接受调解。
>
> 第三杯茶说说事，即调解员为当事人送上第三杯茶，用心聆听当事人双方的诉求，了解纠纷的起因；寻找纠纷共同点，缩小分歧。
>
> 第四杯茶握握手，即做到找出纠纷切入点，制订调解方案进行调解；调解员通过公平公正妥善调解有效化解了双方积怨，使其握手言和。“六个一”承诺：一张笑脸相迎、一个座位相让、一杯热茶暖心、一份安慰宽心、一次劝解舒心、一个答复放心。[1]

为进一步发挥“陈卫明”这一调解品牌的优势，带动柳北区人民调解工作更好地开展，在柳北区区委、区政府、民政局、雅儒街道办事处的大力支持下，帮助解决工作室办公问题。柳北区司法局还为工作室新添置了电脑、电话、档案柜等办公设备，配置健全了相关基础设施，完善相关调解工作方案和制度，方便群众来访接待。调解

1 访谈对象：陈卫明；地点：陈卫明调解工作室；时间：2022 年 8 月 2 日。

工作室目前有 6 名有丰富调解经验的社区退休优秀调解员和群众威望高的党员做专职人民调解员、人大代表参与调解。由广西旺业律师事务所律师、退休政法干警、心理咨询师组成的多元化调解智囊团，在各社区设置调解工作联系点。并印制了便民服务卡，将调解员的联系方式 QQ 号、微信号也印制在便民卡上，尽全力保证只要有矛盾纠纷，就能做到随叫随到，随时调处，实现了“小纠纷不出社区，大纠纷不出街道，矛盾解决在萌芽状态之中”，有效地维护了社会稳定和民族团结，推进时代“枫桥经验”在柳北区落地生根。

柳北区司法局于 2019 年，购买了陈卫明调解工作室的服务，同时也使得调解工作更加规范化，明确了调解组织的性质，提高了调解工作的效率，采用“一人一档”的管理模式，一定程度上提高了调解过程中法律的效用。同时也使得一些调解工作的重心和人民群众的诉求能通过数据直观地反映出来。

表 13.1：2019 年 11 月至 2022 年 4 月间陈卫明调解工作室调解案例数据汇编

单位：件

时间	调解案件总数	婚姻家庭纠纷类	邻里纠纷类	合同纠纷类	损害赔偿纠纷类	环境污染纠纷类	劳动争议纠纷类	物业管理纠纷类
2019 年 11—12 月	68	10	44	6	4	2	0	2
2020 年 1—12 月	350	56	272	7	15	0	0	0
2021 年 1—12 月	384	56	298	9	14	5	2	0
2022 年 1—4 月	133	31	94	6	2	0	0	0
总计	935	153	708	28	35	7	2	2

数据来源：陈卫明调解工作室档案材料。注：数据涵盖雅儒、解放、胜利、锦绣、柳长、跃进、雀儿山、港城街道办事处。

从以上数据可以看出，在人民调解的工作中，婚姻家庭纠纷和邻里纠纷的比重最高。因为此类纠纷在大众观念中要么是难以启齿的家内事，要么是鸡毛蒜皮的小冲突，并不会第一时间上升到需要法律裁决的程度。所以就需要人民调解这种虽然有相关单行立法，但是效力不具备强制性的方式来解决矛盾，其执行依靠的是纠纷双方的自觉执行，依凭的是双方的道德规范，如果调解协议中的一方拒不履行调解协议，调解员在纠纷案件上消耗的时间与精力亦会付诸东流。因此，陈卫明调解工作室极高的调解成功率着实可贵，一方面说明该团队在当地有相当的信誉，并且工作能力与工作热情也是行业顶尖。另一方面来说，通过与柳北区司法局的合作，使得陈卫明调解工作室相对于一般的民间调解组织有更多的法律支持，这有助于纠纷双方当事人确认矛盾调解的可行性，也从法律的角度给工作室进行调解工作提供最稳靠的参考。

党的十九大指出，中国特色社会主义进入新时代，我国社会主要矛盾已经转化为人民日益增长的美好生活需要和不平衡不充分的发展之间的矛盾。随着我国市场的飞速发展，社会结构发生变革，各种新型矛盾纠纷不断出现，深入推进矛盾纠纷化解机制改革是维护社会稳定的必然要求。人民调解作为我国特有的非诉讼纠纷解决机制，可以有效化解矛盾纠纷、维护社会稳定、减少法律诉讼、促进经济发展，是基层社会治理的重要组成部分。

类似陈卫明调解工作室这样的基层社会组织，在维护民族团结上有着不可或缺的地位，作为在一个多民族的社区内开展工作的社会组织，可以充分发挥其作用，宣导铸牢中华民族共同体意识的基本理念、强化内涵认知并在调解中塑造执行意识，从社区层面上对铸牢中华民族共同体意识做出贡献。

（二）南雀社区

柳北区雀儿山街道南雀社区，辖区面积1.6平方千米，常住居民3130户、7350多人，辖区现有汉族、壮族、苗族、侗族、仫佬族、瑶族、满族、毛南族、回族等16个民族，共有1557名少数民族居民。近年来，南雀社区以铸牢中华民族共同体意识为主线，以全面贯彻落实党的民族工作方针政策，将民族工作纳入社区工作的各个工作环节，在推进民族团结进步、创建文明和谐社区建设方面成效显著。社区先后获得“全国民族团结进步模范集体”“自治区民族团结进步模范集体”“自治区级民族团结进步示范单位”等荣誉称号。

1. 强化“一个核心”，党建引领健全民族团结进步工作机制

南雀社区始终坚持把党的建设作为推动一切工作的着力点和切入点，发挥党的政治建设在促进民族团结进步方面的引领作用。成立民族团结创建工作领导小组，明确社区党支部书记为第一责任人，全面负责社区民族团结工作，始终坚持重大问题亲自过问，重点任务亲自做工作，定期召开社区民族团结进步创建工作会议，分析当前辖区内民族工作情况，制定管理制度、明确到人，健全民族团结进步创建工作网络制度，并把网络渠道延伸到雀儿山公园、恒达巴士股份有限公司、北雀路小学等辖区单位，近两年辖区3个单位结合工作职责与民族团结创建工作有机结合，每年积极申报各级民族团结进步示范单位，其中恒达巴士股份有限公司获自治区民族团结进步示范企业称号，保证民族团结进步创建工作有序开展。

2. 强化“两个阵地”，深入宣传，增强民族团结进步原动力

南雀社区把民族政策法规的宣传纳入社区党建、精神文明等工作规划，充分利用社区文化阵地，积极宣传党的民族工作方针政策、法律法规。一是在社区建立民族团

结之家宣传阵地，同时在办公楼前设立民族团结宣传专栏，通过双语宣传民族团结进步内容，还邀请少数民族宣讲员开展多场以民族团结进步为内容的双语宣讲活动。二是在景观路打造社区民族文化宣传长廊，制作民族特色室外宣传板报20多块，包括民族团结进步、国家政策方针等内容，定期更换宣传内容，党的民族政策法规深入人心。三是在所辖小区内张贴涵盖民族团结、倡导文明等内容的宣传海报，促进社区各民族居民像石榴籽一样紧紧拥抱在一起。

社区党委注重开展党员领导干部“领学+自学”、支部党员“送学+助学”、居民群众“讲学+双语学”等多种形式学习教育。在宣传教育中，把“四史”学习与民族团结进步创建工作结合起来，作为“三会一课”及主题党日的学习内容，使各民族党员树好标杆、起好示范，做好政策法规的“宣传员”，让党的声音走进各族群众家门，充分发挥党员在民族团结进步创建中的带头作用。

3. 强化“三个资源”，因地制宜，搭建民族团结进步活动载体

社区充分利用文化活动室、社区科普室、文化活动设施等现有资源开展各类群众喜闻乐见的文体活动。

一是设立民族图书角，配备与民族工作有关的报刊和书籍一百余册和桌椅，向居民免费开放，组织各民族青少年开展读书、读报主题活动，加强对辖区各族居民的素质培训和爱国主义教育。二是利用社区远程教育站点，组织社区工作人员及群众收看民族团结先进模范事迹，教育引导广大干部及群众对民族团结进步的理解和认识，不断深化民族团结宣传教育活动效果。三是建起一支社区民族文艺队，文艺队队员积极吸引少数民族群众离开家门，走进社区参加集体活动。如近年来社区开展的“我和我的祖国民族团结快闪活动”、“社区三月三最美抗疫人评选活动”、“三月三、壮乡情、中国梦、踏歌行”文艺演出活动、“手工腰鼓制作活动”、“迎中秋、庆国庆”文艺演出等活动，以及参加辖区单位开展的56路民族团结专线公交车发车仪式、“最美石榴红”植树活动等，都成为各民族群众展现自我风采的大舞台，使社区群众牢固树立“团结、和谐、稳定、发展”的理念，营造民族团结和谐的良好氛围。

4. 强化“三个组织”，构建和谐稳定社区

社区坚持把为各民族群众服务、帮助他们解决实际困难，作为社区民族工作的重要内容，积极为各民族群众排忧解难。

一是建立一个民族工作联络小组。通过联络小组，加强社区与各民族群众的联系，便于社区开展针对性的服务工作。联络小组成员及时掌握社区少数民族群众的生活及生产需求，及时传达有关政策、法规和时事政治，及时反馈群众的需求，凡是有困难的，联络小组都要深入实地调研，采取现场办公及时解决群众的问题与需求，共帮扶

少数民族群众106人。

二是建立柳北区首支民族志愿者服务队。2016年底，为了加强社区民族工作，提升服务质量，南雀社区依托辖区有利资源，组建了一支由15人组成的民族志愿者服务队，根据自身特长，为社区各民族及辖区居民提供居家养老、法律咨询、医疗卫生、困难帮扶、环境卫生等服务。在这5年的志愿服务中涌现出许多好人好事，如志愿者服务队队长齐艳武，满族人，有着三十多年党龄的老党员，是一位性格温和，乐于助人，总是挂着简单而纯朴笑容的志愿者，每次社区开展什么活动、工作中遇到什么困难时齐阿姨都主动帮忙。在疫情防控工作时，她与网格员共同入户排查来柳返柳人员，向周围的居民宣传防疫政策法规。特别是在社区人口普查中，辖区内有一些少数民族居民不会说普通话，让社区普查员的工作一度陷入僵局，齐阿姨知道后，主动当起翻译的角色，搭建起各民族同胞之间沟通的桥梁，让社区人普工作得以顺利完成。

三是建立流动人口帮扶机制，做好各民族流动人口困难户的帮扶工作。2020年，社区建成了南雀社区少数民族流动人口服务站，对于辖区内的少数民族流动人口的就业、落户、生活和文化等方面提供相应的服务，让他们及时享受国家的惠民政策。同时，定期对少数民族流动人口困难户的摸底排查，对符合相关补助申请条件的少数民族流动人口，积极帮助其申请办理，并对少数民族流动人口困难户进行慰问。

民族团结进步创建活动营造了和睦温馨的人际关系、社区成员广泛参与的政治氛围和安全稳定的治安环境。邻里之间互帮互助，积极参与今年的社区“两委”换届，疫情防控，一氧化碳宣传，党史学习教育，创城固卫等工作，真正形成了“社区是我家，建设靠大家”的良好氛围。

四、祖国处处是家园

（一）维吾尔族同胞买买江用“温暖”拥抱“温暖”

在柳州市柳北区通往雀儿山北雀路上的江景美食城，有一家名叫“买买江维式烧烤店”的招牌格外醒目，独特的新疆风味捕获了众多柳州人的味蕾。热情好客的店主新疆籍维吾尔族“80后”青年买买江·吾曼尔江，扎根柳州20年，从路边摊主蜕变为连锁店主，从毛头小伙蜕变为“民族团结模范”、政协委员，成就了一段民族团结、各民族群众交往交流交融的佳话。

谈起自己成长的经历，买买江·吾曼尔江说：

> 我与柳州结缘，是在2000年。当时我的大哥二哥都已在柳州安家做烧烤生意，哥哥们的烧烤生意越来越火。那时候柳州街头很大一部分的新疆烧烤，几乎

图13.4　“老柳州”买买江的餐厅石榴红民族团结联络站成为各民族交流交往交融的纽带（柳北区民宗局提供）

都是我们同一个地方出来的兄弟做的，他们都说柳州人对新疆朋友非常友好，特别喜欢吃新疆烧烤，让我也到柳州看看。后来我就带上女朋友，正式来到了柳州帮哥哥们的忙。

刚到柳州的时候，我借住在二哥家，在二哥的烧烤店里一边帮忙一边学习技术。我的哥哥们不仅烧烤技术一流，对我也是倾囊相授，约莫一年后，我就基本掌握了烧烤的技术。

2008年，在柳南区公安、城管等部门的协调、帮助下，我得以在飞鹅商城的路边支起了一个小摊，也卖起了新疆烧烤，非常受欢迎。卖烧烤，是一项苦活累活，但是我并不觉得！因为，柳州人一点都不排外，对我一个外来的少数民族平等相待。看到人们喜欢吃我的烧烤、听着他们的欢声笑语，我就感到非常的开心和快乐！

2010年，我和几个朋友合伙开了新疆饭店，名叫“水寨河农庄”。我也有了可爱的女儿，正式融入柳州、在柳州安了家。

在这段时间里，我结识了很多柳州的朋友，他们有的是公务员，有的是私营业主，既有汉族的、苗族的、壮族的，也有瑶族、侗族的，大家相处非常融洽。我没有感觉到歧视或者不平等，反而遇到什么困难，他们都非常乐意帮助我。比如我女儿到了上幼儿园的年龄，由于我们维吾尔族不同的饮食习俗，找了几家幼儿园都没有结果，急得我们两口子团团转。后来，经过西环派出所徐警官的多方联系，终于帮我们解决了这个难题；再比如，解放派出所的吕介良民警，逢年过节的时候，他就会来看望我，和我拉家常，这让我感到很温暖。

由于城市建设的需要，几年之后，水寨河农庄拆迁了。怎么办？出路在哪里？这个时候，又是柳州的朋友拉了我一把！柳州本地的李老板让我与他共同创业，开了万水农庄。我们分工合作，他负责柳州本地菜，我负责新疆羊肉烤串。两种地方风味在一起却相得益彰，农庄的经营还不错。几年后，我们的生活有了很大改善。

一路走来，虽然也遇到过挫折，有过委屈，但柳州朋友们的深情厚谊，激励着我继续前行。

哪个男人不想拥有属于自己的事业？也是在柳州朋友的点拨之下，我决定独自创业。2018年，在白沙桥底，我开了一家新疆烧烤店——买买江维式烧烤，创立了自己的品牌。

独自创业的艰辛只有自己知道，资金短缺、人手不够，但身边的亲友听说我自己开店，都赶来帮忙捧场，这让我深受感动。而柳州本地的刘老板对我的支持最大，他不仅给我的店直接投资，而且十分信任我，放手让我打理经营店里，还鼓励我扩大经营，接着，我在烟厂对面、桂中君庭旁，又开了两家店，如今，我的事业算是小获成功了，实现了人生的一个小目标。

作为一个从乌鲁木齐来柳州定居的新疆人，经常有人问我，柳州这个城市怎么样？我说，“柳州非常好，山清水秀、空气和气候也好，我很喜欢这里，已经在这买房定居了”。

除了气候好、环境好，柳州还是个包容的城市、温暖的城市。政府部门和本地朋友在我初来柳州那几年，以及在我独自创业的时候，都给了我亲人一样的关怀和帮助，让我非常感动。在我安居乐业的同时，我也时常在想，柳州是我的第二故乡，一定要做一些力所能及的事情，来回馈柳州这座城市。今年疫情期间，我就主动采购了一批矿泉水、方便面等物资，送到柳州的五个疫情检查点去，慰问值守的公安民警和医护人员；今年汛期，我也向奋战在清淤第一线的环卫工人送去了慰问品，对他们为净化美化我们共同家园而付出的艰辛，表达感激之情。

从我初识柳州，整整过去了20年时间。柳州让我真切感受到中华民族一家亲，祖国处处是家园！我也越来越热爱柳州这座城市，祝愿柳州发展得越来越好！[1]

柳州这个多民族聚居、开放包容的城市让买买江深深感受到中华民族一家亲的温暖，他也把柳州人看作亲人，用温暖拥抱温暖，用爱回报爱。

2020 年初，正值新冠疫情暴发。买买江得知柳州有许多民警和医疗人员顶着寒风 24 小时值守在抗击疫情的岗位上，在柳州各个高速路口设卡进行防疫检查。“当时，我们辖区西环派出所的民警是在洛满收费站执勤，我觉得他们很辛苦，一定要为他们做点什么。”买买江骑上他的摩托车，给那些执勤队员送去热乎乎的烤馕、烤肉串和饮料。“后来我想，这些坚守岗位的工作人员都是同样辛苦、同样令人敬佩，我不能厚此薄彼。”于是，他接连几天都到不同的高速收费站，为执勤队员送上了精心准备的食品。

2021 年 7 月 4 日，买买江得知柳江洪水已退，凌晨时分环卫工人会在金沙角一带

1 2020 年 10 月 12 日，买买江在柳州市民族团结进步情景报告会上的讲述，柳州市民宗委提供。

清淤。他便组织店里刚下班的新疆小伙子们，制作好手抓饭，准备好矿泉水，送到环卫工人手里。“到了河堤，我一看这工作量太大了，环卫工人非常辛苦。我也想帮帮忙。”买买江问他的新疆小伙子们累不累，小伙子们纷纷表示要留下来清淤，和环卫工人一起“战斗”。在买买江的微信朋友圈里，时常可以看到这样一句话：哪里需要帮助，就联系我们新疆兄弟团。他说，只要能为柳州出力，他就觉得内心舒坦。

2021 年在柳州市民宗委、柳北区民宗局和胜利街道、星望社区的帮助下，买买江·吾曼尔江依托江景美食城烧烤总店为阵地，打造了买买江“石榴红”联络站，他作为站长，经常在店内开展政策宣传、情感沟通、文化交流、意见收集等活动。各民族同胞经常在此举办美食、歌舞联谊会，开展“我教你学普通话，你教我学新疆话”等活动，成为一座各族群众交往交流交融的“连心桥”。他本人也因热心公益事业、积极参与民族团结活动，被新疆驻广西工作组评为 2020 年度新疆籍务工经商人员“民族团结模范”，于 2021 年 8 月当选柳北区政协委员，以参政议政的崭新姿态融入开放包容的柳州。

2022 年 8 月 1 日，买买江还参与了兰海高速上的一场车祸事故救援。当时他与伙伴们开车路过事故现场时，发现事故车辆属于侧翻的状态，他们立马停车冲了过去，凑近一看发现事故车辆已燃起火苗，这时，他和伙伴们仍临危不惧，一人拦车，以防出现二次交通事故，三人扛起灭火器冲向车辆救援，与死神赛跑。他们首先从副驾驶救出了第一个人，发现车里仍有三人后，他们又再次冲往事故现场，在第二次救援的过程中，车辆突如其来的爆炸将他们推倒在地，但这并没有阻止他们救援的坚定信念，他们起身冲向车辆并救出了全身附满火苗的代朵山。当他们再想回去救援时，发现剩余的遇难者已被火苗所吞噬了，这一幕也成了他们最后的遗憾。

在生死攸关之际，买买江与他的朋友们在事故现场的三进三出，用尽全力去施救，将自己的生命安全置身事外。在救死扶伤之际，他们不仅以最快速度拨打 120 救援电话、积极配合警方进行事故调查，还在水滴筹看到伤者需要资金帮助时慷慨解囊，亲自前往南宁为伤者送去 1 万元人民币的爱心捐款。在同胞困难之际，他们立马将获得的奖金全部捐助给了融水苗族自治县四荣乡中心小学临时安置点的受灾群众。这一幕幕，不仅体现出了他们临危不惧、奋不顾身、舍生忘死的精神，更体现出了在危难关头，各族同胞一方有难、八方支援的民族凝聚力。他们的见义勇为事迹被新闻媒体广泛传播后，许多网友慕名来到买买江等人的烧烤店，要“吃”一份正能量，因为大家都知道，在他们默默无闻捐款的背后，是无数个日夜挥汗淋漓的烤肉挣来的。

“新疆是个好地方，柳州是第二故乡，祖国处处是家园”，在买买江·吾曼尔江的店中始终挂着这几句话。“我还想开一个更大更好的新疆餐厅，回报我的家乡新疆和柳州。”买买江·吾曼尔江动情地说。有柳州浓厚的民族团结进步氛围作为坚强后盾，我们相信他的愿望一定很快就能实现。

为完善少数民族联系制度，帮助各族群众更好地融入城市，柳北区以“政策宣传、情感沟通、文化交流、意见收集”为宗旨，在辖区一家新疆餐厅建立“石榴红”民族团结联络站，餐厅业主新疆维吾尔族人买买江·吾曼尔江任联络站站长，成为联系社区各族群众的一座连心桥。

联络站认真贯彻落实习近平新时代中国特色社会主义思想和中央民族工作会议精神，围绕“中华民族一家亲，同心共筑中国梦”总目标，以社会主义核心价值观为引领，从“强组织、固阵地、促团结、办实事”四个方面深入开展民族团结工作，铸牢中华民族共同体意识。

“强组织”即发挥柳北区民宗、街道、社区的指导作用，指派一名社区党委副书记担任站长助理，协助联络站站长收集各族群众的需求和问题，并及时反馈到社区党委以及相关单位，第一时间处理和解决各族群众“急难愁盼”的问题，为促进民族团结进步提供了坚强的组织保证。

“固阵地”即激活买买江·吾曼尔江的站长工作效能，通过定期开展民族政策宣讲、语言课堂、美食百家宴等学习交流活动，把民族团结工作融入日常，做在平常。在站内设置民族团结书架，放置民族政策、民族文化、报纸杂志等书籍读物，开展民族团结教育。

“促团结”即招收不同民族的员工，解决各族群众的就业难题，协调矛盾纠纷，营造中华民族一家亲的浓厚氛围，坚定同心共筑中国梦的信心决心。

“办实事”即以党史学习教育为契机，积极开展“我为群众办实事”活动。一方面，社区党委通过联络站主动服务群众：组织开展“我教你讲普通话，你教我学新疆语”活动，增进语言交流；在“疫情”防控工作中，社区志愿服务队主动联系包括新疆籍群众在内的居民接种新冠疫苗；积极协调买买江烧烤分店因施工导致墙体破损问题。另一方面，买买江·吾曼尔江也通过联络站主动回馈社会：自发给抗“疫”工作人员送烤馕、慰问环卫工人、凌晨与环卫工人一起到柳江河堤清淤泥，携手共建美丽柳州。

联络站成立后，共开展活动 4 次，参与群众约 200 人次，解决员工就业 8 人次。2020 年 12 月，买买江·吾曼尔江被新疆驻广西工作组评为 2020 年度新疆籍务工经商人员“民族团结模范”；2021 年 8 月，买买江·吾曼尔江当选柳北区政协委员，让他有机会参政议政，反映少数民族群众的诉求心声，以崭新的姿态融入柳北区经济社会建设当中。

（二）回族姑娘马丽莉爱上柳州

“五十六个星座、五十六枝花，五十六族兄弟姐妹是一家 ……”一曲优美动听的《爱我中华》唱出了华夏儿女的心声。我国是由 56 个民族组成的大家庭，各族人民共同创造了中华民族的悠久历史和灿烂文化，共同缔造了我们伟大的中国。中华民族多元一体是先人留给我们的丰厚遗产，也是我国发展的巨大优势。

白云奉献给蓝天，玫瑰奉献给爱人。美丽神奇的广西壮族自治区让一个刚出校园不久的回族姑娘马丽莉所向往，2005 年，她决定跟随同乡来到广西柳州市工作。在这里，她被山明水秀的景色、朝气蓬勃的工业和底蕴深厚的文化所吸引；在这里，生态宜居的优美环境、热情包容的柳州人民让她成就了"壮回一家亲"的爱情故事，谱写了一曲团结交融的民族赞歌。

缘分真是个奇妙的东西，谁也说不清它在哪里。2005 年，20 岁出头的新疆巴音郭楞自治州女孩马丽莉和同乡一起，坐了两三天火车，远赴 4100 千米之外的广西柳州市化妆品店打工；难道是缘分在冥冥之中牵引着她，否则，为何要来这人生地不熟的柳州呢?

来之前，她根本没有听说过柳州。

马丽莉是回族人，皮肤白皙、五官精致，而柳州的气候、饮食都和她的家乡相差甚远。刚工作的她还不适应当地的风俗习惯，听不懂柳州话，与一些群众沟通有困难，但当地同事非常喜欢这个从大西北过来的美丽女孩，在生活上给予了帮助，在工作上给予了支持。

五月是恋爱的季节，五月是播种的季节，来自新疆的美丽女孩马丽莉和阿晖就相识在这个温情的季节里。

那是她来到柳州的第二年，一次同事聚会，美丽的新疆回族姑娘一下子就吸引了柳州的壮族小伙阿晖。

阿晖为人宽厚真诚、豪爽义气，朋友们都仿照电影叫他"小马哥"。阿晖对美丽的马丽莉一见钟情，于是，他便主动要了她的电话。接触中，阿晖话虽不多但却很细心体贴——他知道马丽莉是回族人，信奉伊斯兰教，肯定不习惯本地的饮食，因此在聚餐时始终顺着她的意愿只吃清真食品。那时，纯清真餐馆在柳州极少，他们坐着小电驴满城里寻找，这家问问，那家看看，有时路过了因为没见着，又得绕一圈折回去。虽然闹出不少小插曲，但对于刚来柳州人生地不熟的她，却有一种莫名的感动。

他们慢慢地熟悉了，经常下班后一起吃饭、一起散步，谈人生、聊理想。阿晖后来得知，虽然马丽莉从小身体就有轻度残疾，但身残志坚，中学毕业后就四处干活，为家里分担责任，给两个妹妹挣学费，心里不由生出敬佩怜惜之情……就这样，日久生情，两人相爱了。但柳州毕竟距离新疆太远，文化差异甚远，情感上难以接受，刚开始双方家长不同意他们交往。有一次周末，两人约好去爬马鞍山，却接到了阿晖奶奶的电话，说自己发烧了要阿晖送她去医院，于是阿晖和马丽莉一起带奶奶去了医院。医生说要输液，86 岁的奶奶行动不方便，每次都是阿晖陪着奶奶上厕所。看着他耐心细心地照顾奶奶，马丽莉更认定了自己的选择：阿晖就是我要托付终身的人。

于是，这对恋人通过各种积极方式认真做父母的思想工作，在得到双方亲人的祝福后，两人于 2008 年领证结婚，新疆姑娘马丽莉成了柳州的媳妇儿。为了将回族壮族文化融合，他们分别在广西柳州和新疆巴音郭楞自治州举行了壮回不同方式的婚礼，让双方亲人感受到了两种不同的结婚典礼。

两人婚后生活甜如蜜糖，他们一起到柳江边散步，看工业博物馆、逛五星商业街……妻子充当丈夫的坚强臂膀，丈夫充当妻子的精神支柱，共同孝敬双方父母，用心经营这个回壮合一的小家庭。

2014 年 5 月，他们爱情的果实小敏俊出生了，给这个原本幸福的家庭，再添一道希望，大家都称宝宝为“团结族”。因双方家长都非常喜欢这个宝宝，他们每年都带宝宝回到新疆，让宝宝接受回壮文化的洗礼，同时拉近双方家长的感情。现在宝宝已经 6 岁多了，既会说新疆话，还会说汉语、柳州话，并在唱歌、朗诵等方面展现出少数民族特有的艺术天赋。宝宝经常自豪地说：“我爸爸是壮族，我妈妈是回族，他们生了我是团结族，我的外公外婆为我做拉面、大盘鸡，教我说新疆话，我的奶奶给我吃云片糕、螺蛳粉，教我讲柳州话。我非常喜欢他们！”

他们彼此影响、相互成就。对于马丽莉来说，爱上了一个柳州人，她更爱柳州这座城了。在爱情的滋润下，马丽莉的事业也迎来新的转折点。2012 年初，她通过招考进入柳北区星城社区工作，负责残疾人管理和关心下一代工作。其丈夫阿晖则在外跑出租车，兢兢业业、文明出车，经常给行动不便的 60 岁以上老人免单。

“阿叔，你这个月的护理补贴到账没有？最近身体怎么样，需要什么辅具吗？”马丽莉每月都惦记着社区里的残疾人，询问他们近期身体和生活情况，夹杂着“柳普”的普通话根本听不出她不是本地人——来柳州 15 年，口音也“入乡随俗”了。

外表看起来柔弱娇小的她，在工作中表现出新疆姑娘的坚韧和泼辣，她团结同事、勤奋好学，跟辖区的残疾人打成一片，很快就从一个“门外汉”变成了“行家里手”。社区领导还发现了她会唱歌、擅演讲的特长，推荐她代表柳北区和柳州市参加各种文艺比赛及宣讲活动。她果然不负众望，先后获得了广西第八届残疾人艺术会演合唱类二等奖、柳州市“明星百姓宣讲员”、柳州市“百姓宣讲·乡情传递”分享大赛最佳创作奖、柳州市“践行新理念，建功十三五”演讲比赛一等奖、柳州市“高等教育优秀残疾学生”三等奖学金，受到了各级领导高度认可及百姓广泛欢迎，并经常参加一些公益活动，成为一颗闪亮的社区明星。

2016 年，她身穿新疆少数民族服装跟随柳北区宣讲团深入党政机关、企事业单位及学校、社区；2017 年，她参加由柳州市委宣传部、市委统战部、市委讲师团等单位主办的柳州市“砥砺奋进的五年·圆梦中国人”巡回宣讲，走进柳州市三江县、融水县、鹿寨县、柳城县，将自己亲眼看到的飞速变化以及对这座城市的热爱宣传出去，给人们留下了深刻的印象。这位来自新疆的回族女子，对柳州的喜爱度越来越高了：她在这里遇到真爱，继而成家生子，后来找到了满意的工作；再过不久，一家人即将喜气洋洋地入住白沙路江景新房。

作为柳州市百姓宣讲团的一名宣讲员，她还通过微信、QQ 等通信工具向远方的亲人、朋友、同学宣传柳州国际水上狂欢节、刘三姐的传说和柳宗元的故事，讲述拥有柳钢、柳汽、五菱、金嗓子、两面针等厚重的柳州工业，推广白莲洞、鱼峰山、大龙潭、百里柳江、窑埠古镇等怡人的柳州美景，以及“网红”螺蛳粉、云片糕、油茶、金橘等可口的柳州美食，介绍他们来柳州观光旅游。如今，她远在新疆的家人也成了宣传柳州的好帮手，特别是两个妹妹，深深地爱上了柳州螺蛳粉。

这对壮回结合的夫妻已经共同生活了 12 年，他们相互扶持、家庭和睦，共同孝敬老人、抚养教育小孩；尊重双方的民族风俗习惯，关心帮助弱势群体，令大家羡慕，成为大家心中的模范夫妻，更是践行民族团结进步的好典范——两人各自学习当地语言，互相教做新疆菜、柳州菜，想尽办法孝敬双方的父母，虽然长住在柳州，但每年都要抽出一个月时间回到新疆，妻子为家里做饭洗衣，丈夫陪岳父岳母逛街、下棋，一群孩子则在房前屋后奔跑嬉戏，其乐融融。另外他们还经常利用网络陪老人聊天解闷，以做到为人子女的孝心。

现在两人对未来的生活充满了希望和信心，他们说：我们虽然属于不同民族，但我们是一家人，都是伟大祖国的一分子，必须相互信任、相濡以沫，今后不论是在困难面前还是在平淡的生活中都要继续风雨同舟、携手共进，让民族团结之花开得更加绚烂。[1]

1　覃毅盛:《壮、回一家亲》,《南国今报》2021 年 1 月 1 日，第 15 版。

第十四章　柳江："柳江人"唱新歌

1958 年 9 月 24 日，在柳州市东南郊的广西国有农垦新兴农场通天岩内，一名工人在挖岩泥时，深埋在岩洞中的头骨化石穿越数万年的黑暗，赫然面世。经过古人类学家鉴定认为，这是一具约 40 岁男性的头骨化石，而且是迄今在中国乃至整个东亚和东南亚发现的最完整的晚期智人化石，这具人骨化石被定名为"柳江人"。它的发现对于研究东亚和东南亚地区早期现代人的起源、人群的迁徙与交流方面具有非常重要的意义。"柳江人"由此轰动国内外的考古学界！柳江在数万年前就已经成为世界古人类文明的主要发祥地之一。

长期以来，柳江区各族人民在这片热土繁衍生息中，交往交流交融，共同创造了柳江灿烂的历史文化。自改革开放特别是中共十八大以来，柳江区党委、区人民政府从政治、经济、社会和文化等方面，致力于铸牢中华民族共同体意识。今天，新柳江各民族人民，团结奋进，担当实干、砥砺奋进，加快建设区域先进制造业基地，打造柳州产城融合示范新城区，全面提升农业质量效益和现代化水平，逐步打造"一镇一业、一村一品、万亩示范"农业产业发展新格局，奋力开启柳江高质量发展新面貌，谱写新时代铸牢中华民族共同体意识的篇章。

一、柳江区是岭南古代人类文明的重要源头之一

关于古人类的起源，以往基本上都认为是多元的。但是，近年来分子遗传学的兴起，全球人类都起源于非洲的说法似乎成为主流观点。1987 年卡恩（R. L. Cann），斯通金（M. Stoneking），威尔逊（A. C. Wilson）三位遗传学家在英国《自然》杂志上发表文章，他们基于对 147 名妇女胎盘细胞 mtDNA 的分析，提出现代人类起源于非洲的"夏娃说"，即所有现代人都是 20 万年前生活在非洲的一位女性的后代，其他原先存在过的所有古人群都在进化中走向灭绝。中国浙江大学的柯越海、复旦大学的金力等一

些学者发表文章，支持"夏娃说"。他们声称，以前我们熟知的北京人、蓝田人、元谋人这些古人类都早已经灭绝了，与现代中国人毫无关系，在距今 5 万—10 万年间中国大地上没有人类生存，出现了巨大的空白。他们用分子遗传学的证据质疑古人类学家基于人类化石和旧石器考古材料提出的中国人类本土连续演化的证据，认为地球上所有的现代人都来源于 10 万年前非洲的晚期智人。这些晚期智人在约 5 万年前首先来到中国南方，并于约 3 万年前移居北方，然后发展形成现代中国人。

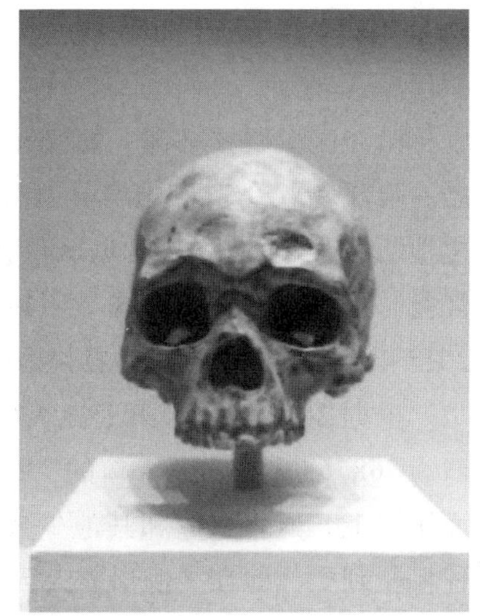

图 14.1　柳江人化石

其实，古人类学、考古学、分子生物学等多学科的综合分析，尼罗河流域的古埃及文明、两河流域的古巴比伦文明、恒河流域的古印度文明、美洲玛雅文明等多元的远古文明是单一的人类非洲起源说所难以回答的。中国几代古人类学家、考古学家的辛勤发掘与潜心研究，在中国大地上从南到北数十个遗址中发现了包括直立人、早期智人和晚期智人的化石，已经构成了有着明显体质特征的中国古人类的一条连续而完整的古人类进化链，即中国人的主体是东亚大陆的土著居民。壮族地区的考古发现的古人类化石也证明壮族是重要的古人类发祥地之一。因此，1981 年 5 月，中国科学院院士、著名古人类学家裴文中教授为白莲洞题词："中国可以成为世界上古人类学的中心，广西是中心的中心。"

1958 年发现的"柳江人"化石，是中国南方古人类的重大发现，是中国乃至整个东南亚发现的最早的新人的代表。2002 年广西自然博物馆王頠博士的研究团队通过对柳江人洞的堆积物进行详细研究，采用更科学的铀系测年法，否定了柳江人头骨化石不是原先所运用 C–14 测得的不超过 3 万年的观点，提出柳江人应该是距今 7 万年至 13 万年之间或更早，对现代中国人是 3.5 万年至 8.9 万年前从非洲迁移来的说法提出了挑战。

朱芳武等科学家通过将现代壮族与柳江人、桂林甑皮岩人等新旧石器时代的古人类进行体质特征比较后发现，现代壮族与这些古人类的体质特征有着比较接近的亲缘关系。也就是说，现代壮族在其体质形成过程中，与岭南地区和东南亚地区某些新石器时代人类有一定的继承关系，"柳江人"很可能就是现代壮族的"老祖"。由此，柳江区是岭南古代人类文明的重要源头之一。

二、由壮族聚居到多民族一家亲

柳江区秦属桂林郡，西汉元鼎六年（公元前 111 年）划入潭中县，为本区建制之始。隋开皇十一年（591 年）改置马平县，此后至民国前期历代均用此名；作为“近厢之地”，马平县与今天的城区位置大致相当。1931 年马平县改称柳州县，1938 年称柳江县。县治一直在柳州城。1949 年 11 月柳州城解放后市县分治，次年县治迁至拉堡。2017 年 1 月，柳江正式撤县设区。

根据 2020 年全国第七次人口普查数据，柳江区常住人口 503772 人，少数民族人口为 368765 人，占总人口的 73.2%，其中壮族人口为 356220 人，占总人口的 70.71%。而历史上，这里汉族和其他少数民族都非常少。唐朝元和十年（815 年）柳宗元被贬任柳州刺史，他在《柳州复大云寺记》中说，马平县城“水北六百户，水南三百户”，人口当不过万；生活习俗上，柳宗元在《柳州峒氓》诗中有过这样的描绘：“郡城南下接通津，异服殊音不可亲。青箬裹盐归峒客，绿荷包饭赶墟人。”与“异服殊音”的少数民族交流，需要“向公庭问重译”。反映了当时马平县少数民族的普遍状况。宋代以后，中原汉族南迁有所增强。到了明朝万历年间，杨芳主政广西时编纂《殿粤要纂》记载，柳州府“郭以外，绕地率瑶壮矣，然迩多向化，禀约束”。这些“向化”的少数民族，长期与汉族交往交融，在语言、习俗和服饰等方面不断向汉族靠拢，最后融入汉族之中。这是柳江区民族融合的最早记载。清代，随着客家民系陆续南迁入桂，柳州的汉族越来越多，各民族在经济、文化、语言、习俗等各方面的关系进一步密切，并以通婚等形式促进了融合。清乾隆年间《马平县志》载，与汉族通婚的少数民族，称为“熟”，如“熟獞”“熟瑶”“熟俍”等。他们与汉族杂居在一起，除了保持本民族的一些风俗习惯外，其他与汉族基本相同。到了民国，民族融合进一步增强，1937 年修的《柳江县志》在记述方言同化时说：“柳州（马平县）向为广西重镇，冠盖往来，五方杂处。南腔北调，语各不同。生于斯者，朝夕与之相处，不觉同化，习之又久，遂成柳州之官语矣。”该志还记载，“官话”以县城为中心，向周边辐射，“县城及诸圩市暨附近之村落，一区之樟木、乐山、槎山、龙兴，二区之垒，四区之水陵等村以外，尚习獞语、百姓语、客家语数种”。在城区中心，官话已占 80%；一区官话和客家话占 70%，其他少数民族占 30%；二区至七区，壮话则占绝大多数。而此时，旧志记载的少数民族如俍、伢、佯等，已完全与其他民族同化，不复存在了。从整个县域来说，直到中华人民共和国成立，汉族后少数民族的比例基本上是“民三壮七”的状态。从此，以壮族为主体，各民族交流交往交融，柳江逐渐形成了多民族和睦共居的局面，也流传下许多民族相互交融、独具特色民俗活动形成的故事。

（一）壮汉同耕一垌田，共拜"和邻社"

今天拉堡镇的黄岭村，在二百多年前还是一个名不见经传的小小村落。那是一个几乎无人问津的地方：上村屯只有几十株大樟树和一座明万历年间修的汤家坟，尚无人烟；下屯黄岭寨也只有几户不知姓氏的流民；只有中屯即现在黄岭村委所在地，有十多户廖姓的壮族人家；至于汶村屯则有几户莫姓、金姓、蔡姓的人家，后来才有张姓、蒋姓人家陆续迁入。当时由于人少地多，种的田地也很少，只耕种在一些小河流水口的地方就足够吃了，所以水利设施少而简单，用石块加草皮筑一些简易的拦水坝就有水灌田了。他们生活简朴，人口发展也慢。所以直到汉族的刘姓、张姓、蒋姓迁入时，全村人口还不到百人。

清朝乾隆三十九年（1774年），刘上鼎、刘上杰、刘上德三兄弟从广东嘉应州西迁到马平县，上鼎定居板桥村，上杰定居渡村，上德定居一都黄岭村。另外，上史之妻赖氏带四个儿子定居沙子村。据说，当年老大上鼎曾叫上德和他一起住板桥村，但上德到黄岭考察后认为黄岭有山有水，正所谓柴米两便，就选择了黄岭村住下。据黄岭村刘氏老人们口口相传：上德他们从广东坐船西上，经梧州到柳州，行程四十天，只有一个咸蛋做菜送稀饭，怎样吃？就是用筷子插进咸蛋里，再拿出来用舌头舔一舔，就作为吃粥的下饭菜，生活之艰苦可想而知。上德夫妻到黄岭后，先向当地的壮族人廖文达租了几分地来盖茅屋。廖文达见有新邻居到来，不但没有排斥，而且很高兴地将自己房子后面的地租给刘上德一家盖茅屋，两家相邻而居。

刘上德一家定居下来后，又向廖文达租了靠近沟边的几分地种菜，还租了几亩荒田来种水稻。刘上德一家初来乍到，没有农具。据说，因为语言不懂壮话，有一次借犁一事还闹了个小小的笑话。一天，刘上德看见廖文达的儿子背了一张犁回家，就去向廖文达借犁。由于语言不通，只好比手势表示要借的东西，可廖文达不理解，就不停地说"已迷"，还不断摇手表示没有。刘上德见廖文达不肯借，就用客家话自言自语说："怪了，怪了，明明看到他扛犁回家，又摇手表示没有！"廖文达一听见有个"拐"字（拐、怪音近似）赶紧跑出来喊："贾下，贾下，拐迷！"廖文达拉住刘上德公的手，走进工具房指着犁说："拐迷，拐迷，凑贝。"两人相视哈哈大笑。原来壮话的"犁"与"拐"近音，"迷"即"有"的意识，"凑贝"就是"拿去"的意思。

经过这次小误会后，刘上德一家开始向廖文达学壮语，廖文达一家也向刘上德一家学麻介话（客家话）了。经过多次交往，两人成了好朋友，干脆就拜起把子来。廖文达长几岁做了兄长，刘上德就做小弟。自此，这壮汉两家以兄弟相待，交往密切。廖文达还介绍廖姓其他兄弟姐妹、叔伯亚姨给刘上德一家，刘上德也把自己妻儿介绍给廖姓人家认识。壮汉两族从此就一起同心协力建设黄岭村。

刘氏客家人迁到黄岭第三代时，人口迅速增加，已繁衍有四子二十二孙，加上妇女小孩，人口已近百人，光种小河边的水田，已满足不了人口增长对粮食的要求。于是，刘上德就联合全村各姓氏人家大力兴修农田水利，用了十年的冬季，把村前小河加以改造：修了老坝、黄岭坝、歪林坝等多处拦河坝，把河水引来灌田。还修了许多水沟，平整了坝上的土地，新开垦了几百亩良田。为了进一步缓解人地矛盾，刘上德又搬迁到上屯去新建一个村落。搬迁时得到当地壮族同胞的大力支援，帮助盖了刘氏祠堂及许多瓦房，使原来荒凉的上屯有了旺盛的人气。

壮族、汉族同胞诚恳相待，同饮一江水、同耕一垌田，互相学习，互相帮助，壮汉之间二百多年来和睦相处，从未发生过械斗，而且互相通婚，廖家许多后代娶了黄岭刘姓、木罗郑姓、刘姓等客家女做妻子，水乳交融，血浓于水。由于妻子对小孩初学语言的影响更大，所以壮族与客家人通婚生育的小孩更多地从小就学讲麻介话了。而且，由于刘上德还在上屯开了个武馆兼私塾，刘姓、廖姓的小孩在一起读书、练武，大都慢慢讲麻介话了。

除了刘姓外，邬、张、蒋等姓的汉族客家人也逐步迁到黄岭村，而且人口发展更快，对廖姓壮族同胞的影响逐渐加大，越来越多廖家壮族人不讲壮话，转而讲麻介话了。客家人的房屋建筑风格、“挂灯”习俗等也影响着当地壮族，越来越多的壮族人模仿客家人的建筑风格来修房子、建宗族祠堂，举办挂灯仪式。壮汉民族逐渐融为一体。黄岭村壮汉两族人民经过两百多年的共同奋斗，从原来的几十亩水口田，发展到有近两千亩的保水田，旱地一千多亩，人口也增加了十多倍。由原来的不足百人，到新中国成立初期的1950年已有1300多人。新中国成立后，在中国共产党的领导下，贯彻落实民族平等和民族团结政策，各民族关系更加密切，交往交流交融更加深入。

拉堡镇黄岭村壮族汉族200多年的关系发展史，正是柳州市各民族共同团结进步发展的一个缩影。在柳江，类似情况比比皆是。在拉堡镇塘头村每年出现“共拜和邻社，同吃百家宴”的活动盛况。壮汉民族各姓氏共同供奉的社王称为“和邻社”，意思是该社王护佑当地各民族和睦相处，邻里守望相助，共同繁荣发展。2022年正月挂灯时，该社王庙大门的对联即为：

今朝社前谢和邻
昔日家添新丁喜

翻开一都户册，尤其是拉堡、思贤、沙子、木罗、进德、黄岭、白山、四连、三千、基隆、塘头、槎山，几乎每一个村都是壮汉杂居，覃、韦、廖、蓝、谭、刘、罗、曾、陈、郑和睦共处。槎山星光曾家大屋，历代有与壮族联姻的事例，如：昭波配谭氏，宪正配谭氏，其子庆隆配蓝氏，其孙繁华配覃氏，其曾孙祥珠配谭氏，祥梳配廖氏。壮汉长期杂居，语言、风俗互相影响，如“歪坝”一词，“歪”是壮语，“坝”是汉语，结合得相当自然，上布远有个分水坝，叫石马歪，就是典型的壮汉语融合的叫法。

图 14.2　和邻社

据老人代代口头相传，在清朝乾隆、嘉庆年间，客家人从福建、广东西迁一都时，都是一家一户，三三两两迁来的，起初都得到更早居住在当地壮族人的诚心接纳，共同兴修水利，开发农田，方能安居乐业。《马平县志》记载一个水利工程“车村坝”，车村就是现在的星光基村，在光绪《马平县志》里一都村名记有“计村”。计、车、基三个字是同音，这个村名三个字都曾有引用。车村坝是壮汉共建的水利工程，拦河引水灌溉上梧村、下梧村（即上福、下福）的农田。筑坝蓄水养鱼是计村人受益，计村人有撑竹排放长纲钓、撒网捕鱼的历史，基村谭五九年轻时就是撑竹排放长纲钓、撒网捕鱼的能手。壮汉共建“车村坝”各有所得。

槎山星光有条五花沟，是清嘉庆年间壮汉共建的。五花的含义即五花姓：曾、罗、陈、韦、谭。基村一贯居住着韦、谭两姓。沟水源头是从上布远石马歪处分水过来的。在牛王爷处用人工破坡开渠五条沟，即基村沟、上福沟、罗村沟、岗上沟、大屋沟。五花沟灌溉着千亩农田，解决几个村的生活用水，至今仍起作用。

在汉族迁入柳江的同时，其他民族也不断迁入此地共同开发。九丹村的形成就是一个典型例子。于今，居住在九丹村的莫氏家族的始祖莫致顺是清代马平县黄村粮库官员。九丹，当地人也称“九旦”，最早叫作“九滩”，因为村前小河从进德镇琼林村到这里，算来是第九个滩涂。百朋、乐山、江中一带村民往拉堡、柳州赶圩，大多抄捷径借道此处。原是太平村的土地，这片土地每年需给官府上缴一百担谷粮，乾隆年间的某一年，因当年天旱粮食大幅度减产，无法缴纳一百担谷粮给官府，于是始祖莫致顺用一百担谷粮顶缴给粮库。从此这片土地便由莫致顺带领妻子沈氏及其儿仨耕种，辛勤劳作一年后，给朝廷上缴一百担谷粮外加一担糍粑。据说这个常例一直延续到民国时期。因此，九丹当地的莫氏后人每年农历十月十九，每家都做糍粑纪念先祖莫致顺，庆祝丰收成果。这个当地人每年的小节，叫“太公生日”。于是，九丹村也成为柳江境内罕有的几个仫佬族聚居村屯之一。

历史的足迹告诉我们，一都的发展史，就是一部各民族共同奋斗的发展史。

（二）“九厅十八井”，见证壮汉民族共同培植的“一都米”品牌

“一都米，二都女，三都大财主……”这是旧时柳州的著名童谣。无论过去还是现在，“一都米”因口感好而名声在外。出产优质“一都米”的“粮仓”，东自都乐岩、西至百朋酒壶山、北连西鹅、南接泗浪的广阔田野，大致包括今天柳江区的拉堡、进德两个镇和柳州市郊部分，这一带土地肥沃，水资源丰富，盛产优质稻米。民国时期，柳州市谷埠街成为“一都米街”，当时每天交易上百担优质“一都米”。而客家庄园“九厅十八井”，正是柳江壮汉民族共同开发、共创美好家园的历史见证。

如今的柳江区进德镇三千村，有一处自治区文物保护单位“九厅十八井”的遗址。这里曾经是柳州市最古老、最宏大的曾氏地主庄园。至今尚残存两座高耸的庄园围墙，西座是隆盛庄园，东座是新盛庄园。曾氏庄园始建于乾隆末年，并逐步扩大。曾氏族谱和族人都说，其先祖最初是清朝乾隆二十一年丙子年（1756年），曾勋、曾荣兄弟俩从广东兴宁县迁至马平县一都下竹必，先搭5间茅房居住。过了两年，他们向当地的苗族老同买了一块地皮建起一座瓦房，即今天土垢村曾氏祠堂。曾氏习武耕种又经商，从广东带来优质稻种和先进的耕作方式，并教会当地人用花生麸捞人畜粪便及草木灰沤熟做底肥，极大地改进了米的品质：外形细长，两头尖尖，色泽晶亮，饭香扑鼻，松软可口。一都人称这种米为“小颗油粘”，还流传着这样的童谣：“小颗油粘两头尖，一都的米香又软。开饭不等菜来送，个个围着饭锅边。”每到收获时节，当客家人把“一都米”运到广东，立马形成“一都米”旋风。客家粮船一到，羊城的米价立马下落。“一都米”装船运往广州销售，成为清代“西米东流”的重要组成部分。[1]曾氏族人返回柳州时，又从广州装满各种日用百货回柳州销售，获利颇丰，很快富甲一方。曾家的经营促进推动了粤东粤西两个民族的交流，同时也间接促进了柳州商业的发展。

发迹后曾氏广置田产，成为当地的豪门显族。于乾隆末年开始修建庄园，庄园群由隆盛、新盛、围龙、桥头、坝角五村屯的五座庄园构成，其中隆盛庄园和新盛庄园

---

1 清代广东人张维屏就说：“粤之米，不给粤东之食，向取给于粤西……东米不足，米西济之。”见张维屏：《粤食》，《广东文征》第5册，香港中文大学出版社，1978年，第418页。

是曾氏庄园群中的两大庄园。庄园之间相隔一二百米，互相呼应，连成一个曾氏庄园群。每个庄园占地约20亩，庄园前有一个面积1亩多半圆形的人工池塘，它既是满载荷花的装饰景物，又是一道保安的护庄河，还是消防的备用水源。整个庄子基本呈圆形，四周4个炮楼，庄墙高七八米，墙体为石灰、黄土、沙石、桐油以及糯米浆混合而成的三合土，能耐锄挖，能拒炮轰。庄墙内侧是一圈跑马楼，每隔数米开一个葫芦形枪眼或者金钱形的瞭望眼，从而构成一道立体的防御工事。所有开向庄外的门框全系精刻大石条砌成，有事关上铁皮包的大门后，不怕火攻，也不畏炮轰。庄内设有九个大厅，十八个天井，故称"九厅十八井"，共120间房，所有檐、桩、墩、角、梁、廊，都有或雕，或塑，或刻，或绘的图案。除主人所居堂室外，广坪、花圃、货仓、畜舍、碾坊及雇工、庄丁宿舍，应有尽有。关起庄门，就是个可容数百人生活的独立小王国。咸丰年间，曾家因被人状告谋反，被清军围剿，庄园被毁，至今只剩下残垣断壁，但仍然可以想象当年的辉煌。

（三）一块古路碑，记载着各民族共建美好家园的历史

根据《柳州日报》报道，2013年4月3日，进德镇沙子村多仁屯村民把一块铺路多年的石路碑于原处重新立起来，以铭记历史，昭示后人（见图14.3）。

这是一块什么样的石碑，为什么村民要重新把它竖起来？这块石路碑原来立于进德镇多仁村窑上屯（京竹园）西北面的汶水边，时间是清朝道光二十一年（1841年）。碑的正面朝南，碑高90厘米，宽58厘米，厚13厘米。碑文内容记载的是180多年前，进德镇及沙子村一带的各族居民通力合作、捐资修筑沙子村委会多仁屯至拉堡镇科棉屯道路的历史事实。据老人回忆，20世纪70年代道路拓宽以前，多仁至科棉这段石板路，应该是双桥圩至成团圩之间的乡村古道的组成部分，在清末民初直至20世纪七八十年代都是一条颇为重要的乡村道路。据多仁屯何日寿、何亚才、何乾发等几位耄耋老人回忆，1958年前后被当时的青年队挖出后置于距原处约10多米的田埂缺口处（字面朝上）当小石桥使用。虽经百余年的日晒雨淋和50多年的人畜踩踏，但碑文字迹

图14.3　多仁屯《石路碑》

绝大部分仍清晰可辨。捐资修路者共 163 户，包含刘、覃、张、钟、黄、何、曾、郑、王、黄、熊、谭等 30 多个姓氏，还有几家商号。从姓氏可知，捐资者既有当地壮族，也有汉族（客家人）和商户。近年来，柳江区政府投入巨额资金改善农村基础设施，2013 年 3 月底，沙子村全村通了水泥路，但是这块石碑却见证了为了畅通道路，促进各民族的交往交流，各族民众和商户共同捐资修建道路的历史。

（四）“柳江竹壳帽”，汉壮文化融合的产物

竹壳帽已成为柳江区农村标志性的日用品之一。讲起它的来由，有一段趣事哩！

柳江竹壳帽原叫“福建帽”，源自福建漳州。这种帽子具有清凉、轻巧、美观的特点，且雨晴两用。200 多年前，“福建帽”随福建客家带到进德四连村，并作为制作技艺的“非遗”传承下来。其制作要经过织绳带、掰竹壳、制帽坯、破竹篾、编制帽和钉竹壳 6 道工序，男女老少均可参加。四连村大塘、新村、竹根、新田等 6 个屯，100 多家农户，祖祖辈辈以编织“福建帽”为生。但是“福建帽”入籍柳江后，却被这里的壮汉族共同改良成“柳江竹壳帽”，改良过程经历了四个阶段。

第一代是“福建帽”。帽坯用 36 根竹篾制成，帽坯篾距密眼子比小手指还小，虽然比较结实耐用，但由于手续烦琐，操作不便，因而产量不多。

客家福建帽因轻巧凉爽，深受壮人喜爱。近百年来，成团、三都等地壮族村民纷纷到四连村拜师求艺，得到热心制帽师傅的指教，他们亲自制作帽坯模型送给他们带回去。从此客家福建帽在壮族乡间落地生根，开花结果。

第二代产品是“柳江竹壳帽”。帽坯用的竹篾简化到 24 根；压线走线为“五角星”图案。成团里眷村村民到四连客家拜师学艺后，又将原来的麻绳编带改为轻柔的棉纱编带，一户每天能编制 16 个。

第三代产品，帽坯用的竹篾再次简化到 13 根，五角星图案的压线改用塑料红带，成本更经济，制作效率更高。每天生产 50~60 个，产品销售到柳州市区。

第四代产品只用八九根竹篾编织，五角星图案的压线改用蜡线，每天可生产 70~100 个。物美价廉，很快风靡柳州地区各乡村。

据进德镇文史爱好者杨永雄先生回忆，1958 年 8 月，中央新闻电影制片厂在四连村摄制了“柳江竹壳帽”生产的各种工序。随后将产品带到了广交会展览厅评比，获得了二等奖的好成绩！在评委看来，柳江竹壳帽“五角星”压线和“壮锦”帽绳，符号鲜明，寓意深刻。一顶小小的竹壳帽，看似不轻易的手艺“创新”，却是各民族交往交流交融的产物，蕴含了柳江人铸牢中华民族共同体意识的强烈自觉！

三、积极投身中华民族的解放的洪流中

近代以后，由于封建统治的腐败，中华民族遭受西方列强的凌辱，中国逐渐变成半殖民地半封建社会，山河破碎，生灵涂炭，中华民族到了亡国灭种的边缘。为了救国救民，无数仁人志士或苦苦求索或奋起抗争。柳江区各民族在近代中华民族追求独立和解放的斗争中顽强拼搏，留下许多可歌可泣的故事，也促进各民族在共同团结斗争中相互交往融合。

（一）鬼子坳：伏击日本侵略者历史的见证

鬼子坳，原名百子坳，位于柳江区里高镇境内东面板六村与盘龙村交界处，属于板六村地界的一个弄场。距县城拉堡镇 40 千米，是国道 322 线（柳邕公路）的必经之地。坳东南侧是高耸连绵的大石山，坳西侧是观音山，传说观音娘娘在此送给民间百子，故名百子坳。1926 年修筑柳邕公路时，把原来陡峭的过坳羊肠古道，劈成路槽，勉强通车。通车后，此坳因地势险峻，成为交通要冲，大有"一夫当关，万夫莫开"之险，是兵家必争之地。

1945 年 6 月中旬，由宜山、迁江败退之日军第三师团后卫第六联队千余人纠集于忻城大塘街，沿着柳邕公路向柳州撤退。国军第 46 军 175 师 525 团团长卢玉衡奉命率领全团官兵，并联络周边乡村抗日自卫队 300 余人，在百子坳地段布兵埋伏。待日军进入伏击圈，我军居高临下，从三面以强大火力阻击。激战近三昼夜，共击毙日军 200 余人，打死战马 60 余匹，缴获一批军用物资。国军阵亡官兵 29 人，伤多人。百子坳阻击战是广西军民抗战后期的有名战例之一。百子坳阻击战 6 月 16 日正是农历五月端午节，附近村民出于对日本侵略者的痛恨，纷纷包粽子送上前线，鼓励爱国将士英勇杀敌。

为了纪念这一军民抗战的胜利，战后的 1945 年底，参战部队与当地群众在坳前公路左侧荒坡上建立了一座纪念碑亭。亭中竖立纪念碑，碑文记叙这场战斗，慰藉英灵，彰显忠烈。拱门上卢玉衡团长题书"鬼子坳"三个大字，亭柱上有柳江百朋籍国军八十四军军长覃连芳题"百子亿人泪，千军万马魂"和卢玉衡题"百子坳前清血债，蓬莱岛上吊孤魂"两副对联。对联明确指出了百子坳前曾经是埋葬日本鬼子，报国仇、雪国耻的地方，人们看到这些对联感到精神振奋大长志气，于是人们就把百子坳叫成了"鬼子坳"。这个名称一直沿用至今，许多报刊、史志书上也都用"鬼子坳"，很少用"百子坳"。2007 年 1 月，柳江县里及曾在柳江工作过的一批老同志和老百姓，胸怀爱国主义教育大计，踊跃带头捐款带动社会各界捐款捐物共计 30 多万元，重建百子坳军民抗战胜利纪念园，包括纪念碑、纪念亭、牌坊、修路、建停车场、美化环境以及水电等项目，作为爱国主义教育基地。

（二）成团会议：为广西解放奠定新格局

熊柳生是柳江区成团镇灵江村水灵屯人。熊家从事粮食买卖，是当地的富甲一方的大户人家，他家大院就有70多间房子，但是，熊柳生这位豪门少爷却是柳江解放前较早加入中国共产党组织的进步青年。熊柳生为何冒着生命危险投身到艰苦的革命事业中呢？原来，熊柳生自小就跟着柳江第一位共产党员熊秀民的弟弟熊朝绪一起读书学习，1937年15岁的熊柳生在柳州中学受到地下党员陶保桓的影响，向往革命，和同学们一起开始阅读进步书籍。1940年，他考上了广西壮族自治区立桂林高中。1942年春，熊柳生和同学们在桂林高中组织一个马列主义读书小组——“火星社”。受到崇高革命理想和坚定信念的熏陶，使他明白了革命的道理，只有通过武装革命，劳苦大众才能得解放，于是他就积极向革命队伍靠拢。

1944年冬，日军侵入柳江后，熊柳生就与石宝熙、韦金台等人联合进步青年学生，发起组织成立柳江青年抗日联合会。1945年初，在柳江青年抗日联合会的基础上建立柳江青年抗日挺进队，熊柳生担任政治部副主任。当时，队伍所用枪支弹药及生活保障，主要就是由熊柳生家提供的。青挺队团结各阶层人民群众和爱国民主人士共同抗日，并先后与日军作战20余次，歼敌60多人。

解放战争时期，中国共产党为了培养革命骨干，壮大革命力量，迎接广西解放，1948年2月，中共桂柳区工委第一期党员干部训练班即桂柳区工委会议（桂柳区工委代号为昆仑山，也称“昆仑山”会议）和1949年2月广西省农委工作会议，都在熊家的炮楼召开，这两次会议合称“成团会议”。

1948年2月14日至3月5日，参加昆仑山会议的有桂林、柳州、南宁三市和柳北、都宜忻、象县等地党组织负责人。熊柳生当时是广西大学的学生，开会时间选在学校放寒假、群众热闹过春节之际，参加会议的人员以同学名义来他家拜年后，在熊家住下温习功课，便于掩人耳目。会议由中共桂柳区工委陈枫任书记和宣传委员路璠主持，参加会议的有吴师光、韦纯束、韦勋猷、黄绍亮、陈乐思、郭其中、梁健、莫江白、何文、梁山、胡习恒、熊元清、熊柳生。会议主要内容有：传达、讨论毛泽东的《目前形势和我们的任务》；学习中国革命和党的建设的基本理论；认真分析国内国际形势；讨论和研究开展农村工作和武装斗争的问题、开展城市工作和经济工作等问题。会议作出了《加紧努力，迎接新形势》的决议，制定了“严密组织，巩固自己的阵容，大胆放手发动斗争，深入下层，依靠群众，加紧积蓄力量，争取时机到来”的工作方针；提出了“一切工作布置都是为了发动武装斗争，迎接解放军南下”的口号。此次会议是广西解放前参加党员人数最多、时间最长、影响最大的一次会议。这次会议后，中共桂柳区工委在柳州领导桂林、柳州、南宁、梧州四市党组织开展的工作更加卓有成效，壮大革命力量。

1949年2月，广西省农村工委会议也在熊家的炮楼里召开，为期6天的会议研究广西武装斗争的开展问题，传达了中央香港分局会议精神，总结了1948年广西各地武装斗争经验和1949年的工作。会后，桂东人民解放总队、桂中人民解放总队、桂北人民解放总队、都宜忻人民解放总队不断壮大，迎接广西的解放。

为了革命，熊家冒着生命危险，散尽家财，为中华民族的解放事业做出重要贡献。会议期间，参加会议的人员的生活完全由熊家负责，熊柳生的母亲、表弟等负责放哨。为了解决革命经费问题，熊柳生还说服其母亲，先后卖去家里的水田100多亩，将所得全部交给党组织，换取革命所需的经费和枪支弹药。为了保证中共中央及上级党组织的决议、方针、指示能够及时地传达到基层党组织和党员中，陈枫于1947年9月派党员陈乐思到柳江县成团乡水灵村熊柳生家，利用他家的水碾房作为掩护，建立秘密印刷所。白天为村民碾米，晚上加班刻印《目前形势和我们的任务》《中国人民解放军宣言》《武装斗争的几个问题》和桂柳区工委《七月决议》等重要文件资料，以及从《大公报》《时代日报》等各种进步报刊收集的新闻资料和解放战争电讯消息，编写成《斗争报导》，由交通员将这些印刷品分发到各地。

1949年就担任了中共柳（江）柳（城）工委书记的熊柳生，新中国成立后他最高的职务仅为副处级。对此，熊柳生毫无怨言，他的一生只属于党和这个无上光荣的信仰。正如在2021年秋季学期中央党校（国家行政学院）中青年干部培训班开班式上，习近平总书记强调："衡量干部是否有理想信念，关键看是否对党忠诚。"[1]熊柳生一生不变的信念、为党的事业和中华民族的解放鞠躬尽瘁的忠诚，永远是我们学习的榜样！

四、铸牢中华民族共同体意识从娃娃抓起

民族团结进步从娃娃抓起，这不是一句口号，而是要落到实实在在的具体行动上。铸牢中华民族共同体意识需要教育主管部门和教育工作者坚定不移贯彻落实党的教育方针，把铸牢中华民族共同体意识同"立德树人"根本任务结合起来。柳江区各级各类学校要紧紧以铸牢中华民族共同体意识这条新时代民族工作的主线为抓手，坚持从娃娃抓起、从青少年抓起，用孩子们听得懂的语言，看得懂的方式讲好民族团结故事，讲好爱党爱国故事，继续传承发扬好中华文化；以丰富课程内容和课型设置，创新教学模式，强化校园文化建设，深化爱国主义教育和民族团结进步教育，营造"民族团结一家亲"的浓厚校园氛围；以"小手拉大手"方式，建立让家长积极参与的主题活动，同唱一首歌，同心向未来。以下就是几个典型的代表。

1 《信念坚定、对党忠诚》，《人民日报》2021年9月8日，第09版。

（一）机关幼儿园：把民族文化融入“有爱”课程

柳州市柳江区机关幼儿园成立于1958年，学校办学历史悠久，是一所由柳江区政府创办，教育局主管的全日制公立幼儿园。多年来，柳江区机关幼儿园根据幼儿教育规律要求，秉承“办有爱的幼儿园，做有爱的教师，育有爱的孩子，汇有爱的家庭”为宗旨，在实施和构建“有爱”课程的过程中，让孩子在“爱”的环境和活动中拥抱爱，不断读懂爱和学会爱，包括爱家乡，爱中华民族。特别是2014年获自治区示范园以来，幼儿园以《3～6岁儿童学习与发展指南》的发展目标要求，让幼儿“能感受到家乡的发展变化并为此感到高兴”，“知道自己的民族，知道中国是一个多民族的大家庭，各民族之间要互相尊重，团结友爱”。老师们以主题式课程为“育爱”基础课程，衍生、汇集了很多具有本土、民族特色，遴选适合幼儿全面发展、独具“有爱”情怀特质的“汇爱”特色活动，如：爱国——升旗活动；爱我的家乡特色——爱在壮乡广场；爱中华民族——中华民族一家亲；等等。让孩子从幼儿园时期能够去发现爱、体验爱、感受爱、拥有爱、创造爱，实现“有爱、懂爱、会爱”的课程目标。

为此，学校根据柳江特点，把柳江独特“那文化”优势融入爱的教育之中：“美丽乡村”百朋荷花小镇等独特的风光，秀丽的山水；三都葱花、成团大米等“一乡一品”特色产业；狮公舞、上灯节、柳江童谣等柳江民俗节庆。设置了“那文化”背景下的壮乡民俗文化街、那趣园、荷花池等活动区域，在日常活动中渗透“那文化”，在品尝特色小吃的同时培养良好的餐桌礼仪，围绕民俗节庆、民间传统游戏、柳江童谣等本土资源，以着各族服饰、品家乡美食、唱柳江童谣、玩转民间游戏的形式，让幼儿感受到中华各民族大杂居，小聚居，交错杂居，各族文化异彩纷呈，中华民族一家亲。

（二）柳邕三小：打造“民族文化＋民族团结”办学品牌

柳州市柳邕路第三小学创建于1958年，是一所九年义务教育全日制小学，隶属柳州市柳江区教育局。学校现有在职在编教师47人，其中壮、瑶、侗等少数民族教师22名；在校学生人数810人，主要为农民工子弟，其中少数民族学生占总人数的80%。学校坚持“品民族情韵，升民族素质”的办学理念，长期致力于民族团结教育、民族文化、山歌非遗文化的传承与研究，将民族团结进步教育与民族文化传承、铸牢中华民族共同体意识教育融为一体，打造“民族文化＋民族团结”办学品牌，把民族团结进步教育常态化、特色化，培养学生的文化自信，先后荣获全国第五批民族团结进步创建示范学校、广西壮族自治区民族文化教育示范学校、广西第一批非物质文化遗产传承教育示范学校等省市级以上荣誉称号26项，教师荣获相关奖项60项，学生荣获相关奖项100项。学校以其独特的办学特色和办学质量，成为广西民族特色学校的一张亮丽名片。

1. 举办校园示范歌圩

饭养身，歌养心。千百年来，壮族歌仙刘三姐用山歌的形式留给了壮乡最好的文化传承，而柳江区的壮欢更具有当地的民族特色。柳邕三小在广西率先举办“校园示范歌圩”，连续举办九届，办出了名声，办出了特色，办成了品牌。广西歌王郭秀莲称赞道：“山外青山楼外楼，柳江山歌别样优；示范歌圩好榜样，百花园里拔头筹。”除了壮族山歌，在校园里，侗族大歌、苗族飞歌、瑶族民歌，盘歌、酒歌、劳动歌、时政歌、儿歌、谜语歌，这些优美动听的民族歌曲，同学们都能张口就来，唱得声情并茂。

通过学习山歌，对于柳邕三小的学生来说，唱山歌已是信手拈来，出口成章。用山歌“自报家门”，用山歌迎客，用山歌歌颂节日，用山歌感党恩……语文课上，他们学习怎样写山歌，掌握平仄韵律；音乐课上，他们学习怎么唱山歌，用不同的曲调，唱出不同的味道；他们甚至编排山歌主题的英语短剧，参加文艺会演。校园歌圩活动将民族文化带进校园，植入课堂教学之中，让孩子们在唱山歌中学习各民族优秀文化，增强了各民族学生的相互了解，促进了各民族之间的相互欣赏，使非物质文化遗产得到更好的传承，同时让学生活跃了思维，提升了素质，这种创新教学方式让校园学习变得欢乐有趣，学生在快乐中一道学习、相互促进，共同成长。

2. 每个班都有一个民族博物馆

有 14 个班级的柳邕三小，少数民族师生占 80% 以上，对应 14 个班级建立了壮、汉、瑶、苗、侗、仫佬等 14 个民族博物馆，挖掘各个民族的文化习俗、传统风情、饮食生活、服饰特色、民族故事等，促进各民族广泛交往、全面交流、深度交融。此外，学校还创办了侗族大歌、柳州山歌和非物质文化精品馆 3 个特色博物馆。特色博物馆是对柳州市具有特色的非物质文化遗产的传承与更深度的学习，让孩子们对家乡和民族自豪感，培养保护非物质文化遗产的意识。音乐课上，一位名叫韦知非的壮族女生正在表演壮族天琴弹唱，表演的曲目是高难度的《唱天谣》，她还多次登上学校舞台表演。韦知非说自己过去并不了解壮族文化，在城里工作的父母也很少跟她聊起，学校开展天琴培训后，她对壮族文化有了深入的了解，还了解了其他民族的文化，懂得各民族之间相互依存、和谐相处……潜移默化中，学生的民族自豪感增强了，民族一家亲的意识培养起来了，民族团结的精神也树立起来了。

柳邕三小以“品民族情韵，升民族素质”为民族团结教育主题，创造各民族学生共学、共事、共乐氛围，使各民族一家亲的观念根植于青少年心中，将民族团结文化传承给一代又一代的孩子们，让更多的孩子真正了解到民族文化的强大，培养他们的民族认同感和民族自豪感，真正树立民族自信、文化自信。

（三）壮校附小：以“壮美”文化引领民族团结进步教育

柳江区壮语文学校附属小学创办于1988年9月，前身为柳江县壮语文学校，是一所文化底蕴浓厚的民族教育特色学校。学校现有50个教学班，在校学生2753人，其中壮族学生占70%，汉民族占20%，其他少数民族占10%。长期以来，学校以“壮美”文化引领，把民族团结进步教育、铸牢中华民族共同体意识全面融入学校环境营造、常规管理、课堂教学和各项活动之中，得到国家教育部、自治区教育厅等各级领导的赞赏，各界媒体的宣传报道，并到南宁、上海、北京等地交流。近年来，学校先后获得全国民族教育先进集体、全国民族艺术传承基地学校、全国教育系统先进集体、自治区文明单位、广西民族教育示范校、柳州市童谣创作基地等众多荣誉称号。

1. 将中华民族一家亲融入学校环境创设之中

学校根据壮校的特点，在学校的文化环境营造中，突出壮族优秀文化是中华民族文化的重要组成部分，建立了以铜鼓、绣球、壮锦、龙凤等元素组成的大门、“壮美”主题墙、民族体育游戏长廊、手绘童谣廊、“壮美”舞台等标志性建筑，还建立了民俗陈列室、“壮美”石琴室、“香韵壮美”美食坊、中草药园等校内实践活动场馆。教室内外还永久性设置了宣传民族团结进步方面的标语、牌匾、橱窗……如今，当你步入校园，你一定会被浓浓的中华民族一家亲的氛围和情调所包围、所感染。

2. 把铸牢中华民族共同体意识融入学校常规管理之中

学校虽确定文化主题为“壮美”，但始终把铸牢中华民族共同体意识作为主线，所有工作都向此聚焦。通过校园民族文化特色建设、民族文化传承教育载体建设、师资培训与教科研活动等的分层推进，建构“和美”课堂、塑造“育美”教师、培育“四美”学生、开发“启美”课程、打造“壮美”校园，将“壮美教育”思想和铸牢中华民族共同体意识渗透到学校工作各个方面。

3. 将铸牢中华民族共同体意识融入课堂教学之中

各教研组根据各门课程的特点，组织专题研讨，深入发掘铸牢中华民族共同体意识的结合点，分解任务落实内容，将铸牢中华民族共同体意识有机地融入各门课程教学过程中。在思想品德课中，利用传统民族节庆、纪念日、重大事件为契机，开展喜闻乐见的主题教育活动，营造喜庆祥和、民族团结的氛围，增强爱国爱乡情感，提高科学文明素养，弘扬和培育民族精神。语文课上讲民间故事，创编童谣；音乐课上唱山歌、弹柳江石头琴；最开心的当数体育课了，大课间做校本操“板凳龙”、跳竹竿舞、编花篮、盖门楼等，打陀螺、滚铁环、民俗棋等民族传统体育项目也成为孩子们的最爱。各科教师充分利用优秀传统民族文化因素，使铸牢中华民族共同体意识与各相关学科有机地结合起来。

4. 将铸牢中华民族共同体意识融入各项活动之中

一是利用主题班会活动时间，积极开展内容丰富、形式多样、学生喜闻乐见的铸牢中华民族共同体意识宣传教育活动，进一步提高活动的针对性和操作性，增强民族团结进步宣传的新活力。二是充分挖掘民间体育游戏中有利于孩子们发展的教育资源，进行筛选、改编、创编形成具有民族特色的大课间活动。三是一年一度的民族体育运动会。将竹竿舞、抛绣球、滚铁环等民族体育项目以集体赛的形式纳入比赛，以赛促民族体育技能的提升。四是在教师指导下学校共设立了石琴、舞蹈、戏曲、竹编、解说、象棋等35个校级社团，每周一下午的社团活动，让学生在奏民乐、跳民族舞蹈、唱民族歌曲、画家乡美景、说民族历史、做民族手工、制民族美食、诵民族童谣、演民族剧、练民族体育技能等社团活动中，让学生在感受民族文化魅力中滋养心灵，个性特长得到培养，充分感受民族文化的深刻内涵。五是一年一度的民族美食节和丰收节。通过“知美食，爱民俗；做美食，展特长；品美食，献爱心；赞美食，爱家乡”四个板块开展民族传统文化学习和体验，增进民族之间的相互了解和友谊，为铸牢中华民族共同体意识奠定基础。

围绕“壮美”核心文化，柳江壮校附小探索走出了一条以铸牢中华民族共同体意识教育为突破口，适合学校素质教育发展的新路子。学校各族师生与家长都像石榴籽一样紧紧地拥抱在一起，铸牢中华民族共同体意识在校园里生根开花。

（四）实验高中：打造民族体育教育品牌

柳江实验高中成立于2001年8月，是一所全日制公办高中，2018年划归柳州市成为柳州市教育局直属高中。多年来，学校坚持发掘民族体育教育资源，打造民族体育教育品牌，努力创建铸牢中华民族共同体意识示范学校，办出来特色，办出了成效。学校先后成为广西教科所首批实验高中、广西艺术学院艺术后备人才培养基地、广西大学高水平运动队后备人才培训学校、广西民族传统体育示范学校、全国青少年校园足球特色学校、全国青少年校园篮球特色学校、广西特色普通高中一星级学校。

1. 挖掘金牌教练潜力，打造抢花炮民族体育品牌

抢花炮是壮族等多个民族的传统体育项目，也是国家级非物质文化遗产，在民间有深厚的群众基础。柳江实验高中一直坚持打造抢花炮民族体育品牌。刘坤学，学校第一代花炮金牌教练，于20世纪90年代参加了第四、第五、第六届全国少数民族运动会花炮项目，并获冠军、亚军、季军，获“优秀运动员”“精神文明运动员”等称号，因赛场上的惊人速度而获“风之子”美誉。韦双，学校第二代花炮金牌教练，

2004 年参加全国花炮邀请赛获冠军，2007 年参加第八届全国少数民族运动会花炮赛获冠军。韦凯旋，学校第三代金牌教练，2018 年“壮族三月三”——民族体育炫“飞桥杯”全国花炮邀请赛冠军，2018 年广西壮族自治区第十四届少数民族传统体育运动会花炮比赛冠军，2019 年参加全国第九届少数民族传统体育运动会抢花炮比赛获得冠军，个人获全国体育道德风尚奖，现为广西花炮队队长。三代教练不懈努力，学校花炮成绩突显：2008 年，学校代表柳江县参加柳州市花炮邀请赛荣获冠军；2009 年，学校代表柳江县参加全区民族团结活动月的花炮比赛荣获冠军；毕业学生韦明星、谭海洋获全国第十届少数民族传统体育运动会花炮赛冠军。

2. 以民族传统体育为示范，大力实施民族体育教育

学校整合学校的民族体育优势资源，积极开发少数民族体育课程和传统体育项目，成立各项少数民族体育运动项目训练队，如抢花炮队、集体板鞋竞速队、高脚竞速运动队等。近年来参加各项赛事，成绩突出：2017 年柳州市中学生高杆绣球比赛高中职校男子组、女子组第二名；2018 年柳州市中小学生高杆绣球比赛高中职校女子组第一名；2019 年 8 月学校代表柳州市参加广西壮族自治区第十二届学生运动会板鞋比赛获 4 金；2019 年参加柳州市第四届少数民族传统体育运动会获 12 金、4 银、3 铜。

3. 主打民族传统项目，激活各类体育活动

近年来，学校面向全体师生，开展阳光体育大课间活动、全民大健身活动等，并以“开展社团建设、繁荣校园文化、推进素质提升”为宗旨，进一步挖掘“第二课堂”内涵，在开足国家必修课程的基础上，以学生社团为载体，提供个性化课程以促进学生发展，除篮球、足球、气排球、乒乓球、跳绳、武术、健身操等常规项目外，还有更多民族传统趣味项目，如竹竿舞、背篓绣球、高杆绣球、抢花炮、高脚马、三人板鞋、剪纸、编织、脸谱等，学生根据不同选项在不同地点同时进行跨班学习，充分调动了学生学习民族传统体育的积极性。目前，学校特色办组建了与传统体育、民族体育相关的 50 多个学生社团，为学生的成长提供实践锻炼和展示自我的平台，促进师生身心的全面发展。

4. 积极开展民族文化建设活动，增进各族师生员工感情

以美术课、音乐课等为载体，开展各种民族、民俗文化活动，如“民俗文化鉴赏”“民族音乐欣赏”“民族书画展”“民族风情展”等活动。

积极开展“诗歌进校园”“戏曲进校园”等活动，让师生员工品读优美的民族诗歌，感悟诗意生活；让师生员工欣赏壮族彩调、民器琵琶，吟演传统戏曲，感受民族戏曲魅力。

巧用中国传统节日普及节日文化，深化民族情谊。如"三月三师生趣味活动""五一红歌比赛""中秋节汉服系列活动"等，让师生在活动中增进情感，提升友谊。

选派民族师生，参加各级各类民族艺术活动、晚会等。如：参加"美丽柳州 生态文明"中小学生民族才艺展示荣获二等奖；参加柳江县 2015 文化校园艺术节经典诵读荣获一等奖、经典小组唱一等奖；等等。

民族体育精彩纷呈，各族师生胜似亲人。柳江实验高中，在新时代的征途中，以传承和发展民族传统体育为突破口，为柳江民族团结进步奏新曲，为铸牢中华民族共同体意识唱新歌。

五、高质量发展夯实铸牢中华民族共同体意识的物质基础

经济社会高质量发展为铸牢中华民族共同体意识奠定了坚实的物质基础，柳江区正演绎着以经济社会高质量发展推动铸牢中华民族共同体意识的故事。

（一）黄岭新农村建设：各族民众齐修路同致富，共建美好家园

2021 年 9 月 30 日，广西柳州市柳江区拉堡镇黄岭村村民用当地产的 7.2 万只辣椒，拼出五星红旗图案，悬挂在村口老屋门上，寓意祖国如此多"椒"，以此迎接中华人民共和国国庆节的到来，为祖国庆生，表达了 2700 多名黄岭村各民族村民在伟大社会主义祖国大家庭中的感激之情，感激在党的光辉照耀下，各民族共同团结奋斗、共同繁荣发展带来的巨变。

1. 各族人民齐心修路

黄岭入村大道是一条总长约 3 千米，宽约 8 米的水泥路，路旁还配有 70 盏路灯，这在全国村级道路中也是首屈一指的。这条大道是在县、镇两级政府的大力支持下，村里壮汉两族人民和企业共同捐资建成的。有了入村大道，壮汉两族人民又自筹资金，加上政府补助，又修建了从入村大道到各自然村的水泥路，总长达 5 千米。黄岭村成为柳江区各自然村村村通硬化道路的建制村。此外，黄岭村南面有水田二千多亩，但真正进行农田耕作的人已很少了，大部分劳动力都进城、进厂务工了。耕作的人少了，只有靠机械化耕作。目前黄岭农田机械的总马力已排自治区农村中的第一位。为了方便机械化耕作，在钟承强、刘文华等村干部的带领下，黄岭又修了四条机耕路通到各大段田中去，大大方便了农机的运行。每到农忙季节，田垌里机声隆隆，再也难看得到面朝黄土背朝天肩挑背扛的景象了。

2. 各族民众共建美好家园

黄岭新居民点的建设得到政府的大力支持，农民出钱建粗坯房，政府出钱帮装修。这样的好事照顾谁？村党支部书记、村委主任两人交换了意见：先照顾廖家的壮族同胞。当这个意见在村委扩大会提出时，村委干部和村民代表一致同意先给廖姓的同胞建造。但廖家的代表则提出应该跟与他们同一个生产队的刘姓、邬姓等汉族同胞共同建造。经过互谦互让，大家同意了共同建新居民点的意见。新居民点从2007年开始建造，至2010年已全部建成。看着这一幢幢的三层小楼房，那么整齐划一，能不让人羡慕吗？这里也成了柳江区新农村建设的示范点。除了这个壮汉民族聚居的示范点以外，黄岭村22个村民小组的村民已有98%的人住上了红砖水泥结构的新房，最低的有一层，多的有四层高，一般二层、三层居多，连五保户都住上了新砖房，人均居住面积超过60平方米。当你从县城向西出发，一过拉堡糖厂，展现在你眼前的就是各式各样的新楼房，相当美观，令人艳羡。

3. 各族民众共同致富

改革开放初期，黄岭村年人均收入只有三四百元，2010年达到8000元左右，增长约20倍，这在整个广西农村中也是少有的。村民的生活早已普遍达到小康水平。但是，率先致富的黄岭村民没有忘记带动其他村民共同致富。20世纪八九十年代，壮族村民廖子贵在村里和县城各办了一个预制板厂，汉族村民刘祖仁、刘信兄弟的房地产开发企业蒸蒸日上，都吸收了不少村里各族村民务工，还带动了村里石材业和运输业的发展。我们走访时，他们激动地说：

> 你别小看了这些打工族，他们离土不离村，人均月工资都在1500~2000元之间，既有了固定收入，还可帮家里的忙。比到长三角、珠三角等发达工业区打工更合算了，还没有了留守户、留守儿童等后顾之忧。还有搞运输的人家年收入更是以万元计算的，引起多少人羡慕啊！

可见，民族团结、互相帮助、和谐共处的强大力量。它造就了今日黄岭村的新面貌、新气象，它贯穿了黄岭村二百多年来的生活、工作和学习。

正如黄岭新农村居民点落成时，村民写的一副对联：

> 上联：不论刘姓廖姓都是炎黄一姓
> 下联：莫分壮族汉族皆为中华民族
> 横批：和谐之村

（二）百朋镇：大力实施“得民心工程”推动民族团结进步事业

百朋镇位于柳江区西南部，有“中国玉藕之乡”的美誉，距柳江城区 18 千米。全镇面积 335 平方千米，耕地面积 7304 公顷，其中水田 2555 公顷，森林面积 1861 公顷。全镇下辖 15 个村委会和 1 个居委会，总人口 7 万人，有壮、汉、苗、瑶等民族，其中壮族人口约 90%。近年来，百朋镇在区委、区政府的正确领导下，在各级统战部门和民族宗教部门的关心支持下，认真贯彻落实党和国家的民族宗教政策，以抓学习、求团结、树典型、结对子、思稳定、促发展为主题，全面贯彻党和国家民族政策，坚持铸牢中华民族共同体意识主线，以民族团结宣传教育月活动为契机，大力实施“得民心工程”，使民族团结进步事业进一步巩固。尤其是依托农旅结合，发展民族经济，有力地推进了百朋民族经济快速发展。

全镇经济健康发展。全镇地区生产总值由 2016 年的 10.26 亿元增加到 2020 年的 18.39 亿元，农民人均纯收入由 9945 元增加到 14336 元，年均增长 10.1%，各项经济指标稳步增长，促进了百朋镇现代农业科学、和谐、跨越式发展。全镇双季莲藕种植面积 4.2 万亩以上，莲藕套种慈姑取得新突破，柑橘类等各种水果种植面积由 4500 亩发展到 10250 多亩；采用薄膜避雨栽培模式种植葡萄达 4000 多亩；发展螺蛳养殖面积达 2000 多亩。全镇粮食种植面积稳定在 5 万亩，建设糖料蔗双高基地 7500 多亩。镇西村土鸡在柳州市、柳江区特色农产品推销会上广受好评。创出群众自觉参与、可持续发展的五九村“高田模式”，怀洪村荣获“国家森林乡村”“全国十大美丽乡村”“全国百佳乡村旅游目的地”称号；莲花小镇项目稳步推进，百朋荷苑游客服务中心投入使用，

图 14.4 柳江区百朋镇万亩荷塘（覃海南摄，柳江区民宗局提供）

下伦荷花景区接待能力和品质持续提升，百朋荷苑景区获评国家AAAA级景区。柳江荷花文化旅游节2012年首次举办，2022年已经连续十一年在百朋镇成功举办，年接待旅客突破百万人大关，荷花文化旅游节成为推介柳江的亮丽名片。百朋镇先后获得自治区特色小镇、自治区田园综合体、自治区五星级农业核心示范区三块“金字招牌”。

（三）古岭龙集团：一杯保健酒酿造各族民众的幸福事业

广西古岭龙集团董事长刘新生是来自广东梅州丰顺的客家人，但是他却实实在在为柳江民众做了很多实事、好事，为铸牢中华民族命运共同体做出了较大的贡献。刘新生原为驻柳部队担任上校处长。他身上有着军人的风范气质，又有着企业家的锐意与精明。1990年，刘新生带领手下的团队，在柳江区拉堡镇，创办了古岭酒厂。2002年，他把军里另一家酿酒企业龙湾酒厂兼并过来，把企业做大，办成特色酒厂。刘新生根据自己搜集的古方，再请教保健专家，研制保健酒。利用广西“动植物王国”的资源宝库，以十万大山独有的野生大黑蚂蚁为主料，采用几十种名贵的植物原料，配以优质纯正米酒，经传统古法泡制和现代技术提纯，研制成功苗寨黑蚂蚁养生酒和古岭神酒两大系列保健酒。20多个品种分别获得国家批准的具有“免疫调节”“抗疲劳”功能的品牌。当时市面上的500ml包装量太大，消费者反映价格高，不便饮用。于是，刘新生对瓶装进行改革，率先推出75ml杯装酒，这一举措使销量成倍增长。古岭神酒和黑蚂蚁养生酒以其真材实料的优良品质受到广大顾客，特别在广州、深圳顾客和香港同胞的青睐。2005年，部队下达“军队不能办企业”的命令，刘新生面临着去留的重大抉择。刘新生创业十几年，把企业办得红红火火，这时他适逢转业。他作为部队上校处级干部，退伍回到广东老家，领着优厚的退休津贴，足可以安享晚年。可是他忘不了亲自创建起来的酒厂，忘不了并肩奋斗的战友和工友。创业以来，刘新生的每一次大胆创新变革，都使酒厂焕发出勃勃生机，员工的生活也如芝麻开花节节高。而当今商海，竞争激烈而残酷，市场瞬息万变，航船失去领航，就有可能触礁搁浅。员工以期盼的眼光看着他，以深情而殷切的话语对他说：“刘总，酒厂没有你不行啊！”

刘新生经过冷静思考，认真权衡比较，决定留下来，办好酒厂。2005年7月8日，古岭龙酒厂鞭炮齐鸣，人声鼎沸，彩旗飘扬，喜狮欢舞。这是古岭龙划时代的一刻，随着酒厂大门的红布揭开，古岭和龙湾两厂顺利改制，由公办企业转变为私营独资企业。一年多后，刘新生进一步扩大经营，提升企业，创立古岭龙集团公司，办成了规模化、集团化企业。2006年，刘新生经过多方考察，看中正在兴起的柳江区穿山食品工业园。他投资购买了200亩土地，在这里建立西南最大的酒业生产基地。目前集团旗下拥有古岭酒厂、龙湾酒厂、古岭龙食品有限公司、爱之河农业开发公司等多家企业，成为一个集酒文化体验、休闲观光为一体的工旅融合示范景区。景区内设浸泡酒产业园、浸泡酒博物馆、古岭神浸泡酒体验馆、企业文化馆、名酒收藏馆等特色游览项目，集团也成为助力地方乡村振兴的龙头，续写带动地方经济蓬勃发展的动人篇章。

（四）螺蛳粉原材料基地：助推乡村振兴和各民族共同富裕

螺蛳粉是柳州市的美食名片。然而，你可知道实体店和生产线制作的每天数以万计份数的螺蛳粉的原料从何而来？答案是：主要来自柳江区壮、汉等各民族的生产基地。

1. 成团的黑木耳示范区、豆角核心示范区

柳江区螺蛳粉原材料基地成团镇木耳种植示范区占地约 200 亩，首期投资 500 万元，总投资约 1000 万元。示范区核心区域位于柳江区成团镇同乐村，紧邻 322 国道及宜柳高速，交通区位优势明显，依托得天独厚的地理环境优势和气候资源，成团镇紧紧抓住柳州螺蛳粉产业快速发展机遇，大力发展木耳菌包生产及木耳种植、加工销售及全产业链产业，计划年培育木耳种植达百万棒，实现产量 2200 万斤产值达 4500 万元。

示范区以建设"菌菇研发生产、菌蔬循环农业示范、产品加工、产业防贫、科普研学、观光旅游"等多种功能于一体，以实现菌蔬种植为核心、食品加工为辅、休闲观光为特色的三产融合"一园六区"发展目标，以践行"四季菌蔬，兴业成团"为发展口号，力争将示范区打造成为以食用菌产业为载体，集循环农业、食品加工、观光旅游等为一体的产业兴旺、特色突出、风光优美、配套齐全的现代农业核心示范区。

柳江区螺蛳粉原材料基地成团镇豆角核心示范区（A 区）位于柳江区成团镇六道村，基地紧邻 322 国道，交通区位优势明显，是成团镇党委、政府落实柳州螺蛳粉原材料基地"公司 + 合作社 + 农户"合作共建的重点项目。成团镇豆角核心示范区紧紧围绕柳州螺蛳粉原材料基地建设，抢抓发展机遇，依托得天独厚的地理环境优势和气候资源，大力发展加工型豆角种植，积极打造高标准、精技术的柳江区螺蛳粉原材料基地豆角核心示范区。

成团镇豆角核心示范区（A 区）占地面积 300 余亩，自基地建设以来，各项工作有序推进，照采摘人力、时间安排，该基地分 3 批次种植。目前第一批豆角已批量上市，基地全部实施后可实现亩产豆角 4500 斤以上，实现年产值 200 万元，同时带动周边农户就业 300 余人，辐射带动全镇农户种植 200 余户。成团镇豆角示范区通过"村集体经济 + 企业 + 基地 + 农户"的"村企共建"模式，以点带面带动成团镇鲁比村（示范区 B 区）和两合村（示范区 C 区）等示范区建设。2022 年，成团镇将完成三大片区建设任务，预计种植面积可达 1000 亩。2023 年，全镇计划从三大核心区域向外延伸，辐射带动成团镇盘石村、龙山村、甘塘村、北弓村等四个区域共同发展。

2. 里高镇的螺蛳养殖产业基地

里高镇大力推广螺蛳基地养殖，辐射到周边村屯，带动周边各族群众加入螺蛳养殖队伍中来增产增收。2021年底，里高镇已建设板六村木祥屯生态综合种养核心示范基地310亩；改造建设新村低产田生态综合种养基地150亩；改造建设果郎（三斗水库）滩涂综合利用示范基地400亩；改造建设敏洞低产田生态综合种养基地160亩；改造建设鬼子坳低产田生态综合种养基地100亩，共计1120亩。通过自主发展、组织带动、政策支持等方式，柳州市谷之韵农业发展有限公司稻田生态综合种养核心示范基地在板六村木祥屯成功建设，荣获柳州螺蛳粉原材料示范基地认定、“2019年现代特色农业县级示范区”等称号。通过规划引导、政策指引、项目带动等方式，补齐里高镇产业发展短板，推动产业标准化、规模化进度，产业链条不断延伸。挖掘特色优势，提倡形态多元性，建设模式多样性，创新发展理念，优化功能定位，探索一条特色鲜明、产业融合、惠及各方的现代农业项目建设和发展之路。

园区示范和辐射带动作用明显，2018年至今接待考察学习人员达到上千余人次，带动柳州市各区县以及来宾、河池、贵港等市的数十个养殖专业合作社，推广养殖面积超过2万亩。截至2021年底，柳州市建成螺蛳粉原材料基地55.2万亩，认定螺蛳粉原材料生产示范基地达12家，有力助推了乡村振兴和各民族共同致富。木耳栽培，螺蛳养殖，豆角、竹笋种植，酸笋、酸豆角腌制，腐竹、米粉加工……一碗柳州螺蛳粉穿起了一条条乡村各民族致富链，把各民族更加紧密地联结成为命运共同体。

（五）花红药业：高举民族药业品牌助推民族团结进步

2021年10月15日上午，柳江区新兴工业园内，卡车鸣笛，礼炮轰天，柳江区隆重举行了2021年四季度重大项目集中开竣工暨花红药业集团整体搬迁项目开工仪式。花红药业集团整体搬迁项目的破土动工，开启了企业发展新的里程碑。

1. 创立民族药业品牌

广西壮族自治花红药业股份有限公司的前身是20世纪70年代初建立的柳州市中药厂，1998年韦飞燕接任厂长时，该厂是一个负债7000多万元、负债率超过100%、年销售只有2000多万的国有小型特困企业。韦飞燕上任后，她整合营销，大胆提出“不求大而全，但求精而专”的经营理念，走特色经营之路，对企业的产品、市场进行重新定位。她将企业定位于妇儿用药专业生产企业，抢抓市场机遇，利用一切有利于企业的资源，果断决策，实施花红品牌战略，以品牌影响力开拓市场促进销售，使企业快速走出困境。1999年底企业实现了扭亏为盈，短短几年的时间，企业不仅还清了所欠的债务，还为国家上缴税金3100万元，人均利税近10万元，企业平均每年以80%的速度发展，创造了国有企业走出困境的奇迹。2006年10月，“花红”商标被国家工商总局认定为中国驰名商标，成为消费者信赖的药品品牌。企业也由一个濒临破产的特困企业发展成为集药材种植、科研、生产、销售为一体的国家重点中成药企业。2006年至今，根据大健康发展战略，通过独资、合资、并购等方式，逐渐发展形成药品经营、植物药品生产销售及女性健康服务等产业结构，相继成立花红医药、金松药业、花红大药房等子公司。花红药业推行品牌战略，打造了闻名全国的花红品牌，主导产品花红片连续18年销量领先，"花红片品牌发展之路"被评为中国医药十大营销案例之一。这次企业整体搬迁，将建成数字化、智能化的现代化民族制药企业，还将不断优化传统中药材种植模式，构建数字化、智能化的药材种植基地，实现企业使用药材全部种植的目标。

25年来，韦飞燕领导集团公司奉行"关心健康，爱护家庭"的宗旨，坚持致力于女性大健康产业，为各族女同胞搭建了10万个各民族职工就业岗位和创业平台。她本人先后荣获全国"三八"红旗手、中国杰出创业女性、全国"十佳巾帼创业明星"、第四届新世纪巾帼发明家创业奖、影响中国发展进程的60位品牌女性等荣誉称号。

2. 书写民族团结之歌

韦飞燕带领员工做大做强企业的同时，勇担社会责任，积极投身公益慈善和精准扶贫事业，书写民族团结之歌。2005年，花红药业启动"十年捐资助学公益计划"，把目光投向贫困少数民族的教育事业发展，计划至少每两年帮助特困山区修建或新建一所小学。至今，花红集团已在柳州市援建了融水花红芝了小学、柳江区穿山镇定吉小学、三江丹州镇中心小学、柳城县六塘村中心小学和百色市德保县马隘镇孟村小学、河池市东兰县五篆镇平江村小学6所希望小学，并连续17年与融水花红芝了小学结对进行深度帮扶。为帮助柳州少数民族贫困地区学生圆大学梦，2008年，花红药业与中国药科大学合作启动为期三年的"花红班"项目，资助培养广西贫困山区学生111人；2019年，集团又与广西中医药大学合作开办高职"花红班"，资助山区贫困生上大学。

在帮助贫困山区学校发展教育的同时，花红药业采用"公司＋农户"的模式，于2003年至2009年间，先后在柳江土博镇、融水香粉乡、都安瑶族自治县先后建立了三个中药材规范化种植示范基地，带动贫困农户增收致富，助力脱贫攻坚。

2016年至2020年，花红药业还先后与相关机构和组织开展"八桂助残"、"爱心一片、温暖无限"助残、"花红智行·十百千公益活动"等行动。2021年11月，花红药业又发起"小红花公益计划"，计划在未来的10年内携手柳州市慈善会、中欧校友会广西分会、中国残疾人福利基金会等组织，开展"紫荆健康·因爱花红"公益项目、花红芝了小学10年助学项目等公益活动，还在残疾关爱、爱心帮扶、公益助学、灾害救济、药材种植、带动农民创收扶贫帮困行动中，累计资助资金3000多万元，获得了社会的认可和赞赏。韦飞燕先后被评为柳州市首届"十大慈善人物"、第一届"八桂慈善奖"慈善楷模。

3. 彰显使命担当

公司坚持正确的社会价值观，积极为国家储备卫健委指定用药，备国家重大疫情和自然灾害之需，彰显企业使命担当，守护民族团结之花。2020 年初，新冠肺炎疫情来势汹汹，即将休假的花红药业突然接到大量订单，她决定组织员工春节不停产，保障医药市场供应，并向全体党员和管理人员发出了倡议和动员，支援一线生产，组成公司 40 多名党员分成 2 个党员突击队，带领公司全体员工开足马力，加班加点进行生产。为了确保葛根芩连丸、板蓝根颗粒这两种药物及时供应市场，她多方协调，四处求援，不计成本空运物资，以保原材料的采购运输，确保在第一时间将价值 30 多万元的葛根芩连丸、板蓝根颗粒等抗病毒药品免费驰援湖北武汉。疫情期间，花红药业先后捐物捐款达 400 多万元，支持湖北武汉和广西疫情防控工作。2020 年，韦飞燕获评第五届“广西优秀中国特色社会主义事业建设者”。

韦飞燕常饮水思源，用公益回馈社会，用爱心帮助他人，在推动民族团结进步创建，打造民族药业品牌，在铸牢中华民族共同体意识的道路上迈出坚实的步伐。

（六）新兴工业园：高舞工业高质量发展龙头

柳江新兴工业园始建于 2004 年 9 月，近期规划面积 10.31 平方千米，远期规划面积 28.26 平方千米，完成了约 12000 亩土地的开发建设。新兴工业园地处西南与华南经济圈的结合带，处于由湖南经桂林 — 柳州 — 南宁 — 北部湾地区的南北纵向交通带和广西西江经济带的交汇处，是广西实施柳来河（柳州、来宾、河池）一体化战略的重点开发区域。随着多个经济区域规划的实施，为园区走进北部湾经济区、面向东盟广阔市场，参与多区域开放合作带来良好机遇，区位优势明显。园区在规划之初就明确了利用“紧靠柳州，服务柳州，配套柳州”的思路，定位为汽车零部件、机械装备制造基地，把新兴工业园放到柳州区域产业分工中加以定位，主动承接柳州市几大主机厂的产业辐射，大力发展汽车零部件及机械加工产业，形成汽车、机械“主机厂在柳州，配套厂在柳江”的产业链模式，是中国汽车零部件配套生产基地的重要组成部分。目前，园区已入驻企业 460 家，规模以上企业 130 家，亿元企业 48 家，拥有重汽柳州运力公司、广西康明斯工业动力有限公司、柳州津晶电器有限公司等一批业内知名企业入驻园区。园区先后被确定为 A 类产业园区、特色产业园区、优秀园区和产城互动试点园区、广西轻工园（智能家电）。2018 年列入了国家开发区目录，2021 年 8 月柳江区经开区获自治区人民政府批复同意设立自治区级经济技术开发区。2021 年园区实现工业总产值 285.67 亿元，工业增加值完成 67.49 亿元，其中规模以上工业总产值完成 258.38 亿元，全年新增规模以上工业企业完成 26 家，亿元企业 1 家。共有外资企业 3 家，2021 年外资到位资金 246 万美元，进出口贸易总额约 8.5 亿元，主要集中在专用汽车、工程机械和部分智能家电产品。2021 年成功引进了广东欧特、宁波飞龙、京东、圆通等12个项目入驻园区，总投资额约29亿元，全年累计完成供地面积1200余亩。按照柳州工业高质量发展战略赋予柳江区发展轻工产业和现代物流的新定位，柳江区委、区政府深入实施工业"三次创业"，正在规划建设一个面积5000亩以智能家电产业为主的新兴工业园柳石路东片区，力争在壮大工业规模、优化产业结构、增强创新实力、提质增效的基础上，再造一个新兴工业园，到2025年全区工业经济再上新台阶，工业总产值突破1000亿元。

新兴工业园引领柳江工业高质量发展，为铸牢共同体意识奠定坚实的经济基础。

（七）现代物流业：转型升级新引擎

柳江区着力推进现代物流业发展，持续更新、完善、构建现代物流体系，在助力高速发展的同时，也促进了各民族的交往交流交融。其中，广西长乐物流园不断改革创新，成功转型升级为钢铁世界产业城，年促成钢铁贸易总量超150万吨，年加工能力超80万吨，当前入驻了100多家钢铁贸易、加工、仓储等企业，计划持续打造集大宗钢铁产品贸易、仓储、加工、监管、金融、配送、商务办公、饮食住宿于一体的柳州制造业配套钢铁产业集群，致力于创建一个一站式现代钢铁大世界供应链集散中心，为制造业供应链降本增效，推动柳江工业高质量发展。柳州华乐物流园是广西现代服务业集聚区，园区拥有快递分拨中心、快运转运中心、仓储配送中心、电商综合服务、冷链配送等业态，并设有移动发电站、新能源汽车充电站、自助洗车、住宿、餐饮、司机之家等基础设施和配套服务。整个园区业态丰富，产业链完备，货物吞吐量约400万吨/年，年周转物流产品货值高达150亿元，入园的快递快运企业业务量占广西桂北地区的75%以上，业务范围已实现辐射广西全区，102个县份及市辖区，链接全国。

下一步，柳江区将持续做大做强广西长乐物流园、柳州华乐物流园等存量物流园区，积极对接极兔柳州空港智慧供应链产业园、安能柳州大数据物流制造贸易产业园等一批项目，谋划引进汽车生活服务综合体项目，加快建成区域空铁现代物流集聚区，推动现代电商物流业进一步提质扩容。在园区的大力支持和帮助下，公司的发展势态良好，目前每月钢材进出量基本保持在1万吨左右，并呈持续增长的趋势，市场发展前景十分乐观。

六、精准脱贫促进各民族共同致富

"全面小康路上一个不能少，脱贫致富一个不能落下。"习近平总书记的话语掷地有声。小康路上，如何实现不落一人？柳江区在决胜全面建成小康社会的伟大战役中，坚持中华民族一家亲、同心共筑中国梦，精锐尽出，聚焦"两不愁三保障"，以铸牢中华民族共同体意识为主线，如期啃下脱贫这块“硬骨头”为抓手，不断增强各族人民对伟大祖国、中华民族、中华文化、中国共产党、中国特色社会主义的认同，携手走上全面小康的康庄大道。

柳江区政府拿出柳江新城区核心区域50亩，2017年启动建设易地扶贫搬迁安置点老乡家园，新建楼房12栋，总建筑面积33750平方米，其中住房面积29532平方米，停车场面积2500平方米，配套建设绿地面积13171平方米，以及供电、供水、通信、绿化等配套设施工程，总投资13100万元，建成了环境优美，配套设施齐全，教育、卫生医疗、就业创业等后续扶持有保障，宜居宜工发展的新家园。老乡家园用于安置来自柳江区土博镇、百朋镇以及柳州市行政区域调整前的鱼峰区白沙镇、里雍镇，柳南区洛满镇、流山镇共12个镇23个贫困村居住条件较差的建档立卡贫困户425户1558人。其中，壮、苗、瑶、侗、仫佬、布依等少数民族同胞有1308人，占搬迁总人数的84.2%。老乡家园通过“四个融入”，构建“三共”家园，促进“三交”互嵌，打造铸牢中华民族共同体意识示范区。

（一）加强服务融入，构建各民族“共建”家园

一是做好搬迁对象低保、医保、养老保险衔接工作，着力解决搬迁对象的社会兜底、就学、就医等基础性问题，有搬迁户82户264人享受各类低保政策，持续增强搬迁户稳定收入的来源。二是及时成立了老乡家园党群服务中心和老乡家园党支部、社区综合服务中心。通过建立“老乡家园一家亲”微信工作群，推行“1名党员联系1栋楼、服务一个小区居民”的“1+1+N”制度，实行“党群服务中心+党支部+劳务输出公司+党员+搬迁户”的党员楼长、单元长的服务模式，开展党支部活动，发挥搬迁群众全方位参与社区治理，落实搬迁群众在迁入地参加社区选举的政策，不断增强搬迁群众的获得感和归属感。三是按照“一室多能、一室多用”原则，建设“一站式”综合服务中心，从居住生活、工作学习、文化娱乐等日常环节入手，列出服务事项清单，帮助各族群众解决就业、教育、医疗、社保、社区服务等方面的困难问题，为各族群众互嵌共居、创业发展、融入社区、和谐相处提供指导，进一步增强各族群众的融入感和认同感，让各族群众更好地融入社区生活。

（二）加强文化融入，构建各民族“共享”家园

每逢重大节假日组织搬迁户参与互动的文化体育娱乐活动，如今已开展了春节游园活动、学雷锋志愿服务活动、三八妇女节慰问困难妇女活动、端午节包粽子及游园活动、青空间暑期“三下乡”活动、四点半课堂等，为搬迁户搭建一个互动娱乐、沟通交流、学习的平台，让搬迁群众感受社区大家庭的温暖，促使搬迁户更好地融入社

区，不断增强搬迁群众的获得感、幸福感、归属感。社区内健全了党组织、居委会、工青妇组织体系，建设儿童活动中心、图书室阅览室、广播室、文体活动室、乡愁馆，让搬迁群众邻里和睦、守望相助。各族青少年学生从小生活在一起、学习在一起、成长在一起，接受同等教育，各民族相互通婚、互相学习各自语言、互相学习各民族文化，促进各民族交往交流交融。

（三）加强就业融入，构建各民族"共居"家园

老乡家园变"输血式"帮扶为"造血式"帮扶，进一步激发脱贫户的内生动力，统筹协调推进产业扶持、后续就业扶持、创业扶持等政策的落地，全面落实后续就业培训政策，开展"扶贫入户、送岗上门"服务，每年向有就业意愿的脱贫户劳动力适时推送人岗适配的岗位信息，实现了有培训意愿劳动力每年免费参加就业引导培训 1 次以上、有劳动力且有就业意愿的搬迁户每个家庭至少有 1 人稳定就业。鼓励引导就业服务中心开发保洁、保绿、治安、护路、护林、管水、扶残助残、养老护理等公益性岗位，安排贫困家庭劳动力就业。组织易地扶贫搬迁户 156 人免费参加了保育员、焊工、叉车司机等工种就业培训。通过开发公益性岗位（保洁、保安、园林养护等）100 个和亲友介绍等方式，有 82 人从事公益性岗位、67 人在批发市场等实现灵活就业，培育了一批"新市民"。通过推进安置小区商铺、"微市场"、"微车间"的开发建设，可提供就业创业岗位 190 个，扶持和鼓励搬迁户就近就地创业，努力培育一批"小老板"。同时统筹推进安置点九个中心及周边公共配套设施建设，完善给排水、供配电、绿化亮化、学校、医院、公园、商业等配套设施，切实解决搬迁户就近看病、就地就业、搬迁户子女就近就学等问题，使各族居民更好地享受公共服务体系所带来的便利，促进各族"村民"向"市民"的转变，实现了"稳得住"的目标。推动易地扶贫搬迁社区民族工作持续健康发展，让易地扶贫搬迁安置点绽放民族团结之花。多渠道促进就业，强化社会管理，促进社会融入，促进各民族在中华民族大家庭中像石榴籽一样紧紧抱在一起，共画民族团结最大同心圆，共同建设幸福家园，共同创造美好生活，实现了"搬得出、稳得住、能发展"目标，切实增强各族搬迁群众的获得感、归属感、安全感和幸福感。

（四）加强产业融入，带动贫困户脱贫摘帽

洪益清，是湖南湘乡的汉族。1988 年，年仅 20 岁的她从湖南永兴马田煤矿只身来到柳州，就职于龙城化工总厂，9 年之后她毅然辞职，筹资 30 万元收购了濒临倒闭的白云手套厂，致力于劳保用品的生产。从 1997 年白手起家，至 2020 年，洪益清坚持以工匠精神深耕行业，踔厉奋发，把一个成立之初仅有 10 人的小公司，打造发展成为

一家集研发、加工、生产、销售于一体，年产值超2亿元、能提供500多个就业岗位的广西劳保行业龙头企业——柳州市白莹劳保用品有限公司，公司连续7年跻身全国劳保行业50强。洪益清也先后荣获中国“杰出创业女性”、广西杰出青年民营企业家、“广西三八红旗手”、“广西优秀社会主义事业建设者”等荣誉称号，所创办的企业先后获得高新技术企业、全国劳保行业50强、广西著名商标等各类荣誉20多项。

2016年，白莹劳保用品有限公司就与龙新村开展结对帮扶，助力柳江区打赢脱贫攻坚战，奏响民族团结的和谐之歌。龙新村原为柳州市柳江区进德镇的贫困村，有55户贫困户大部分是壮族，群众收入低生活困难，为帮助贫困户早日摆脱贫困，开启幸福生活，洪益清利用企业自身的生产技能和资源优势，免费为贫困农户进行实用技能培训。2016年，免费为龙新村32户贫困家庭开展了为期一个月的缝纫技术培训，同时免费为贫困户提供缝纫设备和生产加工原材料，让群众利用闲时加工生产企业手套产品，以保底价格统一回收、统一销售。贫困户通过生产手套每月可增加2000元左右的收入，生活得到极大改善。在帮助贫困群众增收致富的同时，洪益清投资50万元用于帮助龙新村发展村民集体经济，带动龙新村经济发展，使该村每年可获得5万元集体建设发展红利，进一步增进了民族情感，促进了民族团结，为实现龙新村全部贫困户脱贫摘帽发挥了积极作用。2016年龙新村成为柳州市第一批率先脱贫摘帽的贫困村。

2019年，她又投入88万元，在柳江区拉堡镇老乡家园投资建设了“扶贫车间”，安装了56套缝纫设备，建成一条年产15万套的服装生产线，为易地扶贫搬迁的贫困人员提供50个劳动就业岗位，为他们带来可靠稳定的收入来源。在“扶贫车间”务工的贫困人员一年工资收入可达3.5万元左右。2020年，洪益清创立的柳州市白莹劳保用品有限公司被评为自治区“万企扶万村”精准扶贫行动先进单位。

白莹劳保用品有限公司是广西医用3M口罩的总代理商和生产商。2020年初，面对突如其来的新冠肺炎疫情，洪益清彰显出识大体、顾大局的优秀品质，为助力抗击疫情勇于担当奉献。她义不容辞地承接柳州市政府下达的100万个SMS熔喷无纺布脱脂纱布口罩的生产任务，不顾疫情蔓延带来的风险，大年初二就开始组织员工复工复产，带领全体员工，加班加点搞生产，火速进入“战疫”状态。

当接到关于协助做好医药物资储备供应的通知后，洪益清毅然把自己购买的3台一次性口罩生产机，送到了上汽通用五菱的洁净车间，伴随着“人民需要什么，五菱就造什么”的豪迈，洪益清与上汽通用五菱火速联合生产出了风靡一时的“五菱口罩”。

从2020年春节到6月，整整半年，洪益清每天坚守岗位、甘于奉献，带领公司员工攻克了口罩生产流水线技术改造、口罩技术性能研发、熔喷无纺布货源等一个又一个难题，护卫着千家万户的安全，为巩固和拓展脱贫攻坚成果，打赢防疫攻坚战做出了突出的贡献。

图 14.5　2021 年 4 月 14 日，柳江区岜公塘公园开展庆祝中国共产党成立100周年“三月三”山歌会活动（柳江区民宗局提供）

图 14.6　2022 年 8 月 10 日，各族青少年到成团会议旧址开展“喜迎二十大，争做好队员——石榴花开青春梦”主题同心营活动（柳江区民宗局提供）

图 14.7　2021 年 5 月 19 日，柳江区进德镇龙新村开展“感党恩 跟党走 铸牢中华民族共同体意识”活动（柳江区民宗局提供）

七、非遗守正创新，建设各民族的共有精神家园

柳江人杰地灵，历史底蕴深厚，除了“柳江人”遗址、成团会议旧址等文物古迹外，还孕育了丰富而珍贵的非物质文化遗产，是柳江各民族精神家园的重要源泉。截至2022年8月，壮族师公舞、客家上花灯、壮族抢花炮、莫一大王的传说、壮族竹编制作技艺、客家花灯舞等六个项目被列为自治区级非物质文化遗产代表性项目名录。壮族山歌、壮族草编制作技艺、柳州酸制作技艺、客家娘酒酿造技艺等四个项目被列为柳州市级非物质文化遗产代表性项目名录。还有壮族送背带、将军箭、盘古庙会等项目被列为柳江区级非物质文化遗产代表性项目名录。多年来，柳江区政府和各族人民群众，自觉保护和传承老祖宗留下来的非物质文化遗产，建设各民族的共有精神家园。

（一）莫一大王和葛婆：沟通壮汉心灵

《莫一大王》是广泛流传在壮族聚居的红水河、柳江流域等的桂中、桂北地区的英雄史诗，讲述了莫一大王与皇帝抗争的悲壮之举，主要包括寻牛吞珠、智斗皇帝、入京当官、以手压日、竹鞭赶山、种竹养兵、箭射京城、草木扎兵、不屈飞头、变蜂复仇十大母题。莫一也是壮族民间传说的36个英雄神之一，当地民众在家中的香火堂供着“敬祀通天圣帝莫一大王之神位”，每年农历六月初二莫一诞辰日举行盛大祭祀性节日。在师公舞的唱本里也往往有莫一大王的赞歌。然而，柳江区的拉堡、进德、成团的客家人虽然也供奉莫一大王，但是莫一大王却并不是什么神仙，而是古代一位著名的汉族清官和救死扶伤、乐于助人的大好人。借用壮族崇拜的莫一大王，演绎了另一番祖先英雄的故事。进德镇的杨永雄老先生叙说：

> 莫一是明朝广东客家人，他从广东迁到马平县。由于村民识字不多，莫抑的“抑”字笔画多而难写，有的就将“莫抑”写成“莫一”大王。几百年来，柳江壮族供奉的香火堂有些写“莫抑大王”，有些写“莫一大王”，就是由此而来。据说当年莫一告老还乡后定居马平县的槎山。因精通医术，办医馆，为民救死扶伤。当时马平县一带经常涨大水，发生霍乱，莫一就用祖传秘方熬药免费发给老百姓喝，结果救活一个个病人，从此就成了马平县老百姓的救命神仙；特别是壮族人，大家都非常敬仰他。

可见，壮汉民族文化的交融结出了新的果实，强化了人们对英雄的崇敬与追思。在柳江，葛婆庙也印证了壮族汉族信仰的共同渗透。据说古时一次战乱中，百姓为避不虞的刀枪之祸，纷纷逃散。一天，一位妇人背着五岁孩子，手牵着个两岁孩子，在

逃跑中被一支武装大军追赶上了。大军首领责问她，为何牵小而背大？她说小的是自己的孩子，大的是她侄儿，其父母已在战乱中死去，她一定要尽力保护好这个孩子，不让他们家断根。这位首领十分感动，随手取了根葛藤给她，叫她把葛藤挂在自己栖身的门口就平安了。首领即号令三军：凡见挂葛藤者，秋毫不犯。这妇人就告知附近村民，于是家家户户门前都挂上葛藤，因而躲避了兵祸。这日正逢端午，此后端午挂葛藤求平安就成了柳江独特的习俗。妇人去世后，当地人为了铭记她的救命之恩，为她修庙立神像供奉，尊称为葛婆娘娘，该庙则称为葛婆庙。当地不论什么民族，都虔诚供奉葛婆，葛婆成为柳江各民族心灵相通的纽带。

莫一大王和葛婆的信仰表明，壮汉民族信仰互相渗透，都有着追求和平、不畏强暴、崇尚正义、善良感恩的共同民族性格。

（二）察院庙歌会：壮族人歌颂为民造福的汉族官员

在柳江区穿山镇的龙吐山半山腰的石洞中建有一个察院庙，庙里主要供奉着一个汉族官员和妲贡、妲旷两个壮族"歌仙"。相传，明洪武四年（1371 年），监督御史郑金生授旨到柳江一带微服私访，体察民情。他到了以后，大力整治吏治，打击贪官污吏，除暴安良，给广大劳苦大众办实事与好事，造福地方百姓，彻底扭转了官场的不正之风，深受当地百姓爱戴。当地壮族百姓为纪念这位清正廉明的汉族好官，便为他修建了龙吐察院庙。到了清代当地思荣村官步屯的有妲贡、妲旷两姐妹，在当地是有名的歌手。姐妹俩聪慧机敏，歌如泉涌，歌声优美动听，听说龙吐察院庙是为纪念郑金生这位一身正气的官员而建的，便特意前来为他歌功颂德。姐妹俩在庙里废寝忘食唱了七天七夜，唱出了"隔山唱歌山答应，隔水唱歌水回音"的境界，感动了上苍，顿时只见天昏地暗，电闪雷鸣，一阵呼啸的狂风将姐妹俩卷起，姐妹俩便脚踏祥云朝天宫飘去。当地百姓视妲贡、妲旷两姐妹为歌神，在庙中为两姐妹立神位于监督御史郑金生神像的两边，一起供奉香火。因此龙吐察院庙也叫"妲贡妲旷庙"，或者"歌庙"。每年都举行盛大歌会来纪念他们，平时也有很多歌迷到这里交流对歌。柳江壮族人用自己独特的壮欢表达对为民造福的官员的敬仰和赞颂。

（三）百朋鸟笼：连接世界的媒介

柳江壮族竹编技艺历史悠久、种类繁多，2016 年被列入自治区级第六批非物质文化遗产代表性项目名录。壮族竹编大部分是传统农业社会的生产生活用具，基本上都是本地人在本地制作和交易。但是，随着社会的发展，科技的进步，竹编的生产生活用具或被替代，或被弃用，但是，在柳江却有一种竹编器具被做成了大产业，成了人们脱贫致富的门道，成了柳江山村沟通全国的工具。这就是百朋鸟笼。

虽然新圩场有生产鸟笼的历史传统，但之前也只能算是小打小闹，没有形成规模。从 2010 年以后，生产鸟笼的作坊越来越多，鸟笼产业也越做越大，目前全村生产或加工鸟笼的农户达到上百户，每年有超过 50 万个鸟笼被销往全国各地，成为远近闻名的“鸟笼村”。其中，海洋鸟笼基地被评定为自治区级非物质文化遗产代表性项目的生产性保护示范基地。他们用智慧和勤劳的双手，编织出了一条产业致富之路，并带动了当地乡村旅游业的发展。近年来，在柳江区百朋镇政府的引导下，改变以往鸟笼产业“小、散、乱”的小作坊经营模式，突破了产业发展瓶颈问题。通过发展“合作社 + 基地 + 农户”模式，建立鸟笼生产产业链，推动传统产业向科学化、规范化管理升级，并充分利用电商平台进行销售。目前，该村鸟笼年产量约 70 万个，整个产业年产值达 8000 多万元，解决就业岗位 600 多个，其中绝大部分为附近村落的留守老人、妇女，不少家庭因此摆脱贫困。

生产百朋鸟笼的主要原材料来自广西融水苗族自治县的苗族、侗族、壮族等民族生产的优质毛楠竹，由于鸟笼做工考究、雕刻精细，百朋鸟笼深受客商喜爱，销往全国各地，制作鸟笼成为当地群众增收致富的一项特色产业，同时成为新时代各民族交往交流交融的新渠道，也极大地增进了当地人的文化自信。

几万年前，“柳江人”就生活在柳江这片富饶美丽的土地上，斗转星移，沧海桑田，各民族人民在这里和睦相处，联通世界，守望相助，交往交流交融，不仅经济上互通有无，共建美好家园；文化上互相学习，共同创新；不同民族互通婚姻，十分普遍。如，百朋镇百朋村下别屯有 164 户 575 人（其中汉族 73 户 219 人，壮族 86 户 332 人，仫佬族 3 户 11 人，畲族 3 户 13 人等民族）。各族通婚情况：汉 — 壮通婚 119 对，壮 — 仫佬族通婚 2 对，壮 — 畲通婚 2 对，畲 — 苗通婚 1 对，汉 — 仫佬族通婚 1 对。百朋镇百朋村和村屯有 44 户 126 人（其中汉族 38 户 99 人，壮族 6 户 27 人），其中汉壮通婚 36 对。如今，血浓于水，你中有我，我中有你，各民族已经结成一个谁也离不开谁的命运共同体，“柳江人”已经唱响了铸牢中华民族共同体意识的新赞歌！

跬步篇

柳州创建民族团结进步示范市的路线图

历史不是一蹴而就的，历史是一个过程。有的过程很长，有的过程则很短，长短结合在一起，构成了历史丰富而多样的内涵。

柳州创建民族团结进步示范市的历史，说长可以从中华人民共和国成立时讲起，也可以从改革开放时讲起，说短则可从2019年1月28日柳州市人民政府印发2019年《政府工作报告》(柳政发〔2019〕3号)，将努力创建全国民族团结进步示范市列入《政府工作报告》讲起。

古人云："不积跬步，无以至千里。"柳州创建民族团结进步示范市的历史，就是一个不断积累的过程。

从2019年1月28日，柳州市人民政府将努力创建全国民族团结进步示范市列入《政府工作报告》，到2021年12月16日，国家民委公布第九批全国民族团结进步示范区示范单位名单，柳州市荣获命名为全国民族团结进步示范市。历时三年，今回首，柳州市创建全国民族团结进步示范市的"跬步"历历在目。这步步"跬步"，又分为基础、攀登和登顶三个阶段，从而构成了柳州市创建全国民族团结进步示范市的路线图。

第十五章　基础：柳州创建民族团结进步示范市的前奏

有一首歌叫《花儿为什么这样红》，人们不禁要问柳州的民族团结为什么这样好？

冰冻三尺非一日之寒！

柳州民族团结的基础打得牢！

和谐的柳州从历史深处走来；我们在叙述了十个县、区民族团结的现状之后，再从柳州的民族工作层面，看看柳州是如何不断总结经验，夯实民族团结基础的。让我们从“十八大”后的2013年说起吧！

一、风生水起，夯实民族团结进步的基础

党的十八大以来，柳州市民委[1]出色地完成民族工作任务，为促进全市民族团结、社会稳定做出积极贡献，柳州市民委在2008年荣获“广西壮族自治区民族团结进步模范集体”的基础上，2013年再次荣获“广西壮族自治区民族团结进步模范集体”的称号。2015年5月8日他们在《柳州市贯彻落实全区民族工作会议精神自查情况报告》中总结了夯实民族团结的主要做法和经验。

1　1987年9月，柳州市政府成立民族事务委员会，简称“柳州市民委”。2014年11月21日，明确设立市民族事务委员会，为市人民政府工作部门。将原市人民政府宗教事务局的职责整合划入市民族事务委员会，市民族事务委员会挂市宗教事务局、市少数民族语言文字工作委员会牌子。2015年12月14日，将柳州市民族事务委员会（柳州市宗教事务局、柳州市少数民族语言文字工作委员会）更名为柳州市民族和宗教事务委员会，2019年3月31日，更名为“柳州市民族宗教事务委员会”，简称“柳州市民宗委”。

图 15.1　2021 年柳州市“三月三”民族团结进步宣传月活动（柳州市民宗委提供）

（一）突出民族法规政策宣传教育，增强民族团结的自觉性

柳州市把开展民族理论、民族法规、政策的宣传教育作为民族工作的重要任务来抓，精心组织、集中开展“民族团结宣传月”活动。自 2010 年开始，柳州市委宣传部、统战部、市民委每年都联合发文部署开展工作，对自治区要求的宣传内容、宣传方式、活动内容、活动步骤等方面进行细化，指导各县（区）结合各自特点开展宣传活动。市领导亲自参加宣传月活动启动仪式。通过编写印发《民族知识问答》《民族礼仪山歌集》《党和国家民族政策宣传教育提纲》等宣传资料；制作民族工作成就展板，组织民族知识答题活动；举办山歌赛、民族语言演讲赛、民族文艺表演、“轻骑宣传队”、“鼓楼道德讲堂”，“民族团结原创歌曲大家唱”视听会等活动，集中宣传党和国家的民族政策、民族法律法规、民族知识以及民族工作的新成就、新经验。根据机关、学校、社区、企业、乡村的不同特点，开展形式多样、内容丰富的宣传教育活动，提高党政干部贯彻执行党和国家民族政策的自觉性，提高各族群众对民族政策的知晓率和认知度，真正让“汉族离不开少数民族、少数民族离不开汉族、各少数民族之间也相互离不开”的观念入村入户、深入人心。经过不断努力，每年组织举办的“柳州市民族团结进步宣传月”活动已成为柳州市民族工作的一大亮点。

（二）强化民族团结进步创建，促进民族关系团结和谐

2012 年，为贯彻落实中央、自治区关于进一步开展民族团结进步创建活动的工作部署，柳州市委、市政府印发《关于进一步开展民族团结进步创建活动的意见》《关于

贯彻落实〈广西壮族自治区建设民族团结进步模范区总体实施方案（2012—2016年）〉的工作意见》等文件，成立了以市委副书记为主任的市民族工作委员会，市领导经常听取民族团结进步创建情况汇报，深入基层调研，指导创建活动的开展。

随即接连制定《柳州市2013年推进民族团结进步模范区建设工作计划》《柳州市建设民族团结进步模范区2014年工作计划》，有力地指导全市推进民族团结进步模范区建设工作。

2015年3月，柳州市民委牵头组织相关部门起草《中共柳州市委、柳州市人民政府关于加强和改进新形势下民族工作的实施方案（草案）》，经各责任单位修改完善，并通过市政府常务会审议和市委常委会审议通过、下发。该实施方案从七大方面提出23条实施意见，旨在贯彻落实中央、自治区民族工作会议精神，为柳州做好新形势下民族工作指明了方向。同时根据实施方案内容制定柳州市2015年至2017年及中长期主要项目计划安排表，将贯彻落实会议精神的任务更具体化，更有操作性，并落实到单位和基层，努力把中央、自治区关于民族工作的部署要求转化为推动柳州市民族团结进步事业的实际行动。在自治区民委的具体指导下，柳州市扎实开展民族团结进步创建活动，取得了明显成效。“两个共同”“三个离不开”的思想更加深入人心，全市民族团结、社会和谐、政治稳定的大好局面进一步加强。

1. 抓示范，打基础，精心培育和打造民族团结进步创建示范点

柳州市按照民族团结进步“六进”[1]的要求，本着先试点、后推广的原则，经过几年探索和实践，培育和打造了20余个各具特色的民族团结进步创建活动示范点，构建民族团结进步创建活动的载体和平台，较好地发挥了创建活动主阵地、主渠道的作用，增进了各民族之间的团结和谐，创建工作成绩显著。在2014年召开的中央民族工作会议暨国务院第六次全国民族团结进步表彰大会上，柳州市2个社区和1个企业荣获全国民族团结进步模范集体称号，4名个人获全国民族团结进步模范个人称号。在全区民族团结进步创建活动经验交流会上，柳州市民委及三江侗族自治县分别作了典型发言。

2. 创新形式开展民族团结进步创建活动

近年来，柳州市充分利用“三月三”、侗年、苗年、多耶节、芦笙斗马节、依饭节、开斋节等少数民族的传统节日，开展民族团结进步创建活动，弘扬优秀的传统文化，提高中华民族的文化认同感和向心力。利用民族自治县、民族乡开展逢十周年庆典活动，大力宣传党的民族政策，反映民族地区发展成就。通过召开纪念《民族区域自治法》颁布实施30周年座谈会、“弘扬民族精神 传承民族文化”研讨会和走访慰问等形式，开展民族团结心连心活动，不断加强与少数民族社团、少数民族代表人士、

1 “六进”指：进机关、进企业、进社区、进乡镇、进学校、进宗教场所。

知识分子、政协委员联系沟通，促进了各民族的交往、交流、交融。举办全国山歌邀请赛、壮语演讲、才艺比赛、民族礼仪山歌赛、组织民语电影放映下乡等活动，用少数民族语言开展民族政策和民族团结宣传教育，使柳州市民族团结进步创建活动丰富多彩、有声有色。

3. 切实抓好民族团结进步教育基地建设

柳州市结合实际，大力加强民族团结进步教育基地建设，全市共有柳州市博物馆、融水苗族生态博物馆、三江侗族生态博物馆、融水青少年活动中心等4处自治区级民族团结进步教育基地。2013年又重点培育市君武民族风情博物馆成为市级民族团结进步教育基地。2015年重点打造凤山镇塘进屯民族团结进步教育基地。市民委切实加强对教育基地的建设，指导基地开展多种形式的宣传教育活动，使基地真正成为宣传党和国家民族政策的阵地，成为传习和弘扬民族文化的典范，成为各族同胞人心归聚、精神相依的纽带，在促进民族团结方面发挥积极作用。同时建设一批固定宣传设施，截至目前，柳州市已拥有民族团结宣传长廊5条，宣传电子屏2个，固定宣传橱窗170多个，覆盖4个城区、3条街、10个社区、5所大中小学、1个机关、1个企业、2个军警营、1个公园。

4. 大力培育和表彰民族团结进步先进典型

柳州市坚持每五年召开一次民族团结进步表彰大会，至今已开展了五次。2012年11月1日，柳州市召开第五次民族团结进步表彰大会，表彰150个民族团结进步先进集体和299名民族团结进步先进个人。2013年全市有18个模范集体和25名模范个人获自治区第七次民族团结进步表彰大会表彰，2014年全市有3个模范集体和4名模范个人获国务院第六次民族团结进步表彰大会表彰。通过开展民族团结进步评比表彰活动，充分发挥先进典型的示范带动作用，在全社会形成自觉维护民族团结的良好氛围。

（三）加强少数民族聚居区基础设施建设，千方百计加快少数民族和民族地区发展

柳州市牢固树立各民族团结和谐、共同进步的发展观，坚持同等条件优先和政策适度倾斜的原则，通过加大投入、落实政策、项目扶持等手段，帮助少数民族和民族地区加快发展。先后实施了少数民族地区村寨防火改造工程、村村通工程、扶贫工程等。交通基础设施建设主要是农村公路建设方面，仅2014年，建设项目70个，建设里程509.4千米，建设总投资54871万元，其中，三江、融水两个自治县建设项目共计45个，建设里程375.4千米，建设总投资38900万元。农村水利基础设施建设方

面，2011—2014年，仅融水和三江两个自治县的农村水利基础设施建设累计完成投入18193万元，水利项目建设702处，新增恢复改善农田灌溉面积1.68万亩，解决农村人口21.5万人的饮水不安全问题。2013—2015年，市本级财政共投入少数民族发展资金、民族工作经费和少数民族教育专项补助资金共计1364.61万元。完成了道路、桥梁建设及维修项目32个，人畜饮水及水利工程建设项目6个，文化教育设施建设及修缮项目16个。大大改善了少数民族地区生产、生活条件，推动我市少数民族聚居区科学发展。

（四）切实保障和改善少数民族民生，共享全市改革发展成果

1. 积极改善民族教育和办学条件

2012—2014年，柳州市累计筹措各级资金7.58亿元，用于改善161所学校办学条件。推进少数民族班主任专业化建设。出台了《关于加强对农村留守儿童教育的意见》等一系列文件，为解决农村留守儿童和进城务工人员随迁子女接受义务教育提供了政策保障。积极开展各项资助工作。2014年资助家庭经济困难学生11.5万人次，发放资助资金1亿元。今年全市各县区共为1.59万名贫困大学生办理生源地信用助学贷款9535.82万元。继续做好国家营养改善计划，对柳州市农村义务教育学校学生实施免费午餐工程。目前，柳州市享受免费午餐的学校1054所，符合享受免费午餐学生人数18.32万人。从2014年秋季学期开始，将全市7所公办特教学校学生纳入我市免费午餐工程实施范围。积极开展教育扶贫工作，实行轮岗支教，城镇学校帮扶农村学校发展、优质学校帮扶薄弱学校、师资富余学校帮扶师资紧缺学校，农村、薄弱学校的优秀骨干教师到城区学校、局属高中相应学段进行顶岗跟班学习，教师综合素质大大提高。统筹城乡教师培训。2012—2014年，市教育局每年开展农村初中学科骨干教师培训，培训学员近400名；举办农村小学音乐、美术骨干教师培训，培训学员近400名。在职称评审和教师评优方面，对农村教师予以倾斜，保障了农村教师的权益。

2. 加强民族文化建设

开展好对外少数民族文化交流活动。启动《八桂大歌》东盟行，精心策划“三月三”活动，分别在水上大舞台、刘三姐大舞台和东门戏台举办了系列演出，取得很好效果。认真策划各项大型群众赛事活动，繁荣、活跃基层民族文化。举办第二届“鱼峰歌圩”全国山歌邀请赛。在全市范围内开展优秀作品选拔参加自治区第十七届“八桂群星奖”评选活动。开展《柳州百科全书》编撰工作，设立民族分篇，共收录全市47个少数民族相关词条1000余条，图片200余幅，字数共计36万余字，占全书总篇幅10%，创作编印《民族礼仪山歌》。坚持举办民族节庆文化活动、民族文化交流活动和民族传统体育运动会，弘扬少数民族优秀传统文化。

3. 用好用足政策，推动民贸民品企业实现新突破

目前，柳州市共有少数民族特需商品定点生产企业28家，主要产品包括民族药品、民族日用品、民族丝绸织锦和针纺织品、民族家具、民族工艺美术品、民族专用生产工具、民族装饰材料等，民贸企业共有102家，分布在融水和三江两个民族自治县，其中融水苗族自治县有80家，三江侗族自治县有22家。据统计，"十二五"以来，全市民品企业共获各承贷行民品企业优惠利率贴息贷款38.45亿元，贴息金额达9239.3万元；全市民贸企业共获各承贷行民贸企业优惠利率贴息贷款6.84亿元，贴息金额达1239.75万元，获得民品企业生产补助资金52万元。

4. 稳步推进少数民族特色村寨保护与发展工作

一是积极争取上级资金扶持，并推进项目实施。2014年柳州市共有24个村寨被国家民委命名为首批"中国少数民族特色村寨"。二是编辑出版了《柳州民族特色村寨》以及《柳州民族村落》画册，覆盖了柳州市200多个少数民族村寨。三是编辑制作了《柳州市民族特色村寨摄影作品选》，在柳州市民委门户网站刊登出版，为下一步民族村落保护传承发展提供参考和依据。

（五）重视解决少数民族流动人口问题，提升服务与管理水平

柳州市重视解决少数民族流动人口问题，要求各级各部门严格执行党和国家民族政策，重视少数民族权益保护，及时解决务工经商中的一些问题。坚持以服务促管理，寓管理于服务之中，把为少数民族流动人口办实事、办好事、解难题作为加强依法管理的重要手段，在劳动就业、职业培训、子女入学、权益保障、法律援助、文化交流、特殊需要等方面给予积极引导和切实的帮助，为少数民族流动人口营造良好的生产生活环境，使党的民族方针政策在基层得到更好的落实。近年来，全市没有发生过涉及民族因素的突发群体性事件和案件。

1. 建立信息平台

近年来，柳州市逐步建成完善的市级全员人口数据库，实现了相关部门信息互通共享，流动人口市内"一盘棋"信息化管理服务体系。将民族关系监测工作重心前移到基层，指导城区开展监测工作，深入社区开展矛盾和隐患的排查工作，指导有关县开展接边地区民族关系的协调工作。在民族关系监测上，做到各族群众结构分布、关系状况等"三清楚"。

2. 积极维护保障少数民族群众合法权益

近年来，协调解决了清真肉食摊点调整和挂牌问题，帮助支持广西科技大学和

鹿山学院开办清真专窗。协调解决回族群众牛肉补助问题，发放一次性清真牛肉补助11.6万元。针对鱼峰区一回族群众反映，其母亲病故后“没有领取到标准丧葬费”的问题，市民委主动请示区民委，积极协调市人社局和民政局，帮助及时妥善地解决。

3. 有效化解涉及民族方面的矛盾纠纷

近年来，曾有外地藏民因违法摆卖管制刀具被公安部门依法没收后到市民委上访。市民委根据应急预案，妥善成功处理。2014年，针对部分市民反映“回民卡布房及新坟场进出道路附近一单位建设致使道路遇到大暴雨被淹没，给回族等少数民族群众带来不便”的问题，经市民委协调，将该道路维修问题纳入城市道路建设项目规划中，得到彻底解决。

4. 着力提高全市民委系统应急处置能力

及时修订完善《涉及民族因素突发群体性事件应急处置预案》，做到方案切合实际，人员分工明确，熟悉预案内容和角色。按市应急办的统一要求，市民委组织了各县（区）民族局的应急培训和桌面演练。通过培训和演练，进一步增强了全市民委系统对涉及民族因素突发群体性事件的认识，提高了应急处置能力。

（六）重视少数民族干部培养工作，加强民族干部队伍建设

按照规划开展少数民族干部培训。近年来，每年举办少数民族干部培训班1期，培训少数民族干部100人次；选派85名少数民族干部到县区、乡镇挂职锻炼。按照提高素质、改善结构、总量平衡、备用结合的原则，抓好少数民族人才培养和队伍建设。今年向自治区民委推荐副厅级后备2人，中长期培养干部2人，向市委组织推荐副处级后备干部20人，中长期培养干部20人。目前，全市有地厅级少数民族干部7人，占地厅级干部的20%。县处级少数民族干部433人，占县处级干部的29.6%。[1]

由上可见，柳州市的民族团结进步创建工作并非一役而毕其功，而是可以上溯到2013年、2010年甚至更早，并一以贯之、稳扎稳打。柳州市民委的工作扎实有效，全面细致，获得“全区民族团结进步模范集体”当之无愧，并为创建全国民族团结示范市打下了良好的基础。

1　参阅《柳州市贯彻落实全区民族工作会议精神自查情况报告》（2015年5月8日）。

二、水涨船高，进一步夯实民族团结进步的基础

2016年，柳州市民宗委主任吴慧兰提出了“八抓八重”的工作方法，进一步夯实民族团结进步的基础。

（一）抓创新，重实效，民族政策宣传活动深入开展

1. 精心组织，深入开展民族团结进步宣传月活动

一是召开专题会议，研究宣传月活动的具体内容、组织形式和经费保障等各项事宜，明确2016年工作的重点和创新点。二是举办柳州市民族团结进步宣传月启动仪式暨“壮族三月三”山歌展演活动，副市长陈鸿宁出席并讲话，营造良好的氛围。三是落实经费保障。多方筹措资金近60万元，为整个宣传月各项活动的顺利开展提供有力的支撑和保障。四是开展“民族团结进步百场大宣讲”活动。联合市委宣传部、市委讲师团，组织开展“民族团结进步百场大宣讲”活动。市本级组织开展了12场示范报告会，各县（区）组织深入社区、学校、乡镇、村屯等单位开展宣讲活动90余场。以讲故事、明道理的方式，宣传党和国家的民族方针政策、民族工作取得的新变化和新成绩，同时还穿插进行民族文艺表演和民族知识问答，发放宣传单等，现场气氛热烈，备受群众欢迎，收到良好社会效益。

2. 以节宣传，民族政策深入人心

充分利用“三月三”等节庆活动广泛开展民族宗教政策宣传。城中区开展民族文艺演出系列活动，柳北区举办庆祝“壮族三月三”暨“民族团结进步宣传月”系列活动，鱼峰区举办第三届民族团结网络山歌擂台赛颁奖仪式暨《龙潭歌海》山歌集赠书仪式，民俗趣味运动会等系列活动，融水苗族自治县投入经费约40万元，举办“五彩山歌唱苗山”、抢花炮、民族文化艺术沙龙等活动，其他县区也举行形式多样的活动。全市上下以节为媒，大力宣传民族政策、民族法律和民族文化，积极营造宣传民族团结进步的浓厚氛围。

（二）抓创建，重典型，平等团结互助和谐的社会主义民族关系不断巩固

1. 抓典型，积极推动民族团结进步示范县创建

2014年，自治区确定三江侗族自治县为创建民族团结进步示范县试点单位。柳州市民宗委领导高度重视，多次带队到三江进行现场指导，与三江的主要领导进行面对面沟通，对三江侗族自治县创建项目设置、项目申报、组织机构设置、开展活动、创新特色等多方面进行指导。在经费保障上予以倾斜，并带领三江的同志赴南宁市进行

实地考察和学习。指导召开全县考评达标推进会，对照《考评方案》做好迎检准备工作，组织了初步验收，并将三江创建迎检工作情况向市政府作了专题汇报，确保创建活动的顺利开展。经多方努力，三江侗族自治县顺利通过考评验收，荣获第四批全国民族团结进步创建活动示范单位和自治区民族团结进步创建活动示范县称号。此项工作成为柳州市绩效加分项目。

2. 抓亮点，民族团结进步创建活动广泛开展

2016年以来，筹措和下拨经费40余万元，广泛开展民族团结进步创建活动。一是继续打造亮点，实施典型引路。打造鱼峰区大龙潭社区成为全国第三批民族团结进步示范社区。二是举办柳州市小学民族团结教育主题班会比赛和颁奖仪式，有效提高学校民族团结教育的针对性和实效性。三是广泛开展创建活动。继续推进民族团结进步创建“六进”活动，各县区创建了一批各具特色的示范点。四是加强民族团结教育基地建设，龙潭公园被自治区党委宣传部、统战部、自治区民宗委命名为全区民族团结教育基地。

3. 抓实施，认真贯彻《中国公民民族成份登记管理办法》

一是组织各县（区）相关工作人员进行业务培训。二是在市民宗委官方网站上及时公开相关政策、办事指南等，同时编印宣传资料，开展形式多样的宣传。三是与市公安局户籍管理部门进一步明确各自职责和信息共享，与市审批局对接了办理政策、流程的变化，实现无缝对接。四是严格执行《管理办法》，把好审查关。全年共受理来电、上门咨询300余次，办理民族成份变更92余份，未接到不良反映和投诉，群众满意度高。五是抓档案管理，整理完善了1986—2015年办理的所有档案材料，运用GD2000档案管理系统进行管理，方便资料调阅和查询。

4. 抓协调，民族关系监测处置工作运转正常

一是加强与国安、公安、反恐、应急等部门的协作，实现信息共享、资源互补。二是召开2016年民族团结心连心座谈会，城市民族关系协调会，加强与社会各界人士的交流、沟通和联系。三是及时排查和处置涉及民族因素的隐患矛盾。会同市伊协走访调研部分清真饭店、清真摊点、窗口等，对广西科技大学鹿山学院学生反映学校在清真饮食供应品种不多的情况，我委及时协调，妥善解决。四是有效提升应急能力，及时修订《柳州市民宗委处置涉及民族因素的突发群体性事件应急预案》，并组织开展培训，有效提高了干部队伍应急能力。柳州市全年未发生涉及民族因素的突发群体性事（案）件。

（三）抓民生，重扶持，促进经济社会持续发展

1. 抓好民品民贸工作，促推民族地区经济发展

一是深入三江、融水、柳江、柳城和鹿寨县民品企业开展调研，认真听取县区、企业的意见和建议。二是做好政策宣传工作。通过民族活动，委微信平台、委官方网站、《民声在线》访谈节目等开展宣传，让更多人了解民族经济政策知识。三是做好民贸企业申报工作。推荐103家符合条件的企业申报，78家通过审核，被认定为“民族贸易企业”（其中融水57家，三江21家），占全区民贸企业总数的14%。

2. 用好民族资金，为民族地区贫困群众排忧解难

一是积极筹措资金。2016年共争取到自治区级少数民族发展资金110万元，国家级少数民族发展资金1990万元，市本级242万元，民族教育专项资金100万元。通过项目建设，不断完善基础设施，改善群众生产生活条件。二是争取自治区特困少数民族优秀学生专项补助资金24万元，帮助120名贫困优秀学生解决入学难的问题。三是对民族发展资金进行督查，确保资金专款专用。

3. 抓好帮扶，助力精准扶贫

制定扶贫点措施，开展结对扶持。协调整合各方面资金1064万元，支持帮扶点——柳江县进德镇龙新村开展人畜饮水、水利设施等基础设施建设、修建村文化活动中心。指导驻村工作人员引导群众开展邻里帮扶，慰问23户结对帮扶贫困户，加快贫困群众脱贫致富的步伐。

（四）抓文化，重传承，开展丰富多彩民族文化体育活动

1. 开展调研，做好特色村寨申报

一是开展少数民族传统手工艺传承与发展调研、民族节庆和乡村文化活动调研，形成调研报告，为进一步做好保护与发展工作提出建议意见。协助第五届少数民族文艺会演中央民族歌舞团导演组到我市进行彩调，壮、瑶等山歌采风，呈现我市丰富多彩的民族文化。二是做好第二批特色村寨申报工作。多次到融水、三江、融安和柳城等县开展特色村寨保护与发展调研，到毗邻的贵州省学习好经验好做法，指导我市六县做好第二批特色村寨申报工作，共上报特色村寨74个。

2. 开展民族文化体育活动，传承弘扬优秀文化

一是开展“壮族三月三”系列节庆活动。在柳城县凤山镇举办了全市生态乡村民族文化体验节活动。二是在柳州市广播电视台1号演播厅举行柳州市“民族团结杯”

少数民族文艺演出，来自六县四城区选送的15个充满民族风情的文艺节目精彩上演，充分展示全市各族群众的精神风貌，促进各民族交流、团结与和谐。三是下拨经费30万元在柳城县举办少数民族传统体育项目花炮和龙舟邀请赛，传承与发扬我市传统优秀体育项目。

（五）抓管理，重引导，积极促进宗教领域和谐稳定

1. 强化学习，认真宣传党的宗教政策法规

一是及时学习贯彻全国、全区宗教工作会议精神。会同市委统战部，召开专题学习传达会议，深刻领会习近平总书记讲话中关于宗教问题的新思想、新观点、新要求。各县区相应地开展了学习传达活动，结合本县区实际情况，抓好会议精神的贯彻落实。对各宗教团体学习全国、全区宗教工作会议精神进行了专题部署，各宗教团体以宗教活动场所为宣传阵地，向广大宗教教职人员和信教群众积极宣传会议精神，提高了全国、全区宗教工作会议的知晓度。二是开展“宗教政策法规学习月”活动。积极组织市直有关单位、各县区宗教干部、宗教活动场所负责人和宗教教职人员深入学习宪法和宗教政策法规知识。三是加大宗教工作业务培训力度。在少数民族干部培训班的课程设计上，增加宗教事务管理课程，提高基层干部对宗教工作的认知度和处置与宗教相关事务能力。年内举办一期全市民族宗教干部专题业务培训班，培训人员达200多人。通过宣传学习，举办培训班，提高广大干部群众政策法规意识。

2. 抓住关键，加强宗教事务依法管理

一是深入调研，掌握情况。认真组织各县、区对辖区内宗教情况开展专题调研，全面厘清掌握全市宗教工作的基本情况，帮助解决存在的困难和问题共10件，并形成6篇调研报告报上级有关部门。二是清理行政权力，规范行政执法。对本级行政权力清单进行了梳理，明确市民宗委20项行政权力，其中行政处罚11项、行政检查2项、其他行政权力7项。三是积极主动，帮助宗教场所解决实际困难。四是严格按照《宗教事务条例》规定，依法处理非法传教活动。五是积极开展三级宗教工作管理网建设和乡、村两个责任落实工作。全市各县区三级宗教工作管理网络和乡、村两个责任落实工作全覆盖率达100%。

3. 以活动为载体，促进宗教事业和谐发展

结合工作实际制订创建和谐寺观教堂活动方案，按照自治区宗教事务局的要求，开展了和谐寺观教堂先进集体和先进个人的评选报送工作。开展整治违法违规设立功德箱等借教敛财问题专项活动，进一步规范宗教活动场所管理。指导各宗教团体开展了形式多样的“宗教慈善”活动。一年来，我市各宗教团体、活动场所慈善捐赠钱物

达 60 多万元，宗教界慈善捐赠活动逐步规范化，宗教慈善活动瞄准精准扶贫工作有了新进展。

4. 做好甄选工作，引导宗教界在民主政治建设中发挥作用

在宗教界开展人大代表、政协委员甄选工作。我市宗教界人士在各级人大、政协中担任代表或委员 18 人。

（六）抓推广，重应用，促进民语工作健康发展

一是利用“壮族三月三”和开展民族团结进步宣传月的契机，积极开展民族语文宣传和使用工作。据不完全统计，“壮族三月三”和民族团结进步宣传月期间，使用民族语言的歌舞节目 120 个。悬挂使用壮汉两种文字书写的宣传标语 420 多幅（条），播放时间长达 20 天。二是整理完成了柳江壮语方言音点的音位系统和柳江壮语词汇表，完成了壮语词汇调查收集工作任务。三是协助配合广电部门，开展少数民族语言电影电视播放工作，督促落实民语政策，帮助翻译新闻节目内容或者标题为民族语言。支持三江侗语新闻、侗语广播，融水苗语新闻、柳江壮语新闻等节目播报。支持组织侗语、苗语、壮语配音电影下乡放映分别为 152 场次、92 场次、35 场次，大力宣传党的民族政策和法律法规。四是在三江 AAAA 级景区程阳八寨的林溪乡平岩小学开展“侗文进课堂”教学，讲授侗文基础知识和学唱侗歌。五是配合做好民族语文立法调研和壮语文水平考试服务工作。六是做好壮汉两种文字书写单位牌匾的壮文翻译校核工作。全年市民语办共为 680 多个（条）单位牌匾名称和横幅标语翻译壮文，各县翻译牌匾和横幅标语壮文名称共 45 个（条）。继续维护本委网站“跟我学少数民族语言”栏目及手机 APP 客户端在线上的正常运行，为社会大众学习少数民族语言提供服务。

（七）抓宣传，重效果，民族宗教工作的影响力不断扩大

在往年宣传报道的基础上，2016 年市民宗委与市电视台、柳州日报社合作，通过电视、报纸、微信、微博等对民族宗教活动进行全方位的跟踪报道，日报每月推出 2 篇反映民族宗教工作的报道。如：4 月 7、8 日，《柳州新闻》、《柳州日报》和《柳州晚报》等媒体报道了柳州市 2016 年民族团结进步宣传月启动仪式暨民族山歌展演活动；4 月 23 日，《柳州日报》对民族团结进步宣传月活动进行综述报道。开通“柳州民宗委”官方公众微信号，每周宣传报道一次全市民族工作动态，民宗工作动态都在电视台、柳州日报微信公众平台《在柳州》《柳州 1 号》APP 上报道。同时，民宗委加强各项工作信息的上报，重点做好调研、建议、问题类信息的收集上报工作，影响面进一步扩大。

（八）抓学习，重培训，不断提升民族宗教队伍素质

一是深入开展“两学一做”学习教育活动。把开展“两学一做”学习教育作为一项重大政治任务，摆上委党组的重要议事日程。委党组结合实际对学习教育作出部署安排，制订实施方案，切实加强组织领导和督查指导。二是组织开展培训。与组织部联合在市委党校举办两期优秀少数民族干部培训班，培训学员100多人。邀请自治区民委周健副主任、自治区宗教事务局梁柳宁局长、重庆市委党校哲学二级教授罗晓梅为他们授课。在大连民族大学举办柳州市少数民族处级干部高级研修班、优秀少数民族科级干部培训班、全市民宗委系统干部培训班等3个培训，培训人员100多人。[1]

这“八抓八重”，件件抓得准、抓得实、抓得狠，包括民族宗教，以及民族语文工作的方方面面，有创意、有成效、有亮点，有效地夯实了民族团结进步的基础。

三、更上一层楼，再进一步夯实民族团结进步的基础

乘党的十九大的东风，柳州市再进一步夯实了民族团结进步的基础。2018年3月9日，吴慧兰主任在2018年全市民宗系统工作暨党风廉政建设工作会议上作了《深入学习贯彻党的十九大精神，不断开创柳州市民族宗教工作新局面》的讲话，再次为柳州的民族团结进步鼓劲加油，并提出了新的措施。

（一）围绕学习宣传贯彻党的十九大精神这一主线，强化党风廉政建设和反腐败工作

1. 认真学习宣传贯彻党的十九大精神

组织集中收看十九大相关活动实况，集中开展十九大精神学习讨论和党员专题学习活动，深入解读十九大精神。通过民宗委网站、微信公众号等媒体将十九大精神传达到各族干部群众和信教群众，及时宣传各族宗教工作领域学习贯彻十九大精神的做法经验，注重用十九大精神指导和推动全市民族宗教工作开展。

2. 扎实推进党风廉政建设和反腐败工作

年初召开系统会进行部署，与各县区、机关各科室及委属单位签订党风廉政建设责任书，制定《柳州市民宗委党风廉政建设和反腐败实施方案》，将党风廉政建设和反腐败工作各项目标任务和重点工作细化分解到科室和具体责任人，做到领导、机构、

1　参阅吴慧兰：《在全市民宗民语系统工作会议上的讲话》（2017年3月10日）。

任务、措施、责任五到位。在日常工作中，把规范党员领导干部的行为同规范普通党员干部的行为结合起来，抓重点、带全局；把加强对人财物的监督同加强民族宗教工作的监管结合起来，防止党风廉政建设脱离实际；把党内监督、行政监察同依法行政结合起来，注重党风廉政建设向民族宗教业务工作渗透、延伸；把教育防范同激励警示结合起来，在教育中防范，在防范中教育，时时提醒领导干部严守党纪国法，形成监督常态化、制度化。

不断把党风廉政建设和反腐败工作引向深入，真正做到委党组党风廉政建设和反腐败工作的主体责任、党组书记第一责任人的责任和班子成员“一岗双责”全面落实，切实做到守土有责、守土负责、守土尽责。

（二）围绕民族团结进步创建这一重点，进一步巩固和发展平等团结和谐的民族关系

坚持“重在平时，抓在平常，重在交心，以心换心”的理念，采取多种方式持续深入地开展民族团结进步创建活动。

1. 精心组织开展“民族团结进步宣传月”活动

以开展“壮族三月三”活动为契机，制订下发宣传月活动方案，对宣传活动进行详细部署。多方争取资金90余万元下拨县区、公园、学校、企业等单位开展活动。在龙潭公园分别举办柳州市民族团结进步宣传月启动仪式暨本土原生态山歌展演活动和“千把芦笙闹龙潭”活动。通过山歌展演、知识问答、坡会赛歌、多耶民族团结舞、政策法规咨询、宣传板报、壮汉双语宣传标语、芦笙表演等，吸引众多市民参加，同时央视《新闻联播》报道了这一盛况。各县区也开展丰富多彩的宣传教育活动。鹿寨县举办第八届“壮族三月三”山歌节暨第四届山歌擂台赛等活动。融水苗族自治县举办文艺表演、摄影展等系列活动。鱼峰区举行欢庆“壮族三月三·八桂嘉年华”专场文艺演出和山歌会等活动。其他县区也开展了丰富多彩的节日民族文化，营造民族团结进步的良好氛围。

2. 持续深入组织开展民族团结进步创建活动

印发《柳州市民宗委2017年开展民族团结进步创建活动实施方案》，扎实推动民族团结进步创建“六进”活动。积极争取资金96.5万元，下拨各县区和创建活动点，用于开展民族团结进步创建活动。在机关组织干部参加国家民委举办的“喜迎十九大，共筑中国梦”民族知识有奖竞赛活动；在社区组织开展“民族团结进步惠民服务”活动，组建少数民族志愿者服务队、少数民族文艺队、少数民族科普服务队“三支队伍”，开展空巢老人帮扶、外来务工人员服务、留守儿童关爱、心理援助、困难帮扶、

就业咨询等服务；在学校以“中华民族一家亲，同心共筑中国梦”为主题，开展系列丰富多彩的民族团结宣传教育活动，向师生展示各民族特色风情和优秀的各民族传统文化，培养学生热爱祖国、维护民族团结的自觉性，使“民族团结一家亲”的意识在师生心中生根、发芽，潜移默化中播下民族团结的种子；在大龙潭公园、雀儿山公园、君武森林公园、花果山生态园、金鼎湾鱼乐中心、乐和庄园、蚂拐岛等举办主题文化活动，同时还举办民族文化创意集市、民族手工艺体验、山歌和民族舞蹈展演、自然生态馆启动仪式等活动，加强各民族间的交往、交流和交融；在乡村开展民族文艺表演、山歌对唱、芦笙踩堂、坡会等活动，增进邻里间的和睦。在企业举办民族团结文体活动，抛绣球、板鞋竞速、背篓绣球等富有民族特色的活动。在寺庙通过张贴宣传海报、更新民族政策宣传栏、向信众宣传民族政策法规等方式开展创建活动，并收到良好效果。开展民族团结心连心活动。召开以“传承民族文化·弘扬民族精神”为主题的心连心座谈会。组织慰问少数民族知名人士和少数民族困难群众。加强涉及民族因素的隐患排查，及时化解矛盾纠纷，确保民族团结和谐。配合市政府接受市人大常委会对市、县区人民政府和市直20余个部门贯彻实施《民族区域自治法》情况的执法检查工作。指导融水同练瑶族乡乡庆筹备工作，协调市直有关部门落实乡庆项目经费385万元，组织市代表团参加乡庆活动，顺利完成了乡庆任务。

经大家的共同努力，全市涌现一批民族团结进步创建活动示范单位。3个单位获得国家民委“全国第五批民族团结进步创建示范单位”命名，占全区示范单位总数的77%，居全区第一。其中两面针股份有限责任公司是全区唯一被命名为“全国第五批民族团结进步创建示范单位”的企业。另外有10个单位获得“全区第二批民族团结进步创建示范单位”命名，获命名单位数居全区第二。

（三）围绕社会经济发展这一关键，全力推动少数民族和民族地区发展

1.积极争取上级专项资金，助推民族地区社会经济发展

2017年全市共争取中央、自治区级少数民族发展资金3564万元，安排项目124个。项目实施惠及贫困村61个、受益群众15.25万人。发放专项补助经费24万元，资助特困少数民族优秀学生完成学业。组织全市民宗系统对2014年至2016年少数民族发展资金的使用情况进行交叉检查。联合市纪委驻统战部纪检组、财政局、审计局等单位，开展对我市2014年至2017年少数民族发展资金项目落实情况核查。与自治区民宗委组成联合检查组，就全市2014年至2017年中央、自治区级少数民族发展资金项目落实情况进行核查，重点检查了2017年中央、自治区级少数民族发展资金项目落实情况，核查率达到60%，全面掌握了解我市少数民族发展资金使用情况。贯彻落实少数民族特需商品定点生产优惠政策。为“十二五”期间少数民族特需商品定点生产企业发放流动资金贷款贴息1755万元，促进了企业的健康发展。

2. 开展弘扬民族文化系列活动

在柳州电视台举办“民族团结杯”民族服饰展演活动。开展以“民族团结进步”为主题的文艺下乡巡演活动和民族文化进校园试点，进一步弘扬和传承民族文化。

3. 扎实做好扶贫点工作

开展结对帮扶，从市本级少数民族发展资金拨付达 8 万元对 54 户建档立卡户进行产业扶持，投入 4.2 万元帮助该村良四屯安装路灯。组织开展困难党员群众节日慰问，支持龙新村委春节游园活动。

（四）围绕依法管理与积极引导这一原则，积极促进宗教领域和谐稳定

1. 认真宣传学习党的宗教政策法规

一是向市委常委会汇报民族宗教工作，深入学习贯彻习近平总书记系列重要讲话精神，推动全国全区宗教工作会议精神落到实处。二是指导县区和宗教界开展“宗教政策法规学习月”活动，在宗教活动场所内固定设置宗教政策法规宣传展板、印发《宗教工作知识 150 问》等学习资料，宗教政策法规宣传册、摆放宣传台和宣传架。各宗教活动场所和宗教工作三级网络积极发挥作用，开展形式多样的宗教政策法规学习宣传活动。

2. 加强宗教事务管理工作

一是摸家底，继续开展宗教工作大调研，摸清依法管理宗教事务工作现状。二是继续梳理行政权力，厘清依法开展宗教事务管理的职责和权限。三是以活动为载体，宣传宗教活动场所依法管理工作。四是实施双随机抽查工作细则，依法开展宗教事务管理工作。五是各方沟通协调，加强宗教活动场所安全工作。六是协同合作，制止非法。七是进一步完善宗教团体、宗教教职人员、宗教活动场所等基本情况数据库。利用节日积极组织市县（区）开展宗教界走访慰问活动。2017 年在大家共同努力下，柳州市宗教工作取得了较好成效，得到了上级领导的充分肯定。鱼峰区民宗局荣获了全国宗教工作系统先进集体。

（五）围绕推广应用这一目的，大力宣传和开展少数民族语言文字工作

1. 开展民族语文宣传和使用工作

“壮族三月三”和民族团结进步宣传月活动期间，全市使用民族语言演出活动 56 场，385 个节目，包括壮语、侗语、苗语、仫佬语、瑶语等语种。使用壮汉两种文字书写的主场会标、宣传标语、电子屏幕共 369 条，展出使用壮文的板报 8 幅。印发壮文

宣传资料3000份，印制同时使用壮汉文的徽章150枚、环保袋150个，印有壮文的节日彩旗300幅。

2. 开展壮语词汇收集和壮文翻译工作

根据自治区民语委安排的工作任务，整理完成武宣县桐岭镇大同村壮语方言音点的音位系统，使用国际音标记音和电脑录入电子表格，形成了5500个词条的壮语方言词汇表。指导和协助柳江县民宗局做好县改区机关、企事业单位、社会团体公章、牌匾等壮文翻译工作。2017年为柳江区相关单位翻译330块牌匾和230枚公章的壮文名称。全年还为全市其他单位翻译壮文牌匾、公章120块（枚），帮助柳南区、柳北区第二次全国地名普查翻译审核壮语地名40个。

3. 配合开展纪念《壮文方案》颁布施行60周年相关活动

做好全区壮语文水平考试柳州考生服务工作；收集选送自治区民语委征集的壮语文工作60年成果史料；开展贯彻落实党和国家民族语文政策情况的自查自纠工作；选派3支壮族山歌队参加自治区民语委在宁明县举办的广西壮语山歌展演活动，其中2支代表队获得优秀奖；开展纪念《壮文方案》颁布60周年少数民族语文工作先进集体和先进个人表彰推荐评选活动；协助开展征求《广西壮族自治区少数民族语言文字工作条例（草案初稿）》的修改意见和征集《广西通志·民族志》民族语文工作方面的编纂资料。

4. 指导县（自治县）民语部门开展民族语电影放映工作

全年民语部门参与组织开展苗语配音电影放映100场，侗语配音电影放映72场。三江侗族自治县制作播出侗语电视新闻44期，融水苗族自治县制作播出苗语电视新闻46期，柳江区制作播出壮语电视新闻48期。指导编纂侗文校本教材，开展“侗文进课堂”工作。

5. 指导融水举办深入学习贯彻党的十九大精神苗歌传承演唱会

参加演唱的歌手有来自相关乡镇共26人，观众达3000余人。举办苗族十二大古歌培训，参加培训的歌手65人。指导开展壮文与壮族文化宣传传承活动。指导相关单位在柳北区石碑坪镇古城村白沙屯蚂拐岛开展壮文与壮族文化宣传传承活动，制作和铺设道路壮汉文路标识牌，设计制作和铺设蚂拐岛基地内的壮汉文固定标识牌，印制壮汉文宣传袋；“壮族三月三”期间举办壮族蚂拐节暨百家宴美食节文化传承表演活动，印制壮汉文彩旗，悬挂壮汉文宣传标语。

（六）围绕强化舆论引导这一方向，进一步扩大民族宗教工作影响力

与市电视台、柳州日报社合作，对柳州市民族团结进步创建工作动态进行全方位的跟踪报道。市广播电视台先后在《柳州新闻》《新播报》《在柳州》《摆古》等栏目播发相关报道80篇，新媒体《在柳州》APP直播4场次。《柳州日报》刊登相关宣传文章4个专版20余篇，如2017年民族团结进步宣传月启动仪式暨民族山歌展演活动、“千把芦笙闹龙潭”活动，《柳州新闻》《柳州日报》《柳州晚报》和“在柳州”APP及多家社会微信公众号等媒体跟踪报道，收到了良好的成效。市民宗委官方微信公众号及时同步更新活动进展，市县区的民族工作动态也被多家媒体争相报道。全市信息工作再上新台阶，市民宗委、融水苗族自治县民宗局荣获自治区民宗委系统信息先进单位，有6人荣获先进个人。

（七）围绕提高干部队伍素质这一要求，加强干部队伍建设

1. 切实抓好干部队伍政治思想教育

一是深入开展十九大精神学习和“三个年”活动，开展落实“中央八项规定”回头看活动，加强扶贫领域执纪问责机制，强化干部职工拒腐防化意识。二是继续深入开展“两学一做”教育活动。以学理论、学党章、学法律、学业务知识等为主要内容，组织全体干部职工通过集中学、自学等形式，不断提升机关干部的政治意识、大局意识、责任意识。三是加强支部建设。组织党员干部到烈士陵园接受革命传统教育，邀请市委讲师团为全体党员上专题党课，正常开展“两学一做”“三会一课”活动，发挥党员干部在民族宗教工作中的先锋模范作用，努力打造一支“政治责任心强、廉洁勤政好、业务能力高、积极有作为、激情能干事”的民族宗教干部队伍。

2. 开展少数民族干部培训和挂职锻炼

与组织部联合在市委党校举办2期少数民族干部培训班，在西南民族大学分别举办一期全市少数民族处级干部专题研修班和一期全市民宗委系统干部培训班。全市各级统战、宗教工作部门举办各类培训约20班次。做好“五个一批”工作，向组织部推荐9名少数民族干部参加挂职锻炼。[1]

俗话说得好：万丈高楼平地起，一砖一瓦皆根基。长期以来，尤其是党的十八大以来，柳州市围绕民族团结进步事业所做的工作，一件件一桩桩皆是打基础之举。

---

1 参阅吴慧兰：《深入学习贯彻党的十九大精神，不断开创柳州市民族宗教工作新局面——在2018年全市民宗系统工作暨党风廉政建设工作会议上的讲话》（2018年3月9日）。

第十六章　攀登：柳州创建民族团结示范市的历程

历史的节点终于来到。

2019 年 1 月 28 日，柳州市人民政府印发 2019 年《政府工作报告》（柳政发〔2019〕3 号），将努力创建全国民族团结进步示范市列入《政府工作报告》。

2019 年 2 月 21 日，柳州市人民政府印发《2019 年市政府工作报告目标任务分工方案》（柳政发〔2019〕4 号），将努力争创全国民族团结进步示范市列入 2019 年市政府工作报告目标任务进行部署。

委员会关于印发《中共柳州市委员会常委会 2019 年工作要点》的通知（柳发〔2019〕5 号），将努力创建全国民族团结进步示范市列入 2019 年工作要点，将听取全市民族宗教工作情况汇报和审议《柳州市创建全国民族团结进步示范市实施方案》纳入 2019 年市委常委会会议审议和听取工作汇报计划。

柳州创建全国民族团结进步示范市的大幕正式拉开，攀登全国民族团结进步示范市的高峰随即开始。

一、高起点：以铸牢中华民族共同体意识为创建的主线

柳州，是广西的工业重镇，也是一个多民族的城市，共有 44 个民族成份，有壮、汉、侗、苗、瑶、仫佬、回、水等 8 个世居民族，2019 年全市少数民族人口 222.98 万人，少数民族人口占全市总人口的 56.66%，有 2 个自治县，6 个民族乡。党的十八大以来，柳州市委市政府认真贯彻落实习近平总书记关于民族工作的重要论述精神，以铸牢中华民族共同体意识为主线，科学系统谋划新时代柳州民族团结进步创建工作。全市 2 个自治县全部创建成为全国民族团结进步示范县，7 个县区及单位创建为全国民族团结进步示范区示范单位，17 个县区及单位创建为自治区民族团结进步示范区示范单位，5 个单位获命名为自治区民族团结进步教育基地，还创建并命名了 122 个市级示

范区示范单位和27个教育基地，全市民族团结进步事业呈现出持续、健康、和谐发展的良好局面。

（一）提高站位，强化领导，形成促进民族团结进步的强大合力

柳州市把开展民族团结进步创建工作贯穿到增强“四个意识”，坚定“四个自信”，做到“两个维护”的具体实践。出台了《柳州市贯彻落实〈广西全面深入持久开展民族团结进步创建工作铸牢中华民族共同体意识实施方案〉的工作方案》等文件，以创建全国民族团结进步示范市为抓手，推动全市全面深入持久开展民族团结进步创建工作。成立了以市委书记和市长为双组长、各部门“一把手”为成员的创建全国民族团结进步示范市领导小组，确定了“工业辐射带动，城乡携手共建，交往交流交融，共同繁荣发展”的创建思路，按照“一年强基础，两年见成效，三年创示范”三个阶段，以3年为周期制定《柳州市创建全国民族团结进步示范市实施方案》，先后召开动员大会和工作推进会，推动示范市创建工作各阶段任务的落实。在机构改革中给市民宗委增加了3个行政编制，核定12名编外聘用人员专门从事示范市创建工作，2020年市级财政安排266万元资金用于创建工作，各县（区）也列出专项经费。从2019年起将示范市创建工作纳入绩效考评，全力推进民族团结进步创建“十进”[1]活动，将创建工作延伸到基层和社会各领域，形成全市动员、各方参与的生动局面。

（二）创新方法，拓展载体，推动民族团结进步宣传教育走进千家万户

柳州市坚持把民族团结进步教育纳入国民教育、干部教育、社会教育全过程，不断丰富宣传方式，拓展教育空间。以“红石榴果”与“柳州市花紫荆花”相结合，设计了柳州市创建全国民族团结进步示范市、铸牢中华民族共同体意识标识（LOGO），象征着柳州各族儿女像石榴籽一样紧紧拥抱在一起，牢记嘱托，感恩奋进。标识广泛应用于全市民族团结进步宣传阵地建设、APP开发等，起到了很好的宣传效果。开通了56路“石榴红”民族团结主题公交专线，按照“石榴花红”“同心筑梦”“团结欢歌”三个主题进行装饰，通过设立“三维空间”、打造“四个阵地”和开展“五项活动”，[2]把公交专线打造成为我市民族团结进步流动的宣传窗口和各民族交往交流交融的

1 “十进”：柳州市在开展民族团结进步创建工作中，特别是2019年启动创建全国民族团结进步示范市工作以来，全力推进创建工作进机关（单位）、进企业（园区）、进乡镇（村）、进街道（社区）、进学校、进连队、进宗教活动场所、进窗口单位、进景区、进两新组织的“十进”活动。

2 “三维空间”指车体外侧展示空间、车体内部展示空间、站牌站台展示空间。“四个阵地”指民族团结工作室、民族政策公交咨询台、民族政策知识微课堂、各民族职工互帮互助平台。“五项活动”：开展团结示范岗活动；民族团结进步模范部门、模范班组、模范车队评比活动；“中华民族一家亲，同心共筑中国梦”系列主题活动；“双语双向”学习活动；民族故事聊天室活动。

重要平台，受到了社会各界的广泛关注。编印一批民族团结进步的宣传读本、宣传画册，拍摄一批宣传视频，在市级主流媒体开设《创建全国民族团结进步示范市》等专栏，刊播宣传报道、公益广告达9000篇（条次）。策划举办“铸牢中华民族共同体意识”主题情景报告会、民族团结进步模范事迹宣讲会、“铸牢中华民族共同体意识”百姓宣讲系列活动。在市委党校建立铸牢中华民族共同体意识干部教育基地。坚持民族团结从娃娃抓起，强化青少年思想教育。突出各民族共享的中华文化符号，打造民族音乐剧《白莲》、广西民族音画《八桂大歌》、舞蹈诗《侗》《坐妹》《苗魅》等文化精品，厚植了各民族共同团结奋斗、共同繁荣发展的精神内涵，利用天气预报、人口普查开展宣传，让各族群众在润物无声中增进“五个认同”。

（三）搭建平台，相互融合，促进全市各族群众共居共学共事共乐

柳州市在社区建立民族工作服务站和民族团结之家，在就业服务、医疗卫生、法律援助、经商管理、文化生活等方面服务各族群众。柳州城市职业学院和柳州市第二职业技术学校建立了少数民族流动人口培训基地，2020年全市共举办培训20期，培训少数民族流动人口约800人次。在市侗学会、市伊协等设立10个民族工作联络点，依托社团向各族同胞宣讲民族政策法规，帮助少数民族流动人员解决困难融入柳州。在疫情防控期间开展“民族团结手牵手、同心协力抗疫情”活动，柳州市各族同胞用本民族语言为武汉加油，为疫区和抗疫一线奉献爱心，为在柳务工的220名新疆籍同胞送去防疫用品。指导市芦笙协会每年在市区举办年会暨苗年活动，实现少数民族进城

图16.1　2020年9月10日柳州市民宗委在三江侗族自治县举行“铸牢中华民族共同体意识、‘双语双向’助力脱贫攻坚”百姓宣讲活动（柳州市民宗委提供）

人员与城市居民的相互了解、相互接纳。开展“双语双向助力脱贫攻坚”活动，通过培训教学、平台带学，场景促学、结对帮学、入户互学等“五学”活动，扫除脱贫路上的语言交流不畅，成为脱贫攻坚工作的亮点。推动民族文化走进社区、乡村、公园、学校、企业，“鱼峰山下对山歌，雀儿山脚吹芦笙，龙潭公园跳瑶舞，艺术中心看大戏”，各族群众在活动中相互尊重凝聚团结的力量。从2000年开始柳州常住人口就一直多于户籍人口，越来越多的少数民族流动人员成为“新柳州人”，扎根柳州17年的维吾尔族同胞买买江·吾曼尔江说，“柳州人就像紫荆花一样美丽包容，柳州是我第二故乡”，各族群众共居共学共事共乐的和谐景象在柳州处处呈现。

（四）融入中心，改善民生，着力提升各族群众的获得感、幸福感和安全感

柳州市始终牢记习近平总书记“人民对美好生活的向往，就是我们的奋斗目标”“让改革发展成果更多更公平惠及各族人民”的嘱托，依托柳州工业优势，以城带乡，以工促农，增进民生福祉。全力打好脱贫攻坚战，全市共派出10个工作队、86个工作分队、1003个工作组、2544名工作队员、3.67万名帮扶干部，累计投入各级财政专项扶贫资金67.93亿元，通过二产带动一产和三产打造柳州螺蛳粉全产业链，带动20万名农村人口参与螺蛳粉原料种植养殖，2019年全市农村贫困发生率降至1%。在广西率先推行“县属轮教”，全市九年义务教育阶段农村学生免费午餐工程每年惠及约18万学生，市区9家三甲医院与各县建立12对紧密型市县医联体，基层各族群众就近可以享受到优质的医疗服务。少数民族村寨防火改造工程受益家庭近12万户。成功打造“紫荆花城”城市名片，柳江水质保持着全国第二的好名次，守住各民族赖以生存的生态底线，向党和人民交上一份满意答卷，“脱贫不忘党恩，致富感谢祖国”成为柳州各族儿女的共同心声。[1]

高起点，使柳州的民族团结进步创建永远在路上，民族团结进步之花永远绽放在柳州的大地上。

二、高站位：创建全国民族团结进步示范市的合力境界

2021年1月8日，信心满满的柳州市对2020年的创建工作，向广西区党委统战部递交了一份《柳州市2020年度民族团结进步专项工作绩效考评自评报告》，以高站位的姿态，表达了合力创建全国民族团结进步示范市的决心。

1 参阅柳州市：《以铸牢中华民族共同体意识为主线，合力谱写新时代柳州民族团结进步新篇章》一文（柳州市民宗委提供）。

2020年柳州市按照《广西壮族自治区绩效考评领导小组关于印发〈2020年度设区市和自治区直属机关绩效考评工作方案〉的通知》（桂绩发〔2020〕3号）的要求，结合本市实际，狠抓工作落实，较好地完成绩效考核中的各项指标任务，对照考核标准，自查评分为100分，具体情况报告如下。

一、履职完成情况（自评80分）

（一）坚持党对民族团结进步工作领导

高度重视民族团结进步工作（自评10分）

（1）柳州市委、市政府高度重视民族团结进步创建工作，将创建工作写入2020年度政府工作报告，纳入了创建全国文明城市的重要内容。2020年市委常委会专题研究我市民族团结进步工作，市政府常务会议2次听取全市民族团结进步工作汇报。市人大常委会开展民族团结进步创建工作视察并听取审议了市政府关于我市创建全国民族团结进步示范市工作情况的报告，市政协委员视察民族团结进步创建工作。成立以市委书记和市长为组长，各部门主要领导为成员的创建工作领导小组，由市统战工作领导小组具体推动各项工作落实。制定下发了《柳州市贯彻落实〈广西全面深入持久开展民族团结进步创建工作铸牢中华民族共同体意识实施方案〉的工作方案》等系列文件。2020年7月召开全市民族团结进步创建工作推进会暨市民族工作委员会会议，市政府副市长朱富庭主持会议，市委常委、统战部长向军亲自部署创建工作。精心筹备，全力配合自治区10月27日在柳召开全区民族团结进步经验交流现场会，市委书记郑俊康到会致辞，市委常委、统战部长向军在会上作经验交流发言，高标准完成各项任务。在机构改革中给市民宗委增设1个科室，增加了3个行政编制，市编办核定编外聘用人员12名编制专门从事示范市创建工作，落实专门办公场所，市财政安排317.46万元专项创建经费。将民族团结进步创建工作纳入绩效考评，列入政治巡察监督，市委市政府工作督查和党委（党组）民主生活内容。从市直相关部门抽调1名处级领导，1名科级干部组成20个督查组，对全市各单位、各县区开展民族团结进步创建工作情况进行督查，形成全市动员、各方参与的良好局面，较好完成年度民族团结进步创建工作任务。

（2）落实市、县区民宗工作部门行政执法人员。市民宗委有行政编制17名，市级有执法人员6名，各县都有2名以上执法人员，正常开展民族宗教执法工作，依法管理民族宗教事务。

（3）本市及所辖县区民宗工作部门均能正常履职，深入开展民族团结进步创建，依法管理宗教事务，高标准高质量完成自治区、市（县区）委、市（县区）政府布置的工作任务。

（二）加强中华民族共同体教育

1.民族团结进步教育常态化（自评8分）

（1）我市坚持把铸牢中华民族共同体教育纳入国民教育、干部教育、社会教育全过程。将深入学习领会习近平总书记关于全面贯彻党的民族政策的重要论述，党的统战、民族、宗教理论政策法规纳入全市各级党委（党组）理论学习中心组学习内容，作为理论学习中心组重点必学专题内容之一。柳州市委理论中心组先后组织学习《习近平总书记在陕西、山西、宁夏考察时的重要讲话及对毛南族实现整族脱贫的重要指示精神》、《习近平总书记对广西工作的重要指示精神》、《习近平总书记关于民族和宗教工作的重要论述》、《中华人民共和国民族区域自治法》、《宗教事务条例》、《习近平总书记关于加强和改进统一战线工作的重要思想》和《中国共产党统一战线工作条例（试行）》等内容，开展了两次学习。中共柳州市委员会关于印发的《2020年全市学习宣传贯彻习近平新时代中国特色社会主义思想工作安排》（柳发〔2020〕7号）、中共柳州市委办公室关于印发的《2020年市委理论学习中心组学习方案》均把民族团结教育作为专题学习内容。要求："深入学习领会习近平总书记关于民族和宗教工作重要论述，及民族团结进步和宗教工作相关政策法规。深入学习习近平总书记在全国民族团结进步表彰大会上的重要讲话精神，结合学习《中华人民共和国民族区域自治法》和中央、自治区、柳州市关于民族工作的相关法律法规和文件精神，全面掌握党的民族工作理论方针政策，切实提高各级党委（党组）抓实民族工作的责任感和使命感，为创建全国民族团结进步示范市夯实思想理论基础。同时，深入学习领会习近平总书记关于宗教工作重要论述，结合学习《宗教事务条例》和《广西壮族自治区宗教事务办法》，不断提高依法管理宗教事务的本领能力。"市直机关各单位党委（党组）、各县区党委（党组）理论学习中心组全部组织了1次以上的学习。

（2）将党的统战、民族、宗教理论政策法律法规纳入本市干部职工培训内容。在市委党校设立干部铸牢中华民族共同体意识教育基地，在市总工会设立职工铸牢中华民族共同体意识教育基地，在市妇联设立妇女铸牢中华民族共同体意识教育基地，在团市委设立青少年铸牢中华民族共同体意识教育基地，开展形式多样的培训。市直各部门、各县区通过举办业务培训班，专题学习班等，加强干部职工对统战、民族宗教理论法律法规学习教育，提高干部职工素质，提高干部知晓率和参与度。在柳州日报、柳州电视台、电台开设民族团结进步创建专栏，定期向社会大众宣传民族团结理论、政策法规知识等内容。向全市各族同胞发出题为《全市各民族像石榴籽一样紧紧拥抱在一起 携手共创民族团结进步示范市》的公开信，设计柳州市铸牢中华民族共同体意识标识，设计系列民族团结宣传标语海报，组织编印《柳州民族团结进步创建手册》《柳州民族团结进步知识学习手册》《民族宗教法规政策学习读本》《柳州市民族团结进步创建"十进"活动指导手册》等宣传书籍资料，发放给全市各县区、开发区、各部门宣传学习。柳州市民宗委主任讲授的《柳州如何创建全国民族团结进步示范市》课程在广西干部网络学习平台上线，成为区直单位和设区市公务员网络学习必修课。全市各单位、县区也把民族团结进步教育纳入干部职工教育培训内容。市创建办领导先后到市直机关工委、市委党校、水利局、柳江区、三门江林场、卫健委、市税务局、市气象局、审计局、民政局、园林局、柳东新区、城中区等各县区、单位、街道、社区开展“订单式”铸牢中华民族共同体意识、争创民族团结进步示范市培训。

（3）在市委党校（行政学院）主体班开设民族理论政策课程并开展相关知识测试，提高干部职工对民族政策法律法规知识的认识。年内市委党校举办的“中青班”“柳州市县处级领导干部学习贯彻党的十九届四中全会精神专题研讨班”“2020年柳州市新录用公务员初任培训班”“2020年柳州市少数民族干部暨民族团结进步创建工作专题培训班”“2020年柳州市科级女干部专题培训班”等主体班，以及对外承办的“柳州市社科联2020年基层社科工作者培训班”“干部综合素能提升培训班”“2020年柳州市国资委党工委实施‘百千万’工程国有企业党员教育培训班”“2020年度柳州市政务服务系统工作人员培训班”“2020年度柳州市政务服务系统工作人员培训班”“党员干部专题培训班”等31期培训班均开设了民族团结进步教育课程。课程包括《习近平总书记关于民族工作重要论述》、《党的统战、民族、宗教理论政策》、《全面深入持久开展民族团结进步创建工作，努力争创全国民族团结进步示范市》、《铸牢中华民族共同体意识，加强各民族交往交流交融》、《解读中华文化要义，增进中华文化认同——中国“大一统”思想解读》和《创建全国民族团结进步示范市的实践和思考》等。

（4）将统战、民族、宗教理论政策法律法规纳入各级高校（高管高校）、中小学等国民教育各级各类学校课堂。印发了《 柳州市教育系统民族团结进步创建工作实施方案》《柳州市教育局进一步完善落实中小学中华优秀传统文化教育的实施意见》等。一是将铸牢中华民族共同体意识宣传教育摆在突出位置，纳入干部教育全过程和学校党委中心组理论学习重要内容，持续深化马克思主义民族观宗教观教育活动，使马克思主义民族观宗教观在党员领导干部中的知晓率达到100%。二是强化课堂阵地建设，以道德与法治课、思想政治课、语文课、历史课等为载体，深入开展民族团结进步教育，小学生的民族团结教育重点放在“中华民族大家庭”，“三个离不开”等民族知识启蒙教育和民族常识教育上。中学生的民族团结进步教育重点放在“基本国情”（我国是统一的多民族国家）和“生命线”（民族团结是我国各族人民的生命线）等民族政策常识和民族理论常识的教育上。大学生的民族团结进步教育重点把马克思主义民族观、党和国家的民族理论政策法规、习近平总书记关于新时代民族工作重要论述，融入学生思想政治教育。三是强化宣传阵地建设，充分发挥电子屏、宣传栏、黑板报、广播站、校园网、微信、微博等载体作用，传播民族团结正能量，营造民族团结一家亲浓厚氛围。四是将中华民族优秀传统文化纳入全市各级中小学课程体系，开展好柳州市中华经典诵读比赛、校园文化艺术节、“戏曲进校园”等活动，进一步增强青少年对中华文化的认同感、对伟大祖国的自豪感，自觉坚定地维护祖国统一和民族团结。教育引导青少年努力成为民族团结的维护者、促进者。

2.开展民族团结进步宣传教育（自评5分）

为了引导各族群众不断增强对伟大祖国、中华民族、中华文化、中国共产党、中国特色社会主义的认同，树立正确的国家观、民族观、宗教观、历史观、文化观，柳州市紧紧围绕铸牢中华民族共同体意识，不断探索和创新民族团结宣传教育的形式和载体，多维度开展民族团结宣传教育，把宣传做深做细做精彩，做到电视有影、电台有声、报纸有文、互联网有量、群众有感，耳熟能详，如春雨润物般深入人心。

（1）传统媒体显担当，实力奏响主旋律。《广西日报》、《三月三》杂志、《广西民族报》、《柳州日报》、柳州广播电视台等传统媒体宣传主阵地作用，总结民族团结进步创建好经验、深入挖掘民族团结进步模范单位和人物故事，推出有话题、有深度、有延展的重点报道。年终召开新闻发布会，《广西日报》、《广西民族报》、《柳州日报》、《南国今报》、广西广播电视台、柳州广播电视台等主流媒体集中宣传报道柳州民族团结进步创建工作。我市推广各族干部群众相互学习普通话和民族语言的“双语双向”助力脱贫攻坚工作等受到媒体高度关注，新华社用中英日3种文字播发图片通稿，人民日报、新华每日电讯、中国妇女报等新闻媒体转载报道。

（2）“互联网+民族团结”，新媒体成生力军。用好网站、微信、微电影、抖音及网络学习平台，发出民族团结进步正能量声音。《在柳州》《柳州1号》《广西云》等APP作为新媒体宣传主力军，开辟民族团结进步教育讲堂，常态化开展民族政策宣传。柳州市各县区各单位反映民族团结进步创建题材的40多篇稿件获得《学习强国》平台、中国新闻网等采用。《柳州如何创建全国民族团结进步示范市》课程在广西干部网络学习平台上线，成为2020年区直单位和设区市公务员网络学习必修课。全市各县区、各单位在本单位门户网站、微信公众号开设民族团结宣传专栏。市民宗委还拍摄4部柳州市铸牢中华民族共同体意识主题宣传短片和16条民族语言民族团结进步宣传标语视频，利用电视、广播电台、网站、微信公众号、抖音号全方位不间断宣传。柳州新媒体民族团结宣传方兴未艾。

（3）载体手段多创新，宣传教育更动听。举办民族团结进步创建情景报告会、民族团结进步知识竞赛、制作展出《民族团结像紫荆花般灿放》民族团结进步创建专题图片展；举办“民族团结进步·我们的故事”征文活动；拍摄2部民族团结进步主题微电影；编辑出版《民族影像》《民族服饰》等画册；举办“我跟你学、你跟我讲”“双语双向”助力脱贫攻坚抖音短视频创作大赛；组织普通百姓、美术爱好者，以民族团结进步创建为主题创作完成了长21米的侗族农民画《民族团结长卷》，成为史上最长纪实性侗画长卷；组织创作民族团结进步创建主题歌曲《民族团结美景如画》。

（4）重要节点抓得牢，共振共鸣筑同心。柳州市抓住重要节庆、重大事件契机发声，增强民族团结宣传效果。新冠疫情防控期间，各民族用本民族语言《为武汉加油》，传递中华各民族都是一家人、各民族同呼吸共命运心连心的中华民族共同体意识；“七一”少数民族干部群众《唱支山歌给党听》；国庆节《各民族祝福祖国》，分别通过电视台、抖音号、微信公众号等播放，增强各族群众对伟大祖国的认同、中华民族的认同、中华文化的认同、中国共产党的认同、中国特色社会主义的认同。

（5）各条战线齐动员，传播团结好声音。广泛利用宣传栏、板报、讲座、报告会、知识竞赛等方式开展民族团结进步宣传教育。在全市主要街道、社区、公园、车站、码头、单位等设立固定标语广告牌、宣传栏、板报等开展民族团结进步宣传。柳州市创建办联合柳北区委、轨道集团、恒达巴士实力打造柳州民族团结进步创建特色品牌：“石榴红”民族团结公交专线。“石榴红”民族团结公交专线作为广西首条以民族团结为主题的公交专线启用以来，受到了媒体高度关注，新华社播发图文报道和视频直播，浏览量65.7万人次，《广西日报》在头版进行了报道。《学习强国》先后2次采用图文和视频宣传报道、点击量7.4万人次。广西广播电视台、新浪网、搜狐网、今日头条、光明网、广西日报、广西民族报、贵阳网、中国经济网、人民政协网等30多家媒体相继转载报道。

全市各级各类学校都开展民族团结进步教育。市委党校建立柳州市铸牢中华民族共同体意识干部教育基地，在主体班中开设民族理论课程。全市中小学100%开足开齐民族团结教育课程和课时，市二职校等校领导带头上民族团结思政课，把爱我中华的种子深深埋在各族青少年孩子心中。全市公交车、电子站牌、出租车播放民族团结公益广告；柳州市气象局利用天气预报发送民族团结进步宣传短信，通过气象“大喇叭”，把民族团结政策理论知识每天直接喊话到村屯；人口普查员兼任民族团结宣讲员，民族团结宣传教育走进千家万户；各行各业的参与，让民族团结宣传走进生活、贴近百姓，随处可见、触手可及。

（6）宣传资料编得精，政策理论讲得明。市创建办向全市各族同胞发出题为《全市各民族像石榴籽一样紧紧拥抱在一起 携手共创民族团结进步示范市》的公开信；设计了柳州市创建全国民族团结进步示范市、铸牢中华民族共同体意识标识（LOGO），广泛应用于全市民族团结进步宣传；设计系列民族团结宣传标语海报，编印《柳州民族团结进步创建手册》等宣传书籍资料，发放给全市各县区、开发区、各部门宣传学习。柳州各县区、各单位、各行各业形成合力，民族团结宣传开展得有声有色、如火如荼。

3.传承发展中华优秀传统文化（自评12分）

（1）加强非物质文化遗产和濒危文化遗产的保护。制定了《民族民间文化挖掘保护和开发工作方案》，将非物质文化遗产保护工作列入年度工作重点，落实人员、经费，促进民族文化的繁荣和发展。目前获公布为国家级非物质文化遗产名录项目的5项，区级非物质文化遗产名录项目30项，并率先在全区公布了四批市级非物质文化遗产名录共45个项目，六县四城区公布了县（区）级非物质文化非物质遗产代表性项目共134项，全市国家级、自治区级、市级和县（区）级四级非遗名录体系已基本建立，非物质文化遗产的保护、传承走在全区前列，文化旅游产业不断发展。

（2）积极探索不同条件下推进少数民族特色村寨保护发展的模式，继续总结鹿寨县平山镇堡底屯“政府引领+乡贤创业”、三江侗族自治县八江镇布央村“文化产业+集体经济”、融水苗族自治县安太乡培秀村“政府投入+旅游拉动”，以及融安县长安镇大袍屯“粤桂资金+移民资金+民族发展资金整合”等特色村寨保护模式，合理整合政府与社会资金，采取不同投融资激励政策吸引社会资本对民族地区少数民族特色村寨建设投资。2020年，培育推荐23个村屯申报国家少数民族特色村寨，2个村屯获得自治区首批少数民族特色村寨，在第三批少数民族特色村寨命名中，柳州市有10个村屯获得少数民族特色村寨命名。

（3）积极完成自治区部署“壮族三月三”系列活动工作任务。开展以“中华民族一家亲”为主题的“云上三月三·我们的节日”节庆活动，通过网络端开展活动，展示我市的民族节庆。与广西民族报等单位共同举办“云端山歌大奖赛”，共唱团结之歌。举办“鱼峰歌圩三月三·山歌联唱万里情”中美歌友联唱和2020年“鱼峰歌圩·赞鱼峰”网络山歌擂台赛。举办《夜话柳江》大型实景民族文艺会演，展示各民族优秀文化。每四年举办一届少数民族传统体育运动会，凝聚各民族团结力量。

（三）建设各民族共有精神家园

搭建促进各民族沟通的文化桥梁（自评6分）

（1）贯彻落实《广西壮族自治区少数民族语言文字工作条例》（以下简称《条例》）。2020年全市共翻译了牌匾536块、公章422枚、会议会标活动背景板313个的壮文名称，全市机关、事业单位、人民团体的印章、牌匾、全市政务网站名称已经全部使用规范壮文。编印了《广西壮族自治区少数民族语言文字工作条例》5000份学习资料发放给各县区用于宣传。制作了16条民族语言宣传标语公益广告短视频，先后在柳州、柳江、鹿寨、融水等市县区电视台播出，还推送在抖音、快手等10个网络视频平台播放。在全市830台公交车、电子站牌每天循环播放“双语”民族团结公益广告。将《条例》宣传纳入“七五”普法、国家宪法日宣传和“三下乡”活动内容。9月25日的《广西日报》刊登了我市“双语双向”工作纪实专版，宣传民族语言文字工作。

（2）少数民族重要节庆和文化体育活动使用了壮文标语和横幅。据不完全统计，今年“壮族三月三”节庆、民族团结宣传月期间，以及10月自治区在我市筹备和召开全区民族团结进步创建经验交流现场会期间，全市播放、悬挂、张贴壮汉两种文字宣传标语（包含电子屏幕）共2600条（幅），发放使用壮文印制的宣传资料、海报、彩旗、袋子等共15000多个（份），25个节目使用了民族语言进行演出表演。

开展“双语双向”助力脱贫攻坚活动。落实经费80万元，编印了学习教材发放给学员。聘请少数民族教师1110人，举办集中学习培训班204期，培训17664人次。开发了具备普通话、壮语、瑶语、苗语、侗语5个语种互译功能的“跟我学讲少数民族语言”微信小程序，同时开发学习积分功能和积分商城点数兑换礼品功能，增加学习乐趣，网友通过微信扫描二维码，即可在线学习，同时开发电脑网页语音版，为社会大众学习民族语言提供服务。建设“双语人民调解工作室”，落实双语调解员，培训双语法官。拍摄2部“双语双向”助力脱贫攻坚微电影，其中《开启苗寨脱贫的“金钥匙”》已经入选广西脱贫攻坚摄影、短视频作品展示展播活动。在全市开展“双语双向”百姓宣讲活动。组织“双语双向”侗语、苗语电影下乡放映5000多场次，制作播放侗语、苗语、壮语电视新闻节目800期。举办民族语言学习抖音短视频创作大赛，通过抖音、快手等传媒平台带动“双语双向”活动深入开展，“双语双向”短视频发布3万多条，单条最高点播量9万多。通过形式多样的活动，提高帮扶干部和民族地区群众语言沟通交流能力，成为脱贫攻坚工作亮点。

在社区建立民族工作服务站和民族团结之家，在就业服务、医疗卫生、法律援助、经商管理、文化生活等方面服务各族群众。柳州城市职业学院和柳州市第二职业技术学校建立了少数民族流动人口培训基地，2020年全市共举办培训20期，培训少数民族流动人口约800人次。在市侗学会、市伊协等设立10个民族工作联络点，依托社团向各族同胞宣讲民族政策法规，帮助少数民族流动人员解决困难融入柳州。

（3）我市没有发生歪曲、贬损少数民族语言文字、干涉他人学习或者使用少数民族语言文字的行为。

（四）促进各民族经济社会事业发展

发展少数民族和民族地区经济社会事业（自评8分）

（1）聚焦脱贫攻坚，加强少数民族发展资金的监管和使用。2020年中央下达我市少数民族发展资金5161万元，其中柳城507万元、鹿寨465万元、融安443万元、融水1919万元、三江1473万元、柳江354万元，资金由自治区直接下达到相关县区。共安排项目91个，其中柳江8个、柳城10个、鹿寨13个，融安8个、三江13

个，融水39个，项目涉及道路建设56个，桥涵及滚水坝建设19个，交通安全防护栏12个，农田灌溉建设1个，人畜饮水工程3个，共惠及贫困村59个。目前，已拨付资金5068.79万元，资金拨付率98%，91个项目已全部完工，项目完工率、验收率100%。联合纪检组开展2次项目检查，确保资金项目安全，未发生资金闲置和违纪问题。

（2）落实民贸民品政策，推动民贸民品企业发展。截至第三季度，我市民贸民品企业获得贷款贴息2729.91万元，符合条件的企业，政策得到落实。

（3）依托柳州工业优势，以城带乡，以工促农，全力推进脱贫攻坚，决战全面小康，全市所有贫困县如期脱贫摘帽。加强民族地区基础设施建设，全市农村20户以上自然村（屯）通道路硬化实现全覆盖，少数民族村寨防火改造工程受益家庭近12万户，市区三甲医院与各县建立了紧密型市县医联体，全市九年义务教育阶段农村学生免费午餐工程每年惠及约18万学生，统筹市区学校对口帮扶县级学校，缓解校际发展不平衡压力。完成自治区下达的义务教育阶段、普通高中民族班年度招生计划。柳州市共有各级各类学校1439所（不含在柳的区属学校），在校学生76.94万人，其中少数民族学生约40万人，大约占比52%。落实生均公用经费等各项教育政策，做到适龄儿童少年不分性别、不分民族全员入学，混合编班。

（五）提升民族团结进步创建工作水平

1.扩大民族团结进步创建覆盖率（自评18分）

我市深入贯彻落实《广西全面深入持久开展民族团结进步创建工作铸牢中华民族共同体意识实施方案》和《广西壮族自治区人民代表大会常务委员会关于加强民族团结进步创建活动的决定》，制定印发了《柳州市贯彻落实〈广西全面深入持久开展民族团结进步创建工作铸牢中华民族共同体意识实施方案〉的工作方案》，印发了《柳州市推动民族团结进步创建活动进机关（单位）企业（园区）乡镇（村）街道（社区）学校 宗教活动场所 连队 窗口单位 景区 两新组织的实施意见》，全力推进创建工作“十进”活动。印发《柳州市民族团结进步创建“十进”活动指导手册》，明晰创建路径，突出特色规范创建标准。进机关突出“做表率”，市创建办与市直机关工委联合下文，以“懂政策 讲团结 促发展 做表率”为主题，推动全市各机关单位开展创建工作，指导各县区推进创建进机关，全市机关单位（含市直、县直和派出机关）覆盖率达到100%；进企业突出“聚合力”，作为工业城市，我市把创建工作融入企业发展大局，上汽通用五菱宝骏基地、柳工集团、柳州两面针公司、柳钢集团等企业先后获得“全国民族团结进步模范集体”和“全国、全区民族团结进步创建示范单位”称号，企业创建工作蓬勃开展，全市企业（国有企业）覆盖率超过20%；进社区农村（行政村）突出“强服务”，把创建工作纳入城市社区居民委员会主任示范培训班内容，在社区建立民族团结之家，民族工作服务站，全市有全国示范社区1个。自治区示范社区5个，还命名了一批市级示范社区。做好农村（行政村）创建工作，全市有三江冠小屯、融水归报屯、鹿寨拉沟乡龙木村五家屯三江冠小屯、融水归报屯、鹿寨拉沟乡龙木村五家屯等获命名为全区民族团结进步示范村屯，农村（行政村）、社区覆盖率超过20%；进乡镇（街道）突出“惠民生”，覆盖率达到100%，一批示范乡镇街道在创建工作脱颖而出，三江林溪镇、柳城古砦仫佬族乡、融水香粉乡先后获命名为全国、全区民族团结进步示范乡镇，鱼峰区天马街道获得“全国民族团结进步模范集体”称号。城中区中南街道获命名为全区示范街道；进学校突出“入头脑”，印发了《柳州市教育系统民族团结进步创建工作实施方案》，深入开展民族团结进步创建活动，学校（公办中小学）覆盖率达到100%，柳邕三小、市民族高中、柳江壮校附小、市二职校、三江民族实验学校等学校获命名为自治区民族团结进步示范学校，柳邕三小获命名为全国民族团结进步示范学校。融水民族中学获得“全国民族团结进步模范集体”称号；进宗教活动场所突出“重引导”，以“和谐寺观教堂”创建为载体，深入开展宪法和法律、国旗国歌、社会主义核心价值观、中华优秀传统文化和民族团结进步创建活动进宗教活动场所“五进”活动，重引导，促进宗教与社会主义社会相适应，全市宗教活动场所覆盖率达到50%以上。进连队突出“鱼水情”，进窗口单位突出“树形象”，进景区突出“促三交”，进两新组织突出“群众性”，取得较好成绩。

2.民族团结进步示范区示范单位建设（自评5分）

召开柳州市创建全国民族团结进步示范市示范点建设工作部署会，对民族团结进步创建“十进”示范点建设工作进行了部署。做好市级民族团结进步创建示范区（单位）推荐、评审、命名部署工作。推荐6个单位参加全国第八批民族团结进步示范区（单位）评比，其中鱼峰区获国家民委命名为全国民族团结进步示范区；推荐18个单位参加自治区第四批民族团结进步示范区（单位）评比，其中柳南区有9个单位获得自治区党委统战部、宣传部、民宗委命名为自治区第四批民族团结进步示范区（单位）。开展了市级民族团结进步示范区（单位）培育命名工作，全市共命名挂牌两批民族团结教育示范基地51个，民族团结进步示范区、示范单位212个，每个县区、开发区均建设有3个以上市级民族团结进步示范区示范单位，2个以上市级民族团结进步教育基地，其中在2020年命名的市级民族团结进步示范区示范单位中有柳城11个、鹿寨9个，融安5个、三江11个，融水8个、城中11个、柳北14个、柳南14个、鱼峰11个、柳江7个、柳东新区3个、北部生态新区3个。教育基地柳城3个，鹿寨2个，融安2个、三江2个，融水2个、城中2个、柳北3个、柳南2个、鱼峰2个、柳江2个、柳东新区1个、北部生态新区1个。

3.依法治理民族宗教事务（自评8分）

我市把维护民族团结，宗教和谐稳定作为根本任务，下大力气解决关系少数民族群众切身利益和宗教领域问题，把基础工作做实，积极预防和依法妥善处理影响民族团结、宗教和谐的矛盾纠纷。建立健全信息工作机制和矛盾纠纷排查调处机制，认真做好少数民族群众工作和宗教管理工作。注重矛盾调解，及时化解矛盾，防患于未然。加强民族团结宣传教育工作，充分尊重少数民族风俗习惯和宗教信仰，保障和满足少数民族群众在节庆、饮食、丧葬等方面的需要，防止出现损害民族感情、损害宗教信仰、损害民族团结的问题。一年来，没有影响民族团结、宗教和谐、社会稳定的事件。没有发表涉及民族关系问题的不良言论，没有发生影响民族团结的行为，没有发生涉及民族宗教因素矛盾纠纷引发的重大突发事件，造成严重社会影响并被上级部门通报的事件。

二、创新争优完成情况（自评20分）

1.创新亮点（自评15分）

结合柳州实际，开展民族团结进步工作方面的创新实践。

（1）组织创作民族团结进步创建作品“四个一”。设计一个柳州市创建全国民族团结进步示范市铸牢中华民族共同体意识标识。以“红石榴果”与“柳州市花紫荆花”相结合，设计了柳州市创建全国民族团结进步示范市、铸牢中华民族共同体意识标识（LOGO），石榴果和紫荆花紧密连在一起，五个花瓣的“五”和“石榴”连起来读就是“五十六”，象征着柳州各族同胞永远是中华民族大家庭的一员。标识图案色彩以红色为主，象征着在党的领导下，各族儿女像石榴籽一样紧紧拥抱在一起，牢记嘱托，感恩奋进，铸牢中华民族共同体意识，各族人民日子越过越红。标识广泛应用于全市民族团结进步宣传阵地、APP建设、宣传海报等，起到了很好的宣传效果。创作一部民族团结进步创建主题微电影《遇见彩虹》；一首民族团结进步创建主题歌《民族团结美景如画》；组织普通百姓、美术爱好者，以民族团结进步创建为主题创作完成了长21米的侗族农民画《民族团结长卷》，成为史上最长纪实性侗画长卷。

（2）开通柳州市“石榴红”民族团结公交专线。柳州“石榴红”民族团结公交专线由柳州市创建全国民族团结进步示范市领导小组办公室、中共柳北区委员会、柳州轨道交通投资发展集团有限公司、柳州市恒达巴士股份有限公司联手打造，于2020年10月1日正式运行，以56路公交车为载体，从雀儿山公园出发，到达柳侯公园再返回，全长11.9千米，途经22个站点。共运营6辆车，分别按照“石榴花红”“同心筑梦”“团结欢歌”三个主题进行装饰，车厢内部车把手上，是56个民族的展示图画，体现出“各民族像石榴籽一样紧紧拥抱在一起”的理念。车内广播用普通话和本地壮话报站，用手机扫一扫进入学习少数民族语言的小程序，车内有民族团结进步宣传手册和扶贫产品信息，乘客通过扫描二维码就能直接购买扶贫产品。56路“石榴红”民族团结公交专线通过设立车体外侧、车体内部和站牌站台“三维空间”，打造民族团结工作室、民族政策公交咨询台、民族政策知识微课堂和各族职工互助平台“四个阵地”，开展团结示范岗、民族团结进步模范部门（班组、车队）、“中华民族一家亲，同心共筑中国梦”系列主题活动、双语双向学习活动和民族故事交流“五项活动”，把公交专线打造成为凝聚各族群众智慧与力量的纽带，通过民族团结公交专线在城市的运行，让市民群众看到“石榴红”专线，就能想到各民族要像石榴籽一样紧紧拥抱在一起，铸牢中华民族共同体意识，进一步提高市民对民族团结进步创建工作的知晓率和参与度。

（3）开展“双语双向”助力脱贫攻坚活动。“双语双向”助力脱贫攻坚活动是柳州市脱贫攻坚重要的工作措施之一，主要目的是提升驻村干部民族语言沟通交流能力和少数民族群众普通话沟通交流能力，助力贫困地区劳动人口提升职业技能。柳州市“双语双向”做到“八有”和“五个结合，“八有”即有组织、有方案、有制度、有教材、有教师、有培训、有经费、有激励。“五个结合”即“双语双向”宣传跟学习习近平新时代中国特色社会主义思想相结合、跟宣传党的路线方针政策相结合、跟学习文化相结合、跟实用技术培训相结合、跟讲好民族故事相结合。通过培训教学、平台带学、场景促学、结对帮学、入户互学扫除脱贫路上语言不畅。编印了“双语双向”学习教材2万册，录制学习视频U盘1000份，翻译和摄制16条“双语双向”民族团结宣传标语的短视频，刻制DVD光盘1000份。组织开发了“跟我学讲少数民族语言”微信小程序，举办百姓宣讲活动和抖音短视频创作大赛活动，组织拍摄“双语双向”助力脱贫攻坚微电影，组织“双语双向”侗语、苗语电影下乡放映5000多场次，制作播放侗语、苗语、壮语电视新闻节目800期。建设“双语人民调解工作室”，服务群众5万多人次。举办“双语双向”集中学习培训班204期，培训17664人次；通过各种平台和各种方式参加普通话和少数民族语言学习培训的人数达到8万多人次。全市普通话普及率达到93%，其中，贫困户人口普通话普及率达80%以上，为乡村振兴，实现柳州市高质量脱贫提供有力保障。2020年2月底召开的全区决战脱贫攻坚大会上，我市“双语双向”助推少数民族地区脱贫攻坚作为工作亮点清单之一印发大会。中央宣传部委托新华通讯社主办的《半月谈》5月26日出版广西决战决胜脱贫攻坚专刊，登载了报道柳州市开展“双语双向”活动的文章《柳州：靶向“开方”治“穷病”　破译“密码”开“穷锁”》。《广西日报》9月25日专版刊登了柳州市“双语双向”助推脱贫攻坚活动纪实。

（4）核定编外聘用人员12名编制专门从事示范市创建工作，安排专项经费、落实公场所。市委市政府下文成立了柳州市创建全国民族团结进步示范市领导小组，下设办公室（简称创建办）。在机构改革中给市民宗委增设民语科，增加了3

个行政编制，市编办核定编外聘用人员12名编制专门从事示范市创建工作，目前人员已经全部到位，市财政下达市民宗委专项经费33.71万元，用于聘用人员专门从事示范市创建工作。市机关事务管理局为示范市创建工作设立专门的办公场所4间办公室。市财政局高度重视推进民族团结进步示范市的工作，市本级统筹安排317.46万元用于创建民族团结进步示范市工作和开展“双语双向”助力脱贫攻坚活动。

（5）举办柳州市民族团结进步创建情景报告会。10月27日晚，柳州市举办民族团结进步创建情景报告会。报告会由柳州市创建全国民族团结进步示范市领导小组办公室主办，柳州市民族宗教事务委员会和柳州市广播电视台承办。参加报告会的有：在柳州参加“全区民族团结进步经验交流会”的区直单位及各市与会代表；自治区党委统战部、自治区民宗委领导；柳州市创建全国民族团结进步示范市领导小组成员单位领导，民族团结进步示范单位代表和先进模范个人代表等。报告会还通过《在柳州》APP和《柳州活动圈》网络平台直播，柳州电视台录播。报告会采取访谈讲述、视频短片、情景剧表演等多种形式，展现我市民族团结进步创建工作取得的成效以及好的经验和做法。报告会回顾了柳州市获得表彰的历届全国民族团结进步模范集体代表和模范个人代表先进事迹，并向模范致敬。来自基层一线的代表用自身经历讲述了我市各民族共同团结奋斗、共同繁荣发展的生动故事，深深打动着每一名在场观众，报告会还设计了代表各民族共同团结奋斗、共同繁荣发展的表演节目，有根据真实事例创作的舞台剧《芦笙变奏曲》、舞蹈诗画《花团锦簇》和大型民族歌舞《奋进新时代》等。进一步激发全市各级各部门各族群众参与创建的热情，铸牢中华民族共同体意识，在新的起点

图16.2 柳州市民族团结进步创建情景报告会（柳州市民宗委提供）

上推进民族团结进步事业向纵深发展。

（6）将柳州市创建全国民族团结进步示范市工作列入政治巡察内容。柳州市委巡察办公室印发《关于进一步深化市县巡察监督的通知》，明确将创建全国民族团结进步示范市工作列入政治巡察内容。紧盯各部门各单位是否认真落实相关要求，是否积极探索创建示范市的长效机制，是否积极贯彻创建示范市的各项目标举措，努力解决创建过程中遇到的困难和问题，确保各项任务和职责落实到位。紧盯各部门各单位是否各司其职、通力合作、密切配合、共同推进，牵头单位是否切实担负起牵头协调责任，责任单位是否认真配合完成各项任务。

（7）开展创建民族团结进步示范市督查工作。2020年12月3—4日，柳州市创建全国民族团结进步示范市领导小组办公室联合市委督查绩效办、市政府督查室，对全市创建全国民族团结进步示范市情况进行督查。20个督查组对全市77个部门，12个县区、开发区就创建全国民族团结进步示范市工作开展交叉督查。督查结束后，召集20个组召开了督查组督查情况汇报会，此次创建督查工作有效推动了创建示范市工作落实，为大家提供了互检互学的平台。

（8）召开铸牢中华民族共同体意识创建全国民族团结进步示范市新闻发布会。12月24日上午，市民宗委召开柳州市铸牢中华民族共同体意识、创建全国民族团结进步示范市新闻发布会，重点介绍我市创建全国民族团结进步示范市的有力措施和亮点做法。《在柳州》《柳州1号》对发布会进行图文直播。广西日报、广西民族报、三月三杂志、南国今报等7家媒体进行了宣传报道，有力推动我市创建工作。

（9）在广西干部网络学院上线民族团结进步教育课堂视频。由柳州市民宗委主任吴慧兰主讲的《柳州如何创建全国民族团结进步示范市》课程列入全区公务员必修课程，在广西干部网络学习平台上线。课程获评满分5分。

（10）承办全区民族团结进步创建工作经验交流会。10月27日，自治区党委宣传部、自治区党委统战部、自治区民宗委在柳州召开全区民族团结进步创建经验交流现场会，会议由自治区黄俊华副主席主持，柳州市委书记郑俊康致辞，市委常委、统战部部长向军代表柳州市在8个市县乡、部门、单位中第一个作典型发言，自治区常委、统战部部长徐绍川作重要讲话，自治区民工委成员单位、各市党委、政府分管领导等130人参加会议。为充分展示柳州创建特色，我们用56路“石榴红”民族团结进步公交专线为会议代表考察提供车辆保障。会议前一天，自治区常委、统战部部长徐绍川在市委书记郑俊康和市委常委、统战部部长向军等人陪同下深入到我市车辆厂社区、龙潭公园两个民族团结进步创建示范点调研指导工作（2个调研点非会议安排考察点），调研期间对我市创建工作给予高度肯定。根据会议安排，与会代表分成两组现场考察我市4个不同类型民族团结进步示范点，其依次是示范学校市二职校、示范企业上汽通用五菱汽车有限公司宝骏基地、示范机关市司法局和示范社区鱼峰区大龙潭社区，与会代表对4个考察点和“石榴红”民族团结进步公交专线给予充分肯定。根据本次大会规格高、规模大、内容丰富的特点，我们充分发挥创建全国民族团结进步示范市领导小组成员单位工作合力，在报到、住宿、会议、交通以及考察活动等各个环节各个岗位落实专人负责，做好会议接待“一对一”服务工作，做到细致周到，会议圆满召开，与会代表满意，得到自治区常委、统战部部长徐绍川连连点赞。柳州市能承办此次会议，充分体现了自治区党委、政府对柳州市民族团结进步事业的关心和肯定，既是对柳州做好民族团结进步创建工作的巨大鼓舞和有力鞭策，又是对柳州工作的全面检查和深入指导，对我市今年迎接国家验收创建示范市工作有积极的意义。

（11）积极培育命名民族团结进步示范区示范单位。2020年我市坚持以铸牢中华民族共同体意识为主线，扎实抓好民族团结进步示范区示范单位的培育命名工作，取得明显成效，为创建全国民族团结进步示范市打下坚实基础。加强经费保障，争取自治区、市级民族团结进步创建项目经费127万元用于我市示范点培育打造工作。严格推荐条件，规范工作程序。周密部署安排，突出基层导向，把握类型均衡，经基层推荐、征求纪检、宣传、统战等部门意见，择优选取，综合考察、社会公示等，确定获得命名单位，今年市委宣传部、统战部和民宗委开展市级命名示范区示范单位命名2次，共命名示范区示范单位130个，获得命名的单位有城区、街道、社区、机关、学校、企业、连队等不同类型的一线部门，大都分布在县区、开发区一线单位。这些单位在同类型中起到很好的示范作用，切实做到了以点带线，以线带面，以面带片的效应，推动创建工作纵深发展。

①辖内当年获得全国民族团结进步创建示范区示范单位命名

2020年柳州市鱼峰区获得国家民委命名为第八批全国民族团结进步示范区。

②辖内当年获得全区民族团结进步创建示范区示范单位命名

2020年柳州市有柳南区、城中区中南街道、柳州市司法局等9个单位获自治区命名为第四批全区民族团结进步示范区示范单位。

2.批示肯定（自评2分）

（1）获得国家领导批示肯定

一是上汽通用五菱获得中国共产党中央委员会、中华人民共和国国务院、中华人民共和国中央军事委员会全国抗击新冠肺炎疫情先进集体表彰。

二是柳州市蒋忠胜中国共产党中央委员会、中华人民共和国国务院、中华人民共和国中央军事委员会授予全国抗击新冠肺炎疫情先进个人荣誉证书。

三是2020年12月2日全国政协委员、柳州市检察院副检察长韦震玲同志在全国政协民宗委主题协商座谈会作《构建各族群众共同法治精神家园》发言，全国政协主席汪洋同志出席会议。

四是柳州市订单定向医学生梁驹在全国就业创业工作电视电话会议上受到中央政治局委员、国务院副总理孙春兰点名表扬。

（2）获得国家部委领导指示肯定

一是柳州市获国家公交都市建设示范城市称号。

二是柳州市融水苗族自治县杨宁同志获得2020年全国脱贫攻坚奖。

三是柳州市在2020年全国运输服务厅局长研讨班上作创建示范都市工作经验和综合交通执法改革经验介绍。

四是中央文明委关于表彰第六届全国文明城市、文明村镇、文明单位和第二届全国文明家庭、文明校园及新一届全国未成年人思想道德建设工作先进的决定，柳州市有多个单位获得表彰。

五是柳州市《路在脚下》获得中华全国总工会网络工作部、中央网信办网络社会工作局授予微视频二等奖。

六是柳州融水获得文化和旅游部命名为第二批国家全域旅游示范区。

（3）获自治区主要领导批示肯定

一是“柳州市坚持用工业化理念谋划发展柳州螺蛳粉产业”等2项典型经验做法获自治区党委、政府通报表扬。

二是“柳州市坚持用工业化理念谋划发展柳州螺蛳粉产业”典型经验做法获自治区党委书记鹿心社批示肯定。

三是三江侗族自治县人大常委会被确定为全国人大常委会法工委基层立法联系点获自治区党委书记鹿心社批示。

四是自治区主席陈武在自治区领导在农业厅工作简报《柳州螺蛳粉：小米粉变成大产业》上给予批示肯定。

五是《柳州市积极开展心理健康教育缓解学生心理压力》受到自治区副主席黄俊华批示。

六是自治区科技厅对柳州市继续坚定支持科技创新工作的肯定。

七是柳州融水、融安获自治区脱贫攻坚办公室表扬。

八是柳州18个项目在自治区党委宣传部“决胜小康 奋斗有我”第八届全区基层群众文艺会演中获奖。

3.经验推广（自评3分）

（1）获得在国家部委、自治区级会议上作经验介绍

一是2020年12月2日全国政协委员、柳州市检察院副检察长韦震玲同志在全国政协民宗委主题协商座谈会作《构建各族群众共同法治精神家园》发言。

二是国务院扶贫办、中国银保监会召开全国扶贫小额信贷工作现场会在广西柳州市三江举办。

三是2020年10月柳州市在全区民族团结进步经验交流会作《以铸牢中华民族

共同体意识为主线合力谱写新时代柳州民族团结进步新篇章》典型发言。

四是柳州三江侗族自治县助力自治县决胜全面建成小康社会决战脱贫攻坚暨千企扶千村现场推进会。

五是柳州市在2020年全区民宗委主任会议上作《坚持“五个强化”主动担当作为扎实推进示范市创建工作》交流发言。

六是三江人大在2020年全区人大民族工作座谈会暨人大民族工作干部培训发言。

七是柳州市在贯彻落实进一步加强和改进自治县立法工作的若干意见座谈会上发言。

八是柳州市在IUC项目中欧城市在线讨论会—抗疫合作专题会议代表中国发言。

九是柳州市在2020年全区网络扶贫工作会议发言。

（2）获得以国家部委、自治区党委、自治区人民政府名义通报表扬

一是柳州鱼峰区获得命名为全国第八批民族团结进步示范区示范单位。

二是柳州市中医院获国家卫生健康委等部门2018—2019年度全国平安医院工作表现突出地区、集体和个人通报表扬。

三是柳州市杨宁荣获国务院扶贫开发领导小组关于表彰2020年全国脱贫攻坚奖的表彰。

四是“柳州市坚持用工业化理念谋划发展柳州螺蛳粉产业”等2项典型经验做法获自治区党委、政府通报表扬。

五是“柳州市坚持用工业化理念谋划发展柳州螺蛳粉产业”典型经验做法获自治区党委书记鹿心社批示肯定。

六是国家民委网站报道柳州市民族团结进步创建典型经验。

七是国家民委网站报道三江侗族自治县党建引领“村规民约”促进民族团结。

八是柳州市有9个单位获自治区党委宣传部、统战部、自治区民宗委命名为第四批自治区民族团结进步示范区示范单位。

（3）获得在中央级主流媒体纸质版刊登

柳州市创建典型材料获得在中央级主流媒体人民日报刊登12篇、新华社报道2篇、工人日报刊登1篇，CCTV新闻联播播出1次、中国妇女报刊登1篇、求是网刊登1篇、国家民委要情2篇、官网报道4篇。

（4）获得自治区级主流媒体纸质版刊登

柳州市创建典型材料获得自治区级主流媒体广西日报刊登6篇、广西频道报道2次、广西卫视播报1条、广西视听播报1条、广西网络广播电视台报道1次、广西信息3篇、广西民族工委工作简报2期（柳州共10条被自治区采用）、广西民族报

刊登5篇、广西法治日报刊登1篇、自治区民宗委官网报道9次、学习强国报道4条（详见佐证材料）。

（5）获得中央、自治区级主流媒体网络刊播

柳州市创建典型材料获得中央、自治区级主流媒体网络刊播的人民日报刊登12条、新华社报道7条、CCTV新闻联播播出1次、国家民委官网报道4篇、广西日报道2篇、广西民族报报道4篇、广西频道报道2次、广西网络广播电视台报道1次、自治区民宗委官网报道9次、广西民族工委工作简报2期（柳州共10条被自治区采用）。

三、存在问题及建议

虽然我市民族团结进步创建工作取得了一定成绩，但对标全国民族团结进步示范市的目标要求还需要继续努力。从创建目标来讲，全国民族团结进步示范市要求辖区内获全国、全区民族团结进步示范命名的县（区）须达到40%。我市目前获全国、自治区民族团结进步示范命名的县（区）有三江、融水、鱼峰和柳南，已经达到40%的目标，但创建不能止步于此，我们要争取更多的县（区）获得示范县（区）命名。我市融水、三江两个自治县刚刚脱贫摘帽，与全面建成小康社会还有一定差距，需要进一步加大扶持力度。

做好新形势下民族团结进步创建工作责任重大、使命光荣。我们将紧密团结在以习近平同志为核心的党中央周围，在自治区党委、政府的正确领导下，团结带领全市各族群众，齐心协力、锐意进取、开拓创新，争取创建全国民族团结进步示范市早日成功，不断开创我市民族团结进步事业新局面！

我们不厌其长地引述这份文件，是因为这是一份全面、细致、系统的自查报告，反映了高站位的柳州，创建全国民族团结进步示范市工作的广泛和深入、扎实和热烈，攀登高峰的劲头十足、热情饱满，凸显了势在必得的雄心壮志。正如《中国民族》杂志“广西柳州市民族团结进步创建风采录”在《工业重镇焕发生机　民族团结谱写新篇——广西柳州市民族团结进步创建工作综述》中所报道的那样：

鱼峰山下对山歌，雀儿山脚吹芦笙，龙潭公园跳多耶，各族居民打油茶……走进位于广西中北部的工业重镇柳州，各民族相亲相爱、和谐共处的景象随处可见，民族团结的浓厚氛围令人印象深刻。

柳州，这座山清水秀的工业城市，同时也是多民族聚居之地。这里生活着壮、汉、侗、苗、瑶、仫佬、回、水等40多个民族。根据第七次全国人口普查的结果，柳州市少数民族人口为219.32万人，占全市总人口的52.75%。辖区内有2个自治县、6个民族乡。

自2019年开展全国民族团结进步示范市创建工作以来，柳州市坚持以铸牢

中华民族共同体意识为主线，把创建工作融入全市中心工作，认真履行守护民族团结生命线的政治责任，紧紧围绕大工业、大民生、大生态三大战略，全力打好创建工作“五大战役”，奋力追赶领先跨越，各族群众福祉不断增进，通过培塑精神标杆、宣传高地、文化品牌和先进典型，大力弘扬新时代柳州精神，唱响民族团结进步主旋律，构建中华民族共有精神家园，巩固和拓展创建工作主阵地、主渠道，创新创造成果不断涌现，民族事务治理能力和管理水平显著提升，各民族亲如一家，干部群众激情满怀，走出了一条符合本地实际、成效显著的创建之路。

一、增进民生福祉 不断夯实民族团结进步之基

今年（2021年）2月，在北京召开的全国脱贫攻坚总结表彰大会上，柳州市融水苗族自治县安陲乡江门村党总支书记、村委会主任杨宁，从习近平总书记手中接过“全国脱贫攻坚先进个人”奖状时，激动地对总书记说：“感谢总书记对广西的关心，对少数民族和民族地区的关怀，欢迎总书记有时间来我们广西指导工作。”总书记亲切地回答她：“广西，我会去的。”时隔两个月，习近平总书记如约来到广西考察调研。

在广西考察期间，习近平总书记再次强调，在全面建设社会主义现代化国家的新征程上，一个民族都不能少。我们还不能停步，接下来要向着第二个百年奋斗目标新征程迈进，一个民族也不能少，加油、努力，再长征！“一个民族都不能少”，这是最深的牵挂，也是最大的担当。

增进民生福祉、做大经济产业，这是不断夯实民族团结进步创建工作的重要根基。近年来，柳州市紧紧围绕大扶贫、大工业、大生态三大战略，全力打好创建工作“五大战役”，奋力追赶领先跨越，各族群众福祉不断增进。

脱贫攻坚战取得了全面胜利，区域性整体贫困得到解决。2013年以来，柳州市委市政府始终把精准扶贫精准脱贫战略摆在经济社会发展的突出位置，把脱贫攻坚作为全面建成小康社会的底线任务，共选派4499名驻村第一书记、工作队员和3.67万名帮扶干部，累计投入各级财政专项扶贫资金110亿元。2020年全市建档立卡贫困户年人均纯收入达10607元，比2015年建档立卡时翻了两番，其中34.7万贫困人口通过产业增收脱贫，77.6%以上的脱贫户家庭主要收入来源于务工收入。全市贫困县、贫困村面貌和贫困户生活状况发生了根本性变化，贫困群众“三保障”突出问题全面解决。2020年底，现行标准下3个贫困县全部脱帽，348个贫困村全部出列，43.37万建档立卡贫困人口全部脱贫，消除了区域性整体贫困。在脱贫人口中，就包括了35.63万建档立卡少数民族贫困人口。苗、瑶、侗、壮、仫佬等少数民族彻底解决绝对贫困问题，各族人民携手迈进全面小康，民族关系更加团结和睦，成为铸牢中华民族共同体意识、增进“五个认同”的生动教材。

以新理念推动经济高质量发展。扎实做好“六稳”工作、落实“六保”任

务，统筹推进疫情防控和经济社会发展，规模以上工业企业突破1000家。2020年完成汽车产量187.3万辆，新能源汽车产量18.7万辆；柳钢本部钢材产量突破1700万吨；柳工挖掘机、装载机销量大幅增长。柳州螺蛳粉产业袋装螺蛳粉销售收入达到110亿元，配套及衍生产业销售收入130亿元，为各族群众创造了30万个从业和就业岗位。

以工促农抓好城乡一体融合发展。加快民族地区经济社会发展，2个自治县和6个民族乡如期脱贫摘帽。市区9家三甲医院与各县建立了12对紧密型市县医联体。在广西率先推行“县属轮教”，统筹市区学校直接对口帮扶义务教育学校教师紧缺和校际不平衡的县一级学校。柳州成为国家首批产教融合型建设试点城市，拥有中高职院校9所。民族地区主要经济指标增速高于全国平均水平，6个民族乡国内生产总值近5年来由6.48亿元增加到11.45亿元。

以民生改善促进和谐稳定。2020年全市民生支出377.5亿元，占一般公共预算支出的80.6%。社会保障水平稳步提高，连续16年上调基本养老金，城乡低保标准持续提高，获评为全国第四批居家和社区养老服务改革试点优秀城市。地表水环境质量全国第一，市区空气质量优良率达96.7%，全市森林覆盖率达66.7%，城市建成区绿化覆盖率达44%。

随着脱贫攻坚这场硬仗的全面胜利，“脱贫不忘党恩，致富感谢祖国”成为柳州各族干部群众的共同心声。

二、弘扬柳州精神 构筑各民族共有精神家园

2021年4月26日，习近平总书记在广西柳州市考察调研期间，迈着稳健的步伐走进了这家全国民族团结进步示范企业——广西柳工集团有限公司。柳工作为广西制造企业的代表，致力于不断铸牢中华民族共同体意识，以民族团结促经济发展，带动民族地区工业制造快速发展。在60多年的发展历程中，柳工汇聚全国各地的各族建设者，谱写了共同团结奋斗、共同繁荣发展的壮美篇章。

走进柳钢集团展览馆，一幅“铸钢铸魂”的醒目标语正面迎来，彰显着“各族人民建柳钢，齐心协力助南疆”的精神传承。“我们把‘铸’作为柳钢的精神，以铸魂引领国企党的建设，以铸牢中华民族共同体意识引领团结奋进。”柳钢集团党委工作部副部长杨少波说。

柳工、柳钢的精神就是柳州这座工业城市的精神。近年来，围绕“中华民族一家亲、同心共筑中国梦”，立足工业城市特色，柳州提出了“工业辐射带动，城乡携手共建，加强交流交融，共同繁荣发展”的创建全国民族团结进步示范市工作思路。

按照这一思路，柳州市培塑精神标杆、宣传高地、文化品牌和先进典型，大力弘扬新时代柳州精神，唱响民族团结进步主旋律，构建各民族共有精神家园。

树立全市民族团结进步的精神标杆。将红石榴果与柳州市花紫荆花结合在

一起，设计创建全国民族团结进步示范市、铸牢中华民族共同体意识的柳州标识（LOGO），象征着柳州各族儿女像石榴籽一样紧紧拥抱在一起，牢记嘱托，感恩奋进。按照市委市政府的部署，市创建办发出《全市各民族像石榴籽一样紧紧拥抱在一起 携手共创民族团结进步示范市》的公开信，“牢记嘱托、感恩奋进、像石榴籽一样紧紧拥抱在一起”成为全市民族团结进步的精神标杆。

建立全市民族团结进步的宣传高地。成立多个铸牢中华民族共同体意识教育基地和研究基地，每年开展全市“民族团结进步宣传月”活动，举办“壮族三月三”歌节、“民族团结进步·我们的故事”征文、“我跟你学·你跟我讲·双语双向”助力脱贫攻坚抖音短视频创作大赛、“铸牢中华民族共同体意识·‘双语双向’助力脱贫攻坚”百姓宣讲、民族团结进步创建情景报告会、民族团结进步课件进校园系列宣传活动。

创建全市民族团结进步的文化品牌。积极传承和弘扬中华优秀传统文化，推动各民族文化交融发展与创新。努力打造民族音乐剧《白莲》、广西民族音画《八桂大歌》、舞蹈诗《侗》3部优秀艺术作品，推出《夜话柳江》大型山水实景演出、广西首部工业题材音乐剧《致青春》和“千把芦笙闹龙潭千人多耶唱和谐”民族文化活动；同时，指导三江、融水两县打造《坐妹》《苗魅》等优秀文旅演艺项目；以“鱼峰歌圩”为样板，积极推动民族文化进社区、进乡村、进公园、进学校、进企业，切实让中外宾客感受“画卷柳州”的别样风情，增强对中华文化的认同。截至2020年底，全市乡镇、村100%建有文化活动站（室），并不定期开展民族团结进步宣传活动。

积极培育全市民族团结进步的示范典型。自开展全国民族团结进步示范市创建工作以来，涌现了全国民族团结进步示范单位8个，自治区民族团结进步创建示范单位26个，自治区民族团结进步教育基地5个；正式命名并挂牌的全市民族团结教育示范基地51个，民族团结进步示范区示范单位212个，全市获全国、自治区民族团结进步示范命名的县（市）达到40%。创建工作呈现了你追我赶、示范带动的良好态势和团结互助、整体推进的可喜局面。

三、创新体制机制 提升民族事务治理能力水平

柳州市鱼峰区天马街道大龙潭社区，居住着汉、壮、回、瑶、苗、侗等10多个民族的8000多名群众。近年来，社区通过“五个一”和“民情唱谈会”的载体，延伸拓展民族团结进步创建工作，不断促进各族群众共居共学共事共乐，先后获得“全国民族团结进步模范集体”“全国民族团结进步创建活动示范社区”等荣誉称号。

近年来，通过巩固和拓展创建工作主阵地、主渠道，创新创造成果不断涌现，民族事务治理能力和管理水平显著提升。

探索“十进”新模式，开创全国民族团结进步示范市创建工作新格局。在创建“十进”活动中，涌现一批先进典型，较好地发挥了示范带动作用。创建工作进机关，涌现出三江文化体育广电和旅游局“文化+旅游+团结”的科学发展经验，市司法局“宣传+法律+团结”的援助发展经验等；创建工作进企业，涌现出柳州两面针公司“宣传+活力+帮扶”经验，柳工集团“文体+帮扶+聚力”经验等；创建工作进乡镇（村屯），涌现出三江林溪镇、柳城古砦仫佬族乡等一批全国全区先进典型；创建工作进街道社区，涌现出鱼峰区天马街道“一家人”工作模式，城中区中南街道“老街焕新”经济模式等；创建工作进学校，涌现出柳邕三小、市第二职业技术学校、市民族高中等一批民族团结进步示范学校；创建工作进宗教活动场所，涌现出市清真寺、柳城县开山寺等引导信教群众爱党爱国典型；创建工作进连队，涌现出柳州支队执勤一大队执勤二中队接力资助458名红瑶女童圆读书梦等系列感人事迹；创建工作进窗口，涌现出柳城县自然资源和规划局林业窗口、鹿寨县行政审批局和柳江区行政审批局等“暖心”窗口单位；创建工作进景区，涌现出龙潭公园、融水梦鸣苗寨等一批“文化交融”景区；创建工作进“两新组织”，涌现出柳州市“两新组织”发挥纽带作用引导民族节庆文化活动有序开展的典型。

狠抓“六重奏”[1]效应，确保全国民族团结进步示范市创建宣传工作富有地方特色。柳州市充分发挥电视台、广播电台、报刊等传统媒体宣传主阵地作用，深入挖掘民族团结进步模范人物、故事，推出重点报道，在柳州电视台《柳州新闻》《柳州交通广播》《1029早晨报》等栏目全年不间断播出。利用APP开辟民族团结进步教育讲堂，常态化开展民族政策宣传。举办“民族团结进步·我们的故事”征文活动，生动展现全市各族人民团结和谐、奋发向上的精神风貌。录制《唱支山歌给党听》《祝福祖国》等视频在节日期间播放，积极在电视台和新媒体平台宣传中华民族共同体意识。着力打造石榴红“民族团结公交专线”，将56路“石榴红”民族团结主题公交线路打造成柳州民族团结进步创建特色品牌。设计柳州市铸牢中华民族共同体意识标识，设计民族团结宣传系列标语海报，组织编印《柳州民族团结进步创建手册》《柳州民族团结进步知识学习手册》等宣传书籍资料，切实提高创建工作的知晓度。

健全“五纳入”工作机制，将民族团结进步创建工作纳入柳州市委市政府工作重点，纳入专项绩效考评，纳入各级党委（党组）民主生活会对照检查内容，纳入全市党组织政治巡察的重要事项，纳入市重点工作督查范围。着力做好全国民族团结进步示范市创建工作的长效管理。多次召开会议研究部署民族团结进步创建工作。各县（区）、各部门严格实行“一把手”负责制，形成党政主导、部

1 “六重奏”：一重奏：传统媒体显担当，实力奏响主旋律；二重奏：“互联网＋民族团结”，新媒体成生力军；三重奏：载体手段多创新，为让宣传更动听；四重奏：重要节点抓得牢，共振共鸣筑同心；五重奏：各条战线齐动员，传播团结好声音；六重奏：宣传资料编得精，政策理论讲得明。

门协同、社会参与的创建工作格局。制定《柳州市创建全国民族团结进步示范市测评指标（试行）任务分工方案》，进一步规范和完善市级示范区、示范单位和教育基地测评指标，使创建工作有依据、有标准。

四、铸民族团结城 稳步迈入现代化建设新征程

实业兴市，开放强柳，充分展示柳州市中国特色社会主义现代化建设的光明前景。“十四五”时期，柳州市将以大融合、大智造、大创新为抓手，大力实施“实业强市”战略，努力实现跨越式发展。重点是推动新能源汽车制造与服务业的深度融合，打造国际知名、国内一流的中高端智能网联汽车制造基地；推动绿色钢铁研—产—贸—融的有机结合，建设绿色钢铁生产基地、研产贸融一体化产业体系；推动生物医药与健康服务的深度融合，着力培育壮大生物与制药产业龙头企业，形成生物医药+健康服务的融合新业态。重点突破，全面打造中国智能制造城，结合国家赋予广西的“三大定位”，发挥柳州在广西与东盟、广西与“一带一路”沿线地区、广西与全球产能合作中的第一市优势，把柳州建设成为区域性国际智能制造产能合作基地、中国—东盟汽车及零配件产业基地、中国—东盟绿色金融示范基地、中国—东盟工业物流节点城市。

建设“三新区”[1]，进一步提高柳州市城镇化总体水平。柳东新区、柳江新城区和北部生态新区，是“十四五”时期柳州市城镇化建设与发展的新空间，是全市城市建设和产业发展的新平台，更是推进新时期民族团结进步事业的新高地。根据三新区山水地貌特点和现有基础设施条件，重点是突出柳东新区产城融合的示范功能，提升柳江新城区新型产业开发的综合功能，凸显北部生态新区的金山银山生态功能，更好地带动三江、融水、融安等周边民族地区产业发展、基础设施建设和公共服务设施能力，确保民族村寨与三新区在推进产业、基础设施、公共服务等方面与柳州市区实现无缝对接，从而全面提升城市及其周边地区一体化发展的总体水平，使柳州市民族地区城镇化始终走在全区前列。

振兴乡村，确保各族人民共享幸福柳州建设发展新成果。紧紧围绕乡村振兴战略目标，加快推动全市乡村振兴“九个一”工程。加快发展特色优势产业群落，做大做强县域经济，重点是加快鹿寨撤县设区步伐，将柳城县打造成柳州市卫星城，打造柳州至三江新型城镇带，支持融安建设成为柳州市域次中心城市，支持融水苗族自治县、三江侗族自治县用足用好重点生态功能区品牌，着力打造生态农业、民族特色风情旅游产业，不断壮大县域经济。

优化生态，把柳州打造成为宜居宜业的山水生态城市。进一步优化城市生态环和城市景观环，提质百里柳江景观带、城市景观发展轴，扩容六区特色绿地景观，升级城市公园体系，放大“紫荆花城”品牌效应，全面打造柳州“生态花

1 “三新区”指柳东新区、柳江新城区和北部生态新区。

园、五彩画廊”花园城市3.0版，建设植物品种更多样、色彩更丰富、配置更合理、景观更独特、内涵更深刻的和谐园林城市。加快建设洋溪、梅林等一批大中型水利枢纽工程，将柳江防洪能力提高到百年一遇水平，使“高峡出平湖、城乡更和谐”的江河治理目标全面实现。

“各族人民要心手相牵、团结奋进，共创中华民族的美好未来，共享民族复兴的伟大荣光。”柳州市将坚决贯彻习近平总书记视察广西重要指示精神，继续以“推进工业高质量发展，建设现代制造城，打造万亿工业强市”为目标，以特有的工业精神和工业思维，持续推动民族团结进步创建工作，阔步新征程。[1]

三、高水平：创建全国民族团结进步示范市的工作方法

在创建全国民族团结进步示范市的攀登中，高站位的态势，必须配以高水平的工作方法。党的十八大以来，柳州市委、市人民政府认真贯彻落实习近平总书记关于民族工作的重要论述和对广西工作的重要指示精神，始终把人民群众的根本利益作为创建工作的出发点和落脚点，牢记为民初心，以铸牢中华民族共同体意识为主线，科学系统谋划新时代民族团结进步创建工作。形成上下同心，全民共创，齐心协力“建设美好家园，共圆复兴梦想”的创建工作新格局。走出一条工业辐射带动，城乡携手共建，交往交流交融，共同繁荣发展的民族团结之路。柳州已成为兼具工业之强、生态之美，各民族宜居宜业的团结进步幸福家园，为创建全国民族团结进步示范市创造了一套行之有效的工作方法。

（一）高站位，强领导，形成民族团结进步创建强大合力

一是坚持政治引领，形成高位推动局面。柳州市委、市人民政府高度重视示范市创建工作，成立了以市委书记和市长为双组长、各部门“一把手”为成员的创建全国民族团结进步示范市工作领导小组，各县区、开发区、各单位也成立了相应组织领导机构。将创建工作纳入目标绩效、政绩考核、督查事项、政治巡查和人大、政协监督检查范畴，形成了由统战领导小组统筹，宣传、统战、民族工作部门共同负责的创建格局。此外，我市还给市民宗委增加了3个行政编制，核定编外聘用人员12名从事示范市创建工作，将创建工作经费列入财政预算，做到了机构、人员、经费“三落实”。

1　吴慧兰、苏格真、班雪梅、贾晔：《工业重镇焕发生机　民族团结谱写新篇——广西柳州市民族团结进步创建工作综述》，《中国民族》2021年第5期。

二是坚持思想引领，夯实思想之基。市委、市政府从大局上谋划推动民族工作，把习近平总书记关于民族工作的重要论述纳入全市各级党委、政府理论学习中心组的重要内容。把促进少数民族和民族地区发展纳入经济社会发展总体规划，把促进民族团结进步纳入全市党政领导班子和领导干部目标考核，同时把维护民族团结和谐稳定纳入全市党组织政治巡察的重要事项。在市委党校（行政学院）主体班开设民族理论政策课程。将统战、民族、宗教理论政策法律法规纳入各级高校、中小学，严格执行课程计划。

三是坚持规划引领，确保创建任务落实。制定下发了《柳州市创建全国民族团结进步示范市实施方案》《柳州市贯彻落实〈广西全面深入持久开展民族团结进步创建工作铸牢中华民族共同体意识实施方案〉的工作方案》等系列文件。根据《全国民族团结进步示范州（地、市、盟）测评指标体系》，制定了《柳州市创建全国民族团结进步示范市测评指标（试行）任务分工方案》，建立柳州市民族团结进步创建“十进”活动方案。围绕创建全国示范工作目标任务进行督促检查，全面提升创建全国示范工作质量和实效。

（二）多载体，广宣传，营造铸牢中华民族共同体意识的浓厚氛围

一是充分发挥各类媒体作用。紧紧围绕铸牢中华民族共同体意识，把宣传做深做细做精彩。在主流媒体开设创建专栏，推出有话题、有深度、有延展的重点报道。利用网站、微信、微电影、抖音及网络学习平台，发出民族团结进步正能量声音。做到电视有影、电台有声、报纸有文、互联网有量、群众有感，耳熟能详、如春雨润物般深入人心，引导各族干部群众树立正确的祖国观、民族观、文化观、历史观。编印一批民族团结进步宣传读本、宣传画册，拍摄一批宣传视频等，不断提高各族群众民族理论政策和民族知识知晓率。

二是广泛开展教育培训。建立健全常态化教育机制。在市委党校设立干部铸牢中华民族共同体意识教育基地，在市总工会设立职工铸牢中华民族共同体意识教育基地，在市妇联设立妇女铸牢中华民族共同体意识教育基地，在团市委设立青少年铸牢中华民族共同体意识教育基地。将党的统战、民族、宗教理论政策法律法规纳入本市干部职工培训内容，纳入各级高校（市管高校）、中小学等国民教育各级各类学校课堂。在市委党校（行政学院）主体班开设民族理论政策课程，开展形式多样学习教育，使中华民族共同体意识和“五个认同”更加深入人心。

三是丰富宣传教育载体。打造56路“石榴红民族团结公交专线”，举办民族团结进步情景报告会、民族团结进步知识竞赛，设计一个柳州市创建全国民族团结进步示范市铸牢中华民族共同体意识标识。创作一部民族团结进步主题微电影《遇见彩虹》、创作一首民族团结进步主题歌《民族团结美景如画》，在电视台等各平台播放。制作

展出《民族团结像紫荆花般灿放》民族团结进步创建专题图片展。举办“民族团结进步·我们的故事”征文活动。录制《柳州如何创建全国民族团结进步示范市》课程在广西干部网络学习平台上线，成为全区公务员网络学习必修课。拍摄4部柳州市铸牢中华民族共同体意识主题宣传短片和16条民族语言民族团结进步宣传标语视频，利用电视、广播电台、网站、微信公众号、抖音号全方位不间断宣传。编辑出版《民族影像》《民族服饰》等画册。举办“我跟你学、你跟我讲”“双语双向”助力脱贫攻坚抖音短视频创作大赛。以民族团结进步创建为主题创作了长21米的侗族农民画《民族团结长卷》。利用天气预报发送民族团结进步宣传短信，通过气象“大喇叭”，把民族团结政策理论知识每天直接喊话到村屯。人口普查员兼任民族团结宣讲员，走进千家万户，让民族团结宣传走进生活、贴近百姓，随处可见、触手可及。

（三）强保护，广传承，全力构筑中华民族共有精神家园

一是夯实文化传承基础。立足柳州厚重的历史文化底蕴，扎实做好以“柳江人”、白莲洞、柳宗元为代表的历史文化品牌，集中打造集革命传统教育、中华民族美德教育、历史人文教育、现代成就展示为一体的中华文化成果展示平台，向群众免费开放。先后建成柳州博物馆、柳州工业博物馆、柳州军事博物馆、柳州奇石馆、白莲洞遗址等一批文化传承，民族团结教育基地。树立和突出各民族共享的中华文化符号和中华民族形象，全市有一大批研究柳州历史的专家及其丰厚的文史书籍。组织开展乡村广场舞、地方戏曲会演、体育比赛、全民阅读、文艺培训、送文化下乡等活动，全市坚持开展中华经典诵读讲写活动的学校有300多所，戏曲进校园活动覆盖率达100%。深化拓展“我们的节日”主题活动，打造以“壮族三月三”歌节、三江侗族大歌多耶节、融水芦笙斗马节、柳城壮欢节、蜜橘节为代表的节庆文化品牌和以国际中华奇石节、国际水上狂欢节为代表的柳州文化品牌。开展送文化下乡活动，2020年元旦春节期间“我们的中国梦”——文化进万家活动启动仪式暨首场慰问演出在柳州三江举行。

二是加强文化遗产保护。制定了《民族民间文化挖掘保护和开发工作方案》，将非物质文化遗产保护工作列入年度工作重点，落实人员、经费，促进民族文化的繁荣和发展。目前获公布为国家级非物质文化遗产名录项目的5项，区级非物质文化遗产名录项目30项，并率先在全区公布了四批市级非物质文化遗产名录共45个项目，六县四城区公布了县（区）级非物质文化遗产代表性项目名录共134项，全市国家级、自治区级、市级和县（区）级四级非遗名录体系已基本建立，非物质文化遗产的保护、传承走在全区前列，文化旅游产业不断发展。

三是大力弘扬和传承中华优秀传统文化。把增强中华文化认同和弘扬民族优秀文化作为民族团结的“根”和“魂”，打造民族音乐剧《白莲》、广西民族音画《八桂大歌》以及舞蹈诗《侗》等三部优秀艺术作品，在国内外享有盛誉。本土原创女子群舞

《仫佬》斩获第九届中国舞蹈“荷花奖”比赛最高桂冠——作品金奖和最佳音乐创作奖，彩调剧《红瑶梦》《空村》等剧目先后斩获自治区级大奖。全国文化进万家活动在三江启动。打造了《夜话柳江》《坐妹》《苗魅》等具有民族特色的广西优秀文旅演艺项目。以“壮族三月三”为契机开展了“千把芦笙闹龙潭”、柳州“鱼峰歌圩”全国山歌邀请赛、全国侗族大歌·芦笙踩堂邀请赛、“花炮节”、“芦笙斗马节”、“多耶节”、“盘王节”等一系列活动。每年举办水上狂欢节、国际奇石节等活动。举办了“民族影像”巡展等活动尽展柳州民族文化风采。组建的花炮队代表广西，多次在全国少数民族传统体育运动会比赛中荣获冠军。推动民族文化走进社区、乡村、公园、学校、企业，“鱼峰山下对山歌，雀儿山脚吹芦笙，龙潭公园跳瑶舞，艺术中心看大戏”，各族群众在活动中相互尊重凝聚团结的力量。

（四）强服务，同发展，促进各民族交往交流交融

一是强化社区管理服务。实施城市社区管理提档升级和易地扶贫搬迁小区建设工程，构建嵌入式社会结构和社区环境。在社区建立民族工作服务站和民族团结之家，在就业服务、医疗卫生、法律援助、经商管理、文化生活等方面服务各族群众。重点打造三江幸福家园、融水苗家小镇、梦呜苗寨等易地扶贫搬迁安置点，开设“一站式”综合服务平台，按照“群众自主点单、社区平台派单、党员干部接单”流程，确保服务群众“零距离”，促进各族群众交往交流交融。

二是发挥好社团组织的积极作用。在市芦笙协会、市侗学会、市伊协等社团建立民族工作联络点，及时收集和了解少数民族群众相关情况，指导到市区打工、就业、创业的苗、侗、瑶等少数民族同胞成立柳州市芦笙协会，有组织地在市区开展吹芦笙跳踩堂舞活动，并协调了吹芦笙踩堂活动场地，推动芦笙文化活动在市区蓬勃开展，吸引了各民族市民一起参与，芦笙协会从成立时的9支队伍发展到32支芦笙队，每年定期举办芦笙协会年会暨苗年活动，不仅所有芦笙队参加，还邀请团体单位一同参加，实现少数民族进城人员与城市居民的相互了解、相互接纳，促进各民族交往交流交融。

三是积极帮助少数民族流动人口融入城市。进一步调整完善户口迁移政策，简化落户程序，2019年有9581名少数民族人员迁入柳州，占迁入人员总数的45.7%。全市累计登记办理发放居住证647037张，其中少数民族登记办理发放居住证300421张。各城区、开发区建立少数民族流动人口管理服务中心，市龙潭公园建立了少数民族流动人员活动中心，柳南区建立飞鹅商圈少数民族流动人口服务站，精心打造嵌入式社会服务管理平台，通过精细化的服务管理，有力提升城市民族工作水平。

（五）树典型，创示范，树起民族团结进步典范

一是培育民族团结进步典型。以民族团结进步创建“十进”为主阵地、主渠道，突出重点，进机关突出“做表率”，进企业突出“聚合力”，进社区突出“强服务”，进学校突出“入头脑”，进乡镇突出“惠民生”，进宗教活动场所突出“重引导”，进连队突出“鱼水情”，进窗口单位突出“树形象”，进景区突出“促三交”，进两新组织突出“群众性”，鼓励各行各业结合实际创建特色工作品牌，凝聚力量、达成共识。在“十进”活动中，作为工业城市，企业创建工作成效显著。上汽通用五菱宝骏基地坚持“人民需要什么，五菱就造什么”，疫情期间累计向抗疫一线及社会各界无偿捐赠超过四千万只防疫口罩，并向20多个国家出口口罩超过五千万只，获“全国抗击新冠肺炎疫情先进集体”和“全国民族团结进步模范集体”称号。柳钢集团作为毛泽东主席亲自审定建设规划方案的地方国有企业，63年来扎根民族地区，勇当广西工业发展排头兵，跻身2020全球钢企50强第25位。柳工集团、柳州两面针公司、柳钢集团先后获命名为“全国全区民族团结进步示范企业”，为民族地区经济发展注入了强劲动力。各县区、开发区和各单位结合实际，围绕模范执行民族区域自治法、城市民族工作条例、民族文化传承等方面打造品牌，培育命名了一批“立得住、叫得响、能示范”的示范区示范单位，形成全市动员、人人参与的生动局面。成功创建国家级示范区示范单位8个、自治区级示范区示范单位26个、市级示范区示范单位212个。

二是弘扬时代精神。大力弘扬伟大抗疫精神，广泛宣传柳州援鄂医疗队员的英雄

图16.3　2019年柳州市获国务院表彰的全国民族团结进步模范集体和模范个人（柳州市民宗委提供）

事迹，讲好抗疫故事，通过经历疫情的防控，全市人民都以身为中国人而骄傲。把民族团结纳入《柳州市市民公约》重要内容，不断增进全市各族群众对中华民族这一共有身份的认同。广泛宣传中央脱贫攻坚方针政策，帮助群众算好政策账、收入账和公共实惠账，深入挖掘全国脱贫攻坚奖获得者，全国脱贫攻坚先进个人杨宁等坚守初心使命、践行民族团结进步事业的时代精神，以“全国脱贫攻坚模范”蓝标河的事迹创作的彩调剧《向人民报告》，为全市人民打好脱贫攻坚战提供有力的精神动力。充分挖掘各行各业民族团结先进典型，孕育和培养各行各业先进代表，促进民族团结，2019年有4名个人被评为民族团结进步模范个人，获国务院表彰。

（六）建机制，强治理，提升民族事务治理水平

一是依法治理民族事务。尊崇宪法、民族区域自治法的原则和精神，促进经济社会发展和民族团结。建立民族事务治理常态化机制，开展执法检查，用法律保障民族团结。支持民族自治地方修订自治条例，保证各族公民平等地享有权利、平等地履行义务。在民族地区法院、司法所等开展“双语”服务，畅通少数民族群众办事渠道，广西首个国家级基层立法联系点落户柳州三江，“遇事讲法、遇事找法”成为柳州各族人民普遍共识。全市未发生一起影响民族团结的事件。

二是完善民族事务治理机制。在各城区、开发区建立少数民族流动人口服务站，制定了矛盾纠纷排查和协调处置机制，定期召开联席会、民情恳谈会，开展矛盾排查，快速化解纠纷。在6个民族乡建设“双语人民调解工作室”，落实双语调解员，培训双语法官。坚持“法律面前人人平等”，是什么问题就按什么问题处理，依法妥善处理涉及民族因素的矛盾和纠纷，有效地维护了全市民族团结和社会稳定。

三是完善社区服务体系。在少数民族人口相对集中的社区，建立了“一站一家一窗口”为少数民族人口做好服务。组建了社工服务队伍，为少数民族困难家庭点亮“微心愿”，在社区建立民族工作联络点，及时收集和了解少数民族群众相关情况，开展慰问走访，让城市更好地接纳少数民族群众，让少数民族群众更好地融入城市。

（七）快发展，增福祉，共享创建发展成果

一是贯彻新发展理念，推动经济平稳健康发展。市委、市政府始终坚持稳中求进工作总基调，深入实施“实业兴市、开放强柳”战略，统筹推进疫情防控和经济社会发展，扎实做好“六稳”工作，全面落实“六保”任务，经济运行总体平稳，社会大局和谐稳定。规模以上工业企业突破1000家，拥有一汽、东风、上汽和重汽四大汽车集团的整车生产企业，五菱、宝骏等汽车品牌驰名中外。机械产业，柳工挖掘机、装载机销量大幅增长。2020年，柳州市完成汽车产量187.3万辆；钢铁产业，柳钢本部

钢材产量突破1700万吨；柳州新能源汽车产量18.7万辆、同比增长198.2%。2020年，秉承工业基因，柳州用工业思维打造柳州螺蛳粉产业，袋装螺蛳粉产业从无到有，年销售收入109.94亿元，带动配套及衍生附属产品销售收入超过130亿元，实现了由“小米粉”向“大产业”的转变，为各族群众创造了25万个从业和就业岗位，给各族群众提供了更多的就业创业平台。全市综合实力不断提升，2016—2019年，地区生产总值从2476.9亿元增加到3128.3亿元，年均增长6.0%；人均地区生产总值从62855元增加到77056元，小康实现程度居全区第二。

二是以工促农抓好城乡一体融合发展。市委、市政府把创建示范市工作与脱贫攻坚相结合，以城带乡、以工促农，加快民族地区经济社会发展。聚焦三江、融水两个自治县短板弱项，组织非贫困县区和市属国有企业成立突击队“一对一”进行结对帮扶，全力打好产业扶贫、易地扶贫搬迁、村集体经济发展、基础设施建设和粤桂扶贫协作等“五场硬仗”，大力改善民族地区的生产、生活条件，少数民族村寨防火改造工程受益家庭近12万户。2020年，实现1.93万人脱贫，68个贫困村出列，融水苗族自治县、三江侗族自治县脱贫摘帽。统筹投入各级财政扶贫资金28.12亿元、增长14.3%。“两不愁三保障”和饮水安全突出问题全面解决，所有村集体经济年收入达5万元以上，粤桂扶贫协作广东省财政帮扶资金1.5亿元，脱贫攻坚取得了决定性成就。柳州民族地区主要经济指标增速高于全国平均水平，6个民族乡国内生产总值近5年间由6.48亿元增加到11.45亿元。

三是各族群众的获得感幸福感安全感不断提升。以创建全国示范市为契机，教育、医疗、科技、文化、社会保障和基本公共服务均等化快速发展，民生福祉不断增进。普惠性幼儿园覆盖率超过85%，义务教育集团化办学覆盖率达50%，高中阶段教育毛入学率达95.5%。医疗卫生基础设施建设加快推进，公立医院综合改革获国务院通报表扬。柳州版“1521”养老服务示范工程建设和大健康养老产业稳步推进，获评全国第四批居家和社区养老服务改革试点优秀城市。市区9家三甲医院与各县建立了12对紧密型市县医联体，优质医疗资源惠及更多民众。在广西率先推行“县属轮教”，统筹市区学校直接对口帮扶义务教育学校教师紧缺和校际不平衡的县一级学校。柳州成为国家首批产教融合型建设试点城市，拥有中高职院校9所，使一大批各族学子掌握职业技能、平等享有人生出彩的机会。[1]

这一系列工作方法，为柳州市在创建全国民族团结进步示范市的攀登中更好地保驾护航。

1 参阅《柳州市创建全国民族团结进步示范市初验报告》(2021年3月)。

第十七章　登顶：迎接创建全国民族团结进步示范市考核验收

攀登有一个过程，也有一个终点。经过三年的创建，功夫不负有心人，2021年9月，柳州终于等来了创建全国民族团结进步示范市迎检的大喜日子。

2021年9月3日，柳州市召开了创建全国民族团结进步示范市迎检工作会议。进一步动员全市各级各部门和全市人民迅速行动起来，全力以赴迎接国家考核组对柳州市创建全国民族团结进步示范市工作的考核验收。柳州市委书记吴炜出席会议并讲话，柳州市委副书记、市长张壮主持会议，市二级巡视员覃勋传达中央民族工作会议精神，市委常委、统战部部长邓娟娟总结创建全国民族团结进步示范市工作情况并对创建迎检工作做部署，市委副秘书长付斌，市政府秘书长刘伯臣，市创建全国民族团结进步示范市成员单位主要领导共40人参加此次会议。

会议要求全市各级各部门要像爱护眼睛一样爱护民族团结，像珍视生命一样珍视民族团结，促进各民族像石榴籽一样紧紧抱在一起，共同团结奋斗、共同繁荣发展，奋力谱写新时代柳州民族团结进步事业的新篇章。

2021年9月10日至14日，国家民委评审组到柳州开展创建全国民族团结进步示范市核验调研。

评审组以宁夏民委二级巡视员杨广铃为组长，国家民委协调推进司副司长、一级巡视员王海青、中央统战部二局三处四级主任科员王雨秾、国家民委办公厅文件档案处副处长史睿、宁夏民委经济发展处副处长方宏刚、国家民委民族团结促进司创建处三级主任科员张颀頔为组员。自治区民宗委党组成员、副主任犟永红、自治区民宗委监督检查处处长吴汉时等陪同调研。

在柳期间，评审组先后走访了三江侗族自治县、广西善元食品有限公司、柳工集团、柳州工业博物馆、柳州上汽通用五菱宝骏基地、市第二职业技术学校、市司法局、柳州恒达巴士股份有限公司、鱼峰区大龙潭社区、龙潭公园等地，实地考察了该市开展民族团结进步创建“进社区”“进学校”“进乡镇”“进企业”“进机关”“进窗口单位”“进景区”等“十进”工作情况。市委常委、统战部部长邓娟娟、市委常委、秘书长邝驱（时任）、副市长区军雄，市二级巡视员覃勋，市政府副秘书长韦拥军以及柳州市民宗委相关负责人等参加调研。

9 月 13 日下午评审组进行个别访谈。14 日上午，国家民委评审核验柳州市创建全国民族团结进步示范市工作座谈会在柳州召开。柳州市委书记吴炜汇报柳州市创建情况，柳州市委副书记、市长张壮等市领导参加会议。评审组用“五个创新”评价柳州的民族团结进步创建工作，即：创新谋划抓创建、创新载体抓创建、创新融合抓创建、创新治理抓创建、创新引领抓创建。认为柳州市坚持以铸牢中华民族共同体意识为主线，把创建工作融入全市中心工作，认真履行守护民族团结生命线的政治责任，以大融合、大智造、大创新为抓手，坚持“实业强市”战略，全力打好创建工作“五大战役”，通过培塑精神标杆、宣传高地、文化品牌和先进典型，大力弘扬新时代柳州精神，唱响民族团结进步主旋律，各族人民心手相牵、团结奋进，谱写了建设新时代中国特色社会主义壮美广西的柳州篇章，呈现出民族团结进步基础进一步夯实、经济社会各项事业高质量发展、宜居宜业宜乐宜游城市品牌更加凸显、共建共治共享社会治理格局日臻完善的生动局面。

2022 年 1 月 25 日，国家民族事务委员会公布了第九批全国民族团结进步示范区示范单位名单，柳州市获命名为全国民族团结进步示范市。.

“不积跬步，无以至千里。”柳州市在创建全国民族团结进步示范市的攀登中不遗余力地“积跬步”而成功登顶。

经验篇

柳州创建民族团结示范市的文化表达

经验，在哲学上是指人们在同客观事物直接接触的过程中，通过感觉器官获得的关于客观事物的现象和外部联系的认识。通俗地说：经验是一种文化。

众所周知，生物的多样性决定了文化的多样性。那么，经验作为一种文化表达，也会是多样性的。

柳州创建民族团结示范市的大量实践，反映在人们的头脑中，便形成了“柳州经验”。由于视角的不同，文化素质的不同，所处地位的不同，形势要求的不同，凡此种种之不同，便形成了不同的认识，从而形成了不同文化表达的“柳州经验”。

创建民族团结示范市的柳州经验，大体上分为自我总结、他者眼光和学术观察三大类。

第十八章　自我总结：柳州经验的自我认知

人贵有自知之明，一个人如此，一个集体也如此。

自我认知指的是对自己的洞察和理解，包括自我观察和自我评价。自我观察是指对自己的感知、思维和意向等方面的觉察；自我评价是指对自己的想法、期望、行为及人格特征的判断与评估。

对于创建全国民族团结进步示范市的经验，柳州市有着怎样的自我认知呢？

一、五个坚持：柳州市民宗委主任吴慧兰的认知

2021年3月27日，柳州市民宗委主任吴慧兰在中央统战部赴柳州调研座谈会上的汇报发言中阐述了柳州经验的“五个坚持”。

1.坚持加强党的领导，切实担负守护民族团结生命线政治责任。柳州市把开展民族团结进步创建铸牢中华民族共同体意识作为中心工作部署，列入市委、市政府年度工作要点，纳入“十四五”规划，出台《柳州市贯彻落实〈广西全面深入持久开展民族团结进步创建工作铸牢中华民族共同体意识实施方案〉的工作方案》。市政府常务会、市委常委会每年把民族工作列入计划，专题研究民族工作。成立以市委书记和市长为双组长、各部门“一把手”为成员的民族团结进步创建领导小组。将民族工作纳入目标绩效、政绩考核、督查事项、政治巡查和人大政协监督检查范畴，形成了由统战领导小组统筹，宣传、统战、民族工作部门共同负责，成员单位各负其责的工作格局。确保党的民族工作大政方针在柳州落地生根、开花结果。

2.坚持深化铸牢中华民族共同体意识教育，着力增强各族群众的“五个认同”。把中华民族共同体意识学习教育纳入全市各级党委（党组）中心组学习、

干部培训教育、基层党组织学习和各级各类学校思政课的重要内容。建立了“柳州铸牢中华民族共同体意识研究教育基地”，聘请专家，提供决策参考和智力支持。全市中小学《民族团结教育》开课率达100%。向全市各族同胞发出创建公开信，设计创建标识（LOGO），开通了56路“石榴红”民族团结主题公交专线。编制一批民族团结进步学习读本、宣传手册、海报、宣传短片（微电影）、宣传视频和《民族团结美景如画》歌曲。探索建立“红色+研学”“红色+旅游”等深度融合模式，大力弘扬时代精神。在媒体开设专栏，开展“铸牢中华民族共同体意识”双语百姓宣讲活动，通过气象“大喇叭”开展宣传，教育全市人民感党恩、听党话、跟党走。

3.**坚持文化自信，着力构建各族群众共有精神家园。**扎实做好以“柳江人”、白莲洞、柳宗元为代表的历史文化品牌。先后创作出民族音乐剧《白莲》、民族音画《八桂大歌》以及舞蹈诗《侗》等艺术精品，成功上演大型山水实景《夜话柳江》。组织开展乡村广场舞、地方戏曲会演、体育比赛、全民阅读、文艺培训、送文化下乡等活动。开展中华经典诵读讲写活动，戏曲进校园活动覆盖率达100%。深化拓展“我们的节日”主题活动，打造以“壮族三月三”歌节、三江侗族大歌多耶节、融水芦笙斗马节、柳城壮欢蜜橘节为代表的节庆文化品牌和以国际中华奇石节、国际水上狂欢节为代表的柳州文化名片。积极挖掘有文化内涵的非遗项目，举办了“千把芦笙闹龙潭，千人多耶唱和谐”等系列活动。

4.**坚持示范引领，着力增强共创共建合力。**按照“一进一品牌”模式推进民族团结进步创建“十进”活动常态化。进机关突出“做表率”，进企业突出“聚合力”，进社区突出“强服务”，进学校突出“入头脑”，进乡镇突出“惠民生”，进宗教活动场所突出“重引导”，进连队突出“鱼水情”，进窗口单位突出“树形象”，进景区突出“促三交”，进两新组织突出“群众性”。品牌特色突显，如上汽通用五菱宝骏基地坚持“人民需要什么，五菱就造什么”，疫情期间累计向抗疫一线及社会各界无偿捐赠超过四千万只防疫口罩，并向20多个国家出口口罩超过五千万只，获“全国抗击新冠肺炎疫情先进集体”和“全国民族团结进步模范集体”称号。柳工集团、柳州两面针公司、柳钢集团先后获命名为“全国、全区民族团结进步示范企业”。

5.**坚持民族团结一家亲，着力营造团结和谐发展环境。**出台了加强和改进少数民族流动人口服务管理工作的相关文件，与贵州黔东南州等地建立流出地和流入地对接机制。各城区、开发区建立服务中心，社区民族工作服务站。发挥社团组织作用，在市侗学会、市伊协等社团建立联系点，及时收集和了解少数民族群众相关情况，指导到市区打工、就业、创业的苗、侗、瑶等少数民族同胞成立柳州市芦笙协会，有组织地在市区开展吹芦笙跳踩堂舞活动，吸引了各民族市民一起参与，芦笙协会从成立时的9支队伍发展到32支芦笙队，每年定期举办芦笙协会年会暨苗年活动，增强各民族之间的交流。开展各类技能就业培训班，实现少数民族进城人员与城市居民的相互了解、相互接纳，凝聚人心，促进各民族交往交流交融、构筑共有精神家园。在市职业院校建立培训基地，培训少数民族流动人口。每年举办“春风行动”大型招聘会。疫情期间，在全区率先发出专车和航班输送农民工有序返岗，为在柳务工的220名新疆籍同胞送去防疫用品，为留柳过年的外来务工人员“送温暖”；加强国家通用语言文字教育，柳州普通话普及率达到92%，开展“双语双向助力脱贫攻坚”活动，扫除脱贫路上的语言交流不畅。

坚持增进民生福祉，着力增强各族群众幸福感。柳州始终把发展作为民族工作的落脚点，扎实做好“六稳”工作落实“六保”任务，统筹推进疫情防控和经济社会发展，规模以上工业企业突破1000家，拥有一汽、东风、上汽和重汽四大汽车集团的整车生产企业。2020年完成汽车产量187.3万辆，新能源汽车产量18.7万辆、同比增长198.2%；钢铁产业，柳钢本部钢材产量突破1700万吨；机械产业，柳工挖掘机、装载机销量大幅增长。柳州螺蛳粉产业，年销售收入109.94亿元，带动配套及衍生附属产品销售收入超过130亿元，为各族群众创造了25万个从业和就业岗位。两个自治县和6个民族乡如期脱贫摘帽。市区9家三甲医院与各县建立了12对紧密型市县医联体。在广西率先推行“县属轮教”，统筹市区学校直接对口帮扶义务教育学校教师紧缺和校际不平衡的县一级学校。柳州成为国家首批产教融合型建设试点城市，拥有中高职院校9所。民族地区主要经济指标增速高于全国平均水平，6个民族乡国内生产总值近5年来由6.48亿元增加到11.45亿元。

2020年全市民生支出377.5亿元，占一般公共预算支出80.6%。社会保障水平稳步提高，连续16年上调基本养老金，城乡低保标准持续提高，获评为全国第四批居家和社区养老服务改革试点优秀城市。柳州地表水环境质量全国第二，市区空气质量优良率达96.7%，全市森林覆盖率达66.7%，城市建成区绿化覆盖率达44%。[1]

这“五个坚持”，从工作方法上就事论事地总结了柳州经验。

二、三个找准：柳州市长张壮的认知

张壮市长的认知则是从方法论切入，站位高，境界也高。2022 年 6 月 16 日，他在全国民族团结进步创建工作经验交流视频会作交流发言时是这样表述的。

1　参阅《2021 年中央统战部赴柳州调研座谈会上的汇报发言》（2021 年 3 月 27 日）。

1. 找准与民族情感的共鸣点，在深化宣传教育上有机融入，让中华民族共同体意识根植各族人民心灵深处。团结进步是各族人民的共同追求。坚持赋予所有改革发展以彰显中华民族共同体意识和民族团结进步的意义，深入挖掘各民族守望相助、手足情深等“一起走过”的成功经验，激励各族人民牢记使命、踔厉笃行。一是突出讲好发展故事。柳州是少数民族地区，少数民族人口占比52.8%，各民族群众齐心协力制造出中国第一代汽油机、第一代制氧设备、西南地区第一台大功率激光器、广西第一辆“柳江牌”汽车等，凝聚出民族团结“魂”。近年来，通过“柳州工业博物馆”展示，再现“沪上企业援八桂”、万名员工家属扎根广西勤劳坚韧、自强不息数十载的感人事迹。以《柳工移山》为主题，广泛宣传各族群众坚守初心、砥砺奋进，闯出高质量发展之路的时代凯歌。深入宣讲“全国脱贫攻坚先进个人”杨宁的先进事迹，作为铸牢中华民族共同体意识的生动教材。二是引导增进文化认同。制作推广《像石榴籽一样抱在一起》、《中华民族共同体建设三字经》、《侗》和《苗魅》等一批文化精品。把“各美其美、美美与共”融入各族人民日常生产、生活。大力推广普及国家通用语言文字，全市普通话普及率达到93%，各类学校课堂教学普通话使用率100%。三是全面深化阵地建设。设计柳州铸牢中华民族共同体意识标识，开通56路“石榴红”民族团结进步主题公交专线、新建一批“石榴福娃”电子公交站牌，打造130多个民族团结进步故事馆、石榴园、同心文化广场，组建160多个中华民族共同体阅读候车亭及数字阅读墙，实现寓教于乐、寓教于学。

2. 找准与社会心理的契合点，在促进各民族人口流动融居中有机融入，让各民族“三交”不断向广度深度拓展。城市承载着各族人民对美好生活的向往。不断完善各民族融入城市的政策举措，生动展现各民族交往交流交融、共建共享等“一起生活”的现实经历，不断深化创建工作。一是组织各族青少年广泛开展主题活动。定期举办青年人才交流联谊，促进万名青年人才入柳创业；定期组织开展暑期“同心营”活动，万名师生走出去、请进来；33所学校126个中队分别与新疆地区9所学校结对交流；“城乡手拉手共筑中国梦”红领巾联建共建，带动解决10.3万名进城务工人员子女入学入托问题。二是加快构建互嵌式社会结构和社区环境。统筹城乡建设布局规划和公共服务资源配置，建成易地扶贫搬迁集中安置点39个，3万多名各族群众从乡村顺利到城镇；建立100个民族工作服务站等互助平台、法律援助站和技能培训基地，举办培训班186期，培训人员5000多人次。建立了少数民族流动人口服务管理体系，帮助各族群众解决就业落户、就医就学、租房租赁等问题，建立相互嵌入式的社会结构和社区环境，社区成为各民族守望相助、相敬相爱的幸福家园。三是提升旅游发展的中华文化内涵。打造“中华民族一家亲，祖国处处是家园”文旅产品和精品线路，融水、三江两个自治县把旅游产业发展成促进民族团结进步的大产业；“壮族三月三”山歌节、三江侗族多耶节、融水芦笙斗马节等成为各族群众“大交往、大交流、大交融、大团结”的盛会。

3. **找准与各族群众切身利益的结合点，在助推提高人民生活品质上有机融入，让发展成果更多更公平惠及各族人民。**让人民生活幸福是“国之大者”。将改善民生、凝聚人心作为融入发展的出发点和落脚点，努力推动各民族“一起实现”中华民族伟大复兴中国梦的美好愿景。一是抓准切入点、结合点、发力点。深入开展“柳州国有企业共建铸牢中华民族共同体意识示范单位”活动，将国企共建行动与国家民委实施的“各族青少年交流计划”“各族群众互嵌式发展计划”“旅游促进各民族交往交流交融计划”三项计划相融合，推动各民族深度交融。在创建工作中，成功打造了“柳钢铸钢铸魂”“人民需要什么，五菱就造什么”等响当当的品牌。柳钢集团、柳工集团、两面针公司等3家企业获评全国民族团结进步示范企业，上通五宝骏基地获评全国民族团结进步模范集体。二是完善科技创新体制机制。利用现代信息技术提升传统产业发展水平，促进螺蛳粉从“路边摊”到“工业园”，再到“俏全球”，发展为全产业链收入超过500亿元的“大产业”，为各族群众创造了30多万个岗位。习近平总书记连赞惊奇！推出展示民族团结和铸牢中华民族共同体意识的专版预包装柳州螺蛳粉，一碗螺蛳粉串起团结情。三是切实保障和改善民生。累计投入各类财政资金163亿元决战决胜脱贫攻坚，推动三江、融水两个少数民族自治县与全国同步全面建成小康社会。实施少数民族村寨火灾隐患综合整治工程，689个村寨超过40万群众直接受益。在全国率先推行贫困县及民族乡九年义务教育阶段农村学生免费午餐工程。市区学校直接对口帮扶义务教育学校教师紧缺和校际不平衡的县一级学校，推动优质教育资源下沉。医联体改革的“三江模式”“融水经验”得到国家有关部委的高度肯定。[1]

张壮市长这三个“找准”的方法论，是深入观察的结果。

三、八个强化：中共柳州市委书记吴炜的认知

2021年9月14日，吴炜书记在创建全国民族团结进步示范市核验座谈会上的汇报会上，做了《柳州市创建全国民族团结进步示范市工作情况汇报》的发言，阐述了自己对柳州经验的认知。

1　张壮：《在全国民族团结进步创建工作经验交流视频会作交流发言提纲》（2022年6月16日）。

按照“工业辐射带动，城乡携手共建，交往交流交融，共同繁荣发展”的创建思路，切实把创建全国民族团结进步示范市，作为推动柳州经济社会高质量发展的重要举措，全盘统筹、高位推动、狠抓落实，走出了一条符合柳州实际、成效显著的创建之路。

1. 强化组织领导，在坚持和加强党对民族团结进步的全面领导上争当示范。市委坚决担起民族工作主体责任，以铸牢中华民族共同体意识为主线统筹谋划和推进新时代柳州民族工作，建立了党委统一领导、全市上下“一盘棋”的民族工作格局。特别是把创建全国民族团结进步示范市工作纳入市委、市政府重要议事日程，与柳州决战决胜脱贫攻坚、全面建成小康社会、建设现代制造城等中心工作同推进、同落实。成立了市党政主要领导为组长、各级各部门主要负责同志为成员的创建工作领导小组，统筹资源和力量开展创建工作，各级各有关单位做到了创建工作机构、人员、经费“三落实”。加强少数民族干部培养选拔，实施“少数民族干部培训工程”，着力建设高素质民族地区干部队伍。压紧压实工作责任，开展全市创建工作大督查和互观互学活动，各方面积极性、主动性、创造性得到充分调动。

2. 强化思想引领，在深化铸牢中华民族共同体宣传教育上争当示范。坚持把学习习近平新时代中国特色社会主义思想，学习中央民族工作会议精神和党关于加强和改进民族工作的重要思想，作为各级党委（党组）开展理论学习重点内容，作为开展党员、干部教育培训的重点内容，有力推动全市广大党员干部持续增强“四个意识”、坚定“四个自信”、做到“两个维护”，自觉铸牢中华民族共同体意识。深化党史学习教育，教育引导全市各族人民铭记历史、感恩奋进。健全常态化教育机制，充分发挥民族团结进步教育基地载体作用，切实把民族团结进步教育纳入国民教育、干部教育、社会教育全过程。深入挖掘柳州各民族团结奋斗、守望相助等“一起走过”的历史经验，创新宣传方式方法，推动铸牢中华民族共同体意识教育更加鲜活、立体。全覆盖开展创建工作，广泛弘扬团结进步的价值理念，各族干部群众“五个认同”更加坚定，铸牢中华民族共同体意识更加自觉。

3. 强化发展支撑，在践行共享发展理念上争当示范。深入贯彻习近平总书记“增强团结的核心问题，就是要积极创造条件，千方百计加快少数民族和民族地区的经济社会发展，促进各民族共同繁荣发展”的重要指示精神，在推动全市经济社会高质量发展过程中深入践行共享发展理念，确保脱贫、全面小康、现代化“一个民族也不能少”。充分发挥柳州工业城市的优势，坚持以城带乡、以工促农，加大少数民族聚居区扶持力度，全面带动民族地区协调发展，促进共同富裕，民族地区主要经济指标增速高于全国平均水平，如期兑现“全面建成小康社会，一个民族都不能少”的庄严承诺。支持少数民族地区立足资源禀赋、发展条件等实际，发展特色农业种养等产业，提升自我发展能力，稻渔综合种养“三江模式”在全国广泛推广。特别是近年来打造的柳州螺蛳粉产业，年销售收入近110亿元，通过这一产业，引导县区尤其是融安、融水、三江积极发展豆角种植、螺蛳养殖，为各族群众创造了30万个从业和就业岗位，帮助5500多户贫困户、2.8万贫困人口实现脱贫。去年以来，柳州和全国其他地区一样，在解决困扰中华民族几千年的绝对贫困问题上取得了伟大历史性成就，现行标准下全市43.37万（“十三五”期是33.55万）建档立卡贫困人口全部脱贫，其中就包括了35.63万建档立卡少数民族贫困人口，融水、三江两个自治县贫困发生率分别从2016年初的28.53%、25.22%降至0，实现脱贫摘帽，贫困县、贫困村面貌和贫困户生活状况发生了根本性变化，消除了区域性整体贫困，全面建成了小康社会。

4. **强化民生保障，在增进民生福祉上争当示范。**坚持把保障和改善民生作为推进民族团结进步事业的着力点，累计投入各类财政资金163亿元决战决胜脱贫攻坚，全市民生支出占比持续保持在80%以上。近年来，持续加大对少数民族聚居区重大民生工程投入，实施少数民族村寨火灾隐患综合整治工程让689个村寨直接受益，20户以上自然屯实现硬化道路全覆盖；在全国率先推行贫困县及民族乡九年义务教育阶段农村学生免费午餐工程，通过“县属轮教”有效解决民族地区师资不均问题；扎实开展健康柳州建设，医联体改革的“三江模式”“融水经验”得到国家有关部委的高度肯定，86个乡镇均有标准化卫生院，所有行政村均已建成标准化村卫生室。民生事业的持续发展，民生保障的不断完善，让全市各族群众充分感受到党和政府的温暖，更加发自内心地爱祖国、感党恩、听党话、跟党走。

5. **强化文化认同，在构筑各民族共有精神家园上争当示范。**大力弘扬时代精神，广泛宣传全国脱贫攻坚奖获得者、全国脱贫攻坚先进个人杨宁等坚守初心使命、为民族团结进步事业积极奉献的典型事迹。依托本地资源，打造好柳宗元等历史文化品牌，引导各族群众增强对中华文化的认同。注重展现柳州各民族交往交流交融、共生共享等“一起生活”的现实经历，民族舞台剧《白莲》、民族音画《八桂大歌》和舞蹈诗《侗》登上国家大剧院。构建各民族文化交融平台，“壮族三月三”山歌节、三江侗族多耶节、融水芦笙斗马节等成为柳州各民族群众“大交往、大交流、大交融、大团结”的盛会。

6. **强化互通共融，在促进各民族交往交流交融上争当示范。**巩固发展平等团结互助和谐社会主义民族关系，推动形成了各族群众经济上帮扶互助、产业上共同发展、文化上交融互鉴、民族节日同欢共庆的良好局面，各民族之间通婚十分普遍。切实把民族事务治理作为基层治理重要组成部分，在社区广泛建立民族工作服务站和民族团结之家。支持社团组织发挥作用，积极举办交流活动，吸引各族群众共同参与、增进感情。启动创建全国少数民族流动人口示范市工作，健全机构、强化管理，全市中小学校向进城务工各族群众的随迁子女敞开大门，企业广泛参与创建，为各民族群众提供均等的学习和工作机会。加强国家通用语言文字的推广普及，柳州市的普通话普及率达到93%，高于全国全区水平。开展“双语双向”活动，拉近干群关系，增强少数民族群众自我发展能力。特别是创建全国民族团结进步示范市工作开展以来，各民族交往交流交融更加深入，全市民族团结和睦局面得到进一步巩固。

7. **强化基层基础，在建立健全创建工作长效机制上争当示范。**不断扩大创建工作覆盖面，把创建工作和为民办好事办实事结合起来，健全支持参与机制，广泛动员群众参与创建、共享成果。分门别类突出重点、规范标准，强化主体责任落实，按照“一进一品牌”模式加强指导，各领域创建工作质量和水平有效提升。坚持民族地区与散居地区并重、农村与城市并重、机关事业单位与社会各行各业并重，一产与二产、三产并重，抓基层、强基础，充分发挥典型示范作用，打造了一批示范带、示范长廊、示范群，形成以点串线、以线连片、以片扩面的创建格局。目前，全市共有全国民族团结进步示范区示范单位8个，自治区民族团结进步示范区示范单位26个，10个县区中有4个县区获全国、自治区民族团结进步示范命名。在2020年广西民族团结进步专项绩效考核中，柳州市排名第一。

8. **强化依法治理，在全面提升民族事务治理现代化水平上争当示范。**认真抓好党的民族理论、政策、法律法规的宣传和普及教育，全面落实《宪法》《民族区域自治法》和民族工作有关政策法规，通过行使地方立法权促进民族团结进步。坚持各民族一律平等，依法有效保障各族群众的合法权益，近三年未发生涉及民族因素的事件和案件。持续推进基层民族事务治理常态化，与湖南、贵州有关市、州建立省际边界民族地区人民调解机制，推动基层民族事务治理重心下移，在民族地区法院、司法所实行“双语”服务，健全民族宗教工作三级网络建设，实现政府治理和社会调节、居民自治良性互动。[1]

吴炜书记的认知全面而系统，对柳州创建全国民族团结进步示范市经验“八个强化”的概括，不仅有方法论的认知，加上后续的“八个争当”，还有思想境界的认知，指导意义更上了一层楼。

1 吴炜：《柳州市创建全国民族团结进步示范市工作情况汇报》（2021年9月14日）。

第十九章　他者眼光：柳州经验的第三方评估

俗话说：旁观者清。

在人类学的方法论中，他者就是一个与主体既有区别又有联系的参照。通过选择和确立他者在一定程度上可以更好地确定和认识自我，一个主体若没有他者的对比对照将不能完全认识和确定自我。那么，对柳州创建民族团结进步示范市的经验，在他者的观察中是如何评价的呢？

一、一个学术机构的评价

在他者的观察中，学术机构的评价尤为重要。2020年，柳州创建民族团结进步示范市的工作，引起了广西民族研究学会的关注，11月，以会长俸代瑜为组长，黄金海为副组长的调研组开始对柳州开展民族团结进步创建工作的田野调查。经过几个月的深入调查，他们于2021年8月完成了一份17万余字的、名为《柳州大歌》的调查报告，其中对柳州经验作了如下的表述：

> 通过多年努力，柳州民族团结进步创建工作取得了令人瞩目的成效，在全社会唱响了铸牢中华民族共同体意识的“柳州大歌”。在推进党和国家民族政策的贯彻落实、促进少数民族和少数民族聚居区经济社会发展、维护民族团结、社会稳定和国家统一、依法妥善处理影响民族团结的问题、推动民族团结进步创建“十进”等方面，柳州都起到了示范引领作用，为促进全区民族团结进步创建工作创新发展、铸牢中华民族共同体意识做出了应有的贡献。在民族团结进步创建工作中，柳州市各级党委、政府主动适应新时代发展的历史方位，以全市各族群众为主体，以铸牢中华民族共同体意识为根本方向，以加强各民族交往交流交融为根本途径，突出抓好民族团结融合，突出抓好民族团结进步创建进机关（单

位）、进企业（园区）、进乡镇（村）、进街道（社区）、进学校、进连队、进宗教活动场所、进窗口单位、进景区、进两新组织等“十进”活动，探索形成了一整套特色鲜明、可复制可借鉴的民族团结进步创建工作“柳州经验”。

（一）创新推进党群融合，团结带领各族人民感党恩听党话跟党走

习近平总书记指出，党与人民风雨同舟、生死与共，始终保持血肉联系，是党战胜一切困难和风险的根本保证。柳州市不断加强和改善党的领导，创新推进党群融合发展，让各族群众深刻体会到中国共产党的初心使命，不断坚定感党恩听党话跟党走的信心决心。正如三江侗族自治县群众自创山歌所唱的，“改革开放好得很，民族复兴更富强；党的政策得民心，城市农村新气象；不忘初心跟党走，脱贫致富感党恩”。

加强党对民族团结进步创建工作的领导。习近平总书记指出，民族工作能不能做好，最根本的一条是党的领导是不是坚强有力。柳州市党委政府高度重视民族团结进步创建工作，坚持和加强党对民族工作的全面领导。

1.**充分认识民族团结进步创建的重大意义**。民族团结是各族人民的生命线，民族团结进步创建工作是新时代民族工作的重要任务。2019年，时任柳州市委书记郑俊康指出，柳州是一个多民族的大家庭，民族团结工作无论从柳州经济的发展、社会的稳定，还是全面建成小康社会来说都是至关重要的，“创建全国民族团结进步示范市，是贯彻落实中央、自治区决策部署的具体行动，是柳州必须担负起来的使命责任，是推动柳州经济社会发展的自身需要”。他要求，全市必须增强做好示范市创建工作的责任感、使命感，激发创建热情，不断丰富创建内涵、拓展创建领域、提升创建层次，把示范市创建作为战略性、基础性、长远性工作抓实抓细抓牢。

2.**做好顶层设计**。研究提出了“工业辐射带动，城乡携手共建，交往交流交融，共同繁荣发展”的创建工作思路，明确了“围绕中心、统筹推进，因地制宜、科学谋划，立足基层、夯实基础，以民为本、讲求实效”的基本原则，制定实施了《柳州市创建全国民族团结进步示范市实施方案》，提出了具体目标任务，有效推动示范市创建工作各阶段任务的落实。

3.**成立组织机构**。成立以市委书记和市长为双组长、各部门“一把手”为成员的创建全国民族团结进步示范市领导小组，负责创建示范市的指导工作。创建领导小组办公室设在市民宗委，负责创建示范市的日常工作。在机构改革中给市民宗委增加了3个行政编制，核定12名编外聘用人员专门从事示范市创建工作。各县区以及柳东新区、北部生态新区（阳和工业新区）也分别成立相应的领导机构，建立工作机制，建立健全创建工作网络。

4.**落实经费保障**。2020年市级财政安排266万元资金用于创建工作，各级财政部门也都安排创建全国民族团结进步示范市专项经费，列入同级财政年度预算予以保障。

5.**完善绩效考评和监督检查**。把示范市创建工作纳入全市经济社会发展的全过程，作为各级各部门的基本任务，纳入各级各部门领导班子、领导干部年度工作绩效管理考评和述职报告内容，推动示范市创建有效开展。把民族团结进步示范市创建情况列入各级各部门监督检查内容，采取专题检查、重点检查等方式开展督促检查工作，及时掌握建设过程中出现的新情况新问题和存在的薄弱环节，深入分析原因，着力加以解决，进一步推动示范市创建工作有序开展。对贯彻落实不到位、打折扣、出偏差的县区和部门要依法依规进行问责，限期整改。

6.**加强基层党组织建设**。柳州市将基层党组织作为促进党群融合的坚强堡垒，出台推进全面从严治党开展党的基层组织高质量建设三年规划，实施“党旗耀龙城”七大行动，推动全市基层党组织全面进步、全面过硬。柳州市委书记吴炜强调，做好基层党建工作意义重大、责任重大。要压紧压实基层党建主体责任，以更加扎实有效的举措推进各领域基层党建工作，建设政治过硬、具备领导现代化建设能力的领导班子和干部队伍。近年来，柳州市开办柳州“新时代党员群众讲习所”，在全市999个村级党组织中按照15%的比例评选出“红旗村”，整顿99个软弱涣散村级党组织，实施村党组织书记“头雁引领”工程实现全市村党组织书记全员培训，做到“真正把党员组织起来、把人才凝聚起来、把群众动员起来”。融水苗族自治县安陲乡江门村党总支书记、村委主任杨宁组织留守妇女成立“苗阿嫂”种养专业合作社，牵头成立融水苗族自治县大学生村官创业联盟，建立“苗村倌”农产品电商服务中心，带领江门村94户326人成功脱贫，全村脱贫摘帽。杨宁曾先后被评为“全国三八红旗手”、全国乡村创富好青年、广西脱贫攻坚先进个人和柳州市优秀共产党员等荣誉称号，2021年2月荣获“全国脱贫攻坚先进个人”称号。

7.**加强党群服务中心建设**。近年来，柳州市把党群服务中心作为党群融合的重要阵地，不断加大建设力度，先后成立了柳州市“不忘初心、牢记使命”主题展馆暨柳州市党群服务中心、柳州互联网党建联盟指挥中心暨城中区互联网党群服务中心等党群服务机构，为党员、基层干部、入党积极分子和周边群众提供党务政策咨询、办理党内业务、传播党建理论知识、提供党员政治生活的场所等服务。2020年，三江侗族自治县投入1880多万元新建、扩建20个村级组织活动场所，面积全部达300平方米以上，努力把党群服务中心打造成为“党员活动中心、村民议事中心、为民服务中心”，为接续推进乡村振兴凝聚起各民族群众团结奋斗的磅礴力量。

8.**加强少数民族干部队伍建设**。高度重视发挥少数民族干部联系少数民族群众的重要桥梁和纽带作用，坚持德才兼备的原则和“明辨大是大非的立场特别清醒、维护民族团结的行动特别坚定、热爱各族群众的感情特别真诚”的标准，着力建设高素质少数民族干部队伍，进一步打牢民族团结进步的干部人才基础。自治县县长、民族乡乡长全部由实行区域自治民族的少数民族公民担任；全市各级党委、人大、政府、政协领导班子及其职能部门，都配有一定数量的民族干部。各级党政机关少数民族干部占比与少数民族人口比例大体相当。

9.创新开展“党建+”活动。面向基层、面向群众，以党员群众喜闻乐见的形式开展党建活动，通过丰富多彩的“党建+”活动教育党员，凝聚群众。三江侗族自治县依托侗族鼓楼、风雨桥、戏台等载体，组织党员群众以“鼓楼议事”“鼓楼讲坛”形式，灵活开展百姓宣讲、“侗感党课”等活动，不断增强党支部的政治功能和服务功能，不断提升基层党组织的组织力、战斗力和凝聚力。2020年，三江独峒镇举行的以“党建引领，非遗文化促脱贫”为主题的庆祝建党99周年暨侗感党建活动，自编自导自演党建主题耶歌、侗戏、款词等作品，以一曲曲悦耳动听的侗族耶歌、一幅幅栩栩如生的侗族农民画、一张张精美亮丽的侗族绣品，向各族群众展示党的伟大成就，宣传党的方针政策，取得良好效果。

此外，柳州市还大力打造党建文化主题园，推动全面从严治党向基层延伸。作为首个以党建文化宣传为主题的公园，整个主题园占地约8000平方米，共设5大主题区，涵盖党的方针政策、社会主义核心价值观、统一战线和民族团结、廉政文化、综治维稳等五大内容。该主题园设在人员聚集的鱼峰公园，通过用群众喜闻乐见的形式宣传和展示党建文化，让群众多参与其中，让党的各项方针政策、党建的成果、党建文化融入人民群众的日常生活，得到各族群众的广泛好评。

（二）创新推进城乡融合，促进各民族携手共建美好家园

1.深入推进新型城镇化建设步伐。2014年12月，柳州市被列入第一批国家新型城镇化综合试点，成为广西2个试点城市之一。2017年，柳州又被列为自治区2个空间规划试点城市之一。国家新型城镇化综合试点方面，柳州坚持以人的城镇化为核心，围绕产业集聚，以产促城，不断推动产城融合发展；围绕要素集聚，以城兴产，不断夯实实体经济发展基础；围绕人口集聚，以人为本，不断提升居民幸福指数。着手于“产”、着眼于“城”、落脚于“人”，让转移人口进得来、融得进、能就业、住得下，走出一条“产、城、人”全面融合发展的城镇化道路，形成了具有广西特色的“柳州模式”。创新设立城镇化政府引导基金，由财政出资4亿元设立政府投资引导基金，带动金融机构和社会资本超过50亿元；坚持“以人为本”，持续加大教育、医疗、环保、就业等民生投入，仅2014—2017年就在市区累计新建、改建学校31所，新增学位7.12万个，全市88%的进城务工人员随迁子女就读于公办学校，全市新增、改扩建医疗机构52个，新增床位3571张。空间规划试点城市方面，大力构建以中心城区为主，柳东新区、北部生态新区、柳江新区统一推进的“一江两岸、一主三新、多点支撑”格局，大力推进建设广西面向东盟国际大通道的核心枢纽、建设广西面向西南中南地区开放发展新的战略支点的实业引擎、建设广西“一带一路”有机衔接重要门户的开放高地等“三大建设”，加快建设现代制造城，不断优化空间布局，不断加快新型城镇化步伐。“十三五”期间，柳州全市公路总里程由8137千米提升至9066千米，市区面积由1016平方千米扩增到3355平方千米，市辖区建成区面积由183.9平方千米提高到248.5平方千米，常住人口城镇化率全自治区第一。五县经济总量占全市比重达到21%，较“十二五”末提高了3个百分点，城乡居民收入比由3.04：1缩小到2.43：1。

2.突出加强农村基础设施建设。加快实施乡乡通二级公路或三级公路建设、农村公路安全生命防护建设、农村公路“畅返不畅”整治建设、建制村窄路拓宽改造建设、建制村通客车等工程项目，切实做到建好、管好、护好、运营好农村公路，为各族群众脱贫致富奔小康提供更好的保障。率先在自治区内开展农村公路养护市场化改革，20户以上自然村（屯）通道路硬化实现全覆盖，乡乡通二级（或三级）公路覆盖率达到77.9%，柳城县成为全国深化农村公路管理养护体制改革试点地区。深入实施乡村风貌提升三年行动，实施“三清三拆”千村行动大会战。实施“村屯光亮工程”，2019年在柳江区试点实行“企业建、企业管，政府租，村规划、村考核”的路灯建设新模式，2020年在融安县、融水苗族自治县、三江侗族自治县推广实施，当年安装太阳能路灯7万余盏。全力推进农村电网升级改造，编写《柳州市农村电网改造升级攻坚建设实施方案（征求意见稿）》，制定《柳州市加快电网建设管理办法》，建立项目沟通机制，推动地方电网和主电网融合发展，加快提升广大农村供电能力和整体技术水平。

3.统筹推进城乡义务教育一体化发展。2013年以来，先后启动实施市区义务教育均衡发展学校基本建设三年攻坚、教育项目建设攻坚计划，市区新投入使用学校32所，新增学位8万个。统筹各级资金逾7.7亿元实施“全面改薄”工程，覆盖全市600余所农村中小学及教学点，受益学生25余万人。大力推行集团化办学，全市共有义务教育集团53个，集团化办学覆盖率46.27%，惠及学生24.54万人，占全市义务教育学校在校生总数的52.06%。在广西率先推行“县属轮教”，由县教育局统一管理教师，按城乡、校际均衡发展的要求统一调配，有效缩小校际办学差距。把贫困县九年义务教育阶段农村学生免费午餐工程，扩大到农村所有义务教育阶段学校，每年受益学生约18万人。坚持教育姓“公”，公办、公益、公平，“让每一个来柳州的孩子都有书读，都能享受九年义务教育阶段的公办教育”，进城务工人员随迁子女就读公办学校占比超过90%。大力抓好职业教育，紧紧围绕全国首批“现代学徒制”试点城市、广西现代职业教育改革发展示范区、实施职业教育国际化三大试点任务，打造本科、高职、中职全产业链人才培育和产、学、研一体化平台，让各民族学子掌握就业的金钥匙。

4.统筹推进城乡基本医疗卫生一体化发展。积极探索紧密型医联体建设，实现医联体县域全覆盖，让人才、技术、物资、管理等下沉，带动提升县级医疗服务综合实力。在县域内将乡镇卫生院纳入医共体建设，打通市县乡全链条，县乡居民在县域内即可享受到低成本、高质量的医疗服务。在全国首创“农村移动医疗”新模式，稳步实施分级诊疗制度，分级诊疗远程医疗服务覆盖所有公立医疗机构。2020年，柳州共有三甲医院9家，建立了12对紧密型市县医联体、19对紧密型医共体、4个特色专科联盟，县域内就诊率达90%以上，基本实现“大病不出县”的目标。

5.推进脱贫攻坚与乡村振兴有效衔接。“十三五”时期，柳州市坚持“全面建成小康社会，一个民族都不能少”，把脱贫攻坚作为头等大事和第一民生工程，尽锐出战，全力推进。5年累计选派4499名工作队员及第一书记进驻脱贫攻坚第一线，投入各级财政扶贫资金98.58亿元开展好高质量扶贫“三大提升行动”，全力打好“四大战役”“五场硬仗”，深入开展湛江—柳州“携手奔小康”扶贫协作行动、“百企扶百村”活动，实现了贫困县、贫困村、贫困人口全部脱贫摘帽，贫困发生率降至0。严格落实“四不摘”要求，保持帮扶政策总体稳定，将扶贫工作重心转向解决相对贫困。建立四级书记抓乡村振兴工作机制，持续强化责任落实、政策落实、工作落实，常态化推进扶贫工作。保持财政投入力度总体稳定，健全农村社会保障和救助制度，建立农村低收入人口和欠发达地区帮扶机制，持续推进脱贫地区基础设施建设和城乡公共服务均等化，促进城乡一体化贫困治理。健全防止返贫监测和帮扶机制，加强易返贫和易致贫人口动态监测，持续开展针对性帮扶。围绕乡村振兴探索推动示范升级，集中支持一批乡村振兴重点帮扶乡镇，增强其巩固脱贫成果及内生发展能力。

6.积极帮助少数民族流动人口融入城市。公安局进一步调整完善户口迁移政策，简化落户程序，2019年有9581名少数民族人员迁入柳州，占迁入人员总数的45.7%。全市累计登记办理发放居住证647037张，其中少数民族登记办理发放居住证300421张。各城区、开发区建立少数民族流动人口管理服务中心，市龙潭公园建立了少数民族流动人员活动中心，柳南区建立飞鹅商圈少数民族流动人口服务站，精心打造嵌入式社会服务管理平台。积极开展少数民族流动人口就业创业技能培训，在柳州城市职业学院和柳州二职校建立少数民族流动人口培训基地，依托两校职业教育职业资源定期开展民族饮食、工艺品制作、茶艺等技能培训。引导飞鹅商城和新时代商业港加强民族手工特色一条街的建设，开展非遗蜡染、绣手鞠球等民族手工培训，帮助各民族流动人口顺利就业。

（三）创新推进文旅融合，着力构建各民族共有精神家园

围绕文化旅游名城建设目标，形成“宜融则融，能融尽融，以文促旅，以旅彰文”的工作思路，持续提升“民族风情四绝”壮歌、瑶舞、苗节、侗楼影响力，打造广西大健康和文化旅游装备制造基地，建设西南地区民族文化旅游核心

目的地，打造桂柳山水风情黄金旅游圈，创建广西文化旅游产业融合发展试验区，进而促进各民族文化创新交融。“千年侗寨·梦萦三江”“秀美融水·风情苗乡”“呦呦鹿鸣·寨美一方”等民族文化旅游品牌越擦越亮。

1.打造民族文化交融创新精品。近年来，先后打造推出《白莲》《八桂大歌》《侗》《苗魅》《坐妹》《侗听三江》《夜话柳江》等多民族文化交融的精品在三江侗族大歌剧院首演。隆重推出《八桂大歌》升级版，在原有表现壮、瑶、苗、侗、京等5大民族的基础上，增加了汉、仫佬、毛南、回、水、彝、仡佬等7个民族的节目，成为第一部完整呈现广西12个世居民族艺术精髓和民族风情的经典剧目，成为广西各民族共享的文化符号。《侗听三江》分为“壮美”“瑶想”“侗听”三个篇章，将三江神秘的侗族、壮族、瑶族文化与旅游体验深度融合，把民族节庆、婚嫁、耕作、生活等民族特色融入剧情。《夜话柳江》融合了《苗族银落》《侗族大歌》《摆呀摆》等享誉全国的柳州艺术精品，生动阐释了侗族的歌、苗族的舞、瑶族的呐喊、壮族的情，堪称柳州乃至广西的一个“文化艺术博物馆”。

2.促进工业与文旅融合发展。柳州市拥有近百年的工业历史，工业底蕴深厚。柳州工业的发展壮大，离不开党和国家的关心支持，离不开兄弟省份的大力帮助，离不开各族人民的团结奋斗。可以说，一部柳州工业的发展史，也是一部柳州各民族交往交流交融史。现代工业文明与传统民族文化交相辉映，相得益彰，铸就了柳州独一无二的工业文化。柳州市立足自身优势，坚持以工业思维抓文旅产业，以文旅产业的蓬勃发展促进工业高质量发展，实现了工业与文旅产业的“双赢”，大大增强了柳州人民的自豪感、荣誉感、幸福感。早在2009年9月，柳州扎实推进“三个同步”时，就将加速全市文化产业建设列入市委、市政府的重要议事日程，并决定实施“文化建设十大工程”，大力建设柳江明珠“水上大舞台”、柳州工业博物馆、文化主题公园、白莲洞古人类遗址博物馆、电视剧《刘三姐》、军事博物园、刘三姐文化娱乐中心、文庙重建、工业题材大剧和动漫电视剧《心灵之窗》等工程。此后，柳州把“文化建设十大工程”列为每年为民办实事的固定项目，按照完成一个递补一个的原则进行滚动更新。突出打造工业文化品牌，讲好一辆车的工业故事，建成全国第一家城市综合性工业博物馆，大力发展工业旅游；讲好一碗螺蛳粉的浓郁风味，制定出台螺蛳粉行业标准，打造螺蛳粉小镇和百亿螺蛳粉产业，建成螺蛳粉产业园区和集“吃、住、游、购、娱”为一体的螺蛳街。2020年11月，柳州市东方梦工场——柳空文创园举行招商发布会暨战略合作伙伴签约仪式。东方梦工场——柳空文创园规划建设用地面积413亩，建筑面积21万平方米，总投资11亿元。项目按照AAAA级景区标准改造建设，园区充分保护柳州工业遗迹，挖掘柳州工业文化精髓，以工业文旅、文创孵化、剧院演艺、影视工坊、商业休闲、艺术教培六大主题业态，推动柳州从“工业生产销售”向“工业文旅生活”转型，使工业旅游产业成为可持续发展的新业态。

3.积极主办、承办文旅发展大会。2018—2020年，连续3年召开本市文旅产业发展大会，是广西最早举办市级文旅发展大会的城市。2020年11月，成功承办广西文化旅游发展大会。以市级文旅产业发展大会为抓手，以项目带动产业发展，大力打造融水元宝山旅游开发项目（一期）、贝江苗寨特色旅游小镇、三江湾旅游度假综合体、三江南站侗乡会客厅、程阳八寨景区创AAAAA级提升工程、鸟巢“百千万”、鹿寨县水渡鹿村项目、鹿寨县体育公园等重点文旅项目。以承办2020年广西文化旅游发展大会为契机，积极构建文化旅游产业高质量发展新格局，以文化旅游业供给侧结构性改革为主线，以产业融合发展为路径，推进重大文化旅游项目建设、打造特色文化旅游品牌、提升文化旅游服务品质、优化文化旅游发展环境、建设文化旅游特色名城。

4.积极发展“非遗旅游”模式。每年都组织申报各级非遗代表性项目名录和非遗传承人，推动非物质文化遗产向文创旅游商品转化，开展非遗技艺培训，建设非遗扶贫就业工坊。目前，柳州市有国家级非遗项目4项、自治区级88项、市级153项。组织开展“非遗学堂”、非遗传承人技能提升培训和传统工艺技能大赛等活动，涵盖木构建筑、刺绣、服饰、农民画、竹编等项目的普及课堂和培训。

（四）创新推进线上线下融合，汇聚各民族大团结的磅礴力量

习近平总书记指出：“民族工作要见物，更要见人。做民族工作，说到底是做人的工作。”“人心是最大的政治。人心在我，各族人民就能众志成城。”柳州市坚持以社会主义核心价值观为引领，把民族团结进步宣传教育融入大宣教格局中，创新推进线上线下融合，多形式、多层次开展民族团结进步宣传活动，持续讲好民族团结好故事、弘扬民族团结主旋律、传播民族团结正能量。

1.坚持把民族团结进步教育纳入干部教育、国民教育、社会教育全过程。把学习习近平总书记关于民族工作的重要论述作为全市各级党委（党组）理论学习的重点内容，作为各级党校（行政学院）、社会主义学院培训的必修课程。全市各级各类学校都开展民族团结进步教育，全市中小学100%开足开齐民族团结教育课程和课时，以思想政治课等为载体，利用班（队）会、主题团日等强化青少年思想政治教育，把爱我中华的种子深深埋在各族青少年孩子心中。市创建办向全市各族同胞发出题为《全市各民族像石榴籽一样紧紧拥抱在一起 携手共创民族团结进步示范市》的公开信，设计柳州市铸牢中华民族共同体意识标识及宣传海报，编印《柳州民族团结进步创建工作手册》等资料，发放给全市各级各部门宣传学习。

2.广泛开展主题教育和社会实践活动。把每年“民族团结进步宣传月”活动打造成柳州民族团结宣传的重要平台和长效载体。拍摄民族与民族团结进步宣传标

语视频和创建民族团结进步示范市宣传视频，策划拍摄微电影，筹办铸牢中华民族共同体意识情景报告会，召开柳州市荣获全国民族团结进步模范集体和模范个人先进事迹宣讲会。举办“民族团结进步·我们的故事”征文、“我跟你学、你跟我讲”“双语双向”助力脱贫攻坚抖音短视频创作大赛、柳州市“铸牢中华民族共同体意识、‘双语双向’助力脱贫攻坚”百姓宣讲等系列活动，创作了民族团结进步侗族农民画卷。

3.加强民族团结进步教育基地建设。支持教育基地完善设施开展宣传活动，柳州博物馆开展“课件走进校园”活动受到广大师生的好评，三江侗族自治县博物馆2020年接待未成年人约9万人次，较好地发挥了民族团结进步教育基地的作用。

4.大力打造“石榴红”民族团结主题公交专线。创新民族团结宣传工作，以公交车、沿线停靠车站及公交线路为载体，设立“三维空间”、打造“四个阵地”、开展“五项活动”，大力打造56路“石榴红”民族团结进步主题公交专线，让宣传工作有温度有热度。公交专线目前投入运营7辆车，每隔20分钟发车1次。这7辆车分别按照“石榴花红”“同心筑梦”“团结欢歌”等三个主题进行装饰。车身外侧喷绘石榴花、紫荆花以及芦笙踩堂、侗族风雨桥等民族元素，车厢内部除了铜鼓、风雨桥、赛龙舟等喷绘，还在28个车把手上嵌入了56个民族的展示图画。2020年10月1日该主题专线运营以来，56路公交车迅速成为柳州市网红打卡点，成为柳州民族团结进步创建工作的流动展示窗口，成为各民族交往交流交融的新平台。

5.深入开展“融媒体＋民族团结进步”行动。在《柳州日报》、柳州电视台、柳州电台综合广播等栏目开设“争创全国民族团结进步示范市”专栏，《柳州日报》、柳州电视台《柳州新闻》等媒体报道共计9000多条次。柳州电视台、《柳州日报》旗下新媒体《在柳州》和《柳州1号》APP定期播发民族团结进步宣传报道、公益广告9000篇（条次），《柳州1号》APP开辟民族团结进步教育讲堂常态化开展民族政策宣传。录制学习视频U盘1000份，制作双语学习宣传短视频，通过微信公众号、抖音、快手等10个网络视频平台发布。开发“跟我学讲少数民族语言”微信小程序和网页版。2020年“壮族三月三”期间，柳州市在电视和网络上举办了“历届鱼峰歌圩全国山歌邀请赛优秀作品线上展播”“柳州山歌dou来唱”抖音活动，用大家喜闻乐见的山歌形式传递信心力量，唱响浓厚炽烈的家国情怀、积极向上的进取精神和团结奋斗的互助精神。此外，还推出抗击疫情文艺作品展播、线上柳州旅游宣传推广、紫气东来万象新——柳州紫荆花美术作品展等一系列有特色、有创意的线上活动，让各方宾朋共享精彩的“云”端民族文化大餐。

（五）创新推进自治、法治、德治融合，不断提高民族事务治理水平

自治、法治、德治相结合，是我国基层社会治理新模式，是国家治理体系

和治理能力现代化在基层工作的具体体现。“三治结合”充分发挥自治章程、村规民约、居民公约在城乡社区治理中的积极作用，弘扬公序良俗，促进法治、德治、自治有机融合。

习近平总书记强调，加强和创新社会治理，关键在体制创新，核心是人，只有人与人和谐相处，社会才会安定有序。社会治理的重心必须落到城乡社区，社区服务和管理能力强了，社会治理的基础就实了。基层是创建工作的主阵地，各族群众是民族团结创建活动的主力军，只有将重心下沉到基层，才能充分发挥群众、基层的作用。柳州市认真贯彻落实习近平总书记关于社会治理和民族事务治理的重要论述，秉持“重在平时、重在交心、重在行动、重在基层”理念，紧紧围绕“人”这个核心，积极创新基层民族事务治理理念和模式，推进“自治、法治、德治”建设，不断探索基层社会治理的有效路径。

1.坚持基层群众自治和民族区域自治。基层群众自治方面，健全基层党组织领导的基层群众自治机制，着力推进基层直接民主制度化、规范化、程序化，夯实人民群众在基层群众自治中的主体地位。柳州市创新开展村级党组织“红旗村”创建活动，2020年有自治区级“星级”村党组织445个，居广西前列。行政村和社区法律顾问工作覆盖率100%。农村扫黑除恶斗争深得民心，乡村治理体系不断健全。柳州市鱼峰区天马街道大龙潭社区明确以社区党委书记、社区居委会主任为网格长负责社区少数民族网格化管理工作；依托网格化社会管理与服务平台，确定楼栋网格员，将民族团结工作明确到人，健全民族团结工作网络体系；大力开展群众性民俗活动，通过一碗油茶、一首山歌、一场竹竿舞、一把五色糯米饭，拉紧各族居民之间的感情纽带，让各族居民在这里共同生活、共同奋斗、共同追梦。该社区先后获得全国民族团结进步模范集体、全国民族团结进步创建活动示范社区、自治区民族团结进步模范集体、自治区民族团结进步创建活动示范社区等荣誉称号。柳城县冲脉镇指挥村在村干部的带领下，通过召开村民大会，集体决定开展土地整治“小块变大块”项目，把分散在各家各户的小块土地整合成为集中连片的大块土地，以集体的力量开展甘蔗“双高”基地建设。2014年，该村指挥屯土地整治完成，此后逐年在全村扩大，至2017年全村完成“双高”建设，并建立起了远近闻名的“蔗奏凯歌”现代糖业核心示范区。核心区甘蔗种植面积由1500亩猛增到3056亩，亩产量比项目实施前增产1吨以上；2018年核心区农村居民人均可支配收入比所在乡镇高10%。2019年，示范区甘蔗种植从开行沟、中耕培土、病虫害统防统治、砍运装车都实行大型机械化作业，综合机械化率达75%以上。2019年实现人均收入14000多元，村集体经济收入7万元。2018年12月，指挥村获评为柳州市乡风文明行政村示范点；2019年1月，“蔗奏凯歌”现代糖业核心示范区获评为自治区四星级现代特色农业核心示范区；2019年5月，指挥村荣获柳州市“红旗村”称号，2019年12月荣获“全国乡村治理示范村”称号。民族区域自治方面，始终坚持国家统一和民族区域自治的有机结合，既坚定不移地坚持党和国家的领导，坚决维护国家团结统一，又充分保障自治县自治机关依法行使自治权。指导融水、三江两自治县修订完善《自治条例》，出台《三江侗族自治县少数民族特色村寨保护与发展条例》《融水苗族自治县少数民族特色村寨保护和发展暂行办法》，大力培养少数民族干部、民族地区各族干部、少数民族知识分子和代表人士，充分发挥少数民族干部的桥梁纽带作用，充分调动汉族干部做好民族工作的积极性主动性，把“明辨大是大非的立场特别清醒、维护民族团结的行动特别坚定、热爱各族群众的感情特别真诚”的干部放到重要领导岗位上。2020年，融水苗族自治县全县干部（包括公务员、参公、事业干部）共8479人，其中少数民族干部有6120人，约占72.2%。全县公务员、参公管理人员2155人，其中少数民族干部1541人，约占71.5%；全县副科级以上干部1058人，其中少数民族干部792人，约占74.9%。

2.**坚持民族事务治理法治化**。习近平总书记强调，“用法律来保障民族团结”；“只有树立对法律的信仰，各族群众自觉按法律办事，民族团结才有保障，民族关系才会牢固”。用法律来保障民族团结，是全面依法治国在民族工作领域的集中体现，深刻体现了法治文明的时代要求。坚持运用法治思维和法治方式协调民族关系，治理民族事务。一是注重法治宣传教育。把党的民族理论、政策、法律法规纳入全市普法规划并认真抓好普及教育，教育引导各族群众牢固树立遵纪守法的公民意识、法律面前人人平等的法律意识，引导流入柳州市的少数民族自觉遵守国家法律和城市管理规定。二是以立法形式推进民族团结进步。出台《柳州市传统村落保护条例》《柳州市历史文化名城保护条例》等，三江侗族自治县人大常委会成为广西首个国家级基层立法联系点，是全国人大常委会法工委新增的五个基层立法联系点中唯一的少数民族自治县。三是推进基层民族事务治理常态化。与湖南怀化市、贵州省黔东南自治州建立了“矛盾联防、纠纷联调、组织联建、普法联宣、法律联援”的湘黔桂省际边界民族地区人民调解“五联”工作机制，在民族地区法院、司法所实行“双语”服务，畅通少数民族群众办事渠道。湘桂将王屯联合人民调解委员会获司法部授予“全国模范人民调解委员会”称号。融水良寨乡人民调解委员会和三江独峒镇干冲村人民调解委员会获七省（区市）司法厅评为“化解边界矛盾纠纷模范人民调解委员会”。四是积极预防和妥善处置涉民族因素各种矛盾纠纷。建立部门共同参与的处理涉及少数民族的矛盾纠纷联席制度，定期开展民族关系分析研判，坚持各民族一律平等，做好法律援助工作，全市法律援助中心在2017—2019年共受理案件7339件，其中涉及少数民族3570件，依法保障各族公民的合法权益，妥善处置涉民族因素各种矛盾纠纷，有效地维护了全市民族团结和社会稳定，全市没有发生过涉民族因素案（事）件，“平安柳州”成为各族群众放心、暖心的城市名片。

3.坚持以道德教化人心。一是积极培育和践行社会主义核心价值观。2015年10月，柳州市启动建设践行社会主义核心价值观柳江文化带项目。围绕社会主义核心价值观的精神内涵，沿柳江陆路和水路进行拓展。首批纳入建设的有“一江两路七区十三点”。“一江”即“百里柳江”核心段；“两路”即柳江水路、陆路空间；“七区”即首批纳入柳江文化带建设的“文明”“和谐”“法治”“爱国”“敬业”“诚信”“友善”七个主题区；“十三点”即“爱国”主题区的军博园，“文明”主题区的文庙、双鱼汇，“敬业”主题区的工业博物馆，“诚信”主题区的谷埠街、青云街、五星街、窑埠古镇，“友善”主题区的金沙角、江滨公园、西来寺，“法治”主题区的柳江明珠大舞台，“和谐”主题区的东门城楼。爱国、敬业、诚信、友善等社会主义核心价值观的精神内涵，如春风化雨，滋润着柳州市民的心灵。这座洋溢着正能量的城市正不断涌现出像全国文明家庭李建珍、全国劳模廖国锋、宝莲社区“雷锋超市”这样的先进个人、先进集体和千千万万志愿服务工作者，这些普通平凡的柳州人正在成为践行社会主核心价值观最好的“代言人”。二是实施乡风文明培育行动。坚持用道德涵养乡风、用文明培育乡村，不断深化乡风文明建设，增强乡村振兴的动力和活力，打造环境美、生活美、产业美、乡风美的美丽乡村。全面推行移风易俗，整治农村婚丧大操大办、高额彩礼、铺张浪费、厚葬薄养等不良习俗。2018年，柳城县121个行政村全部完成了乡风文明村规民约的修订完善，建立健全村民议事会、道德评议会、红白理事会、禁毒禁赌协会等群众组织484个，全县行政村“一约四会”的覆盖率达到100%。三是深入实施公民道德建设工程，加强社会公德、职业道德、家庭美德和个人品德教育。大力开展文明村镇、农村文明家庭、星级文明户、五好家庭等创建活动，广泛开展农村道德模范、最美邻里、身边好人、新时代好少年、寻找最美家庭等选树活动，开展乡风评议，弘扬道德新风。2019年3月，柳州承办了中国好人榜发布仪式暨全国道德模范与身边好人现场交流活动，通过多家媒体和网络平台进行直播，观看人数超过4100万，向全国展现了“好人之城，德馨柳州”的城市文明形象。截至2020年，柳州市有全国道德模范1人，全国道德模范提名奖获得者7人，中国好人榜上榜31人，自治区道德模范8人，自治区道德模范提名奖获得者15人，推动全市上下形成崇德向善、见贤思齐的浓厚社会氛围。

这份调查报告翔实、客观、公正。把一个鲜活的、可以复制的、民族团结的柳州呈现在世人面前。

二、一个地方精英的评估

学术机构的评价重要，地方精英的评估也有价值。广西生态移民发展中心一级调研员，自治区民族宗教事务委员会咨询委员达汉吉（贾晔）本是融水苗族，他通过长期的体验和观察，对柳州经验有切身的感悟，2021 年 9 月在《三月三》（汉文版 · 增刊）上发表了《创建全国民族团结进步示范市的柳州经验》一文作了如下的表述：

柳州是多民族聚居的工业城市，有壮、汉、侗、苗、瑶、仫佬、回、水等8个世居民族和其他30多个杂居民族，现有少数民族人口222.98万人，占全市总人口的56.66%，辖区内有2个自治县，6个民族乡。自2019年柳州市开展全国民族团结进步示范市创建工作以来，自觉把创建工作融入全市中心工作，认真履行守护民族团结生命线的政治责任，紧紧围绕大扶贫、大工业、大生态三大战略，全力打好创建工作“五大战役”，奋力追赶领先跨越，各族群众福祉不断增进；通过培塑精神标杆、宣传高地、文化品牌和先进典型，大力弘扬新时代柳州精神，唱响民族团结进步主旋律，构建中华民族共有精神家园；巩固和拓展创建工作主阵地、主渠道，创新创造成果不断涌现，民族事务治理能力和管理水平显著提升；各民族亲如一家，干部群众激情满怀，走出一条符合本地实际、独具地方特色的创建之路。

（一）紧紧围绕大扶贫、大工业、大生态三大战略，全力打好创建工作“五大战役”，奋力追赶领先跨越，各族群众福祉不断增进

小康社会建设目标提前实现。2019年，柳州市地区生产总值达3128.35亿元，比2018年翻1.25番，人均地区生产总值达77056元，比2018年翻1.13番；全市城镇居民人均可支配收入为37358元，比2018年翻1.07番，农村居民人均可支配收入达14715元，比2018年翻1.58番；2016—2019年全市共脱贫32万人、280个贫困村摘帽，农村贫困发生率从2015年底的13.29%降至2019年底的1%，“十三五”时期脱贫攻坚光荣任务提前一年完成。

1.脱贫攻坚战役取得伟大胜利。“十三五”时期，柳州市委、政府先后研究制定《柳州市脱贫攻坚12个实施方案》《柳州市加快推进贫困地区特色产业发展实施方案》《柳州市支持深度贫困地区脱贫攻坚实施方案》《柳州市加大贫困地区农村劳动力就业创业帮扶工作实施方案》等政策性文件，把打好脱贫攻坚战作为头等大事和第一民生工程，全市共派出10个工作队、86个工作分队、1003个工作组、2544名工作队员、3.67万名帮扶干部，累计投入各级财政专项扶贫资金67.93亿元，全面实施“企业+基地+农户+市场”发展战略，建立了县级“5+2”、贫困村“3+1”特色产业体系，产业扶贫覆盖贫困户达90%以上，落实稳定就业3.41万人，全市农村贫困发生率从2015年底的13.29%降至2019年底的1%，全市城镇居民人均可支配收入为37358元，比2018年翻1.07番，农村居民人均可支配收入达14715元，比2018年翻1.58番。到2020年底三江、融水、融安等三个国定贫困县全部摘帽，侗、苗、瑶、仫佬等世居少数民族实现了整族脱贫。

2.城乡一体化发展取得新成果。柳州市积极探索工农联合、城乡一体化发展的新路子，着力打造“现代都市经济圈”，促进城乡产业一体化发展，把柳城、鹿寨与中心城市建设成为资源利用、集约高效、合作开放、要素流动畅通的复合型现代都市区。重点支持柳北山区三县大力发展县域经济，通过加大投入力度、增强县域经济综合实力，使柳江区、融水苗族自治县建设成为广西科学发展先进县（城区），柳城县、柳北区建设成为广西科学发展进步县（城区），较好地解决了历史遗留下来的工农分离、城乡分离以及区域之间发展不平衡的突出问题。全市城镇化率已经从2015年的45%提升到2020年的68.7%，城镇化率领先全区14个地级市。

3.工业强市战略持续深入实施。“十三五”以来，全市紧紧围绕建设西江经济带龙头城市的奋斗目标，全面推进创新驱动、产业转型、开放升级、新型城镇化与深化改革，龙头城市发展驱动力、竞争力、承载力与原动力明显增强，城市可持续发展力、凝聚力、保障力与支撑力大幅提升，综合实力稳居西江经济带“龙头”。2019年，柳州市地区生产总值为3128.35亿元，占西江经济带七市比重的29.7%；人均地区生产总值为77056元，是桂林市的1.9倍、贵港市的2.7倍。

4.生态建设工程继续稳健推进。“十三五”时期，柳州市积极推进“绿满龙城”造林绿化提升、珠江流域综合治理防护林体系建设、九万山造林等重大生态工程建设，九万山宜林荒山基本全部造林绿化，石漠化及水土流失地区得到有效治理，岩溶地区和矿山退化生态环境得到修复和重建，实现防护林面积、森林覆盖率、生态功能有序增长、协调发展。截至2019年，全市森林覆盖率达66.7%；2016—2019年，全市主要河流水质达标率均继续保持在100%。“绿水青山”成为生态宜居柳州的新名片。

（二）培塑精神标杆、宣传高地、文化品牌和先进典型，大力弘扬新时代柳州精神，唱响民族团结进步主旋律，构建中华民族共有精神家园

1.树立了全市民族团结进步的精神标杆。柳州市将“红石榴果”与“柳州市花紫荆花”结合在一起，巧妙设计了创建全国民族团结进步示范市、铸牢中华民族共同体意识的柳州标识（LOGO），象征着柳州各族儿女像石榴籽一样紧紧拥抱在一起，牢记嘱托，感恩奋进。按照市委、市政府的部署，市创建办向全市各族同胞发出《全市各民族像石榴籽一样紧紧拥抱在一起 携手共创民族团结进步示范市》的公开信，“牢记嘱托、感恩奋进、像石榴籽一样紧紧拥抱在一起”成为全市民族团结进步的精神标杆。

2.建立了全市民族团结进步的宣传高地。柳州市坚持把每年3月确定为全市“民族团结进步宣传月”，将举办“壮族三月三”歌节、“民族团结进步·我们的故事”征文、“我跟你学·你跟我讲·双语双向”助力脱贫攻坚抖音短视频创作大赛、柳州市“铸牢中华民族共同体意识、‘双语双向’助力脱贫攻坚”百姓宣讲、民族团结进步创建情景报告会、民族团结进步课件进校园列为创建宣传工作的固定形式和宣传高地。《柳州日报》、柳州电视台、柳州电台综合广播等主流媒体开设“创建全国民族团结进步示范市”专栏，仅2019年就报道创建工作信息9000多条次；柳州电视台、《柳州日报》还在其旗下新媒体《在柳州》和《柳州1号》APP定期播发民族团结进步宣传报道、民族团结进步教育讲堂9000篇（条次），这些创建工作稿件多次被《学习强国》平台、中国新闻网等国内主流媒体采用，产生了积极的影响。

3.创建了全市民族团结进步的文化品牌。柳州市积极传承和弘扬中华优秀传统文化，努力打造民族音乐剧《白莲》、广西民族音画《八桂大歌》、舞蹈诗《侗》等三部优秀艺术作品，隆重推出《夜话柳江》大型山水实景演出和“千把芦笙闹龙潭，千人多耶唱和谐”民族文化节庆；同时，指导三江、融水打造了《坐妹》《苗魅》等优秀文旅演艺项目；以“鱼峰歌圩”为样板，积极推动民族文化进社区、进乡村、进公园、进学校、进企业，切实让中外宾客感受“画卷柳州”的别样风情，增强对中华优秀传统文化的认同。截至2020年底，全市4个非物质文化遗产项目列入国家级项目名录、88个列为自治区级非物质文化遗产项目列入国家级项目名录，152项列为市级非物质文化遗产项目列入国家级项目名录，全市少数民族聚居乡镇、村100%建有文化活动站（室），不定期开展民族团结进步宣传活动。

4.评选了全市民族团结进步的先进典型。柳州市自开展全国民族团结进步示范市创建工作以来，涌现了全国民族团结进步示范单位8个，自治区民族团结进步创建示范单位26个，自治区民族团结进步教育基地5个；正式命名并挂牌的全市民族团结教育示范基地51个，民族团结进步示范区、示范单位212个，全市创建工作呈现了你追我赶、示范带动的良好态势和团结互助、整体推进的可喜局面。

（三）巩固和拓展创建工作主阵地、主渠道，创新创造成果不断涌现，民族事务治理能力和管理水平显著提升

1.探索“十进”新模式，开创全国民族团结进步示范市创建工作新格局。2019年柳州市正式启动创建全国民族团结进步示范市工作以来，先后印发《柳州市关于推动民族团结进步创建“十进”活动的实施意见》和《“十进”活动指导手册》等规范性文件和工作手册，全力推进创建工作的深入高效开展。在创建“十进”活动中，涌现一批先进典型，较好地发挥了示范带动作用。一是创建工作进机关，做表率方面，涌现了三江文化体育广电和旅游局的“文化+旅游+团结”的科学发展经验，市司法局“宣传+法律+团结”的援助发展经验，市税务局“税收+帮扶+发展”的保障发展经验，等等。二是创建工作进企业，聚合力方面，涌现了柳州两面针公司“宣传+活力+帮扶”经验，柳工集团“文体+帮扶+聚力”经验，上汽通用五菱宝骏基地“就业+发展+带动”经验，柳钢集团“一人在柳钢工作、全家彻底脱贫”经验，柳州金嗓子公司“定点帮扶+定点招工+精准脱贫”经验。三是创建工作进乡镇（村屯），惠民生方面，涌现了三江林溪镇、柳城古砦仫佬族乡、融水香粉乡和三江冠小屯、融水归报屯、鹿寨拉沟乡龙木村五家屯等一批全国、全区先进典型。四是创建工作进街道社区，强服务方面，涌现了鱼峰区天马街道“一家人”工作模式，城中区中南街道“老街焕新”经济模式，鱼峰区大龙潭社区“山歌平台”聚力模式，柳南区广电社区“巾帼引领”促进模式，等等。五是创建工作进学校，入头脑方面，涌现柳邕三小、市民族高中等一批民族团结进步示范基地。六是创建工作进宗教活动场所，重引导方面，涌现了市清真寺、柳城县开山寺等引导信民爱国爱民先进典型。七是创建工作进连队，抓共建方面，涌现了柳州支队执勤一大队执勤二中队接力资助458名红瑶女童圆读书梦等系列感人事迹。八是创建工作进窗口单位，树形象方面，涌现了柳城县自然资源和规划局林业窗口、鹿寨县行政审批局和柳江区行政审批局等“暖心”窗口单位。九是创建工作进景区，促融合方面，涌现了融水梦鸣苗寨、龙潭公园、三江程阳八寨、君武森林公园、鹿寨拉沟五家屯等一批“先进文化”景区。十是创建工作进“两新组织”，健机制方面，涌现柳州市“两新组织”创建的“壮族三月三”歌节、苗族芦笙节、侗族冬节、瑶族盘王节、仫佬族衣饭节等一批节庆活动管理新机制。

2.狠抓“六重奏”效应，确保全国民族团结进步示范市创建宣传工作富有地方特色。自2019年以来，柳州市以铸牢中华民族共同体意识为主题，不断创新宣传方式、拓宽宣传载体，真情演绎了推动民族团结进步示范市宣传工作的“六重奏”，努力做到电视有影、电台有声、手机有讯、报刊有文、互联网有量、群众有感，使创建工作各项政策措施耳熟能详，深入人心。柳州市充分发挥电视台、广播电台、报刊等传统媒体宣传主阵地作用，深入挖掘民族团结进步模范人物、故事，推出有话题、有深度、有示范的重点报道，仅2020年柳州电视台《柳州新闻》《柳州交通广播》《1029早晨报》等栏目就播出9000多条次。利用APP开辟民族团结进步教育讲堂，常态化开展民族政策宣传，相关稿件多次获得“学习强国”平台、中国新闻网等采用。举办“民族团结进步·我们的故事”征文活动，生动展现全市各族人民团结和谐、奋发向上的精神风貌。录制壮族山歌《唱支山歌给党听》、柳州风光的《我和我的祖国》等视频在节日期间播放，积极在电视台和新媒体平台宣传中华民族共同体意识，极大增强各族群众对伟大祖国、中华民族、中华文化、中国共产党和中国特色社会主义的认同感。实力打造石榴红

“民族团结公交专线”，将56路“石榴红”民族团结主题公交线路打造成柳州民族团结进步创建特色品牌。设计柳州市铸牢中华民族共同体意识标识，设计民族团结宣传系列标语海报，组织编印《柳州民族团结进步创建手册》《柳州民族团结进步知识学习手册》《民族宗教法规政策学习读本》《柳州市民族团结进步创建“十进”活动指导手册》等宣传书籍资料，切实提高民族团结创建工作的知晓度。

3.健全“十强化”机制，着力做好全国民族团结进步示范市创建工作的长效管理。柳州市把创建工作作为全市高质量发展现实之需、战略之策、固本之举以来，强调创建工作是柳州自身发展的现实所需，是柳州社会和谐稳定发展的基础所在，更是柳州各族群众共同繁荣发展的人心所向，十分注重示范带动作用，努力形成全国民族团结进步示范市创建工作“十强化”综合效应。市委、市政府将创建全国民族团结示范市列入年度工作重点，2019年8月召开柳州市创建民族团结进步示范市动员大会电视电话会议，2020年7月28日召开市创建全国民族团结进步示范市工作推进会，2020年市委常委会、市政府常务会议先后3次研究部署民族团结进步创建工作。各县（区）严格实行“一把手”负责制，形成党政主导、部门协同、社会参与的创建工作格局。制定《柳州市创建全国民族团结进步示范市测评指标（试行）任务分工方案》，进一步规范和完善市级示范区、示范单位和教育基地测评指标，使创建工作有依据、有标准。

（四）各民族亲如一家，干部群众激情满怀，走出一条符合本地实际、独具地方特色的现代化发展之路

1.兴业强市，充分展示柳州市社会主义现代化建设的光明前景。“十四五”时期，柳州市将以大融合、大智造、大创新为抓手，大力实施“实业强市”战略，努力实现跨越式发展。重点是推动新能源汽车制造与服务业的深度融合，打造国际知名、国内一流的中高端智能网联汽车制造基地；推动绿色钢铁研—产—贸—融的有机结合，建设绿色钢铁生产基地、研产贸融一体化产业体系；推动生物医药与健康服务的深度融合，着力培育壮大生物与制药产业龙头企业，形成生物医药+健康服务的融合新业态。重点突破，全面打造中国智能制造城，结合国家赋予广西的“三大定位”，发挥柳州在广西与东盟、广西与“一带一路”沿线地区、广西与全球产能合作中的第一市优势，把柳州建设成为区域性国际智能制造产能合作基地、中国—东盟汽车及零配件产业基地、中国—东盟绿色金融示范基地、中国—东盟工业物流节点城市。

2.建设三新区，进一步提高柳州市城镇化总体水平。柳江新区、柳江新城区和北部生态新区，是“十四五”时期柳州市城镇化建设与发展的新空间，是全市城市建设和产业发展的新平台，更是推进新时期民族团结进步事业的新高地。根据三新区山水地貌特点和现有基础设施条件，重点是突出柳东新区产城融合的示范功能，提升柳江新城区新型产业开发的综合功能，突显北部生态新区的金山银山生态功能，更好地带动三江、融水、融安等周边民族地区产业发展、基础设施建设和公共服务设施能力，确保民族村寨与三新区在推进产业、基础设施、公共服务等方面与柳州市区实现无缝对接，从而全面提升柳州城市及其周边地区一体化发展的总体水平，使柳州市少数民族城镇化步伐始终走在全区前列

3.振兴乡村，确保各族人民共享幸福柳州建设发展新成果。紧紧围绕乡村振兴战略目标，加快推动全市乡村振兴“九个一”工程。加快发展特色优势产业群落，做大做强县域经济，重点是加快鹿寨撤县设区步伐，将柳城县打造成柳州市卫星城，打造柳州至三江新型城镇带，支持融安建设成为柳州市域次中心城市，支持融水县、三江县用足用好重点生态功能区品牌，着力打造生态农业，民族特色风情旅游产业，不断壮大县域经济。

4.优化生态，把柳州打造成为宜居宜业的山水生态城市。进一步优化柳州城市生态环和城市景观环，提质百里柳江景观带、城市景观发展轴，扩容六区特色绿地景观，升级城市公园体系，放大“紫荆花城”品牌效应，全面打造柳州“生态花园、五彩画廊”花园城市3.0版，建设植物品种更多样、色彩更丰富、配置更合理、景观更独特、内涵更深刻的和谐园林城市。加快建设洋溪、梅林等一批大中型水利枢纽工程，将柳江防洪能力提高到百年一遇水平，使“高峡出平湖、城乡更和谐”的江河治理目标全面实现。

（五）新时代蕴含新气象，新征程更有新作为，努力为建设民族团结进步繁荣发展示范区再立新功

1.完善机制，着力高位推动。柳州市委、市政府把创建全国民族团结进步示范市工作作为各级各有关部门“一把手”工程持续高位推动，形成党委统一领导、党政齐抓共管、部门协同配合、上下协调联动、全社会广泛参与的创建工作新格局。

2.量化管理，着力强推严管。以铸牢中华民族共同体意识为主线，围绕中华民族一家亲、同心共筑中国梦总目标，按照示范市测评指标要求进一步明确责任，推动创建工作牵头部门和成员单位主动作为，按照考评时间倒排任务、细化措施、狠抓重点工作落实到位，确保创建工作有效推进。

3.推广经验，着力创建特色。着力在总结和推广经验、突出创建特色方面下功夫，在邀请作家团队做好柳州市全国民族团结进步示范市创建工作专题宣传报道和全市创建工作全面总结的基础上，指导三江、融水2个民族自治县和6个民族乡，紧紧围绕“走出了一条中国特色解决民族问题的正确道路”“开辟了发展各民族平等团结互助和谐关系的新纪元”“推动了我国民族团结进步事业取得了新的历史性成就”等三个方面，做大做好柳州市创建全国民族团结进步示范市的典

> 型经验宣传教育工作，切实使党的民族政策和区域自治制度更加深入人心，使中华民族共同体意识更加稳固。
>
> **4.全程督导，着力激励奋进**。充分发挥绩效考核“指挥棒”作用，推动各级各部门完善工作机制，加大督导力度，进一步做好各项工作落实情况的跟踪督查，确保创建示范市各项任务对标对表落实到位。主动强化阶段性任务完成情况的检查监督力度，及时协调解决工作过程中面临的困难和问题，确保创建方案实施到位、取得预期成效。[1]

这是一份充满乡情的评估，读后大有“谁不说俺家乡好”之感。

三、一个考核组长的评审

真金不怕火炼。

2021年9月，柳州迎来了国家民委创建民族团结进步示范市的考核评审。

2021年9月10日至14日　国家民委评审组到柳州开展创建全国民族团结进步示范市核验调研。14日上午，评审组杨广铃组长在国家民委评审核验工作座谈会上，对柳州市创建全国民族团结进步示范市的工作做了评估，他说：

> 这几天我们通过实地调研、个别访谈、群众评议、问卷调查等方式，进一步加深了对柳州市民族团结进步创建工作的了解。全市坚持以铸牢中华民族共同体意识为主线，把创建工作融入全市中心工作，认真履行守护民族团结生命线的政治责任，以大融合、大智造、大创新为抓手，坚持“实业强市”战略，全力打好创建工作“五大战役”，通过培塑精神标杆、宣传高地、文化品牌和先进典型，大力弘扬新时代柳州精神，唱响民族团结进步主旋律，各族人民心手相牵、团结奋进，谱写了建设新时代中国特色社会主义壮美广西的柳州篇章，呈现出民族团结进步基础进一步夯实、经济社会各项事业高质量发展、宜居宜业宜乐宜游城市品牌更加突显、共建共治共享社会治理格局日臻完善的生动局面。广西民宗委前期扎实细致的初验工作，为我们这次调研打下了良好基础。总地感到，柳州是一个充满了创新精神、充满了和睦奋进、充满了美好前景的城市，民族团结进步创建也像你们的创建标识一样，各项工作都有创新、都有特色、都有亮点、都有成效，具体来讲有以下几个突出特点。
>
> **第一，创新谋划抓创建**。柳州市各级党委政府认真贯彻落实习近平总书记考

1　达汉吉：《创建全国民族团结进步示范市的柳州经验》，《三月三》（汉文版·增刊）2021年9月。

察广西时的重要讲话精神，坚决扛起民族工作主体责任，坚持“工业辐射带动，城乡携手共建，交往交流交融，共同繁荣发展”的创建思路，严格实行“一把手”负责制，高点定位，高位推动，将创建工作纳入各级党委大统战工作格局，与落实“十三五”规划和制定“十四五”规划相衔接，与决战脱贫攻坚决胜同步小康和乡村振兴相融入，与推动柳州现代化制造城建设同推进同落实，形成党政主导、部门协同、多方参与的创建工作新格局。

第二，创新载体抓创建。柳州市深入贯彻落实习近平总书记关于加强和改进民族工作的重要思想，坚持围绕铸牢中华民族共同体意识这一主线，推进创建工作落地生根、落地见效。全市在红色传承中深化民族团结进步宣传教育，结合党史学习教育、“壮族三月三”民族团结进步宣传月活动，引导各族干部群众感党恩、听党话、跟党走；把铸牢中华民族共同体意识贯彻到全市中小学办学治校的全过程，“民族团结教育”开课率达100%，引导各族学生扣好人生第一粒扣子；将红石榴果与紫荆花结合设计为柳州标识，“牢记嘱托、感恩奋进、像石榴籽一样紧紧拥抱在一起”成为全市各族人民的精神坐标；培育了“小米粉、大产业，串起团结情”“人民需要什么，五菱就生产什么”“百里侗乡一家人”“脱贫不忘共产党”等一批创建品牌，推动创建工作向更高层次、更宽领域纵深拓展。

第三，创新融合抓创建。柳州市紧紧围绕大扶贫、大工业、大生态三大战略，奋力追赶领先跨越，各族群众福祉不断增进。全市把脱贫攻坚作为第一民生工程和头等大事，如期兑现“全面建成小康社会，一个民族都不能少”的庄严承诺；大力发展战略性新兴产业、现代服务业、现代农业体系（柳州秉承工业基因，用工业思维打造螺蛳粉产业，突破三个百亿元大关）；开设56路“石榴红”民族团结主题公交专线，强服务惠民生，促团结聚民心，各族群众获得感、安全感和幸福感显著增强，成为铸牢中华民族共同体意识、增进“五个认同”的生动写照。

第四，创新治理抓创建。柳州市牢牢把握新时代民族工作的发展趋势和特点，坚持依法治理民族事务，推进民族事务治理体系和治理能力现代化。全市坚持推进基层民族事务治理常态化，把党的民族理论、政策、法律法规纳入地方普法规划，认真抓好普及教育，使党的民族理论政策进村入户、深入人心。与湖南省怀化市、贵州省黔东南自治州建立“矛盾联防、纠纷联调、组织联建、普法联宣、法律联援”的省际边界民族地区人民调解机制，推动民族事务治理重心下移；健全民族工作三级网络建设，实现政府治理和社会调节、居民自治良性互动，确保民族事务治理在法治轨道上运行。

第五，创新引领抓创建。柳州市全面推进创建工作，在“七进”的基础上，进一步延伸至景区、窗口单位和两新组织，涌现了一批“立得住、叫得响、能示范”的先进典型；创新建立“十进”创建标准，努力打造“一进一品牌”（进机关突出“做表率”，进企业突出“聚合力”，进社区突出“强服务”，进学校突出“入头脑”，进乡镇突出“惠民生”，进连队突出“鱼水情”，进宗教活动场所突出“重引导”，进窗口单位突出“树形象”，进景区突出“促三交”，进两新组织突出“群众性”），确保基层开展民族团结进步创建有章可循、有的放矢。全市基层党组织充分发挥战斗堡垒作用和党员的先锋模范作用，着力提高政治领导力、思想引领力、群众组织力、社会号召力，把各族群众紧紧团结在党的周围，夯实了党的执政基础。

这些成绩的取得，凝聚了柳州市各族干部群众的智慧和力量，体现了各族干部群众的创新精神，让我们感到亮点纷呈、耳目一新。[1]

杨广铃的评估，角度新颖，从“创新谋划”“创新载体”“创新融合”“创新治理”“创新引领”五个方面，高屋建瓴，确实“亮点纷呈、耳目一新”。

1　杨广铃：《在柳州市座谈会上的讲话提纲》（2021年9月14日）。

第二十章　学术观察：柳州经验的学术概括

毛泽东在《实践论》中说："理性认识依赖于感性认识，感性认识有待于发展到理性认识，这就是辩证唯物论的认识论。"

当我们的学术团队历时 8 个月，从铸牢中华民族共同体意识的实践层面，先后考察了柳州创建民族团结进步示范市的经验之后，深感柳州的自我总结和他者眼光的评价，都非常务实、系统、详尽、客观，使柳州经验具有可读性、可操作性、可复制性和可推广性。那么，在此基础上，我们的学术观察，又如何从感性认识发展到理性认识从而进行学术概括呢?

我们另辟蹊径，从中华传统文化的意境切入，提出柳州经验"五个一工程"的学术概括，即一个太阳：党的阳光普照；一棵树：千枝同根的榕树；一朵花：象征一家亲"的葵花；一个果：果实"紧紧抱在一起"的石榴；一位歌仙：唱山歌的刘三姐。

一、一个太阳：党的阳光普照

太阳系中，包含我们的地球在内的八大行星、一些矮行星、彗星和其他无数的太阳系小天体，都在太阳的强大引力作用下环绕太阳运行。当太阳每天从东方升起，人们在阳光的沐浴下开始一天的劳作之时，远古时的人类并不知道太阳是什么，他们只是感性地认为太阳给人类带来了光明，带来了温暖。于是便创造了太阳神的神话和太阳崇拜。对此，笔者在《磐石荔波——中国民族团结县域样本研究》中有过论述。

> 人类学之父英国著名人类学家爱德华·泰勒在《原始文化》中断言：凡是阳光照耀到的地方，都有太阳神话的存在。[1]所以太阳崇拜曾经普遍存在于全球的每

1　泰勒：《原始文化》，连树声译，桂林：广西师范大学出版社，2005 年。转引自高福进：《太阳崇拜与太阳神话中的日神信仰及其寓意探析》，《青海社会科学》1996 年第 4 期。

一个角落。从远古新石器时代一直到今日的原始土著部落，对太阳的崇拜似乎还在进行，而其遗迹更是广泛散见于民间和文献记载中。所以，比较神话学著名的创始者麦克斯·缪勒也认为，一切神话皆源于太阳；一般而言，太阳崇拜是自然崇拜的重要形式之一，“太阳是人类的缔造者，是伟大的万有之父”[1]。所以，太阳崇拜自产生之初，历经漫长时期的发展与变化，除了原有的创世意义之外，在当下，我们还可以从中探讨更广泛的社会寓意，从这种信仰中去感受抽象的、内在的精神寓意、政治寓意、伦理意义、人文特征等方面的内容。[2]

从这个学术基础出发，我们去认识一下中国的太阳神。

要认识中国的太阳神就要从民间传说和神话入门。古人认为，“天之神，日为尊”[3]，太阳神乃万神之神。但在古人的认识上，一切神皆是以人为基点的，亦即神被赋予了人性而具有人的特征。太阳神这一万神之神同样是人性化的。“日月为天下眼目”[4]，即是说，高悬空中的日月就是太阳神的眼睛。已有不少学者指出，神话中的祝融、烛龙即是太阳神。[5]《国语·郑语》：“黎为高辛氏火正，以淳耀敦大，天明地德，光照四海，故命之曰祝融。”[6]郭璞注《山海经·大荒北经》烛龙条云：“视为昼，瞑为夜。”显然，祝融、烛龙之为太阳神的重要一点就是能“昭显天地之光明”。

《山海经·大荒南经》中有一个关于太阳神的故事更生动而传神，其云：“东海之外，甘泉之间，有羲和国。有女子名羲和，为帝俊之妻，是生十日，常浴日于甘泉。”[7]羲和国中有个女子名叫羲和，她生了十个太阳。这就有了“太阳之母”羲和的传说。而羲和又是太阳的赶车夫。《楚辞·离骚》说：“吾令羲和弭节兮，望崦嵫而勿迫。”说的是羲和不慌不忙地赶着马车，和太阳一起走在归家的路上。羲和掌握着时间的节奏，每天由东向西，驱使着太阳前进。因为有着这样不同寻常的本领，所以在上古时代，羲和又成了制定时历的人，即《尚书·尧典》所说：“乃命羲和，钦若昊天，历象日月星辰，敬授人时。”本来羲和在中国神话中最早是帝俊的妻子，是生太阳的女神。后因语音之变，分化为帝

1 麦克斯·缪勒：《比较神话学》，上海：上海文艺出版社，1959年，“序”第2页。

2 参阅高福进：《太阳崇拜与太阳神话中的日神信仰及其寓意探析》，《青海社会科学》1996年第4期。

3 《礼记·郊特牲》：“大报天而主日也。”郑注：“天之神日为尊。”

4 《礼记·郊特牲》。

5 傅斯年：《新获卜辞写本后记》跋，《安阳发掘报告》第二期，1935年，第367页；《古史辨》第七册上编，第316页；童书业：《春秋左传研究》，上海：上海人民出版社，1983年，第29—31页；萧兵：《楚辞文化》，北京：中国社会科学出版社，1990年，第97—98页。

6 《国语·郑语》。

7 参阅《山海经·大荒南经》。

俊妻娥皇、常羲二女神。[1]娥皇又演化为舜妻；[2]常羲则为生月亮的女神，[3]又变为羿妻，最后仍飞回月宫为嫦娥。[4]随着时代的演化，羲和由生太阳的女神演化为太阳本身，又成为太阳的日御（即驾车者）。[5]

但最具太阳神英武风采的是东君，《楚辞·九歌·东君》作了极其生动的描写：

暾将出兮东方，照吾槛兮扶桑。
抚余马兮安驱，夜皎皎兮既明。
驾龙辀兮乘雷，载云旗兮委蛇。
长太息兮将上，心低佪兮顾怀。
羌声色兮娱人，观者憺兮忘归。
緪瑟兮交鼓，箫钟兮瑶簴。
鸣箎兮吹竽，思灵保兮贤姱。
翾飞兮翠曾，展诗兮会舞。
应律兮合节，灵之来兮蔽日。
青云衣兮白霓裳，举长矢兮射天狼。
操余弧兮反沦降，援北斗兮酌桂浆。
撰余辔兮高驼翔，杳冥冥兮以东行。

《楚辞·九歌·东君》描写太阳神的生动性译成现代汉语灵性同样活灵活现：

一轮红日将出现在东方，
照耀我的栏杆神木扶桑。
抚拍我的宝马安步缓行，
夜色渐渐消失露出曙光。
驾着龙车车声如雷响，
遍插云旗旗帜随风扬。
长叹一声将要升天去，
低头徘徊又把故乡望。
车声旗色娱乐人心醉，
观者着迷竟把归家忘。
绷紧琴弦鼓声相对响，
敲击大钟钟架摇晃晃。

1 参阅《山海经·大荒南经》《山海经·大荒西经》。
2 参阅《尸子》《列女传》。
3 参阅《山海经·大荒西经》。
4 《淮南子·览冥训》。
5 参阅屈原：《离骚》《天问》。

吹奏横笛竽笛声相和，
思恋灵巫贤惠又漂亮。
舞姿翩翩像翠鸟轻飞，
载歌载舞齐声诵诗章。
按照音律唱踏着节拍舞，
群神来迎接多得遮太阳。
青云做衣白霓做裙裳，
高举长箭射杀贼天狼。
操持天弓向西方沉落，
拿起北斗舀取桂酒浆。
抓住马缰绳高高飞驰，
幽幽黑暗中急奔东方。

考古的材料有时比文献更实在，中国考古发现屡见有远古时代的太阳纹图案。据学者研究：河南舞阳贾湖裴李岗文化遗址出土距今8000多年的陶缸外壁上，刻画着光芒四射的太阳纹[1]。河南郑州市大河村仰韶文化遗址出土距今5000多年的陶钵口沿周围所绘的太阳纹多为12个，恰与一年12个月的历法观念相合。[2]内蒙古敖汉旗赵宝沟文化遗址出土距今约6000年的陶片上刻画一个鸡头正对着太阳的光芒，被称为最古的金鸡拂晓图。[3]距今约5000年的山东莒县陵阳河、诸城前寨和安徽蒙城尉迟寺大汶口文化遗址出土的陶缸上，刻有上为太阳形，下为山形，像太阳从山头升起的样子的图形。[4]

但最典型的有二处，一是余姚河姆渡遗址的一块双鸟朝阳的象牙雕刻器，其正面磨制精致，有一组阴线雕刻的图案，中心为大小相套的同心圆，外圆边刻有熊熊烈火似的光芒，两侧有昂首相望的双鸟，双鸟的下部似托住同心圆纹，这组图案的意义：同心圆纹即是象征太阳，在外圆边缘的烈焰纹，是表示太阳的光芒四射，双鸟托着的是太阳。托着太阳的这种鸟，不是一般的鸟，应是神鸟。这块象牙雕刻器也为中国古代“金乌负日”的太阳神神话提供了实物证据。[5]所谓“金乌负日”的神话，传说红日中央有一只黑色的三足乌鸦，黑乌鸦蹲居在红日中央，周围是金光闪烁的“红光”，故称“金乌”。而太阳之所以会日出日落，则都是由于这只“金乌”负载着太阳活动的原因。因此“金乌”也作为太阳的别

1　河南省文物研究所：《舞阳贾湖》，北京：科学出版社，1999年，第223页。

2　郑州市博物馆发掘组：《谈谈郑州大河村出土彩陶上的天文图像》，《河南文博通讯》1978年第1期。

3　邵国田：《敖汉旗南台地赵宝沟文化遗址调查》，《内蒙古文物考古》1991年第1期；安立华：《汉画像“金乌负日”图像探源》，《东南文化》1992年第C1期。

4　山东省文物管理处等：《大汶口》，北京：文物出版社，1974年；王吉怀等：《论大汶口文化大口尊》，《中原文物》2001年第2期。

5　浙江省文物管理委员会：《河姆渡遗址第一期发掘报告》，《考古学报》1978年第1期。

图 20.1 余姚河姆渡遗址双鸟朝阳的象牙雕刻器

名，亦称为“赤乌”。《山海经·大荒东经》云：“汤谷上有扶木，一日方至，一日方出，皆载于乌。”《淮南子·精神篇》中说“日中有陵乌”，郭璞注解说“日中有三足乌”。

二是三星堆遗址出土的以人首鸟身像为太阳神形象，以璧、璋为主要祭日礼器，以三星堆三个堆为祭日的祭坛，采取“燔燎”等祭法进行盛大而隆重的祭祀太阳神的活动。祭日的目的是祈求五谷丰登，人丁兴旺，国泰民安。所以，三星堆出土的青铜器，以其造型独特精绝，种类宏富而冠绝世界。其中的太阳纹或作五芒，饰于大象头冠人像头部；或作六芒，饰于铜神坛下层怪兽头部、铜怪兽耳；或作七芒，见于铜神殿屋盖；或作八芒，则见于铜圆形挂饰。此类太阳纹基本上有太阳之形，规整而具较强的装饰性。另外，三星堆铜神坛中层人像上饰有火纹，铜神殿顶部及一件圆形挂饰上又饰有涡纹。火纹与涡纹实际上是一回事，是太阳纹的一种。马承源先生说：“火纹旧称圆涡纹，涡纹或同纹……火纹是太阳的标志，因此它的特征是圆形的，中间略有突起，沿边有四列八道旋转的弧线，表示光焰的流动。”[1]而三星堆神树上的鸟象征了太阳，众多的鸟造型和鸟形饰反映了古蜀先民对太阳及太阳神的崇拜。而三星堆小型神树顶部及青铜神坛顶部中央的人首鸟身造像，既合于三星堆文化太阳及太阳神崇拜的特点，又颇具神的人性化的特征，很可能就是古蜀先民所塑造的太阳神的形象。甚居于神树顶部及神坛顶部中央，正昭示出它至高无上的地位。[2]

总之，一些民族奉太阳为民族和王权的保护神的观念，就是在丰产赐予者观念的基础上形成的。太阳除了能促使作物、牧草快速生长、成熟之外，还给人带

1 马承源主编:《中国青铜器》，上海：上海古籍出版社，1990 年，第 338 页。

2 参阅邱登成:《三星堆文化太阳神崇拜浅说》,《四川文物》2001 年第 2 期。

来温暖和光明。而且，太阳东升西落，周而复始，永远不落。[1]这种深植于中华民族潜意识的太阳神崇拜，作为一种集体无意识，以一种不明确的记忆形式积淀在人的大脑组织结构之中，在一定条件下能被唤醒、激活，使人们看到或听到人类原始意识的原始意象或遥远回声，并形成顿悟，产生新的崇拜感。[2]

众所周知，1921年7月23日，中国共产党诞生了，这是中国历史开天辟地的大事。从此，“一唱雄鸡天下白”，中国革命的面貌焕然一新！在此，让我们重读习近平《在庆祝中国共产党成立100周年大会上的讲话》，看中国共产党是如何激活中国人民对太阳崇拜的心理的。习近平说：

> 中华民族是世界上伟大的民族，有着5000多年源远流长的文明历史，为人类文明进步作出了不可磨灭的贡献。1840年鸦片战争以后，中国逐步成为半殖民地半封建社会，国家蒙辱、人民蒙难、文明蒙尘，中华民族遭受了前所未有的劫难。从那时起，实现中华民族伟大复兴，就成为中国人民和中华民族最伟大的梦想。
>
> 为了拯救民族危亡，中国人民奋起反抗，仁人志士奔走呐喊，太平天国运动、戊戌变法、义和团运动、辛亥革命接连而起，各种救国方案轮番出台，但都以失败而告终。中国迫切需要新的思想引领救亡运动，迫切需要新的组织凝聚革命力量。
>
> 十月革命一声炮响，给中国送来了马克思列宁主义。在中国人民和中华民族的伟大觉醒中，在马克思列宁主义同中国工人运动的紧密结合中，中国共产党应运而生。中国产生了共产党，这是开天辟地的大事变，深刻改变了近代以后中华民族发展的方向和进程，深刻改变了中国人民和中华民族的前途和命运，深刻改变了世界发展的趋势和格局。
>
> 中国共产党一经诞生，就把为中国人民谋幸福、为中华民族谋复兴确立为自己的初心使命。一百年来，中国共产党团结带领中国人民进行的一切奋斗、一切牺牲、一切创造，归结起来就是一个主题：实现中华民族伟大复兴。
>
> ——为了实现中华民族伟大复兴，中国共产党团结带领中国人民，浴血奋战、百折不挠，创造了新民主主义革命的伟大成就。
>
> ——为了实现中华民族伟大复兴，中国共产党团结带领中国人民，自力更生、发愤图强，创造了社会主义革命和建设的伟大成就。
>
> ——为了实现中华民族伟大复兴，中国共产党团结带领中国人民，解放思

1　参阅何星亮：《太阳神及其崇拜仪式》，《民族研究》1992年第3期。

2　徐杰舜、韦小鹏、孙亚楠：《磐石荔波——中国民族团结县域样本研究》，哈尔滨：黑龙江人民出版社，2020年，第433—437页。

想、锐意进取，创造了改革开放和社会主义现代化建设的伟大成就。

——为了实现中华民族伟大复兴，中国共产党团结带领中国人民，自信自强、守正创新，统揽伟大斗争、伟大工程、伟大事业、伟大梦想，创造了新时代中国特色社会主义的伟大成就。

中国共产党和中国人民以英勇顽强的奋斗向世界庄严宣告，中华民族迎来了从站起来、富起来到强起来的伟大飞跃，实现中华民族伟大复兴进入了不可逆转的历史进程！

一百年来，中国共产党团结带领中国人民，以“为有牺牲多壮志，敢教日月换新天”的大无畏气概，书写了中华民族几千年历史上最恢宏的史诗。

总之，中国共产党一百多年来开辟的伟大道路、创造的伟大事业、取得的伟大成就，使中国人民真真切切、实实在在地感受到了中国的巨变，中华民族正在走向伟大的复兴！这一切都有力地激活了人民对中国共产党的崇拜感，正如著名的红歌《东方红》所唱：

共产党像太阳
照到哪里哪里亮
哪里有了共产党
呼儿嗨哟
哪里人民得解放

所以，在中华民族的集体无意识中，党的领导就像太阳，它形成了蒸腾萃取的力量，沉淀入潜意识之中，并以党的历史、党的领导、党的思想、党的政策、党的关怀等形式呈现出来，也如《沙家浜》所唱：“共产党就像天上的太阳一样！”把阳光普照到中国的山山水水，洒进人民的心中。从而使人们对党的敬爱和崇信，作为一种典型的群体心理现象无处不在，并一直在默默而深刻地影响着我们的社会、我们的思想和我们的行为，从而升华为太阳意境。

这种对党敬爱和崇信“象外之象”的意境，第一个“象”是人们心仪的形象，第二个“象”是从有限进入到无限，借某一景可抒发无限的情感，是“取之象外”，所以柳州民族团结经验的升华，必定是“领导我们事业的核心力量是中国共产党”一个太阳的意境。[1]

一个太阳的意境化作党的民族政策，普照着柳州的山山水水，村村寨寨。中华人

1 参阅徐杰舜、韦小鹏、孙亚楠：《磐石荔波——中国民族团结县域样本研究》，哈尔滨：黑龙江人民出版社，2020年，第438页。

民共和国成立以来，制定了以民族平等、民族团结为核心内容的一系列民族政策。在中共柳州市委的领导下，柳州市人民政府以及市民委（后改名为市民宗委）认真执行党的民族政策，远的不说，自20世纪80年代以来，制定过不少旨在加强民族团结的文件和规定，试举以下几例。

1980年12月25日，《柳州市委统战部落实民族、宗教政策做好回民工作》中说："大力宣传党的民族政策和宗教政策。由于十年浩劫，使一部分职工干部对党的民族政策、宗教政策淡忘了，出现了一些不利于民族团结的言论和事情。例如不尊重回民的风俗习惯……在牛肉供应上猪牛混杂的现象时常发生，引起广大回民的不满。为了进行民族政策和宗教政策再教育，我们在全市统战会议上作了民族政策和宗教政策专题发言，我们到市党校去上课，召开有回民的单位领导会议，等等，而且还召开了一些检查民族政策的座谈会。从而使党的民族政策和宗教政策得到初步贯彻落实，一些影响民族关系、民族团结的言论和行动逐步减少。"

1984年12月30日，《柳州市委统战部民族科1984年民族工作总结及1985年工作要点》中说："发展民族经济，加强民族团结。随着工作的重点转移，我们逐步把经济建设作为民族工作的重点来抓。……结合我市的具体情况，我们首先抓了回民综合食品厂的巩固和发展工作，注意从思想上关心，经济、物质上给予必要的支持……不仅解决了16个待业青年就业问题，还给清真寺增加了收入，又为商业部门安排生产民族食品'难'分了忧，为我们做好民族工作，尊重少数民族风俗习惯，加强民族团结，起到了应有的作用。"

1986年3月20日，《柳州市六五期间民族工作总结和七五期间民族工作规划要点以及八六年工作要点》中说："几年来，为了增进民族团结，促进民族间友好往来，我们认真做好了接待工作，使各地来访的少数民族深感满意。我们先后接待了湖南、湖北、云南、贵州、辽宁、广东、甘肃、内蒙古、吉林等省、区少数民族参观团和区内少数民族参观团400多人次。每次接待市委、市政府有关领导都亲自出面接见，使各参观团大为称赞，增进了民族的团结。"

1989年1月10日，《柳州市委统战部民族宗教科1988年工作总结和1989年工作要点》中说："圆满地完成了市委、市政府交给的筹备召开全市第二次民族团结进步表彰大会的任务。根据全国、全区民族工作会议的精神，为了总结我市1984年第一次民族团结进步表彰大会以来民族工作的经验，深化对民族情况、民族工作特点和规律的认识，研究贯彻执行党的十三届三中全会和全国民族团结进步表彰大会精神，讨论进一步加快我市少数民族经济的发展，增强民族团结，促进四化建设的措施。我委和市委统战部都在1987年底，就专题报告市委和市政府，建议召开我市第二次民族团结进步表彰大会。市委市政府批准了我们的报告，并指示以我委为主负责大会筹备工作。我委在市委、市政府的直接领导下，在全市各部门的配合支持下，积极展开筹备工作，从大会的规模，代表名额的分配，大会经费的预算，各种奖品的购买，典型材料的组织整理，大会各种通知，文稿的起草，大会前后的宣传组织工作……终于使大会能于11月30日胜利召开。

为了进一步贯彻落实全国、全区、全市民族团结进步表彰大会精神，推进我市民族团结进步事业，去年我委编印了《柳州市第二次民族团结进步表彰大会文件汇编》，今年可以陆续发到各基层单位，供学习使用。此外，去年我委努力办好《民族简讯》宣传党的民族政策，促进全市各族人民对民族工作的关心和了解，支持民族工作。"

1989年9月14日，《柳州市人民政府办公室文件柳政办〔1989〕92号关于组织少数民族群众观看市首届少数民族传统体育运动会开幕式的通知》中说："经市委和市政府批准召开的我市首届少数民族传统体育运动会，是我市解放40年来头一次。经过充分的筹备，运动会将于本月18日北京时间上午10时在市体育场隆重开幕。这届运动会比赛和表演的项目丰富多彩。有抢花炮、投绣球、顶竹杠、大象拔河、民间武术，有舞龙舞狮表演，等等，这些项目有浓厚的民族特色。参加比赛的有200多名我市各族运动员，参赛的单位有柳江、柳城、郊区和4个城区共7个代表团。因此，这届运动会是我市民族体育的一次盛会，又是民族团结的盛会。"

1993年1月6日，《柳州市民委1992年工作总结及1993年工作设想》中说："为了宣传和贯彻党的民族政策及党的中央民族工作会议精神，去年我委继续给市四套班子有关领导及全市37个乡镇政府免费订购《民族团结》杂志，被评为全国扩大发行《民族团结》杂志的先进单位。去年初，我委参与广西首届健力宝杯'三月三'歌王赛的筹备工作，在歌王赛期间，我委又约请全区各地市民委领导前来观摩，对增进民族团结和促进民族文化交流尽了一份力。"

1993年12月10日，《柳州市民委1993年工作总结及1994年工作设想》中说："为进一步调动全市各族人民的积极性，我委受市委、市政府委托在今年2月份认真筹办好了全市民族工作会议暨第三次民族团结进步表彰会。会上表彰了我市各条战线上为民族经济的发展，为民族团结进步工作做出贡献的151名先进个人和79个先进集体。今年4月我委在柳钢召集部分民族定点厂和部分民族团结先进集体、先进个人进行联谊活动，得到定点企业等的赞赏，使民族定点企业互通信息，共谋发展。"

1996年12月10日，《柳州市民委改革开放以来我市的民族工作》中说："全市形成了大讲民族政策和讲民族团结的良好风气。许多单位为少数民族解决了不少的实际问题……每年回民的开斋节、古尔邦节、圣纪节，市政府都专门发文规定，凡回民回清真寺参加节日活动算公假不予扣工资。1980年后，全市开展了少数民族的普查和识别工作，建立了少数民族花名册，加强同少数民族人物的联系，每年国庆、元旦或春节，召开民族代表座谈会，向他们宣传民族政策和民族工作形势，促进他们带头做好民族团结工作。"

2003年12月12日，《柳州市民委2003年工作总结及2004年工作要点》中说："召开广西、湖南、贵州三省（区）周边地区民族关系工作会。11月25日，我委在三江侗族自治县召开广西、湖南、贵州三省（区）周边地区民族关系工作会，柳州市民委、湖南省怀化市民委、贵州省黔东南苗族侗族自治州民委以及三省区相邻五个县的领导、县民族局的领导近 70 人参加了会议，自治区民委政法处周健处长、市政府罗品文副秘书长出席会议并讲话。在会上，与会者就如何进一步做好周边地区民族关系工作、加强协作共谋发展等问题交流了经验，分析了隐患并提出了建设性的意见。会议还就一些实质性问题达成了共识，形成了会议纪要。这次会议充满了团结求实的气氛，达到了预期目的，受到与会各位领导的一致肯定，必将为三省（区）周边地区的民族团结、社会稳定、经济繁荣和发展起到积极的推动作用。

开展广西、湖南、贵州三省（区）周边地区民族关系调研。我市的三江侗族自治县、融水苗族自治县与湖南省怀化市的通道侗族自治县、贵州省黔东南苗族侗族自治州的从江县、黎平县接边，边界线 620 多千米。三省（区）相邻的乡镇有 36 个，村屯 130 多个。为了促进民族团结、维护社会稳定，我委与三江县领导、县民族局 8 位同志于 11 月份用 7 天时间，到相邻地区进行了逐个走访和调研，行程 1000 多千米。学习了外省开展周边民族关系工作的先进经验，沟通了感情，发现了隐患，为今后进一步做好周边相邻地区民族关系工作打下了基础。

支持开展民族节庆联谊活动，促进民族团结。今年我委先后支持阳和村、融水苗族自治县、三江侗族自治县、融安县的壮、侗、苗、仫佬等少数民族开展‘十三坡会’十六坡会‘二月二花炮节’‘百艘龙舟大赛’‘程阳金秋旅游节’‘居柳侗族同胞侗年联欢’等少数民族传统节日庆祝联谊活动，融洽了民族感情，促进了民族团结。

全区民族政策法规培训班在我市举行。4 月份，全区民委系统政策法规培训班在柳州市举办，我市民族工作干部又获得了一次极好的学习提高的机会。在培训班上，我委介绍了我市委市政府对民族工作的重视，以及在协调民族关系、维护民族团结方面的经验。

必须尽快召开全市第四次民族团结表彰大会。自 1993 年我市召开第三次民族团结表彰会以来，已经十年没有召开表彰会，为了推动全市的民族团结进步，必须尽快召开全市第四次民族团结表彰大会。”

2004 年 12 月 28 日，《柳州市民族事务委员会 2004 年工作总结及 2005 年工作计划》中说：“认真做好全国第四次民族团结进步模范集体、模范个人和全区第五次民族团结进步先进集体、先进个人的评选工作。国务院和自治区决定在今年召开民族团结进步表彰大会，根据自治区民委的统一部署，在市委市政府的领导下，认真开展评选工作。成立了评选工作领导小组，制定评选办法。采取自下而上的形式，在认真评比的基础上经市评选工作领导小组反复筛选后报市委常委会审定，评出我市全国民族团结进步模范集体 4 个，模范个人 4 人，全区民族团结进步先进集体 19 个，先进个人 24 人，并在《柳州日报》进行公示，确保我市评选的结果具有先进性和代表性，推动民族团结进步事业的发展。

正确协调民族关系，维护民族团结。坚持‘早预防、早发现、早调解’的原则，制定了《柳州市民委开展公共危机应对措施的情况设想和处置方案》，对可能引发群体性事件的苗头事端进行认真的梳理，严格依法办事，将影响民族团结和社会稳定的因素控制在萌芽状态，切实维护社会的稳定。市民委与三江、融水两县民族局领导于12月初参加贵州黔东南苗族侗族自治州在从江县召开的黔湘桂周边地区民族发展协调工作会，就如何进一步做好周边地区民族关系工作、加强协作共谋发展等问题交流经验，为促进我市与湖南、贵州两省周边地区的民族团结、社会稳定、经济繁荣起到积极的推动作用。

继续支持开展民族节庆活动。今年以来，先后支持融水县、三江县的苗、侗、仫佬等少数民族开展‘十三坡会’‘十六坡会’‘三月三花炮节’春节等传统节日庆祝活动，融洽民族感情，促进民族团结。

多方寻求支持，帮助民族地区发展教育。今年上半年我委邀请友好单位北京西城区民委到融水苗族自治县开展帮扶活动。4月9日，北京市西城区民委带领西城区12所中小学校负责人组成考察团，专程到融水县考察民族教育情况并开展帮扶活动。当日在该县香粉乡中心小学举行了隆重的结对子帮扶启动仪式，西城区民族团结中学与融水县红水乡中学结成对子，西城区民族团结小学与融水县香粉乡小学结成对子，进行牵手帮扶。考察团分别给帮扶的两所学校一次捐赠了价值6000元的电脑各一台和书包、钢笔、铅笔盒等学习文具及书籍各一批。最近，西城区民族团结中学又为融水县红水乡中学两名教师免费培训学习三个月。西城区民委表示将继续牵线搭桥，为我市民族地区的发展开展一系列的帮扶活动。”

2006年10月23日，《柳州市民族事务委员会2006年工作总结及2007年工作计划》中说：“广泛开展民族团结宣传教育活动。通过新闻媒体对中央、自治区民族工作会议和柳州市民族工作会议暨第四次全市民族团结进步表彰大会相关内容进行宣传，同时利用各种节庆活动、举办山歌演唱会、文艺晚会、送戏下乡和苗语配音电影下乡等宣传民族团结和民族政策法规。通过开展宣传教育活动，进一步弘扬马克思主义民族观，为发展和巩固平等、团结、互助、和谐的社会主义民族关系营造良好氛围。认真抓好民族团结进步示范点建设。在自治区民委的支持下，在柳江县三都镇板朝屯建立民族团结进步示范点。一年来，市民委坚持把抓好示范点建设工作列入重要议事日程工作，市民委主要领导亲自带队多次下到点上进行调查研究，广泛听取群众意见，研究制定切合民意的民族团结进步示范点的发展规划。市民委还4次组织示范点干部和致富带头人到桂林、南宁‘农家乐’旅游点学习考察，拓宽工作思路，增强工作信心。示范点实施的第一项工程民族文化活动室和民族文化活动中心场地建设项目开工以来，得到当地干部群众大力支持，村民义务投工投劳平整土地、挑土填塘，改建沟渠、修路修桥，在很短时间内平整出文化室以及民族文化活动中心场地，工程已于12月完工。”

2006年12月22日，《中共柳州市委员会　柳州市人民政府关于进一步加强民族工作的意见》中说："各民族'共同团结奋斗、共同繁荣发展'是新世纪民族工作的主题。加快少数民族和民族地区经济社会发展，是现阶段民族工作的主要任务，是解决我国民族问题的根本途径……长期以来，我市认真贯彻执行党和国家的民族政策，坚持民族区域自治区制度，各民族政治平等，经济共同发展，全市呈现出民族团结、社会稳定的良好局面。但是，由于历史、自然等原因，我市民族地区经济基础还比较薄弱，贫困落后问题依然存在，群众的生产生活水平仍然较低，加快少数民族和民族地区经济社会发展仍然是我市民族工作的首要任务。各级党委、政府和有关部门要高度重视民族工作，牢牢把握民族工作的主题，全面贯彻党和国家的民族政策和《中华人民共和国民族区域自治法》，落实中央及全区民族工作会议精神，为巩固和发展平等、团结、互助、和谐的社会主义民族关系，加快少数民族和民族地区经济社会发展，改善少数民族群众的生产生活条件，逐步解决少数民族群众的贫困问题，让各族群众共享改革发展的成果。

在制定国民经济和社会发展规划时，优先安排自治县、民族乡和其他少数民族聚居地区和边远山区基础设施建设项目。加大民族地区扶贫开发工作力度，把少数民族地区的扶贫开发工作作为一项重要任务来抓，扶贫资金要向少数民族和民族地区倾斜。优先把少数民族聚居的贫困村纳入整村推进扶贫开发规划，加快公路、农田水利、山区小水利、电网及通信建设，力争在'十一五'期基本解决农村人畜饮水问题，实现村村通电、通电话、通村级公路。

加大对民族地区的财政投入和金融、税收扶持力度。各级财政设立少数民族发展资金，并按规定在年度预算中安排民族工作经费和少数民族教育专项补助资金。市民族工作经费在现有基础上每年递增10%，用于开展民族工作和协调民族关系。市财政设立少数民族发展资金200万元，随着财政收入的增长逐年增加，主要用于解决少数民族和民族地区经济和社会发展中的特殊困难。设立少数民族教育专项补助资金100万元，主要用于解决民族教育发展中的特殊问题。

大力发展民族教育、科技、文化、体育、卫生等社会事业，促进民族繁荣。

加强党的民族理论和民族政策宣传教育，进一步增强民族团结，维护社会稳定。

坚持在全社会开展争创民族团结进步的活动，建立民族团结进步的激励机制。市、县区每5年召开一次民族团结进步表彰会，县区政府应根据实际情况，开展创建民族团结街道（小区、居民楼）、民族团结乡镇（村、屯）活动，充分调动全市各族人民的热情和积极性，推动我市民族事业的发展。"

2007年12月21日，《柳州市民族事务委员会2007年工作总结及2008年工作计划》中说："广泛开展民族团结宣传教育活动。通过新闻媒体对全市开展民族工作的相关内容进行宣传，同时利用各种节庆活动、举办山歌演唱会、送戏下乡和少数民族语配音电影下乡等宣传民族团结和民族政策法规。

湘黔桂三省区三市州民族旅游发展研讨会。2007年1月5日，由市民委主办的湘黔桂三省区三市州民族旅游发展研讨会在我市召开。参加会议的有柳州市、湖南省怀化市、贵州省黔东南苗族侗族自治州民委和旅游局领导以及各接边县的县领导、民族局、旅游局领导和各有关乡镇的领导。自治区民委龙毅副主任、柳州市文和群副市长专程到会表示欢迎和祝贺。与会代表围绕湘黔桂三省区三市州接边地区发展民族旅游，促进接边地区各民族共同繁荣发展的热点、重点问题展开了热烈的讨论，发言十分踊跃，提出了许多建设性的意见。对推动湘黔桂三省区三市州接边地区民族旅游发展，促进接边地区社会稳定、民族团结、共同发展有着重要意义。2007 年 12 月 27—29 日，市民委又率三江、融水等接边县乡代表团参加了由贵州省黔东南州举办的有关接边地区少数民族原生态文化传承与保护的研讨会。

认真抓好民族团结进步示范点和扶贫联系点建设。在自治区民委的支持下，在柳江县三都镇白见村板朝屯建立民族团结进步示范点。市民委、柳江县民族局坚持把抓好示范点建设工作列入重要议事日程工作，主要领导亲自带队多次下到点上进行调查研究，广泛听取群众意见，研究制定切合民意的民族团结进步示范点的发展规划。示范点实施的第一项工程民族文化活动室和民族文化活动中心场地建设得到当地干部群众大力支持，村民义务投工投劳，在很短时间内平整出文化室以及民族文化活动中心场地，该项工程已于年初完工，厨房卫生间等配套设施也基本建成，现正在对整个村进行全面规划，力争上一个新台阶。”

2008 年 11 月 13 日,《中共柳州市委员会柳州市人民政府关于全市开展 2008 年“民族团结月”活动通知》中说:“加大宣传力度，营造浓厚氛围。多形式、多渠道大力宣传党的民族政策和民族区域自治制度在我市的成功实践以及民族团结进步取得的丰硕成果；大力宣传我市经济发展、政治稳定、民族团结、社会和谐、各族人民安居乐业的大好形势；大力宣传自治区成立 50 年来我市经济社会各方面所取得的辉煌成就；大力宣传我市实施的重点工程项目和民心工程的进展情况；大力宣传市委、市人民政府树立和落实科学发展观，坚持以人为本，不断提高人民生活水平所采取的措施和取得的成效；认真总结和推广多年来我市开展民族团结教育活动的成功经验和做法，充分利用报纸、广播、电视、网络等宣传途径，大力宣传民族团结进步先进典型，深入开展创建民族团结进步模范单位、争当民族团结进步模范个人活动，努力营造人人争创民族团结先进的浓厚氛围。

激发全民热情，促发展、保稳定。把‘民族团结月’活动与庆祝自治区成立 50 周年活动结合起来，在全市范围内开展形式多样的宣传和文化体育活动。”

2010 年 10 月 25 日,《柳州市民委 2010 年工作总结及 2011 年工作计划》中说:“突出‘第一责任’，着力维护民族团结和社会稳定。大力开展民族团结宣传教育活动。积极争取市委办公室、市政府办公室联合下发《柳州市关于深入开展民族团结宣传教育活动的实施意见》，要求全市各级各部门要深刻认识开展民族团结宣传教育活动的重要性和紧迫性，广泛开展形式多样的民族团结宣传教育活动，并明确了责任分工。根据自治区的统一部署，我委与市委宣传部、统战部联合行文开展以‘加强民族团结，建设美好柳州’为主题的全市民族团结宣传月活动。市本级以‘十个一’作为今年民族宣传月活动载体，即：举行1个启动仪式；举办1场全市民族团结宣讲报告会；开展1次‘民族团结心连心’活动；开展1次主题的征文活动；举办1场民族团结山歌邀请赛；发布100万条民族团结宣传手机短信；举办1场大型民族团结文艺晚会；在1000辆出租车顶小电子屏全天滚动播放宣传民族团结的公益广告；举办1次民族团结进步成就展；为少数民族和民族地区的群众办1批好事实事。各县区也结合实际开展形式多样，内容丰富宣传活动。进一步扩大民族团结宣传教育覆盖面，宣传教育做到进机关、进学校、进企业、进社区、进农村、进军营，覆盖到社会各阶层群众，使民族团结进步的思想观念、理论实践深入人心，渗透到千家万户，为构建和谐社会，维护民族团结营造良好氛围。

广泛开展民族团结进步主题创建活动。一是协助市委、市政府组织召开全市民族团结进步创建活动动员大会。二是结合实际，草拟了《柳州市进一步开展民族团结进步创建活动的实施意见》，争取尽快出台。三是认真开展‘民族团结进步创建活动进社区’试点工作。按照自治区要求，我市确定在柳南区车辆厂社区和河西社区、鱼峰区大龙潭社区、城中区罗池社区、柳北区胜利东社区等5个社区开展民族团结进步创建活动进社区试点工作。市民委制订了《柳州市民族团结进步创建活动进社区试点实施方案》《民族团结进步示范社区标准》等制度认真指导社区开展创建工作，安排经费用于前期启动工作。民族团结进步创建活动进社区工作取得初步成效，在社区积极营造平等、团结、互助、和谐的良好社会氛围。

发挥监测网络作用，及时处理了可能影响民族团结的矛盾问题。市县民族工作部门都通过走访慰问，解决困难，加强与少数民族知名人士、信息员联系，如城中区重大节日慰问新疆来柳经商乌斯曼江等维吾尔族同胞，宣传政策，鼓励他们为维护民族团结做贡献。

加强边界地区民族工作联谊。我市三江侗族自治县、融水苗族自治县与贵州、湖南省接边地区均为少数民族聚居区，我市坚持把建立民族联谊机制作为一项重要工作，8月份市民委陈争鸣主任带队在贵州凯里召开的湘鄂渝黔桂五省市区毗邻地区民族工作协作会第23次年会。我市融水县的大年乡、拱洞乡、良寨乡、洞头乡和三江县的富禄苗族乡，还与贵州省从江县的西山镇和斗里乡建立了民族团结进步创建活动联谊机制，7月份在融水大年乡召开了黔桂两省（区）三县‘毗邻乡镇首届民族团结进步创建活动联谊会’，进一步加强与毗邻地区民族工作交流，维护了边界地区民族团结社会稳定。”

2018年3月21日，《中共柳州市委员会宣传部关于报送自治区成立60周年相关材料的函》中说：“牢牢把握正确舆论导向，助推经济社会不断发展。坚持在‘党代会’‘两会’等重点时段，组织市属媒体开设专栏专题，全方位展现柳州加强民族团结、扎实推进经济、政治、社会、生态等方面取得的显著成效。充分发挥新闻舆论围绕中心、服务大局的作用，在时事政策、重大赛事、重要活动中做好各类宣传，先后推出‘环广西公路自行车赛’、《还看今朝·广西篇》、‘壮族三月三’以及‘紫荆花城醉美柳州’等主题宣传，为加强民族团结、促进柳州经济社会发展营造了良好的舆论环境。

扎实开展民族团结大宣讲，不断促进民族团结进步。构建市、县区、乡镇（街道）、村屯（社区）四级宣讲平台，组建领导干部宣讲、理论专家宣讲、青年宣讲、选调生宣讲、百姓宣讲、少年宣讲格局，坚持开展‘民族团结进步’主题宣讲，受到干部群众的一致好评。目前全市共组建各类宣讲团465个，宣讲员3362人，开展各类主题宣讲活动12868场次，受众达200万人次，极大促进了柳州民族大团结。”

2018年3月19日，《中共柳州市委员会柳州市贯彻落实民族政策情况汇报》中说：“坚持和完善民族区域自治制度，社会主义民主政治建设扎实推进。紧紧围绕各民族‘共同团结奋斗、共同繁荣发展’主题，全市人民以主人翁姿态积极参与管理国家和地方事务，充分行使宪法和法律赋予的权利，深入贯彻落实民族区域自治法等法律法规。一是加强民主政治建设。不断推进地方人大工作完善发展，努力提高人大代表依法履职服务保障水平。充分发挥政协在协商民主中的重要渠道作用。积极促进统一战线大团结大联合，充分凝聚了建设柳州的智慧和力量。加强少数民族干部培养使用，充分发挥他们在促进民族地区发展方面的积极作用。二是着力推进依法治市。注重衔接自治区改革开放和现代化建设进程，持续完善地方性法规规章，积极推进法治柳州建设。三是深入贯彻中央民族工作会议精神，深入持久地开展民族团结进步宣传教育和创建活动。每年按照自治区统一部署开展民族团结进步宣传月活动。将‘壮族三月三’与宣传教育工作有机结合起来，在全市范围内开展民族团结摄影、山歌、民族语文演讲等形式多样的宣传活动。全市20个社区、15所学校、5家企业作为民族团结进步创建活动试点，培育和打造了自治区级民族团结进步教育基地5个，国家级民族团结进步创建活动示范单位5个。广泛开展民族团结进步先进人物的评选表彰活动，一批先进集体和先进个人受到表彰。”

这样一年又一年，坚持不懈地把党的民族政策送到柳州各族人民的心坎里，凝聚了民心，铸牢了中华民族共同体意识，直到2019年1月28日，柳州市人民政府将努力创建全国民族团结进步示范市列入《政府工作报告》，到2021年12月16日，国家民委公布第九批全国民族团结进步示范区示范单位名单，柳州市荣获命名为全国民族团结进步示范市，党的阳光洒满柳江两岸、柳州大地。

在柳州，我们目睹了民族地区在党的民族政策光辉照耀下，人民生活日新月异，各项事业从无到有。2020年11月20日，自治区人民政府批复同意融水苗族自治县脱贫摘帽，正式退出贫困县，历史性地告别了延续千百年的深度贫困。苗族群众喜欢用山歌来表达自己感党恩、听党话、跟党走的赤子之心：

驱散乌云见太阳，
苗山走上金光道。
日子好比蜜样甜，
全靠党的政策好。

苗山沧桑得巨变，
与时俱进来实现。
爬上岭头望远处，
小康美景在眼前。

2021年习近平总书记亲自为融水苗族姑娘杨宁颁发《全国脱贫攻坚先进个人荣誉证书》。杨宁的故事被大家反复提及，她常对人们说，天大地大不如党的恩情大。

2022年，恰逢柳州的融水苗族自治县和三江侗族自治县成立70周年。两个自治县70年的蝶变，无比耀眼地折射出党民族政策的光辉，也无比生动地体现了太阳意境。三江侗族自治县老领导杨开周在县城多耶广场接受采访时，自豪地向记者介绍三江县城的沧桑巨变，他说："以前，三江县城主要集中在河西，街道狭小拥挤，一遇节庆赶圩，县城就堵成'一锅粥'。如今，在国家民族政策的照耀下，三江县城不断扩容提质，从一个不起眼的小县城变成了国家AAAA级旅游景区。"采访中，杨开周欣喜为70周年县庆赋诗一首，惊叹三江县城美丽嬗变：

休言都市宜居地，侗族县城堪宜人。
草绿花香如梦境，江青水碧泛波纹。
楼桥璀璨精工美，歌舞多姿神韵新。
淳朴民风奇特味，诗情画意胜新春。[1]

二、一棵树：千枝同根的榕树

说到榕树，笔者不禁想到20世纪80年代到三江做田野考察时，在良口乡产口村边溶江河畔产口桥头的斜坡上，看到的一棵树冠覆盖面积达2.3亩的大榕树。当地人介绍说，这棵榕树已有1300多年的树龄了。只见这棵榕树高约25米，树身分有15个大枝杈朝四周呈辐射状，树径需10多位成人方可合抱，枝繁叶茂，虎踞龙盘，犹如一把

1　参阅《杨开周：侗乡蝶变七十年 县城旧貌换新颜》，三江侗族自治县宣传部微信公众号:《风情三江》，2022-05-04。

图 20.2　三江良口乡产口村千年古榕树（赖守强摄，三江县民宗局提供）

硕大无比的巨伞矗立溶江桥头，气势恢宏，遂有“千年一树一森林”的美称。[1]

令人称奇的是在榕树根部还有一凹处呈洞穴状，洞中树身有一部位自然隆起，形状酷似一古猿，又类似菩萨，树身上被人贴满了祈福禳灾的红纸，甚至在树根处插上了香烛；树旁还有群众及过往宾客烧香祭拜的遗迹，这不禁使人联想到壮族对榕树的崇拜。

广西壮族地区几乎每个村寨的村头都有一棵高大繁茂、苍郁遒劲的大榕树。榕树主干粗壮，枝繁叶茂，盘根错节，被视为村寨的标志，人们对它敬若神明。村头的老榕树下，一般都有一个用砖或石头垒成的高约一米、宽两米左右的小平台，上面立有一或两块石头（也有的只有石台，不立石头）的“社公”（或称“社伯公”）的神位；有的则建立小屋，内设社公神位。社公的神位一定要设在村头的大榕树下（也有的是木棉树或枫树下），这棵榕树是神树，也是村寨的保护神，它的职能与社公基本相同。人们认为哪一村设有神坛的榕树新枝不断生长，树冠越扩越大，哪一村就会人畜兴旺，生产昌盛；反之，如果哪一村的神树凋零干枯，则意味着这个村人畜不旺，或有灾难降临。

据学者研究，榕树在壮人心目中已非普通的树木，而是一种神树，具有超自然的神力，它能为人们驱鬼辟邪，祛病消灾，尤其保佑孩子无病无灾，平安成长。作为村寨标志立社坛神位之“伞”的大榕树，不得任意砍伐，不得拆枝摘果，不能有任何伤害，就是枯枝落地也不能捡回家当柴烧，否则会招灾得病。据考过去还有“乡约”规

1　参阅中共柳州市委党史研究室编：《柳州之最》，南宁：广西人民出版社，2011 年，第 53 页。

定，如果谁伤害了别村的神树，给该村带来庄稼的病虫灾害或人畜死亡，则须赔偿损失。即使一般的榕树也被赋予驱鬼镇邪的魔力。有的地方婴儿初生，产妇房门上要高悬一枝榕树枝，意在赶邪驱祟，防止鬼怪缠婴儿身，并在三日内严禁生人闯入，恐带来魑魅魍魉和冲撞了孩子的福气。有的地方若有未成年人失足跌崖或溺水而亡，其家人就要杀一只狗，用榕树枝蘸狗血将家中每间房屋里里外外象征性地涂擦一遍（壮人认为狗血可镇邪），然后在家门口插榕树枝，以示镇住鬼邪，使之不得近身。有的乡村壮家的孩子，若生辰八字推衍出五行中缺木、缺土和缺火的，都要请巫师择个吉日，爹妈把孩子领到大榕树下，将一张剪得方方正正的红纸（一般长 1.5 尺、宽 1 尺）贴到树干上，奉上鸡或猪肉及糯饭等供品，烧香朝拜，让孩子跪叩大榕树认“契爹契妈”，就会得到大榕树的庇护，消灾弭难；岁时节日，孩子还要祭拜“契爹契妈”。柳江一带的壮族老人去世出殡后，折一枝榕树枝插于水缸中，表示家中人丁依然兴旺。可见大榕树下的祭礼，不仅祭社公，同时也是祭神树，求社公保佑五谷丰登，求神树保佑人畜平安。三江侗族则祭拜榕树为小孩“赎魂”。

壮族为何崇拜榕树，有两则民间传说做了解读：一则传说是远古时候没有火，人们像乌鸦一样吃生肉和生鱼，冬天很多人冻死在野外。一天雷鸣电闪劈了大榕树，发出火花，人们才取得火种，并学会钻木取火，烧鱼肉和野果吃，冬天烤火取暖，得以继续生存繁衍下来。人们感激榕树给人带来幸福的生活，所以崇拜敬祭榕树。另一则传说，古代壮族的祖先分家时，商议以后不管搬迁到什么地方，凡是有壮族子孙聚居的，都要在村寨边种植榕树、木棉树和枫树作为标志，因为大榕树根深叶茂，枝丫繁盛，表示壮族的子孙繁荣昌盛。[1]

其实，原始社会发展史告诉我们：壮族祖祖辈辈居住的岭南地区，气候炎热，阳光充足，雨量充沛，土壤酸性，适合榕树生长。榕树与壮族先民自古以来就共同生活在这片土地上。南方多雷雨，榕树高大，当电闪雷鸣、弧光掠过树梢，劈焦榕树，发出火花的现象发生时，先是引起原始先民的恐惧，继而从中受到启发，取得火种。原始人从“万物有灵”观念出发，认为是榕树的神灵帮助人们，使人类得以延续，因此敬仰和崇拜榕树，在原始狩猎和渔猎阶段，从五行缺火的孩子也要拜认榕树为“契爹契妈”可以看出来，壮族先民对榕树的崇拜与对火的崇拜是一致的。进入农耕社会后，人们转而更多地依赖土地而生存。土地的肥力，农作物的收成，都直接影响着人们的生存。人们始而崇拜滋生万物、养育人们的“土地”（即它的自然属性），继而崇拜掌管“五谷丰登，人畜兴旺”的具有社会属性的“土地神”。除了作物的生长依赖土地外，人们还看到其他植物（尤其是高大的乔木）与阳光、土地、云雨也具有密切的联系，阳光充足、土质肥沃、雨量充沛则树木易长得高大茂密。囿于无知的原始人认为高大茂盛的树木也具有某种神秘的力量，认为它能行云降雨，使阳光普照，带来五

1　参阅邱璇：《壮族的榕树崇拜》，《广西民族研究》1992 年第 2 期。

谷丰登（几乎所有民族崇拜的“神树”都是高大的、枝繁叶茂的乔木）。榕树在壮族地区普遍生长，它根系发达，但在山间崖隙多长不大，唯在禽畜粪便堆积的村头才任意舒展，四通八达地繁殖生长。土质愈肥榕树愈高大繁密。先民们很容易将大榕树视为神灵，具有等同于“土地神”的呼风唤雨、保佑人畜兴旺、平安的神力。因此，大榕树与壮族村寨的保护神——社神一样，受到人们的崇拜和祭祀。[1]弗雷泽曾考察过世界上许多树崇拜的民族，他总结其中的原因有三：第一，相信树或树的精灵能行云降雨，能使阳光普照；第二，树神能保佑庄稼丰收；第三，树神能保佑六畜兴旺，妇人多子。[2]这虽然没能以科学的原理来揭示树木崇拜的真谛，但至少能够帮助我们了解，为什么树木崇拜经常与地域保护神崇拜联系在一起，因为树神与地域保护神的职能是基本相同的。人们认为它们都能赐予风调雨顺、五谷丰登、人畜兴旺、村寨平安。可以说，壮族人对榕树、枫树和木棉树的崇拜都具有这类含义，榕树象征繁荣昌盛、兴旺发达，枫树象征吉祥如意，木棉树象征多子多福（木棉结籽多），这些都给了壮族人巨大的精神力量，因而成了他们的保护神，受到他们的崇拜。[3]尤其是大榕树根基发达，树干粗壮，枝繁叶茂，浓荫覆被，容易使人联想到繁荣昌盛、兴旺发达。很多地方都流传有“哪村有榕，哪村不穷”“榕树大，财富大”的谚语，人们相信它能带来人丁的兴旺，牲畜的繁盛，财富的兴隆。[4]

在引述壮族崇拜的社会心理根源之外，我们在概括柳州经验时，在“五个一”的学术概括中，提出了一个具有共生性特征的“千枝同根的榕树”人文意境。

在今天民族团结，铸牢中华民族共同体意识的大背景下，透过三江良口溶江边的千年大榕树，可见榕树是荔波民族关系的形象写照，正可作为其人文意境的想象。《磐石荔波》曾从榕树的生物特性来分析其作为民族关系意境的原因何在：

> 其一，榕树善于自我和谐，其树形可塑性大，可自然长成参天大树；也可培育成为球状灌木；可附着岩壁、驳岸、墙头，长成为奇特景观；也可强制修剪培育成为观赏盆景。
>
> 其二，榕树与天地和谐共存，根深植于地下，而枝干向苍穹舒展；为雨露所润泽，被雷霆所震耸，吸日月之精华，受天地之灵气。
>
> 其三，榕树与神灵相和谐。榕树的神奇与灵气自古有之，它与神明一起享有人间的香火。
>
> 其四，榕树与人相和谐。夏天人们仰赖榕树庇荫，冬天榕树为萧飒冬日送来绿色点缀。榕树长在路边可以为人阻挡尘霾。

---

1 参阅邱璇：《壮族的榕树崇拜》，《广西民族研究》1992 年第 2 期。

2 参阅弗雷泽：《金枝》，北京：中国民间文艺出版社，1987 年，第 172 页。

3 参阅梁颖珠：《浅论壮族地区的树崇拜》，道客巴巴，http://www.doc88.com/p-1436586205266.html。

4 邱璇：《壮族的榕树崇拜》，《广西民族研究》1992 年第 2 期。

其五，榕树与飞禽相和谐。再多的飞禽都可栖身于榕树上，故有“榕叶满川飞白鹭”[1]之说。

此外，榕树还和其他树木相和谐，可以同银桦、樟树、重阳木、竹子等等共生。[2]

总之，从榕树枝上生长的气根，一开始很细，但这些气根落地生根，在吸收足够的营养后，会慢慢变得粗壮。这样，无数的气根连同母树一起繁衍不息，使榕树成为千枝同根的大树。这种“千枝同根”的共生性，在人们的意识中始终象征着和合和谐，这正昭示着柳州各族人民之间的和合和谐。于是，榕树的意境，在柳州民族团结的语境中聚焦为落地生根、千枝同根。

自民族形成开始，人们就没有停止过认识民族团结的现象和规律。我们在柳州的调查，也是基于对民族团结命题的探索与追寻。通过深入的调查访谈，加上文献材料的梳理，对于柳州民族团结这一命题，我们也越来越清晰地看到了它的榕树意境。

榕树意境的寓意古而有之。

史书记载，清代著名史学家、文学家赵翼（1727—1814）曾出任广西镇安府知县。他在广西任职之时，对广西浩瀚无边的树海叹为观止，曾在《檐曝杂记》中这样记载：“镇安沿边与安南（今越南）接壤处，皆崇山密箐，斧斤所不到，老藤古树，有洪荒所生，至今尚葱郁者。其地冬不落叶，每风来，万叶皆飐，如山之鳞甲，全身皆动，真奇观也。”[3]广西树海中最吸引赵翼的当数榕树。他在《檐曝杂记·榕树》中这样写道：

> 闽、粤间榕树最多，其材无一所用，而荫极大，行者皆憩息焉。余尝作诗咏之，所谓以无用而为有用也。其根尤奇。皆在镇安，府署后独秀山有榕一株，根大五十抱，相传有神。每太守到任，必烈酒祭之。然皆无须也。又有一种有须者，其旁出之干忽生须，如流苏下垂，及著土则又成根。久之，千百根合成一根，故根益大，牙嵌空，不可名状。[4]

又作《独秀山古榕树歌》加以咏叹：

> 秀山耸削无寸土，其上乃有榕树古。咄尔托根何奇哉，不以土植以石栽。由来石罅中间有石气，润比土脉能滋培。细根盈握大合抱，连蜷到处善钻窍。黠鼠

1　（南宋）李弥逊：《蝶恋花·福州横山阁》，《景印文渊阁四库全书》，台北：商务印书馆，1983年。

2　徐杰舜、韦小鹏、孙亚楠：《磐石荔波——中国民族团结县域样本研究》，哈尔滨：黑龙江人民出版社，2020年，第491页。

3　转引自莫婉云：《从赵翼〈榕树〉诗文看壮族树崇拜》，《阅读与写作》2011年第5期。

4　转引自莫婉云：《从赵翼〈榕树〉诗文看壮族树崇拜》，《阅读与写作》2011年第5期。

入穴身欲藏，修蛇赴壑尾犹掉。岂鳕穿孔椽根株，似椎凿壁开寞雯。想当透裂石缝时，力过军前劈山炮。路人但见榕树阴，大径五亩高百寻。攫拿娇如蛟龙舞，苍翠可引鸾鹤吟。谓此名材特奇古，足与秦松汉柏争萧森。岂知其奇在根不在干，托体石母胚胎深。似嫌尘土太肥腻，置身独取骨立之孤岑。向来只说植物总在地，化工乃不可思议。君不见凡树皆有皮，紫薇无皮独滑腻。凡树皆有理，川柏无理转坚致。何况风兰须挂空际开，炎木偏生火中炽。齐谐难尽大块奇，诺皋仅逞拘墟智。兹榕专以石气长，犹是物理之常无足异。诗成非以炫多识，聊补南方草木记。[1]

不难看出，赵翼对榕树相当钟情，否则不会以书记之，又以歌咏之。不论是赵翼对榕树的慨叹，还是人们对榕树的崇拜，都直指榕树落地生根，千枝同根的特性，而这个正是我们所取的榕树之喻义。

汉、壮、侗、苗、瑶、仫佬、回、水、毛南等民族在不同时期、从不同地点、出于不同目的聚居在柳州这片土地，他们落地生根，再也没有离去。在共同的生活中，不同民族的人民在互动中整合，最终走向交融。这个交融的主根正是中华民族，在中华民族这个主根的滋养下，万千须根茁壮生长，互相辉映，又反过来更加稳定了主根的基础，正如赵翼所云“千百根合成一根”。今天，我们提出榕树意境作为柳州民族团结经验的升华，是出于柳州各民族对中华民族的认同。我们相信，民族作为一个历史的范畴，在特定的情境下，在交往交流中必然会产生互动而交融，这就是落地生根，千枝同根的榕树意境的学术概括。

本研究在绪论篇“民族结构”一节中，论述了柳州各民族的来历，在此，从千枝同根，扎根柳州的榕树意境，来呈现柳州“千百根合成一根”，铸牢中华民族共同体意识历史实践的文化表达。

（一）汉族扎根柳州

汉族是柳州人口占比最大的一个族群，有1705127人，占全市总人口的42.97%。[2]

汉族入桂虽然最早可从战国的楚国算起，但汉族扎根柳州确切的记载仅有周振鹤、游汝杰在《方言与中国文化》中的论述：“广西、云南、贵州自古以来是少数民族聚居地。粤人进入桂西时代应该较早。大批北方汉人进入云贵和桂北还是明代的事。明王朝在平定云贵后，为了巩固统治，保卫边疆，就留驻守军并实行兵屯。除了守留一些城市外，还选择一些农村地区设置兵屯。这些官兵皆有家室，军籍也可世代相传。大

1 转引自莫婉云：《从赵翼〈榕树〉诗文看壮族树崇拜》，《阅读与写作》2011年第5期。

2 据柳州市民宗委2021年统计。

批汉人就此安家落户，使用和传布他们带来的北方官话。”[1]对于柳州汉族的扎根，他们称之为“墨渍式的移民”。事实确实如此，柳州市区分布的是柳州汉族，郊县柳城、柳江却是壮族的天下。

那么，广西汉族在明代究竟是怎么扎根柳州的呢？

历史的记载表明，有明一代，广西各族人民始终没有停止过反抗明王朝统治的斗争。在这样一种态势下，明王朝政府不断派军队入桂屯兵驻守，围剿镇压。正如正统八年（1443年）八月庚戌广西总兵官安远侯柳溥言：“广西所属浔、梧、柳、庆等府地方，徭僮夷人，叛服不时。”[2]《明实录》中关于明代卫所驻军入桂的记载甚多，与汉族扎根柳州有直接关系的桂北、桂中，以及桂西北的桂林、柳州、庆远、南丹等地大多是明朝卫所驻军之地，据《明史·兵制》记载，洪武二十六年（1393年）定天下卫所之时，广西都司就有6卫1所，全部兵力有3.5万人，合家属已有十万余人。据统计明代后期在广西的卫所已有8卫20余所，并且一直实行“许携家属”。[3]明王朝的卫所驻军在桂北、桂中、桂西北基本上分布在州府县所在地，即今桂林、柳州及其县城所在地。这就是汉族扎根柳州的历史根源之所在。与此同时，桂林和柳州一直是卫所驻军的中心。正统九年（1444年）三月乙亥，广西柳州知府曹衡曾奏：“比年镇守总兵等官，皆屯兵桂林府，去柳州府遥远。蛮贼出没，卒难援救。每年九月至次年三月，天气清和，宜于柳州府操备。四月至八月，天气炎瘴，回桂林府驻扎为便。上从之。”[4]

及至清代，随着清政府对流移人口政策的放宽，越来越多的汉族加入人口迁移的浪潮中，广西全省“清一代汉人移植之多，远出历朝之上”[5]。柳江流域也接收了大量的流移人口。[6]

柳州的融县和三江均位于山区，为少数民族聚居之地，清代以前移民较少。清代以来，随着苗疆的开辟，水道被数次疏浚，商贸往来逐渐繁荣，古宜、老堡、长安等地成为湘、黔、桂边区贸易的重要枢纽，汉族移民也逐渐增多。

如融县在宋代因置清远军而引起一次移民的高潮，“民族之来自湖南、湖北、广东、江西、福建者日益”[7]。这些先迁入的汉人长居于少数民族地区，对迁入的时间逐渐模糊，“其可考者，以时自明代为多数，以地自湘、赣、闽、粤为多数”[8]。据统计融县的少数民族人数有50000人左右，汉人总数约为80000人。又如三江县境内的民族以侗、苗等民族为多，约占六成，其余四成为汉族，分为六甲人、客家人和普通汉人三种。

1　周振鹤、游汝杰：《方言与中国文化》，上海：上海人民出版社，1986年，第30页。

2　《明实录·明英宗实录》卷一〇七。

3　《明实录·明宪宗实录》卷九七。

4　《明实录·明英宗实录》卷一一四。

5　刘锡蕃：《岭表纪蛮》，《亚洲民族考古丛刊》，台北：南天书局，1987年，第224页。

6　参阅黄露茵：《清至民国时期柳江流域经济开发研究》，广西师范大学硕士学位论文，2016年，第15—16页。

7　（民国）《融县志》卷2《社会》，第56页。

8　（民国）《融县志》卷2《社会》，第57页。

（1）六甲人是指宋代自福建迁来的汉民，[1]他们是经广东进入广西，先到达柳州，然后沿柳江而上到达古宜，沿浔江流域定居。（2）客家人，“明末来自广东嘉应州，或福建、江西等地，散居各市镇”[2]，以在福禄（今富禄镇）者较为集中。[3]（3）普通汉人有些是随历代官员而来，或是经商者的后裔，江西、福建、湖南、广东等省迁来较多，居住在古宜镇和各乡集镇。[4]

而位于柳江下游的柳城、柳江、雒容等县亦然。这里分布有柳江平原、洛满平原等小平原，气候适于耕种，是柳江流域经济发展较快的地区，同时也是清代柳州府的政治中心，由于政治经济条件优良，很早就有移民落居。

如柳城县“邑有壮人、客家人、百姓人数种”[5]。客家人和百姓人均为外来移民，其中百姓人大多来自湖南，因为迁入时间较长，“其风俗习尚一部分渐为壮族所同化”[6]。客家人“因广东土客斗争难以立足，陆续西迁而来”[7]。据《柳州宗祠》所记，芭芒刘氏、大穴岭陈氏、西岸罗氏、新河家何氏等族都在清代迁入柳城县。至民国时期，迁入的客家人渐多，成为县内一大族。[8]又如柳江县有广东、湖南等省移民。客家人，“原籍来自广东，始于清乾隆时”。[9]湖南人自明代已有迁入，“专以种山为业，族姓亦不少”[10]，清代仍陆续有流移迁入，多经营手工业。再如雒容县（今鹿寨县西南雒容镇）的民族以壮族和汉族为主。雒容县的江口镇是洛清江与柳江交汇之地，这是广东、福建省移民迁入雒容的主要路径，汉族移民“其始迁多在明清两朝，其原籍多湘、粤、闽、赣诸省”[11]。

所以，及至清代，不同时期从不同地方，在柳州不同地方落籍扎根的汉族，逐渐沉淀成了不同的汉族族群，有桂柳人、平话人和客家人。

（二）壮族扎根柳州

壮族作为中国人数最多的少数民族，在柳州有 1453663 人，占柳州少数民族总数的 64.24%。[12]

---

1 （民国）《三江县志》卷 2《社会》，第 115 页。

2 （民国）《三江县志》卷 2《社会》，第 116 页。

3 三江侗族自治县编纂委员会编：《三江侗族自治县志》，北京：中央民族学院出版社，1992 年，第 142 页。

4 三江侗族自治县编纂委员会编：《三江侗族自治县志》，北京：中央民族学院出版社，1992 年，第 143 页。

5 （民国）（广西通志稿·社会编》，第 64 页。

6 （民国）《柳城县志》卷 4《民族》，第 34 页。

7 （民国）《柳城县志》卷 4《民族》，第 34 页。

8 （民国）《广西通志稿·社会编》，第 64 页。

9 （民国）《柳江县志》卷 2《民族》，第 82 页。

10 （民国）《柳江县志》卷 2《民族》，第 82 页。

11 （民国）《广西通志稿·社会编》，第 59 页。

12 据柳州市民宗委 2021 年统计。

壮族扎根柳州的历史，据考古材料的呈现，目前在壮族地区已发现15处古人类化石地点、100多处旧石器时代遗址或打制石器地点，400多处新石器时代遗址。根据考古学和体质人类学的研究结果，现代壮族人的体质形态特征与柳江县通天岩发现的距今4万—5万年的柳江人化石和桂林甑皮岩新石器时代遗址发现的距今7000—9000年的甑皮岩人的体质形态有诸多相同或相近之处，显示它是由春秋战国时期的西瓯、骆越（或称瓯骆）发展而来，其间经过了不断的分化、重组，并融合了其他一些民族成分而形成的。壮族早期历史可以追溯到距今7000—9000年前的桂林甑皮岩人，乃至4万—5万年前的柳江人，其历史一直不断地延续和发展着。

壮族历史悠久，源远流长。早在2000多年以前的周代，他们的祖先就以瓯邓、桂国、损子、产里、九菌等名载于史籍。秦汉时期的西瓯和骆越都是他们的远祖。东汉及至隋唐的俚及“乌浒蛮”是他们的直接族源。在壮族形成史上，西瓯和骆越两个族群，从东汉到南北朝时期逐步形成为俚族、濮族及“乌浒蛮”。而后，在魏晋南北朝民族大融合的潮流中，俚族、濮族及“乌浒蛮”的一部分被汉族融合了。但是没有被汉族融合的一部分俚族及“乌浒蛮”，由于地处僻远，社会发展又多处于原始社会不同的发展阶段上，唐以后，在新的历史背景条件下，开始了形成壮族的历史过程。

隋时，包括岭南在内的中南地区“南蛮杂类，与华人错居，曰蜒、曰儴、曰俚、曰獠、曰㐌，俱无君长，随山洞而居，古先所谓百越是也”[1]。唐时统称为“蛮”，少数称为“僚”。

在中国民族关系史上，有意思的是侬智高起义反宋是因为请求内附、要求保护被拒绝而爆发的。侬智高起义虽然失败了，但宋朝却以此为契机，加强了对广西的统治，按侬智高的遗志接受了左、右江流域的壮族人民“归明出宋”（即出而归附宋朝），使得自唐以来所形成的羁縻关系，进一步发展为接受宋朝的直接统治。据史书记载，当时左、右江太平、永平、古万、迁隆、横山等五寨共108州峒，属于侬智高失败后“归明出宋”的有36州峒。与此同时，宜州（今宜山）、融州（今融水、融安）等地的羁縻州峒也有不少“归明出宋”，总计大约有25846户，40余万人，方圆19000千里。为了加强统治，宋朝在唐代羁縻州县的基础上，健全和严密了羁縻制度，形成土司制度。

在土司制度下，南宋时期出现的“撞军”“撞丁”应是最早的直接来源，但此时的“撞军”“撞丁”是指有编伍组织的军队，来源于桂西北宜州（庆远府）溪峒的丁壮。[2]“撞”被用于指称一个特定的人们共同体“撞人”，则发生在元代。《元史·刘国杰

1 《隋书·南蛮传》。

2 范宏贵、唐兆民认为，撞军、撞丁、撞人应是■军、■丁、■人的别写。“■”是桂西北壮族聚居区的一种特殊乡里区，正如《古今图书集成·方舆汇编·职方典》卷1415《庆远府部·风俗考》载：“今河池每里必分三■、五■不等，犹北方州县每里必分十甲，南方州县必分几都几图也。”此说甚是（参见范宏贵、唐兆民：《壮族族称的缘起和演变》，《民族研究》1980年第5期）。

传》记载至元二十九年（1292 年）刘国杰率军征讨黄胜许，“尽取贼巢地为屯田，募庆远诸撞人耕之，以为两江蔽障”。元统二年（1334 年），虞集在《广西都元帅章公平瑶记》中写道：“桂林之所统，逾绝高险，外薄海岛，幅员数千里。山川郁结，瘴疠时起，朝廷宽其徭役，简其法令，吏乎其地者，秩优而俸厚，盖所以哀其远而安其生者也　而其俗之难制，则固有之。若所谓曰生瑶，曰熟瑶，曰撞人，曰款人之目，皆强犷之标也。曰溪，曰洞，曰源，曰寨，曰团，曰隘之属，皆负固自保，因以肆暴之也。”[1]可见“撞人”已成为一定地域族群的称谓。到了明代，许多历史文献把“撞”改写成“僮”，虽然带有对僮人歧视的色彩，但“僮”作为今天壮民族共同体的族称逐渐稳定下来，而且使用范围不断扩大。范宏贵、唐兆民指出，明代“僮”的族称主要使用于桂北、桂东和桂中的 30 多个县，在桂西右江地区偶尔使用“僮”称，且多是瑶僮连用，左江地区则尚未使用。总体上看，明代桂西左、右江地区的土著族群主要使用僚、土、俍、侬等称谓。直到清代，桂西左、右江地区对“僮”称的使用才日益增多。[2]因此可以说，清代是“僮”称成为今天壮族普遍称谓的定格时期。[3]此后，壮族广泛地分布于广西各地，柳州也是其重要的居住地区，主要分布在柳江、柳城、融安、鹿寨等县和城区。这就是壮族扎根柳州的路线图。

（三）侗族扎根柳州

侗族扎根柳州相当早，其在柳州有 326362 人，占柳州少数民族总数的 14.42%。[4]

侗族扎根柳州可从公元前 223 年秦始皇开拓岭南说起。秦始皇二十六年（公元前 221 年），秦军在灭楚国后的次年，派出 50 万大军为五路进攻岭南地区，其中“塞镡城之岭”的第一军正面与“瓯骆”接触。秦取岭南后，设置了桂林、象郡、南海三郡，其中象郡有镡城县。西汉元凤五年（前 76 年）秋，“罢象郡，分属郁林、牂牁”二郡，镡城县改隶武陵郡，地处“武陵西，南接郁林”。魏晋南北朝，曾被称为瓯骆的居民被称为“乌浒”或“僚”“僚浒”。到唐代，史籍对这一带的居民称为“峒蛮”。

“峒蛮”经历了一个漫长的历史过程。唐代以前，其社会出现了一种称为“款”的社会组织。有大、小之分。小款由三五个至一二十个村寨组成，若干小款合为一大款。根据“款约”处理款内有关生产、婚姻、债务以及偷盗等事，以维护公共秩序。款有款首，于村寨乡老中公推。由此可见款不仅是侗族原始社会进入阶级社会的前奏，也是其血缘关系向地缘关系转化的标志。

到了唐代，由于唐朝在湘西、黔东南等地区设置诚州、徽州等羁縻州郡，“峒蛮”

1 （元）虞集：《道园学古录》卷 38《记》。

2 范宏贵、唐兆民：《壮族族称的缘起和演变》，《民族研究》1980 年第 5 期。

3 郑维宽：《广西历史民族地理》，桂林：广西师范大学出版社，2018 年，第 288 页。

4 据柳州市民宗委 2021 年统计。

地区的社会经济发生了剧烈的变化。一方面是羁縻州郡的建立促使侗族的血缘关系进一步向地缘关系转化；另一方面，原来的款首凭借其政治特权和经济优势，逐渐转化为羁縻州郡内封建政权的官吏，对辖区内的农民开始采取封建剥削方式。

到北宋时，在无阳县西南出现了“佶伶”（仡伶），史籍记载了其政治、军事和经济方面的活动。北宋熙宁五年（1072年），懿、洽州（辖今万山、玉屏、天柱一带）发生了“蛮酋”合“佶伶”抗拒官军之事。其中，据《宋史》载，“佶伶万众乘舟屯托口”，神宗皇帝和王安石为之震动。托口为今湖南黔阳县属，位于渠水、清水江交汇处。到南宋，史籍中多称“仡伶”，仍以抗拒官军著称。陆游《老学庵笔记》卷四记载：“辰、沅、靖州蛮，有仡伶、有仡僚、有仡榄、有仡偻、有山瑶，俗亦土著。”“诸蛮惟仡伶颇强，习战斗，他时或能为边患。”当时，在“仡伶”中，以靖州（辖今黎平、锦屏和天柱南部一带）杨姓和沅州（辖今万山、五屏、三穗和天柱北部一带）吴姓的势力较强。而靖州南面之浔江、融江和王江流域，为仡伶杨氏活动范围。佶伶（仡伶）居住的溪峒，在侗语中至今还保留着“九溪十八峒”“九溪十峒”以及诚州、五开等古地名。[1]

根据侗族人的族谱，早在五代北宋时期，柳州就已是侗人的主要居住地。比如清代沅州府芷江县《吴氏家谱·广西记古今》载，五代宋初，吴氏的始祖姚君赞、吴世万、谢天飞、龙地胜四人，“居寓广西柳州府阳乌拾万田地方，落乡人氏，四人打猎”，于宋太祖建隆元年（960年）“齐搬家眷男女，来到本溪岑望坡”。很显然，清代湘西芷江县的吴氏家族是在北宋初年从广西柳州北迁落籍的。从侗族古歌及族谱、碑刻等文献看，柳江、融江曾是侗族先民古越人或僚人从粤西、桂东南迁往湘黔桂交界地区的重要通道，而且这一迁徙过程主要发生在唐宋时期。据道光十八年（1838年）榕江县口寨圣母祠前的《万古垂名》碑记载：“此我村鸡卦神坛也，始祖由浙右之粤，移徙雷州星县，沿河而上，寄迹于斯。自车（寨）、（章）鲁、月（寨）、脉（寨）等处，共十二姓，越元明清，固不知来自何年。”[2]此处之河，即指柳江、融江，从时间上看应是迁于唐宋时期。

《宋史·西南溪峒诸蛮》记载，“仡伶”的急读声与侗族的自称音相近。此外，仡伶又称为“伶”。可见“仡伶”“伶”是侗族的自称，自宋代始作为单一民族的族称载入史册，迄今已有一千多年的历史了。而“峒人”或“侗家”则是汉族对侗族的称谓。

从百越中演化出来的秦汉的西瓯、骆越、乌浒，到南北朝的僚，到隋唐的“峒蛮”，再到宋的“仡伶”，侗族就按这个路线图扎根于柳州。

1　参阅《贵州省志·民族志》“侗族”，贵阳：贵州民族出版社，2002年，第255页。

2　冼光位主编：《侗族通览》，南宁：广西人民出版社，1995年，第65页。

（四）苗族扎根柳州

苗族是在柳州建立了自治县的一个少数民族，有331089人，占柳州少数民族总数的14.63%。[1]

据张有隽的研究：苗瑶族群至少在1.7万—1万年前从“汉藏-苗瑶共同祖先”人群中分化并形成统一体；苗瑶先民约8000年前在江汉平原一带创造了长江中游的新石器文化；随后部分苗瑶先民向北扩张，与北方黄河中上游和下游文化区人群产生交流，与炎黄集团和东夷集团一道逐鹿中原，后因战争原因向南迁徙，参与北迁的主要是当今苗族的先民。[2]

此后，从炎黄到尧、舜、禹为苗族起源传说时期。这时苗族族源的主角是蚩尤，他活动的年代大致距今五六千年，与传说中的炎帝和黄帝同时期，成为可以与炎、黄二帝抗衡的一方“古天子”。以蚩尤为首的九黎族群活动的地域，大致在山东西南部和河南东部，即黄河下游与长江中游之间济水、淮水流域一带。

此后，以蚩尤为首的九黎族群崛起，与炎黄族群集团发生了严重的冲突，最后，黄帝与蚩尤战于涿鹿之野，遂禽杀蚩尤。蚩尤九黎族群战败后，大部分向南流徙，几经演进，又在新的地域上形成了新的族群——三苗，又称“有苗”，或称“苗民”，大约与尧、舜、禹三代同时，距今四五千年。

舜时，三苗不断被征伐、被击败、被分化。及至禹时，三苗与禹关系恶化。禹对三苗发动了大规模的征讨，结果是三苗惨败。《墨子·非攻下》载“苗师大乱”，三苗被迫离开江淮和洞庭、彭蠡之间的平原地带，开始向西南山区迁徙。

从此以后，三苗演化成了夏、商、周三代时的“荆蛮”或“南蛮”。从《帝王世纪》关于唐尧时“诸侯有苗氏处南蛮而不服”的记载来看，可知“南蛮”是被驱逐到长江以南地区的部分三苗的别称，或者只是三苗的一个族群。而“荆楚”则是商、周时期对两湖地区“南蛮”的称呼。商、周时的“荆蛮”则是三苗的遗裔，与苗族有着同源关系，所以《续修叙永永宁厅县合志》卷二十中有“考苗族……古称三苗……一曰有苗或荆蛮”的记载。从“荆蛮”所处地域来看，指的是洞庭湖南北，即今湖北、湖南二省及邻近地区，这正是地域上的吻合，正好反映了“荆蛮”与三苗的继承关系。

“荆蛮”或“南蛮”经过演化和休养生息，“夏、商之时，渐为边患”。及至战国时，吴起在楚悼王支持下以武力“南并蛮越，遂有洞庭、苍梧”。[3]数十年后，楚国对沅水一带的“濮地”采取了一次军事行动，楚国进一步控制了包括苗族先民“蛮”“濮”在内的沅水流域。从此，苗族先民“荆蛮”于战祸之中被迫大量西迁，逃入人烟稀少的武陵山区。战国末年，秦、楚两雄战争连绵，秦昭王令白起伐楚，略取蛮夷，始置

1 据柳州市民宗委2021年统计。

2 转引自奉恒高主编:《瑶族通史》上卷，北京：民族出版社，2007年，第58页。

3 《后汉书·南蛮传》。

黔中郡，武陵地区的“荆蛮”又开始遭到冲击而四散迁徙逃亡。

从秦汉到南北朝为苗族南迁的重要时期。春秋战国时期因战乱而在武陵山区四散逃亡的“荆蛮”或“南蛮”，进入秦汉以后被称为“武陵蛮”“五溪蛮”。

南北朝时，除“武陵蛮”和“五溪蛮”外，常常还有一些更小的地域性称呼，如“西溪蛮”“零阳蛮”“黔阳蛮”，等等。他们都处于武陵郡和五溪地区之内，实际上就是“武陵蛮”和“五溪蛮”的组成。“武陵蛮”和“五溪蛮”在秦汉至南北朝时期分布很广，并且地近中原，有时还有由南而北内徙的势头。但当时苗族先民的主要聚居区是在武陵五溪和相邻的鄂西、川东、黔东北一带。

据《广西通史》第六卷的研究，今天广西境内的苗族是秦汉以后陆续从湖南一带迁入的，如融水县苗族人口最多，融水苗族的根基在湖南。他们在迁入融水的跋涉过程中，先进入贵州，在黔东南的古州一带生息繁衍，随着人口增长向西南迁移，约在宋代时进入广西，入居于融水的大年、杆洞、拱洞、红水、洞头、安太、白云等地，以贾、龙、滚三姓为主姓，杨、王、潘、石等姓亦由这条线路迁入；融水苗族的另一部是明清之际从贵州的雷山、凯里一带进入融水安太的元宝、培秀等村，再扩大到四荣、香粉、中寨、安陲等乡，以梁姓为主，包括杜、马、蒙、云、董等姓。融水滚贝、杆洞、洞头、拱洞等乡，韦姓苗族较多，从其民俗和传说看，其祖先可能是桂西壮族，宋元明清四代相继进入融水，因受苗族的影响而被同化。滚贝、杆洞等乡之非韦姓苗族则从贵州迁入。所以广西苗族人口最多的融水县的苗族，到了清代，其已在柳州扎下了根。[1]

（五）瑶族扎根柳州

柳州的瑶族也较少，有92661人，占柳州少数民族总数的4.09%。[2]

苗瑶同源。瑶族源流进入春秋战国后到秦汉，其演进的脉络与苗族基本一样，都被称为“武陵蛮”“五溪蛮”。在“武陵蛮”中，两汉之时一般认为与瑶族源流关系最密切的是“长沙蛮”“零陵蛮”“桂阳蛮”。南北朝时，“长沙蛮”“零陵蛮”“桂阳蛮”又流变为“盘瓠蛮”。北朝时，以两湖地区为中心的南方广阔地域内，遍布着“种类繁多”的“蛮”族。这些“蛮”族，与瑶族源流最密切的是“湘州蛮”与“莫徭蛮”。

“湘州蛮”在演进中，南朝时，在瑶族源流发展史上有里程碑意义的“莫徭蛮”出现。据《梁书·张缅传》（附卷）三四载：梁大同九年（543年）零陵、衡阳等郡，有“莫徭蛮者，依山险为居，历政不宾服，因此向化”。这是瑶人见于册籍的首次记载。此后不久，《隋书·地理志》中也说：“长沙郡又杂有夷蜒，名曰莫徭。”由此可见，南

1　参阅周长山等主编，钱宗范等著：《广西通史》第六卷，桂林：广西师范大学出版社，2019年，第2867页。

2　据柳州市民宗委2021年统计。

朝时湘州界的零陵（治今湖南零陵）和衡阳（治今湖南衡阳东北）郡内山险之地已是瑶族先民“莫徭蛮”的天下了。

瑶族分布在中国南方广西、湖南、广东、云南、贵州和江西等省区，其中以广西为最多，有1471946人，但在柳州则主要小聚居在三江和融水，仅占广西瑶族总数的6.29%。

（六）仫佬族扎根柳州

仫佬族在柳州人数较少，有32947人，占柳州少数民族总数的1.45%。[1]

仫佬族自称为“Kjam”，作为一个人口较少、跨越黔桂两省、区的民族，90%以上的聚居在广西罗城仫佬族自治县，在柳州散居融安、融水、柳城及柳州市区。

仫佬族扎根柳州的路线图大致是这样的：先秦时期，仫佬族先民属于百越族群集团中骆越的一支。

“骆”即“僚”。[2]所以《仫佬族简史》（修订本）说：“由汉晋至唐、宋的一千多年间，僚族被当对西南少数民族的泛称，活动的地区范围极广，从西南到湖广、岭南，其中以岭南两广地区为集中。当时，仫佬族先民被包括在古代的僚族的泛称之中。”[3]

在骆越及至僚演进的过程中，魏晋以来僚族中出现了被称为“伶”的族群，是仫佬族的先民。《古今图书集成·庆远府部下》载：“天河县邑分四乡，县东八里咸伶种，名曰姆佬。”清嘉庆《广西通志》载：“天河僚在县东，又名姆佬”；“宜山姆佬即僚人”。清金鉷《广西通志》又载：“罗城县东一、西一、西七、西九、东五、平东、上里，皆伶所居。”而《新天河县志》则称：“伶人又多僚，俗名姆佬。”这样，就把“僚”“伶”“姆佬”直接联系了起来，理顺了僚、伶和姆佬之间的关系，说明仫佬族是源于僚族中被称为“伶”的一支。

另外，仫佬族在历史文献中常记为“木佬”“沐僚”“姆佬”，大约在宋元之际仫佬族从僚族中分化出来。《招捕总录·八番顺元诸蛮》载：“元贞二年（1296年）六月平伐（在贵定南部）邻界平珠洞寨主王三原、谢鸡公、韦巴郎、杨义贵十八处等官来云南省告降。行省差官人洞抚谕。至大德元年（1297年）四月，平珠洞（今平塘县）宿家、沙家二族，赍进呈礼物出洞，道经其邻蛮新添葛蛮（在今贵定）宋氏之村头水底寨，宋氏怒二族不由已以降，乃遣上都云（今麻江附近）长官落昌率众遮道，夺进物，二族逃散，破劫韦巴郎寨。五月，宋氏复令平浪（在今都匀南部）巡检濯龙与其下洞

1 据柳州市民宗委2021年统计。

2 参见江应樑：《百越族属研究》，云南大学西南边疆民族历史研究所编：《西南民族历史研究集刊》第一集，1980年，第48页。

3 《仫佬族简史》编写组，《仫佬族简史》修订本编写组：《仫佬族简史》（修订本），北京：民族出版社，2008年，第9页。

李林、竹哥等率木佬六十余人劫平珠洞蛮官足万金、婆南大寨棚，逼使云南之招从己。”[1]很清楚，平浪土官欧濯龙率领的土兵“木佬”就是仫佬。《元史·地理志》又载：“大德七年（1303年），顺元同知宣抚事（宋）阿重，尝为曾竹蛮夷长官，以其叔父宋隆济结诸蛮为乱，弃家朝京师，陈其事宜，深入乌撒、乌蒙，至于水东，招谕木楼、苗、佬，生获隆济以献。”从这些史料来看，宋元之时，仫佬族的力量已大。所以，明以后，仫佬的记载越来越多，并且都强调仫佬为僚，实际上仫佬的“佬”便是“僚”。[2]

总之，骆越在东汉经过了一个相当稳定的发展时期后，在魏晋及唐宋时逐步演进为僚、伶、木佬等，仫佬族逐渐登上了岭南的历史舞台，而有一小部分扎根于柳州。

（七）回族扎根柳州

柳州的回族有6694人，占柳州少数民族总数的0.29%。[3]

元代由境外阿拉伯人、波斯人、中亚人进入中国后，与当地汉、蒙古、维吾尔等民族女子通婚后形成发展的回族，也从北方迁徙到了柳州。《柳州府志》记载：“柳州路……元制以蒙古人为达鲁花赤……其知州、知县以汉人为之，而章印掌于达鲁花赤，其同知则以回回人为之。”柳州回族马姓一支，始祖翰宁，明末由陕西贩卖瓷器到广西，后留驻马平县做武官，清顺治末年其家才迁离。从现存的窑埠村回族坟山墓碑得知，明末清初以来，已有马、火、翁、海、白、章、田、以、麻、傅、唐、欧阳、刘等姓的回族人在柳定居。至抗日战争时期，柳州的回族约有150户约500人。[4]

柳州回族主要分布在柳南区、城中区和柳北区。回族扎根柳州至少也有四五百年了。

（八）水族扎根柳州

水族人口较少，在柳州有5930人，占柳州少数民族总数的0.26%。[5]

对于水族起源，1943年岑家梧在《水书与水家来源》中说：

> 水家语之属台语，确无疑义，然水家今日分布之方向，乃由北而南，与台语系族又显然不同，此其三。就上述事实合而观之，水家似为古代殷人之一支，原住中原一带，其后逐渐南迁中桂，因与台语族系杂处，而语言风俗上，受台语系

1　转引自尤中：《中国西南的古代民族》（续编），昆明：云南人民出版社，1989年，第328页。

2　王文光、李晓斌：《百越民族发展演变史：从越、僚到壮侗语族各民族》，北京：民族出版社，2007年，第336页。

3　据柳州市民宗委2021年统计。

4　参阅柳州市地方志编纂委员会编：《柳州市志》第七卷，南宁：广西人民出版社，2003年，第7页。

5　据柳州市民宗委2021年统计。

族之影响，即成今日之状态。否则至少水书与古代殷人甲骨文字之间，当有若干姻缘关系，亦可断言也。[1]

但是，按照分子人类学的研究，水族祖先是8000年在福建厦门和广东汕头一带百越中闽越的一部分，在政治动乱中一部分经广东到广西，[2]这个过程的细节已不可考，但民间传说中有线索，陈国安在《水族》一书中记载：

相传，水族古老古代住在遥远的地方，地面宽广平中坦，海水平岸，看见天边。那时，天上有十二个月亮照到半早，十二个太阳照到半夜。早上吃鱼，晚上吃肉，鱼当顿，肉当餐。天之不幸，河下九年水灾，海水上涨，赶人北上避难，走到红河清水边坐了下来。接着，又发生连续九年旱灾，领、良两个妈妈带着一部分女儿顺清水河而下，赶、鬲两个妈妈带着一部分儿女顺红水河上来，走到岜越山脚杉林中的枫树下，住在石崖边，睡在草丛中，生下了儿和女，男孩叫亚，女孩叫东。东、亚都长大了，东姑娘很贤惠受人爱戴，亚善于用犬猎兽，大家立他为头目，管理全部人群，后被老后拱龙猛、牙所洛代替。不久，人们又推举陆铎公接替，陆铎公看到人们住在树下遮不住风雨，挡不住烈日，迁到岜虽山蝙蝠洞、燕子洞居住。陆铎公请来天上青年仙人射日，仙人带着铜弓、铜箭，射落了十一个月亮，十一个太阳，天地景气宜人。陆铎兄弟为了人类的幸福，建造房屋，开荒垦，饲养六畜，五谷丰登，牛马兴旺，人类得到幸福。又有不幸，异族侵占田地房，他们带着铜弓铜箭向我人群发射，徒手抵抗，终于失败，往北再迁，经过南宁，远上庆远地方定居。往后异族又来侵占，祖先又北逃经南丹，又遇异族，转上贵州，东向南逃，选中了群山环绕的岜容地方。[3]

这个民间传说非常重要，它形象地印证了分子人类学基因分析所说的水族源起于靠海的厦门汕头一带，迁徙时又是从广东到广西，经考据判断应是沿海而迁，不然的话，哪来的“海水平岸，看见天边”，又哪有“鱼当顿，肉当餐”？正如王文光所分析的：

岜虽山，水中的“岜”，是山的意思，水族自称为“虽”（sui[3]），岜虽山正是以虽人居住此山则得名，因此，岜虽山可以理解为自称是“虽”这部分人居住的地方。从虽山北上到南宁，然后才是庆远、南丹等地。所以，岜虽山应在现在广西境内南宁以南的钦州、北海等地。而钦州、北海自古便是百越分布的核心

1 岑家梧：《水书与水家来源》，《岑家梧民族研究文集》，北京：民族出版社，1992年，第123页。
2 参阅徐杰舜、李辉：《岭南民族源流史》，昆明：云南人民出版社，2014年，第334页。
3 陈国安：《水族》，北京：民族出版社，1993年，第6—7页。

区，则水族先民是百越后裔无疑。[1]

水族落籍广西又迁到贵州，在这个漫长的历史发展过程中，本是百越一部分的水族先民又与百越族群集团在广西的骆越交融在一起，历经秦汉、三国南北朝，历史文献中基本上没什么记载。但在语言学和民族志材料中却有反映，如水语保留了百越语言的大量入声字音和短促调；古越人居住干栏，水族至今乃住干栏；古越人盛行鸡卜，水族至今乃残存鸡卜和鸡蛋卜，杀鸡定亲就是一例；[2]古越人崇尚铜鼓，水族至今乃喜爱铜鼓，过端节和卯节时都要打铜鼓跳铜鼓舞，凡此等等，甚为普遍。

隋唐之时，湘、黔、桂边境一带统称为“溪洞”之地的少数民族都还处于原始社会，从事刀耕火种的农业。唐初包括水族先民在内被泛称为东谢蛮，《新唐书·南蛮传》云：“土宜五谷，不以牛耕，但为畬田，每岁易”；“散在山洞间，依树为巢而居。汲流以饮，皆自营生业。无赋税之事。”这可能是对水族历史在正史中最早的记载。唐开元年间（713—741年），中央政府设置了“抚水州”，才开始直接对水族地区进行统治，水族先民基本上在这一地区定居下来。

北宋时，水族的先民定居的抚水州，即龙江上游和都柳江上游之间一带地区（即今三都水族自治县及毗连的荔波、环江等地），据《宋史·抚水州传》记载：当时这一地区居住在田洞间者，“种稻似湖洲”，“亦种水田、采鱼”，其“保聚山险者，虽有畬田，收谷粟甚少，但以药箭射生取鸟兽，尽即徙他处，无羊　马、桑、柘”。生产发展虽很不平衡，但酋长居住的地方设有“楼屋战棚”，并以竹栅护卫，社会内部已分化为贵族和平民两个阶级。蒙氏世为首领，形成一个相当强大的政治势力，其社会基层组织“洞”或“寨”也建立了起来。

北宋庆历四年（1044年），水族先民在头人区希范、蒙赶的带领下，反宋活动达到顶峰。此后，宋廷采取“分而治之”的办法对水族进行分化瓦解，不少水族开始向更边远的西北部地区迁移，最终形成今天在贵州、广西的分布地。

元明之时，水族主要是在一些地方志、游记、杂记或所谓野史中出现，但记载大多非常简略。及至明代，“水”这一称谓已经在史籍中出现，明人邝露《赤雅》卷上“伙人条”中就有“伙亦僚类”的记载。

水族先祖从厦汕起源，经广东、广西长途而漫长的迁徙，在与骆越的互动后，又进入贵州，以及黔桂滇交界地逐渐定居下来。这支可能是百越族群集团中闽越的一支，秦汉时到广西后又被视为骆越的一部分，唐代被视为东谢蛮的一部分，宋代被视为峒蛮的一部分，及至明代才被称为“伙”，即水族。居住在柳州的只是很少的一部分，除

1　王文光、李晓斌：《百越民族发展演变史：从越、僚到壮侗语族各民族》，北京：民族出版社，2007年，第342—343页。

2　黄革：《杀鸡定亲》，南宁师范学院广西民族民间文学研究室编：《广西少数民族风情录》，南宁：广西民族出版社，1984年，第337—338页。

市区外，还分布在融安、柳城和鹿寨等县。这就是水族扎根柳州的路线图。

（九）毛南族扎根柳州

毛南族人口较少，在柳州有2551人，占柳州少数民族总数的0.11%。[1]

根据史籍记载，毛南先民分布的地区是魏晋以来僚族分布的地区之一。由唐至宋，封建王朝先后在这一带设置宜州、环州、抚水州、安化州、镇宁州、河池州、南丹州等，并称这些地方的少数民族为“生蛮”“抚水蛮”“安化蛮”“茅滩蛮”“荔波蛮”等，其中就包括有毛南族的先民在内。

最早记载毛南历史的是南宋周去非的《岭外代答》：“自融（州）稍西南，曰宜州。宜处群蛮之腹，有南丹州、安化三州一镇，荔波、赢河、五峒、茅滩、抚水诸蛮。”[2]注引《宋会要》云：“宜州尤为紧要，盖缘西接南丹，北接安化、茅难、荔波、五团，南接虾水、地州、三旺诸洞。”[3]把毛南族的聚居地叫作“茅滩”，将毛南族叫作“茅滩蛮”。《元史·地理志》卷六又载：“茆蓰等团。……茅难、思风、北郡、都变等处。”其所言“茆蓰”和“茅难”，都是“毛南”一词的同音异写，是有关毛南族最早的记载。

明、清之时，毛南族居住在隶属于庆远府的思恩、河池、南丹等州县，其境“危峰峻岭，密林深箐，土著之民，不无乔野。加以瑶、佷、伙、伶、僚诸土蛮杂处其间，其服肴斓，其音纥那，由来旧矣”[4]。嘉庆《广西通志》卷八七也说，庆远府境“天河、思恩又有伶、僚、仫佬、伙、佷、侗之属”。

清代乾隆年间（1736—1795年），毛南人立有《谭家世谱》，碑文中开始出现“毛难土苗地方”“毛难甲”“来毛难安处”的记载，此乃毛南族名称的正式出现。毛南族主要聚居在广西环江县，散居在柳州市区及鹿寨、柳城等县。这就是毛南族扎根柳州的路线图。

上述民族在柳州的扎根，具体而生动地呈现了榕树“千枝同根”的意境，所以1988年2月13日，柳州市第八届人大常委会第17次会议确定榕树为柳州市市树。此后，在市区各类园林绿地以及庭院种植应用更加广泛，70%以上的街道（路）的行道树为榕树。据统计，全市每年绿化种植榕树在5万株以上。至2010年，共种植榕树一百余万株，列广西城市之冠。[5]这正是“千百根合成一根”，柳州铸牢中华民族共同体意识实践的集中表达。

---

1 据柳州市民宗委2021年统计。

2 （宋）周去非著，杨武泉校注：《岭外代答校注》，北京：中华书局，1999年，第4页。

3 （宋）周去非著，杨武泉校注：《岭外代答校注》，北京：中华书局，1999年，第6页。

4 （乾隆）《庆远府志》序。

5 参阅中共柳州市委党史研究室编：《柳州之最》，南宁：广西人民出版社，2011年，第37页。

三、一朵花：象征一家亲的葵花

讲葵花意境，一般都自然会想到朵朵葵花向太阳的文化图像。

确实，酷似太阳的葵花，因花盘的方向始终向着太阳的方向而又名“向阳花”“向日葵”。据考它最早的价值要追寻到美洲早期的居民生活，它在这片辽阔广袤的土地上生机勃勃地生长着，直到15世纪哥伦布发现新大陆后，向日葵由西班牙探险队从美洲大陆横贯大西洋运往欧洲，随后传入中国、印度和日本。彼得大帝考察西欧之后，将它带回了俄国，并在19世纪大面积地种植。今天，它成为俄罗斯的国花，其花语是爱慕、光辉、忠诚，把向日葵作为光明和美好的象征。

向日葵的命名，是瑞典的自然学家卡洛拉斯给予这种高贵挺拔的植物最高的赞誉，它随太阳东升西落，就像是对太阳永久的膜拜。用希腊文表示就是“Helianthus annus”，是“helianthus”（太阳）和“annus”（花）的合成，继承了丰富的象征性意义，成了忠贞不渝爱的象征，即使明知没有回报也心存感激，一种极大的虔诚，把植物学和花的传说唱颂至今，从而形塑了葵花意境的初意。

此后，拉丁诗人奥维德在他的著作《变形记》中引用了克丽提和阿波罗的故事。故事中原来是水泽女神的克丽提暗恋着太阳神阿波罗，却因只是一厢情愿而陷入了痛苦之中。众神将她变成了另一种花，可以终身追随太阳神，这花就叫向日葵。这是文艺复兴时期人文学者为这个故事找到的新的象征物。不过这也造成了希腊神话中太阳神赫利阿斯的长期混淆。据记载：“赫利阿斯是阿波罗的上一代，每天他都骑着由四匹马拉着的金色马车从东到西穿过天空。他有一个光芒四射的金色圆盘来激发他的太阳能。赫利阿斯就是太阳神的化身，和太阳走一样的路径，阿波罗是他光明温暖的代表。”可几个世纪下来，阿波罗反倒成了赫利阿斯的代理人，而赫利阿斯却成了追随太阳的花儿的名字。

另一个传说是在中国。古代一个叫明姑的农夫女儿，她憨厚老实，长得俊俏，却遭到嫉妒心强的后母的百般凌辱。一次明姑和后母发生了顶撞，被老羞成怒的后母挖掉了双眼。明姑死去之后，她的坟上开满了终日向着太阳的黄花。这就是向日葵。南朝梁人闻人倩的《春日诗》云：“绿葵向光转，翠柳逐风斜。”唐代诗人刘长卿的《咏墙下葵》亦云：“此地常无日，青青独在阴。太阳偏不及，非是未倾心。”通过描写墙下的向日葵虽然不能经常沐浴到阳光，但依然有倾向阳光而开的特性。唐人戴叔伦的《叹葵花》亦云：“花开能向日，花落委苍苔。自不同凡卉，看时几日回。”还有宋人晏殊的“秋花最是黄葵好，天然嫩态迎秋早”，元人许衡的“绛脸有情争向日，锦苞无语细含风”。而明代文人高启则从另一个角度来描写向日葵，“春晚独馀芳，风回带酒香。美人偏爱看，因似御衣裳”。其不从正面描写向日葵的美丽，而是猜测美人爱看此花，因为它的颜色像皇帝穿的御衣裳。由向日葵的向日特性而引申出其忠贞不贰的精神。

宋人刘克庄《葵》所写“生长古墙阴，园荒草树深。可曾沾雨露不改向阳心”更是一语中的，道出了葵花永远不变的“向阳心”。[1]

但人们在赞美葵花忠贞不渝的向阳性之外，还发现葵花的结构也很特殊：细看盘盘葵花，在厚实的花盘之中，一颗一颗的葵花籽，紧紧密密地、一圈又一圈地密集在圆圆的花盘上，这种形态象征着一家人亲密无间“一家亲”的意境。也可以说：葵花意境的内涵包括两层意思，一是向阳的特性；二是“一家亲”的喻义。朵朵葵花向阳“一家亲”就是葵花意境的全部含义。所以，用葵花来比喻“中华民族一家亲”，既贴切又形象。2015 年 9 月 30 日，习近平在会见基层民族团结优秀代表时就指出：

> 中华民族一家亲，同心共筑中国梦，这是全体中华儿女的共同心愿，也是全国各族人民的共同目标。实现这个心愿和目标，离不开全国各族人民大团结的力量。我国56个民族都是中华民族大家庭的平等一员，共同构成了你中有我、我中有你、谁也离不开谁的中华民族命运共同体。实现中华民族伟大复兴的中国梦是各民族大家的梦，也是我们各民族自己的梦。中国共产党就是团结和带领各族人民向着中华民族伟大复兴、向着人民更加美好的生活。民族团结就是各族人民的生命线。船的力量在帆上，人的力量在心上。做民族团结重在交心，要将心比心、以心换心。各民族同胞要手足相亲、守望相助，共同维护民族团结、国家统一。大家要行动起来，一起做交流、培养、融洽感情的工作，努力创造各族群众共居、共学、共事、共乐的社会条件，增强各族群众对伟大祖国、中华民族、中华文化、中国共产党、中国特色社会主义的认同，向着伟大理想去奋斗。[2]

在柳州所属各目的地考察中，各民族和谐共处的“一家亲”景象随处可见。

如在三江冠洞村廉政文化综合楼，我们注意到宣传栏上《民族团结一家亲》等琵琶歌：

纪委监委真重视，组织创作耶歌集。
依托鼓楼戏台唱，宣传团结这问题。
各村各寨都拥戴，人人都爱百宴席。
邻里和睦传万代，吵架纠纷是陋习。
民族形象被搞坏，当用村规来制止。
不占不偷又不抢，不赌不骗婚不离。
村寨和谐治安好，相互尊重心欢喜。

1　参阅杨帆：《朵朵葵花向阳开》，《花木盆景（花卉园艺）》2008 年第 6 期。

2 《习近平在会见基层民族团结优秀代表时强调中华民族一家亲　同心共筑中国梦》，新华网，http：//www.xinhuanet.com/politics/2015-09/30/c_1116727894.htm。

口是心非多不对，互敬互爱要联谊。
滴水哪能成为海，独木哪能过车皮。
众人种树树成荫，大家栽花花香室。
砖连砖来墙砌稳，瓦连瓦来房盖密。
众人拾柴火焰高，民族团结一家亲。

可见三江的侗、汉、苗、壮、瑶等各民族之间平等相待，在生产生活中相互交流、交往，关系融洽，团结友爱，互助合作，离不开各族群众纯朴、勤劳、包容之良好心态。在漫长的历史过程中，各民族通过结亲交友和迁徙等形式交往频繁，关系密切，犹如一家亲。

又如融水的“打同年”。2011 年 11 月，融水县隆重举行“第十一届中国·融水苗族芦笙斗马节”，节日上县城九支芦笙队邀请乡下九支芦笙队到县民族体育公园举行对口打同年，这是融水县有史以来第一次将芦笙打同年引进县城。十八支芦笙队伍中，不仅有苗族，还有侗族、瑶族、壮族的队伍共 1000 多人参加。此次打同年活动以“喝同年醇香米酒，享人间温暖情怀”为主题，共分为进堂、围同年、请同年、圆同年和宴请同年五个环节进行，集民族芦笙、歌舞、饮食、习俗、礼仪等为一体。

在融水大苗山流行这么一个传说：相传孔明为苗族造笙之后，村寨便有了欢声笑语。但当初芦笙活动，只在本村寨独自进行芦笙吹奏和芦笙踩堂舞表演，随着苗族社会和芦笙活动不断发展，在一位名叫“兄满”的寨老建议下，与邻村试办了首届芦笙打同年，村寨之间关系密切了，两寨的感情加深了，苗族群众一致认为芦笙打同年是一项有益的社会活动，它增添了节日欢乐，增进了友谊，于是通过“立岩”，定为传统习俗，沿袭至今。

有意思的是打同年苗语称为“阿支对”，这里的“支对”即汉语中的兄弟或朋友，“阿”其意则相当于汉语中的“结”或“交”，连接起来就是结拜兄弟、结交朋友的意思。这种结交从意义上来说，与汉族的“交同年”“结同伴”，与瑶族的“打老庚”，与侗族的“耶伴”大致相同，就像兄弟一样往来不断，关系密切的“一家亲”。

再如柳城县洛崖古镇知识青年与当地各民族居民互帮互助的一家亲。当踏进山水相依的洛崖古镇，行走在温润的青石板路上，古老的巷道，古朴的民居，以及土黄色墙上“滚一身泥巴，练一颗红心”“青春无悔，青春万岁”……一条条红色标语不时映入眼帘，透着厚重的历史沧桑感，构成一幅意蕴深长的画卷，向你诉说着那段豪情万丈、战天斗地的如歌岁月。这里，忠实地记录着知青们与壮族农民之间水乳交融“一家亲”的浓浓情谊。及至今日柳城县针对洛崖古镇曾是 20 世纪六七十年代众多知青劳动和居住的集会地，通过“建新”与“复古”有机结合，创建了知青文化创意产业园，打造成“中国知青第一城”。

这里，融江两岸青山如画，岸堤植九株百年古榕，99 级青色石阶的码头曾经商旅云集；这里，历史文化底蕴深厚，有宋窑遗址、抗日战争遗址，有明朝洛崖圩、清朝洛崖街……清悠的融江河滨，知青岁月在这里谱曲写歌，也见证了壮族“贫下中农”和知青“一家亲”的一往情深。知青中的“五朵金花”（乐易珠、王丽娟、林金凤、刘忠莲、黄宣群）深情地说：

我们五朵金花一起插队在一个队。我们五个人都很齐心，获得过柳州地区先进插队知青小组的光荣称号。我们当时能得到典型是因为我们坚持在农村插队，我们没有觉得苦而跑走，那时候一个工分值只有2分钱，只能买一小盒火柴！而我们就一直在农村，和农民同吃同住同劳动，他们把我们当成自己的儿女一样，我们也很尊重他们，和当地农民处的关系很好。有一次我们去镇上买东西，回来很晚了，我们就几个姑娘，村民怕我们出危险，就走路去接我们，他们走了好多里路。

还有，作为知识青年，我们很单纯，特别实在，也特别忠诚，就想着奉献，认为应该把自己的知识传授给群众，所以我们办了扫盲夜校，我和刘忠莲各教一组，一家一家地去请文盲的社员来学习，帮助群众扫盲。后来我抽到大队当老师，教的学生也挺好。[1]

知青龙正平也说：

我插队的公社叫洛崖公社寨岭大队，整个大队都是壮族人民居住的，他们都说壮话，所以我到那里后很不习惯的。一个是生活很不适应，一个是劳动不适宜，还有语言不适应，但是时间一长，农民对我是相当关心。我刚去的时候他们让我去和妇女一起种烟，犁田耙田都是男人的活路，他们不要我去，一个是我没有这方面的经验，一个是我体力也达不到，所以这种安排是对我的一种照顾。当时我们去的时候还是开春，很冷的天气，我们就锄草，不是很累的生活，但手拿镰刀，不到三天我的手就起泡了。当时有个大妈就对我说：“儿子啊，你手不要抓得太紧了，明天你不要去了，就在家休息了，我去跟队长说一声。”我听到她对我说儿子的时候，心里边就很暖，她把我当儿子，我心里是很感动的，我当时眼泪就流下来了。……我是生生地感受到我们中国的农民是最善良的，我也把他们当作自己的亲人。当时有个大伯，他去世的时候，我就敢和村民一起抬他上山。农村起房子，都是那种大泥砖，我敢挑4块泥砖上楼，他们看见我这么肯干，不怕流汗，也把我当作他们的亲人。[2]

1 访谈对象：乐易珠，女，70岁；地点：柳州市广东茶楼金沙角店；时间：2022年6月20日。

2 访谈对象：龙正平，男，72岁；地点：柳州市凯悦嘉轩酒店；时间：2022年6月19日。

如此，知青作为文化主体与插队下乡所在地的壮族农民发生交往、交流、交融，呈现了下乡知青与壮族农民“一家亲”的文化图像。

还如鹿寨中渡古镇的“和家宴”也是呈现各族人民“一家亲”的民间习俗。这个习俗由古时中渡的吃和饭演变而来，已有将近600年的历史。

明清时期，依洛清江河洛清江水运中转枢纽的区位优势，中渡镇成为连通桂、粤、黔商路的经济重镇。三地商贾多为客家人，汇聚中渡，渐因生意、私交来往增多，邻里、主宾之间感情日笃。由此，民间商会理事会在策划庙会活动时，通过发动当地知名人士、富商集资筹款，在举行完巡城仪式后，召集本乡或本街“合得来”的邻里故人聚在一起吃团圆饭，外地商客纷纷加入，渐渐发展成为本地少数民族与外地客家人增进感情交流的重要活动。

每年的中渡“五·二八”庙会当天下午，人们为筹备“和饭”，全城大街小巷的乡亲老少齐上阵，一起动手做菜。以古城内的东、西、南、北四条街道为“百家宴”活动场地，在街道上摆起圆餐桌，一张紧挨一张地放在那里，成为长长的圆桌龙状，尤为壮观。各家各户将自己家做得最好的几道菜献上饭桌，樽上香醇的米酒，全城人一起举杯相碰，为祝愿彼此生活红红火火，兴旺发达而高唱“烘、烘、烘、烘起来”，大家干杯之后，宴席正式开始。

而今，为沿袭古时中渡民俗，中渡镇将“吃和饭”改称为“和家宴”，寓意着中华民族家家和和睦睦，家人平平安安，生意兴兴旺旺的“一家亲”。

融安的金橘产业从一个新的层面呈现了“一家亲”的文化图像。根据融安县志记载，融安金橘是在清朝乾隆二十三年（1758），邑人黄德坚从江西省吉安府龙泉县引进，在今属融安县大将镇的拉敢村试种成功，附近农友慕名而移栽，逐渐扩展，形成具有地方特色的名、特、优品种。有意义的是融安金橘的品种改良凝聚着当地各族人民团结互信“一家亲”的力量。

曾获“全国脱贫攻坚先进个人”“全国农业劳动模范”“全国十佳农民”“全国巾帼建功标兵”“第二十一届广西青年五四奖章”，现任广西融安桔乡里农业有限公司总经理的赖园园在共青团广西区委、广西广播电视台新闻频道共同主办的2022年青春访谈节目——《广西青年爱广西》第6期节目中提到，她在亲眼看见村里人因为金橘滞销之后选择砍掉金橘树后，她就下定决心回乡带领村民改变这种现状。她从开设一家小小的淘宝店开始，逐渐摸索融安金橘电商发展之路，用了8年时间，从无到有，最终创立了“桔乡里”电商品牌。在见识到金橘小小身体中蕴含的强大力量之后，融安政府提出了“半亩金橘助脱贫，一亩金橘助小康”的口号。在以赖园园和她的团队为代表的融安金橘发展路上的领路人们以及融安政府的共同努力下，使得融安金橘的种植面积从2013年的8.2万亩发展到现在的20.6万亩，助力“融安金橘”总品牌价值增值到18亿元。在节目中，赖园园提到她们始终坚持一点：“只向市场争取利益，绝不压低农民一分钱。”正是有将这种口号牢记于心的“金橘人”，在六年的时间内，融安金橘产业带领融安近28000户的贫困户脱贫，为农民每户平均增收20000元以上。

“一家亲”使融安金橘从一个价格低廉的滞销产品，到成为融安脱贫致富的金疙瘩。

三江、柳城、融水、鹿寨和融安的案例，充分呈现了葵花意境的魅力，展示了中华民族大团结，壮侗苗瑶汉，毛南仫佬水回“一家亲”，这是柳州民族团结经验升华的必然结果。

四、一个果：果实“紧紧抱在一起”

讲石榴意境，自然会想到火红的石榴花和石榴籽紧紧抱在一起的形象。

石榴含苞待放的花朵形似火焰，象征火红的热情。石榴果外表圆润，火红艳丽，犹如宫灯一样美丽，剥开厚厚的皮，你会发现玛瑙般的籽粒丰满晶莹，虽然颗粒众多，但排列整齐，紧紧地抱在一起。

石榴花果并丽，火红可爱，历史上一直被视为吉祥之果，是百子呈祥、多子多福的象征。古人盛赞石榴是天下奇树名果，如西晋文学家潘岳《安石榴赋》曰：“丹葩结秀，朱实星悬。接翠萼于绿叶，冒红芽于丹顶。千房同膜，十子如一。”南朝江淹《石榴颂》云：“美木艳树，谁望谁待？缥叶翠萼，红华绛采。照烈泉石，芬披山海。奇丽不移，霜雪空改。”宋代王安石诗：“万绿丛中一点红，动人春色不须多。”屠崖云：“石榴宝树出临潼，仙口笑开玛瑙红。千粒明珠千盏火，一丛蓬勃拂东风。”

小时候就听过一则《团结的石榴兄弟》的故事，讲述的是一对老夫妇没有孩子，整天祈祷上天送给他们个孩子。他们的虔诚打动了上天，一个仙女在梦中送给他们一个篮子，里面装了一个石榴。日子一天天过去了，石榴逐渐长大，最后裂开，从里面跳出来了七个孩子。这七个孩子个个身怀绝技，老大个最小，最聪明，最机灵，就叫精灵一。其他的有身壮如钢铁的老二，顺风耳，千里眼，人鱼四，还有个长辫子，以及经常流鼻涕的鼻涕七。这七个孩子很孝顺他们的父母，为了给父母挡着严寒，搬来了大山放在河边。龙王不愿意了，把老二给抓走了。其他的弟兄们施展神通，用千里眼查看，用顺风耳听动静，人鱼四齐心协力把老二从海底救了回来。最后老龙王知道他们是为了父母才搬的大山，也就不追究此事了。故事很感人，故事中的石榴七兄弟形象各异，各有所长，但是团结一心、共同协作救出了兄弟，感动了龙王，完成了壮举。

可见，石榴恰恰形象地反映和表现了各民族人民紧密地团结在一起的态势，从而形成了石榴意境。石榴意境的基本内涵，就是中华民族像石榴籽一样紧紧地拥抱在一起。那么城市化中的柳州城区是如何呈现石榴意境的呢？

2021年4月27日，习近平总书记在广西民族博物馆参观时，对参加“三月三”活动的各族群众说："广西是民族团结、民族交融最成功的地方。"这是对广西各族人民广泛交往、全面交流、深度交融的充分肯定和最高褒奖。行走在充满石榴意象的柳州街头，处处能看到各民族交往交流交融的动人情景，时时能感受到柳州各民族同胞手挽手、肩并肩，像石榴籽一样紧紧抱在一起，共建美好家园的火热激情。

1. 民族互嵌，你中有我，我中有你是千籽同胞石榴的一道风景

柳州自古就是汉族和岭南土著民族经济和文化交流、融合的汇聚点。柳州的多民族性，是迁入民族种类繁多决定的。壮、侗、苗、瑶、水、仫佬、毛南、回、汉等民族在不同时期、从不同地点、出于不同目的聚居在柳州这片土地，他们落地生根，再也没有离去。在共同的生活中，各民族长期互相通婚，血脉相融，形成汉族与各民族杂居的格局。

新中国成立后，柳州在城市建设中迎来了祖国各地数十万的建设者，改革开放以来，各民族同胞来到柳州创业就业、定居生活。随着柳州城市化的飞速发展，少数民族城市化也呈现出强劲的发展趋势。少数民族人口流动日益显露出地域广泛性、民族多样性、向城市流动的不可逆转性和常态化的特点。从2000年开始，柳州常住人口就一直多于户籍人口，多民族互动多文化交融，构成了柳州历史文化的基本底色，形成了柳州开放包容的城市特质，也构建起"你中有我，我中有你"的互嵌式居住格局。这样的居住格局有效保障了各民族在彼此尊重生活空间的情况下更好地进行交流、互动乃至融合，"同饮一江水、同在一个厂、同住一社区"的和谐景象随处可见。

社区是民族"相互嵌入"的载体与阵地，在一定的地域基础内，不同民族成员在接触、交流、包容、磨合、融合，形成平等相处、彼此尊重的社会利益共同体。鱼峰区大龙潭社区和阳和村都是少数民族人口比较多的社区，也是各民族"相互嵌入"的典型。

大龙潭社区现有住户3700多户，居民8000多人，来自全国各地，有壮、瑶、苗、侗、仫佬、回等10多个少数民族，占居民总人口的四分之一。近年来，大龙潭社区设立社区民族工作服务站，制定了书记主任工作职责和走访联系、扶贫帮困等工作制度；创新社区服务载体，借助柳州音乐网站开展网络山歌交流，宣传党的民族方针，用网络山歌开展调解活动，建立一支130多人的志愿者队伍，促进民族团结；开展民情唱谈会，以山歌吸引居民参与聊民情，帮助少数民族群众解决生活难题，构筑起民族团结的"连心桥"，打造民族互嵌社区。

阳和村隶属鱼峰区阳和街道，本地户籍1280户，人口5204人，外来流动人口近5000人。辖区内本地户籍人口仫佬族占75%，除仫佬族外还有壮、汉等其他民族。阳和村主要的姓氏有覃、龙、韦、罗、陈等。其中覃、龙两姓是阳和村之大姓，覃、龙姓多为仫佬族，族群人丁兴旺时占阳和村人口的50%以上，是柳州市区内唯一的少数民族聚居区。村里的仫佬族祖上从湖南省经罗城县迁徙到此，在此居住已有200多年时间。正如阳和村的仫佬族村民所说:“我们这里都是很融合,很包容的,不排外。我们村汉族、壮族、苗族同胞都有的,大家也不分彼此,不管你是哪个族,都相处得很好。其实整个柳州都这样,包容性很强的。节日也是一样的,中秋啊、端午啊、四月初八,我们都一起过,我们做社他们也跟我们一起过,这也是加强我们村民之间感情联络、相互帮忙的一种重要方式。”

企业在构建多民族互嵌式社会结构和社区环境中发挥着重要的作用。柳州是西南工业重镇,规模以上工业企业1050家,工业产值超亿元企业总数419家,拥有上汽通用五菱、柳钢、东风柳汽、柳工集团、广西汽车集团、柳州卷烟厂等6家超百亿企业,超10亿元企业37家。这些企业利用产业链和用工的方式把来自五湖四海的各民族同胞汇聚在一起,成为民族融合的“大熔炉”。例如上汽通用五菱汽车股份有限公司宝骏基地有员工3819人,来自汉、壮、瑶、苗、回、侗、土家族等15个民族,少数民族员工超过1700人,占比约为46.0%。柳州两面针股份有限公司现有员工1101人,包括汉、壮、苗、回、仫佬、侗、瑶、彝、满族、布依族等10个民族,其中少数民族员工共有273名,约占全体员工的24.8%。习近平总书记点赞的螺蛳粉企业——广西善元食品有限公司,现有职工389人,由壮、苗、瑶、侗、土家、仫佬、水、毛南族等8个民族构成,其中少数民族员工共有192人,约占全体员工的50%。柳州市博慧纺织品有限公司始创于2020年,是一家集设计研发、生产、销售、服务于一体的现代化企业。企业员工中65%为少数民族,常年接待和主动接洽融水、三江等民族自治县相关企业来访,传授经验、交流发展、达成合作意向,与本土民族企业签订合作订单,常年坚持吸纳周边各族群众稳定就业带动增收,推进当地社会经济良好发展。

柳州企业将民族团结进步创建与经营工作同谋划,不断增强员工的民族团结进步意识,引导各族职工在生活、工作和学习中相互了解、相互尊重、相互包容、相互欣赏、相互学习、相互帮助,不断增进感情,形成各族职工感情相融、心灵相通、手足相亲、守望相助的良好氛围。他们保障各民族员工的权利,关心少数民族职工的成长进步,积极参与脱贫攻坚,开展公益事业回报社会,助推民族地区发展振兴,成为促进各民族交往交流交融、铸牢中华民族共同体意识的“排头兵”。

2. 语言相通,文化相融是千籽同胞石榴的又一道风景

柳州大力推广普及国家通用语言文字,2020年,全市普通话普及率达到93%,各类学校课堂教学普通话使用率100%,远远高于全区平均水平。柳州各种语言(包括方言)分布与民族分布基本一致,成片分布。由于民族杂居和文化融合,各语言使用区域参差交错,语言之间出现相互渗透和影响现象。各民族在使用语言的过程中能互相尊重学习、和谐发展。

柳州被称为“桂中商埠”,自古以来就是周边省区的重要商品集散地。百年老街太平西街至今保留着大量的骑楼式建筑,受广府文化的影响可见一斑。柳州东南面是粤

语区，西北面是官话区，注定了这个城市方言口音的兼容性。柳州话是西南官话中桂柳话的一支，也是语言接触、相互影响的产物。有史可查，明朝时南下戍边的官兵以西南官话为主，而逆西江而上的商贾讲广东话。以西南官话为母体、粤语声调为节奏的柳州话语速偏快，听上去甚为硬朗，似乎自带一种向上的力量，这也潜移默化地塑造着柳州人的精神气质，使柳州人有一种宏大的气魄和豁达的处事态度。

柳江上“跑船”的“疍民”，他们讲的柳州话被当地人认为不正宗，里面夹杂着非常多的“白话”（粤语方言）。20世纪70年代以前，疍民大多生活在柳江上，靠跑河运货和打鱼、挖沙为生，来往于广西、广东之间，在和下游的人交往中习得了粤语方言。有些郊区的柳州话受到周边农村的壮话影响比较大，被称为“夹壮柳州话”。

柳州火车站及铁路沿线一带，原来属于柳州铁路局管辖，人员也来自全国各地。他们大都操柳州话，带外地口音，被称为“铁路柳州话”。作为当时全国唯一一个非省会城市的铁路局，曾经的柳州铁路局在20世纪六七十年代下辖都匀、柳州和南宁三个铁路分局，在西南地区影响力很大。当时的柳州铁路局汇聚了来自五湖四海的大批“铁路人”。由于铁路工作需要，这些“铁路人”以讲普通话为主。在与当地柳州人的交往交流交融中，这些老“铁路人”和其子弟们为了融入本土，逐渐衍生出了一种独特的语言——“铁路话”。“铁路话”是以柳州话为基调，夹带普通话词汇和发音的一种方言。“南腔”与“北调”糅合而成的“铁路话”，正是各民族交往交流交融在语言方面的典型代表。这种方言柳州人听得懂，外地人也能听得八九不离十。

位于城中区的青云菜市是柳州市历史最悠久、最大的菜市场之一。市场有摊位近900个，其中青云传统美食集中在柳州市城中区曙光西路，沿街商铺92户，摊贩约332家，汉族、壮族、侗族、苗族、瑶族、仫佬族、土家族、毛南族等多个民族在此相聚而居。熙熙攘攘的菜市诠释着柳州市井烟火气，其特殊的地理位置和多元的民族结构，也孕育出多元包容、特色鲜明的饮食文化。在青云，柳州螺蛳粉、桂林米粉、融安滤粉、羊肉粉、卷粉、云吞店等比比皆是，还有林和记烧肉、十八婶芝麻糊、五婶粽子、符老三露水汤圆、五色糯米饭、芋头糕、水糕、新疆烤包子、韭菜盒子、烧鸭、烤鸡等地方特色小吃。青云菜市就是各民族、各地方特色美食的“集散地”，也是各民族交往交流交融的“实践场”。

3. 产业互补、互联，利益相关是千籽同胞石榴的又一道风景

柳州工业总量约占广西全区的四分之一，已形成以汽车、机械、钢铁为龙头，化工、建材、食品、制药、新能源、新材料、电子信息等产业并存、工业门类齐全的产业体系。今天柳州工业的发展成就，与20世纪50年代国家工业布局紧密相关，这充分体现了党中央对民族地区的关怀，也体现了全国各地、各族人民对柳州的支援。

“1958年，500多名从上海和其他地区来到柳州的创业者，肩负使命，满怀激情，在柳州西郊开始建设柳工厂房。”广西柳工原党委书记、董事长张沛深情回忆。当时，

来自祖国四面八方的建设者响应国家号召，在柳州郊区建起一片片厂房，这就是柳工创业史的开端。中国第一台装载机，广西第一台拖拉机、第一炉钢在这里产出…… 全国的支援在为柳州奠定现代工业城市坚实基础的同时，也涵养了宝贵的工业理念和工业文化，逐渐形成了艰苦奋斗、自强不息、敢为人先、守望相助的精神。

走进广西柳州钢铁集团有限公司展览馆，“铸钢铸魂”4个大字分外醒目。1958年1月，中央有关部门从全国各大钢厂选调了545名技术人员和管理干部支援柳钢建设，受到了柳钢筹备处员工的热烈欢迎。紧接着，广西区党委又从全区各地选调了400多名县级、区级干部来担任柳钢的基层单位领导，并在广西军区的转业干部中调了一批校尉级军官来支援柳钢建设。不仅如此，还在全区各市县吸引了6607名新的员工加入。建设初期，柳钢汇集了全国各地的汉、壮、瑶、苗、侗等各民族的三万余名建设者，开启了柳钢建设的大会战。来自全国各地的3万余名建设者汇聚到祖国南疆，开启了柳钢建设大会战，书写了“各族人民建柳钢，齐心协力助南疆”的动人篇章，在八桂大地建起了被誉为“壮乡明珠”的十里钢城。

螺蛳粉也见证了各民族经济互相依存、携手发展的历程，成为带动各族人民群众增收致富、促进民族团结的大产业，书写了民族团结孵化的柳州惊奇。作为一座工业城市，“工业思维”根植于柳州的基因与血脉中。柳州市以产业化、规模化、品牌化理念谋划发展螺蛳粉产业，让起源于路边小吃的螺蛳粉实现“从街头巷尾到袋装速食”的工业化转型。螺蛳粉的原材料包含螺蛳、竹笋、豆角、大米、木耳等多种食材，这些原材料均来自柳州农村地区，众多村屯依托螺蛳粉产业特色优势资源，打造农业全产业链，摸索出一条原材料生产致富路，成为推动产业振兴、乡村振兴的新引擎。例如，鱼峰区依托柳州螺蛳粉，大力发展螺蛳粉原料产业，积极推动柳州市螺蛳粉协会、广西螺霸王食品有限公司、广西沪桂食品集团有限公司等分别与白沙镇和里雍镇的多个村委签订了螺蛳粉原料产业开发战略合作协议，采用“公司＋基地＋农户”模式，辐射带动白沙镇、里雍镇豆角、竹笋、木耳、大米等螺蛳粉原材料种养，让各族群众在螺蛳粉产业链的各个环节当中享受产业的增值收益。柳州螺蛳粉全产业链发展过程凝结了各族群众的智慧与汗水，各民族饮食文化交往交流交融而成的柳州螺蛳粉由街头小吃发展成大产业，正是各民族在经济和文化上相互依存的生动见证，也是各族同胞共同追梦、共同参与、共同创造、共同致富齐心圆梦的创业历程的展现。

我国的民族互嵌并不是城市覆盖乡村，而是城乡融合发展，本质上和“乡村振兴”是一脉相承的。柳江区将民族团结进步创建与乡村振兴、生态旅游发展融合推进，利用全区丰富的旅游资源，巧借“一镇一品”产业特色，以构筑中华民族共有精神家园为主题，将各民族交往交流交融的历史故事、柳江区民俗文化、历史文化、革命文化、非遗文化等纳入旅游体验当中，着力推动农业和旅游业成为促进各族群众交往交流交融的重要抓手。柳江区把百朋镇作为全域旅游“龙头”镇来打造，强化各民族互嵌式发展，依托荷莲产业及得天独厚的自然景观、人文景观资源，深入挖掘百朋荷苑景区、百朋酒壶山、百朋和村庄园、百朋报时泉等景区以及非物质文化遗产鸟笼生产基地背后的故事，打造一批精品旅游线路和重点旅游区域，推动各民族广泛交往、全面交流、深度交融，促进了经济社会的发展。

4. 通婚普遍，亲如一家是千籽同胞石榴的又一道风景

柳州的民族互嵌融合对于民族家庭和社会的影响已不是表面的、肤浅的，而是进入了民族家庭和社会的深层次结构。笔者对柳州市辖的调查问卷中对调查对象本人及其配偶、父母的民族成分进行了解。抽样调查结果显示：单一民族组成的家庭占50.14%（其中单一汉族家庭60%，单一壮族家庭29.6%）；由2个不同民族组成的家庭占43.45%（其中由汉族和少数民族组成的家庭占86%）；由3个不同民族组成的家庭占6.35%，（其中由汉族和少数民族组成的家庭占86%）；由4个不同民族组成的家庭占6%。可见，柳州各民族之间通婚现象很常见，不同民族之间通婚比例非常高，汉族和少数民族之间不分彼此，在心理上互相接纳、没有交往隔阂或禁忌，彼此亲如一家。

多民族和谐共居的家庭，正是中华民族多元一体，民族关系平等、团结、互助、和谐在柳州的具体体现。例如，柳江区拉堡镇的黄岭村，200多年前客家人刘氏从广东嘉应迁到此地，与壮族同胞诚恳相待，同饮一江水、同耕一垌田，互相学习，互相帮助。壮汉之间二百多年来和睦相处，从未发生过械斗，而且互相通婚。壮族廖家许多后代娶了黄岭刘姓、木罗郑姓、刘姓等客家女做妻子，水乳交融，血浓于水。由于妻子对小孩初学语言的影响更大，所以壮族与客家人通婚生育的小孩更多地从小就学讲麻介话（客家话）了。

柳江区百朋镇百朋村下别屯有164户575人（其中，汉族73户219人，壮族86户332人，仫佬族3户11人，畲族3户13人）。各族通婚比例很高，其中，汉—壮通婚119对，壮—仫佬族通婚2对，壮—畲通婚2对，畲—苗通婚1对，汉—仫佬族通婚1对。百朋镇百朋村和村屯有44户126人（汉族38户99人，壮族6户27人），其中汉壮通婚36对。

在柳州各民族之间自由通婚成为常态，共居共学共事共乐的互嵌式社会结构已经形成。伴随着城市人口的激增，柳州市的少数民族人口快速增长。柳州常住人口从2000年开始就一直多于户籍人口。在柳州，汉族与少数民族、各少数民族之间相互接纳，彼此交得了知心朋友、做得了和睦邻居、结得成美满姻缘。各民族交往交流交融的广度和深度前所未有，在情感上团结统一、手足情深。各民族和睦相处、和衷共济、和谐发展，文化上交融互鉴，社会主义民族关系得到进一步巩固发展。

如今的柳州，各民族像石榴籽一样紧紧抱在一起，共同团结奋斗、共同繁荣发展。这缘于柳州各民族交往交流交融的良好历史文化基础：各族群血缘上天然联系，文化相近，互化互融，同时，国家认同与地域认同不断地培塑、增强和巩固。当然，更重要的一个原因，就是柳州市委市政府一直以来以铸牢中华民族共同体意识为主线，开展了卓有成效的各项工作。

1. 民族团结进步创建工作助推了柳州经济社会高质量发展

全市综合实力不断提升，实现经济社会发展与生态环境保护共赢。市委市政府找准与各族群众切身利益的结合点，在助推提高人民生活品质上有机融入，让发展成果更多更公平地惠及各族人民。累计投入各类财政资金163亿元决战决胜脱贫攻坚，推动三江、融水两个少数民族自治县与全国同步全面建成小康社会。实施少数民族村寨火灾隐患综合整治工程，689个村寨超过40万群众直接受益。在全国率先推行贫困县及民族乡九年义务教育阶段农村学生免费午餐工程。市区学校直接对口帮扶义务教育学校教师紧缺和校际不平衡的县一级学校，推动优质教育资源下沉。医联体改革的“三江模式”“融水经验”得到国家有关部委的高度肯定。螺蛳粉全产业链收入超过500亿元，为各族群众创造了30多万个岗位。全市各族群众生活水平大幅提高，充分感受到党和政府的温暖，发自内心地爱祖国感党恩听党话跟党走，铸牢中华民族共同体意识。

2. 找准与社会心理的契合点，推动各民族“三交”不断向广度深度拓展

针对当前少数民族“进城”“入厂”“上网”“下海”的新趋势，以及少数民族人口流动日益显露出地域广泛性、民族多样性、向城市流动的不可逆转性等新特点，柳州市大力提升民族事务治理的专业化、信息化、科学化、法治化水平，通过提升服务与管理针对性和有效性，促进各民族交往、交流、交融。

以城市民族工作为重点，促进民族事务治理能力现代化。创新城市少数民族流动人口服务管理模式，完善社会保障体系，为少数民族流动人口提供信息咨询、法律援助、就业帮扶等服务。一方面组织各族青少年广泛开展主题活动。定期举办青年人才交流联谊，促进万名青年人才入柳创业；定期组织开展暑期“同心营”活动，万名师生走出去、请进来；33所学校126个中队分别与新疆地区9所学校结对交流；“城乡手拉手 共筑中国梦”红领巾联建共建，带动解决10.3万名进城务工人员子女入学入托问题。另一方面加快构建互嵌式社会结构和社区环境。统筹城乡建设布局规划和公共服务资源配置，建成易地扶贫搬迁集中安置点39个，3万多名各族群众从乡村顺利到城镇；建立100个民族工作服务站等互助平台、法律援助站和技能培训基地。以社区治理为切入点，建立了少数民族流动人口服务管理体系，帮助各族群众解决就业落户、就医就学、租房租赁等问题，建立相互嵌入式的社会结构和社区环境，社区成为各民族守望相助、相敬相爱的幸福家园。

3. 加强思想政治引领，构建铸牢中华民族共同体意识大宣教格局

柳州市健全考核机制，把铸牢中华民族共同体意识教育纳入国民教育、干部教育、社会教育全过程的常态化教育机制取得良好效果。一是突出讲好团结发展故事，再现“沪上企业援八桂”、万名员工家属扎根广西勤劳坚韧、自强不息数十载的感人事迹，作为铸牢中华民族共同体意识的生动教材。二是引导增进中华文化认同。把“各美其美、美美与共”融入各族人民日常生产、生活。大力推广普及国家通用语言文字，全市普通话普及率达到93%，各类学校课堂教学普通话使用率100%。以“扶贫先扶智，扶智先通语”为切入点，启动“双语双向”助力脱贫攻坚活动，对存在普通话交流困难的少数民族群众进行普通话培训，对在民族地区工作不会说当地少数民族语言的县区、乡（镇）干部和驻村扶贫工作队员进行民族语言培训，扫除扶智扶贫路上语言交流不畅的障碍。三是全面深化宣教阵地建设。建成主题教育馆、民族团结进步故事馆、“石榴红”民族乐器馆，公交教育实践基地、青少年教育基地，教育系统实践教育中心以及铸牢中华民族共同体意识数字阅读墙、石榴园、同心文化广场等一批铸牢中华民族共同体意识固定宣教阵地，民族团结进步宣传教育有形有感有效。

柳州以红石榴和紫荆花图案，设计和推广创建全国民族团结进步示范市、铸牢中华民族共同体意识标识（LOGO）。石榴象征着团结，而紫荆花则是柳州的市花，其花语是亲情，常被人们用来比拟家庭和睦、家业兴旺。紫荆花城一家亲，体现柳州开放包容的城市特质，表达出“开明开放、敢为人先，创新创业、自强不息”的柳州精神。石榴和紫荆花紧密结合在一起，五片花瓣和“石榴”，连起来的谐音是“五十六”，象征着柳州各族同胞永远是中华民族大家庭的一员。该标识已广泛应用于全市民族团结进步宣传影视作品、公益广告、宣传阵地、海报设计等各方面，起到了很好的宣传效果。

柳州从贴近群众生活的重要载体出发，让柳州市民在日常生活中随处可见“石榴红”：在全区率先开通56路“石榴红”民族团结主题公交专线，打造民族团结进步宣传教育的流动平台和载体；在柳北区雀儿山公园建设同心文化广场，各族同胞同心打造石榴林；候车厅里、广场上、校园中……越来越多的“石榴红”数字阅读墙走进柳州人的生活，手机扫扫“石榴红”，民族团结乐融融，“石榴红”正在慢慢映红整座龙城。

龙城石榴红，共筑中国梦。如今的柳州已经基本上实现各民族在空间、文化、经济、社会、心理等各方面全方位嵌入，各民族都像石榴籽一样紧紧抱在一起，心往一处想，劲往一处使，一起奋斗，共同发展。

五、一位歌仙：唱山歌的刘三姐

山歌，作为一种音乐形式，是情感的艺术，也是听觉的艺术。它具有声情并茂、以情动人和潜移默化的功能，是实现审美体验价值的最佳载体。其含有丰富的情感魅力，可以把握歌者的情感，从而激发情感共鸣，营造情景渲染，以歌声激励情感的升华。列宁强调情感的意义时曾说过："没有'人的情感'就从来没有也不可能有人对真理的追求。"[1] 所以所谓歌者，唱也。唱其情，唱其意，唱其志。正如俗话所说：歌以明志。柳州人民爱唱歌，好日子放在歌里过。如是山歌好比春江水，柳州出了个刘三姐，形成了歌仙意境。

刘三姐何以会成歌仙意境?

这是因为神话的隐喻性和象征性在历史的长河里，又大多是以集体无意识的原型的形式表现出来的。原型是作为一种意象、象征、母题、符号或仪式，透视出社会历史、心理文化等多方面的典型特征。一般地说，神话是一个民族或一种文化的价值观念和情感需求的折射和体现，具有一种隐喻性和象征性。在艺术思维方式上，审美主体已经由原始时代的无意识阶段过渡到有意识阶段，人与社会、自然的象征联系方式完全是自觉的。所以，原始象征思维的直觉特点被今天的象征思维形式所融化和继承。艺术审美活动的突出表现是以象征思维作为重要手段，艺术是象征思维表现的重要载体。象征思维如今仍然广泛运用于文学和艺术创作中，文学中的比拟、隐喻等手法都是象征思维的运用。歌仙刘三姐正好是象征思维的一个意境的典型案例。

意境，是人类至少大多数民族共同具有的象征物，可以是一个人物、一个意象、一个叙述结构。原始族群相信，神话是发生过的事情，或者是在解释生活的某些特点所具有的特殊意义，像滚雪球一样变为更大的体系，在所有的文化语境中，神话意境都会不知不觉地渗透到生活之中并与生活融为一体。从而形成一种潜在的形式，是一种典型的、原初性的、反复出现的、具有约定性的语义联想的意象、象征。

关于刘三姐成歌仙的传说版本很多，主要有两个版本。

一个版本说："刘三姐"其人源自今广东客家人聚居的梅州松口一带。相传唐中宗时，松口上坝头有个著名的女山歌手，名叫"刘三妹"。她不但聪明伶秀，而且有一副好嗓子，擅长随口编歌。由于她名声远扬，许多歌手都慕名前来和她对歌，但没人能赢她。一天，"刘三妹"和一群村姑正在河边洗衣，忽见远处摇来一只船，船还没靠岸，一位秀才就忙问洗衣的村姑："'刘三妹'在哪里？""三妹"见此人来势不小，便反问："先生找'刘三妹'干什么？"秀才回答："我找她对歌！""三妹"又问："你有多少山歌，敢和她对？"秀才指着船舱唱道：讲唱山歌涯就多，船上载来七八箩。拿出一箩同渠唱，唱到明年割早禾。"三妹"听了，暗自觉得好笑，随口唱出：河唇洗

1 《列宁全集》第20卷，北京：人民出版社，1958年，第255页。

衫“刘三妹”，借问先生哪里来？自古山歌从口（松口）出，哪有山歌船载来？“从口”与“松口”谐音双关，歌中显然带有讽刺的意味。秀才干急却无词能对，自知远非三妹对手，只好掉头溜之大吉。从此，“自古山歌从（松）口出”便成为客家山歌的名句，“刘三妹”的名声也随之传得更远了。

其实，传说中的古山歌，与今天原生的松口山歌，都为四句七言的结构形式，风格和特色也大体相同。基于此推断，客家古山歌可能产生在唐代，因为它与中国诗歌形成盛世的时间相吻合。唐朝是中国诗歌发展的辉煌时期，客家古山歌作为当时地处一方的民间歌谣，也不枉为红杏一枝，为盛唐诗歌的满园春色再添一道亮丽的风采。

后来，“刘三妹”去了广西，成了“刘三姐”。著名诗人黄雨先生曾说：“广东有个‘刘三妹’，去了广西，长大成了‘刘三姐’。”广东的“刘三妹”，后来成了广西的“刘三姐”，这在广西的史籍上也不否认。如广西的《贵县志》载：“‘刘三妹’，粤东善歌女子，逃难至桂，称‘刘三姐’。”[1]

另一个版本则说：壮族的“寮三妹”是歌神与爱神，是始创山歌的人。寮三妹是歌仙和巫神的双重身份。在寮三妹的传说中，不乏她行巫神迹的记载，如说她能放脚进灶当柴烧，如说她攀的葡萄藤被砍断后，摇几摇便能自动接起来；又说以藤作舟她能长途漂流飞越险滩，等等。众所周知。在祭祀活动中，往往是巫觋们领唱，人们才跟着唱。作为歌神而被人们信奉的寮三妹，步入民间世俗生活的步伐更大，褪去了相当部分的神性，甚至显出了世俗的人形人性，成为家庭成员中的一员。歌唱作为人们日常审美需要，其世俗性更加突出。歌圩的择偶功能也凸显了人类自身繁衍的人口再生产的需要，于是歌圩“女儿”从寮三妹转型为刘三姐，也被赋予了歌仙的意境。

在这里，刘三姐的传说是一个个言语代码排列组合起来所构成的“歌唱成仙”的情节，包括了如下几个并列的情节要素：极善唱歌、对歌、唱歌误工、拒婚、受迫害、顺水漂流、唱歌升仙。这些情节要素形成一个完整的指符，用它来隐喻一个崇尚歌唱的社会观念。壮族视歌唱为神圣，诚如中华民国学人刘锡蕃的《岭表纪蛮·蛮人好歌的原因》所说：“无论男女，皆认为唱歌为其人生之切要问题。人而不能唱歌，在社会上即枯（孤）寂寡欢，即缺乏恋爱求偶的可能性，即不能通今博古，而为一蠢然如豕之顽民。”[2]善唱歌者被视为聪明才智的标志，博得大家的尊崇而享有盛誉。在歌圩这样赛歌盛会里显露过人才智还会赢得众人的尊重，进而取得社会地位。民歌是民众表达情感的产物，刘三姐传说表达了民间视歌如命的人生观和民族文化心理。[3]正如黄桂秋所言：“所谓的歌仙刘三姐，历史上根本就不存在，不是实有其人，而是歌海之乡的各族民众寄托自己愿望的虚拟性人物，是歌唱民族的象征性符号。”[4]

1　参阅陈辉，高翔：《歌仙“刘三姐”考究》，《音乐创作》2016年第12期。

2　转引自潘其旭：《壮族歌圩研究》，南宁：广西人民出版社，1991年，第114页。

3　参阅任旭彬：《刘三姐形象的符号学研究》，南京大学博士学位论文，2011年，第35、36、38页。

4　黄桂秋：《桂海越裔文化钩沉》，北京：中国书籍出版社，2013年，第77页。

于是，歌圩自唐宋以来成为壮族人民一种传统文化娱乐活动的重要习俗，至今在柳州仍久盛不衰。“歌圩的活动，虽以男女欢会和对歌择偶活动为主体，但并非仅以恋情作唯一的内容和目的。它是在某种特定的观念的作用下，所举行的唱歌聚会和社交活动，属一种综合性的民族传统文化形态。”[1]

其实，歌仙刘三姐的产生是歌圩形成的标志，人们把歌仙刘三姐作为歌唱活动的精神支柱，为求得或激发创作灵感而崇之奉之。现实生活中歌才超群的歌师往往被视为“刘三姐”的化身。刘三姐是人民信仰的歌唱之神。正如民谣所云：

柳州有个鱼峰山，山下有个小龙潭。
终年四季歌不断，都是三姐亲口传。

这首流传在柳州的民间歌谣，不但真实地反映了柳州山歌的源远流长和它广泛的群众基础，而且也是刘三姐与鱼峰山历史渊源的写照。鱼峰山和小龙潭，相传是刘三姐传歌和成仙的地方。现山上尚有对歌坪、三姐岩、麻篮石等遗址。脍炙人口的刘三姐山歌，是从这里发祥的。这里还有一个民族交往交流交融的故事：

相传唐代，在罗城与宜山交界处的天洞之滨，有个美丽的小山村。村中有一位叫刘三姐的壮族姑娘，她自幼交母双亡，靠哥刘二抚养，兄妹二人以打柴、捕鱼为生，相依为命。三姐不但勤劳聪明，纺纱织布是众人夸赞的巧手，而且长得宛如出水芙蓉一般，容貌绝伦。尤其擅长唱山歌，她的山歌闻名遐迩，故远近歌手经常聚集其村，争相与她对歌、学歌。

刘三姐常用山歌唱出穷人的心声和不平，故而触犯了土豪劣绅的利益。当地财主莫怀仁贪其美貌，欲占为妾，遭到她的拒绝和奚落，便怀恨在心。莫企图禁歌，又被刘三姐用山歌驳得理屈词穷，又请来三个秀才与刘三姐对歌，又被刘三姐弄得丑态百出，大败而归。莫怀仁恼羞成怒，不惜耗费家财去勾结官府，咬牙切齿把刘三姐置于死地而后快。为免遭毒手，三姐偕同哥哥在众乡亲的帮助下，趁天黑乘竹筏，顺流沿天河直下龙江后入柳江，辗转来到柳州，在小龙潭村边的立鱼峰东麓小岩洞居住。

据说来到柳州以后，三姐那忠厚老实的哥哥刘二心有余悸，怕三姐又唱歌再招惹是非，便想方设法来阻止。一天，他终于想出了个办法，从河边捡回一块又圆又厚的鹅卵石丢给三姐，说：“三妹，用你的手帕角在石头中间钻个洞，把手帕穿过去！若穿不过去就不准你出去唱歌！”接着铁青着脸一字一顿地补充道，“为兄说一不二，绝无戏言。”

1 转引自潘其旭：《壮族歌圩研究》，南宁：广西人民出版社，1991年，第114页。

先还是甜甜微笑的三姐，看着哥哥的满脸愠色，哪里还敢像往常那样据理争辩，拾起丢在面前的石头，暗忖道：“我又不是神仙，手帕角怎能穿得过去？”她下意识地试穿，并唱道：哥发癫，拿块石头给妹穿；软布穿石怎得过？除非凡妹变神仙！

“管你是凡人也好，神仙也好，为兄一言既出，绝不更改！”哥哥像是吃了秤砣——铁了心。心想：这一招够绝了吧，还难不倒你？

谁料三姐凄切婉转的歌声直上霄汉，传到了天宫七仙女的耳里。七仙女非常感动，恐三姐从此歌断失传，于是施展法术，从发上取下一根头发簪甩袖向凡间刘三姐手中的石块射去，不偏不歪，把石头穿了一个圆圆的洞。三姐无意中见手帕穿过石头，心中暗喜，张开甜润的嗓子：

哎……穿呀穿，柔能克刚好心欢，

歌似滔滔柳江水，源远流长永不断！

从此，刘三姐的歌声又萦回鱼峰山顶、树梢，慕名来学歌的对歌的连续不断。后来，三姐在柳州的踪迹被莫怀仁侦知。他又用重金买通官府，派出众多官兵将立鱼峰团团围住，来势汹汹，要捉杀三姐。小龙潭村及附近的乡亲闻讯，手执锄头棍棒纷纷赶来，为救三姐而与官兵搏斗。三姐不忍心使乡亲流血和受牵连，毅然从山上跳入小龙潭中……

正当刘三姐纵身一跳的时候，顿时狂风大作，天昏地暗。随着一道红光，一条金色的大鲤鱼从小龙潭中冲出，把三姐驮住，飞上云霄。刘三姐就这样骑着鱼上天，到天宫成了歌仙。而她的山歌，人们仍世代传唱着。为纪念她在柳州传唱的功绩，人们在立鱼峰的三姐岩里，塑了一尊她的石像，一直供奉。[1]

从此，千百年来，山也乐来，水也乐，团结和谐日子好，柳州遍地是歌声，于是歌圩应运而生。

据考，歌圩是壮族古老的风俗习惯，具有广泛的群众性和悠久的历史。据说，唐朝时已经有了歌圩。《广东新语》卷八中载：“新兴女子有刘三妹者，相传为始造歌之人，唐中宗（684—709年）年间，年十二，淹通经史，善为歌，千里内闻歌名而来者……尝与白鹤乡一少年登山而歌，粤民及瑶、壮诸种人围而观之，男女数十百层，咸以为仙，七日夜歌声不绝，俱化为石。”宋代《太平寰宇记》卷之百六十三中谈到窦州信宜县及昭州平乐县一带风俗时载：“谷熟时里闬同取，戌日为腊，男女盛服，推髻徒跣，聚会作歌。”

有一个家乡在柳州的小学生对柳州的歌圩，写了一篇《歌圩》的作文做了生动的记述：

1　参阅《鱼峰山与刘三姐的传说》，2015-03-16，https：//www.chazidian.com/gushi27853/。

我的家乡在广西柳州。说到柳州的风俗，歌圩算是很有特色的一种。

广西是著名的壮族歌仙刘三姐的故乡，这里的人个个能歌善舞。每逢三月三，男女老少都要赶歌圩，搭歌台，举办歌会。这也是属于广西地区专有的假期。三月三相传是为了纪念刘三姐而设的节日，故也称“歌仙节”。

在节日期间，四面八方的人们带上自制的“五色饭”“彩蛋”欢聚在一起。女子都打扮得漂漂亮亮的，戴着方形头帕，腰间系着绘有精美图案的围裙，肩披彩色护肩巾；男子围起头巾，缠上绑腿，有的还带着长条的竹扁担，个个盛装出席，涌向歌圩。刚开始，歌手轮流上台献唱，台下的人极力配合，拉上同伴来对唱，不知不觉就变成了擂台赛式的对歌。于是，你一句，我一句，虽是无伴奏的最为朴素的清唱，唱者却越来越起劲，听者也越来越动情。虽看似擂台比赛，但却不分输赢，不论名次，只有歌声笑声此起彼伏。特别有意思的是，有的女子手上还拿着精巧的绣球，对歌时会边唱边将绣球抛向对方。如果是男子接住绣球，人群就会一片哄笑，场面更为欢腾。原来，在壮族文化中，绣球是纯洁爱情的象征，互抛绣球是青年男女传达爱意的行为。

这是一场免费的演唱会，没有主唱，没有嘉宾，每个人都能唱，每个人都可以唱出自己的主打歌。山歌里的歌词都是方言，我静静地听着，虽然听不明白什么意思，印象最深的是那句百听不厌的“嘿撩撩啰”！是的，在热情奔放的人群中，山歌独有的旋律与节奏极富感染力，让人不禁感叹：最朴素的才是最深入人心的。[1]

小学生的描写真实、生动，可见“歌圩”这一音乐习俗，在某种程度上也成了诞生于广西这一古老土地并且能代表这片广袤大地的“文化符号”。歌海之上，浪花千层。柳州市的“鱼峰歌圩”经过多年的沉淀，毫无疑问成为这片浪花之上最美的一朵。

而柳州的鱼峰山则是传说中刘三姐传歌飞升的地方，毫无疑问为柳州歌圩增添了一抹浪漫的色彩，也让柳州歌圩的影响力不仅仅局限于当地。每逢“三月三”、中秋、国庆等重大节日，都有不同地区、不同民族的游客慕名而来，三三两两成为一组，彼此酬唱。踏进鱼峰山公园大门，每走两步就可以看见一群一群的对歌人群，听见来自四面八方的歌声。其唱词皆为现场即兴，曲调则大多取自历史曲调，不断出现“这边唱来那边和”的热闹情景。

因此，刘三姐作为柳州市的文化符号，在柳州歌圩盛行的背后，离不开柳州各民族对其精神上的认同，反过来讲，柳州歌圩也使柳州各民族凝聚力得以增强。究其原因，通常是由一个群体特定的心理和传统文化特性所造就。刘锡蕃在《岭表纪蛮·歌谣》中写：“无论男女，皆认为唱歌为其人生之切要问题，如不能唱歌，即枯寂寡

1 崔思喆:《歌圩》,《少男少女》2020年第20期。

欢…… 而为一蠢然如豕之顽民。”因此，善于唱歌对于各民族而言，不仅是聪敏、受欢迎的标志，也是民族和谐，生活幸福的感情表达。因此有了鱼峰山脚下“这边唱来那边和”的盛大与恢宏，有了鱼峰歌圩的如火如荼，有了刘三姐的美名天下传扬。这种“草根”属性的歌仙意境，既是民族凝聚力的集中体现和精神支撑也是柳州人民的精神食粮和生活缩影。[1]

歌仙的意境在柳城的“壮欢”中，得到了弘扬。

壮欢，与苗族的节、瑶族的舞、侗族的楼并列为“柳州风情四绝”，素有“广西民歌看柳州，柳州民歌听壮欢”之说。壮族人称自己的山歌为“欢”，称唱山歌为“做欢”。欢，叙事抒怀，以歌代言，抒发情感，传情达意，祖辈利用“口传心授”的方式世代相传流传至今，历史悠久，已有千余年历史。壮欢内容多姿多彩，传唱内容包罗万象。主要内容有拦门歌、故事歌，劝世歌、四季歌、时政歌、情歌、数落歌等。壮欢以壮话传唱，有独特的押韵、平仄等讲究，在唱出民族韵味的同时，壮欢还是民族交往互动的重要媒介，以歌为媒，以歌传情，共铸民族大团结。

柳城县民间传统山歌文化源远流长，种类较多，主要有壮欢、柳城官话（桂柳方言）山歌、仫佬歌、客家（麻界话）山歌、百姓话（平话方言）山歌，均讲究运用韵律。其中，以壮语演唱的壮欢在柳城县最为普及。而柳城壮欢又以太平壮欢为佳，除独唱外，其“二人或多人二声部”唱腔，音色尤为优美，旋律尤为动听，特色尤为鲜明，是柳城壮欢的代表。对歌时，歌手无须打底稿，都是即兴口头创作，开口便唱，出口成歌，你唱我和，用词风趣幽默，具有强烈的对抗性和竞技性。2006 年，柳城县“太平壮欢”作为《柳城民间传统山歌》列入自治区非物质文化遗产代表作保护名录。2010 年，柳城县被广西民间山歌协会授予“广西壮欢之乡”称号。

柳城“壮欢”，形式多样，独具魅力，以太平壮欢尤具特色，形式上有独唱、联唱、对唱。对唱也称“赛歌”“斗歌”，壮话称之为“唱比”，最能显示歌手的才华。歌手中的高手能做到见景唱景，见人唱人，遇事唱事，歌词短小精练，运用赋比兴、夸张、重叠等手法，对仗押韵，生活味道极浓。太平壮欢已成为柳城的重要民族文化品牌，2007 年 2 月，柳城壮欢走进中央电视台《金土地》栏目。目前，太平镇壮欢有广泛的群众基础和众多的歌手，主要分布在板贡、近潭、长岭、江头、山咀等村屯。全镇有壮欢队伍 5 支，壮欢歌手 500 多人，常年参加壮欢活动的 100 多人。[2]

壮欢歌师们除了唱结婚歌、拦门歌、农事歌、情歌等传统的山歌外，还会依据形势编时政歌，歌颂党恩，歌唱民族团结。比如《民族大团结》的歌词：

中国真伟大，五十六民族；家家有小车，人人心飞扬。

---

1 参阅魏钰：《柳州歌圩的现状及文化符号意义》，《艺术品鉴》2022 年第 11 期。

2 访谈对象：黄小明；地点：太平镇政府；时间：2022 年 6 月 17 日。

五十六兄弟，大家一条心；兄弟情义深，比金还宝贵。
习近平主席，提出奔小康；十四亿人民，同走富裕路。
党领导得好，才有好生活；全国形势好，到处都繁荣。
习近平总书记，搞精准扶贫；政策非常好，年比年好过。[1]

近些年，壮欢已成为太平镇政府开展民族团结进步创建工作、铸牢中华民族共同体意识主题教育的教育平台，发挥着聚力文化认同，建设各民族共有精神家园，讲好民族团结进步故事的重要作用，加深了各民族之间的交往交流交融。如太平中心小学壮欢班的成员有3—6年级的学生，以汉族和壮族为主，授课的教师主要是壮族。在老师的引导下，汉族学生和壮族学生在同一个空间来开展文化交流，使得壮欢的传承不仅有壮族的学生，还有汉族的学生，对于文化的传承创新来说，无疑是有着重要作用。同时，汉族学生学习壮欢，可以增加对壮族文化的了解和认同，以文化人，以文润心，正是润物细无声，育人于无形。让学生明白各民族都是中华民族大家庭中的一员，也让学生深刻体会到各民族之间谁也离不开谁的团结意识。让民族团结的“金种子”在校园生根发芽，茁壮成长。

柳城的壮欢播下了民族团结的“金种子”，三江的“燕之声”给习总书记唱起了侗族大歌《春风吹进我侗家》。

“燕之声”的故事说起来话长。“饭以养身，歌以养心”，这是侗家的口头语。到过侗乡的人往往把侗乡誉为“诗的家乡，歌的海洋”。当我们于2022年7月29日下午到达位于三江县良口乡东北部，距离县城29千米的燕茶村时，良口乡干部、燕茶村干部、驻村工作队员和村民们已聚集在村委会办公室里等候我们多时，“燕之声”文艺队为我们献上悦耳动听的侗族大歌和琵琶歌。“燕之声”文艺队在区内外影响深远，2021年4月27日，习近平总书记在南宁亲切接见燕之声文艺队全体成员。大家笑称，我们听的正是习总书记听过的歌，一曲《春风吹进我侗家》把我们带入了风景如画、团结和谐的侗乡。

“燕之声”是三江侗族自治县良口乡燕茶村文艺队的名字。燕茶村位于三江侗族自治县良口乡东北部，坐落于侗乡深处的山腰上，下辖燕子、大茶、布交、光塘四个自然屯。全村共有489户，2024人，主要居住有侗、苗两个民族，其中侗族居多，[2]是柳州市民族团结示范村屯，三江县文化扶贫示范村。

燕茶村的寨门上写着这样一副对联：“燕舞莺歌美丽乡村如画卷，茶醇稻香风情侗寨胜桃园。”燕茶村在脱贫攻坚驻村工作队帮助下组建了“燕之声”文艺队。据村委会提供的资料：

1 访谈对象：覃美菊；地点：太平镇政府；时间：2022年6月17日。
2 内部资料，由燕茶村村委提供。

说到“燕之声”，不得不提“燕之声”的队长吴本清和指导老师吴纯娟。吴本清，是土生土长的燕茶村燕子屯人，如今是村里的副主任。他整天跟着乡村振兴工作队一起走村串户，闲暇之余他也喜欢哼几曲侗歌陶冶情操，调整大家的工作积极性。吴纯娟是三江县文化馆的文艺老师，2019年的3月，她作为驻村工作队员被派到了燕茶村。

吴本清找到驻村工作队员吴纯娟，想让吴老师教他们唱歌。一番酝酿筹划，燕茶村第一支侗族大歌队正式开始组建。吴纯娟将其命名为“燕之声”。

2019年11月，才成立三个月的“燕之声”在柳州市三江县城举行的第二届文化旅游产业发展大会开幕式上小试牛刀，赢得大家一片好评。“燕之声”的名声，就这样打出来了！

2020年，大歌队参加了“我们的中国梦”文化进万家——“心连心”慰问演出三江分会场的文艺表演。“燕之声”更加声名远播。

2021年4月，“燕之声”代表三江县参加庆祝中国共产党成立100周年“壮族三月三·八桂嘉年华”广西民族博物馆主会场“同心歌圩”展演活动，受到习近平总书记亲切接见并合影留念。“燕之声”文艺队队长吴本清激动地说道：“能见到习近平总书记我们太激动了，今后我们会牢记习近平总书记嘱托，把民族团结奋进之歌唱响、唱美。”[1]

歌仙化蝶歌圩、壮欢到“燕之声”，把民族团结的好日子放在歌里过，使柳州歌声满城飞扬，充分呈现了歌仙意境的无穷力量。

1　内部资料，由燕茶村村委提供。

结语篇

万川归一：走向中华民族的伟大复兴

历史的车轮总是滚滚向前的。

柳州各民族在经历了两千多年的交往交流交融之后，不仅迎来了民族团结进步示范市的荣耀，也迎来了铸牢中华民族共同体意识，走向中华民族伟大复兴的新时代。

今回首，猛然想到纪录片《航拍中国·陕西》中一段关于黄河壶口瀑布的解说词：

从青海发源的黄河一路蜿蜒前行，到了壶口，已经流过4000多千米的路程，在这，黄河的舒缓和平静完全消失，水流突然变得激烈，这是世界上最大的黄色瀑布，水面最宽时上千米落差50米，不羁的流水如同天河倒泻，壶口成为天险，许多慷慨激昂的故事在这里演绎，势不可当的黄河，成为这个东方民族的精神象征，没有什么能阻挡一条长河奔流入海，万川归一的大海就在前方。

“万川归一”这段解说词，不正是对中华民族从多元走向一体的形象而生动的写照吗？而柳州的民族团结及铸牢中华民族共同体意识的实践不正是这种写照的一个缩影吗？

第二十一章　万川归一：中华民族从多元走向一体

"万川归一"，从多元走向一体，体现在柳州各族人民对中华民族的认同上。

一、问卷：柳州各族人民认同中华民族

对此问题，我们于2022年上半年做了一个问卷调查，总计发放问卷3200份，收回3200份，收回率100%。问卷由柳州市辖的融水、三江、融安、柳城、鹿寨5县，柳南、柳北、城中、鱼峰、柳江5城区以及柳东、阳和新区、开发区民宗部门以及上汽通用五菱汽车股份有限公司、柳工集团有限公司、柳钢集团、两面针股份有限公司发放并回收。问卷统计分析如下。

（一）问卷统计数据分析图

1. 您的性别

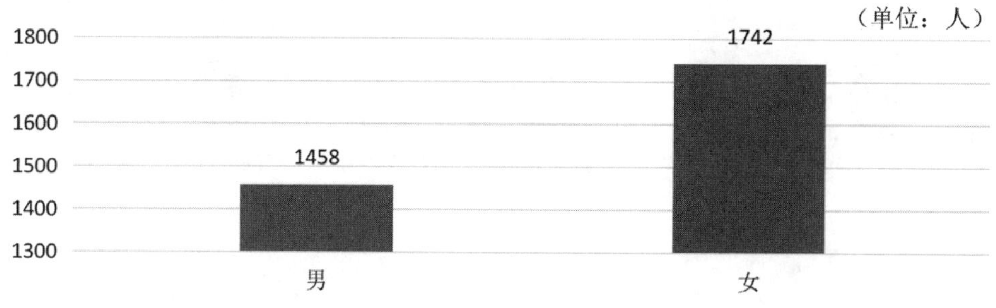

2. 您的年龄

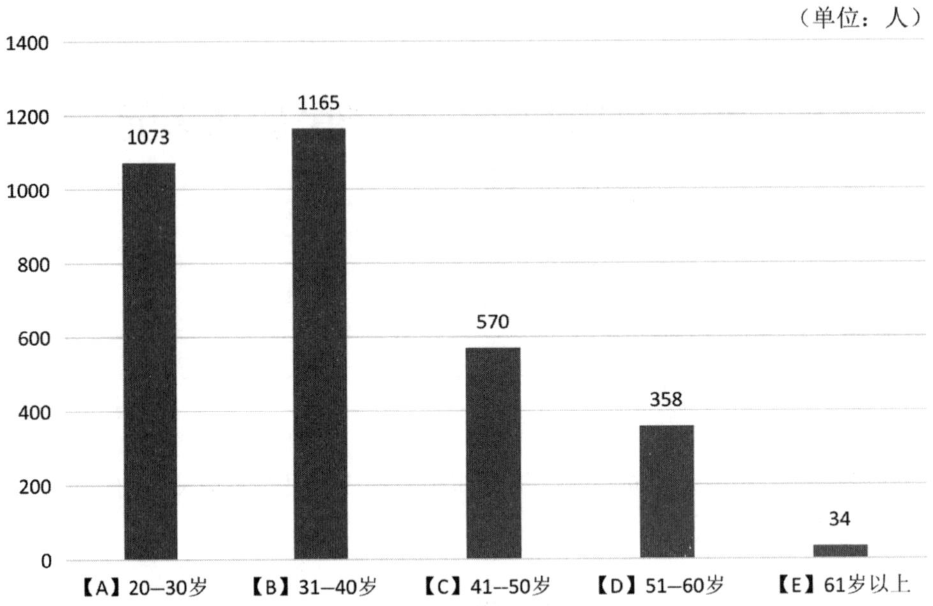

3. 您的民族成分

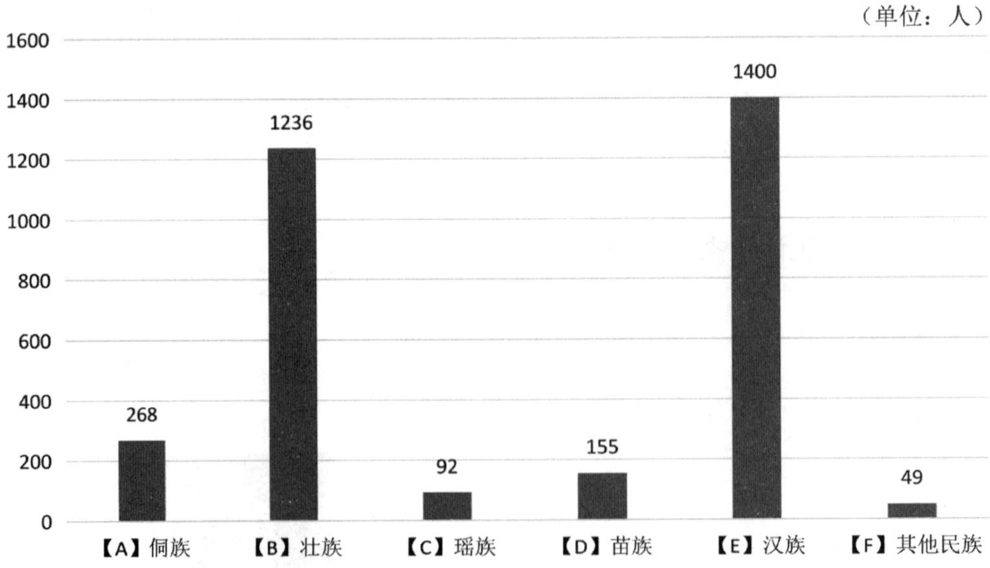

4. 您父亲的民族成分

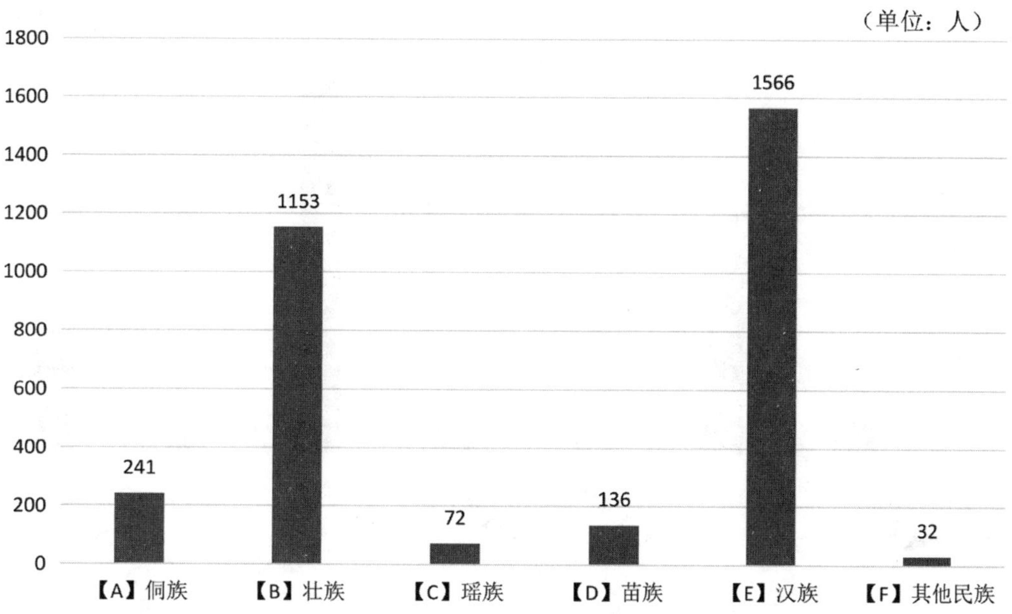

5. 您母亲的民族成分

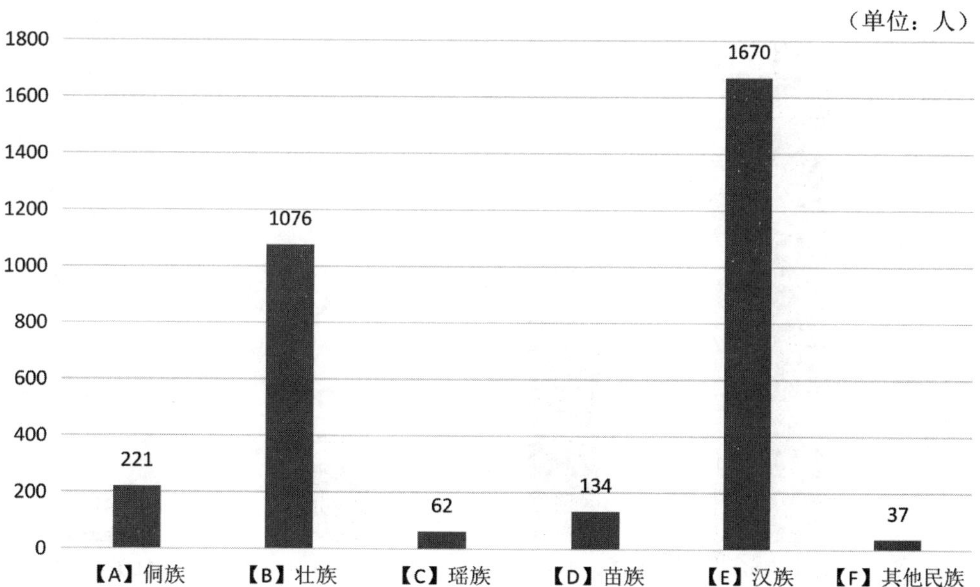

6. 您配偶的民族成分

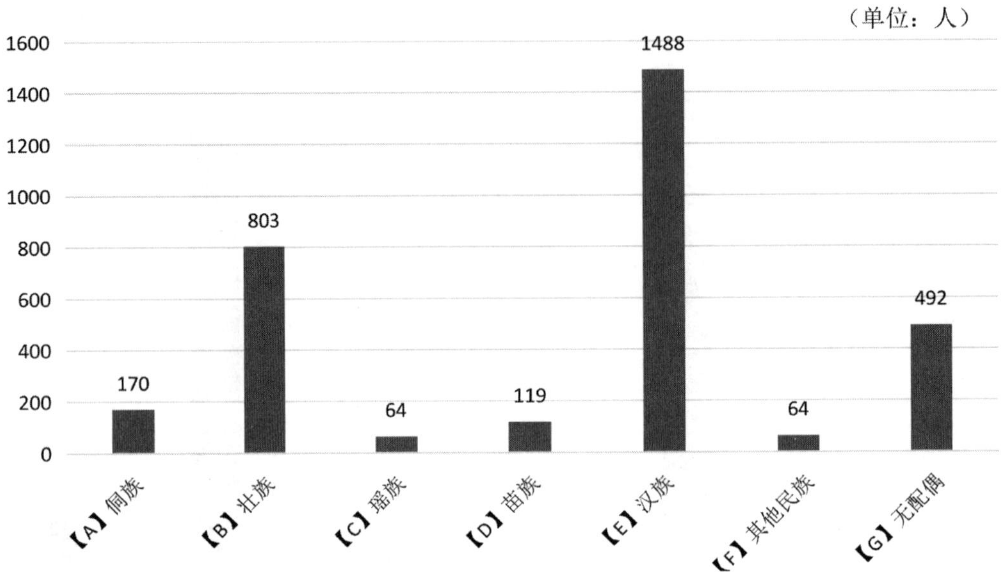

7. 您的籍贯地

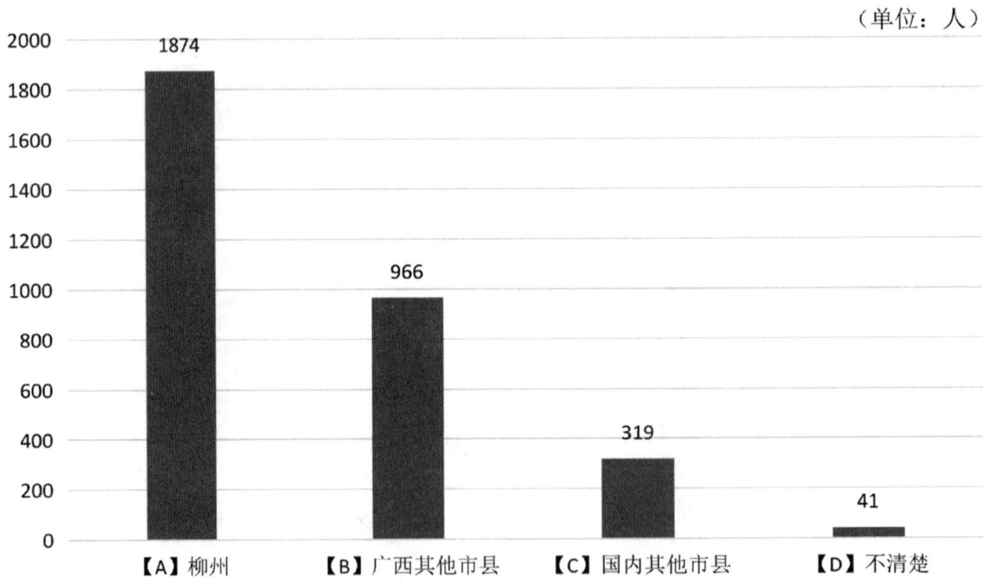

8. 您有多少其他民族的朋友？

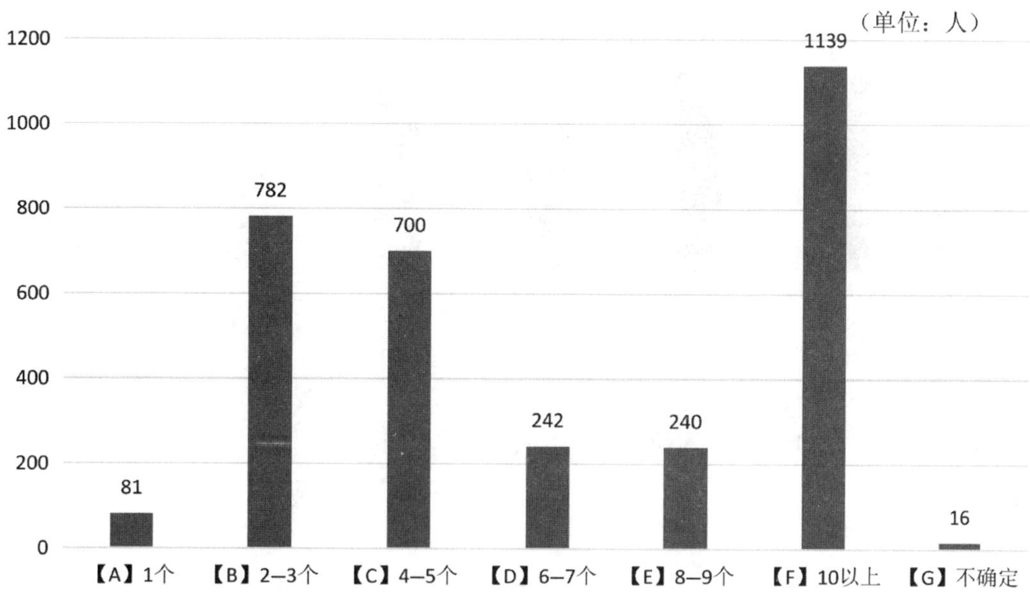

9. 您知道“中华民族”这个词汇吗？

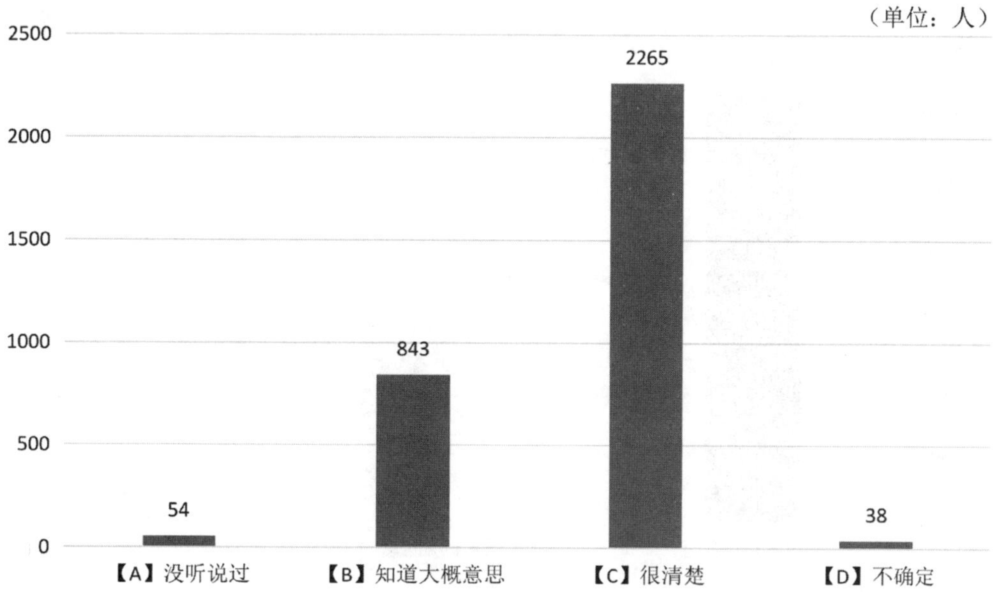

10. 最近几年提出的“五个认同”，您知道是哪五个吗?（请在以下选项中选出五项）

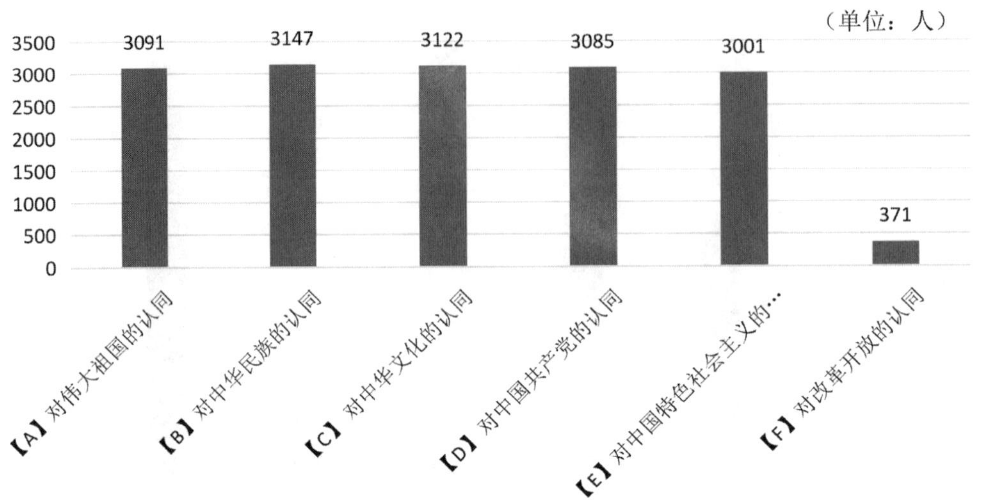

11. 您是否同意中华文化是中国各民族共同创造的文化?

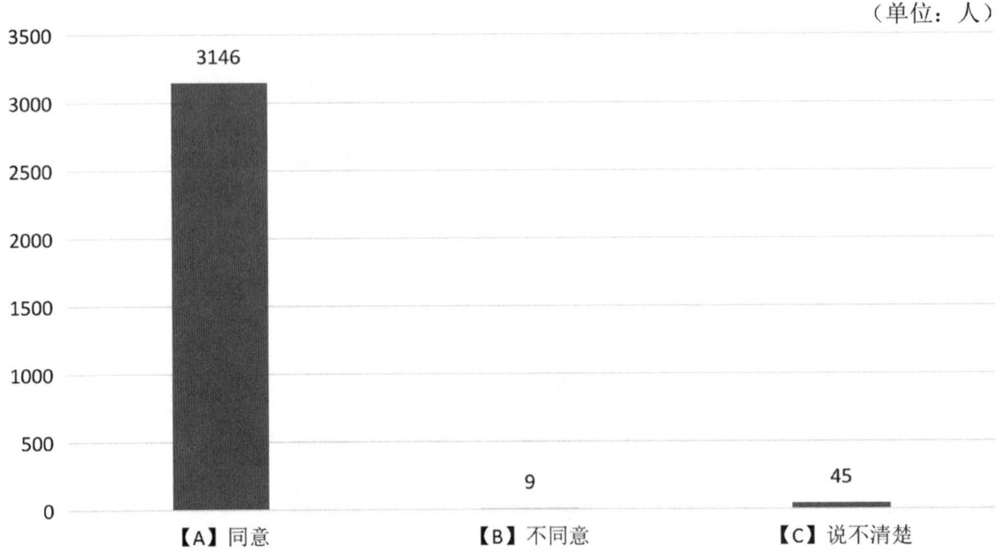

12. 您同意“中华文化对加强民族团结会起到重要作用”吗？

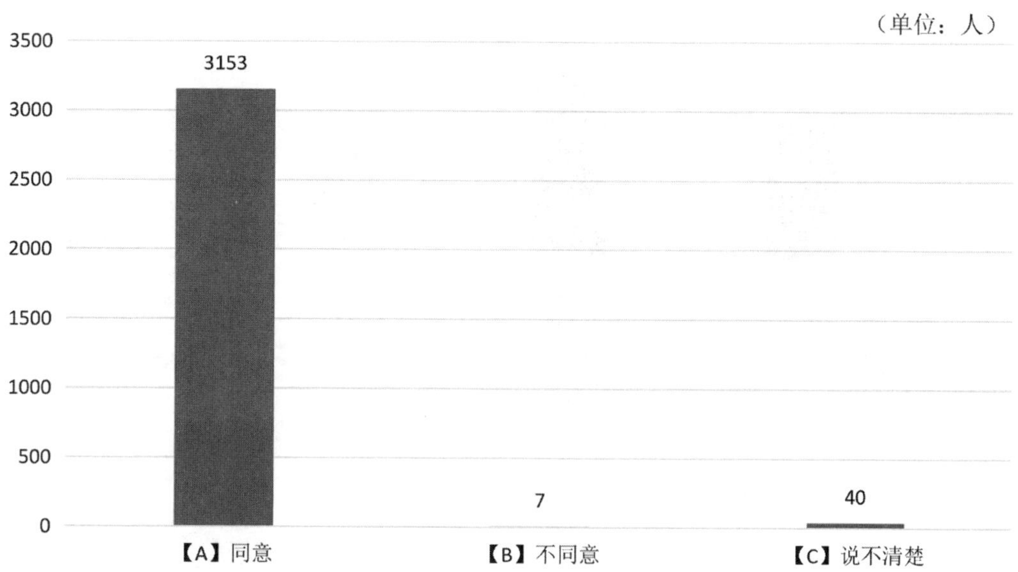

13. 您是否认为对中华文化的认同就是对各民族文化的认同？

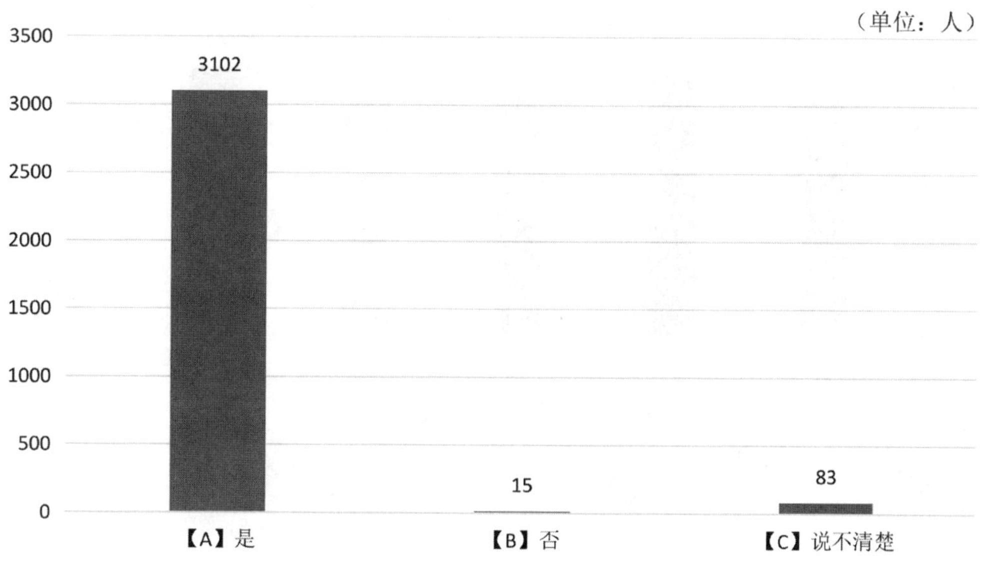

14. 您认为当前影响中华民族认同的主要因素是?(多选)

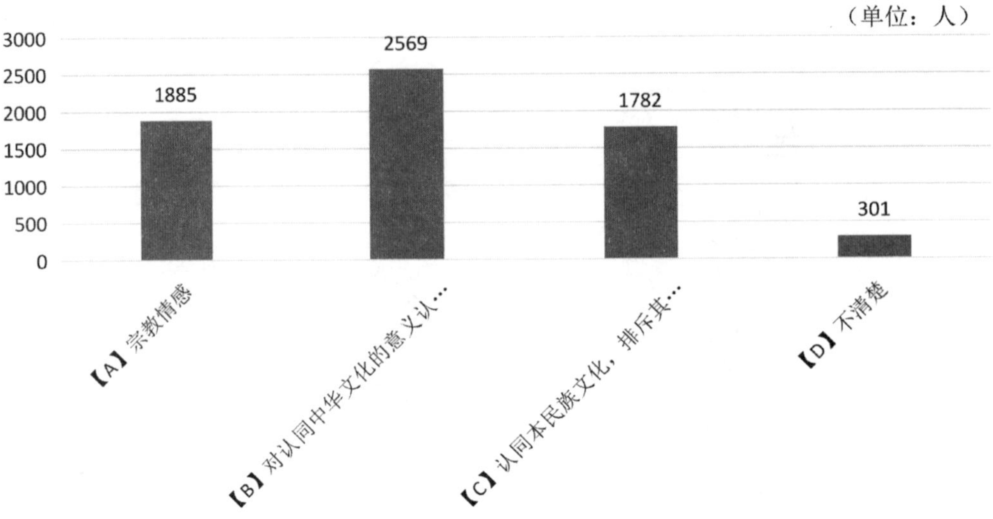

15. 您是通过哪种途径了解中华民族和中华文化的?(可多选)

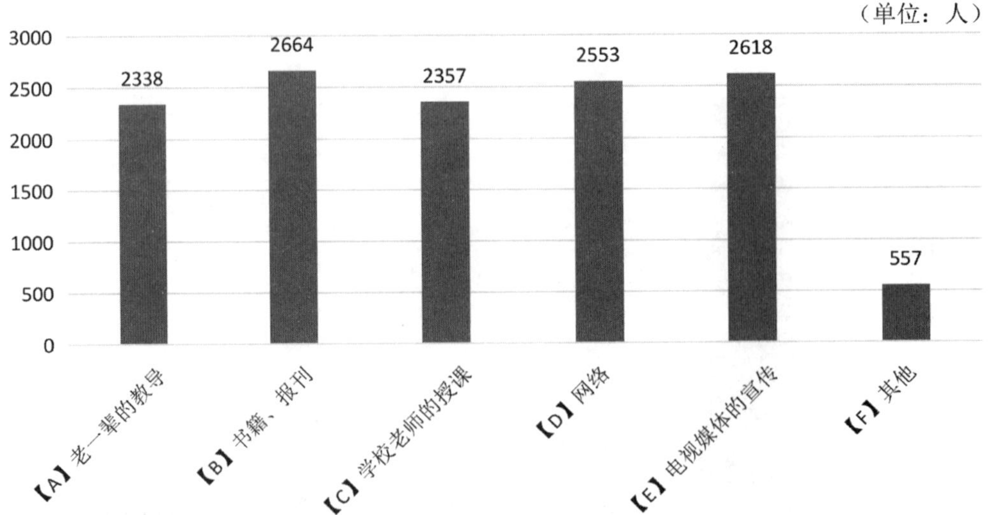

16. 您有想要了解中华民族和中华文化的愿望吗？

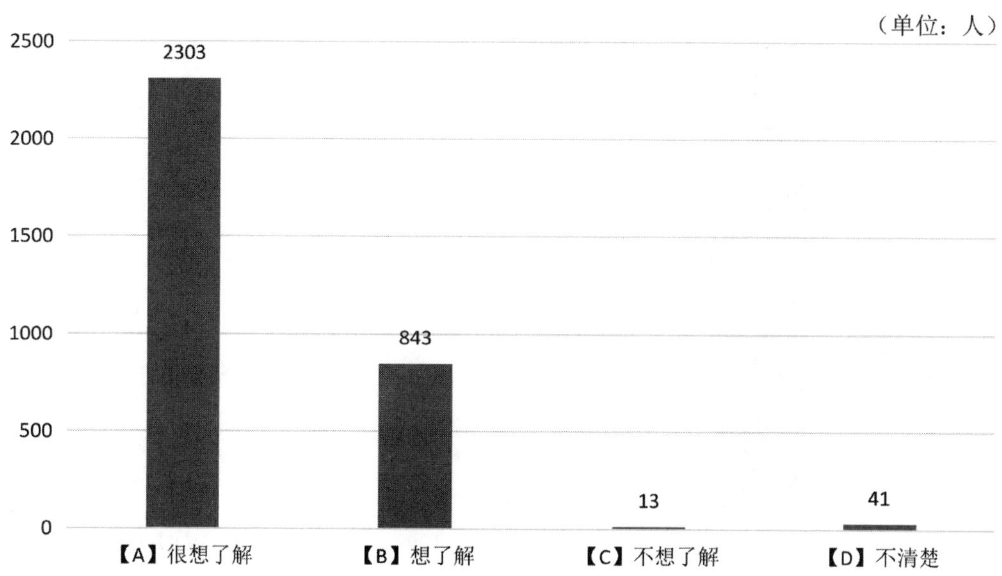

17. 您既认同本民族，又认同中华民族吗？

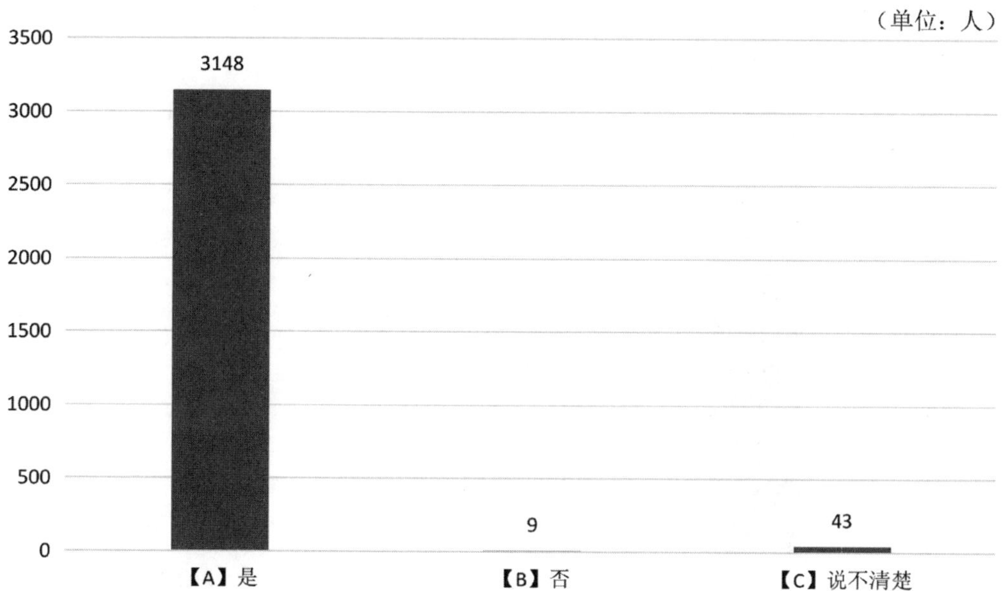

18. 您为自己是中华民族的一员感到自豪吗?

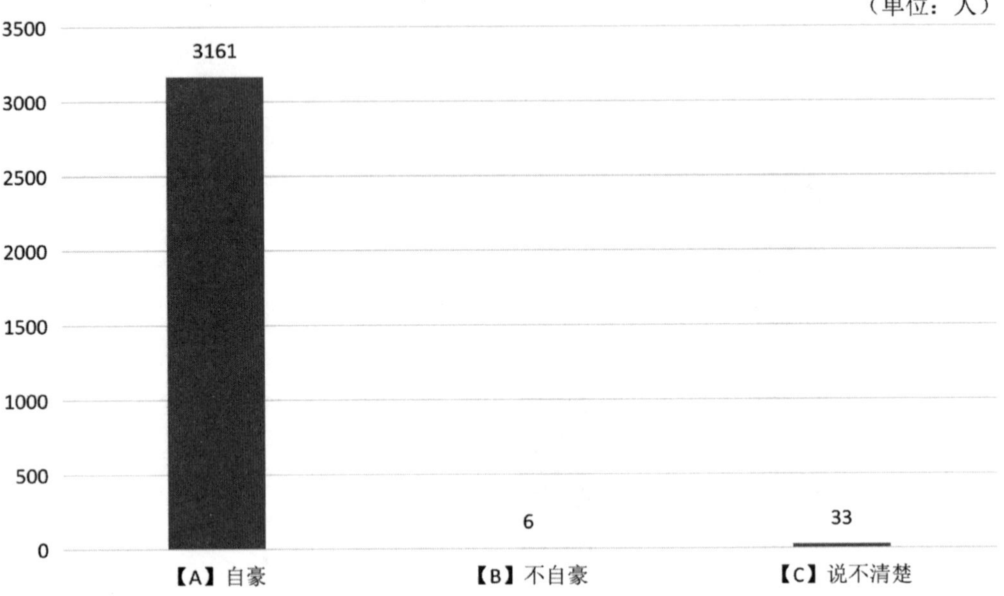

19. 您对中华民族的伟大复兴有信心吗?

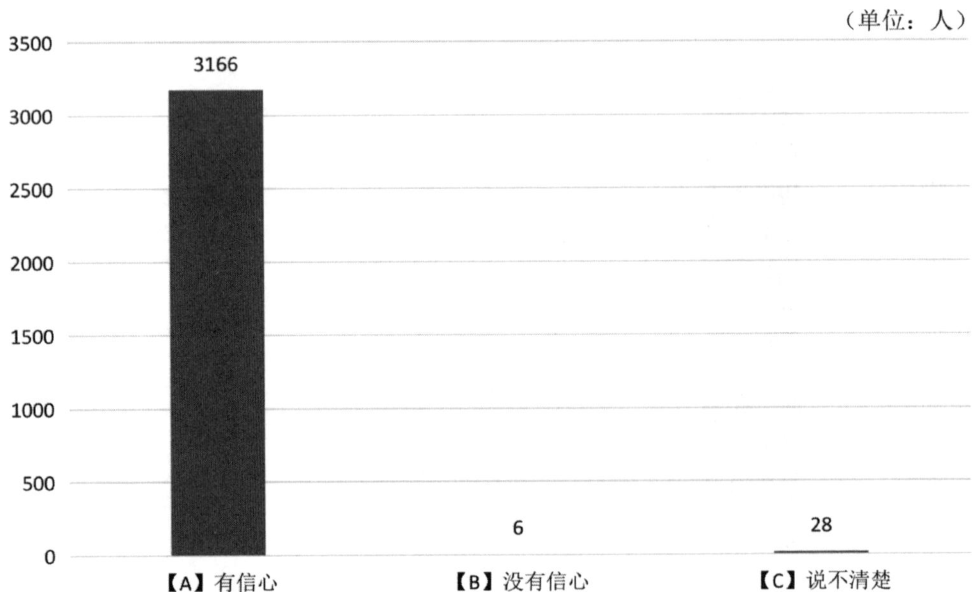

20. 您同意柳州民族团结最大的亮点是“中华民族一家亲”吗？

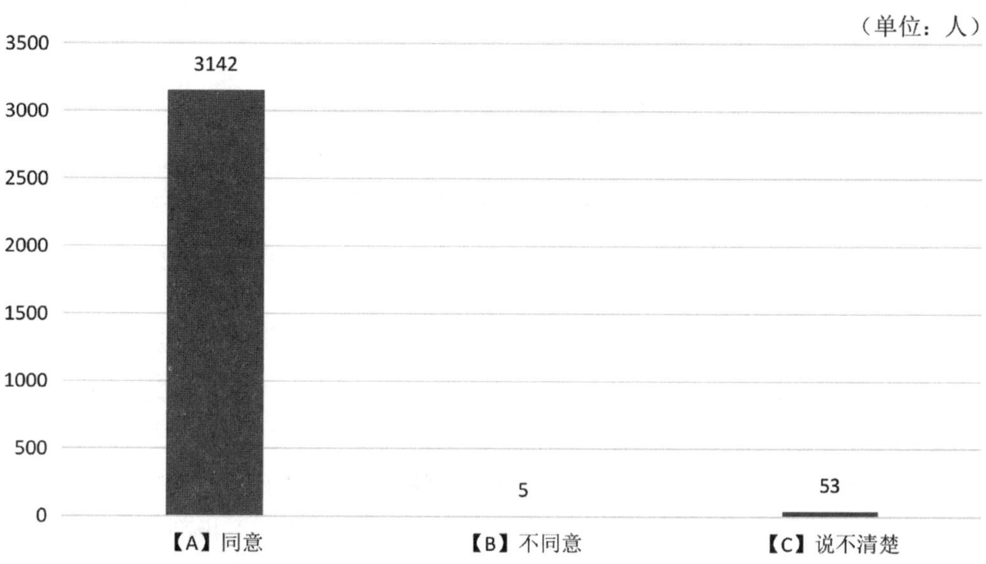

（二）对代表性数据的分析

1. 不同民族通婚情况。问卷第3/4/5/6题对调查对象本人及其配偶、父母的民族成分进行了解。抽样调查结果显示：单一民族组成的家庭占50.14%（其中单一汉族家庭60%，单一壮族家庭29.6%）；由2个不同民族组成的家庭占43.45%（其中由汉族和少数民族组成的家庭占86%）；由3个不同民族组成的家庭占6.35%（其中由汉族和少数民族组成的家庭占86%）；由4个不同民族组成的家庭占6%。可见，柳州各民族之间通婚现象很常见，汉族和少数民族、少数民族之间不分彼此，在心理上互相接纳、没有交往隔阂或禁忌、亲如一家。这也是中华民族多元一体，民族关系平等、团结、互助、和谐在柳州的具体体现。

2. 不同民族交朋友情况。99.50%的调查对象至少有1个其他民族的朋友，96.97%有2个以上其他民族的朋友。说明柳州各民族交往交流交融是广泛深入的，不仅在空间、文化、经济、社会等方面互嵌融居，在心理上也是相互接纳、团结融洽的。生活在柳州的不同民族的人们彼此交得了朋友、结得了姻缘，非常团结融洽。

3. 对“五个认同”内容的了解情况。调查问卷设计了“最近几年提出的‘五个认同’，您知道是哪五个吗”的问题，在6个选项中进行多项选择。有93.78%以上准确选择了“对伟大祖国的认同”，“对中华民族的认同”“对中华文化的认同”“对中国共产党的认同”“对中国特色社会主义的认同”。说明随着近年来柳州民族团结进步创建工作的不断深入，特别是创建全国民族团结进步示范市以来，柳州市以铸牢中华民族共同体意识为主题主线的宣传教育取得良好成效，绝大多数干部群众对“五个认同”基本概念的内容有清晰了解，“五个认同”深入人心，中华民族共同体意识的思想基础坚实。

在该选题中，有371人误以为“对改革开放的认同”是“五个认同”之一，占比11.59%。对“五个认同”概念内涵存在模糊认识，但在日常宣传教育的潜移默化中还是有大致了解。误选的人群中，20—30岁的122人（占误选人数32.8%），31—40岁的123人（占误选人数33.1%），41—50岁的79人（占误选人数21.2%）。也就是说在出现误选的人群中87%是中青年。

4.对中华文化认同的情况。在“您是否同意中华文化是中国各民族共同创造的文化？”调查问题之下，有98.31%的调查对象选择了“同意”；在“您同意中华文化对加强民族团结会起到重要作用吗？”调查问题之下，有98.63%的调查对象选择了“同意”；在“您是否认为对中华文化的认同就是对各民族文化的认同”调查问题之下，有96.94%的调查对象选择了“是”。可见群众对中华文化的认同度极高、认同感很明确。群众高度认同中华文化是各民族共同创造的、对中华文化的认同就是对各民族文化的认同，认为中华文化认同对加强民族团结会起到重要作用。接受调查的各民族群众并不将少数民族文化自外于中华文化。

5.对中华民族的认同情况。在“您既认同本民族，又认同中华民族吗？”调查问题之下，有98.38%的调查对象选择了“是”；在“您为自己是中华民族的一员感到自豪吗？”调查问题之下，有98.78%的调查对象选择了“自豪”。说明柳州人对中华民族认同感强，不仅有形式上的认同，也有心理上的认同感、归属感和自豪感。

6.对中华民族伟大复兴的信心情况。在“您对中华民族的伟大复兴有信心吗？”调查问题之下，98.94%的调查对象选择了“有信心”。反映出柳州市各族人民感党恩、听党话、跟党走，同心同德、同向同行“建设壮美广西、共圆复兴梦想”的精神面貌。

7.对中华民族和中华文化了解途径的情况。在“您是通过哪种途径了解中华民族和中华文化的？”调查问题之下，73.06%选“老一辈的教导”，83.25%选“书籍、报刊”，73.66%选“学校老师的授课”，79.78%选“网络”，81.81%选“电视媒体的宣传”，17.41%选“其他”。说明柳州近年来开展的多渠道、全方位宣传教育有效传播，为群众广泛接受并产生了效果。群众对各种形式的宣传教育都能够比较均衡接纳。调查数据显示城乡获取信息的途径差别不明显。

二、“一以贯之”：万川归一的历史文化底蕴

从上述问卷分析中，可见柳州各民族在铸牢中华民族共同体意识的大背景下，从多元走向一体是大趋势，认同中华民族也是大趋势。人们不禁要问，中国民族发展的

演进，为什么会出现“万川归一”历史大趋势？细思极为震撼，因为有上下五千多年历史的中华民族，之所以能构成一条绵延不断的历史链条，是因为中华民族有“一以贯之”的历史文化底蕴。

在中华民族伟大复兴的历史任务面前，人们也一直在问中华民族究竟是什么？中华民族从哪里来？中华民族要到哪里去？一百多年来，对于中华民族的这个“天问”，从20世纪初，梁启超提出“中华民族”概念以来，也一直是人们思索和追寻答案的热点。

中华民族悠久的历史告诉我们：中华民族之所以能构成一条绵延不断的历史链条，是因为中华民族有“一以贯之”的历史文化底蕴。

“一以贯之”是有历史渊源的。早在春秋时，孔子在《论语·里仁》中云：“参乎！吾道一以贯之。”曾子曰：“唯。”在此，孔子说：“参啊！我讲的大道是由一个基本的思想贯彻始终的。”曾子说：“是，我懂了！”孔子在《论语·卫灵公》又云：“赐也！女以予为多学而识之者与？”对曰：“然，非与？”曰：“非也。予一以贯之。”在此，孔子说：“赐啊！你以为我是学习得多了才一一记住的吗？”子贡答道：“是啊，难道不是这样吗？”孔子说：“不是的。我是用一个根本的东西把它们贯彻始终的。”孔子在此所言的“一以贯之”，正是中华民族之所以能构成一条绵延不断历史链条的根本原因。

“一以贯之”就是用一个根本性的事理贯通事情的始末或全部的道理。一以贯之也是一脉相传、一脉相承、一脉相通之意。中华民族虽具有丰富的文化属性，但更突出的是它的政治属性。又由于文化具有多样性，如经济生活是有的以农为主，有的以牧为生，有的半农半牧；语言文字文化，中国民族除汉族、回族用汉语和汉字外，其他民族大都有自己的语言或文字；风俗文化也是“十里不同风，百里不同俗”，凡此等等，不胜枚举。所以，既然国家之手是中华民族形成的重要推手，那么，中华民族历史链条一以贯之的具体表现，就集中在政治文化的三大法宝上，即大一统、集权制、郡县制三个方面。

（一）大一统：一以贯之的政治文化

“大一统”是中国特有的政治文化，具有浓厚的中国特色、中国风格和中国气派。关于“大一统”理念的含义，不少学者早已有研究：即认为“大一统”天下观是中国人在长期的历史发展过程中总结出来的国家观念。有学者认为“大一统”由“大”与“一统”两个词组成。其中“‘大一统’之大，有两种含义：一是表彰、赞许；二是扩大、张大”。[1]大一统的统字，其意如下：“统者，始也，总系之辞。”[2]“依前者，大一统’

1　李长春：《〈春秋〉“大一统”与两汉时代精神》，《中山大学学报》2011年第3期。

2　何休注，徐彦疏：《春秋公羊传注疏》，阮元校刻：《十三经注疏》，上海：上海古籍出版社，1997年，第2196页。

当为‘表彰一统’、‘倡导一统’之意；依后者，则‘大一统’应为更大范围、更高层次、更加完美的一统。”[1]即“总持其本，以统万物”[2]，“一统”为“大”。“后来也有人将‘大一统’的‘大’理解为形容词，认为‘大一统’就是‘大的统一’、‘高度的统一’，即描绘、形容统一的程度或规模。”[3]从宏观角度来说，大一统就是对国家一统的推崇。这样的政治主张是一种意识形态，是保证国家“大一统”的意识形态，是顺应“天意”的，所以董仲舒说：“臣谨案《春秋》之文，求王道之端，得之于正。正次王，王次春。春者，天之所为也；正者，王之所为也。”[4]这是关于“大一统”理论的最初含义。但从大一统的内容上来说，台湾学者李新霖认为：“所谓一统者，以天下为家，世界大同为目标；以仁行仁之王道思想，即一统之表现。”[5]大陆学者何星亮认为传统中国大一统观念包括：“‘大一统’的地理观——天下观；‘大一统’的政治观——政治一统；‘大一统’的思想观——思想一统和‘大一统’的民族观——华夷一统。”[6]由此可见“大一统”天下观不仅包含一统思想，而且也包含一统的地理范围和如何达成一统目标而采取的行动。这样的观念直接影响了中国人对国家的理解和建立国家的过程和后果。[7]可见，源于春秋战国时期的“大一统”理念，是几千年来历经战乱动荡的中华民族对国家类型的“中国梦”。后经秦汉统一王朝的实践，“梦想成真”，最终上升为中国历朝历代的治国之本。所以，从皇帝到平民都意识到“大一统”理念对中国人生存的重要性。有鉴于此，最终中华民族选择“大一统”的国家形态，并通过不断完善“大一统”的国家体制来维护。这便使“大一统”理念能成为中华民族历史“一以贯之”的政治文化。

“大一统”是中国国运长久的理论根基，“大一统”理念这种政治文化成就了中华民族历史链是历史证明了的。纵观中国历史：

如果没有“大一统”理念，就没有华夏民族的凝聚，就没有秦始皇的统一中国；

如果没有“大一统”理念，就没有华夏民族向汉民族的无缝榫接，就没有汉王朝长达426年（前206—220年）的大统一局面；

如果没有“大一统”理念，就没有隋唐时汉民族的涅槃新生，就没有隋、唐王朝长达326年（581—907年）的大统一局面；

如果没有“大一统”理念，就没有元明汉民族的重构再生，就没有元、明王朝长达365年（1279—1644年）的大统一局面；

如果没有“大一统”理念，就没有清代汉民族的再次涅槃新生，就没有清王朝长

1　李长春：《〈春秋〉“大一统”与两汉时代精神》，《中山大学学报》2011年第3期。

2　《管子·五行》尹知章注。转引自黄朴民：《“大一统”原则规范下的秦汉政治与文化》，《学海》2008年第5期。

3　于汝波：《儒家大一统思想简议》，《齐鲁学刊》1995年第1期。

4　《汉书·董仲舒传》。

5　李新霖：《春秋公羊传要义》，台北：文津出版社，1989年，第50页。

6　何星亮：《“大一统”理念与中国少数民族》，《云南社会科学》2011年第5期。

7　徐黎丽，李姝睿：《“大一统”天下观对中国边疆治理的影响》，《国家行政学院学院》2015年第6期。

达267年（1644—1911年）的大统一局面。

在此要特别指出的是从元代开始，由忽必烈倡导编撰的《大元一统志》。该书凡1300卷，以元朝的各州为纲，分别有各州的建置沿革、山川、风土、人物等，从历史地理学的层面呈现了“大一统”的理念，其重大意义在于把“大一统”的理念以国家的意志贯穿到历史地理文本的书写中。此后，形成惯例，明代在此基础上编撰了《大明一统志》，清代编撰了《大清一统志》，把中华民族“大一统”在空间上进行了完美的呈现。正如王文光所说：“这些历史文本的书写，使我们对多民族‘大一统’中国有了一个非常明确的空间观念。”[1]

总之，从汉王朝奠定了“大一统”的基本格局，使“大一统”变为现实开始，“大一统”理念成为推动国家统一、民族发展的历史主流思想，成为中华民族关注中国国家发展历史和前途命运的思维模式，成为中华民族崇尚国家统一的文化遗产，成为中国政治一个鲜明的价值取向，而在中华民族心中深深扎根，人们对于“大一统”的国家有了一种精神的眷恋，成了中国国家发展历史的一种宝贵的政治财富和政治遗产。[2]没有“大一统”的中国就没有“多元一体”的中华民族，所以，“‘大一统’作为中华体制的制度精神却始终贯彻于中国历史当中”[3]，正是“大一统”理念，这种政治文化成就了中华民族的“万川归一”。

（二）集权制：一以贯之的体制文化

马克思在《路易·波拿巴的雾月十八日》中讲过：“人们自己创造自己的历史，但是他们并不是随心所欲地创造，并不是在他们自己选定的条件下创造，而是在直接碰到的、既定的、过去承继下来的条件下创造。”[4]中国秦汉以来的全部历史告诉我们，中国之所以能形成“大一统”的历史趋势、历史主流和历史样态，并不是突然搬来一座体制的“飞来峰”，而是集权制一以贯之地长期发展、渐进改进、内生性演化的结果。

凡事都有因缘。

集权制这种体制文化之所以能成就“万川归一”，对中华民族的认同，是因为国家与民族是人类文明的一对双胞胎，即恩格斯所说：在原始社会末期“从部落发展成了民族和国家”[5]。非常经典地道出了国家与民族双胞胎的孪生关系。所以，中华民族的形成和发展与中国国家的形成和发展就是双胞胎的孪生关系。中华民族走过秦汉“大一统”的历史进程之后，随着中国历史的演进，在此后隋唐的天下国家、宋元的天下国

1　王文光：《“大一统”中国发展史与中国边疆民族发展的“多元一统”》，《中国边疆史地研究》2015年第4期。

2　参阅王文光：《“大一统”中国发展史与中国边疆民族发展的“多元一统”》，《中国边疆史地研究》2015年第4期。

3　张志强：《超越民族主义：“多元一体”的清代中国——对“新清史”的回应》，《文化纵横》2016年第2期。

4　《马克思恩格斯选集》第1卷，北京：人民出版社，1972年，第603页。

5　《马克思恩格斯选集》第3卷，北京：人民出版社，1972年，第515页。

家、明清的天下国家的集权体制下，1700余年以来，一直并肩同行在中华大地上，生动地体现了国家与民族互动之下，共生共存共发展的态势和大趋势。

历史的经验值得重视。

在中华民族认同的视野中，从秦汉的天下国家到明清的天下国家，长达1700年的历史经验告诉了我们什么呢?

集权体制，又称“中央集权制”。在政治学的视野中，无论东西方，在不同社会条件下，中央集权制都共同体现了国家作为一种政治实体所具有的本质属性。据连朝毅的研究：从一般意义上看，“集权”与“国家”之间存在着内在的关联。对此，恩格斯在其早期著作中就曾说过：

> 集权是国家的本质、国家的生命基础……每个国家必然要力求实现集权，每个国家，从专制君主政体起到共和政体止，都是集权的；只要存在着国家，每个国家就会有自己的中央，每个公民只是因为有集权才履行自己的公民职责。[1]

在这里，恩格斯把“集权”视为国家的本质规定。因此，可以说“只要有国家，就必定会有集权”[2]。中国的集权体制，久经考验，实行了1700余年，已构成世界政治文化的中国传统。据学者研究：就是在现代视角下，中国传统的集权体制仍具有制度优势。政治学告诉我们，国家是个人让渡权利的结果，用法律制度规范国民的行为，最大限度地减少国民之间的利益摩擦，维护个人保留的权利。所以，国家权力在本质上具有超越私利的性质，汉语中用一个“公”字来表达。虽然地方分权制国家也具有“公”的性质，但维护公共利益的功效远不及于中央集权。对此，唐代政治家柳宗元早就在《封建论》中结合汉朝的实际云：

> 汉兴，天子之政行于郡，不行于国，制其守宰，不制其侯王。侯王虽乱，不可变也，国人虽病，不可除也。公天下之端自秦始。[3]

由此可知，集权体制是建立在维护公共利益基础之上的，立足点是公，不是私。故而，中国自古就有“秉公办差”“出以公心”“天下为公”等说法，一直流传至今。可见，集权体制比地方分权更符合国家的本质。[4]换句话说，集权体制作为世界政治文化的中国之治，是经过历史检验了的，是世界政治文化的一份宝贵遗产。

---

1 《马克思恩格斯全集》第41卷，北京：人民出版社，1982年，第396页。

2 参阅连朝毅：《论马克思恩格斯思想视阈的“中央集权制”》，《马克思主义研究》2008年第10期。

3 《柳宗元集》卷三。

4 《现代视角下中国传统中央集权体制的制度优势》，焦点论坛，海疆在线。http://www.haijiangzx.com/2017/0424/1786780.shtml。

集权制之所以一以贯之于中华民族的历史过程，还有一个重要的社会基础，那就是以小农为主的农业社会时期所倾向的中央集权上层建筑，马克思说过：“（小农）他们不能以自己的名义来保护自己的阶级利益，无论是通过议会或通过国民公会。他们不能代表自己，一定要别人来代表他们。他们的代表一定要同时是他们的主宰，是高高站在他们上面的权威，是不受限制的政府权力，这种权力保护他们不受其他阶级侵犯，并从上面赐给他们雨水和阳光。所以，归根到底，小农的政治影响表现为行政权支配社会。”[1]正如曹锦清所说，这“就是小农的社会基础支持中央集权的治理方式”[2]。

总之，没有集权制的一以贯之，恐怕就没有历史中国的“大一统”，也就没有“多元一体”的中华民族的“万川归一”。

（三）郡县制：一以贯之的治理文化

关于郡县制，曹锦清先生有一个非常高度的概括，他说：

> 中国传统社会经过漫长的摸索，逐渐形成了针对治理“中原农耕乡土社会”和“边疆游牧流动社会”两种不同社会基础之上的“上层建筑”：即“郡县制+六部制”和“盟旗制度”的二元国家治理体系，这个二元体系以郡县制为核心和主导，笔者称之为“郡县国家”。自元朝开始这种二元体系初见端倪，及至清朝日臻成熟。
>
> 随着新中国的成立，持续两千年的代表治理静态社会核心经验的郡县制达到了顶峰，终于在新疆、西藏、内蒙古等边疆地区最终确立而覆盖全国。“郡县国家”在这种一体化的过程中发挥了重要作用，至今依然发挥着重要影响。“郡县国家”有四大支柱：中央集权为核心导向、文官制度为中层支撑、乡土自治为基层设计、行政区划为技术保障。[3]

这就是说，传统的中国社会作为一个“郡县国家”，“农业社会需要农民稳定地进行耕种，从剩余非常有限的千家万户中汲取税收以维持上层建筑，进而保持整个社会的稳定。而郡县制恰恰具有定居的功能，这源于郡县制首先要‘编户齐民’，即‘地不动、户不动、人不动’，目的在于把人固定在土地上”[4]。“所谓‘编户’，是指正式纳入国家户口登记序列的人口；所谓‘齐民’，是说凡登记入国家户籍之中的人口，一律都

1 《马克思恩格斯文集》第2卷，北京：人民出版社，2009年，第567页。

2 曹锦清，刘炳辉：《郡县国家：中国国家治理体系的传统及其当代挑战》，《东南学术》2016年第6期。

3 曹锦清，刘炳辉：《郡县国家：中国国家治理体系的传统及其当代挑战》，《东南学术》2016年第6期。

4 曹锦清，刘炳辉：《郡县国家：中国国家治理体系的传统及其当代挑战》，《东南学术》2016年第6期。

是皇帝的臣民，原则上都要纳税服役，在这一点上，大家彼此彼此，不分你高我低。”[1]而郡县制本质上是一种国家治理的空间制度安排，“夫仁政，必自经界始”[2]。所以，行政区划是郡县制的题中应有之义，据曹锦清的研究：“郡县制从秦汉开始在汉族地区推行，明朝开始试图推进到西南边疆的贵州广西等地。明清时期因为人口增长，向山区流动……一直到清朝雍正年间才彻底在西南地区完成了‘改土归流’，实行郡县制，至今也才三四百年。清政府自认从明朝继承十八行省，1884年在新疆设省，成为第19行省；1884年置台湾府，1885年建台湾省，成为第20行省；1907年在覆灭前夕，将东北地区析为三省。1928年，国民党政府定都南京后，当年就在内外蒙古地区设省，以及在宁夏、青海也设省。而西藏一直到新中国成立后，1951年和平解放，1965年设立西藏自治区，实行以郡县制为核心特征的治理方式。由此我们可以发现，自秦始皇开始的中国‘郡县国家’一直持续到1965年在大陆彻底完成，前后持续两千余年。毛泽东曾言‘百代皆行秦政制’，‘秦政制’的核心就在于郡县制，此言不虚，确实是把握住了历史的脉络。”[3]

作为一以贯之的治理文化，郡县制表现了积极的治理功能，一是它有效维护了大一统格局的稳定；二是它有效地协调了中央与地方的关系；三是建构了“郡县治，天下安”的治理模式。这样，几千年来，皇权不下县，县域成了一个制度体系相对完整的区域，构成了比较完善的治理规范。[4]秦汉以后，郡县的功能与范围大致不变，因为郡县作为地方政区，主要任务是劝课农桑、征收赋税、维持治安。“县”的名称一直沿用至今。郡一级的行政区划，唐宋多称“州”，明清多称“府”，但其性质相近。由于郡（州、府）数量太大，不便于朝廷管理，故而在郡（州、府）之上还编有更高一级的政区，东汉末年至魏晋南北朝是“州”，唐代为“道”，宋代为“路”，元、明、清为“省”。自秦始皇在全国范围内推行单一的郡县制、中间经由汉武帝予以稳定，在两千多年的历史中，郡县制一直是中国古代国家的基石。[5]这也是历代王朝对少数民族地区的治理，从羁縻制度到土司制度，最后改土归流，完全“内化”，纳入郡县制的原因。

这一切，不仅促进了中国古代社会经济的发展，还维持了国家的稳定，从而成就了中华民族的“万川归一”。

总之，正是由于大一统、集权制、郡县制三大法宝的“一以贯之”，从而在中国传统社会的运行机制中，产生了巨大的、不可逆转的“万川归一”的势能。这种势能，是铸牢中华民族共同体意识的无限能源，五千多年来取之不尽，用之不竭。正因为有这种“万川归一”势能的作用，所以中华民族屹立于世界民族之林，是世界上唯一一

---

1 宋昌斌：《编户齐民——户籍与赋役》，长春：长春出版社，2004年，第1页。

2 《孟子·滕文公上》。

3 曹锦清，刘炳辉：《郡县国家：中国国家治理体系的传统及其当代挑战》，《东南学术》2016年第6期。

4 参阅王敏：《郡县制的制度变迁、功能与当代地方治理启示》，《管理观察》2018年第26期。

5 参阅李磊：《中国政治传统中的郡县制》，《文化纵横》2017年第5期。

个人口众多、文化多彩、历史连绵不断的民族。尽管历史的运行是螺旋式的而不是直线式的，但中华民族是“蒸不烂、煮不熟、捶不匾、炒不爆、响珰珰一粒铜豌豆”[1]。所以，中华民族的形成和发展，如万川归一一样，无论何时何地起源，也无论经历多少沧桑，都会“万川归一”式地奔流入“中华民族”的大海。

三、万川归一：走在实现中华民族伟大复兴的大路上

历史是讲究责任的。正如习近平总书记2012年11月29日在参观《复兴之路》展览时所讲：

> 每个人都有理想和追求，都有自己的梦想。现在，大家都在讨论中国梦，我以为，实现中华民族伟大复兴，就是中华民族近代以来最伟大的梦想。这个梦想，凝聚了几代中国人的夙愿，体现了中华民族和中国人民的整体利益，是每一个中华儿女的共同期盼。历史告诉我们，每个人的前途命运都与国家和民族的前途命运紧密相连。国家好，民族好，大家才会好。实现中华民族伟大复兴是一项光荣而艰巨的事业，需要一代又一代中国人共同为之努力。空谈误国，实干兴邦。我们这一代共产党人一定要承前启后、继往开来，把我们的党建设好，团结全体中华儿女把我们国家建设好，把我们民族发展好，继续朝着中华民族伟大复兴的目标奋勇前进。[2]

今天，柳州各民族人民为了铸牢中华民族共同体意识，正“万川归一”意气风发地走在实现中华民族伟大复兴的大路上。正如红歌所唱：“共产党像太阳”，“领导我们事业的核心力量是中国共产党”。在党的阳光照耀下，正如习近平总书记在《党的二十大报告》中所说的那样：中国共产党一定可以“团结带领全国各族人民全面建成社会主义现代化强国、实现第二个百年奋斗目标，以中国式现代化全面推进中华民族伟大复兴”！

1 （元）关汉卿：《一枝花·不伏老》，https：//wenda.so.com/q/1534304237219149。

2 中央政府门户网站：http：//www.gov.cn/ldhd/2012-11/29/content_2278733.htm。

后　记

人生之路，常常会碰到身不由己的事情。

2017 年 8 月 30 日，经武汉市艾格眼科医院诊断，本人左眼息肉样脉络膜血管病变，右眼黄斑病变。经过一段时间治疗，左眼仍最终玻璃体脱离而基本上失明。所以 2018 年我率团队完成了荔波课题后，由于眼力不济，打算封笔。但 2021 年，禁不住柳州市民宗委吴慧兰主任的再三邀请，我终为“情”所动，不顾眼疾，接受了委托。

为“情”所动之“情”，就是我在《绪论》中所说的关于柳州三江的学术情怀。前已详述，在此不赘。

这次接受柳州的委托，虽得“地利”之便，“人和”之利，却不得“天时”之好。之所以这样说是因为骚扰人类近三年的“新冠疫情”，严重地干扰了我们的田野考察。一是使得学术团队的成员不能全部到位；二是原本要举行的集中田野考察被迫改为各自为战，分散进行；三是使我不得不放弃现场指导的重要一环。凡此种种，都或多或少地影响了田野考察的质量。好在各县、区的积极配合，总算基本上按时完成了田野考察任务。在此，衷心地感谢中共柳州市委统战部、柳州市民宗委，以及各县、区的统战部和民宗委的大力支持！

本课题组成员名单如下：

成　员：　刘冰清教授（三峡大学）
　　　　　罗彩娟教授（广西民族大学）
　　　　　农辉锋教授（广西区党校）
　　　　　杨军研究员（广西社会科学院）
　　　　　冯丕红副教授（广西科技大学）
　　　　　郝国强教授（广西民族大学）
　　　　　罗树杰教授（广西大学）
　　　　　孙亚楠副教授（青岛大学）

徐桂兰副研究馆员（广西民族大学）
刘晓敏硕士（广西民族大学）

本课题撰稿分工如下：

绪言篇、跬步篇、经验篇（其中《一个果：果实“紧紧抱在一起”》由何月华撰写）、结语篇由徐杰舜撰写；

县域篇：三江由罗彩娟撰写，融水由农辉锋撰写，融安由杨军、孙亚楠撰写，柳城由刘冰清、胡阿飞撰写，鹿寨由农辉锋、廖献红（鹿寨县文联主席）撰写；

城区篇：鱼峰由冯丕红撰写，城中由何月华撰写，柳北由郝国强、班雪梅撰写，柳南由杨军、班雪梅撰写，柳江由罗树杰撰写。城区篇统稿何月华。

审稿班雪梅（柳州市民宗委四级调研员）；统稿孙亚楠；定稿徐杰舜；校对刘晓敏。

本课题的田野考察能顺利完成，要感谢各县、区的联络员，他们是：

韦巧霜（柳城县委统战部民宗股股长）
韦秋菊（鹿寨县委统战部办公室干事）
钟桂英（融安县委统战部民宗股股长）
石　姗（融水苗族自治县委统战部民宗股股长）
宋昆儒（三江侗族自治县民族事务服务中心主任）
黄　潇（柳北区民宗局工作人员）
苏　哲（城中区民宗局工作人员）
杨　凌（鱼峰区民宗局工作人员）
罗　峰（柳南区民宗局工作人员）
覃玲玲（柳江区民宗局工作人员）
张　晗（柳东新区党群工作部工作人员）
付星革［阳和工业新区（北部生态新区）党群部工作人员］
邢　田（上汽通用五菱汽车股份有限公司党工部部长）
雷　蕾（广西柳工机械股份有限公司企业文化经理）
杨少波（广西柳州钢铁集团有限公司党工部副部长、统战部副部长）
雷　讯（柳州两面针股份有限公司工会副主席、民族团结办公室主任）

在此，我再次衷心感谢柳州市委常委、统战部部长邓娟娟同志；衷心感谢柳州市委统战部副部长、市民宗委主任吴慧兰同志，以及时任柳州市民宗委副主任苏格真，副主任郭任飞、吴大先、刘振中，三级调研员赵铁等同志；衷心感谢柳州市民宗委四级调研员班雪梅同志，以及市民宗委杜洪森、黄荷、苏嘉莉等同志。

衷心感谢我的学术团队，他们呼之即来，来之能战，有的多次参加我主持的田野考察，转战于浙江武义，广西龙胜、南宁、永福罗绵福村与贵州荔波的山水之间，撰写了一份又一份田野报告，构成了课题研究的骨干支撑材料。可以说，没有他们的参与，要顺利地完成项目课题几乎是不可能的！这一次柳州课题的顺利完成，再一次证明了一个真理：众人拾柴火焰高！

徐杰舜

2022年10月9日

于南宁嘉和城芳华里